U0113688

剑桥中国史

总主编／［英］崔瑞德 ［美］费正清

THE CAMBRIDGE HISTORY
OF CHINA
VOL.3：SUI AND
T'ANG CHINA,589—906,PART 1

剑桥中国隋唐史

589—906年

［英］崔瑞德／编

中国社会科学院历史研究所
西方汉学研究课题组 译

中国社会科学出版社

图字:01—95—713 号

图书在版编目(CIP)数据

剑桥中国隋唐史.589—906 /〔英〕崔瑞德编;中国社会科学院历史研究
所,西方汉学研究课题组译.—北京:中国社会科学出版社,1990.12
(2020.1重印)

书名原文:The Cambridge History of China Vol. 3:
Sui and T'ang China,589—906,Part 1

ISBN 7 - 5004 - 0561 - 8

Ⅰ.剑⋯ Ⅱ.①崔⋯②中⋯③西⋯ Ⅲ.①中国—古代史—隋唐时代
Ⅳ.K24

中国版本图书馆 CIP 数据核字(2005)第 146353 号

出 版 人	赵剑英
策划编辑	郭沂纹
责任编辑	李炳青
责任校对	李小冰
责任印制	戴 宽

出 版	中国社会科学出版社
社 址	北京鼓楼西大街甲 158 号
邮 编	100720
网 址	http://www.csspw.cn
发 行 部	010 - 84083685
门 市 部	010 - 84029450
经 销	新华书店及其他书店

印刷装订	环球东方(北京)印务有限公司
版 次	1990 年 12 月第 1 版
印 次	2020 年 1 月第 23 次印刷

开 本	650×960 1/16
印 张	47.5
插 页	2
字 数	685 千字
定 价	76.00 元(精装)

凡购买中国社会科学出版社图书,如有质量问题请与本社营销中心联系调换
电话:010 - 84083683

The Cambridge History of China

Volume 3

Sui and T'ang China，589—906，Part 1

edited by Denis Twitchett

© Cambridge University Press **1979**

Cambridge

London • New York • Melbourne

根据剑桥大学出版社 **1979** 年版译出

中译本前言

本书原为费正清、崔瑞德主编的《剑桥中国史》的第 3 卷,本卷为崔瑞德编,其纪事起自隋朝灭陈(589 年),止于唐之灭亡(906 年),实际上是隋唐两朝的王朝史。鉴于《剑桥中国史》现正陆续出版,同时本书又能独立成卷,自成体系,故先予译出,以飨我国读者,并定名为《剑桥中国隋唐史》。

本书是一部结构严谨、资料丰富、内容充实的断代史,在不少问题上有独特的见解,自成一家之言。一部外国人编写的大型隋唐史,能够达到这样的水平,是难能可贵的。我们相信,不仅对这一段历史感兴趣的读者能够从中看到西方学者的最新研究成果,而且隋唐史的研究者也可作为参考。

本书的特点之一是,对隋唐史上有争议的重要历史人物和事件,提出了自己的看法,不乏新意,富有创见。

一 对历史人物的评价

历史人物评价是历史科学重要内容之一。本书非常重视历史人物的活动,它以人为经,事为纬,层次分明地展示了中国中古史中这一重要时期的丰富多彩的历史,同时又剖歧析异,发人所未发,给人以启迪。现举数例如下:

隋炀帝 炀帝其人,历来被封建史家贬为一无是处的暴君。近年来,虽然有一些学者肯定了他建东都、开运河等事迹,但总的来说,仍是褒少贬多。本书却给炀帝以很高评价。尽管作者不否认炀帝骄奢淫逸,但认为他在中国帝王中绝不是最坏的。从当时背景看,他并不比别的皇帝更暴虐。炀帝很有才能，是一位有成就的诗人、独具风格的散文家，还有点像政治美学家，很适合巩固其父开创的伟业。本书认为，589 年平陈时，他在建康的行为堪称模范。其后他在促进南北文化再统一，向北方介绍南方佛教传统等方面，都作出了贡献。唐代的繁荣，应在很大程度上归因于继承和改善了炀帝所开的运河，运河促使杭州成为繁荣的商业城市，并提高了运送军队和供应至任何有潜在反抗危险的地区的能力。在谈到炀帝被否定的原因时，作者认为这是儒家修史者给他抹黑和民间传说对他歪曲的结果。

唐高祖　长期以来，治史者认为唐高祖李渊是平庸无能之辈。近年来，国内史学界已逐渐清除笼罩在初唐史上的迷雾并肯定了李渊的建唐开国之功。在这一点上，本书也作出了有益的贡献。本书认为，尽管李渊反隋时已年逾 50，但他仍不失为一个有雄心壮志、生气勃勃和干练的领袖人物。他策划了太原起兵。他对李密和东突厥的外交攻势，使唐军得以胜利进军并攻占隋都大兴城。他推行的大赦、封官许愿等政策，有助于促进全国统一。唐高祖创立了初唐的制度和政治格局。以任何标准衡量，"武德之治"均称得上是取得了突出成就，为唐王朝打下了坚实的政治、经济和军事基础。李渊之所以遭到冷落，一是因为他执政期短，又夹在中国史上最突出的两个人物隋炀帝和唐太宗之间。二是他的开国之功被唐太宗精心地掩盖了。

唐高宗　唐高宗是唐史上一位重要人物。旧史却将他描绘为懦弱的傀儡，在重要政治制度上建树极少。有些学者也持类似观点。本书不为这些传统之见所囿，既指出高宗确有懦弱一面，又具体论述了他在法制等方面的建树。和前辈相比，他的另一伟大政绩是对科举制进行的一系列重大改革。控制物价的措施也收得一定程度的成功，并行用于有唐一代。唐朝这时的军事力量和威望均达顶峰，甚至超过唐太宗时期。在高宗后期，武则天的地位基本上是不稳定的。她只能靠间接手段控制朝廷，并一直容易受到攻击。

武则天　她是隋唐史乃至中国史上的一位特殊人物。千百年来，毁誉不一，至今犹争论不已。本书在全面分析了她的作为后指出：中国传统史学称 684—705 年为"武韦之祸"，是"欠公道的"。因为首先，它忽视了武后篡位前所取得的成就的意义。其次，没有确凿证据能说明在她执政最后几年以前，政府受其统治作风的危害。第三，武后时期农民生活比史学家经常断言的更为良好。在人民中间，她可能是得人心的。只有很少的中国统治者，其生日能像武后那样在农村节日中被人纪念至今。本书认为，武则天之受谴责，原因在于她的许多行为不符合儒家准则，如沉溺于佛教，延长服母丧期以提高妇女地位，派武延秀至突厥与默啜可汗之女结婚等。武则天的消极面表现在：她最后几年的统治每况愈下；她的统治作风高度独断，以至当她失控时，行政结构立即出现裂痕，而她这时反而不能以其一贯的无情手段，断然采取措施。对中外学术界有争议的以下一些问题，作者也一一加以剖析。（1）支持和反对武则天的两派斗争问题。过去主要有两种看法：陈寅恪认为这种斗争是关陇集团与山东集团之间的最高权力之争；另一种看法则认为是掌权的贵族统治阶级与新兴地主之间的争权夺利。本书认为这两种看法都有问题，都是对当时社会认识过于简单化的结果。作者认为，这是维护既得利益的掌权者与以拥武为升迁手段的势力之间的斗争，武则天利用后者夺取了权力。（2）武则天迁都洛阳问题。本书认为，从政治和经济上解释这个问题，虽有一定道理，但不全面。很可能还有第三种因素，即她惨杀王皇后等人后，内心恐惧，无法再留在长安。（3）以周代唐问题。一般认为，武则天取国号为周可归因于她追赠其父的封地（周）。但这种看法难以成立。她以周为国号是为了与古代周朝联系起来，以前王莽等人也都采用过这种手法。她的目的是想建立周朝所达到的至治之世。（4）科举取士名额的增加支持了武氏政体的问题。本书认为支持这种看法的史料很少。武则天在660年后十年间根本没有开科取士。660—683年进士年平均数也仅18人。（5）武则天代表什么阶级或集团的利益问题。本书不同意她为商人之女，所以就代表"新兴的商人阶级"的看法，因为其父及兄弟均仕于隋、唐。本书也不赞成武则天代表东部地区利益反对西北贵族的观点，因她总是强烈地意识到自己的"贵族"出身。

唐德宗　本书认为，传统史籍把唐德宗说成刚愎自用，贪得无厌，但又说他轻信和柔弱，两种说法彼此矛盾。关于他允许宦官和节度使自行其是的记载也是夸张之说。所谓唐德宗 779—781 年的励精图治同样是记载不实。实际上，他的政策和行为，表现了相当程度的内在连贯性。他志在振兴中央权力，以使满朝文武相形见绌。由于尽量保存现有中央权力并非易事，他必须与藩镇作必要的妥协，这是审慎之策，不是人们指责的姑息之政。对唐德宗完全听从家奴的指责，也不符事实，因宦官并未损害他，他一直是最高统治者。所谓外廷受宦官压抑，这是史籍对宦官影响的夸大。

唐宪宗　"二王八司马"事件，是唐中叶以降政治史上的一件大事。史学界不少人认为宪宗上台后大力镇压二王集团，是反对革新的保守派头子。本书力图抹掉投射在宪宗评价上的阴影，认为他对二王集团的处理非常慎重，除二王外，无人被处死。清洗范围仅限于真正的参与者，而不像历来那样殃及亲朋故旧，甚至与二王集团关系极密的韦执谊的岳父杜黄裳也被重用为宰相。宪宗鼓励朝臣大胆讲话，坚决削平藩镇，选用武元衡等一大批 50 岁左右的优秀人物当宰相，实行一系列改革以推进军事中央集权运动，在"中兴"李唐过程中打开了德宗时代的僵局，所以他是唐后期几乎重建"贞观之治"的人。关于宪宗之死，作者认为，他被宫监陈弘志所弑的看法不可能获得证实或反证。但他的死却使宦官在拥帝问题上开始拥有大权。对于宪宗因服药过量而卒的说法，儒家流行的看法认为这是道德堕落的结果，但本书认为，这种意见虽有理，但还不能让人了解更重要的政治背景问题。总之，唐代宫廷阴谋，模糊不清，真假难辨。

李林甫　此人历来受到责难，被视为"口蜜腹剑"的小人和促成李唐由盛而衰的罪魁祸首之一。本书虽不否认李林甫善搞政治权术，但说他是务实的政治家、精明的行政官员和制度专家。唐玄宗统治时期许多重大而有价值的改革，都是在李林甫和张九龄当宰相时进行的。李林甫时彻底修改了整个税制和地方费用规定，使财政制度更切合地方实际，这确是一大成就。他修订的全部法典，至 14 世纪初仍保持其权威性。李林甫的改革使朝廷行使权力比以往更顺利、更有效率。李林甫执政时的政府对外连续取得了辉煌胜利。在姚崇、宋璟和张说任宰相时，首辅宰相是在积极参与政务的皇帝手下工作，而在李林甫漫长任期内，唐玄宗已不再起积极作用，故李林甫对朝廷的支配，远比姚崇等人全面，杨国忠根本不能与他相比。有人说李林甫任宰相前与张九龄不和，因为后者反对他擢升，这种意见并无确证。所谓他的入相与武惠妃有关和他与裴光庭之妻私通的传说，都可能出自虚构，因为当时史家大多仇视李林甫，所以尽量给他抹黑。

二　历史事件

安史之乱　本书指出，过去不少人将"安史之乱"视为"在国内进行的外患"，因安禄山及其许多追随者出身非汉族。这种看法虽不是毫无根据，但无说服力。陈寅恪发展了的夷狄论的变种观点同样缺乏足够的证据。谷霁光从河北对唐廷的长期异化的角度来解释叛乱的论据也无说服力。作者本人的看法是："安史之乱"产生于基本上是"政治性质的若干牵涉面较小的环境"，它与"中国文化的敌人的大规模渗透，或长期的地方分离主义无本质联系"。尽管人们都说"安史之乱"使唐由盛而衰，影响巨大，但语焉不详。本书则非常重视这种影响及其引起的变化，这些变化可归纳为以下几点：（1）军方成了帝国生活中的主要力量。（2）地方行政结构被改组。（3）许多人取得了高官和社会威望。（4）国家财政结构崩溃。（5）土地分配制度受到致命打击。（6）人口大规模南移。（7）丧失了对河北和河南大部分地区的控制。（8）江淮几道取得新的关键地位。（9）唐帝国丧失了领土和威信。本书将这些变化贯穿到此后至唐亡的历史论述中去，这样做是很有眼光的。

牛李党争　这也是学术界长期争论不休的重要问题。本书针对主要的分歧提出了自己的看法。关于"牛李党争"的起因，本书认为是出自始于宪宗时的个人恩怨。至9世纪20年代个人恩怨公开化，形成党。党不过是政治人物的松散结合体。因史载阙如，很难弄清产生朋党的思想观点和社会分化状况。本书认为，朋党领袖拥有政治权力，故能掌握想分享杯羹的追随者。穆、敬、文三帝庸懦，不能遏制朋党的发展。若宣宗直接继宪宗位，朋党之争将会缓和得多，甚至会使人不知朋党为何物。关于朋党规模，日本学者砺波护编制的两党名单中，有几人被列入或画出，其标准尚可推敲。他关于门生故吏依附上层朋党成员，朋党结盟影响向下层发展，从而形成金字塔形式的看法，虽有某些正确性，但也有不少问题。本书认为，依附牛李两党主要人物的大垂直系统的派别集团是否存在，值得怀疑。有人想找出形成朋党的意识形态基础，本书建议最好把李德裕对李宗闵等的敌意追溯至 808 年的制举。但是，将皇甫湜的对策文看成整个牛党共同观点的看法并不合适，因为他后来从政治舞台上消失了。几位最重要的领袖的文章也未将其哲学观点和政治组合联系起来，所以看不出是什么观点和态度把这些人分为牛党或李党的。关于牛党是主和派，李党是主战派的问题，本书认为，不应把李吉甫与李绛之争，与十余年后的"牛李党争"等量齐观，没有理由把李绛视为牛党的精神追随者，也不应忽视牛党成员卷入 9 世纪各种军事斗争。所以把牛党宰相看成是和平主义者的观点就未免简单化了。很难想像 9 世纪 20 年代后期和 30 年代的小兵变，能对全面展开的朋党之争有很深的影响，也不能排除史籍中塞进伪造材料的可能性。陈寅恪等对"牛李党争"的社会学解释，虽有不少理由使这一假设颇具说服力，但因文献不足，很难说中举者必出自寒素，庇荫者定来自名门望族。想在朋党上层作前后一贯的社会学区分，证据还远远不够。

会昌毁佛　不少学者认为"会昌毁佛"是由于唐武宗佞道所致。本书不否认他是虔诚的道教徒，但认为武宗除有几名宠幸道士外，似乎并没有打算促成敌视佛教的"道教压力集团"。一些历史著作声称李德裕为武宗毁佛推波助澜，也无充分证据，所讲的动机更是含糊其辞。本书指出李德裕支持武宗毁佛的原因是：（1）它给国家财政带来利益。（2）促进国家礼仪以支持他的活动。（3）削弱宦官仇士良之权。（4）可能受了 843 年政事镇压摩尼教的启示。本书所说"会昌毁佛"的最重要原因在于经济问题的看法虽非创见，但 820 年以后唐王朝的财政拮据与寺院的日益富足形成了鲜明对比，所以较有说服力。

大中兴佛　有些论著言及唐宣宗一反武宗毁佛之策时，给人的印象是此后悉复旧观，并一直持续至唐亡。本书认为，847年兴佛诏令在后来受到了限制，政府采取了更慎重政策，具体表现在：裁减过分费用，只许在人口稠密处建寺，防止私度僧尼，加强对佛教的控制。这一政策延续了许多世纪。

本书的特点之二是它填补了隋唐史研究中的不少薄弱环节，乃至空白。

隋唐是中国封建社会的盛世，也是当时世界上最文明最富强的帝国。这段历史向来备受中外学者重视，研究成果也较多。以国内而言，解放后已出隋唐史专著七部，居断代史之首。然而由于种种原因，研究工作不够全面，隋末唐初、唐太宗、武则天、安史之乱、均田制和唐末农民战争等方面研究成果较多，唐后期、五代十国和思想文化等方面涉及较少，不少问题若明若暗。这种状况近年来已有较大改变。本书不仅表示了要改变隋唐史研究详略不均的意愿，而且确实将此意愿贯彻到实际编写工作之中，并做出了显著成绩。这表现在以下几方面：

（一）以往的隋唐史，讲皇帝事多，其他人物事少。本书对从唐高祖直至唐末的几乎每个皇帝（特别是太宗、武则天、玄宗、德宗、宪宗和文宗）的宰相、大臣和重要历史人物的主要事迹都做了简要论述，从而大大地充实了当时政治史的内容。

（二）以往的隋唐史研究较少结合历史人物的生平、性格等特点来评说其活动，而本书在这一点上做得较好。它使人们看到那些纯属个人气质的种种因素在人的历史活动中所起的作用。它避免了把丰富多彩的历史写得过于抽象的弊病，从而恢复了历史人物本来的风采。本书对隋文帝、隋炀帝、唐德宗、唐敬宗、唐宪宗和唐宣宗等的论述，就是如此。

（三）本书在指出唐后期史料缺乏的同时，又尽量发幽钩沉，积极探讨过去隋唐史研究中涉猎较少或无人问津的研究课题，给人们描绘出唐后期比较清晰的轮廓。书中对唐德宗时崔造提出的以重新确立和加强中央职官权力为目的的786年改革、唐宪宗时裴龘的税制改革、乌重胤建议的军政制度改革、9世纪中央和地方关系的特点、监军使制度、地方民团的建立和地方军事化、晚唐时期中国权力的新结构、朱温降唐后对宣武镇的控制，以及885年李克用进攻长安时唐僖宗出逃情况等问题的论述，使人有耳目一新之感。

本书的特点之三是，它在论述隋唐史时，没有局限于隋唐史本身，而是将隋唐史放在中国古代历史，特别是从汉至宋的历史长河中去考察。通过这样的宏观探讨，隋唐时期的政治、经济和思想文化等的来龙去脉、前因后果，就被揭示得比较清楚，读者从而能对这一历史时期的基本特点及它在中国史上的地位有比较清晰的了解。如在论述隋唐时期全国统一问题时，本书从秦汉帝国的崩溃、三国鼎立、西晋短暂统一、五胡十六国、南北分裂、隋唐统一、五代十国，一直讲到北宋重新统一中国；在论述"安史之乱"及藩镇割据时，也不是就事论事，而是从中国历史上强调统一、反对分裂这一重大趋势的角度进行剖析。在论述五代十国时，本书指出宋代中国的许多特征，如长江三角洲的经济发展、南中国沿海大量外贸，以及新文人阶层在东南的集中，均应追溯至十国时期半个世纪的和平与稳定。宋代的另一些特征，则与北方发展有关。宋帝国的政治、军事基础在唐末已经打下，而使有宋一代感到苦恼的持久的外患，也显然起源于唐后期。

本书的特点之四是它极其重视史料真伪和专题研究，并且广泛吸取了各国的学术研究成果。

史料是历史研究的基础。由于自然和人为原因，现存史料不免有这样那样问题。历史科学的任务，就是要去伪存真，还其本来面目，写出真实的历史。本书对待史料的态度比较严谨。在《导言》中，它对有关隋唐时期史料的来源、性质和价值等，联系当时历史背景，做了比较深入的分析，既指出了史料的珍贵价值，也指出了为尊者讳等缺陷。从本书的论述中可以清楚地看出，作者对史料既不轻信，又重视对原始资料的鉴别和使用。正因为本书是根据自己审慎选择过的较为可靠的史料来论述的，所以它的论据比较扎实。

专题研究是综合研究的基石。从本书的论述和大量注释中，读者可以清楚地看出它是在作者多年有关隋唐时期政治、经济和思想文化等方面的专题研究基础上写成的。也正因为有这种较为深厚的功底，所以这部篇幅较大的断代史才具有充实的内容和独到的见解，而不是人云亦云。

科学研究总是在前人基础上进行的。本书广泛地吸取了英国、日本、美国、法国以及中国的有关研究成果。本书之所以写得较好，重要原因之一就在于作者们能将重视史料真伪、专题研究和广泛吸取各国学术研究成果三者有机地结合起来。本书各章篇幅长短不一，这说明它严格根据材料，有多少史料说多少话，因此内容翔实，论述有据。

本书注释尤具特色，凡属重要人、事都言之有据，有的注释所列出处还不止一则，这就便于读者检索。注释所引著作如加整理，就是一部很全的隋唐史参考书目。读者可以从中了解世界范围内长期以来隋唐史的研究概况。

当然，本书也存在一些问题，其中有的由于史学观点不同，我们难以苟同，有的则为错误。具体表现在：

（一）本书在论述隋唐时期的农民起义时，除了宣称裴甫的反抗为"真正的民间农民起义"外，把其他许多大大小小的民间的起义都称为"叛乱"，反抗官府压迫的人也几乎一律被称为"盗匪"。

（二）把吐蕃、渤海等地与日本、新罗等地相提并论。

（三）本书在论述历史事件时也出现一些错误，或与中国传统史籍记载不符，如将元文都等献计使李密和宇文化及两败俱伤之事说成是王世充用的计谋；说李建成是被"砍死"的；把编《氏族志》的世家大族官员，说成是"其中无一人出身于世家大族"；把许敬宗对人讲的话，说成唐高宗"命令许敬宗当朝宣称"；把722年唐玄宗注《孝经》说成注《道德经》；安禄山当过捉生将，但被说成是"普通士兵"；把史朝义自缢而死说成"被杀"；把湖南监军诱使桂州哗变成兵缴械，说成是唐王朝允许士兵在护送下返乡，但"条件是他们应在湖南放下武器"；把尚君长等人被朝廷杀于长安，说成被宋威在当地处死；把刘汉宏劫官军辎重说成劫王仙芝辎重；把885年李克用击败朱玫说成击败王重荣。在地名方面，有的重要地名未注今地名。有的地方的方位有误，如把洛阳以西的陕州误为位于"洛阳以东六十英里"；

把河北临漳的邺城误入河南，把今河南商丘的宋州误入江苏。

（四）本书在结构上也有不足之处。有些史事当写未写或少写，有些可写可不写的则多写。如五代只写了后梁、后唐两国朱温和李克用的传记式的史事，对后晋、后汉和后周只字未提，对十国的楚、南平、南唐和后蜀也未提及，对北汉只一笔带过，对吴越、吴、南汉和闽的叙述仅寥寥数语，只有前蜀的内容稍为详细一些。整个五代十国的篇幅仅六千余字，而唐玄宗一章就长达十万言。另外，本书各章衔接得不够紧密，出现了重复叙述同一人事的现象，重复二三次的不乏其例，而对"安史之乱"的重复叙述就更多了。

本书虽然存在上述的缺陷和不足，但瑕不掩瑜，它仍不失为一部有价值的断代史巨著，值得一读。

目　　录

第一章　导言
剑桥大学中文教授　崔瑞德

第二章　隋朝，581—617 年
前耶鲁大学查尔斯·西摩讲座历史教授
已故芮沃寿教授

第三章　唐王朝的建立:唐高祖
（618—626 年在位）

伊利诺伊州厄巴纳—香潘大学历史与亚洲研究副教授
霍华德·韦克斯勒

第四章　唐政权的巩固者唐太宗
（626—649 年在位）

霍华德·韦克斯勒

第五章　高宗（649—683 年在位）与武后：
继承人与篡位者

崔瑞德和霍华德·韦克斯勒

第六章　武后、中宗和睿宗的统治，684—712 年

安大略沃特卢大学历史助理教授
理查德·W. L. 吉索

第七章　玄宗（712—756 年在位）

崔瑞德

第八章　中唐、晚唐的宫廷和地方

康奈尔大学历史教授　C. A. 彼得森

第九章　晚唐的宫廷政治

芝加哥大学中国史助理教授

迈克尔·多尔比

第十章　唐朝之灭亡

密苏里—哥伦比亚大学历史助理教授

罗伯特·萨默斯

地图、表目录

总 编 辑 序

在英语世界中，剑桥历史丛书自 20 世纪起已为多卷本的历史著作树立了样板，其特点是各章均由某个专题的专家执笔，而由各卷学术地位较高的编辑中的主导编辑总其成。由阿克顿勋爵规划的《剑桥近代史》共 16 卷，于 1902—1912 年间问世。以后又陆续出版了《剑桥古代史》、《剑桥中世纪史》、《剑桥英国文学史》以及关于印度、波兰和英帝国的剑桥史。原来的《近代史》现在已被 12 卷的《新编剑桥近代史》代替，而《剑桥欧洲经济史》的编写正接近完成。近期在编写中的剑桥历史丛书包括伊斯兰教史、阿拉伯文学史、论述作为西方文明中心文献的圣经及其对西方文明的影响的圣经史，此外还有伊朗史和中国史。

就中国史而言，西方的历史学家面临着一个特殊问题。中国的文明史比西方任何一个国家的文明史更为广泛和复杂，只是比整个欧洲文明史涉及的范围稍小而已。中国的历史记载浩如烟海，既详尽又广泛，中国历史方面的学术许多世纪以来一直是高度发展和成熟的。但直到最近几十年为止，西方的中国研究虽然由欧洲中国学家进行了重要的开创性劳动，但取得的进展几乎没有超过翻译少数古代典籍和编写主要的王朝史及其制度史史纲的程度。

近来，西方学者已经更加充分地利用中国和日本的具有悠久传统的历史学术成果了，这就大大增进了我们对过去事件和制度的明细的认识，以及对传统历史学的批判性的了解。此外，这一代西方的中国史学者在继续依靠欧洲、日本和中国正在迅速发展的中国学研究的扎实基础的同时，还能利用近代西方历史学术的新观点、新技术以及社会科学近期的发展成果。而在对许多旧观念提出疑问的情况下，近期的历史事件又使新问题突出出来。在这些众多方面的影响下，西方在中国研究方面进行的革命性改革的势头正在不断加强。

当 1966 年开始编写《剑桥中国史》时，目的就是为西方的历史读者提供一部有内容的基础性的中国史著作：即按当时的知识状况写一部 6 卷本的著作。从那时起，公认的研究成果的大量涌现、新方法的应用和学术向新领域的扩大，已经进一步推动了中国史的研究。这一发展还反映在：《剑桥中国史》现在已经计划出 14 卷，这还不包括王朝以前的最早时期，并且还必须舍弃诸如艺术史和文学史等题目、经济学和工艺学的许多方面的内容以及地方史的全部宝贵材料。

近十年来我们对中国过去的了解所取得的惊人进展将会继续和加快。进行这一巨大而复杂的课题的西方历史学家所做的努力证明是得当的，因为他们所在各国的人民需要对中国有一个更广更深的了解。中国的历史属于全世界，不仅它有此权利和必要，而且它是激发人们兴趣的一门学科。

费正清

崔瑞德

1976 年 6 月

图　　表

敬宗	(809—827 年,822 年为太子,在位期 824—827 年),生 5 子,长子李成美(839—840 年为太子)
文宗	(809—840 年,在位期 827—840 年),生 2 子,长子李永(832—836 年为太子)
武宗	(814—846 年,在位期 840—846 年),生 5 子
宣宗	宪宗之十三子(810—859 年,在位期 846—859 年),生 12 子,长子懿宗
懿宗	(833—873 年,在位期 859—873 年),生 8 子,五子僖宗,七子昭宗
僖宗	(862—888 年,在位期 873—888 年),生 2 子
昭宗	(867—904 年,在位期 888—904 年),生 10 子,长子李裕(897—904 年为太子),九子哀帝
哀帝	(892—908 年,在位期 904—907 年)

注:本表所列为在位的皇帝及未继皇位的太子。其他诸王有被授予太子称号作为哀荣的,实际上不是太子。

表 3 　　　　　　　　　　**唐代诸帝及其在位期**

帝王名号	在位期	年　号	
高　祖	618—626 *	武德	618—826
太　宗	626—649	贞观	627—649
高　宗	649—683	永徽	650—655
		显庆	656—660
		龙朔	661—663
		麟德	664—665
		乾封	666—667
		总章	668—669
		咸亨	670—673
		上元	674—675
		仪凤	676—679
		调露	679
		永隆	680—681
		开耀	681—682
		永淳	682—683
		弘道	683
中　宗 (武后控制下的朝廷)	684＋	嗣圣	684
睿　宗 (武后控制下的朝廷)	684—690	文明	684
		光宅	684
		垂拱	685—688
		永昌	689
		载初	689—690
武后则天 (周"朝")	690—704	天授	690—692
		如意	692
		长寿	692—694

帝王名号	在位期	年 号
		延载 694
		证圣 694—695
		天册万岁 695
		万岁登封 696
		万岁通天 696—697
		神功 697
		圣历 697—700
		久视 700—701
		大足 701
		长安 701—704
中宗复位	705—710	神龙 705—707
		景龙 707—710
少 帝 （韦后控制下的朝廷）	710+	唐隆 710
睿宗复位	710—712*	景云 710—712
		太极 712
		延和 712
玄 宗	712—756*	先天 712—713
		开元 713—741
		天宝 742—756
肃 宗	756—762	至德 756—758
		乾元 758—760
		上元 760—761
		元 761—762
代 宗	762—779	宝应 762—763
		广德 763—764
		永泰 765—766
		大历 766—779
德 宗	779—805	建中 780—783
		兴元 783—784
		贞元 785—805
顺 宗	805*	贞元 805
		永贞 805
宪 宗	805—820	永贞 805
		元和 806—820
穆 宗	820—824	长庆 821—824
敬 宗	824—827	宝历 825—827
文 宗	827—840	太和 827—836
		开成 836—840
武 宗	840—846	会昌 841—846
宣 宗	846—859	大中 847—859

帝王名号	在位期	年　号	
懿　宗	859—873	咸通	860—873
僖　宗	873—888	乾符	874—880
		广明	880—881
		中和	881—885
		光启	885—888
		文德	888
昭　宗	888—904	文德	888
		龙纪	889
		大顺	890—892
		景福	892—893
		乾宁	894—898
		光化	898—901
		天复	901—904
		天祐	904
哀　帝	904—907	天祐	904—907

注：详细情况见慕阿德：《中国历代的统治者（公元前221年至1949年）》（伦敦，1957年），第54—62页。关于详细的历法，见平冈武夫：《唐代之历》（京都，1954年）。

* 退位；

\+ 被废。

表4　　　　　　　　　　**皇室的联姻关系**

—— 独孤氏　　　　　＝＝ 李氏（唐皇室）

……… 杨氏（隋皇室）　　‖‖ 宇文氏（北周皇室）

注：杨忠、李虎和宇文泰（分别为隋、唐和北周的皇室创始人）与独孤信一起在西魏时期都当过高级将领，前三人之子娶后者之女为妻。

表 5	唐代的度量衡制
(1)长度	10 寸＝1 尺(略少于 1 英尺) 5 尺＝1 步(双步度) 10 尺＝1 丈 1800 尺＝1 里(接近 1/3 英里)
(2)面积	1 亩＝宽 1 步×长 240 步的狭长地带(接近 0.14 英亩) 100 亩＝1 顷(接近 14 英亩)
(3)容量	3 升＝1 大升(标准容器单位) 10 大升＝1 斗 10 斗＝1 斛
(4)重量	1 斛＝1 石(接近 1¾ 蒲式耳) 3 两＝1 大两(标准单位) 16 大两＝1 斤(接近 1½ 英镑)
(5)布	1 匹丝＝宽 1.8 尺×长 40 尺 1 段麻＝宽 1.8 尺×长 50 尺

注：详细内容见 S. 巴拉兹《唐代经济史文集》，载《柏林东方语言通报》，63 (1933 年)，第 49 页以后。

第 一 章

导　　言

论述隋唐时期（581—907 年）历史的篇幅占两卷，本卷为第一卷。它旨在为读者提供这一复杂时期的一部记叙体著作。在此期间，中国在政治制度、与邻国的关系、社会组织、经济以及思想、宗教和艺术生活的各个领域等方面都发生了广泛的变化。下一卷将详细论述制度、社会和经济变化以及思想发展等大问题，并附有这两卷的参考书目。

只要浏览一下这一参考书目，就可以看出许多近代的学者已对唐代进行了专门研究。中国学者因视它为中国政治力量和影响的鼎盛时期和在文化、艺术等方面取得杰出成就的王朝而深为注意。日本学者之所以专心致志于隋唐时期的研究，不仅因为他们对这一时期有内在的兴趣，而且因为在此期间日本深受中国制度的影响。结果，日本学者对隋唐时期的中国自然有一种深入和本能的了解，因为后者给他们自己的国家结构、法律、制度、艺术、文学甚至文字，都提供了大量的素材。西方学者也早就对这一时期着了迷，1753 年耶稣会宋君荣神甫完成了第一部完整的西文唐代政治史；[1] 近几十年，他们为促进人们对唐代的认识又作出了自己杰出的贡献。

虽然隋唐时期比 19 世纪以前中国史中的任何时期更加受到近代史学家的严谨的研究，但最广义的政治史却被忽视了，而且被视为理

---

[1] 宋君荣：《唐代史纲》，载《中国论文集》卷 15（1791 年），第 399—516 页；卷 16（1814 年），第 1—365 页。虽然出版日期较晚，这部不朽的著作在 18 世纪中叶就已在北京写成；1753 年宋君荣把它寄回巴黎。《中国论文集》卷 16 还包括他论以下内容的几篇论文："论唐代的穆斯林"，第 373—375 页；"论唐代的人口"，第 375—378 页；"论西安的景教碑"，第 378—383 页；"论唐代的西域诸国"，第 383—395 页。

所当然。令人奇怪的是，本卷论述的大部分内容甚至连近代的中国历史学家也未详细考察过。只有隋代、唐代初年、武后在位期、玄宗后期和9世纪的前几十年才受到应有的严谨的剖析。至于其他的时期，最佳的概述依然是非常明晰、审慎和带批判性的著作《资治通鉴》，此书为司马光等人合写，成书于1085年。① 随着本卷编写工作的深入，我们对这位史坛巨子的仰慕之情也与日俱增。编写《剑桥中国史》的原来的目的是提供当前认识状况的概要，但结果这几卷的所有章节体现了对过去忽视的课题的新的研究成果。因此，有些成果仍是假设性的。但是把许多个别的专题的研究成果通过按年代排列的详细记载联系起来，这就突出了迥然不同的领域的发展之间许多未知的关系。我们确信，本卷将为读者提供历史的前因后果，这又将给下一卷更专门的研究增添新的意义。

通过本导言，我将扼要说明贯穿于这一时期并吸引过去学者注意的几个主要论题，同时提请注意因我们掌握的原始材料的性质而引起的几个复杂的根本问题，因为它们大大地限制了近代史学家的成就。本卷对各个阶段的论述详略不一，这与我们掌握的各阶段文献资料的多少有密不可分的关系。

全国统一的形成

在这几个世纪中，最重要的一个长期历史发展是始于重新建立了中国的大一统。在此之前，秦汉建立的统一帝国已经崩溃。2世纪后半期中央权威日益衰落，许多地方权力结构随之成长壮大。2世纪80年代的黄巾之乱和其他民变及随之出现的几十年的内部冲突和近于无政府的混乱状态，最终破坏了汉政府的有效的力量和权威。武力成了

---

① 关于司马光，见浦立本《中国的历史批判主义：刘知几和司马光》，载 W. G. 比斯利编《中国和日本的史学家》（伦敦，1961年），第135—166页。又见浦立本《资治通鉴考异及730—763年的史料》，载《东方和非洲研究学院学报》，13.2（1950年），第448—473页。

权威的唯一源泉，皇帝成了受武将控制的傀儡。强大的地方权贵在一定程度上维持着地方的稳定和法律秩序，他们个人拥有大量土地和众多依附于他们的农户和武装门客。220 年，当最后一位无权的汉帝让位给他的一位大将时，中国分成三个地区国家，它们的中央政府都没有全盛时期汉朝的那种毋庸置疑的权威。虽然晋在 280 年短期内重新统一全国，但新政权并无有效的力量，并很快成了严重内乱的牺牲品。几乎不久，即在 4 世纪之初，北方被一批批异族的游牧民族所蹂躏，晋只作为一个地区政权而在南方苟延残喘。入侵者在西北有吐蕃血统的羌和狄，在北方有匈奴及各种突厥人、准蒙古人和通古斯人。他们蹂躏了原来为中国最先进、最富饶和人口最稠密的地区，令人眼花缭乱地建立起一个个短命的小王朝。北方经受了一个多世纪不断的战争、混乱、破坏和自然灾害的苦难，才在 440 年由拓跋突厥人建立了一个稳定而统一的北方政权（北魏）。

虽然拓跋人在几十年中试图保持他们的文化特征，但他们与其前人一样，发现自己不得不采用中国的制度并且与中国的社会精英合作。他们的传统的部落贵族感到自己快被其中国臣民同化，于是做出了强烈的反应；随之产生的紧张对立使北魏帝国分裂成两个国家，即国中非汉族成分仍最为强大的西魏（557 年成为北周）和东北的东魏（550 年成为北齐）。最后，在 577 年，北周征服北齐，重新统一中国的北方，再度树立起西北人的政治和军事的支配地位。

这几个世纪非汉族所占的政治和社会的支配地位给中国北方的社会和制度带来很深的影响。各个外来统治王室的贵族经常与中国社会精英联姻。特别在西北，那里出现的两个贵族集团所形成的社会精英与传统中国的统治阶级迥然不同。这两个集团一为山西中部和北部的代北贵族，一为其权力基地在山西西南、陕西和甘肃的强大得多的关陇贵族。它们的成员不但是混血儿，其生活方式也深受游牧部落风俗的影响；甚至到了唐代以后很久，它们之中的很多人仍既讲汉语，又讲突厥语；它们基本上是军人集团而不是文人精英，过一种艰苦而多活动的室外生活；另外，如同其他游牧民族，它们的妇女远比传统中国社会的妇女独立和有权威。

在东北平原，山东（太行山以东地区，即今河北、河南和山东）的几个大贵族世家竭尽全力想保持它们作为汉代文化真正继承人的社会和文化特征。它们注意不与外来的贵族通婚，在一定程度上不卷入宫廷的政治斗争，在自己的地方根据地上保持强大的力量。

隋作为北周的后继者而崛起。与北周的统治王室一样，开国者杨坚（未来的文帝）的家族也是西北的关陇贵族。这个家族的成员曾先后为北魏和西魏效劳，而它本身就是一小批创建北周的强有力的家族之一。这批家族还包括独孤氏（杨坚之妻的家族）和未来唐王朝的李氏，它们通过复杂的婚姻纽带而互相发生关系和与北周王室发生关系。① 根据以后发生的大事，隋朝虽然标志着中国历史延续性的一个大断裂，但帝国的继承和创建在当时不过是一次宫廷政变，是西北的一个贵族家庭接替另一个家族即位。后来唐朝的继承也不过是把皇位移向这一紧密结合的家族集团中的另一个家族而已。在7世纪和8世纪初期，隋室的杨氏、独孤氏以及北周宇文氏王室的成员依然遍及各地，势力极大。

隋不仅使由西北各贵族大族组成的小集团的政治优势得以绵延，它还通过在前一世纪已被北方诸王朝所采用并行之有效的制度继续组织它的帝国。在这一方面，唐朝也继续沿着几乎同一条路线走下去。因此，在占统治地位的社会集团和政治制度方面都存在着从北魏一直持续到唐初的强有力的延续性。

隋文帝执政初期是在北方巩固从北周接管的政体。不到几年时间，隋朝便制定了新的法典，改造了地方政府的混乱体制并使之合理化，把京畿的官署和地方的衙门结合成由强有力的中央控制的统一的官僚机器，振兴了国家的财政结构，沿北方边境加强了对突厥人的防务。与北魏和其他北方王朝一样，隋号称是中国的合法统治者。隋文帝现在开始把它变成现实。

---

① 见前列图表4。又见陈寅恪《记唐代之李武韦杨婚姻集团》，载《历史研究》，1（1954年），第33—51页。

对南方的征服提出了几个崭新的问题。中国的南方最初被晋统治，后来又由几个短命的王朝——宋（420—479 年）、南齐（479—502 年）、梁（502—557 年）、陈（557—589 年）——来统治，这样一直搞了两个世纪。南朝都以豪华奢侈的建康（今南京）为京都来发号施令，并被一小批强有力的贵族门阀及其武将所操纵。它们政治上不稳定，它们统治的时期不断发生宫廷阴谋、政变和篡位，它们不时企图收复北方，但带来了灾难性的后果。南朝的中心在长江下游，但在这几个世纪的主要成就表现在中国人开始向江南地区移民，表现在安抚和同化那里的土著。

虽然南朝弱于北方，但在某些方面却比北方先进。南方的大家族大都是从北方逃难来的，自以为与北人的气质迥然不同，鄙视北人，认为他们粗鲁、土气，是半野蛮人。他们称自己是汉文化的标准的继承者，并发展了一种特别典雅的文体、自己的哲学和佛学学派以及自己的温文尔雅的社会习俗。[①] 但两者最根本的差别并不表现在生活方式的不同和竞相声称自己拥有更优秀的文化这两方面。

3 世纪和 4 世纪的混乱对北方产生了社会和经济的深远而持久的后果，大批人逃亡（特别从西北），希望在四川、淮河和长江流域等比较安定的地区避难和寻求新生活。数百万人在 4 世纪的不断战争中丧生。北方的大片土地遭到破坏，人口减少，耕地荒芜，因此北方诸政体不断地力图鼓励它们的人民利用土地获益。在拓跋人统治下，奴隶制又大规模出现了，这又引起了社会混乱。北方的大部分地区又恢复了自给自足的耕作制，社会倾向于密集在由一个或几个大族控制的小地方单位内。交易和商业衰落，货币被废弃。北朝诸政体就是针对这种局面制定它们的制度的；它们征收实物，政府的大部分次要的职能都是通过劳役来完成的。

南方的土地一旦被开垦，就远比北方的肥沃，产量就高得多；南

[①]　关于南方和北方社会精英的文化差别，见宇屋美都雄《南人与北人》，载《东亚论丛》，6（1948 年），第 36—60 页；此文转载于他的《中国古代之家族与国家》（京都，1968 年），第 416—460 页。

方广泛采用的水稻移植法使它能生产大量剩余粮食。贸易继续发展，货币的使用也日趋广泛。南方诸政权对商业实行课税；货币在财政体制中起了比较重要的作用。

隋朝对南方的实际征服是比较容易的。当时南方有两个政体。位于今湖北省的后梁曾是北周的附庸国，在587年很容易地被制服。位于南面和东南面的以建康为根据地的陈，经过了一次短暂的较量也在589年被征服，帝国的统一终于完成。实际的征服是以最小的流血牺牲和破坏完成的。开明的和富于想像力的政策又巩固了这次征服，因为这些政策赢得了南方统治阶级的效忠并把它们并入隋的官僚集团之中，而平民百姓并没有额外增加负担或完全受制于北方的土地制和税制。到了7世纪初期，南方已成为财富和储备的一个重要来源。在隋代的第二个皇帝炀帝统治期间，一个运河网络被建成，它把长江流域与黄河和今北京附近的地区连接起来，从而使隋能够以南方的粮食和物资来供养其宏大的都城大兴城（今西安），并给北方边境提供战略物资。这就为南北方的统一提供了具体形式。

中国的重新统一证明是一个扎实而持久的成就，但隋王朝本身却很快就每况愈下。隋朝强有力的中央集权国家的建立，进行一些巨大的公共工程（如建造长城和建设运河网络）所付出的代价和造成的死亡，这些引起了国内的紧张，而国内的紧张又转而引起普遍的苦难和不满。由于炀帝妄想把中国的势力扩大到原来汉朝的西北疆土和朝鲜北部（此时已是强大和组织完善的高丽国的领土），这又把事情弄得更糟。对高丽进行的一次次代价高昂但劳而无功的讨伐造成了普遍的混乱，致使隋王朝的国力丧失殆尽。不过在隋灭亡以后，虽然有许多人争夺权力，但把中国分裂成为若干地方割据的国家的任何现实的威胁再也不存在了。617年隋最后垮台以后的问题是，哪一支叛军能够取代它而主宰全帝国。

甚至在胜利者唐朝时期发生的大事也证实了这一点。经过一个多世纪的国内安定以后，755年的安禄山之乱几乎把王朝打倒在地，当时这一建于7世纪的强大而高度集中的政体证明已不能生存下去，除非它去与这次叛乱造成的强大的地方自治势力妥协。中国有些最富和最重要的地区实际上已不受中央的控制。但它们并不企图通过成立地方割据的国家以维护自己的独立，而宁愿继续留在一个统一的中国政体的结构之内。

后来，在9世纪后期，群众普遍的不满导致了灾难性的黄巢叛乱，随之使国家分裂成十来个地方政权。它们是唐后期地方割据的产物，这种独立既是出于自己的意愿，也是因为中央权力的彻底崩溃。它们多数是完全能够生存的国家，大约过了70年宋朝才把它们之中的最后一国重新统一在自己版图之内。但帝国终究会重新统一，这是被视为理所当然之事。北方的有些地方在10世纪初期也陷于异族邻邦之手，沦陷时间达四个世纪以上。但它们一直被视为应待收复的外人统治之地。

总之，政治分裂被认为是万物自然秩序临时的失调，在适当时候通过一个新的中央集权政体的兴起，这种状态就将告终。安禄山之乱以后，当人们十分清楚地意识到中央权威的衰亡时，他们心目中不是把它比作晚近的分裂局面，而是比作周代后期，即周王的权威下降并受到封建主权力挑战之时。人们以封建——即分权和把权力转移给地方封建主——大势来看待这一形势，而不仅仅看成是帝国的瓜分。

因此，隋唐两朝终于树立了中国一体化的思想，即一个领土统一的帝国的思想。下面将要谈到，它们还建立了唯中国的军事和政治势力马首是瞻的外围领土地带；也许更重要的是，它们建立了由若干独立国家组成的隔离地带，中国的文化、思想体系、文学、艺术、法律和政治制度及使用的文字在这些国家中处于支配地位。

制 度 变 化

隋唐时期发生的第二个历时甚久的大变化是政治生活类型发生的彻底改变。从6世纪后期到11世纪这段时期，中国的社会和生活的各个方面起了彻底的变化，这只有从公元前500年至汉代初期的根本变化可以相比。甚至9世纪的历史著作也看到统治阶级的组成有了完全的变化；在 11 世纪，沈括在寻找与隋代以前相似的社会秩序时，只好着眼于与他当时的中国迥然不同的印度社会。

在近代历史学方面，内藤虎次郎在清朝已亡、中国的传统秩序正在崩溃的第一次世界大战前夕首先研究了这一大问题。内藤认为，唐代和宋初代表着中国"中世"期的终结和"近世"中国的开始。这里的近世的意思是，那时开始定型的政府、行政和社会组织的类型基本上也就是传至他的时代的那些类型。①

他非常概括地阐述了这些变化的特点，现转述如下：在汉亡以后的漫长的大分裂时期，中国已被若干贵族集团控制，它们在地方和全国的社会地位和政治优势是毋庸置疑的。它们不但垄断了高级官职，而且大力推行强调出身和社会地位的官员荐举制，这样，它们的势力就深深地在各级政府中扎下了根。它们一直是一个封闭的圈子，实行内部通婚，只有在取得政治利益时才与圈外的人结婚。有些贵族与北方的非汉族征服者联姻，6 世纪北方诸王朝及隋、唐的统治王室就是从这部分贵族中产生的。到此时为止，某个统治王室不过是一个特定的、暂时为帝的贵族氏族。保持巨大财富和权势的其他大贵族氏族不过把皇室看做其中的佼佼者罢了。皇帝与同一社会出身的高级官员关系密切；一些重大政务是与他们在非正式会晤时决定的。因此，皇帝不得不通过贵族同伴并在与他们相互获益的情况下进行统治。

在隋代，特别在唐代，随着全帝国的再统一，这种状况起了变化。贵族的力量逐渐衰弱，他们在政府中的地位被职业官僚所代替，这些职业官僚依靠自己的才能和教育程度并通过科举登仕，成了统治王朝的代理人，而不是本社会集团的代表。这样就扩大了统治集

---

① 关于内藤的理论，见 H. 宫川《略论内藤的假设和它对日本的中国研究的影响》，载《远东季刊》，14.4（1955 年），第 533—552 页；周一良：《日本内藤湖南先生在中国史学上之贡献》，载《史学年报》，2.1（1934 年），第 155—172 页；浦立本：《中国史和世界史》，第一讲（剑桥，1955 年）；内藤的理论首先在其《中国论》（东京，1914 年）发表，后又在其《概括的唐宋时代观》（载《历史与地理》，9.5〔1922 年〕，第1—12 页）一文中和在他死后出版的 1920—1925 年在京都大学讲课的讲义《中国近世史》（东京，1947 年）中得到更充分的发挥。

团的社会基础，使出身于小家族的人也能进入官场。旧贵族逐渐消失。

随着政府官员的这一变化，皇帝的地位也改变了，他再也不仅仅是贵族精英中的第一号人物，这些贵族精英中的一些人（如在唐代）甚至藐视皇室，认为它是社会的暴发户。由于没有贵族的挑战，由于有了依靠王朝才能取得官职、权力和势力的官僚集团，皇族以一种崭新的面貌雄踞于普通社会之上，同时皇帝开始逐渐地扩大了他的专制权力，它在明代而达于极点。结果是皇帝与社会之间、皇帝与他赖以进行统治的官员之间的鸿沟越来越扩大了。

内藤只是很笼统地阐述了他的理论。他原来不是搞学术的历史学家，而是一位从 19 世纪 90 年代起开始研究中国的新闻工作者和时事评论员。另外，他写作时近代西方历史科学才刚刚开始应用于中国的过去。他的观点已被后来的学者作了许多修正和提高。我们现在对唐代社会的组成和对政治、制度变化的确切性质等方面的了解，远比他的时代详细。我们知道，"贵族"是一个比内藤想像的要复杂得多的社会阶层，他简略地谈到的各种变化是逐步实现的，它们的最后结果要到 11 世纪才变得明显起来。但是，内藤勾画的总的轮廓，虽然主要凭直觉了解，对近代研究的发展来说却仍是站得住脚的一家之言。

他的理论本质上是政治分析，虽然他把政治变化置于一个社会、经济和文化发展的广阔背景中来考察。他的几个后继者，特别是接替他在京都大学执教的宫崎市定，并不那样倾向于把重点放在政治发展方面，而是深入研究经济和社会史中若干主要的基础问题。[①] 他们还竭力想把中国的历史纳入世界史的总的发展类型中。早期的马克思主义者也是如此，他们组成的一个重要集团认为，虽然晚唐是中国历史中的一个重大转折期，但不如说它是奴隶社会阶段和封建主义阶段之间的过渡时期。我将在以后再论述这些问题。

解释这一时期政治和制度史的第二个大贡献是伟大的中国史学家

---

① 例如见宫崎市定的《东洋的近世》（京都，1950 年）。

陈寅恪作出的。[①] 在战争年代重庆出版的两部主要著作和 20 世纪四五十年代发表的许多论文中，他提出的关于唐代政治和制度的一个观点远比以往发表的任何观点扎实、严谨和令人信服。在使我们了解这一时期方面，他的主要贡献是对不同的对立集团和利益集团的分析，因为这些集团为唐代的宫廷政治提供了动力。他认为唐代是一过渡时期，在此期间统治皇室（其本身就是紧密结合的西北贵族中的成员）主持朝廷，这个朝廷开始时被同一社会集团的人控制，然后围绕贵族中对立的地方集团分化，再后来由于旧贵族和通过科举考试而成为职业官僚的新阶级不断摩擦而分裂。他认为科举制度是为王朝提供官僚精英的一种手段，这些人依靠王朝而不是依靠高贵的世系和世袭特权取得地位和权力。陈教授及其支持者中的某些人主张，经过考试吸收的官僚集团的兴起在很大程度上应归因于武后的审慎的政策，认为武后是旨在打破西北贵族对政治力量的垄断的"外人"。有人提出过一些很无说服力的论点，试图考证这些"新官僚"就是新兴的商人和地主阶级。

陈寅恪的观点已受到详细的质问：武后促使官僚集团内部产生一批科举出身的官员的作用肯定被夸大，也许被误解了；新官僚大部分从贵族的下层中吸收，后者的组成比他设想的要复杂得多；朝廷的党争只是偶尔围绕着贵族集团和中举士子的紧张对立才两极化，而党派大部分是某一特定问题造成的短暂的结合，而不是他设想的那种长期结盟；贵族保持的控制比他认为的控制程度更大，时间更长。[②] 然而，他的分析对以后的研究证明是非常有成效的出发点。陈的分析经过巧妙的发挥和提高，已成了浦立本研究玄宗执政最后几年唐代政治

---

① 陈寅恪的理论最早在 1944 年重庆出版的以下两部著作中发表：《唐代政治史述论稿》和《隋唐制度渊源略论稿》。它们以后有几种版本，现只能在陈教授近期的两部文集中见到。编得极好的《陈寅恪先生论集》（台北，1971 年）只收他 1949 年前的作品。《陈寅恪先生论文集》（两卷，香港，1974 年；《补编》，香港，1977 年）所收的作品较完全，但编得较差。

② 要了解这方面的某些文献，见崔瑞德《唐代统治阶级的组成：从敦煌发现的新证据》，载芮沃寿、崔瑞德编 《对唐代的透视》（纽黑文，1973 年），第 83—85 页。

史这一最重要的著作的基础，[1] 此书的每一章节都很得益于陈的研究成果，虽然陈对具体问题的明确的观点受到了挑战。

陈寅恪不但注意对立的贵族集团之间和宫廷党派之间的斗争，他同样提出了制度发展方面有创见和有洞察力的观点。[2] 他确定了唐政府中出现的另一个根深蒂固的紧张局面：一方是隋唐从北方诸王朝（可追溯至北魏）继承下来的制度，上面已经谈过，这些制度是为比较原始和简单的社会制定的；一方是出于把它们应用于重新统一的帝国中远为复杂的形势的要求。他指出唐代政府的各个方面是怎样处于一个激烈变化的时期的，这些继承的制度在此期间或被修改，或被更先进、更适用于新形势的体制所代替。

在过去 40 年，大量研究这类制度变化的文献问世了；现在已经清楚，如同其他方面那样，隋唐横跨两个迥然不同的时期，激烈的变化发生在 8 世纪；但由于名称的沿用，由于一些不再起作用和已经有名无实的机构制度的名称的存在，这些变化常被弄得模糊不清。现在仍需要对个别的制度进行详细研究，我们才能有把握地进行综合，但对已经出现的主要研究路子我们可概述如下。

像上面已经提到那样，隋代和初唐不是制度剧变或创新的时期。其真正的成就是修改现行的行政方法，以适应大大扩大的帝国的需要以及变化和变化中的社会秩序。这是一个使行政程序合理化、简化和效益化的时期；是消灭冗员（例如在地方政府）和多余法律的时期。公元 583 年隋朝法典的篇幅是北周法典的三分之一，是南梁 503 年颁布的法典的五分之一。它又是行政活动进行法典化和正规化的时期，当时强有力的中央政府对长治久安满怀着信心，致使政治家们都倾向于以全帝国适用的统一制度和社会行为的持久准则来考虑问题，而不是用老经验来处理出现的具体问题。

人们通常认为太宗之治（626—649 年）是唐代"理想制度"的形成时期，是一个以良好和井井有条的施政著称的统治期。8 世纪后

---

[1]　浦立本：《安禄山之乱的背景》（伦敦，1955 年）。
[2]　陈寅恪：《隋唐制度渊源略论稿》。

期和 9 世纪的作者在怀旧时当然把它说成是黄金时代。但事实上太宗在执政时并没有制定新制度，政府的政策也没有大变化。政府的基本结构、行政的细节以及政府干预的限度这一十分重要的问题早在隋代已被建立和解决，只是在唐高祖时期稍加修改后又被采用，并体现在 624 年颁布的一些法典化的法律中。

太宗的真正成就不如说是他进一步巩固了唐朝的力量以及他个人的施政"作风"，后一成就使他能在高级官员内部不同的强大贵族集团中树立牢固的优势。他的最早的修史者之所以赞誉他，不仅仅是因为他在巩固唐朝国内外的力量时作出了毋庸置疑的成就，更多的是因为他果断坚强，同时又是明智仁慈的君主，一贯愿意倾听他的一批亲密而有才能的智囊的意见。事实上他被誉为一位明君，他行使权力的做法符合传统儒家的道德伦理和反制度的理想，因而他同官员和传统的历史学家有心心相通之处。

在与大批大臣的日常会晤中，他的政府也对上层官僚广开言路，努力使他们为王朝矢效忠诚，同时也加强了他们的团结精神。①

初唐政府是简朴和节省的。晚至 657 年，唐朝只有 13465 个有官品的官员来管理可能超过 5000 万的人口。兵制由民兵保持在最低水平上，这些队伍是自给自足的农民，每年轮班服役。政府的日常工作尽量交给挑选的纳税人以劳役的形式去完成。中央对地方政府的控制已经牢牢地建立起来，地方的官员也被纳入单一的官僚机构内，州县的职位已不像分裂时期那样由地方的望族把持。但是，中央虽然牢牢地控制到县一级，人们公认中央的政策和干预只能在以下几个很有限的活动领域内实行：法律和秩序的维持，司法、税收及有关的人口登记和土地分配工作，以及对服兵役和劳役的劳动力的动员。由于地方官员自己不掌握强迫本地居民的武力，地方对政府政策的贯彻在很大程度上依靠县官与大批基层的胥吏和村长协商办理，后两种人既是国

---

① 关于他在施政这方面的例子，见 H. J. 韦克斯勒《天子的镜子：唐太宗朝廷中的魏徵》（纽黑文，1974 年）。

家的小雇员，又是地方社会的代表。这样做的目的是在京师颁布的政策和地方的可行性及承诺能力之间进行协调。过于高压的干预政策是完全不可能的。执行法律太严酷的官吏更可能遭到责难和惩处，而不是受嘉奖。

因此，协调和调节是整个行政体制中的关键。在中央政府中，强大的贵族集团中的既得利益者仍然几乎提供政府中的全部高级官员，所以皇帝要受到牵制，就像地方官员也被他施政的环境所牵制那样。

这种平衡并没有维持很久。太宗的军事野心推动他向中亚扩张，并且又企图收回汉代的满洲和朝鲜的领土。他的继承者高宗继续进行这些征讨，到了7世纪70年代，唐代已在波斯边境建立了它的保护国，占领了塔里木和准噶尔，并在朝鲜打垮了高丽，不过却未能如愿地把它并入帝国。由于这些征服活动以及需要建立长期的戍边部队以防御北方突厥族这个传统的敌人和新出现的搞侵略扩张活动的吐蕃国，唐朝亟须建造巨大而昂贵的防御设施。在国内，官僚机器不断扩大和日趋复杂。开支激增，有入不敷出的危险。税制受到了压力，政府不得不开征新课。

朝廷的政治平衡也被破坏。太宗有事必躬亲的行政作风，他与官僚集团树立的共同使命感，在他死后不久已不存在。继承者高宗是一个病夫，他日益受到其无情的武后的支配，后者在他死后控制了朝廷，最后在691—705年期间自立新朝，自己称帝（中国历史中唯一的女统治者）。其政治制度恐怕不像传统历史学家声称的那样混乱。但她的统治期在政治上引起了很大的变化。她的施政作风是专横高压，使用特务并不断进行清洗。她企图消灭李唐宗室的力量，使许多人被杀；她有意识地抑制王朝的主要支持者，即西北的世家大族。她使用任性和残暴的施政方法，破坏了官吏阶级的信心，并且给予她宠幸的一批批小人过分的权力。但出现了两个重要变化。第一，在以前的朝廷中作用甚小的出身于东部平原大族的官吏，现在开始担任高官，因而不同地区贵族集团之间的党争不再是政治中的主要因素。第二，从长远观点看更为重要的是，一批通过科举考试进入仕途的官僚精英开始在最高的宫廷机构中任职。[①]

科举制不是她的创造。它始于隋，并在初唐小规模施行。武后本人通过考试吸收的人较少。新形势之出现，部分是由于已经出现一批经过考试任职的官员，他们已有担任高官所必需的高龄和资历。此外，她本人似乎有意识地选拔中举士子担任朝廷的"清望官"（机要的咨询和审议之职），这些职务是由低级人员担任的。中式士子开始被起用为官僚集团中的一批精英，他们有希望青云直上并可长年累月在中央政府中供职。这些人大部分出身贵族，有的来自一直控制朝廷的"全国性贵族"中的高门大户，有的来自有同样悠久历史的地方望族中的小"州县贵族"。官僚集团中由此产生的紧张对立，与其说是像陈寅恪提出的那种阶级出身不同的结果，不如说是官僚结构内对立的职能集团的分歧的产物。

当武后在 705 年垮台和唐中兴时，政府到处呈现紧张的征兆。但没有立刻进行补救，因为武后的继承者中宗证明是一个无能的统治者，受皇后韦氏的控制；而韦后与其亲属进行大规模的贪污活动，通过公开卖官鬻爵来扩大官僚集团。

在玄宗（713—755 年）统治时期，王朝又处于坚强的领导之下，国家高度繁荣，文化辉煌灿烂，因此这一时期成为中国历史中的几个盛世之一。但在他执政期间，因以前几十年的危机而必须进行的改革造成了一系列意义深远的变化，它们即将激烈地改变中国的历史进程。[②]

在中央政府内部，自隋代传下来的门下、中书和尚书三省之间精心安排的权力平衡和职能分工遭到了破坏。在前几代作为皇帝的非正式咨询机构的庞大的宰相集团，这时的人数减到四人以下，他们兼有制定政策和最高行政长官的大权。门下省和中书省合而为一，成为代

---

① 关于她执政时事迹的十分肤浅的记载，见 C. P. 菲茨杰拉德《武后》（伦敦，1956 年；第 2 版，1968 年），又见外山军治《则天武后》（东京，1966 年）；R. W. L. 吉索：《唐代武则天皇后之生平及时代》，1975 年牛津大学未发表的博士论文。

② 浦立本：《安禄山之乱的背景》。

替两者制定政策和草拟法律的单一机构。尚书省单纯地成为政府的执行部门，它的首脑不再是宰相，也不参与对政策的磋商。这样，宰相们行使近乎独裁的大权的道路被打开了。[①]

皇帝不再定期与大批大臣商讨政策，开始越来越依靠从集贤院和翰林院等文士荟萃之地出身的一批批年轻低级官员来帮助他起草文件和拟订政策。他还开始使用宦官做他的私人代理人，以绕过正规的行政手续。这些发展开始破坏正规官僚体制的权力和影响，打破日常政务的有条不紊的秩序，制造皇帝与官吏之间的鸿沟；随着玄宗日益倦于政事，转而沉溺于宗教生活和寻欢作乐，这一鸿沟就加大了。

另一大变化是成立专司官署来解决紧急的行政问题，特别是财政问题。这些机构不编入正规的官僚组织，它们的掌管大臣拥有大权，能雇用大批人员，其中许多人还是专家。结果官僚集团内专业化和职业化日益发展，这就侵蚀了原来的信念，即认为官僚只须接受无官不会做的通才训练，而让下属去搞专门技术。[②]

财政制度的广泛变动还与原有的统一行政的思想背道而驰。新税按纳税人的财富分级征收，除了纳税人拥有的国家分配土地以外，还考虑他们的财产。地方的收入有了定额规定，以避免旧制中集中和复杂的会计手续。币制被改革，运送华中和华南收入的运输系统被改造。这些变化破坏了过去传下来的简单的财政制度的基本原则。[③]

同时，防御强大而机动的敌人的需要促使政府放弃了军队大部分是自给的旧的民兵制，而代之以长期服役的职业军队。他们大部分驻守在边境的各常备军中，这些常备军在节度使统辖下组成强大的地方藩镇。节度使对边境某一战略防区全面负责，这样他们才能比中央指挥的体制更迅速有力地对外来的攻击作出反应。在这一方面，新体制

① 见孙国栋《唐代三省制之发展研究》，载《新亚学报》，3.1（1960 年），第 19—120 页；严耕望：《唐史研究丛稿》（香港，1969 年），第 1—101 页；周道济：《汉唐宰相制度》（台北，1964 年）。

② 崔瑞德：《安禄山之乱以后之盐使》，载《大亚细亚》（新序列号），4.1（1954 年），第 60—89 页；砺波护：《关于三司使之成立》，载《史林》，44.4（1961 年）。

③ 崔瑞德：《唐代的财政管理》第 2 版（剑桥，1970 年）。

是成功的，但它几乎使全部军事力量集中在少数边境将领之手。同时，民兵的腐败使中央政府只有很少军队可资调遣。

755年安禄山叛变。此人为一个具有突厥和粟特混合血统的武将，并控制着东北三镇。安禄山死后叛乱还在继续，一直到763年才最后被平定。中国最富饶、生产力最高的河北道和河南道的大片地区遭受破坏，人口减少。战乱扩大到长江下游和汉水流域。到叛乱平息时，中国人已放弃了南满的立足点，整个西北（今甘肃）陷于吐蕃人之手，因为唐朝的边防军已被撤回保卫京师。但是，叛乱引起的最重大的长期性破坏却是中央政府权威的严重丧失造成的。[①]

在大力镇压叛乱的过程中，藩镇制的实行已扩大到全帝国，于是产生了新的一级地方政府。不像旧的州治，这些地方政府往往是能独立生存的单位，还能严重地威胁中央的权力。北方的有些藩镇能自行招兵买马，河北的某些藩镇甚至委给归顺的叛将指挥，处于半自治状态，它们不向京师上缴税收，自行任命官员，并宣称有权世袭其节度使之职。这些是极端的例子，但要求地方自治和地方特殊化的力量到处在明显地发展。刚从叛乱中挣扎生存下来的中央政府被迫将大部分责任交给地方，以求保持帝国的统一。

结果出现了一系列的制度变化，它们标志着中国行政的一个时代的结束。与各个地区的妥协是非常复杂的事，因为它们的力量、独立程度和内部组织大不相同。在780年前，被若干权力很大的宦官、一个专横的宰相和一批极有权势的财政专使败坏和控制的中央政府对这一局势无能为力。后来，新帝德宗（780—805年）试图在最重要的税收和军事方面纠正这种状况，办法是与地方达成协议，让各地同意向中央缴纳总的税收定额，但征税的具体办法则由地方当局决定。结果是令人眼花缭乱的多样化的局面。税率各地不同，因此再也没有"全国"一致的税制可言。同样，在其他领域也出现了各搞一套的

---

① 见C.A.彼得森《安禄山之乱后东北诸镇之自治》，未发表之博士论文，华盛顿大学，1966年；浦立本：《安禄山之乱及唐后期长期存在的尚武精神的根源》，载于J.C.佩里、B.L.史密斯编《唐代社会论文集》（莱登，1976年），第33—60页。

局面。

德宗的政策以及试图促使地方削减其军队的活动在东北激起了新的叛乱（781—785 年），叛乱几乎再次摧毁王朝，结果相持不下。[1]但在宪宗时期（805—821 年），中央政权终于在很大程度上又树立了权威；除了河北两三个自治程度最高的镇以外，它把镇的制度纳入了官僚体制之内。[2]

但是，8 世纪后期出现并正式表现于 780 年财政安排中的行政多样化依然存在。对地方行政各行其是的这种默认使法典中法律的地位和重要性发生了激变，有些日本学者指出这一变化是政治史的一个重要转折点。[3] 在 737 年前，整个法典的法律——律、令、格、式——大致每隔 15 年就要修改一次以适应形势。叛乱爆发后，唐令中涉及人口登记、土地、税赋、劳役、兵制和地方行政细节的规定已经过时，因为这些制度或者已经作废，或者随着人口的大规模迁移及正规户籍登记制的破坏而不得不被放弃。在记载令的典籍中依然保留了这些规定，例如土地分配的规定又载于两个世纪后的《宋刑统》中，但它们与实际情况已毫无关系。但是，还没有全面修改整个法典的企图。即使先在 8 世纪 70 年代，然后在宪宗时期，中央政府在与地方的斗争中确实恢复了权威，但它颁布新修法典之举并不表明它拥有新的权力，而以前的唐代诸帝都是以此来宣称新政体的正统性的。企图对诏令形式的大量法律加以合理化的唯一活动是时不时地编纂其本原归诸于 737 年法典化的律、令、格、式的《格后勅》。[4]

这样，在 755 年以后唐政府不但放弃了用于全帝国的统一规定和措施的想法，承认了行政的巨大差异性和多样化，而且还放弃了这种

① C. A. 彼得森：《东北诸镇之自治》；崔瑞德：《陆贽（754—805 年）：皇帝的顾问和朝廷的命官》，载芮沃寿、崔瑞德编《儒家人物》（斯坦福，1962 年），第 84—122 页。
② C. A. 彼得森：《中兴的完成：宪宗和诸镇》，载于芮沃寿、崔瑞德编《对唐代的透视》，第 151—191 页。
③ 参见例如砺波护之文《律令体制的崩溃》，载《中国中世史研究》（东京，1970 年），第 407—416 页。
④ 见崔瑞德《关于敦煌之唐代格残卷的一点意见》，载《东方和非洲研究学院学报》，30.2（1967 年），第 369—381 页。

统一和通用的规定和程序应该体现在适用于全帝国的一整套中央编成的法典化律令中的原则。再也没有一套行政法能具有初唐法律的那种绝对权威，而且中央政府承认它再也不可能取得这种统一的准则了。

安禄山之乱以后若干年的地方割据和地方自治产生的影响，其广泛程度远远超过地方政府行政多样化和中央法典地位下降的影响。北方诸镇的地位日益独立，开始出现一种新的行政作风，即由武官去履行以前的文官职责。这一变化还标志着大量任用专业官员的开始。这就为宋初政府中正式的文官、军人和财政部门的官员之间的分权提供了样板。

中央政府也被迫另找出路。政府不能再从帝国的大部分地区直接征税，也不能像以前那样依靠劳役，于是开始通过国家专卖税（先对盐，后来对茶叶、酒和酵素）来筹措收入。这使它能够通过经营这些商品的商人从它控制外的地区间接征税。它开始对矿产品和商业征税，从而放弃了传统的原则，即认为一个稳定的国家的岁入应该是向农民开征的统一税。这些新办法与上述的税收定额一样，在以后许多世纪中一直是行政政策的长期特征。

随着这些变化，制度也有了重大的发展。叛乱以后，许多已成立的政府机构被撤销，官署废置，官职变得有名无实。这种状况在不断变动之中，我们需要进行更深入地研究，才能分清哪些官署继续行使职能，哪些官署已经失去作用。

现在可以肯定的是，对立的政治力量，诸如翰林院学士组成的非正式的智囊团以及宦官的权力，都在削弱各级正规官员的情况下不断增长。在 8 世纪后期和 9 世纪，宦官的权力大大加强，当他们取得对神策军——为皇帝提供主要力量以与地方军抗衡的精兵——的控制时，其权力取得了一种新的表现形式。宦官有时还掌管皇宫的内库，并开始在处理公文和传达皇帝命令时起主要作用。这一职能在枢密院中被正式规定下来，院内年长资深的太监们还充当顾问，其作用很像外廷的宰相。传统的史学家始终敌视宦官。他们的活动很难弄清，因为他们从不像朝廷官员那样公开活动，而是采取间接对皇帝施加影响或利用同伙官员的手法来运用权势。但在 9 世纪初期，他们的力量是如此强大，以致朝廷官员不得不让有权势的宦官卷入他们勾心斗角的党派斗争中。在 9 世纪，宦官几乎决定每一次皇帝继位的大事，而且可能不止谋害了一个皇帝。[①]

朝廷官员的实权由于被宦官、翰林学士和独立的财政专使的活动暗中破坏，并受到对他们施加压力的节度使的外部挑战，朝廷被激烈的党争所分裂。陈寅恪认为这是旧贵族和中举士子之间再次爆发的紧张对立的结果，但砺波护反对此说。[②] 不过，成为这一时期特点的尖锐对立和私人恩怨是活生生的现实。文宗力图消灭宦官的势力，结果使宫廷更加处于困境。835 年，一次清洗宦官的企图失败了。宦官向其敌人反扑，对高级官员大开杀戒，力量反而更加强大。

管理新财政措施的司署是另一股敌对力量的来源。它们远比玄宗时代的前辈更为强大。盐铁司终于控制了南方的全部财政制度，变得几乎不受朝廷管制。度支司在北方几乎有同样权势。这些机构连同其他的专司雇用大批低级雇员，而且像地方政府那样，它们的属僚不是按正规的官场程序由京师的吏部加委，而是直接通过专使本人的推荐（辟召）吸收进来。晚唐的大批官员通过这种方式或在地方政府任职，或在专门司署中任职。这种非正式的任用方式提供了进入仕途的崭新的手段，因为许多这样任用的人后来被中央政府承认为入流的正规官员。通过这一制度被任用的人有的来自叛乱前在文官中默默无闻的门第，而在各地的低级官员往往是出身微贱的军人，很多人还是非汉族。财政专门司署还从商界吸收属僚，而在以前，商人出身的人是一律不准担任公职的。

这些发展远比科举制更能为众多的人提供担任公职的机会和开辟

---

① J. K. 赖德奥特：《唐代宦官的崛起》，载《大亚细亚》（新序列号），1（1949—1950年），第 53—72 页，以及 3（1953 年），第 42—58 页；矢野主税：《唐代宦官权势获得因由考》，载《史学杂志》，63.10（1954 年），第 34—48 页；刘逸永（音）：《神策军与宫廷机构：755—875 年》，1970 年伦敦大学未发表博士论文；王寿南：《唐代宦官权势之研究》（台北，1971 年）。

② 砺波护：《从牛李党争看中世贵族制的崩溃与辟召制》，载《东洋史杂志》，21.3（1962年），第 1—26 页。

提高他们社会地位的途径。在唐代，科举考试不过产生一批官僚精英
分子而已，其数量可能略多于全部官僚集团的 10%。总之，其中大
部分人出身于名门望族，都来自书香门第。在唐朝灭亡以前，这种情
况没有改变。科举在唐代不是对任何有才能的人都开创了前程。它所
能做到的是使出身于地方小贵族门第的人能够担任高官，并向一小批
显赫的"全国性贵族"原来在朝廷中垄断的政治权力提出挑战。另一
方面，辟召的广泛使用打破了中央政府对进入官场的途径的严格控
制，使一个崭新的阶级中的人们能够取得在官场任职的前程，因为这
些人由于出身和未受过传统教育，在以前是被排除在外的。

这一变化虽有其广泛的社会意义，但也不应加以夸大。正像许多
应试士子是贵族子弟那样，许多通过辟召而任公职的人同样也是受过
教育的精英人物。旧贵族世家也继续提供官员和高级官职的补缺者，
直到唐末都是这样。在 9 世纪后期，它们在朝廷的势力确有重整旗鼓
之势，但同时它们自己也进行了改造。它们在隋以前和隋唐过渡期间
多变的局面和社会动乱中成功地生存下来，这在很大程度上是由于它
们能依靠自己的地方根据地，因为它们在那里拥有大批地产和许多依
附家族。地方根据地是它们取得稳定的经济和社会地位的基础。但在
初唐，情况起了很大变化。由于在一个具有不可动摇的权威的王朝统
治下，它们的无可匹敌的政治力量非常巩固，所以它们已能使自己成
为京畿的精英集团，与唐王朝及其朝廷休戚与共，并且越来越依靠自
己继续当官为宦的潜力。在此同时，它们放弃了自己地方上的权力根
据地。只要与自己同命运的王朝继续存在，一切就顺利，并且从外表
看，它们依然与过去一样有权势。但当王朝力量瓦解时，它们的成员
只能作为受过广泛教育的文人学士而生存下来。它们作为"贵族"集
体已被破坏无遗。[①] 在唐朝垮台后的五代时期，甚至在严格模仿唐朝

---

① 见孙国栋《唐宋之际门第之消荣——唐宋之际社会研究之一》，载《新亚学报》，4.1
（1959 年），第 211—304 页；D. G. 约翰逊：《中世纪中国的寡头政治》（纽约，1977
年）；P. B. 埃布利：《早期中华帝国的贵族门第：博陵崔氏家族研究》（剑桥，1978
年）。

模式的南方诸国中，都没有一个政体被唐初"全国性贵族"中的豪门之一所统治。

经济和社会变化

安禄山之乱后的分权不但对政治制度和行政模式有深远的影响，并且还加速了在隋唐安定繁荣时期已经开始的复杂的经济和社会的变化。

自隋以来，江淮流域的人口不断增加，而东部和东北大平原的旧定居区的人口却因此减少了。不可能列出精确的数字，因为隋对南方人口的统计肯定是不完全的。但可以肯定，变化是大的。在609年，唐的淮南、江南、岭南只有登记人口的12.4%。到742年，它们占登记人口的27.7%。增加的趋势继续并加快。到11世纪，这区域的人口已大大超过全国总人口的一半。

在此期间，在隋代拥有总人口一半以上的河北和河南（今河北、山东和河南三省）却一落千丈。在隋亡后的内战中，河北首当其冲，晚至726年，它拥有的人口仍少于其609年人口的一半。河南丧失的人口几乎一样多。在742年，整个东北只有它的隋代人口的70%左右。这一区域在755—763年的安禄山叛乱期间遭到严重破坏，在781—785年河北诸节度使崛起时期再度遭殃。在9世纪后期的几次叛乱和国内冲突中，大平原再次沦为战场。迟至11世纪末，河北的人家不到609年的一半。河南的户数大致与隋代该地户数差不多，但这主要因为它此时已有以后的宋代京都——欣欣向荣的大都市开封——及其周围的工商业体系。它的农村人口肯定大大低于隋代。东北的相对衰落从以下事实更能看清楚：在同一时期，中国的总人口几乎翻了一番。

作为中国文明最古老的定居中心和汉以来帝国政治中心的西北也相对地衰落了。河东（今山西）的人口在609—742年期间减少了20%，到11世纪末降到了隋代水平的一半多一点。关中（今陕西）在609—742年期间也丧失人口的10%，但随即大致保持稳定，直到

11 世纪。四川的人口在 609—742 年期间翻了一番多，此后几乎保持稳定。[1]

于是，在整个这一时期，出现了有利于中国中部和南方的持久的人口再分布。但是，人口再分布的经济影响大于单纯数字说明的问题，因为在完成土地的开垦灌溉等最初的工程后，南方的生产力远远高于北方。南方与北方相比，气候温和，生长期长得多，生产远为可靠，而北方则经常遭受旱涝及其他自然灾害。在北方，虽然有发达的高级旱种技术和两年三熟的耕作制，但传统农业始终不能生产大量剩余粮食。生产力水平的普遍低下严重地限制了初唐国家的活动。它的政治中心一直在西北，这既是出于战略的考虑，又因为那里在政治上是统治集团的故土。到 8 世纪初期，政府越来越依靠通过隋代的运河网络从江淮运来的粮食。这时，南方已在大量生产剩余粮。

安禄山之乱后，随着从北方逃难的人的流入，南方生产的农产品在全国的比重日益增加。这种情况对中央政府来说是极为紧要的，因为河北和河南部分地区的半自治地位意味着中央政府在那里的供应来源被切断，而这一区域以前是收入的主要来源。到 9 世纪初期，只有长江流域和南方能定期向中央政府解缴税收，政府日益依靠通过运河北运的南粮和物资来供养京师和帝国军队。京都长安周围的地区在晚唐发现自身的经济非常困难，因为自公元前 3 世纪以来所依靠的灌溉设施已经失修。

这些发展的结果是严重地对立，对立的一方是已经开始坚定地移向东南的帝国经济中心，一方是战略要求及纯粹出于行政惰性的拉力——这是唐灭亡前把京师保留在长安的因素。武后已经东幸更靠近那些生产中心的洛阳，但她的后继者纯粹出于政治的考虑又搬回长安。开封在唐代已是重要商业城市和运河网络的中心，在五代和宋代

---

① 毕汉斯：《公元 2—742 年中国的人口普查》，载《远东古文物博物馆通报》，19（1947年），第 125—163 页；浦立本：《安禄山之乱的背景》，第 172—177 页；浦立本：《隋唐时期的人口登记》，载《东方经济和社会史杂志》，4（1961 年），第 289—301 页。

它就变成了京都，而自西周起就是皇权所在地的西北则逐渐衰落而成为一个死气沉沉的区域。

另一个重大的经济变化体现在土地所有制中。755年后户籍制及以它为基础的国家土地分配制的破坏，造成了土地使用权性质的彻底变化，这一变化具有重要的经济意义。自3世纪以来，历代王朝一再试图推行各种国家土地分配制。最后一种为"均田制"，它最早行于北魏，隋唐经修改后继续实行，它原来的目的是想通过慷慨地分地给农民，使之最大限度地利用土地和提高农民的生产力水平，同时又限制财产过分集中在个人手中。这一制度规定，土地被分配给男丁供他有生之年生产，而男丁必须向国家纳税和服劳役。通过均田制度授予的土地使用权限于拥地人的生前，而且只给使用权。对分得土地的处理是严格限制的。

这一制度始终未能很好地实行。均田法有许多漏洞，它容许官户和贵族成员相当合法地积累大量地产。一般分配的土地有部分可以由拥地人的后嗣继承，只要他们符合取得土地的条件。随着时间的推移，一大部分成了这类世袭的土地。如果南方实行过均田制，现在还不清楚那里（甚至在唐的鼎盛期）实行到什么程度；在北方的许多地方，土地不够分配给完全有资格的个人。此外，在这一制度下，大部分农户被授予的土地中有的是他们自己的。[①]

安禄山之乱后作为土地分配基础的户籍登记制的破坏，使政府完全不可能再在全国范围内推行均田制，虽然它偶尔也大力把空地分配给无基业的农户，并限制土地的集中。国家为保持土地使用和土地分配的控制权而做的这些努力证明是无效的，它实际上逐渐承认土地拥有者个人对他们的土地有所有权和自由处理权。政府口头上仍然宣扬儒家的"溥天之下，莫非王土"这一箴言，但实际上买卖土地的自由市场兴起了，以后的王朝不能再成功地推行国家土地分配制，直到共

---

① 关于唐代土地制度已有大量文献材料。截至1969年的最重要的材料已列于崔瑞德的《唐代的财政管理》一书。堀敏一近期的优秀研究著作《均田制研究——中国古代国家的土地政策与土地所有制》收有一份全面的参考书目。

产党政权实行土地改革时为止。

这产生了广泛的反应。安禄山之乱致使大批人民流离失所，破坏了河北和河南的大片地区并使那里的人口减少。许多土地被抛弃，或干脆被掠夺成性的地主占有，或从急于迁往更安定地区的农户那里被贱价收买。由于法律和秩序的破坏，简单的恫吓就能把农民从其土地上赶走。用这种方式积聚的地产可雇用被剥夺了家产的农民耕种，他们提供了大量劳动力。这些人或被作为佃农使用，或干脆被雇为劳工。

庄园原来一直存在，甚至在推行均田制时也是如此，但庄园的所有权严格地限制在某些集团手中。他们是皇族、豪门世族与其地位使他们有资格拥有大产业的贵族和高级官员的家族、按均田制规定有特权拥有庄园的寺庙和道观。但现在对所有人开放了，于是各种有权势的人都能拥有庄园而不受现行法律的限制。这时不但有大量土地可以占有，而且还有许多出身卑贱并在地方政府和财政机构任职的人，他们不但有捞取私利以自肥的新机会，而且需要土地使他们的家族能得到稳定的经济基础，并使自己有权成为拥有土地的乡绅。另一个创立家业的浪潮随着843—845年武宗镇压大批佛门寺院而到来，当时寺院拥有的大量土地被国家出售。

大地产这时成了农村经济中正常和普遍的现象。它们中的大部分由佃农耕种，而租佃本身开始以新的形式出现。租佃原来一直存在，不但初唐的大庄园有，甚至在通过均田制分配的土地上也有，农民可以把远离家宅的地租给另一农民，本人可同时租入地点更近便的土地。除了寺庙的土地常由寺户耕种这一特殊情况外，初唐的租佃一般必须有平等的双方纯经济性的短期契约。到9世纪后期，有效期很长的协议成了正常现象，根据协议，佃农个人在一定程度上依附于地主，而这一发展导致宋代有些地方一种半依附性的租佃关系的成长。现在根本不可能以数字说明晚唐租佃的发展水平，但租佃肯定是很普遍的。租佃制与土地集中在少数人手中的情况结合起来，扩大了贫与富、地主与耕种者之间的鸿沟，并且促使农村产生了一种新的社会结构。[①]

这个问题到宋代才发展到极点，但在 9 世纪时变化已经达到相当的程度。在中世纪中国史中，它造成的社会变化也许比任何其他问题更受到深入地研究，并且已有大批论战性的作品问世。有些作者提出假设，把"庄园经济"的出现或者比作日本庄园制的成长，或者比作欧洲庄园的发展。其他的作者提出晚唐标志着奴隶社会的结束和"封建主义"或"中世纪农奴制"的开始（奴隶社会的定义根据体现在初唐律令中个人对国家的"依附"关系作出）。还有一些作者仍认为过分强调租佃的依附性是错误的，并坚持地产的含义及租佃地产的制度本质上是资本主义的。

这一激烈的论争既结合企图把中国纳入普遍适用的历史发展过程中某一模式的对立主张进行，又结合历史的现实。但论争有助于使人们把注意力集中在中国经济史中关键的变化时期。虽然租佃绝不是普遍的，但大地产的到处存在，无疑能引起重大的经济发展。大土地主能开荒和开垦，以佃农为劳动力，就像唐以前的寺院利用其寺户那样。大地主能投资采用新工具和研磨机。甚至租种制对佃农的压力也有助于双季作物的发展，因为租种契约只涉及主要粮食作物。这些发展进一步加速了农村生产力的提高以及在唐末宋初随之出现的经济扩张。

此外，租佃制不是单纯地对农民进行单方面剥削的制度。小农并非纯粹因经济上走投无路而成为邻近有权势的地主的佃户。有权势的地主能庇护其佃户免遭税吏的巧取豪夺。同时大地产作为一个经济单位，能提供某种保证安全的办法和在艰难时期生存的机会，而一个仅能糊口的小农自身可能就没有这种办法和机会。另外，这些变化是在权威完全垮台和法律秩序遭到破坏这一背景下发生的。在 9、10 两个世纪，一个小农发现，适度地牺牲个人自由以换取有权势的庇护人的

[①] 见崔瑞德《唐宋时代的土地使用权和社会秩序》，第一讲，1961 年 11 月 28 日，东方和非洲研究学院（伦敦，1962 年）。关于进一步文献材料见崔瑞德《唐代的财政管理》；堀敏一：《均田制研究》。

保护，这对自己大有好处。

事实上，租佃不过是晚唐人身依附和半依附关系全面兴起的一个方面，这一趋势与汉亡后大分裂时期出现的情况非常相似。此时出现了一种朝着小规模紧密结合的社会单位和整个社会结构中高度个人化的关系发展的总趋势。作为任用官员方法的辟召的再出现是这方面的表现之一，这种方法在司署长官及其部属之间建立了一种持久的庇护和被庇护关系。在地方节度使的官署中，辟召更表现为恩主与家臣、庇护人与被庇护人等非正式关系的更极端的形式，而且往往不受既定的官制的限制。在 9 世纪，有的节度使甚至收他所辖的将领为义子，这样就以远为强烈和私人化的孝道要求来加强队伍的关系。有些镇出现了世袭官职的情况，这是对隋唐任用官员的政策的彻底否定。

上述每一个发展都显示出这样的趋势：一是形成作为社会内聚力基础的小的地方单位；一是形成紧密结合的半家族性的社会集团，这些集团将以有条不紊的标准化的行政方法和全国的既定的官制来重建原来由一个强大而有效的中央政权提供但又丧失了的稳定。

就在当时这种崩溃的社会秩序的情况下，旧贵族进行了最后一阵忙乱的活动，他们面对压倒一切的社会变化潮流，在维护社会上层摇摇欲坠的等级秩序的最后一次徒劳努力中，妄图确立自己为公认的社会精英，并想再发挥贵族精英的作用而成为维持社会稳定的另一股力量的源泉，以取代中央政府丧失的权力。他们的企图失败了——虽然他们在朝廷中曾一度重整旗鼓。原因很简单：他们此时已彻底与王朝融合为一体，在地方上再也没有他们能够退守的真正的权力根据地了。

中央权威的丧失以及随之而来的分权和权力的地方化具有重要的社会和经济意义。把政治权力分到各镇治所，这意味着许多这样的城市成了地区性大都会——有大批富裕官户和从事服务行业的人的大规模行政中心。同时，在财政方面又给了各镇新的自由，此举意味着该镇的岁入被就地使用而不是上缴京师。在被黄巢叛乱和以后的战争最后破坏之前，虽然人口超过 100 万的长安仍是唐代最大的城市——在这方面它又高居世界之首——和高度发达的商业中心，但有几个镇的中心已发展成大城市。其中较重要的为长江中游的成都、江陵以及扬州、广州和汴州（开封）。汴州在唐亡后，将成为第一个待选为全国首都的大商业城市。这些商业繁荣和行业俱全的大城市成了地区中心，小城镇和地方集市网络在它们的郊区发展起来，其中有些网络还涌现在地方军戍守的镇的周围。到9世纪，以地区市场体系为基础的各级新的经济定居地开始在现存的各级行政中心旁边出现，从而使城市发展的过程呈现崭新的面貌。[①]

城市化的总过程以生产力的全面发展为基础。人口的普遍南移不但提高了农业生产力水平，而且工业和手工业也开始在长江流域发展起来。结果，交易和商品流通量迅速增加。8世纪后期和9世纪是商人阶级大展宏图的时代；在此之前，汉以来历代王朝在传统的儒家抑商理论的影响下对商人实施严格控制，使他们深受苦难。政府以往力图把交易限制在受严密管制的官办市场中，地方当局调节商品价格和严格控制商人的一切活动。某些物品的经营受到限制，甚至被禁止。商行受到严密的监督，并被用作控制个别成员的手段。对商人的外出也谨慎地加以限制，他们不断受到调查并被征收通行税。此外，政府有意识地力图压低商人的生活水平，其措施是把他们登记为一个特殊集团，限令他们遵守严厉的反奢侈法，并禁止商人和工匠及其直系子孙进入仕途。

随着中央权力的衰落，这些限制很快消失。官办市场体系逐渐瓦解，认为商人一定是坏人和他们的行业玷污了他们的道德的传统的敌视态度开始站不住脚了。甚至禁止商人之子担任公职和在京师学堂就读的严格规定也略有放松。由于摆脱了初唐施加的严厉的制度约束，商界开始缓慢地发展，到了晚宋，已产生了一个富裕、自觉并对自己的鲜明特征和特殊文化有强烈意识的城市中产阶级。同时，以前富商和士大夫之间不可逾越的社会障碍开始崩溃，因为商人当官，官员也

---

① 关于城市市场的成长，见崔瑞德《唐代的市场体系》，载《大亚细亚》（新版），12.2（1966年），第202—248页，文中引用了一些次要的文献材料。

投资商业和参加经商的活动。[①]

晚唐的商界还发生了另一变化。在隋代和初唐，商人，不论是大贸易商或是地方的店主，甚至是京师的商贩，往往是外国人，即粟特人、波斯人及后来的回纥人。他们是伸向中亚和中东的广大的贸易网络中的成员。外国人生活在自己的共同体内，如果不与中国人发生纠葛，就受自己头头的管制和遵守自己的法律。763年以后中国的西北陷入吐蕃之手，这种贸易中断，因此外国人对中国国内贸易的控制慢慢地减弱了。

贸易的空前迅速的发展、商人的日益富裕和生产力的全面提高，逐渐导致官方对经济的态度的根本转变，而这种转变再次标志着8、9世纪是一个时代的结束。在表面上，至少在公开颁布的政策中，对强调农业为"本"和农民为岁入主要来源的理论的传统态度依然未变。但从这时起，不管历代政府对这一古典正统思想的信念做何表白，以后通过对国家垄断事业的管理，对有利可图的工业的直接干预，对贸易税的日益依赖，以及对城市居民征税的政策，它们将始终与商业发生密切的关系。

但在政府的经济政策中，最重要的一个变化是废弃了原始币制。在原来的币制中，作为实物税的丝帛连同铜币一直被用作巨额支付的一种商品货币。旧币制是南北朝时期遗留下来的，在初唐占很重要的地位，因为铜钱始终不能满足商业的需要。安禄山之乱及其后果的影响在这里再次显示出来。用于这一目的的税丝的主要来源地原来是河北和河南，但它们此时基本上成为自治之地，不向京师上缴岁入。[②]不但王朝的丝帛的主要供应被切断，而且在8世纪后期政府又发现了几处重要的银的来源，于是银渐渐地开始代替丝而成为大笔交易的支

---

① 见崔瑞德《晚唐的商人、贸易和政府》，载《大亚细亚》（新版），14.1（1968年），第63—93页。

② 见全汉昇《中古自然经济》，载《历史语言研究所集刊》，10（1948年），第75—176页；又见崔瑞德《晚唐的地方自治和中央财政》，载《大亚细亚》，11.2（1965年），第211—232页；米切尔·卡蒂埃：《唐代的铜钱和织物》，载《东方经济和社会史杂志》，19.3（1976年），第323—344页。

付手段。同时，铜钱的供应也有改善，于是城乡的货币经济不断发展。政府不铸造银通货，也不管理银锭的使用。这些事都交给银匠去做，他们开始发展原始形式的银行和信用制度。① 由此又可以看出，虽然历代政府继续声称通货管理是国家实力的一个基本部分，但实际上很大一部分通货却在私商之手。后来货币政策的最重大的变化——纸钞的出现——是由私人而不是政府促成的。

政府根据早已过时的理想的社会模式来控制经济的企图在各个方面都趋于失败。作为集中控制农村人口的手段的国有土地分配制、对商业和商界的严密监督和对通货的严格管制，都是传统理论的主要特征，但在晚唐被放弃，以后的任何王朝都没有成功地再予以推行。由于解除了这些束缚，再加上农业生产力的提高和南方新领土的开发等因素的刺激，中国的经济开始迅速发展，以致有些史学家认真地提出，近代资本主义社会出现的条件到晚宋时期已经成熟了。不管我们是否同意这种观点，晚唐确是持续到蒙古人入侵时为止的经济大变化的开始时期。

隋唐和外部世界

作为重新统一的中华帝国的主人，隋唐两代都充分意识到自己是汉代的继承者。在 6 和 7 世纪，它们想收复汉朝领土的雄心，为中国在越南北部的扩张，为一再发动旨在恢复中国对以前汉朝在南满和朝鲜领土控制的征战，和为占领位于通往中亚和西方的丝绸之路上的诸绿洲王国的行动提供了动力。

在南方，隋朝没有遇到什么抵抗，在隋文帝企图进一步向占婆深入扩张的行动失败后，中国疆域的南限已确立在今之河静区。在此以北的那部分越南地方自汉代起一直受中国的影响，此时已完全归中国管辖。除了土著民族的分散的起义外，那里一直是唐帝国繁荣安定的一个部分。939 年越南独立，该地仍坚定地作为一个部分而加入中国

---

① 　加藤繁：《唐宋时代金银研究》（两卷，东京，1924 年）。

文化区，以中国制度和法律进行统治，它的统治精英集团深受中国文化的熏陶，并使用中国文字。

在朝鲜，中国遇到更有力的抵抗。不像北越自汉以来中国对它在一定程度上继续进行统治，北朝鲜和南满被强大和组织完善的高丽国控制。高丽国对隋几次企图收复原来汉朝领土的行动进行的抵抗是如此猛烈，致使隋王朝因此垮了台。唐朝在高宗时终于成功地征服了高丽，并把大部分朝鲜合并为中国的一个保护国达数年之久。但在不断的抵抗面前，中国人的地位证明是不稳固的。他们的撤退使全朝鲜第一次统一为新罗国，而在满洲和邻近沿海区的原来的高丽的领土成了另一个强国渤海的中心地区。新罗和渤海都是稳定和组织完善的王国，严格地以唐朝为样板。两国的统治阶级都使用中国文字，模仿中国的文体，信仰中国式的佛教和儒家思想。虽然这一地区与越南不同，对唐保持政治的独立，但它也长期处在中国文化圈内。

日本的情况稍有不同。它处于汉朝所知道的世界的边缘，隋唐对它并无领土野心，但中国影响已通过朝鲜传入。在7世纪，日本人开始有意识地按照唐的模式组织他们的国家，全盘采用中国的文字和文学语言、中国的艺术形式、宗教、哲学、法律和制度。在唐代，中国在日本的影响达到顶点。虽然在以后的世纪中它受到本地兴起的形式的挑战，但到了唐末，中国的影响已牢固和长期地把日本纳入其文化圈内。

文化同化的最后一个地区是西南，汉朝已经在这里实施一定程度的控制。在唐代，当地强盛的南诏王国代替了在现今云南省境内的混乱的部落集团。南诏对唐保持独立，并且长时期对它抱有强烈的敌对态度。这一地区直到元朝才正式并入中国。但尽管互相敌对，本地区又相对落后，南诏也采用中国语言并沿用许多唐朝制度。它也成了中国文化圈的边缘部分。

在隋唐，中国对东亚广大地区的密切的文化影响就这样确立了，并且直至近代那里还受中国文明的支配。这个区域里的国家与中国早期的任何邻国迥然不同。在此以前，中国周围的民族具有完全不同的文化、组织制度和生活方式。这些部落民族有时非常强大，并入侵中国和短期侵占中国大片土地。但他们政治上不稳定，不能治理定居的农业人口；在文化方面，中国人有一切理由把他们当做"夷狄"而加以蔑视。而在唐代涌现的那些新国家在中国人的经验中却是十分新鲜的事物；它们的组织方式与中国相同，虽然规模要小得多；它们的统治者具有同样的思想意识；它们用中文来处理公务，并采用中国的法律和办事手续。虽然它们接受朝贡国的地位，实际上却完全不受中国的管制。中国人在与它们打交道时，不得不以比以往更平等的态度对待它们。这就是宋朝与北方邻国的对外关系的新形式的背景。

在北方和西方，唐朝面临更常见的挑战。在这里，中国政策的基本目的仍是两个方面：（1）保护中国人定居区不受生活在固定的草原边境以外的周边游牧民的袭扰；（2）控制和保护经今之甘肃省和新疆省通向中亚、伊朗和西方的贸易路线。

在强大的北邻突厥人面前，隋朝是幸运的，因为自6世纪中期以来已经控制自伊朗的萨珊帝国至满洲的突厥人已分裂成两个独立的帝国，紧邻中国的东帝国经常被派系和部落对抗搞得四分五裂。可是他们仍是令人生畏的，630年他们的垮台是唐政权最终得以巩固的重要一步。他们在7世纪80年代的复兴又使中国人面临严重的问题，中国人只有沿北部边境构筑极其昂贵的防御体系才能遏制他们。最后，他们又成了自己内部纷争的牺牲品，在744年被原来的附庸回纥人所压倒。

回纥人证明远不是那种惹是生非的邻邦，他们甚至在唐发生危机时愿意提供雇佣军援助。一般地说他们对经商更感兴趣。在9世纪40年代，他们在北方干草原的支配地位又被许多定居在甘肃和近代新疆绿洲上的黠戛斯人（柯尔克孜人）代替，这时黠戛斯人已经放弃游牧生活而成为定居的务农者。

另一个令人头痛的游牧邻族是准蒙古族的契丹人，他们与其突厥附庸奚人一起居住在河北北部和近代的辽东之西的多山边境中。在7世纪后期，他们变得十分强大，并且侵犯了中国的东北，从此，河北北部和河东就非保持巩固的防御体系不可了。

通往中亚和西方的各条路线对隋唐来说具有非常重大的意义。它们当然是通商要道，中国人就是通过它们出口丝织品以换取种类繁多的外国货的。但当中国正处于其世界主义思想极为盛行、受到的外来影响甚于以前或以后任何时候之际，它们也是主要的文化联系的环节。通过这些路线，许多中国的思想和技术传向西方，但在隋朝和初唐时期，中国却更多地从西方传入思想和技术。中国的佛教是当时最活跃、最有影响和最先进的思想体系，它一直是从北印度和中亚诸国吸取新的推动力。其他新宗教，如拜火教、摩尼教、景教和以后的伊斯兰教，也从伊朗和中亚传入。除了这些思想影响外，传入中国的还有音乐、舞蹈乃至金属制作、烹饪这些技艺的新成果，以及诸如数学、语言学方面的科学和技术的重要成就。外国人，从印度僧人到波斯眼科医生、粟特的卖艺人和商人，都可自由地进入中国。

为了确保这些事物所依靠的中亚通道，隋和唐都向西扩张，他们的军队接连征服一个个小绿洲王国并建立中国的保护国。到7世纪60年代，中国的力量在塔里木盆地、准噶尔盆地、伊犁河流域已经牢牢地扎了根，同时中国又建立了若干保护国，以控制今俄属突厥斯坦的西突厥部落及原属突厥人统治的位于河中地（外索克西亚纳）、吐火罗和阿富汗的许多城邦。中国人甚至在北印度进行军事干涉，虽然是小规模的。在高宗时期，中国政治力量更向西发展，达到了空前绝后的程度。

但这种扩张证明为期很短暂。几年后，中国不得不放弃它的伊朗边境和阿富汗境内的保护国。虽然在8世纪50年代以前中国军队远至伊犁河流域和伊塞克湖以西，深入帕米尔和吉尔吉特等地作战，同时中国人仍牢牢地控制塔里木盆地和准噶尔盆地，但他们在中亚的影响受到了在7世纪中叶崛起的两个强大和侵略成性的敌国的挑战。

第一个是吐蕃。7世纪前，虽然东汉时期的羌族已经造成了大破坏，后来住在青海湖周围的吐谷浑已在威胁现在的甘肃西部，但西部边境对中国人来说从来没有重大战略意义。西藏的环境过于严酷，不能吸引中国人去定居，在那里只有一些组织很差的落后的部落松散地居住着。

在7世纪，这一状况有了改变。吐蕃一跃而成为一个强大统一的王国，并开始搞侵略扩张。从原来在南藏的中心，吐蕃人往西向帕米尔和往东向云南扩张，往北则侵犯中国在塔里木的新征服之地，并进而威胁中国通向西方的商路。然后，在高宗时期，吐蕃人又在今青海省灭掉了吐谷浑王国，那里原来是吐蕃人与中国在甘肃的领土之间的缓冲地。从此，吐蕃人在河西走廊和兰州周围经常威胁着中国人，因此唐朝被迫在这两个地区长期重兵设防。755 年后，当安禄山之乱迫使政府将戍军东撤以保卫京师时，吐蕃人占领了现在甘肃省的大部分，他们从 763 年起一直留在那里，直到 9 世纪 40 年代。中国人驻守在塔里木和准噶尔的戍所与国内的联系被切断，它们后来被吐蕃人占领。

842 年后，吐蕃国分崩离析，吐蕃人在以后几年中逐渐从占领的领土上撤出，从此不再是中国人对外关系中的一个主要考虑因素。但吐蕃再也不是少数游牧部落居住的凄凉的荒漠。最后一个吐蕃王试图破坏寺庙和命令佛僧还俗，结果垮台了。吐蕃国亡后，大寺庙提供了政治权威，并在保持吐蕃人的文化特征方面出了力。

这一文化与中国的文化完全不同。尽管吐蕃与中国相敌对，但约在 650—750 年一段时期内，它似乎仍可能成为中国文化圈的一部分。它的贵族子弟被送往中国学习，吐蕃王朝与唐皇室联姻，中国的书籍和工匠被带往拉萨。但这种希望是短命的。在 8 世纪，吐蕃在文化上被一种本地文化所统一，这种文化使用来源于印度的文字，与尼泊尔和印度的文化关系远强于与中国的文化关系。尽管有 18 世纪满洲的征服，西藏受中国的影响甚小，这种状况持续到我们今天的时代。

第二股向中国的中亚霸主地位挑战的主要新兴力量是大食（阿拉伯）人和伊斯兰教。在 7 世纪，正当中国人已将其势力尽量往西扩张时，大食消灭了萨珊帝国，然后逐渐吞并在吐火罗和河中地的一些四分五裂的城邦；这些城邦原来是突厥人的附庸，后来一度受中国人的保护。尽管遭到一些挫折，但到 8 世纪中叶，大食的政治统治以及伊斯兰教的地位在吐火罗、河中地和拔汗那（费尔干纳）区已很牢固。在 751 年，大食军队与唐朝军队在塔剌斯河遭遇，唐军遭惨败。此役本身不是决定性的，因为双方都孤军深入。事实证明，对中亚起决定性作用的大事是远在中国内部的安禄山之乱。它促使中国军队撤离甘肃，在塔里木盆地和准噶尔盆地的驻军也被弃之不顾，他们因吐蕃占领河西走廊而被截断了退路。中国人再也不能干涉中亚之事，大食人得以巩固他们的胜利成果而不用再担心中国的对抗了。

842年以后吐蕃国亡，唐朝作出了明智的、但从长期看却是严重的决定，不打算去收复原在远西的疆土。结果，这意味着在18世纪清朝远征胜利前，中国再也不能有效地控制敦煌和哈密以西之地。这还意味着中国永远丧失了作为中国文化区的一部分的中亚。吐蕃人放弃的塔里木和准噶尔的几个旧绿洲城市被回鹘人占领，这时回鹘人已被黠戛斯人从他们的草原故土赶出。集印欧、伊朗、印度和中国诸影响于一身的这一地区的丰富复杂的文化，在突厥人、中国人、吐蕃人、阿拉伯人和回鹘人的连续的冲击下被破坏；在以后的几个世纪中，从伊朗直至甘肃边境的整个区域逐渐成为伊斯兰教世界的外围区，而不再是中国文化和中国政治势力的前哨了。

在隋唐时期，中国的对外关系就这样发生了彻底的变化。在581年，中国面对的邻国只有高丽才称得上是一个有定居人口的、稳定的和组织完善的国家。除此之外，它的周围是一些组织松散和无知的游牧部落民族，它们的文化发展阶段明显地落后于中国。这些民族，如6、7世纪的突厥人，有时能组成强大的联盟，对中国构成严重的威胁，但这类部落联盟都是短命和不稳定的，中国人能用行之有效的办法对付：加强边防，利用其内部分歧以破坏其团结。整个中国对外关系的传统理论就是在这种形势下和与这类邻近民族的交往中产生的。

到了晚唐，局势完全改变。旧类型的边界只存在于北方，在那里农耕定居的中国领土和大草原之间的环境差异决定了中国与邻近的民族必然有极鲜明的文化差别。但即使在北方，毗邻的游牧民族此时已远为稳定，并且自7世纪以来至少已经通文识字。在东北、南方和西南，中国的周围是一些仿效中国的稳定的农业国，它们具有深受中国人影响的相当发展的文化。中国占支配地位的东亚文化圈已经形成。在西面，中国的政治影响和文化影响都被排除在吐蕃和中亚之外；在那里，高度典雅的文化已经发展起来，而吐蕃所受印度的影响和中亚所受伊斯兰教的影响，都超过中国给予它们的影响。

中国人对与各个邻近民族发展起来的这种种迥然不同的关系作出了实事求是的反应：他们有时单纯地试图征服；有时则成立保护国，册封其首领和派中国顾问；有时试图通过以"公主"（通常是皇室不显要的姻亲）和亲，或给作为人质的王公以皇帝禁卫的职位，或让王公在国子学就读，来确保友好关系。对中国人来说，这种关系一直被视为中国对其"藩属"民族实施宗主权的体现，藩邦来到长安进贡以表示它们的从属地位，当然它们也受到丰富得多的赏赐。但这一基本概念中包括的实际关系显然很广泛，从完全的征服直到事实上的平等。可惜的是各种各样的关系并没有反映在中国人关于对外关系的思想中。不过，后来宋朝与强大的北方邻国之间出现的更现实的体制的基础已被打好——这主要是胁迫的结果。①

史料的问题

与任何更早期的中国历史相比，现存的隋唐时期的记载是很丰富的。现在仍有完整的隋代正史《隋书》和两部唐代正史《旧唐书》和《新唐书》。司马光的《资治通鉴》对隋唐时期有非常详细的记述，此书大量取材于上述三部史书和其他现已散失的著作，是传统中国历史学中最杰出的成就之一。此外，我们还有三部行政方面最早和最优秀的类书：杜佑的《通典》、《唐会要》和《册府元

---

① 有大量讨论唐代周围民族的中文史料的文献，其细目见《剑桥中国史》第 4 卷之参考书目。这些二手文献中很多试图以中文材料补充本地的史料，来阐述这些邻近民族的历史。这类研究占 1945 年前西方关于隋唐时期著作的大部分。以后历史学家的注意力集中在中国的内部发展，对外事务相对地说被人忽视，虽然有些按传统方法写的研究著作继续问世。对唐代的对外关系和成为唐与外部世界关系基础的概念，还没有进行全面的研究。但在肖孚的研究中，特别在他的《撒马尔罕金桃：外国珍异研究》（伯克利，1963 年）和《朱雀：唐代的南方形象》（伯克利，1967 年）中，对中国与亚洲其他国家的文化关系有大量研究成果。关于更广泛的政治问题方面很一般但又很重要的评述，见杨联陞《关于中国世界秩序观的历史评注》，载费正清编《中国人的世界秩序观》（坎布里奇，马萨诸塞，1968 年）。

龟》，它们像正史那样主要根据原来史官编写的记载，有条理地阐述政府运转的情况。[①] 虽然我们有这样的材料宝库可以利用，但唐代至今仍是近代的史学家几乎完全依靠官修史书和取材于官修史书的著作来进行研究的中国历史最后一个重大时期。因此，本书必须向读者阐明这些史料的内在局限性，说明它们是本书在叙述的篇幅上如此不协调和不平衡的原因。

官修史书编写的方法，与历史学家写史的基本思想前提一样，将在下一卷详细予以论述。简而言之，历史被认为是王朝和个别皇帝怎样统治其帝国和完成天命的政治记录。它还一定是皇帝赖以进行统治的大臣们和行政机器活动的记录。这样写成的历史是以朝廷为中心的记录，所收大部分内容是统治者和向他献策的最高级大臣的活动。撰写历史的意图是提供一部钦定的大事"实录"，供后世君臣们从中吸取教训和找出自己行动的典范以"资治鉴戒"。所有政治言论都是追溯过去的，寻求理想的政府形式和与过去可比之处，因此史书是具有潜在政治意义的一种写作形式。从事官方史书的编修更可以说几乎都是一种有意识的政治行动；有时编写受到极为强大的压力，这是为了给后世提供能说明执政政体行动的合法性和正确性的近期大事记载。

史书的编纂是委托给一个复杂的官僚机构进行的官方活动，这一机构正式成立于 7 世纪。[②] 它开始的工作是每日编写起居注，有时还补充皇帝同宰相们议事的记录（称时政记）的内容。这些零碎的记录在每年年末加以汇编，又在每朝皇帝统治终结后用作编年实录的

[①] 关于这一时期主要史料的简明准确的介绍，见戴何都《〈新唐书〉选举志译注》（巴黎，1932 年）和《〈新唐书〉百官志、兵志译注》（莱登，1948 年）。虽然其中的一些枝节部分稍微过时，但总的说它们仍是优秀和可靠的作品。关于《资治通鉴》史料来源的详细讨论，见浦立本《资治通鉴考异》。

[②] 见查尔斯·加德纳《中国传统的历史学》（坎布里奇，马萨诸塞，1938 年）；杨联陞：《中国官方史学的组织：自唐至明撰写正史的原则和方法》，载 W. G. 比斯利、浦立本合编《中国和日本的历史学家》（伦敦，1961 年），第 44—59 页；洪煨莲：《708 年前之唐代史馆》，载《哈佛亚洲研究杂志》，23（1960—1961 年），第 93—107 页。

主要基础。实录还收死于本朝的著名人物的传记，这也就意味着对这一朝的统治和行政裁量得失。评价明确地以"史臣曰"形式写成，附于每卷之后，但更微妙地表现在材料的取舍方面。实录为唐代的一项创新，它也许是编写官修史书中的最重要的阶段；同时还须记住，实录通常写于皇帝死后不久（少数几个皇帝则在在位时就着手编写），当时一些当事人仍在政治舞台上活动，前一朝代的许多问题依然没有解决。在王朝的各个时期，实录被用来撰写本王朝的完整国史，其中包括本纪、反映具体行政活动领域的志及列传。前一个王朝终了，新的统治皇室就利用这些材料作为撰写正史的基础。

在这一背景下实际进行的修史工作与其说是文学写作，不如说是不断地对材料进行选择、摘录和编辑的过程。档案文献虽然经过删节和编辑，但通常仍保持原来的文字。一般地说，记载是完整的和系统的；考虑到撰写时的环境，它在叙述事件时非常客观。修史者的个人意见明确地以文字注明，他的好恶主要表现在材料的取舍上。官方历史学尽管有这一切实际的优点，但它却使近代历史学家面临一些重大的问题。

一旦官修大事记的目的达到，据以成书的材料或是故意被销毁，或是至少被世人忘却。只有在原来的文献偶尔被保存在其他地方的情况下，我们才能找到它的全文。档案早已荡然无存。除了以下两种情况，我们现在已没有像大部分时期的欧洲史中被视为当然的那种原始材料。我们所看到的是一种"为记录"而写的历史，其目的是提供一种在编写时期被认为是正确的解释。近代史学家们必须以自己的、完全不同于古人的观点来看待这些材料。对 20 世纪史学家极为关注的许多事情，传统的史学家却无一语道及。

这些史书很少叙及京师以外的事务或日常的政务。唐与宋的史学的巨大差别之一是：人们根本不可能写出隋唐时期中国的任何地区的令人信服的历史，也同样不可能清楚地区分各地区差别很大的发展速度和以可靠的地区意识写出这个时期的历史。现存最早的方志出自宋代，那时学者对中国各特定地区的描述可能达到相当真实的程度，而在唐代，除去敦煌边区这一极为特殊的情况，这是办不到的。①

这些史书由于是施政记录，很少叙述关于被统治者的事。平民百姓——朝廷通过地方官员进行控制的农民、地主、佃农、商人、工匠和普通市民组成的整个复杂社会——只有在扰乱既定的秩序和成为行政对象时才被载入史册。等级复杂的佛僧和道士除非成为立法对象，否则很少被提到，而这些人在各级社会中却起着重要作用，并且集中了大量财富和权势。

这些史书在记载中央政府和宫廷政治的大事时，往往非常详细地叙述修史者本人也是其成员的现存官僚集团，而很少涉及在政府中活动的其他集团，因为对修史者来说，后者的活动或是无关紧要，或是有损于他们自己的利益。但近代史学家对这些集团却很感兴趣。专业行政人员一般不受文职士大夫的重视，因而很少被注意，虽然帝国往往要依靠他们才能顺利活动。虽然在以后发展起来的文武官员之间的鸿沟尚未形成，军人相对地说也几乎不被人注意，并且对他们的描写一般都用否定的语气。在唐代后半期管理皇宫并在宫廷政治和军务中起重要作用的宦官尤其受到敌视，因为修史者本人就是官僚，他们深刻地了解宦官对朝廷文官的权势所构成的威胁。

这些普遍的局限性在本书论述的整个时期的全部官方记载中都存在，并且也的确出现在绝大部分传统的史书中。另外，认清以下的情况也很重要：甚至在以朝廷为基础的官方记录的性质造成的这些局限性中，这些历史对各代皇帝在位期的记述的质量和繁简程度也大不相同。②

现存的隋代的记录——《隋书》——编于629—636年，它的志则补于656年。所以它成书于太宗在位期，当时新王朝急于要树立其合法的地位。为了做到这一点，此书一般持有敌意，对炀帝时期的大

① 关于敦煌文书对历史学家的独特价值，见崔瑞德《7至10世纪的中国社会史》，载《过去和现在》，35（1966年），第28—53页。
② 以下论述的大部分内容系根据两篇为1970—1971年耶鲁大学召开的中国历史学和比较历史学讨论会准备的论文。崔瑞德：《柳芳：一位被遗忘的唐代历史学家》；《关于编纂唐代史的几点意见》。

事作了十分否定的叙述。之所以要突出炀帝的缺点，不仅因为他的腐败的统治给唐朝的创建者提供了夺取皇位的借口，而且因为《隋书》的作者企图以炀帝为例，劝诫太宗不要效尤。除了这些内在的偏见外，《隋书》的作者是在十分不利的条件下工作的，因为在隋朝灭亡之际的混乱中，和624年隋朝秘书省的藏书被运往长安时的偶然事故中，大部分隋的档案被毁。

在唐代，上面简略谈到的官方记录制度和史馆官僚机构都是逐渐形成的。记录定稿的正规的和按部就班的编纂程序（它成了以后王朝的规范）或多或少会使人对唐代的情况产生误解。在唐代，只有起居注的编纂贯穿于整个王朝，它到805年以后才每年被编成日历。时政记只在太宗时期、693年以后的短暂时期和796—862年间的断断续续的时期才有。有详细规定的、各官署关于具体项目的定期奏表，在安禄山之乱后准予停止上报。

在847年以后的几代皇帝时期，非常重要的实录根本没有编写。有几代皇帝的全部在位期或部分在位期有一部以上的实录，其中有几部实录（特别是顺宗时的实录）曾引起激烈的争论。国史的编写经过也很复杂，但最后的版本在759—760年由柳芳完成。

除了韩愈写的一部顺宗的实录外，所有早期的编纂记录的情况我们都不知道。但也许更重要的是，756年以前的唐朝早期记录全在那一年被毁，当时史馆的馆址在安禄山占领长安时被焚。唯一留下的记录是史官韦述所写并保存在他家中的国史的私人底稿。此书由柳芳续至玄宗时期之末，它不但为941年起开始撰写的《旧唐书》的作者，也为从《通典》（成于801年）开始的各种行政类书的编者提供了初唐历史唯一的重要材料。实际上，《旧唐书》似乎收了柳芳的国史的大部分内容，作为它记述唐朝前半期历史的基础。

柳芳的国史提供的记录本身是很零碎和繁简不一的。它是656年以来企图创作一部王朝记录的几项活动的结果。早期的几种国史，例如柳芳的国史，都是在政治危机时期写成的。它们对唐初二帝和高宗初期，直至660年前后的记载是很完整的。关于高宗执政的后半期（此时武后的权势日隆），特别是关于武后成了事实上的统治者和后来从 691—705 年自己称帝的时期，国史的内容十分简略。历史对武后一贯持敌对和否定的态度。玄宗漫长的执政期的记录也受到与它的汇编有关的因素的影响。当玄宗仍在皇位时，已有两部早期的实录被编成，一部的内容约到 725 年，另一部到 741 年，它们当然是歌颂玄宗的。这两部实录可能被用来编写国史。导致安禄山之乱灾难的玄宗在位的最后几年的记载由柳芳在 759—760 年匆忙写成，但他并没有当时的实录和起居注可供参考。柳芳是奉肃宗之命写的，后者已篡夺他的父皇的皇位，须要在道义上为他的行动辩解。此外，为了修史，柳芳才被免去与叛乱者阴谋勾结的指控。结果写出的内容无疑对 8 世纪40 和 50 年代主持朝政的大臣们及对玄宗本人抱有毫不掩饰的偏见。有关这一关键时期的内容也很不完整；8 世纪 60 年代有人企图写出较完整的记载，但由于缺乏重要的文献材料，此举毫无结果。

《旧唐书》和现存的其他重要史料的编修者掌握了以后时期（763—847 年）的更多的文献材料，因为他们有实录作参考。不但正史提供了远比以前数帝在位时更为详细的内容，而且有许多实录中的文献材料也收入了行政的类书（特别是 9、10 世纪的《唐会要》和《册府元龟》）。虽然这几代的实录为编修比较完整的大事记打下了基础，但它们引起了其他问题，因为有时它们抱有强烈的偏见，并且在完成时引起了激烈的争论。

在唐代最后的 60 年，情况又恶化了。武宗以后的几代都未编修实录，941 年《旧唐书》编修者掌握的从 847 年至唐末这段时期的主要材料是日历。日历可能不如早期几代的起居注，因为后期唐代诸帝不再每日按时上朝，大量公务都在幕后进行，而不再进行起居注需要记录的公开议事。更糟糕的是，这一时期另外的许多文献材料和档案在黄巢叛乱和以后的战争中被毁，因为这些战乱实际上把长安摧毁了。修史者不得不依靠极少量的私人记载来填补空白。结果最后几代皇帝的记录质量很差，也很不完整；在修实录阶段才插入的许多传记干脆空缺。

上述叙事内容详略不一的情况在《旧唐书》中表现得最为明显，此书直接而且几乎全部取材于早期的官方记录。《新唐书》的编修者和司马光（他与他的合作者在撰写《资治通鉴》及《考异》时系统地搜集了当时留存的一切历史材料）发现自己不能摆脱《旧唐书》采用的基本材料。近代的历史学家当然更不能做到这一点，因为 11 世纪仍存在并为司马光及其同时代人所掌握的许多补充史料现在已经散佚。我们描述唐代各时期的详略程度依然取决于上述的历史编纂学因素。

不幸的是，除了收入主要唐史中的历史记载缺乏均匀性外，可以作为补充材料的现存私人著作也有时代分布不均的现象。隋代和初唐残留下来的私人文集比较少，在高宗和武后时期活动的学者和政治家的现存著作明显地缺乏。我们知道他们之中的许多人有大量著作，但从 7 世约后半期残留下来的数量是如此之少，以致人们不禁推测可能有过有意压制他们著作的企图。相对地说，700 年以后留传下来的数量较多。在 760—850 年期间，有大量范围广泛的私人文集。《全唐文》中远远超过一半的文章是在 760—840 年的 80 年中写成的，对历史学家有价值的重要政论文章甚至有更大部分写于同一时期。这些论著使我们能够填补这一短暂时期的官修历史记录的空缺，而对任何更早的中国历史，这是根本不可能做到的。如上所述，唐代最后几年的官修记录十分缺乏，而传下的这一时期的私人著作相对地说也很少，不过鉴于历史记录的质量甚差，现在存在的私人著作就特别重要了。

隋唐不同时期的材料如此严重不均，这对我们了解这关键的三个半世纪的发展总情况来说，很可能造成一种假象。学者们对经济、人口、社会、政治和思想等几乎各个方面的变化进行的详细研究表明，8 世纪后期和 9 世纪初期是激烈变化的关键时期。情况可能是，这一时期的原始材料比较丰富，此前和此后的材料则较少，这就使我们把注意力过于集中在这若干年。我们掌握的材料的残缺不全性，使我们非常难以对整个唐代作出任何形式的统计分析，除非在从事这项工作的同时还对原始材料的性质进行过细的审查。

唐代还有其他两种重要的材料流传下来，我们可以以此补充官方记录的不足。第一种是碑文。大量的石碑铭文从唐代传至今日。许多重要的铭文收于作者的文集中；另一些从宋代起在碑文集中发表；许多未出版的碑文则以拓片形式藏于中国和日本等地。近年来，中国的考古发掘发现了许多碑文。对这些物证的系统研究尚未开始。但它的内容并不新颖，其中大部分为悼词，与唐代著作中著名的悼词相似。它们提供了许多舍此就不能知道的人物的详细生平，但所祭悼的对象大都是精英集团中的重要人物，撰写这些碑文的思想和信仰背景又与唐代历史学家的相同。不过它们有时确实提供了可与历史记载相印证的材料，提供了独立于历史进程之外的证据。当两者能互相印证时，它们就几乎一致证明了这些历史的叙事是可靠的。

第二种独立的补充材料是 20 世纪在敦煌、西北其他地方和中亚发现的大批当时的文书。其中最重要的是约 1000 年藏在敦煌一佛窟墙内并在 1902 年（可能更早）被重新发现的"佛窟藏书"。这些日期为 406—995 年的抄本，以及在干旱的西北（特别是在吐鲁番）发掘不同遗址时所找到的同时期的有关文书，包含了许多官方文件以及涉及面很广的寺院和世俗的文献材料。这些材料对历史学家的价值是无法估量的，因为它们是无意地完整保存下来的原始文书，完全未受修史者和官方编修史书过程的影响。对我们了解唐代地方社会和完全在中央政府管辖范围以外的各方面的活动来说，敦煌文书是非常宝贵的。我们对地方社会的职能和性质、寺院的社会职能、地方政府的运转、家庭结构、土地的使用和租佃的性质等方面的大部分知识都来自这类材料。读者将发现我们在本书的下一卷经常参考这些文书。这类物证虽然是非常宝贵和独一无二的，但在使用它们时我们必须谨慎，因为西北边远区根本不能作为全中国的典型；根据那里的情况来概括全帝国，研究者往往会担风险。

本卷使用敦煌材料的情况比较少，虽然这是我们了解唐代贵族结构和取得防务方面详细知识的基础。敦煌文书的重要性还表现在另一个方面。从敦煌和中亚发现的材料中有数量相当惊人的一部分可与正史和其他官方文献汇编联系起来。凡是能联系之处，敦煌材料完全能独立地证明，唐朝记录的汇编和保存是准确可靠的。时间、头衔、个人关系和政府活动，哪怕是最小的细节，能够准确地互相印证；有时我们确能见到有几份文书已转载在其他史料中，并能从中发现转载的文字相当准确和忠实于原文。敦煌的档案实际上告诉我们，官方的记录一般地说是可靠的和准确的，考虑到保存在唐代史书中的文字已经经历了许多编辑阶段，这确是很了不起的。修史者由于选择所收的材料，更由于删汰某些材料，因而使记录偏颇。但尽管他们在撰写时受到了政府压力，尽管他们不得不服从正统思想的约束，他们在选择记述的事物时仍谨慎地力求准确。

但我们也不应对修史者在记载这一时期历史中的某些事件时显然有偏向和偏见的事实视而不见。不但《旧唐书》，而且其他重要的史书和官方类书说到底也都取材于同样的一些资料；这些资料都是政府专司记录的史官所写，这便意味着我们极难摆脱这些修史者的主见。最后，尽管我们掌握的材料，例如与我们了解的同时代的欧洲相比，单从数量上说很多，但我们不能忘记，历史中一定有许多被史官隐瞒的事件；另外，还有许多人类活动的领域对近代受过西方训练的历史学家来说极为重要。但当时的史官或因视为理所当然，或因认为与公认的历史标准内容无关，所以就干脆轻易地放过了。

第 二 章

隋朝,581—617 年

在 6 世纪的最后 25 年,中国在政治上已经分裂了将近 300 年,这是中国历史中最漫长的分裂期。隋朝结束了这一分裂期,扫清了分裂期遗留下来的大部分制度上的瓦砾,并为一个新的统一国家和社会打下了基础。以后的许多朝代都从隋的成就中得益,但最直接的受惠者则是伟大的唐王朝(618—907 年),它建立在隋的基础之上,并在近三百年的时期内,左右了整个东亚的文化和政治。

这一章面对的问题是,如何评价隋朝的成就,和如何对这一时期在中国历史中的重要性作出估计。如同许多历史学家所说,隋在结束旧秩序、清除几个世纪积累的渣滓和建立一个新型的帝国等方面与秦朝(公元前 221 至前 207 年)一样,但这样说是不够的。就事论事这无疑是对的,但我们只有在考虑了 6 世纪中国远为广袤的版图和复杂性并初步衡量各种新力量——例如草原入侵者、佛教和道教传播的影响——以后,才能了解隋朝各项成就的特点。

因此,我想将本章分成五个部分。第一部分是有关 6 世纪中国的报道,它将展示出分裂时期遗留下来的某些外貌、文化差别和各具鲜明特征的生活类型。第二部分概述重新统一者和新秩序的创建者隋文帝的性格、生活作风、政治哲学和统治方式,另外还有关于他的主要顾问的简要叙述。第三部分讨论隋在建立新的统一的制度化秩序时面临的主要问题和采取的措施。第四部分是对第二代皇帝——炀帝——的概述,内容与有关他的父亲的叙述相似。第五部分报道炀帝在位时巩固其政权的步骤、他创造的新事物和最后他的戏剧性的毁灭。

6世纪的中国

6世纪中国最引人注目的特征是它的文化的多样化及地区的和种族的差异和不相容性。在317年，当中国人的北方丧失给匈奴民族后，长江流域及以南在几个世纪中已发展了一种独特的文明。在"夷狄"控制了中国文化的发源地和中心地后不久，许多中国人——特别是上层阶级的中国人——纷纷南逃。在地处亚热带、地形完全与北方不同和尚待殖民的南方，北人感到很不自在。在最初，他们被南方有基业的家族称为侨人，而北人则反唇相讥，称南人为土著，尽管这些土著继承了以前的楚国或吴国的大部分独特的文化。许多北人的举止如同异乡之客，满怀恋乡之情和厌世思想，梦想有朝一日重返故土。但收复故土的一次次企图都归于失败，经过了几十年乃至几个世纪，移来的北人逐渐适应了环境，并参加了发展独特的南方文明的活动。

文化保守主义有时逐渐演变成沙文主义，它是这一时期南方的特征（在本章，"南方"指的是沿长江中下游及其支流再加上东至杭州湾沿海的整个开化区）。它的表现有许多形式：公开宣称自己继承和保持了大汉（公元前206—220年）的遗产，即汉代的古典传统、制度、文学风格、礼仪、音乐和风俗。事实上，许多这些传统在南方的环境中已起了微妙而深刻的变化。建康（今南京）诸帝不顾他们政治上的虚弱，也要照搬汉天子的一套礼仪；学者为他们的古典学术的正统性，文人为他们作品文字的典雅而自鸣得意。整个上层阶级为了表示他们合乎规范和通晓文学，试图保存洛阳方言，这是他们的祖先一度在一个统一帝国的京师听说的语言。[1] 在南方的主要文明中心——扬州和建康周围的长江下游——以外，移民的工作继续进行：土著被消灭、同化或驱赶；中国的农业得以普及；村镇寺院在荒芜之地涌现出来。这就是正史中描述的景象的未被人注意的背景。在这几个世纪

---

[1] 理查德·马瑟：《关于六朝时期洛阳和南京方言的一点意见》，载周策纵编《中国人文学科研究文集》（麦迪逊，威斯康星，1968年），第247—256页。

中，这块地区的中国农业、行政和税收在远比北方故土富饶的环境中缓慢发展，给主要的定居中心带来了财富，使有的人能过上一种豪华雅致的上层生活。

到 6 世纪中叶，"南方"的生活方式已经出现，这里略举它的几个特点。有些北方纪岁的节日已经移植到南方；另一些每年奉行的习俗则以古代南方传统为依据。这时的侨居者已发现他们爱吃的面食的代用品——大米。称呼和迎候他人的方式已与北方的方式截然不同。南方的妇女更加深居简出，纳妾现象也比北方更普遍。南方的婚葬之事及举行的一些礼仪远比北方讲究。北人重视几代同堂，而南人则喜欢夫妻另立门户。衣食及习惯都有它们明显的南方风格。

中国分裂后不到一个世纪，"南人"之称不再被用作"土著"的贬词，而逐渐成为"中国人"的同义词。[①] 南人，包括北方来的移民，已经依恋于他们的作风、他们的温柔的方式和南方山清水秀的景色。他们已经感到北人粗鲁，对北方的习俗、古典学术和文学作品流露出轻蔑之意。一位南方文人说北方文学犹如"驴鸣犬吠"。人们从当时的民谣中，可以感到南方的某种温柔和给人以美感的特质。以下即是一例：[②]

> 朝发桂兰渚，昼息桑榆下。
> 与君同拔蒲，竟日不成把。

317 年以后，北方较干旱的平原出现了另一种不同文明的演变。在一个多世纪中，北方屡次遭到异族争夺领土的激烈斗争的蹂躏。农民不断被征去服兵役和劳役。掠夺居民聚居地和屠杀居民之事屡见不鲜，种族内部的暴力和仇恨也成了北方独特的情况。在这种可怕的时代，有些中国的士绅门第由于它们能以擅长的政治和文学艺术向一个

---

① 宇屋美都雄《南人与北人》，载《东亚论丛》，6（1948 年），第 36—60 页；重载于其《中国古代之家族与国家》，第 416—460 页。

② 《乐府诗集》卷 49，第 7 页，四部丛刊本。

所谓的征服者效劳而得以幸存；它们往往通过与异族统治精英通婚，学习它们的语言和采用它们的某些生活方式来维系自己的脆弱的地位。许多中国农民已处于半农奴的状态，并承受了横征暴敛的负担。所有阶级都在朝不保夕的环境中生活。

386 年开始跃居为地区性强国的北魏，逐步引进了一项稳定局势的措施。早期魏国的鲜卑族统治者是强悍的骑士，多年来他们缓慢地采用了越来越多的中国的文明生活方式。早在 398 年，魏国的统治者命令在今山西北部的大同附近的旧居民区建立中国式的京都，其格局象征中国王朝的气派，这体现了他们长期追求的目标。京城呈长方形，围以朝着罗盘四个方向的城墙，有传统的宗庙和大圆丘等。这些不久前的游牧骑士以此来表示他们成为中国式的统治者和使"仁风被于四海"的意图。[①] 但通往这一目标的道路并不平坦，而且鲜卑族有返祖倾向的人也不时警惕这一趋向。魏的统治者们最初的制度安排是在自己的部落方式和一个农业帝国的必备条件之间进行调和。他们由此朝中国式官僚国家这一方向发展，虽然在这一机构中大部分高级职位和许多特权仍保留在鲜卑贵族之手。此外，对武功和军职的重视远远超过了文职和文学才能，这部分地反映了他们的传统，部分地反映了当时的需要。

全面的汉化措施在孝文帝执政时（471—499 年）实行：废除鲜卑族的迷信而代之以中国尊奉的信仰和习俗；采用中国特有的选拔制度；鼓励与中国人通婚；进行土地改革——引进所谓的均田制；恢复儒家思想为国教，禁止在宫廷使用鲜卑语；采用中国的姓氏；也许最重要的是，从干草原边境的故土迁向洛阳建都，这里是充分反映中国王朝权力之地。

这一系列汉化措施引起了强烈的反应，北方一批愤怒和怀有报复心理的集团联合起来发动叛乱（"六镇之乱"）。这次叛乱由依恋故土和祖制并对洛阳的汉化政体深为不满的贵族领导，参与者为职业军人，他们是流放在长城一带的囚徒、戍卒和与其主人同样心怀不满的

① 《魏书》卷 2，第 33—34 页。

部落民组成的成分复杂的集团。这个集团在怨恨情绪和鲜卑民族沙文主义的推动下，于 523 年在中原发动叛乱。大屠杀随之而来：一个鲜卑领袖杀了洛阳宫廷中的 1000 多名中国显贵，其中包括皇太后。这里不再叙述以后发生的形形色色的勾结和阴谋。534 年，鲜卑帝国分裂成两部分：一为更加汉化的东魏，它以邺城（河南）为都；一为汉化程度较差的西魏，以陕西南部关中平原的长安为都。550 年，东魏改为北齐，556 年西魏被北周替代。两国为控制整个华北而展开了生死斗争；557 年北周打败了它东边的对手并夺取了它的领土——包括从长城至淮河流域的全部富饶和人烟稠密的平原。

在隋重新统一全国前的几十年，被阶级和财富差别激化的种族对抗在北方的两国中特别明显。战争、地方动乱和屠杀之惨使中国人和鲜卑人都感到生命和财产危在旦夕。东魏的创业人在 537 年谈到了种族和阶级对抗给他造成的困境。他指出他的许多督将的家属都在西魏（那里在 549 年恢复了鲜卑族的姓氏），西魏的统治者决心诱使这些官员为之效劳。另外，他又嘲笑地说："江东复有一吴儿老翁萧衍（梁武帝，502—549 年在位）者，专事衣冠礼乐，中原士大夫望之以为正朔所在。"他接着说若非萧衍谨慎行事，他的督将就会跑到西魏，他的汉族士绅就会拥立南方的武帝。他问道："人物流散，何以为国?"[1]

尽管局势如此紧张和混乱，北方的文明，特别是西北的文明，仍以鲜明的特点向前发展。它具有与众不同的尚武精神色彩，不论是汉人或是"夷狄"，都崇尚武功，喜爱狩猎，喜欢良马和猎犬猎鹰。北方对中亚和西亚的影响一直远比南方开放，而且以后继续如此，这种表现可以从雕刻、建筑、舞蹈、音乐和服饰中看出。可能是在草原传统的影响下，北方的妇女要干活和担负各种责任。一位南方的旁观者描述说她们忙忙碌碌，操持各种家务，并为家庭利益对政治进程施加影响。北方的家庭一般保持一夫一妻制，大家庭是标准形式。中国的

---

[1] 《北齐书》卷 24，第 347—348 页；白乐日：《〈隋书〉中的食货志》（莱登，1953 年），第 258 页。

士绅门第非常认真地捍卫古典传统，这不但是为了自己的利益，而且也确保它们不致像农民那样沦落到无人保护的地位。在这种情况下，对古典经籍注释的进一步发挥当然是不可能的，能保持传统就足够了。据说北人比其南方的远亲更加开朗和坦率，他们的风俗和礼仪比较淳朴，衣着和称呼也是如此。生活较南人艰苦。这可以从以下一首当时的北方民歌看出：

　　快马常苦瘦，剿儿常苦贫。
　　黄禾起赢马，有钱始作人。

（《幽州马客吟歌辞》）

有一条划分南北两个区域的生态线有助于说明不久前才出现的南北历史和文化的差别：线的北方是粟麦文化区，那里有成群的牲畜；线的南方是水稻种植区，那里有丰富的海鱼和江、湖鱼的资源。这两个地带的人口也大不相同。帝国在重新统一后，南方只有总人口的16％左右，并且几乎完全集中在沿长江的主要中心；其内地基本上是未开发的荒野，那里有敌视外人的土著、难以逾越的自然障碍、疟疾和其他疾病，使得以后几个世纪中国的移民工作进展得既缓慢，又艰苦。

南北两大地带并不限于文化的差别。如上所述，南方包括一些汉人的居民中心和居民地带，在它们之外是土著居住的内地，史料称这里的形形色色的集团为"蛮"，它们是居住在今云南和贵州两省大部分地区的操藏缅语的部落和居住在延伸至今越南的中国南方海岸的傣语民族。在西面较远的四川，成都周围的肥沃平原为汉人的主要定居中心。土著部落居住在周围高地，沿西面多山的边境则是西藏的部落民族。汉人与所有这些民族进行长期斗争，时而杀戮他们，时而奴役他们，并慢慢地汉化他们的生活方式。少数派往土著区的中国行政官"被同化"，但其中大部分人不屈不挠地坚持工作，发展了各种各样的殖民技术。但在 6 世纪，中国文化的中心很少远离土著定居地，通婚是普遍现象；虽然记载当时种族历史情况的材料尚未被充分利用，但我们可以设想土著对中国文化的影响是相当大的。

　　这一时期北方的特点是复杂的混合种族和混合文化：自 3 世纪后期以来，不同血统的民族一批批来到。它们与中国人和其他入侵民族通婚。尽管孝文帝采取汉化政策，但如上所述，设法重新树立草原文化鲜明特征的反作用力依然存在。沿陆地边境，北方的混合文化逐渐消失而让位于草原民族的文化。在西部和北部的戍军市镇及著名的马市，人们确实能看到控制这些市镇的北朝力量的具体迹象，但人民——士兵、马贩子、商人和当地农民——可能普遍都是混血儿。

　　上面已提到北魏分成西魏和东魏。它们之间的边境不仅是政治分界线，而且是一条已存在近两千年的文化分水岭。西魏的京都位于高原中心，三面环山，中国人称之为关中。从东面看，它是一座天然堡垒，对中国其他地方的几次征战都由此开始。往西，西魏沿其北侧为干草原和南侧为山区的河西走廊向外延伸。北方西部这一地区的文化与草原文化较为接近，那里的人民是优秀的骑士和武士，人们在他们身上很难看到传统的中国文化。

　　东魏在许多方面形成了鲜明的对比，它位于淮河以北到长城的大平原上。这一黄河、淮河及其支流灌溉的地区在 6 世纪是中国生产力最高、人口众多的定居区；当时它几乎拥有中国人口的三分之二。虽然几个世纪的外患和外来统治给这一地区留下了深刻的创伤，它仍比西魏保存稍多的中国古文化。由于远为富饶和稳定，社会上层的生活往往是奢侈的，城市比中国西部和南部的要活跃和繁荣。

　　佛教从最初在中国出现以来已有约 500 年，它此时已成为表现于社会生活各方面的一大特征。佛堂和寺院星罗棋布，寺庙和佛塔的轮廓给城市上空增添了生气。人们走不多远，就会遇到成群的前往各大佛堂进香的僧众或香客。南方和北方的统治者和上层人物都是佛教热诚的施主，他们把大量土地和财富施舍给寺院，并经常把自己的宅院用于做佛事，宗教生活成了那些好冥想的、厌世的和寻求隐居生活的人的另一种抉择。尼姑庵（有的非常富裕）通常成了名门遗孀或已死王公所有妻妾婢女的隐居之地。但民间形式的佛教也已深入农村，那里各种各样的迷信组织大批涌现。农民遵循的全部古老的仪式都打上了佛教的烙印，因此农民和上层人物的生活都重视佛教的节假日。这样，除了中国的传统，佛教也充当了这些不同地区和不同文化的强有力的共同纽带。

在隋朝崛起前的半个世纪，毗邻江淮的地区曾是敌对力量的战场。无数外交阴谋和连年战争的结果使得西北势力稳步扩大。在长江上游，现今的四川地区在 552 年被西魏军队所攻占，这是梁朝某王力图另立国家这一招灾惹祸活动的结果。另一个梁王在长江中游的江陵设行都，他在那里作为梁元帝进行过短暂的统治（552—554 年），他的朝臣讨论了能否沿江而下返回仍在叛乱者侯景之手的梁朝故都建康及返回的时间。在 554 年，西北的一支强大军队南下直逼江陵，打败了梁军，俘虏并杀了元帝及其朝臣，屠杀了城中的大部分社会精英，并把幸存者押送至京师长安。西魏于是在长江中游建立了一个傀儡国家，其首府设在江陵。这就是后梁，它一直维持到 587 年隋伺机把它灭掉时为止。到了 554 年，西北政权就这样控制了四川和长江中游的大部分地区（包括湖北富饶的平原）。

就在这样半个世纪中，长江以南各地的权力斗争已经变得旷日持久和错综复杂。侯景发动的残酷的反梁大叛乱（548—552 年）破坏了整个地区。他的军队占领并洗劫了京师建康，在洗劫中实际上消灭了南方的许多有财有势的门第。激烈的战斗随之而来，在斗争的过程中，侯景在 552 年被一个出身微贱的将领陈霸先的军队杀死。陈霸先在开始时满足于与另一位得胜的将领分享权力和保持他们拥立的梁朝末代皇帝的合法外貌。但到 557 年，他清除了对手，废黜了梁帝，并自立为陈朝的第一代皇帝。

但陈霸先及其继位者所控制的南方，要比他们的建康的前辈控制的地盘小得多。四川和长江中游已经丢失。侯景的叛乱迫使许多地方领袖在村镇筑垒自固，并集结自己的军队和在附近招兵买马，最后就成了地方的大小豪强。陈消灭了其中的几个，但对最强大的却干脆通过适当的加封来承认他们的实际权力。

虽然陈王朝的力量有限，但它的第四代皇帝（569—582 年在位）由于出现了一个良机而情不自禁地想收复长江以北早已被北方占领的一些富饶之地。北周从长安派一使节去见陈朝的统治者，建议两国联合进攻当时控制从长江以北直至长城的大平原的北齐帝国，如果联合行动成功，两国将瓜分这一帝国。陈朝统治者同意这一狡诈的建议，派军队北上，并在 575 年打败了同时遭北周进攻的北齐军队。陈朝于是吞并了淮河和长江之间的富饶的土地。但领土的扩大为时很短，因为 577 年周灭齐后，就把强大的战争机器转向以前的盟友，并把他们彻底击溃。陈军被打垮或被俘虏，大量战争物资丧失，建康王朝的力量被严重地削弱。周朝此时控制了整个华北、湖北和长江中游，再加上西部的四川省。陈朝由于其西侧被人占领，由于侯景叛乱削弱了其内部控制和生产能力，由于其军队几乎被北周击溃，只剩下其先辈力量的一小部分。更增加陈朝困难的是，在 583 年即位的这位皇帝在中国史籍中以其骄奢淫逸和前后乖舛而臭名昭著。即使我们认为正史中对他的昏庸行为的描述有所夸大而置之不论（我们也必须做到这点），他仍是一个萎靡不振的废物。在 6 世纪 80 年代的任何时候，从北方的角度观察，陈朝看来一定是一个容易征服的对象。它之所以能苟延残喘，最初是因为北周宫廷不稳，然后是因为隋朝的开国者（他在 581 年把北周推翻）忙于镇压反抗和巩固其政权。直到 588—589 年，他才终于准备进军南下，开始其恢复帝国政治和文化统一的漫长的征程。

开国者隋文帝（581—604[①] 年在位）
及其辅弼大臣

创建隋朝并以帝号文帝执政的杨坚是 6 世纪典型的西北贵族。他的家族的故里在长安和洛阳两个古都之间，为北方的非汉族王朝效劳至少已有两个世纪；并且杨氏通过与非汉族的名门进行深谋远虑的联姻，以确保他们的地位不衰，特权长存。杨坚之父曾被北魏孝武帝（532—534 年在位）封为贵族，西魏的建国者宇文泰因其在夺权时的

---

① 原文误作 601 年。——译者注

战功而加赏杨家爵位。杨坚在 541 年生于一个佛寺内。一个尼姑把他抚养到 12 岁，后来杨坚在回忆时亲昵地称她为阿阇梨（梵文为 ācārya，意即导师）；他也上过为贵族和高官子弟设立的太学。据说他长腰短腿，为人庄重而又沉默寡言。当他刚上学时，他态度冷漠，甚至他的近亲也不敢接近他。

与同阶层的其他年轻人一样，他很早就受骑术和战术的训练。他 14 岁就在宇文泰麾下任武职，在宇文泰及其继承者时期青云直上。在 566 年，他娶北方非汉族中权势最大的门第之一独孤氏的女儿为妻。这样，他在三十几岁时已是一个有成就的、攀名门为亲的军人；他曾统率一支军队征齐，还担任过文官，几次得到赏识他的统治者的赏赐。杨坚得宠的标志之一是其女被选为太子宇文赟之妻。这一恩宠把他从与世无争的舒适生活拉到权力斗争的漩涡之中。

578 年夏，刚刚灭了北齐并统一北方的北周的武帝（宇文邕）准备率精兵遏制突厥人在今北京附近的掠夺。在 36 岁时，他似乎要通过一次次的胜利来最后完成统一全中国的大业。但他突然患病，就在这一年的阴历六月，关于他的凶耗被宣布了。由太子并为杨坚之婿的宇文赟继位。579 年阴历二月，他举行仪式逊位给其 6 岁之子，但仍拥有实权。人们很快就清楚，他也是传统的变态专制君主之一，他们是长达 300 年的北方诸政权的祸根。杨坚对这个魔鬼的想法，我们现在还不清楚，但 580 年初夏宫廷中发生的事件迫使杨坚摊牌。这个"太上皇"强奸了一个亲王的妻子，并迫使亲王叛乱而死，于是这个不幸的遗孀被纳为第五个妃子。后来有迹象表明他决心消灭杨坚的女儿，以便提升他的新王妃。由于她母亲的激动的请求，她暂时得救，但不久事情就很清楚，宇文赟要自行其是，这意味着即使消灭杨坚全家也在所不惜。在这关键时刻，宇文赟患病，杨坚的朋友们矫诏命他来到宇文赟的病床前。宇文赟在以后的几天内死去，死讯秘而不宣，直至杨坚的几个朋友说服他代幼帝摄政。这是对王朝及其支持者的公开挑战；摄政本身虽不是篡位，但它是沿标准途径之一去建立新王朝的重要步骤。杨坚和他的几个朋友无疑是在孤注一掷，他的妻子用一句古老的谚语"骑虎难下"劝他说，现在已到义无反顾之时了。[1]

杨坚立刻开始采取建立新王朝的进一步的行动。他在行动时极为残酷无情。阴历五月末，宇文家族的五位亲王被召进京，名义上要他们参加其中一王之女与突厥可汗的结婚典礼。三天后，大部分宇文赟的嫔妃被迫削发为尼。皇太后和杨坚之女被赦免。后者同意其父的夺权行动，只要行动仅限于摄政，但公开反对他另立王朝的野心。阴历六月初，宇文氏诸王——其中一人在被胁迫的情况下——来到京师并一直受到监视；七月当他们参加宇文赟的葬礼时，他们由杨坚的一个亲属指挥的 6000 名骑兵"护送"。由此可以证明，杨坚此时已经获得统率京师精兵的将领对他事业的支持。但宇文家族在北朝中也是精于谋害和要弄阴谋之道的，所以他们也以老于此道的手法进行反击。在阴历六月，宇文氏一王因阴谋反对摄政而被捕，并立刻被处决。在下一个月后期杨坚几乎被宇文家族中的两个亲王暗害，这两个人也被捕处死。

远为严重的是，宇文家族的党羽在北方的许多地方公开进行军事对抗。六月，宇文氏的党羽尉迟迥在原齐国国都邺城公开向其部队首先宣称，他作为宇文氏的亲戚和忠仆，将从有野心的杨坚手中拯救王朝。尉迟迥虽然年迈，却是一名难以对付的军人，他在 552 年曾为西魏征服四川。此外，他权力的地理中心正处于华北平原的心脏，他在那里能够动用惊人的资源，并且在地方强大的氏族中还有一批强有力的潜在的追随者。在阴历七月中，另一批北周的勤王者参加了武装的反杨坚行动。同一月的晚些时候，幼帝的岳父司马消难公开宣称与尉迟迥共举勤王大业，并在长江中游以北的九个州找到了一批追随者；他还在那里得到南方虚弱的陈国的支持。8 月初，四川的总管王谦也起来反对杨坚。在偏远的东北，一名原齐国官员与其突厥盟友一起准备与其他人联合反对杨坚。杨坚的确被人步步紧逼，但他掌握了几个

---

[1] 《隋书》卷 36，第 1108 页；彼得·布德伯格：《北朝史琐谈》，载《哈佛亚洲研究杂志》，3（1939 年），第 260 页；芮沃寿：《隋的意识形态》，载费正清编《中国的思想和制度》（芝加哥，1957 年），第 79 页。

相当有利的条件：他的关中平原根据地长期以来是远征的跳板，只要他有取得胜利的迹象，他就能得到从北周继承下来的强大的战争机器的效忠；他还掌握着统一领导和各个击破分散敌人的优势；何况后者只有地方的追随者，各怀私心异志，缺乏协调的战略。

但在 580 年 7 月的一段时期，双方的胜负难卜；当时重要的地方和地区领袖依然举棋不定，杨坚的任何敌人的有力行动都可能导致他的失败。但杰出的高颎的归附是决定性的（关于高颎，以后将予论述）。当杨坚的其他支持者借故不上战场时，高颎率西北军从关中来到华北平原。在那里，他东进打击反对杨坚大业的最强大的敌人尉迟迥及其盟友。高颎使用传统兵法中的许多计谋和圈套，在几次序战中告捷，很快就面临部署在邺城南城外的敌人主力部队。他在那里使用了古代"先犯观者，因其扰而乘之"的策略以打乱敌人的战斗计划，使尉迟迥的队伍惊慌失措，溃不成军。年迈的尉迟迥逃到邺城，最后因走投无路而被迫自尽。历史学家通常把尉迟迥之败归咎于其主要参谋的无能和他起用前北齐将领的行动。但不管情况是否如此，高颎已摧毁了反对派的唯一重要的集结地，一些较小的反对者开始为胜利者下赌注了。在阴历八月中高颎在邺城的胜利和快到 11 月底四川王谦力量垮台的这段时期内，主要的反对派力量土崩瓦解。一个月后，残敌已被打垮。[①] 杨坚得力于高颎，而他的敌人又缺乏想像力和个人魅力，所以他继续走运。

581 年初期，杨坚在阴历二月中称"王"，他接受了帝王的徽号，身穿皇袍，开始上早朝，颁布大赦，宣布以隋为国号——此名来自北周给其父的封地。通过这些行动以及其他远古传下的礼仪，他宣布自己此时已正式受命于天。到这一年夏末，北周总共 59 王中的最后一人已被谋杀，这样北周勤王者反击的可能性大为减小。杨坚的夺权行动在极不利的形势下成功了。但如果隋不准备成为另一个短命的政体，如果它要发展成一个稳定有效率的政府，还有艰巨的任务有待完

---

① 《周书》卷 21（尉迟迥、王谦和司马消难的列传）；《资治通鉴》（古籍出版社本，北京，1956 年），第 5407—5431 页；布德伯格：《北朝史琐谈》，第 258—265 页。

成，而杨坚也为之献出了他的余生。下面将论述杨坚及其最亲密的辅弼大臣的品质。

杨坚的性格是多方面的。有几方面可与传统的中国价值观和行为准则联系起来，有几方面可用他生活的时代和社会环境来解释，有几方面涉及他追求最高权势的变态心理（这是相当普遍的），最后几个方面则是他品质中特有的。前面已经谈到，他是非常严厉和令人生畏的人，既无吸引力，又不热诚，更谈不上宽厚。布德伯格注意到，他的青云直上使他一生被自危感和自大狂所折磨，因而促使他去寻求一切他感到放心的形式和一切能得到上天眷顾的象征。当时他的家族和接近他的圈子中迷信佛教和盛行佛教这一特有现象促使他把注意力集中于向佛教寻求正统地位和个人安全的方面：宫内每晚都做佛事，杨坚、皇后和举朝上下都参加。他的自危感使他对除几个亲信以外的所有人都产生怀疑，他似乎认为几乎所有的儿子都是潜在的敌人——这种态度在突厥可汗中是很普遍的。他为人过于俭啬，这一与他妻子共同的性格随着年龄的增长而变本加厉。传说他把化妆品按定量分配给宫女，宫内未备有他需要的某种药，也没有他妻子需要的作为普通礼物的毛领——凡此种种都是儒家的历史学家所津津乐道的。[1]

杨坚易于发怒，有时在狂怒以后又深自懊悔。这显然与他个人的自危感有关，到了晚年，与上面谈到的追求最高权势的变态心理有关。一次他在殿上鞭打一个人，然后又肯定此事与天子的身份不符，并主张废除笞刑。但不久，他在暴怒时又用马鞭把一人鞭打致死。他常常似乎对帝王应仁慈宽厚的呼吁充耳不闻，不加限制地施行当时普遍的酷刑。

除了上述的个人性格，还有形成他行政作风的其他一些特点。杨坚在探讨问题，采纳解决问题的办法以及他的所厌所恨等方面都接近于儒家中主张君治的荀子一派，实际上接近于法家本身。据说他不重视《诗经》或《书经》；在他执政的后期，他关闭了全国的学校，原因是学生太多，太懒散，质量太差。他对标准的儒家道德

---

[1] 《资治通鉴》卷175，第5447页。

说教很不耐烦，当他的一个主要儒家大臣劝他不要再处决剩下的北周诸王时，他大声怒斥道："君书生，不足与议此！"[1] 他与中国所有的君主一样，也受历史和先例的约束。在一次重要场合，他说他远不如伟大的周公，只有在量刑公正这一点上可与之相比。[2] 又一次，有人劝他不要朝令夕改以致引起黎民不安时，他认为这是隐隐地把他与汉朝的篡位者相提并论而大发雷霆。他大骂并怒问其大臣："尔欲以我为王莽邪？"[3] 最后他承认——即使是躲躲闪闪地——历史学家将对他盖棺论定；当他的三子秦王杨俊死亡（死因很可疑）时，他的随从要求立一石碑纪念死者，杨坚答道："欲求名，一卷史书足矣，何用碑为！"[4]

虽然有这些局限性，又处于这种精神状态，杨坚仍是一位坚强和有成就的统治者。他酷爱工作，并把大量文牍从议政殿带回住处审批。他似乎经常干预各级政府的事务：插手（有时粗暴地）司法机构的工作；重新审理所有重罪判决，以之作为自己的职责；接见朝集使，并告诫他们要勤奋工作和成为有德之人；考察补缺者和官员的表现；赞誉有成绩的官员，谴责疲沓和贪污；主持早朝，与大臣们讨论国内外政策；巡视全国。从他的工作作风和从他对法律、对儒生和官员的总的态度可以看出，他受了法家传统和当时常见的个人对佛教的信仰两者兼而有之的强烈影响。

典型的法家思想表现在他推动政府集权化和合理化方面。关于这方面的情况将在下一节中详细论述，但这里我们应注意，杨坚不满足于因袭前人或用陈旧的办法去解决他面临的大问题。也许我过于以自己的想法去理解颁布 581 年法律的诏书前言，诏书写道："帝王作法，沿革不同，取适于时，故有损益。"[5] 加着重点的一句体现了典型的法家立场。20 年以后，601 年的一道诏书又明显地表现了另一个法家

① 《资治通鉴》卷 175，第 5436 页。
② 《资治通鉴》卷 178，第 5558 页。
③ 《资治通鉴》卷 177，第 5527 页。
④ 《资治通鉴》卷 178，第 5558 页。
⑤ 《隋书》卷 25，第 711 页。着重点为作者所加。

原则："先王立教，以义断恩，割亲爱之情，尽事君之道。"① 在中间的若干年中，他肯定遵循了重赏重罚这一法家基本政策，但他一般还坚持另一个重要的法家原则——法律面前人人平等。这最清楚地表现在他对官员们请求宽恕其子秦王的反映中，当时（597 年）已是垂死的秦王因贪污大量公款而获罪，杨坚的答复很干脆："法不可违。"当有人再次请求时，他答复道："我是五儿之父，若如公意，何不别制天子儿律？"② 他拒绝了这一请求。

杨坚还有许多实行严厉的专制和法家原则的材料，以上所举仅为数例。但同时他也能对原来的忠诚随从特别宽容，现举一例如下。他最早的追随者之一为北周的同僚，后者后来被封为刺史；在歉年，此人进行粮食投机，罪当除名为民（或皇帝认为适当的一切处分）。杨坚谈到了他们之间的旧谊，并说："言念畴昔之恩，复当牧伯之位，何乃不思报效，以至于此！吾不忍杀卿，是屈法申私耳。"于是此人官复原职。③

后来做了文献皇后的杨坚之妻生于一强大和早已汉化的匈奴氏族，这氏族与北魏的豪门通婚已有几个世纪。她的父亲独孤信曾随宇文泰西行并协助他建立西魏，即后来的北周。独孤信于 557 年自尽，但其家族不久又东山再起。杨坚未来的妻子生于 544 年，取名伽罗（梵语为 Kālā，可能是 Kālāguru 的简写），在 566 年结婚时，她得到杨坚郑重的誓言，即他不与其他妇女生育子女。这与她作为具有强烈的一夫一妻制意识和爱好驾驭他人的鲜明性格的北方妇女所受的教养是一致的。她不是后宫的佳丽，但有文化和修养，还具有强烈的政治直觉。杨坚夫妇亲密无间，宫内的侍从称他们为"二圣"。在上朝时，皇后与文帝同乘御辇。她在议政大殿的门厅等候，并派一名宦官去观

---

① 《隋书》卷 50，第 1324 页；汤承业：《隋文帝政治事功之研究》（台北，1967 年），第 60 页。

② 《隋书》卷 45，第 1240 页；《资治通鉴》卷 178，第 5558 页。

③ 《隋书》卷 38，第 1143 页。

察，以便向她报告。当她认为文帝决策不当时，她就提出忠告；当听政完毕，两个人就一起回宫。

独孤一家早已信佛，而文献皇后尤其虔诚，并且是一位热心的施主。可以肯定，安排宫内晚间读经的是她，督促王子受佛门训练的也是她；有一情绪低落的王子非常虔诚，想要削发为僧，但未获其父同意。她把清心寡欲的品质与宗教虔诚合二为一，这一点她颇肖其夫。但从史籍中可以看出，她具有稳健的判断力，这至少在王朝最初 10 年左右使她能向文帝提出忠告。例如，有几个官员曾引用权威性的《周礼》的内容，大意是官员之妻应听命于皇后，并劝她遵循这一所谓的古制。她答道："以妇人与政，或从此渐，不可开其源也。"[1] 她与杨坚都坚决不让她的家族掌握大权，不让经常出现的所谓"外戚问题"搞垮杨家天下（读者不难看到，杨坚家族正是通过这一途径发迹的）。当她的一个母系亲戚获死罪时，杨坚想替她宽恕此人，但皇后答道："国家之事，焉能顾私！"于是此人被论罪处死。但史籍又说她颇仁爱，"每逢大理决囚，未尝不流涕"。[2]

可惜的是，能够证明她到晚年才受变态的妒忌和复仇心理支配的这一假设的材料太少。我相信这种假设，但我论述的根据是一个近期的西方观念（这对中国和西方的编史者都很陌生），即个性不是一个人生来就有的性格的合成，而是基本上随着环境及人的成熟和年龄增长而形成的。有一个材料证实我的假设。第一个表现她真正的变态妒忌心理的有日期可查的事件发生在 593 年，当时她快到 50 岁了。[3] 此事之所以值得一提，是因为它预示从此时起直到 602 年她死亡时她对宫廷施加了有害的影响。隋文帝被当时身为宫女又是其旧敌尉迟迥的孙女所吸引，屡幸其地。皇后选择文帝下朝的时机秘密把她杀害。文帝发现后，大为震怒。"单骑从苑中而出，不由径路，入山谷间二十余里。高颎、杨素等及追上，扣马苦谏。上太息曰：'吾贵为天子，

---

[1]　《资治通鉴》卷 175，第 5446 页；《隋书》卷 35，第 1108 页。
[2]　《资治通鉴》卷 175，第 5447 页；《隋书》卷 36，第 1108—1109 页。
[3]　此事发生在当时尚未竣工的仁寿宫。

而不得自由！'"① 后来文帝夫妇重归于好，但史籍一致记载从此时起，她病态的妒忌心理歪曲了她的判断力，并使文帝长期以来认为很有帮助的她的忠告失去公正。例如每当诸王及朝臣之妾有孕，她总力促文帝将他们罢官或削爵。甚至忠诚的高颎因妻死后其妾怀孕，也遭到攻击。② 人们怀疑杨坚与他的这位最有才能和最杰出的大臣之间关系不断恶化，皇后从中起了作用。但在 599 年当朝廷大臣请求斩高颎时，文帝回顾近期斩了几名重要官员之事，并且在难得地倾听了意见后说："如果诛颎，天下其谓我何？"③ 越到后来，她对任何人的用意都产生怀疑，而她对事物的这些反应更加重了杨坚的天生好疑的个性。她刺探诸子的私事——特别是性方面的习惯；她和杨坚一起一步步地寻找理由把他们或贬，或杀，或作出其他安排，最后只剩她宠爱的杨广，即未来的炀帝。

随着文帝夫妇日趋年迈，他们做的佛事越来越频繁和讲究。做法事、赐斋、分赏僧侣礼物和向寺庙捐献的次数更多了。佛事活动的高潮出现在 601 年。在这一年，杨坚有意识地模仿印度伟大的阿育王的行动，实现了一项精心制定的计划，即同时在全国祀奉放在特制的佛骨瓶内的舍利。有名的高僧及其随员携带由文帝亲手装在宝瓶内的舍利分赴 30 个州治。在全国同时祀奉时，文帝在京师召见 367 名做佛事的僧人，然后为他们和文武官员大摆斋宴。皇后当然参加这一大典的隆重的宗教仪式。她死于 602 年，一位宫廷史官立刻宣布她成了菩萨。文帝苦苦思念，对其妃嫔的动机产生怀疑；当他患病时，他悲痛地说："使皇后在，吾不及此。"④ 杨坚的夫妻关系在中国历史中很可能是独一无二的。一个后妃在君主的大部分执政期间对他有如此强烈和持续的影响，这实在少见。以下我们谈谈核心的高级官员，他们也在比皇后较短的时期内影响着隋统治者的决策。

---

① 《资治通鉴》卷 178，第 5565 页。记载中此事物的日期为 599 年，我认为似乎晚了。

② 《隋书》卷 36，第 1109 页。

③ 《隋书》卷 41，第 1183 页；《资治通鉴》卷 178，第 5568 页；《北史》卷 7，第 2491 页。

④ 《隋书》卷 36，第 1109 页；《北史》卷 14，第 533—534 页。

　　高颎　（555？—607 年）似乎出身于华北平原东北部一个不引
人注目的家庭。其父曾为未来的皇后之父独孤信效劳。当北周突然出
现种族返祖倾向并明令所有的社会上层恢复鲜卑族之姓时，独孤信将
自己的姓赐给高颎之父。在两个人长期而亲密的关系期间，杨坚一直
称高颎为"独孤"。高颎在 16 岁时开始在北周任职，576 年因征齐有
功而被擢升。他没有参与一些人敦促杨坚阴谋夺取皇位的活动，但杨
坚知道他的军事才能和其他技艺，就设法争取他。这是一个关键行
动，因为当杨坚的其他追随者畏缩不前时，高颎主动请战去进攻杨坚
的政敌。如上所述，高颎取得了辉煌的成就，他在新王朝中的地位因
此也很高。他接受了一系列艰难的任务，都完成得很出色。他率军征
伐突厥人并取得胜利，监督新都的建设（见下文），制定了征伐陈朝
的宏伟战略，并向那里胜利进军（晋王为名义的统帅）。他在掌权的
20 年中对隋朝的成功作出的最大贡献可能是在财政管理方面。他制
定了税收登记的新标准和成立了负责这一工作的机构；在隋朝这些年
采取的财政措施方面他可能都做了工作。在 9 世纪初期著书并使用法
家评价标准的杜佑把高颎与管仲和商鞅并列；管仲通常因在公元前 7
世纪使齐国称霸而受人赞誉，商鞅则是为秦国的崛起打下基础的宰
相。杜佑对高颎的伟大之处评判说，尽管他处于连年战争和分裂以后
的乱世，但他通过制定的登记制度、货币改革和其他的措施，成功地
把隋朝的纳税人口从 589 年的 400 万户增加到 606 年的 890 万户。[①]

　　627 年，唐代第二个皇帝太宗对留用的前隋代官员一致盛赞高颎
做宰相的政绩这一事实大为惊异。这促使他去阅读高颎的传记，从而
证实了他们的评价。他说："朕比见隋代遗老，咸称高颎善为相者，
遂观其本传，可谓公平正直，尤识治体。"[②] 从记载中可以清楚地看
出，高颎是一位有才能的战略家，一位讲求实效和效率的行政官员，
一位在制定隋的政策中起着重要作用和全面负责执行这些政策的明智
的襄赞大臣。他与其主公文帝一样，也是一个虔诚的佛教徒。作为一

---

① 《通典》卷 7，（十通本，上海，1936 年），第 42 页。
② 《贞观政要》卷 5，（原田本，东京，1962 年），第 152 页。

个信佛的居士、武士和实干家，他与隋朝以李德林为代表的儒家官员形成鲜明的对比；李德林是杨坚的另一个顾问（见下文）。

受到如此恩宠的人不可避免地迟早会招到皇后的疑忌。也许早在589年，当高颎阻挠晋王（杨广，后来的炀帝）想占有陈朝统治者的宠妃的企图时，他就被引起了猜疑。但在598年再次展开远征辽东的辩论后，他被授权担任实际的指挥，汉王则任挂名的统帅。军队遇到洪水并为瘟疫所苦，无功而返；于是汉王告诉其母，说高颎想杀死他——文帝也偶尔听到这一明显的谗言。于是，诽谤的网络在这位大臣周围张开了。当五位卿相向杨坚保证高颎无辜时，他们都得到降职的下场。在杨坚快到60寿辰时，利用他的恐惧心理搞欺诈是极为容易之事，由于一件所谓高颎听信凶兆的传说，事情终于得逞。结果，在皇后濒死的前夕，她成功了；高颎被罢官——但在此前的一次动感情的宴会上，每人（包括皇后！）都嘧着眼泪，宴会完毕，杨坚对高颎说道："朕不负公，公自负朕也。"[①] 高颎被炀帝官复原职，但不久因失宠而被杀。

杨素 在文帝时与高颎和苏威分掌大权的杨素（死于606年）的出身与杨坚相似。他们的故里在一地，而且是远亲；两个人都是典型的地方贵族，所受的教育主要是"夷狄"文化。他的姐姐嫁给一个非汉族家庭。在青年时代，他勤奋好学，而且酷爱女色。他的美髯使他具有勇武的英雄气概。的确，他对隋政权的巩固贡献最多的是他的战功。他的事业始于北周的军务，在征服北齐之役中表现了他的勇猛。在580年关键的夏季中，他密切配合杨坚的夺权行动，协助他打垮了当时统治王朝的支持者。他在隋朝的第一个职务是御史大夫。在策划征陈时他非常活跃，指挥隋的水师很有成就，因此他得到丰厚的赏赐和14名妇女——战败的陈朝统治者的姐妹和嫔妃。征服陈朝不久，杨素残酷并有效地平定了南方反隋的叛乱。据说杨素的军队战无不胜，他确保胜利的紧急措施既简单又残忍：他的部队中凡在敌人进攻面前溃退者，一律就地处死。他对付突厥人同他在中国的征战一样成

---

① 《北史》卷82，第2491页；《资治通鉴》卷178，第5567—5568页。

功；他作战的特点是放弃传统的、带防御性的战术，主张进攻性的骑兵突击和不断骚扰敌人。他坚持在记载战役时，应始终突出他的作用，而不惜夺别人之功为己有。

杨素在朝廷上也是残酷无情，是一个能伺机取胜和工于心计的机会主义者。在下节论述律令时将会看到他怎样利用法律清除敌人和提高自己的事例。据《隋书》记载，他与皇后一起，进行了一系列消灭其他王子和举晋王杨广为太子的阴谋。又据《隋书》得知，他参与了加速杨坚之死和阻挠杨坚重立前皇太子以代替杨广这一为时已晚的企图的秘密阴谋。① 尽管杨素以前侵吞公款和滥用劳力，他仍被委以在洛阳兴建新都之重任。在 606 年他死去时，他与其子孙积聚了无数财宝、丝帛、房屋、封地和美女以及许多崇隆的爵号。他最后为王朝用兵是 604 年镇压汉王反杨广继位的叛乱。杨素为隋文帝的"出谋划策的人物"。他的名字与全面的改革措施无关，几乎只与远征和军务有联系。他鲁莽无情，傲慢自负，但以那暴力年代的标准来衡量，他是隋王朝的忠仆。

苏威 （540—621 年）是隋文帝时权势最大的三个人中的第三人。他是高颎推荐给杨坚的。苏威的父亲是著名的苏绰，此人曾任西魏建国者宇文泰的主要文职顾问。根据零星的记载，北周作出的所有行政工作的改进都应归功于苏绰，因为其主公毕竟是一个来自北方边境的粗鲁而无文化的军人。苏绰推行一种不寻常的文化借鉴模式。他知道由于孝文帝轻率地进行汉化，魏在冲突中已分裂成两个王朝，因此他不能向其鲜卑的主公建议再照此办理。但所有实现井然有序的文官之治和稳定的集权政府的样板都因其出于中国传统而可望不可即。那么，他依靠什么模式而不致触怒其主公？他首先引进了申不害和韩非子的实用的法家学说——这是许多世纪以来求实的政治家的主要思想。这使苏绰立刻受到嘉许。此后他必须努力说服其主公：有一个中国的集权化模式，它未受汉代以后诸国的失败和权宜之计的影响。它就是《周礼》提供的模式，书中规定了国家和社会的标准等级，这样

---

① 《隋书》卷 48，第 1288 页。

就把宇文泰的向往与古周代的理想秩序联系了起来。556年，苏绰的后继者卢辩在重新命名北周的全部官署时，设法使这一模式具体化。① 同年，梁朝最后一个统治者被北周打垮，并被北周的那些傀儡国家所代替。这是对正统的"汉朝继承者"，甚至是对东魏的一个严重打击，因为后者是孝文帝向汉代以后诸国借鉴制度的继承人。544年，苏绰制定了他的"六条诏书"，并以诏书形式颁布，这是一种治国和行政的手册，它是奉宇文泰之命写成，以便"革易时政，务弘强国富民之道。"② 它是一本如何按实际情况施政的问答或手册，宇文泰曾命令其官员熟诵此书，否则就削夺他们的官职。"六条诏书"的思想是掺杂了实际经验和法家行政学知识的儒家伦理学说。

杨坚及其全部主要顾问都在北周当过官，他们都受到苏绰的改革和"六条诏书"的影响。高颎说他本人正继续履践这一传统，并且特别敬重苏威，因为他是苏绰之子。苏威在担任许多重要官职时做了大量工作，并对隋早期的改革出过力。但他多次得宠和失宠。当杨坚决心把冒犯自己的人问斩时，苏威设法劝阻，杨坚在恢复平静后就对他表示谢意。他为人清廉，但在讨论国策时不能容忍不同意见；即使他为一些小事受挫，也总是坚决斗争。他还为炀帝效劳，以后又在隋灭亡以后的几个叛军政体中任过职。他活到88岁。《隋书》记载，他是许多法律典章的作者，但这些都被认为粗糙琐碎，缺乏长期性法律必须具备的那种精确性。《隋书》又说，"时人以为［苏威］无大臣之体"。③ 他立身于隋廷，但能使人追想苏绰的流风余韵，这种作用可能比他作为顾问和大臣产生的影响更加重要。

隋文帝朝的其他官员的权势均远逊于上述三人。他们之中的许多人是杨坚的亲属，而且如下所述，绝大部分人的阶级、籍贯和教育背景与杨坚的相同。他的最高级顾问中只有一人完全掌握儒家的思想遗

---

① 《周书》卷2，第36页；《周书》卷24，第404—407页；昌西·古德里奇（富善）：《苏绰传》（伯克利，1953年）。
② 《周书》卷23，第382页。
③ 《隋书》卷41，第1190页。

产和来自东部平原，并曾在那里为北齐效劳。此人就是李德林（530—590 年）。李德林出身于书香门第，据说在很早就表现出通晓古代典籍的才能。他在科场取得秀才的功名，北齐在实行古老和腐败的荐举制的同时另立了科举制度。他于是在王朝担任不同的职务，其中以起草诏令和编修王朝史的责任最重。556—557 年，当北周征服并吞并北齐时，李德林被送往西边的北周首府长安，在那里被委以起草诏令和法规之责，因为这些东西需要一个东部的人加以润色；有人推测这些文件旨在巩固北周对被征服的北齐土地上的人民的统治权。

李德林被争取去支援杨坚开创新王朝的大业；在伪造以幼帝名义颁发的要求杨坚摄政执掌文武大权的诏书的过程中，他起了主要的作用。在 580 年紧张的夏季，他给杨坚出了许多好主意，然后以他深厚的古文造诣，用古雅和令人信服的文字，丝丝入扣地宣布周的灭亡和隋朝的建立。这之后不久，他单独反对全部杀害前统治王室之王的建议，为此，杨坚骂他为书生，不足与议此事。据《隋书》记载，从此他的升迁较慢，其品位继续低于核心集团的顾问。① 但他被授权起草隋的新法规。589 年，李德林因一项控制地方的计划而与高颎和苏威对立，他认为此计划将重新引起已为废除乡官的措施所纠正的一些弊病（在下节将予论述）。他再次失败，这一计划付诸实施，但一年后因不可行而被放弃。

李怀疑有些隋的官员出于叛逆的用心和个人打算而阻挠立刻对陈的征讨。对此，他写了《天命论》一文，他在文中运用关于古代典籍、口头传说和历史先例的渊博知识，论证了隋帝此时已合法地取得天命；反对隋帝就是反对古代圣贤的智慧，反对历史先例，而且实际上就是反对苍天本身，因为苍天明确地显示了天意的各种征兆。这篇论文与其他夸大其词地叙述权力转移和建立隋朝的文章一样，显示了他在使用儒家材料和其他传统以使权力地位合理化和正当化方面的精湛技术。他的文学才能在文帝的顾问中是独一无二的，所以他能独树一帜。

---

① 《隋书》卷 42，第 1199—1200 页。

自隋建国以来，李德林力促其主公南征。其传记盛赞他在这次胜利的远征计划中的功绩，但传记并未提供计划的详细内容。据说文帝兴高采烈地许下诺言，说一旦征服了陈，他将以荣誉和财富厚赐李德林，"使之山东无及之者"。[1] 应该注意的是，文帝没有许诺按照赏赐其西北追随者的规格来赏赐他；事实上当陈被征服时，李德林得到的是"授柱国、郡公，实封八百户，赏物三千段"——真是够吝啬的！以后他又与文帝意见相左，于是在591年到州任职，直到599年亡故。

李德林显然是一个能力很强的人，在制定关键的行政程序和法律文献方面，杨坚最大限度地利用他的专才。但他又很固执和拘泥成规，作为一个原北齐的臣下和儒生，他在文帝周围的剽悍善骑、讲究实际的西北人中找不到天然的盟友。因此，当他屡次触怒文帝时，他在晚年被贬到地方工作。

以上是第一代隋帝的主要顾问：皇后，一个虔诚、有妒忌心的爱管闲事的知己；高颎，能力很强，多才多艺，能制定文武两方面的政策，并努力在京师的官署或在战场上贯彻；杨素，凡是贵族都用得着的打手，随时准备执行其主公的命令而不管死人多少；苏威，一个有名人物之子，尽管有种种过错，是一名忠诚和有效率的朝廷官员；李德林，一个儒家文人，只有当他在礼仪、古代典籍和历史方面的学识能为篡位的隋朝提供合法的依据时，他才被使用。在这核心圈子以外也有形形色色的有用人才，文帝长期或短期地在正式官署或在特殊使命中加以任用。他所能物色和使用的所有有干劲的和有能力的人，都被用来对付新王朝面临的一大批难以处理的问题。

隋代面临的大问题

混合的意识形态的形成

首先论述意识形态这一题目并不意味着意识形态比本节以后谈到

---

[1] 《隋书》卷42，第1207页。

的其他实际问题更加重要,而是因为它比隋初的其他问题更全面,对各方面更具渗透性和更抽象。国家的意识形态给予其他一切措施以特色和微妙的影响,但在已知的任何结果中却很少表现为决定性的因素。它既是决策者的设想和心理倾向的组成部分,也是他们操纵的舆论的组成部分。如同隋朝的其他成就,我们在这里必须考虑它的历史背景。

隋朝的混合意识形态中的儒家因素原为汉儒的思想、价值观、习俗和礼仪,在汉朝灭亡以后政治动乱和分裂的三个世纪中,它们持续未衰。这些内容又分成若干亚传统。最明显的是使帝权正统化的非常细致的礼仪和象征的程序。在前面概述的李德林的事迹中,这一正统被用来灭周立隋,同时以最大可能避免天下大乱。礼部在屡次颁布的律令中进一步发展了它,并使之长期化。表面的和明显的形式是天子遵守的礼仪,其中南郊春祭和在典籍规定的太庙中祭祖是明显的例子。在这亚传统中,隋取红色和五行中之火;隋帝因此在南郊祀奉炎帝。这是与大汉的另一个象征性的联系,因为汉也以火之"德"进行统治。这些联系以及一切天子应该小心翼翼地履行的礼仪活动,对树立隋帝的统治权,特别对扩大隋帝对包括陈朝在内的统治(那里仍热诚地保存汉朝的传统)是非常重要的。

儒家思想的第二个亚传统是在道德和伦理制度方面。大部分苏绰遗留的传统关系到政体和社会全体的道德完善。杨坚很快放弃了北周设置的古代官职称号,但强烈地支持儒家主张的伦理原则和社会的等级秩序。在隋代初期,王朝就对其行为成为儒家德行榜样的人加以褒奖:恪尽孝道的子孙和不再娶嫁的鳏夫寡妇被豁免课税和劳役。孝道——等级秩序的基础——对杨坚尤其有吸引力。苏威引用其父苏绰之言,大意是人们若读一卷《孝经》,就足以树立本性并足以治国。[1]不久,据说杨坚命令他过去的一个支持者阅读《孝经》,因为此人误入魔道,并有不孝行为。杨坚在与李德林最后决裂前的一次争论中,与往常一样大发雷霆,他喊叫道:"朕方以孝治天下,恐斯道废阙,

---

[1] 《资治通鉴》卷175,第5439—5440页。

故立五教（据古典籍，'五教'为父义，母爱，兄友，弟恭，子孝）以弘之。公言孝由天性，何须设教。然则孔子不当说《孝经》也。"[1]

第三个亚传统为古典学识。如上所述，杨坚有反智力的倾向，不大利用不能直接用于促进帝国社会和道德的完善、不能用于天子履行的礼仪职责或不能用于培养有能力行政官员的那种儒家思想。他迫切需要有文才和献身精神的官员来为他的新集权官僚机器服务，而儒家的经书课程是培养文才的标准途径。儒家的经书又是政治思想的基础；它们包含了论述政策的立场和论证的基本内容。6世纪80年代和90年代，杨坚一再降诏以吸收才德兼优之士进入他的官僚集团；他奖励具有古典学识之人，命令诸州各选拔三人（工匠和商人除外）来京师深造、应考和任职，要求各州县"搜扬贤哲，皆取明知今古，通识治乱"之人。[2] 但他似乎对结果深为失望。601年阴历六月，他下令关闭大部分讲授儒学的学堂。诏令的部分内容流露出他对儒家思想的态度，他写道："儒学之道，训教生人，识父子君臣之义，知尊卑长幼之序……朕抚临天下，思弘德教，延集学徒，崇建庠序，开进仕之路，佇贤隽之人。而国学胄子，垂将千数，州县诸生，咸亦不少。徒有名录，空度岁时，未有德为代范，才任国用。"[3] 据《隋书》，同日，颁舍利于诸州。

本章的前几部分已经叙述了佛教渗透于社会各阶级的情况，并指出佛教对杨坚及其心腹一生的强烈影响。在隋朝的混合意识形态中，其佛教倾向即使不是主要的，也必然是强有力的。杨坚曾在北周担任官职，曾看到武帝从574年起大力推行消灭佛教、道教和一切儒家典籍没有认可的宗教仪式的措施。僧侣和道士都要还俗，同时他们的庙宇、经卷和偶像都被销毁。杨坚和他的妻子曾经庇护一个当过他幼年时代老师的尼姑，当武帝命令进行镇压时，杨坚很可能在被征服的北

[1]　《隋书》卷42，第1208页。
[2]　《隋书》卷2，第51页。
[3]　同上书，第46—47页。

齐某地任职。他可能看到了受镇压影响的各种集团中的不满情绪日趋增长的情况，这些集团是：还俗的僧侣，他们的生活方式已被明文禁止；俗家的施主，他们对僧道和寺观的施舍和朝圣已成为其生活内容的一部分和渴望超度的表现（其中有许多有权势的文武官员）；最后是大批靠佛门寺庙为生的绘画人、工匠、抄经者和供粮者等。578 年阴历六月武帝死后，排佛活动稍有放松，但直到杨坚立隋时才停止；最后佛教又得以振兴。

对杨坚和隋廷大部分官员来说，佛教只是个人信仰；这里的问题是，佛教在混合的意识形态中起什么作用。作用之一是，它成了辅助性的法律。儒家传统以其所有的礼仪和象征的说法使杨坚成为天子，而佛教则具有创造上苍恩宠和赐福的理想统治者形象的丰富的民间传说。有许多把杨坚与这一形象联系起来的文字，以下为其中一段："又皇帝大檀越，虽复亲综万机，而综道终日，兴复三宝，为法轮王。"[1] 文帝的许多与佛教有关的活动都突出了他作为理想的君主和佛教的捍卫者（转轮王），及向佛门大量施舍和向其臣民示范的乐善好施的施主（大檀越）的作用。正如文帝在 585 年所言，他的作用使他成了菩萨的代理人："佛以正法付嘱国王，朕是人尊，受佛嘱付。"[2] 他在 45 个州普遍兴建大兴国寺，以使他一步步地获得最高权力，它们提醒地方的臣民，在大兴城有一"菩萨天子"在进行统治。这对他巩固其中国东部的统治和远征陈朝的准备工作是十分重要的。

他登位不久，开始让僧侣重入佛门，但要求这些人完全合格，而且必须受京师的大兴善寺的有力控制，该寺以一位"律师"为住持。经过训练和受戒律的僧侣对国家的贡献是多方面的：他们兴办慈善事业，为国家的兴盛祈祷，做其他具体的佛事（如祈求降雨和止雨，祈求制止瘟疫，为皇室列祖列宗求福），总的来说，这类活动为国家及其当权的皇室调动了巨大的无形力量。

隋朝佛教的第三种作用表现在它是各地各阶级人民的共同信仰这

---

[1] 据法经和尚于 594 年送呈的《经卷目录》，载《大正新修大藏经》卷 55，第 149 页。
[2] 法琳和尚作《辩正论》卷 3，载《新修大藏经》卷 52，第 509 页。

一方面，因此它是漫长的大分裂时期以后的统一力量。在文帝统治的初期，他就大弹此调，并在他整个在位时期一再重申："用轮王之兵，申至仁之意，百战百胜，为行十善。"[1] 在早期的另一诏令中，他又说："好生恶杀，王政之本。佛道垂教，善业可凭……宜劝励天下同心救护。"[2] 这一主题思想在他征服南朝后特别被强调，因为此时必须说服南方的僧俗顺从征服者的旨意。601年，正当他效法阿育王广分舍利之时，他颁布诏令并特别热情地指出："朕归依三宝，重兴圣教。思与四海之内一切人民俱发菩提，共修福业。使当今现在爱及来世，永作善因，同登妙果。"[3] 隋朝御用佛教的这三种作用或主题思想使整个佛教意识形态带有一种独特的色彩，这在中国的编年史中是独一无二的。

含有佛教内容的道教在5世纪或更早已经形成，到北周574年压制宗教时，道教已奉老子为主神，其化身及遗物也被放进圣殿祀奉。道教按佛教模式发展了道观、道士和道姑的圣职、圣地、经卷和神学。杨坚掌握政权后，立刻撤销了周的禁令。虽然据说杨坚称帝后很少利用有才能的道士，但仍用一学有专长的道士制定第一部隋历。我猜想，由于此人的影响杨坚才选用开皇为隋第一个年号。586年，他命一个起草公文的得宠文人撰写碑文，把碑安放在安徽的老子的"出生地"；同时他命令一个高级官员在现场调查历史遗迹并建造一座新的祠址。帝王尊奉老子和关心其神坛的情况至少可追溯到165年，因此隋文帝不但赢得道教信徒的支持，而且表现了他有权恢复汉代诸帝之后已消失的礼仪。

在杨坚为数甚少的涉及道教的公开声明中，同样强调了佛教记载中提到的关于帝国统一和谐的论调。他早期命令在中国五岳（道教在那里一般有优先权）建造僧寺的诏书宣称："朕敬道之潜移默化之神力，以登太虚之境。朕奉释氏一不可分之真髓，老子追求一

---

[1] 费长房编：《历代三宝纪》卷12，载《新修大藏经》卷49，第107页。
[2] 《新修大藏经》卷49，第108页。
[3] 道宣编：《广弘明集》卷17，载《新修大藏经》卷52，第213页。

体之理念。"① 但这种提法为数较少；他更常提到的是他对道家教义颠覆性潜力的认识和对它的镇压措施。人们如非法利用占卜和所谓的左道旁门，都将遭到严厉的镇压。值得注意的是，在文帝末年，新京师有僧寺 120 个，而道观只有 10 个。

在发展混合意识形态时，隋文帝以上述的主导思想和重点，有选择地利用三教的价值观、礼仪和象征说法。如果要确定何种主题占支配地位，那就应推万物有机的和谐这一基本的中国价值观念——这是隋朝在几个世纪的战乱和分裂的背景下必须努力争取的目标。

建设新都

如同对许多世纪以来的中国人那样，对隋朝的开国者来说，建设新都的决定是一件特别隆重的大事。因为国都是意识形态的象征，是天子统治天命所定疆域的中心。国都的位置和设计不但必须符合历史先例，而且必须符合中国人用来适应上天和自然意志的各种象征性的制度。杨坚在汉朝的古都夺得政权，那里经过许多世纪的分裂，曾经再三地被洗劫、焚毁和重建。在此期间，它成了许多短命王朝的国都，其中大部分（如北周）的统治皇室和社会精英为非汉族。此城不大，也不对称，已经古老和破落，饮水也带涩味；它充满了被杀害者的幽灵，也勾起了人们对连续的政治失败的回忆。在执政的第二年，杨坚和他的心腹顾问开始讨论迁都的可行性，阴历六月的一份诏令总结了赞成迁徙新都的所有论点。新帝向其臣民保证，他已研究了历史的先例，经占卜得到了肯定的答复，并且已瞻星揆日，卜食相土。他在要求其黎民承担这项工程时说道："谋新去故，如农望秋，虽暂劬劳，其究安宅。"②

他命宇文恺负责建造新城的计划，此人是当时搞建筑工程的最杰

---

① 《辩正论》卷 3，载《大正新修大藏经》，第 509 页。原书未找到此引文，现按英文译出。——译者
② 《隋书》卷 1，第 17 页；《资治通鉴》卷 175，第 5457 页。

出的行家之一。他与所有协助建城的人都来自北方，具有混合血统；其中有的新近从中亚迁来，其中一人有拜火教的名字。所有的人都敞开思路大胆创新，从中国古代典籍的要求中各取所需。结果国都规模空前，设计新颖。

此城位于旧长安的东方和南方。夯实的外围土城呈长方形，按罗盘方位布局但面南，东西长 5.92 英里，南北宽 5.27 英里。城内按职能分成四区，皇城位于中央，背靠北城墙，内为皇帝的居住地、太极殿、宫廷、几个小议政殿和宫内侍从的居所。皇城南面隔着宽阔的斜坡是另一围有城墙的区域，那是行政城，政府各官署就分布在其内的街道上。行政城为一项创新，因为以前的国都与近现代的巴黎和伦敦相似，政府的建筑分散在城的其他区域。在这两个建筑群和外城城墙之间，排列了 108 个有长方形围墙的建筑群（这一数字具有重要的象征意义，即 9 天之数乘以 12 时辰之数）；其中 106 个为供居住的坊，排列在 11 条南北向和 14 条东西向的大道上。各坊坊内有两条街，交叉呈十字形，坊四面的中央各有一城门。另外两个有围墙的建筑群为市场，一在西城，一在东城。它们是有官监督的城市商业中心。

城的主轴是一条南北向的宽阔大街，它从正北有五个门洞的主门通往行政城的中南门。如果一个官员取得了能够通行的官品，他就能穿过行政城直达皇城巨大的南门广阳门。隋文帝就是在此门楼上俯观战败的陈朝显贵的。京城和皇宫都以隋文帝在称帝前所受的封地命名，因此称大兴城和大兴殿（作为隋朝的都城，大兴之称富有吉祥之意，它可能使人想到"大兴"早已消失的汉朝光荣的业绩）。

当村落被清除，城墙拔地而起，城市的外形刚刚构成时，文帝就迁入（皇宫首先完工）。此时正值 583 年阴历三月。在有些人的眼中，此城的宏伟轮廓对一个掌权未满三年的君主来说，未免有些铺张。杨坚也知道它的内部空荡荡，缺人居住，于是采取种种措施吸引人们前来定居。他命令诸王子和皇亲国戚在城的西南部建造他们的王府，以推动其他人也来营建。他向捐助和建造佛寺的任何人都赏以御制牌匾。有一史料记载，某人拆除其旧长安城中的房屋，以木料建造新城的寺庙。文帝亲自把最佳的位置留给京师佛道寺观：在南北大道的东面，大兴善寺占了整整一个坊。穿过大道，在较不繁华的西面则为道教的玄都观。到了文帝执政的末年，他眺望其国都，可以看到 100 多座佛道寺观。随着陈之灭亡以及它的精英从其国都迁到大兴城，那里的居民无疑增加了。但在文帝末年，甚至可以说到隋亡之时，城的大部分地区仍无人居住，也未竣工。近代发掘的遗址经确定是隋都外城的一段，发掘者发现城的建筑有赶时间的迹象。[1] 直到伟大的唐帝国继承隋朝，并改进了京城与广袤而相对稳定的帝国各地的交通，此城才得到充分的发展。

隋朝初期如此规模的建都工程表明了隋的创建者及其顾问的信念，即他们相信他们的王朝会比以前的政体具有更大的影响，更能长治久安。至少关于前一点，事实证明他们是正确的，因为唐朝继承他们以此城为都，并在此地统治中国和整个东亚几乎达 300 年之久。

中央政府的改革和人才的任用

当隋朝创建者接管北周时，他继承了一个中央政府，其官员的职称和职能已经有意识地按照《周礼》的模式被古典化了。但在这拟古门面的背后，实权仍被一个军事贵族寡头政治集团的成员所掌握，他们大都是鲜卑人，或具有混合血统。据统计，大约 95％的北周高级官员为非汉族。[2] 文帝本人就是在这一体制中成长的，他的大部分友人和主要参政大臣也来自这一集团。他似乎从一开始就决定了中央政府的新结构和从新帝国的许多集团和地区吸收统治精英。

在他执政的第一年阴历二月，他取消了北周官员的职称，并宣布他的意图是要遵循伟大的汉和曹魏（220—265 年）两个帝国的前制。事实上，他的大部分官署和职称都模仿北齐，而北齐的官署和职称则是 5 世纪后期北魏实行激进的汉化政策的反映。虽然如此，遵循汉魏

---

[1] 　见《考古学报》，3（1958 年），第 79—94 页，关于该遗址的初步考古发掘报告。
[2] 　山崎宏：《隋朝官僚的性质》，载《东京教育大学文学部纪要》，6（1956 年），第 17 页。

前制的命令还是进一步证明，隋朝有雄心使自己成为一个比汉魏以后的地区性国家更伟大、更持久的政体。

王朝初年出现的中央政府机构包括许多有汉代名称的官署，但这一机构的许多方面是新的，已经预先呈现出唐代中央政府的轮廓。在最高层为三师和三公，按照周初的模式，他们应该是皇帝的最高顾问。事实上，这些职务并无职能可言，而且往往长期空缺；有时皇帝把这些崇高的称号和丰厚的俸禄赐给他要削夺其实权的人；有时又把它们封赏给皇亲国戚。权力最大限度地集中在下一级的三省，即尚书省、门下省和内史省（后来为内书省）。尚书省最为重要，因为它管辖六部，即吏部、民部、礼部、兵部、刑部和工部。除三省六部外，隋还设立御史台、都水台（后称都水监）和九寺（其中包括太常寺、光禄寺和宗正寺等）。此外，隋还设国子寺（后为国子监）和监察帝国工程和生产的机构。这些官署的主要官员都有规定的称号和各级属员人数，对每个官署任职官员所必需的官品也有具体规定。

这是一个引人注目的结构，但缺汉代官僚机器中一个最高级的关键位置——丞相。文帝决定不设此职，下文将谈到，他宁愿亲自与三省的高级官员讨论政务。实际上他本人就是丞相。因此，官僚集团在缺乏一个拥有全权的政府首脑的同时，还缺乏一个代表整个官僚利益的最高仲裁者和代言人。炀帝也照此办理，如果有区别的话，他比他父亲拥有更多的行政实权。

如果要整理出一个对称的组织机构表（其官署的名称能相应地使人联想起汉代及更早的传统，而且其中大部分从新近灭亡的北齐的实践中沿袭下来），那是比较容易的。但对隋来说，真正的问题在于吸收新的精英，吸收充实各级官署、分担隋王朝面临的重大任务和与隋共命运的人。在吸收官员的过程中，新政体必须考虑各种各样性质不同的因素。地方利益和地区对立在长期的分裂和战乱之后异常牢固。有牢固地位的豪门往往代表它们自己的和本地区的利益。因此在文官政府和长期占支配地位的军人两者的利益之间必须搞某种平衡，汉族和其故土为草原的民族之间的裂痕在其他一切有冲突的利益集团之间普遍存在——它们之间的矛盾由于长期通婚和制度汉化而有所缓和，但潜伏的紧张状态随时都能爆发成对抗行动。最后，在有行政经验的人中还存在忠诚的问题。有的人在北周胜利前曾在北齐任职，在 589 年以后，当委派某南方人任职时，政府必须考虑他的忠诚。"补缺者对隋的忠诚程度如何？"这个问题常使文帝萦绕于怀，而且在隋朝巩固其政权前的几年中特别重要。

帮助文帝夺权或在很早就拥护他的核心集团成员参与隋朝政策和制度的制定，并且是吸收广大行政精英的积极代理人。这个集团包括上面讨论过的四个心腹顾问。所有的成员都是三省的高级官员，都有资格参加廷议和商讨重大国务的不那么正式的会议。除去暂时留任的北周遗老和在隋末动乱中短期任职的人外，这个集体还有 18 人，其中五人为皇亲。简略地考察这个集团的组成，也许对读者有所帮助。

在隋以前的某个王朝任职的人中，有 11 人（如同文帝本人）为北周官员。其中 14 人之父曾在北魏或其继承国之一效劳——在北周任职的比率很高；总的说父亲的职位远远低于其子。只有一人是南方人，任命他是因为他是炀帝皇后的兄长。从籍贯上看，15 人来自西起天水经京畿地区东迄洛阳这条东西向的较狭窄的地带。其中五人的故土位于靠近这条地带中心的文帝的出生地。18 人中共有八人与统治皇室通婚或有血缘关系。[①]

在文化方面，这些人中大部分与其主公一样是中国人，但又是特殊的北方类型的中国人。总的来说，这一核心集团由精于骑射和重行动的强悍无情的人、有才能的将领和经验丰富的行政官员组成。他们的儒家学识一般地说是粗浅的，对汉文化和哲学的知识也很差。只有一人——李德林——是完全够格的文人，他来自东部平原，受过扎实的汉学和历史的教育。草原人的长期统治反映在他们个人的文化方面，虽然来自"汉族"家族的人与来自非汉族家族的人之比为8∶1。这与可比的北周权力集团形成鲜明的对比，北周的比率为2∶1，非汉

---

① 　山崎宏：《隋朝官僚的性质》，载《东京大学文学部纪要》，6（1956 年），第 15—25 页。

族家族占多数。[1]

对于中央政府中的其他官员，隋又是如何选拔和任命的呢？从文帝执政开始，他就决心集权，这一政策在他设立的国家机器中得到反映。对五品以上官员的任命，大臣会议先选出候选人向隋帝推荐，如果隋帝批准，就下诏书任命。[2] 以这种方式选用的官员在整个政府的上层——三省、六部、御史台和九寺等机构——任职，各部属员可能由吏部选定。吏部为任命六品以下一般官员的主要机构，吏部的尚书和侍郎因此是政府中很有权势之人。

如果讨论一下六部的尚书，我们就会对中央政府运转的情况有一较清楚的认识。在六部的 46 名尚书中，65.2％的人出身于汉族家庭，28.2％出身于非汉族家庭。他们之中的 42 人是北魏（13 人）和北周（29 人）官员的子孙。只有三人有北齐的经历，他们都在民部，负责帝国的税收和土地分配。工部的非汉人比率最高，占部的尚书人数的45.5％。这一情况可以用某些非汉族家庭中鲜明的建筑工艺的创新传统来解释。第二个高比率的部为兵部，非汉族民族的尚武传统可以说明他们在部内的势力。前面谈过的六部中最为重要的吏部只有12.5％的非汉族尚书。尚书们的籍贯与政府最高级官员的籍贯相似：46 人中的 30 人来自从天水至洛阳那条由西向东的狭长地带；其次，来自山西的有七人，其余的人则分别来自华北平原。

隋朝政府在其最高两级显然不能代表北方的不同地区，更不能代表南方。虽然其汉族和非汉族的组成比率与北周的情况正好相反，但与两帝的籍贯和阶级相同的人和家族仍占很大优势。虽然文帝和炀帝都不在官署中安插外戚，但一有可能，他们就倾向于起用皇亲，华阴的杨氏家族高度集中在政府的上层机构；皇亲还优先担任地方的总管。既然中央政府上层机构存在严重的狭隘性，那么隋又采取什么措施来扩大统治阶级的基础呢？

---

[1] 山崎宏：《隋朝官僚的性质》，载《东京大学文学部纪要》，6（1956 年），第 17—23页。

[2] 《唐会要》（国学集本丛书本，北京，1955 年）卷 74，第 1333 页。

首先，隋统治者取消州刺史和其他地方官员的任命权，而将这一权力交给吏部。然后，他们逐步采用其他措施以使集中的任命权有效地实施。措施之一为"回避法"，它规定州县官员不得在其原籍任职。另外还以两个法令加以补充：一为禁止下级官员在地方政府中再度担任已经担任过的职务；另一个则规定主要的地方政府官员任期为三年（后来为四年），属员的任期为四年。在 594 年，被委任的地方官员不得带父母或 15 岁以上的儿子赴任，以免在他行使职权时对他"施加"不正当的影响。此外，还需要对地方官员的政绩进行年终考核，并根据评定的结果升降赏罚。为了维护新的官吏体制，隋帝又采用了几种对策。一是皇帝亲自巡视，文帝就花了很多时间考察地方官员的行政效率，一次他削去一县官的官职，因为地方耆老语言失当。另一个对策是他指派巡视州县政府的官员，使之充当隋帝"远布之耳目"。[①]第三个对策是派专使调查某一特殊情况，然后上报。第四个当然是利用御史台，它拥有大权，不但能查访官员的公务，而且还了解他们的私生活，如有不良行为，即行弹劾。据说，隋朝的御史"察举无所回避，弹奏无所屈挠"。[②] 从几个御史的列传看，此说并非夸张之词。

这一崭新的体制带有严厉的理性色彩，这反映在新体制以最大的决心去结束官员生涯中世袭特权的统治和推行考核官员表现的新标准。如果要成功地做到这一点，它意味着要设法起用新人，而不限于只任用长期垄断官职的特权家族。隋文帝可能确实采用了西魏政治家苏绰提倡的政策，它宣称"今之选举者，当不限资荫，唯在得人"。[③]正是采用了这一政策，隋朝才得以集中人才，这些人相对地说摆脱了陈旧的束缚，能够适应新标准，能在新的集权专制政治中如鱼得水。集中人才的需要形成了隋朝的科举考试制度，它是实行到 1905 年的帝国选拔制度的先驱。可惜的是，关于隋制的详细材料很少，但它的大致轮廓还是可以勾画出来的。

---

① 《隋书》卷 66，第 1562 页；汤承业：《隋文帝政治事功之研究》，第 105 页。
② 《北堂书钞》（1888 年本，1962 年台北重印）卷 62，第 2 页。
③ 《周书》卷 23，第 386 页；白乐日：《〈隋书〉中的食货志》，第 291 页。

582 年初期，隋文帝命令"贞良有才望者"担任官职。587 年，他又命令各州每年选派三人进京等待任命（商人和工匠除外）。这意味着在 589 年征服南方后，全国每年有 900 个名额。人们注意到，隋与汉不同，前者为各州规定标准名额，而不考虑它们的大小和人口多少。587 年，他又命五品以上的京官和州刺史考核候补者，并按品质才能把他们分成两类。① 我认为，595 年的一次考试最早提到了功名和笔试，当时，举行的是秀才科考试。② 宫崎市定认为，这是地方每年举行的考试和授给考生的功名的名称。各种材料都未具体说明这次考试的进行方式和内容，但从一篇传记，我们大致可以了解考试是如何进行的。杜正玄"举秀才，尚书（可能是吏部尚书）试方略，正玄应对如响，下笔成章"。③

中央政府还为应试士子另开了明经和进士两种考试。秀才考试显然需要广泛的一般学识，明经考试则测验应试者掌握某一典籍的程度，而进士考试则主要考文才。宫崎认为，三种功名考试的等级以秀才为先，其次是明经，再次是进士。④ 根据考试的成绩，最初的任命的官品与唐代相同，很可能从八品到九品。吏部可能每隔三年定期在京师举行考试。此外，还有奉钦命举行的特别考试，中试者取得比秀才更有声望的秀异功名。这种考试显然不定期地在各州治举行，例如 589 年、603 年、609 年和 614 年的几次。

以上简略地叙述了隋为确保新的人才充实政府而制定的复杂的制度。一切证据证明，文帝和炀帝都对考试的实行有强烈的兴趣；两个人都委派正直有才之士进吏部任职，并且在诏书中一再坚持应用政绩标准来任命和提升官员。严密的行政、控制和告诫仍都继续需要，因为不讲人情的选拔制原则——虽然它始于汉制——与渗透在儒家伦理中的家族和个人联系背道而驰。在隋代，选拔制的原则在实行时还必

---

① 《通典》卷 13，第 81 页。

② 《玉海》（华文本，台北，1964 年）卷 115，第 9—10 页。

③ 《隋书》卷 76，第 1747 页；宫崎市定：《九品官人法之研究》（京都，1956 年），第 521 页。

④ 宫崎市定：《九品官人法之研究》，第 520—524 页。

须对付根深蒂固的贵族特权的反抗。这将在下一节进一步探讨。

地方政府的改革

当隋朝兴起时，它继承的地方行政制度是过时而无效率的，这是几个世纪南方和北方层出不穷的弊病造成的结果。有的学者认为，产生的部分问题应追溯到公元前 106 年，当时西汉修改了从秦沿袭下来的高度集中的地方行政制。这个制度设郡和县两级地方政府，两者都直接对京师负责。汉在它们之上加了刺史一级。每个刺史负责视察若干郡。如果东汉政府及其后的诸国能保持强大的中央权力，严重的困难本来是可以避免的。但中央的软弱无能，再加上权力下移到地方这一流行的倾向，造成了州的设立使它成为京师和郡之间的正式行政建制。

大分裂的大部分时间战乱不止，在这种情况下，刺史既负责文职，又掌握州的军务。除了州外，又出现了精心设置的府。在隋初，一个最高等级（根据人口）的州的长官可以有文武官员 323 名。[1] 在文武僚属双轨制的发展过程中，文官的权力逐渐被军人接管。主要原因是，在这一连年战争的时期，州官的主要责任是维持治安和率兵打仗；因此其军人僚属的地位就日趋重要。随着军职僚属的权力日益扩大，他们接管了文官的大部分职能，文官的权力逐渐缩小。[2] 刺史实际上有任命他们的僚属的大权。他们可以任命所辖郡县的官员，而只是形式上请求朝廷的批准。他们的许多军人僚属还在州县兼职，这些人中的大部分就是刺史的朋友、门客或亲戚。因此，隋朝继承的是一个花费巨大、冗员过多的地方政府体制，它长期地扩散文武大权，从而削弱了中央在地方的权力。

进一步的弊病又同时在北方和南方发展起来。这就是滥设地方机构而不顾地方是否需要，行政是否合理，机构内被任命的官员都能获

---

[1] 《隋书》卷 28，第 783 页。
[2] 滨口重国：《论所谓隋的废除乡官》，载《秦汉隋唐史研究》（东京，1966 年）卷 2，第 778 页。

得官俸、土地、津贴和豁免权，这些待遇大部分都取自当地的百姓。556年，北齐的文宣帝一心想改革这一制度，他描述了地方机构设立过滥的情况。他注意到豪门大族滥用它们在中央政府的地位而设置州郡，而王公、宫女和宦官出于贪婪，则收受贿赂以促成其事。诏书说，结果百室之邑被宣布为州，三户之民即可成为郡。[①]

在南方，一系列不同事件产生了相似的弊病。自312年以来从华北平原逃往长江流域及以南的半殖民地区的汉人像所有的迁移者那样，移植了许多故土的名称。朔州即为一例，它辖有五个郡，但移设到南方后，占地不足800平方英里。[②] 曾经统计，南北两地的州数从汉末到隋初增加到22倍，郡数增加到6倍半。[③] 很明显，这些机构与其说是地方的行政单位，不如说是为日益增多的官员的利益而存在的大小独立王国，这些官员出于私利或为其恩主的利益，所想的只是搜刮民脂民膏。

583年，杨尚希在其奏疏中，令人信服地分析了新登基的隋帝接管的行政乱摊子的状况：地方行政单位成倍发展，官员激增，税收少得可怜，农民受压迫，等等。他指出任命的官员数与黎民之比，有如十羊九牧。[④] 文帝在最早的改革诏书中，命令当时他控制的地区取消所有的郡——有500个以上。这样，他又恢复了始于秦的地方两级制。征服南方后他又进行同样的改革。炀帝时期的郡（即原来的州）数减到190个，所辖的县总共1255个，平均每个郡管辖6个以上的县。每个郡和县治理的平均地区大为扩大，结果是行政费用减少，税收增加。

583年的最早的改革法令还对九级官品的官员担任郡县职务的任命做了规定。任命由京师的吏部作出。这些官员的政绩每年要受到考核，刺史和县令每3年（后来为4年）要调任，下级官员调任时期则

---

① 《北齐书》卷4，第62—63页。
② 《尚书古文疏证》（皇清经解续编本，1888年）卷6下，第30页；岑仲勉：《隋唐史》（北京，1957年），第3—4页。
③ 严耕望：《中国地方行政制度史》（台北，1961—1963年）卷4，第896页。
④ 《隋书》卷46，第1253页。

为四年。郡县按人口多少被定为九等，各按等级支俸粮，每年两次，另外有权从官田取得收入以支付与官署有关的公私费用。地方单位所辖的人口数决定其官俸的等级。最后，第一个改革法令把地方政府上层长期各自为政的文职和军职人员统一在郡的管辖之下；府的名称被取消，它所有的官员（包括军人）都被认为是郡的文职和行政人员的一部分。

595 年的第二个改革措施是命令剩下的旧州官署一律撤销，它们的职能早已被军人接管。这一改革完成了北齐和北周过去采取的类似的措施（虽然没有这次彻底）。隋及以后的各王朝继续使用起源于大分裂时期军事机构的官衔，许多地方政府其渊源可追溯到这一措施。虽然残存的官衔是军事性质的，但根据隋的规定，其职能纯粹是文职的。[1] 这些就是隋朝为地方行政体制合理化、减少官员人数和使他们受中央政权控制而采取的步骤。但如果隋朝不把长期以来已分散在刺史手中的军权集中起来，这项措施的大部分早就失败了。这个问题将在论述军事改革时予以讨论。

地方行政改革的成功与否归根结底取决于被任命的人，他们的质量又取决于任命官员的标准和方式。这方面隋朝又继承了一项过时和腐朽的制度。地方和基层体制的中正制起源于汉末的混乱时期，当时教育制度和官员的选拔制都已崩溃。当时，这些中正通常还担任其他职务，他们受权根据特定地区候选人在当地的声望、家庭地位、才能、品德和与社会的一致程度分成等级，把他们选入帝国的官僚机器。有几年，中正之职实际上被大贵族垄断。荐举的条件往往是首先考虑候选人的家世（以官方的谱牒为准）和权力关系，其次是中正个人的好恶。南方和北方都被这一制度所束缚；不过北方直到 5 世纪后期北魏采取汉化措施时才实行，又因北周改制而有所削弱。6 世纪，北方两名官员（羊烈和毕义云）为争兖州大中正而互相攻讦。义云自我吹嘘门阀说：“我累世本州刺史，卿世为我家故吏。”羊烈答：“卿

---

① 《隋书》卷 28，第 792—793 页；滨口重国：《论所谓隋的废除乡官》，《秦汉隋唐史研究》，第 781 页。

自毕轨被诛以还（在3世纪），寂无人物。近日刺史，皆是疆场上彼此而得，何足为言。岂若我汉之河南尹，晋之太傅，名德学行，百代传美。"①这次交锋说明了家世对部分地由中正制荐举所产生的任命的巨大影响。

隋在583年取消中正制，撤销了各级中正的职务（可能还有随着此制的发展而配备的职务），而以中央吏部的任命来代替这一制度，同时如上所述，还以吏部专司每年的考核（或者皇帝在高兴时亲自考核）来确保新措施的实行。《通典》以法家的语气总结了这一变化："自是海内一命，以上之官州郡无复辟署矣。"②我们看到的史料通常都是把颁布法令的行动当做措施的实现，很少涉及贯彻的详细情况。在改革法令颁布6年以后，李德林坚决反对另设一级官员的建议，他争辩说："且今时吏部，总选人物，天下不过数百县，于六七百万户内，诠简数百县令，犹不能称其才，乃欲以一乡之内选一人能治五百家者，必恐难得。"③这使我们大致看到任用人才的种种困难，而这些困难可能要花10年或更长的时间才能克服。

隋中央政府还必须处理另一个问题：在有关政策事务和行政表现方面，它如何与派往各地方政府任职三年的官员保持密切的联系。为了解决这一问题，隋建立了朝集使制。各州派代表出席御前的专门集会。在京师时，他们住在城东南的专区。集会在每年阴历二月、七月和十月的十五日举行。我们对唐代朝集使制的情况了解得比较详细，唐每年有这种集会。唐代的朝集使一般是刺史和其他高级官员，他们除了带贡品以外，还应带参加科举考试的士子来到京师。每个地方单位的官员的表现要经过考察，然后被召见。隋代的仪式可能比较简略，至少在隋初是如此。一次，隋帝对集会的地方代表讲话，并向他们推举某县令为模范，因为他的施政被评为京师附近地区的佼佼者。他的讲话依然是儒家的老生常谈，其内容如下："房恭懿志存体国，

---

① 《北齐书》卷43，第576页。
② 《通典》卷14，第81页。
③ 《隋书》卷42，第1200页。

爱养我民，此乃上天宗庙之所祐。朕若置之不赏，上天宗庙必当责我。卿等宜师范之。"① 据记载，隋帝于是提升他为州刺史。承认和奖励模范行为的结果，据说能使地方官员称职，百姓日益繁衍富庶。除了儒家的说教外，这些一年三次的集会显然对地方行政和官员的表现提供有效考核的机会，就地方官员的职责对他们进行一次再教育，并公开进行奖惩以使教育的内容能深入这些人之心。

对隋改革意义的评价各不相同，但在许多方面，史料的记述是明确的。第一，地方官改由吏部任命——这一措施北齐已经部分地实行——的改革，结束了若干世纪以来任命权分散在州府地方政府手中的状态，从此开始了集权的新时代。第二，恢复了两级地方政府制以代替三级制，并规定标准以使中央政府能决定地方行政单位的规模和性质，及时结束大分裂时期的混乱和弊病。第三，中央政府任命官员，这对有牢固势力的贵族门阀的利益是一个严重的打击，因为它们习惯于控制自己地盘内的官员；中正制的取消和选用官员时家族世系标准的失效进一步加强了中央政府的权力。宫崎市定认为这些改革是"革命性"的，结果从根深蒂固的利益集团中引起了导致王朝垮台的对抗。② 不管人们是否同意这一论点，这些改革对中华帝国以后的历史产生了持久的影响。第四，科举考试制的采用（虽然它还属于初级形式）开始了一种任人唯贤的制度，这对中华帝国以后的发展也有深远的影响。第五，科举制被用来抵消隋中央政府的"圈内集团"性质，开始在这一巨大帝国的各地任用精英人物。第六，州刺史文武职能的分离在炀帝时期完成，这项改革标志着政府职能合理化和巩固中央政府手中权力的最后步骤。

土地分配和田赋

如果不能适当地为分配田地和征收以农产品为基础的赋税作出安排，中华帝国的历代王朝都不能繁荣兴旺。隋朝也不能例外。早在

① 《资治通鉴》卷 175，第 5448 页。
② 宫崎市定：《九品官人法之研究》，第 542—543 页。

582 年，当北方还远没有巩固，文帝就颁布了一套新法令。据说它们大部分以北齐的条例为基础，而这些条例又是根据 486 年北魏孝文帝采用的均田制。隋规定定期把土地分配给平民。土地分成以下几类：(1) 露田，由将成年和成年（隋规定的范围是从 17—59 岁）的受田人持有和耕种，以后要退还当局再作分配；(2) 可以继承的永业田，它通常种植桑麻；(3) 园宅田，它也可继承。这些法令规定的基本分配情况见表如下：①

表 6   **隋代土地分配情况表**   （单位：亩）

	露田	永业田	园宅田	合　计
男人	80	20	0.33	100.33
女人	40			40
夫妻	120	20	0.33	140.33
奴婢	80		0.20	80.20

（1 亩＝0.14 英亩；据统计，1932 年中国每家平均有地 21 亩。）

另外一部分土地则分配给有爵位和（或）有官职的人，这种地又分成两类：(1) 可继承之地，其面积最高达 1 万亩，最低为 40 亩。这不是实际赐数，而是个人被准许拥有的限额；(2) 属于某个官署的官田，其收入用于在职人员部分俸禄和用于公共行政及建筑等。这一固定而十分严格的制度实际上是怎样实行的？现在人们对唐代均田制的情况有所了解，但对隋代的情况知道得很少。似乎可以合理地假设，这一制度的实行远不如法令的条款令人想像的那样公平。有材料证明，在人口稠密的地区，分配给每人生前耕种的地往往不足法令的规定数，我们也没有证据能说明在南方并入帝国后那里也实行了分地于民的制度。此外，负责均田制和负责为该制度的实施提供统计基数的土地和户籍登记册的官员本人也渴望拥有土地，并且贪婪成性。其中的大部分人更可能破坏而不是维护这一制度。

这类制度在任何政体开始时都能最顺利地得到实施，因为当时从

---

①   白乐日：《〈隋书〉中的食货志》，第 215 页。

过去敌对的争夺皇位的人和没落的社会精英那里没收的土地使皇帝能得到大量的来源以供分配。隋朝也不例外。但早在 592 年,在人口较多的地区保持原先慷慨的分配数量(原先旨在使空地得到耕种)的困难出现了。文帝在这一年已注意到中央各地人口过多和粮帛缺乏,并且批驳了大规模移民的建议,于是派官员去平衡拥有土地的数量。在人口较多的农村,男丁只能得 20 亩。而不是 582 年法令规定的 80 亩。我们可以猜想,豪门和佛寺除积累的土地以外已经开始兼并可供长期分配的剩余土地。这是唐帝国面临的重大经济问题之一,它最后促成了均田制的废弃。

但是隋制的实施可能很细,582 年的法令明确规定平民缴税和服劳役应根据他们拥有或占用的土地。当时隋朝的标准税率分为三种:(1)田赋每年每户纳粮 3 石;(2)缴纳规定宽度的丝帛或麻布 20 尺(以前为 40 尺),外加丝絮 3 两或麻线 3 斤;(3)男丁一律每年服劳役 20 天。第一、二两种税分别向男丁耕作的露田和向劳动妇女开征。第三种的对象为男劳动力。17 岁以下或 59 岁以上的男人、有官阶和爵衔之人和堪作儒家品德表率的人都免除这些义务。[1]

税制的大部分漏洞与记录的弄虚作假有关,例如,男丁假报为"婴儿"或"老人";假造户籍,虚报其大部分成员为"奴仆",以逃避纳税和徭役。585 年,文帝命地方官员调查户口登记。如果所报不实,地方里党之长将受发配远地的惩处。这些措施还规定在户主名下逃避纳税和服劳役的户主的远亲应另行登记而为户主。通过这些措施,税册增加了 164.1 万个纳税人。[2]

大约就在此时,高颎向文帝提出纠正地方里正、党长弄虚作假的措施,这一建议被文帝批准;高颎坚持,由于这些人的上下其手,官

---

① 这些豁免在唐代仍继续实行,见崔瑞德《唐代的财政管理》(剑桥,1970 年),第 26、146 页。

② 《隋书》卷 24,第 681 页;白乐日:《〈隋书〉中的食货志》,第 154 页。数字有疑问,见白乐日著作第 218 页。

府不可能取得纳税臣民的正确名单。他建议拟定一种标准的表格以记录税收，而视察的官员每年正月初五去地方，组成以三或五个党（每党125户）为单位的团，并根据标准的表格把诸户及其纳税义务加以分类。[①]

隋的财政政策以向农民征收粮和织物的实物税为基础，国家根据均田制，争取确定土地的可行的产量。通过地方行政的改革，隋争取实行有效率和比较节约的管理，直至县的一级。但整个制度的运转取决于能否对农村人口保持某种控制，而农村人口，举例来说，也自然而然地一有可能就设法逃避税收和劳役，隐瞒非法获得的土地，囤积和隐藏余粮。582年颁布的新法令采用经过长期考验的方针来处理这一问题，办法是设立地方组织，每个组织各设一负责人，最小的单位为保（5户），最大的为党（125户）。更大的地方单位为乡（500户），于589年出现，以取代许多被撤销的小县。设立这些组织的目的在于在集体受制裁的威胁下进行互相监督，以防止违法行为，特别是逃避税收和徭役的行为。隋一度授权乡长裁决他们所辖的户之间的诉讼。这一措施在590年被取消，因为事实表明，当时它引起了徇私和受贿的弊病。我们没有掌握这一互相监督的制度准确实行的材料，但我们应注意到，上述的地方上各种税收登记和税额分配的责任名副其实地落到了由户组成的各级地方单位的负责人身上，而且法令规定渎职者要受罚。也许不妨采取这样的看法，这个制度证明是有效的——当然要付出许多人命代价；它还有助于增强隋文帝的财政实力。

除了这一精心制定的制度外，隋朝还在585年和596年命令建立义仓网络，规定农户平均每年向义仓缴粮0.7石。关于这一地方单位（社，汉代为25户）的规模、社司的性质和职能以及这一制度实行的有效范围，我们都不清楚。但我们知道建立义仓的目的是在歉收之年为地方提供救济粮，而且后来它们确用于这一目的。总的是，它们提供了一个粮食储备的主要网络，以补充政府用来储藏以后使用的税粮

---

① 《隋史》卷24，第681页；白乐日前引著作，第154—155页。

的五大粮仓之不足;在隋朝鼎盛期,义仓藏粮在 1000 万石与"数"百万石之间。杜佑在评论藏粮、缴税的布帛和其他商品时指出,"丰厚亦魏晋以降之未有"。①

继承的兵制及其改革

与其他事物一样,隋的兵制大部分继承以前的北朝。我们应该记得,北魏(386—534 年)在一次大动乱后被推翻,结果在北方出现了两个不同的政体:东魏和西魏。它们的后身分别是北齐和北周,两者为争夺北方的霸权而成了势不两立的敌人,直到 577 年北周战胜其东面的敌人时为止;这就强行重新统一了北方,并使篡夺周的权力和创建隋政权的人在四年以后继承了统一的局面和一个组织完善的军事机器。隋朝就是在这个基础上建立起来的,它使用武力在 589 年打垮了虚弱的陈朝,以后随着全国的平定,它又进行了逐步使政府非军事化和减少现有军队的改革。到了隋末,由于远征高丽的需要,这一趋势完全逆转;远征招致了隋的灭亡。

6、7 世纪最有争议的制度之一为府兵制。我们讨论的这一时期的府兵并非民勇,而是一种很特殊的"地方管辖的部队"。我们必须先回头简略地叙述一下北魏和北周的历史,以便了解这一制度的发展情况。在北魏的最初几十年,它已在北部边境一带部署了部队,以确保魏帝国的防务和不致受游牧部落敌人的侵袭。根据北魏的军事传统,沿边境的各部队都从有声望的部落抽调,其将领往往是鲜卑贵族。这些由世袭军人组成的精锐程度不一的部队常常通过部落或准部落的纽带而与其将领发生关系。北魏的汉化在这些部队中引起的反应是不难想像的。一些一度趾高气扬的部队仿效汉人,成了罪犯的渊薮、贪官污吏的温床和既无地位又有叛逆心理的社会阶级。这些边境人民对在洛阳的北魏新都(从 494 年起)受恩宠的同族弟兄的叛乱究其本源是一次社会叛乱,历史学家称之为"六镇之乱"。叛乱始于 524 年,它蹂躏了华北平原,瓦解了北魏的社会结构,结果产生了两个敌对国

---

① 《通典》卷 7,第 42 页。

家。其中之一的西魏 534 年建于古关中平原（陕西省南部），那里是征服中国的传统跳板。

西魏王朝的创建人宇文泰（505—556 年）有意识地把关中用于这一目的，并且很快采取步骤去组织其军队。从一开始，他就仿效北魏的军事模式。他的军队规模不详但可能主要是鲜卑军人的近卫军驻在京师（长安），是归魏主直接指挥的中央军。这些军队西魏打算用作打击力量。但事实很快证明他们不能胜任这一任务，特别是王朝在543 年惨败于东魏之手后更是如此，当时估计折将 400，损兵 6 万。这次惨败迫使西魏求助于汉族的人力资源；同年，它开始主要从陕西和甘肃征募汉族的乡兵，以补充自己缺额的军队。这些兵不单纯是应征的农民，而且还是当地汉族豪腴已经组成的地方部队的士兵，虽然他们的职责完全是地方性的。经过新的征募，他们成了西魏兵制的组成部分，而归 96 个仪同府管辖；这些仪同府又组成 48 团和 24 军，各有相应的分等级的指挥结构。[1] 早在唐代，学者们已认为这种组织是府兵制的开始。[2] 这一论断有一定的道理，因为仪同府的军队确为地方控制，虽然它最初是中央指挥结构的组成部分。但以后我们将谈到，府兵制的性质变化得很快，所以有关它的性质的任何概括必须慎重对待。

西魏继续征募汉族地方军，主要的两次是在 546 年和 550 年。汉族士兵在西魏军队中占了压倒优势，以致未汉化的鲜卑领袖不得不采取有力的措施以协助鲜卑族将领保持其地位。549 年，在 5 世纪末大力汉化时期已经采用汉姓的边境非汉族精英，奉命恢复原来的部落姓氏。554 年王朝命令，凡其家族在北魏汉化时期被授予汉姓的军官恢复鲜卑姓，甚至汉族将领也要采用鲜卑姓。此外，某个将领麾下的士

---

[1] 菊池英夫：《北朝军制中的所谓乡兵》，载《重松先生古稀纪念九州大学东洋史论丛》（福冈，1957 年），第 108—109 页；滨口重国：《西魏的二十四军与仪同府》，载《秦汉隋唐史研究》（东京，1966 年），第 205 页。

[2] 李繁（死于 827 年）：《邺侯家传》，引自岑仲勉《府兵制度研究》（上海，1975 年），第 16—20 页。

兵也都应以该将领之姓为姓。[1] 这一旨在恢复传统鲜卑族部落关系的企图表现了异族王朝对丧失自力更生以后被迫依靠汉人资源这种内在危险的关心。[2] 这当然是任何征服王朝必须设法摆脱的困境。

556年，宇文泰死后一年，西魏被北周接替，如上所述，后者恢复了中国形式的政府。恢复部落方式的进程告终，军队甚至更牢固地被中央控制。军队主要通过设立许多仪同府而扩大了。此外，京师在周围构筑了一个防御要塞体系。这一强大军事体制的控制权并没有掌握在武帝宇文邕手中，他只控制一支小近卫军。军队的真正的统帅是武帝的堂兄弟宇文护，他作为丞相，还控制了文官政府。作为都督中外诸军事，他决定王朝的一切军务。他甚至从近卫军中抽调大批士兵驻守自己的宅第。573年，武帝下令暗杀宇文护，终于重新控制了政府。两年后，为了准备对北齐进行迫在眉睫的征战，他命令军队来一次大动员。汉族士兵又被就地征募。但这一次王朝不是从建成的汉族部队吸收，而是在普通农民中征集。[3] 武帝又命令在文官当局的名册中勾销新入伍士兵的姓名；同时，为了加强他个人对军队的控制，他又下令从此称所有的士兵为侍官。这些士兵免除一切规定的税赋和徭役，并且先于唐代制度，必须定期在京师服役。征募工作是成功的，正如史籍所述（当然有些夸张），"是后夏人半为兵矣"。[4] 这样征募的地方军充实了二十四军，并在北周于577年武力重新统一北方时起了一定作用。我的"起了一定作用"的提法是经过考虑的，因为这二十四军的士兵——即府兵——只是20万名重新统一全国的大军的一部分，虽然他们可能是最精锐、最有纪律的一部分。军队的其余部分则是多种多样的，其中包括新近投靠北周的草原民族部队，以及从陕

---

[1] 见谷霁光《府兵制度考释》（上海，1962年），第34—37页；滨口重国：《论西魏时期之恢复胡姓》，载《秦汉隋唐史研究》（东京，1966年）卷2，第737—759页。

[2] 滨口重国：《西魏的二十四军与仪同府》，载《秦汉隋唐史研究》，第230页；谷霁光：《府兵制度考释》，第37页。

[3] 菊池英夫：《府兵制度之发展》，载《岩波讲座世界历史》（东京，1970年）卷5，第414页。

[4] 《隋书》卷24，第680页。

西、甘肃和四川征调的部队。胜利的成果之一是强迫东部平原的 4 万户世袭的军人家庭在关中定居。

胜利后四年，隋朝建国者接收了北周政权及其兵制。但在他执政的早期，他就下令对皇帝亲自指挥的军队进行一次大改组。当 575 年宇文邕命二十四军的全部士兵都称侍官并归皇帝亲自指挥时，他们的人数当然已经激增。但他并不打算把这些部队并入其正规的近卫军中。杨坚把它们全部改组成 4 个卫和 8 个府，从而改进了这一笨拙的双重制。① 除了中央指挥机构外，他还在有重大战略意义的地区设立总管府，它们各自全面管理一个区（有的包括几个州，有的超过 10 个州）。这些地区由中央任命的高级将领负责；有时被任命的将领兼任他们所辖区的文职行政长官。

与以前的王朝一样，隋朝京师的 12 个卫和府由鲜卑族上层和军事化的汉族家族的将领指挥。山崎宏对隋朝军事精英的组成作了分析，现将其结果略述如下。他只考察了 12 个卫的 60 名其官品相当于六部尚书的大将军，发现在整个隋代，汉族（可能其家庭受鲜卑族军事传统的强烈影响）占 53.3%，非汉族占 40%，其余人的情况不详。在这 60 名大将军中，曾为北周效劳的不少于 52 人，他们之中的 46 人的祖或父都曾为北魏（7 人）或北周（39 人）效劳。这些数字证实，北周军事精英对隋朝的兵制具有很大的影响。当我们考察这些将领的籍贯时，发现他们的分布比高级文官更广。26 人来自陕甘区，24 人来自东北，5 人来自南方，其余的人不详。南方的将领在王朝后期出现；他们不是出身于南方的军人门第，而是靠功绩取得了这样高的地位。在王朝最后几年，他们奉命指挥炀帝为远征高丽而召集的南方部队。值得注意的是，关中和华东之间籍贯的分布比较均匀，这可能反映所需的将领要"了解"来自驻守各地的部队中的士兵。② 这又促使我们去注意人力资源的问题。

隋朝中央军事机器征募的府兵兵员最初的来源有二：（1）世代当

---

① 菊池英夫：《府兵制度之发展》，第 416—417 页。
② 山崎宏：《隋朝官僚的性质》，第 44—58 页。

兵的军户，同于北周府兵制中的军户；（2）被选出专门供应兵员而无徭役义务的普通户。对征集的不同兵种的服役期长短和次数不完全清楚，但当正常动员或临时紧急动员时，京师的军队显然要从地方统辖的军队中抽调兵员，而不使用未经训练的服劳役的人。这一早期的隋制因它利用世袭的军户和地方的军事组织而与早期的府兵制有渊源关系，但由于 590 年的法令，它与过去的关系被冲淡了。所以这一法令标志着隋代军事史的分水岭。

专家们对此法令中的某些内容有很多争论，但其重要的部分似乎是明确的。文帝在谈及近期内战的灾难时，哀叹任意动员兵力的弊病及被征入伍的人及其家庭因此所受的苦难和生命的不安全。他于是说："凡是军人，可悉属州县，垦田籍账，一与民同。"[1] 这一法令（颁发几个月后帝国就重新统一）体现了文帝的几个目的。总的目的是使全国非军事化和加强文官的社会控制力量。诏令中明确指出的第二个目的是使整个华北平原——那里一直可能是反当局的中心——非军事化，同时继续保持关中和河东的军事指挥机构。第三个目的显然是要消除前几十年混乱的军事态势造成的动荡局面。第四个目的则更微妙，我们必须从隋的其他措施来推断，这就是要在军人中消除世袭特权，如同他试图在官场中消除世袭特权那样。最后，最初的府兵制原来只适用于异族王朝统治的北方这一特定环境，因此对一个一心想恢复汉朝光辉业绩的王朝来说，它并不合适。在这一诏令以后，12个卫和府从那些由地方挑选、训练和管辖的人中征集士兵，他们在整个成年时期服役。这是唐代府兵制的原型。

除了使华北平原非军事化外，王朝还想出其他平定全国的办法。595 年，文帝下令没收帝国的全部武器，并以法令规定私造武器者将被惩办；但隋的策动一切军事行动的地区关中又不受此限。为了防止水上叛乱，文帝在 598 年下令没收南方所有长 30 尺以上的船只。

军事制度第二个大改革是炀帝在 605 年下令进行的。这一改革旨在把兵力进一步集中，归中央指挥机构控制。命令的主要特征是，总

---

① 《隋书》卷2，第34—35 页。

管府统率的所有部队从此直接归京师 12 个卫和府控制。平定南方后，总管府的数字已经减少，但在 604 年仍有 36 个，其中兵将最多的府集中部署在北部和西北边境。除了把这些部队纳入中央军事机构外，炀帝又下令把仪同府的名称规范化。从此，地方军事单位都称鹰扬府。①

在第二次军事制度改革后，隋已牢牢地控制了国内的部队。王朝在军事上面临的一个大问题依然是来自北方的外患。在王朝最初几年，北方边境遭到突厥和吐谷浑的严重袭扰，所以那里需要大批军队。为了缓和供应问题，文帝下令在长城外设屯田以供应军粮。他命令一个以严酷闻名的高级将领负责此事，据说屯田进行得很成功。在利用沿西北边境的要塞化的村落来对付边境游牧民入侵的努力方面，文帝则没有那样幸运。他只能采用另一种由来已久的边境政策：疏散草原的游牧民和保持军事前哨网络。对付游牧民族威胁华夏的传统防线当然是长城。在前人做了大量事情之后，隋的统治者继续大力对它进行整修和延伸，并派人驻守。这项工程在文帝登位时就开始，当时本地的"夷狄"被动员每年需在城上服 20 天徭役。同年，文帝命一名心腹大臣动员 3 万名劳工建造（或重建）一段长城。但这只是开始，因为在 586 年，被动员的劳工达 11 万人；在 587 年，达 10 万人；在 607 年，有 100 多万人建造鄂尔多斯和今陕西省之间的一段由北向南的新长城；在 608 年，被动员的劳工超过 20 万人。在大部分的情况下，劳动者只进行每年必须的 20 天强迫劳动。大部分长城都是在以前残留的基础上重新修建的。建筑材料是传统的夯实的土和晒干的土砖。

隋朝的军事建制是令人瞩目的。它能轻而易举地应付小规模的入侵和骚乱，又能部署精兵进行大战役。612 年集合兵力并供应 100 多万大军远征高丽的能力证实了这一制度的效率，虽然这次远征的结果是灾难性的。产生这种效率的关键在于集文武大权于京师和隋帝本人手中。隋的两代皇帝深知以前分裂时期的几个世纪的历史教训，这最

---

① 菊池英夫：《府兵制度之发展》，第 418 页。

明显地反映在他们的军事政策方面。

隋朝的律令

凡是具有想在中国永葆基业这一雄心的王朝，都必须采取步骤重定法规。从很早时期起儒家人物就争辩说，如果统治者及其代理人确具美德，法律就成为多余。但他们发现这类情况甚少，于是也像持其他主张的人那样认为，为了有条不紊地行使权力，当局必须编制法律。当隋朝掌握政权时，它就采取长期以来理想和现实之间的这种妥协办法。隋朝制定的法典对以后的几个世纪仍产生影响。

在开皇元年，隋帝就下令负责法律和礼仪的朝廷大臣修改原来的法规，并制定新法典。他们的报告上呈隋帝，随即在同年阴历十月，共有 1735 条条款的新律被及时颁布。新律减免了旧律中许多最苛残之法，如枭首、车裂和鞭刑。诏令在最后以威严和充满希望的语气写道："杂格严科，并宜除削。先施法令，欲人无犯之心，国有常刑，诛而不怒之义。措而不用，庶或非远，万方百辟，知吾此怀。"[①]

两年后，隋帝又命令尽量简化新律，于是原来负责的官员将条款减到 500 条，这就是开皇律。在负责这一工作的官员中，要算裴政学识最广，影响最大；他原在南朝的梁从事司法工作，江陵失守他被俘后又在北周掌司法之职。白乐日认为，在把南朝和北朝的法律传统综合成可行的开皇律时，他的渊博学识和经验起了主要的作用：开皇律的基本结构采用北齐律，内容则从魏、晋、南朝的齐，特别是从梁的法律中吸收。[②] 因此，从它的新颖和简化的形式及其内容的历史渊源来看，它作为重新统一的中国的法律是很合适的。

开皇律保持四种刑罚：（1）死刑；（2）流刑，通常有强制劳动期（有时到边境服兵役）；（3）就地强制劳动；（4）杖刑。对于一切官员，隋律准许依次以铜的斤数作为罚款折罪。官员可以官俸抵作罚款

① 《隋书》卷 25，第 711—712 页；白乐日：《〈隋书〉中的刑法志》（莱登，1954 年），第 77 页。

② 白乐日：《〈隋书〉中的刑法志》，第 149 页。

或以降职折罪。对官员最严厉的惩处是削职为民，以后他们就须按规定纳税和服徭役。因此开皇律保持了古法中官民有别的做法，其源至少可追溯到《周礼》（汉代加以系统化的典籍）。

按照文帝的性格，他不满足于只颁布新律。在586年，他召集地方命官至京，以考核他们是否懂得新律的条款。因为地方长官在其辖区有司法权和行政权，日常的审理和惩处是他们正常职责的一部分。但这种自主权不包括新律规定的几种严重罪行。它们归御史台审理，御史大夫不但负责调查和起诉，而且还全面监督帝国的全部官员。①由高级官员和法律专家组成的大理寺则审议严重罪行的书面证词，决定罪行性质，提出最后判决，由隋帝宣判。大理寺可能主要是上诉或受理疑案的法庭，而尚书省的刑部则判决法律有明文规定的案件。

尽管迅速制定了法典并教导官员们如何应用法律，官僚们仍留恋陈旧的、往往是腐败的方式。文帝试用了许多紧急办法。他一次因有人渎职而大怒，竟废除了地方和京师一切法律专业人员的职务。他一再试图告诫和规定法律程序，对京师的抢劫还试行他自己的那种惩罚性判决：凡抢劫值一个铜钱以上的物品的人，应被公开处决。他杀了有小过失的、拒不揭发罪行的和接受小额礼物的官员。以下行动十分符合他的性格：他每季复查所有囚犯的情况，在秋分（处决犯人之时）复查各地上报的悬而未决的刑事案件。开皇律虽比以前的法律简单和宽大，但仍不能迫使官员们自觉遵守，更不能遏制大贵族的任性行为。确实，在整个实行过程中，法律经常被滥用。《隋书》在提到大理寺两名喜阿谀奉承的官员时写道："候帝所不快，则案以重抵。"他们又深知如何取悦隋廷的心腹谋士杨素，其中一人每次在街上遇见杨素时，"而以囚名白之，皆随素所为轻重。其临终赴市者，莫不途中呼枉，仰天而哭"。②

开皇律现在只存残卷，但人们充分了解，其内容出色地综合了大分裂时期的法律传统。唐律直接以它为样板，并且通过唐律，它又是

---

① 白乐日：《〈隋书〉中的刑法志》，第25页。
② 《隋书》卷76，第716页；白乐日前引著作，第89页。

中华帝国以后法令的模式。王夫之在 17 世纪对隋律令作了不寻常的评论，他写道："今之律其大略皆隋裴政之所定也，政之泽远矣。千余年间，非无暴君酷吏，而不能逞其淫虐，法定故也。"[1]

对治理国土具有同样重要意义的文献是可能在 582 年阴历七月颁布的法典化的隋令。它包括与官场、官僚机构办事程序、土地和税收规定及日常行政章程有关的条款。虽然开皇令已不复存在，但在其他著作中仍可找到大量引文。它涉及的范围、篇幅和分类似乎又是 624 年颁布的第一套唐令的前身。开皇令像其他律令汇编那样，遵照诏令补充和修订。在讨论关于均田制、税制和军事体制的管理时，我们已经提到了具体的规定。

虽然炀帝下命汇编他执政时期的律令（在 607 年颁布），但它们似乎亦步亦趋地遵循开皇律令的模式，而且主要的编纂者的确也是编纂以前律令的著名人物。炀帝的功绩在于他把隋律 500 条全面减为 200 条。但据说由于王朝要应付征伐高丽失利而带来的危机，刑罚的宽大就转为严酷。[2]

边防和领土扩张

一位 8 世纪的年代史编者列出了隋朝武力克敌制胜的几个战场：在南方征服了陈朝；在北方成功地打击了突厥；在西方征服了吐谷浑；在边远南方占领了占婆；在东方征服了流求。[3] 他应该补充残酷地镇压南方和西南土著及最后极力想迫使高丽投降的记录，但后一个军事行动结果灾难性地失败了。在中国本土树立华夏权力的唯一的军事行动是对陈朝的征战，关于此战役将另行叙述。隋朝部署重兵的另外几个主要场所针对的是这样一些地方和民族：早期的中国决策人认为中国对这些地方和民族的控制对帝国的安全非常重要，而且它们在中国的王朝强盛时期处于它的统治之下。地理决定了对上述的许多地

---

① 王夫之：《读通鉴论》卷 19，第 2 页；收于《船山全集》卷 10，第 7991 页。
② 《隋书》卷 25，第 717 页；白乐日前引著作，第 92—93 页。
③ 李繁：《邺侯家传》，引自岑仲勉《府兵制度研究》，第 43 页。

区的行动，但历史也是有强烈影响的因素。如同采取的其他许多政策那样，隋试图重现久已消失的汉代的武功，重新树立中国在东亚的中心地位和至高无上的权威。隋在按照汉朝模式重振地区性权威方面做得非常成功。它在许多战线上取得了赫赫战功，恢复和发展了纳贡制，这种制度应被视作中国处理与不同邻邦的关系的一整套灵活的政策和策略。以下是隋朝如何对付中国周边几个较重要的地区和民族的情况。

当未来的文帝仍为北周的官员时，突厥已作为一个严重的威胁出现于北方。他们在眼花缭乱的草原部落战争中引人注目，到了6世纪50年代他们已实现了对从满洲的辽河直至波斯边境一块辽阔地区的松散但令人生畏的控制。他们通过对农耕民族的成功的掠夺和对中国通往西方的丝绸之路的控制而日益富强。他们在政治上分成东西两个汗国，西汗国臣服于东汗国。东汗国之中心在今外蒙古（原文如此。——译者）的鄂尔浑区，西汗国于夏冬之季扎营于西突厥斯坦气候宜人的地方。

西汗国在涉及挹怛、拜占庭和萨珊王朝波斯的一系列复杂的迁移过程中日益富强，而东汗国则蔑视分裂的中国北方，并为自己的利益而对它进行操纵。北周帝卑躬屈膝地请求娶东汗王之女，他在565年攀得这门亲事；每年北周要送给突厥人10万段丝缎。长安的突厥居民受到盛情款待和周到的眷顾。东面的北齐则紧张地倾府库之财讨好突厥人，因为他们担心突厥人会站在敌国北周一边。突厥的统治者从鄂尔浑的大帐，洋洋得意地打着中国天下的主意。据说他几次对他的随从说："我在南两儿（指北周和北齐两帝）常孝顺，何患贫也！"[1]582年，在突厥大规模地侵袭今陕西和甘肃的部分地区后，文帝像往常那样明确地分析了当时的形势："往者魏道衰敝，祸难相寻，周、齐抗衡，分割诸夏。突厥之房，俱通二国。周人东虑，恐齐好之深，齐氏西虞，惧周交之厚。谓房意轻重，国逐安危。"[2]

---

[1] 《隋书》卷84，第1865页。
[2] 同上书，第1866页。

如果这一大突厥帝国的势力继续统治北方的边境和整个中亚，那么隋就不能在这些地区重振华夏的声威，而且很可能被迫采取防守的姿态，就像以后面对契丹的宋朝那样。但命运之神偏袒隋朝。西突厥汗国落到达头之手，此人易冲动而且好斗，在 582—584 年期间先发制人地取得原应归东突厥统治者拥有的可汗称号。此后，两个突厥帝国不再联合，双方经常交战。而且由于 582 年新可汗经过争夺后即位，东帝国提供了中国政治家们长期以来习惯利用的机会。他们时而又支持某一可汗，时而又支持反这个可汗的一方，因此东突厥人的政治统一被破坏无遗。同时他们又设法不使东帝国瓦解而使达头有可能以武力统一两个帝国。当达头于 601 年威胁隋都和在 602 年进攻鄂尔多斯区的一个中国的傀儡可汗时，他企图做到这一点。但当他远离其根据地时，西帝国因一次叛乱而分裂，叛乱者为其主要的部落铁勒。我们可以认为，中国的代理人做了出色的工作；达头在 603 年销声匿迹。他的孙子只能在其帝国的极西部树立政权。在隋朝的其余时间里，中国人主要对付东突厥的可汗。格罗塞在总结隋的成就时说："在蒙古，如同在西突厥斯坦，隋朝未采用大军事行动而只用传统的计谋，就粉碎了突厥人的力量，它消灭了桀骜不驯的可汗，而只把那些被册封的可汗扶上台。"[1]

尽管隋在早期获得一些成功，但在北部和西北边境突厥依然是主要的强大游牧力量。在本章的后面的部分，我们将讨论炀帝处理这一问题的情况。

越南

在汉代，交州（今河内—海防地区）是一个繁忙的港口和中国文化在边远南方的前哨。但在 6 世纪时，以建康为都的几个虚弱王朝再也不能控制这一地区，于是一个有安南和中国混合血统的地方长官就自己建立了王朝。文帝派强悍和久经沙场的将军刘方收复交州，当地王朝的最后一个统治者在 602 年投降。占婆（林邑）国在近代安南的

---

[1] 勒内·格罗塞：《草原帝国》（巴黎，1948 年），第 135 页；又见诺亚米·沃尔福德之英译本《新不伦瑞克》（新泽西州，1970 年），第 89 页。

沿海一带，其国都在今之岘港以南。它也已中断了与建康的虚弱的陈朝的朝贡关系，但在 595 年，其王梵志谨慎地遣使献方物。但对他来说不幸的是，在 5 世纪中国人的一次成功的掠夺中产生了一种传说，即占婆多奇宝，取之不尽。以贪婪闻名的文帝一反惯常的谨慎，命刘方率有作战经验的将领及水陆之师进攻占婆。梵志部署巨象作战。但隋军攻破其都，设法拿走了王室列祖列宗的金牌位，归国时，入侵军队受到一次瘟疫的打击，包括刘方在内的大批官兵丧生。隋企图直接治理占婆的若干地区的努力是短命的，梵志不久重新执政，即"遣使谢罪"，此后据说"朝贡不绝"。[1] 但对交州以南的整个行动是一次代价高昂的失败，隋的残师所能炫耀的只是盗取的祖宗牌位、几箱佛经和一批被俘的乐师。[2]

陈的灭亡和隋在南方权力的巩固

在本章的前一部分，我已描述了建康的南陈政体的虚弱和领土日益沦丧的情况。文帝继承了北周大为扩大的版图，建康的王朝因丧失了四川和长江以北的全部领土，其侧翼受到包围，因此从 581 年起，就只能苟延残喘了。在长达六七年的时间内，杨坚一心对付东突厥人的威胁（见上文）和致力于改革和巩固政权等问题。但他即位刚一个月，就任命他的两名最有成就和令人生畏的将领总管与南陈接壤的长江下游边境，据说他们在那里开始准备以后的进攻。杨素后来被任命为湖北四川边境的长江地区的总管，开始建立远征的水师。同时，粮仓制正付诸实施，运河体系的第一段工程已经开始。587 年，文帝灭亡傀儡国家后梁，直接控制了长江中游。在此期间，他倾听了大臣们征陈的许多建议。虽然他似乎注意听取意见，但他最后还是采纳了他以前的老学友崔仲方的计谋。

有人猜想，此计划之所以吸引杨坚，是因为它详细周密，并且列出了许多应急的对策。588 年，文帝给了陈主一封加盖御玺的信，上

---

[1] 《隋书》卷 82，第 1833 页。

[2] 乔治·马斯佩罗：《占婆王国》（巴黎和布鲁塞尔，1928 年），第 82—85 页。

列一个暴君的 20 条罪行，表明取其领土并非罪过，实乃天意。同时文帝又下诏书，以道德和政治的理由为即将发起的进攻辩解。他在诏书中指责陈朝背信弃义，骄奢淫逸，杀害忠贞的净谏之臣和其他罪行，并且提到了一些明显表示触犯天怒的自然异常现象。他在整个南方分发了 30 万份诏书，以期软化抵抗力量。这很可能是早期在心理战中使用"宣传品"之一例。

589 年初期，远征开始。一切都按照在长期准备过程中精心制定的计划进行。从四川至东海，装备精良的军队攻击陈朝。最扣人心弦的时刻是在杨素指挥的舰队和防守的南陈舰队在长江三峡交战之际。杨素指挥有几千艘船的"黄龙"舰队，在黑夜偷偷地靠近南陈的舰队，黎明时南陈的舰队被南岸和北岸的陆军突然袭击，彻底战败。在下游，陈的将领在长江安置铁链，以期摧毁隋的舰队。但杨素和另一隋将取陆路摧毁了保护安置铁链的栅栏。在决战中，杨素的四艘装有撞角并由四川人驾驶的大"五齿"船摧毁了陈的防御舰队。杨素驶往武汉，与秦王俊指挥的大军会合，后者从襄阳直逼汉水流域。小股部队渡长江逼近建康之东面和南面，然后向陈都进军。晋王杨广和高颎统率的主力军从淮河正南的寿阳（今安徽寿县）东移，渡过建康以东的长江。陈军以重兵防守通往其国都的几条通道，但他们缺乏统一的战略，他们的最高统帅陈后主，仍旧昏庸无道——如果我们相信史籍记载的话。在京城的北门防御还在进行，但一个陈的将领却向隋军打开了南大门，并对其士兵说："老夫尚降，诸军何事？"[1] 当陈朝的许多权贵以应有的尊严迎接胜利者时，陈后主及其两个宠妃却被发现藏在一个枯井中。他们不光彩地被拖了出来。陈后主最后被带往隋都，在 604 年死去。

随着陈后主的被俘，长江沿岸的陈的地方长官都向隋军投降。只有建康以东和以南的诸地仍在坚持，但他们最后被隋的水师征服，这支水师从今东海附近的一个港口抵达海岸而在今上海附近登陆。平定偏远南方的战役意味着要对付一批批土著部落和分散的汉族聚居地。

---

[1] 《资治通鉴》卷 177，第 5508 页。

一次，晋王命被俘的陈后主写信给一个部落首领，说陈已亡，他应向隋效忠。结果南方的全部部落首领均投降，并都得到应有的承认和赏赐。隋共接管了 30 个州、100 个郡和 400 个县，即整个长江以南的华东地区。隋帝下诏毁掉曾充当南朝的京城达 282 年之久的整个建康城；其城墙、宫殿、寺庙和房屋都要拆毁，土地则恢复为农田。陈后主父子、贵族和高级官员都被押往隋都。在隋都，陈朝的高级贵族和他们珍藏的财富被带到隋宗庙的列祖列宗的牌位前。几天后，陈后主及其 200 名贵族大臣被带到皇城的大门前。文帝在门楼上俯瞰。经过了一番开场白后，他宫内的一名官员宣读了他的诏书，内容是指责陈后主及其官员不能相辅，致使其国毁于一旦。"叔宝及其群臣并愧惧伏地，屏息不能对。"[1] 诏书宣读完毕，隋帝就宽恕了他们。最后的盛典是隋帝给凯旋归来的军队大摆筵席。这次对所有人共赏赐布 3000 万段。

对陈朝上层人物的宽大是隋旨在逐渐缓和南方敌对情绪的策略的组成部分。陈朝中央政府的有些官员被吸收进隋的官制，陈后主得到很好的照顾，他几个儿子在北方边境区被赐给土地。对民众有更直接影响的措施是，隋在原陈朝的各地区免税 10 年。人们怀疑隋朝官员能否有办法收到任何税收。原来陈的行政单位大部分以隋的州和县来代替，陈的官员被隋任命的官员取代。在岑仲勉对隋的州官进行的大量研究中，我未发现陈原来的州官被隋重新任命。在该著作中，我注意到隋在 589 年和 590 年期间重新命名或建立了 30 个州（陈原来共有 42 州）；所知的州刺史都是北人。[2] 如果我们回想起在南北朝分裂时期发展起来的文化差别和语言的不同（文帝和被俘的陈后主两个人甚至因此不可能交谈），就能看清楚胜利者和战败者之间的冲突几乎是不可避免的。有两件事引发了冲突。一是苏威提出的对行为背离儒家准则的人稍加惩罚之事，这就是关于"五教"的奏疏。所谓"五教"，我认为是关于对上司和长辈应表示何种适当敬意的道德说教。

---

① 《资治通鉴》卷 177，第 5516 页。
② 岑仲勉：《隋书求是》（北京，1958 年），第 134—332 页。

一是谣传隋朝正计划把南朝陈的人民全部迁往西北。于是许多地方爆发了叛乱。隋朝官员遭到攻击：有的被割而食之，有的被取出内脏。据说当地人对被害人说："更能使侬诵五教邪！"[1] 叛乱的规模有的有数千人参加，有的达数万人，真是乱上添乱。

残酷无情的杨素再次应诏镇压。在艰险的地理环境中经过多次激烈的战斗，杨素设法在长江下游和东南沿海区征服了叛乱者。裴矩（本章将详细叙述此人情况）在偏远的南方也战胜了叛乱的部落集团。扬州被赋予特殊的地位，称为江都。晋王杨广任扬州总管，负责整个东南的军务。在约 10 年中，杨广实际上是东南的总督，并且理所当然地对所采取的巩固措施负责。关于这些措施，有许多我们不甚了了或者毫无所知，但关于他对南方佛教的政策，我们却有大量材料。

被毁坏的建康城几个世纪以来曾经是皇室和贵族的佛教中心。甚至它被侯景叛乱者洗劫后，许多大佛寺仍得以在城内重建，在南朝的陈统治的 34 年中，据说在其全部国土上建造的寺庙达 1232 座。但此时一些慷慨的施主——皇室、贵族和官员——已被带到北方，寺庙已被破坏，建康和地方上的许多僧人处境极为困难。但正如前面论意识形态的一节所述，隋朝争取利用佛教来打破地区壁垒和文化壁垒。早在 590 年，隋帝的一份诏书中就曾命令重新委任南方僧人的圣职。一位曾在南陈时动员僧人服役进行军运的老律师开始"净化"僧人，即挖出那些有名的具有反隋和叛逆情绪的人以及那些对宗教职守懒散的人。592 年，天台宗创建人智𫗳（他曾在陈的朝廷中讲道）写信给晋王，抗议破坏建康的寺庙或把它们用作俗事的行动。智𫗳收到一封措辞和缓的复信，但是资助许多寺庙的施主已经离开。有材料证明，隋朝把南方许多佛寺拨给官方使用。

但晋王逐渐成为南方僧人和佛寺的虔诚和体贴的施主。他命令他的军队收集因侵陈和以后的内战而散落在各地的佛经；在扬州王府的建筑群中设立一个专门收藏精选的经籍的馆堂；其余的经卷经过手抄，增至 903580 卷，然后被分发给扬州及其他各地有功德的佛寺。

---

[1] 《资治通鉴》卷 177，第 5530 页。

他在扬州建立 4 个道场，召集学识渊博的佛道两教教士充当一段时期的王府的僧侣。智颛死后，晋王成为天台宗主要佛寺的正式施主。意义最重大的事也许是扬州的建设规划，此规划开始给扬州添加它后来所具有的某些色彩和光辉，同时又赋予了建康作为文化中心长期拥有的那种繁荣和吸引力。随着僧侣的南来北往，对南方僧人表示的特殊恩宠以及官方对信仰的赞助，反隋的情绪逐渐缓和，最后几乎化为乌有。[①]

全帝国交通体系的创建

虽然人们通常把开凿运河与第二代隋帝联系起来，但实际上这一网络是他的父亲文帝开始建造的。584 年当文帝刚进入新都时，他就命宇文恺设计一条运河，从京都东流至渭水与黄河汇合处附近的潼关要地。[②] 这一运河名广通渠，它的开凿是因为了两种压力。一种压力是京师区域缺粮（由于人口的增加而更加严重），粮食必须从东部肥沃的平原运来。第二种压力是，在京师正北东流在黄河大弯处与黄河汇合的渭水受到淤积和季节性枯水的威胁，新运河提供了一条较可靠的水路。文帝的诏书如同宣布建造新都计划的诏书，宣称徭役劳动者的短期辛劳会得到更多的报酬，即保证新运河既用于官运，也可用于私运，会带来很大的方便。他还希望代北（今山西省）的资源将由汾水水运而下，然后经黄河上游，最后通过运河被运到京师。广通渠的工程迅速完成，这可能是因为此渠的路线大部分沿着一条汉代运河，后者在 700 年前是出于同样的目的建成的。当 589 年，长度接近 100 英里的广通渠竣工时，文帝亲自出京城视察，并赏给各监督徭役的官员适量的丝缎。隋还在渠的东端建了广渠仓作为主要的储粮地，当歉收时可由此运粮供应京畿或其他地区。

---

① 塚本善隆：《隋对江南的征服与佛教》，载《佛教文化研究》，3（1953 年），第 1—24 页。

② 张崐河：《隋运河考》，载《禹贡》，7（1937 年），第 201—211 页；白乐日：《〈隋书〉中的食货志》，第 159—161 页。

这是运河工程的开始；而到了隋朝的第二个皇帝，才把开凿地区性的重要运河转到建设全帝国的水运体系。对此我们将在后面予以讨论。

炀帝（604—617 年在位）的个性和生活作风

杨广，历史上称隋炀帝，生于 569 年，为杨坚与其非汉族妻子所生的次子。我们可以设想，在他 12 岁以前的少年生活中，致力于他的阶级和时代的共同追求，学到了中文的基础知识，具有正规的佛教信仰（他和他的弟兄童年都有佛名，有一个甚至想剃发为僧），受过骑战和狩猎的训练。他的本纪说他勤奋好学，精于文学，还记载他非常严肃，举止端庄。他父亲的篡位完全改变了杨广及其四个弟兄的生活。他们从朝廷大臣之子的那种舒适的、可能显得平凡的童年生活一跃而去过 6 世纪的宫廷生活。他们成了王，取得了封地和显赫的爵号，但他们也变成了围绕权力中心进行阴谋诡计的工具，在那里，官员、宫廷的宠妃、术士、和尚和庸医们各为私利而勾心斗角。前文已经谈到，杨广的双亲为自己的青云直上而感到不安甚至恐惧，因为他们知道自己的至尊的地位是靠篡夺、暴力战争和大规模的屠杀取得的。他们很容易猜疑，而且这种心理也易被人利用。皇后活像一个清教徒，有着变态的妒忌心理；她不断干预诸子的生活，他们稍微违背她的严格标准就遭到责难。文帝也着了魔似的担心，某个儿子一旦成人，就将成为一心要取代他的集团和朋党的中心人物。在他的五个儿子中，只有杨广未受到双亲的冷落。下文将会看到，这不完全是偶然的。

杨广的第一个官职是新设的华北平原北部的行台尚书令。他当时只有 13 岁，文帝派饱经风霜的文武官员协助他，他们有权，并用权来约束那位受照顾的幼童。约在同时，文帝也许出于一统天下的谋略，在后梁为其次子寻找配偶，后梁当时实际上是隋在长江中游的卫星国。经过占卜，前统治皇室的一个女儿、原建康梁朝诸帝的后裔被选为杨广之妻。这位年轻的姑娘受过很好的教育，聪明好学，很有文才。杨广爱她，并尊敬她。作为萧后，她是杨广的终身伴侣和知心人。很可能她给他介绍了南方的生活方式，并促使他热爱南方，几乎到了着迷的程度。[①]

前文已经讨论了 589 年隋征服陈朝的情况。杨广名义上是远征军的统帅，但制定复杂的军事和海军作战计划的工作主要由高颎和其他久经沙场的将领负责。据说高颎反对杨广纳被俘的陈后主的宠妃，据说此事使杨广从此对他父亲的主要谋臣怀恨在心。但另一方面，杨广在被征服的建康的行为堪称模范：他公开处决了降服的陈朝的几个有名的酷吏，并封闭了陈的仓库，所以无物被偷盗。在祝捷中他得到丰厚的赏赐，并一度返回北方任所。当原来南陈的一些地方爆发叛乱时，杨广代替其弟被任命为东南的总管，驻营江都（今扬州）。他在任九年，每年至京师向父皇述职，在 600 年，一度任远征突厥人的统帅。他在南方的任务是多方面的和复杂的：缓和南方的怨恨和怀疑，在军事占领后推行合理的行政，打破阻碍南人成为忠于隋室臣民的许多政治和文化隔阂。他为达到这些目的而采取的措施与京师发出的关于被征服的南方的总的命令相辅而行，其中包括 589 年颁布的关于在原来陈的土地免税 10 年的命令，598 年关于南方所造船只不得超过 30 尺以防水上叛乱的命令。杨广集中全力进行可称之为文化战略的活动，旨在说服南人，说他们的新统治者并非夷狄，而是具有和珍视同一文化遗产的开化人。在这一战略中，他个人的教育是他的本钱；他所讲的日益流利的南方主要方言吴语和他的出身名门的南方妻子无疑也是有利条件。

他赴任之时是在到处出现的武装反隋叛乱被杨素血腥镇压以后，所以各地反隋的情绪高涨。南朝的陈和贵族长期以来一直是佛教慷慨的施主，此时僧人（许多人已参加反隋的武装起义）发现已无赞助人，只能设法在建康和其他地方已毁灭的和半空虚的寺庙中谋生。杨广立刻着手另建一都以代替将近 3 个世纪中一直是南方的文化和政治

---

① 《隋书》卷 36，第 1111—1113 页；芮沃寿：《隋炀帝的个性和定型的言行》，载芮沃寿编《儒家信仰》（斯坦福，1960 年），第 49—56 页。

中心的建康。他从新都江都下了几道命令，要求收集和重抄在战争和以后的内乱中分散在各地的佛经。他在江都建造佛寺和藏经之馆堂。他还召集南方著名的高僧至江都的寺院从事宗教和学术工作。其中最著名的可能是天台宗创建人智颉，他在以前长期受南陈皇室的赞助。

591 年后期，杨广在江都给 1000 名南方僧人广设斋席。在斋席后，年轻的杨广跪受智颉为居士作的"佛戒"，并接受佛号：总持菩萨。智颉回天台山寺院后，杨广继续赞助那里的寺院，并定期与这位大住持通信。智颉给杨广寄去南方僧侣的几个请求：一是要求杨广停止拆毁原陈都中的寺庙，对此杨广只作了含糊的答复；一是请求地方上两座保存高僧圣骸的寺庙不受嘈杂的驿站交通的打扰，这一请求被批准；一是智颉本人的关于驱散 1000 名僧人前来听他讲经的集会的报告——据推测，这一行动是出于"安全"的原因。当智颉送杨广一顶天冠时，晋王写了一封感谢信："爰逮今制思出神衿，图比目莲（菩萨之徒，以法力著称）……冠尊于身，端严称首。跪承顶戴，览镜徘徊，有饰陋容，增华改观。"[1]

在杨广与智颉的多次通信中，我们可以看到他当时性格中的某些方面：关于佛经的知识面很广，其宗教的感情似乎是真诚的；有强烈的政治直觉（为了争取南方的高僧而把奉承、引诱和赞助等手段巧妙地结合起来），这样做还可能会取得双亲的欢心。

杨广在南方的文化策略绝不限于佛教。虽然佛教是他求助的最有影响的传统，但他在江都仍建造两座道观，并请南方学识渊博的道长主持。他还召请曾为陈朝效劳的著名的儒家学者来江都在他主持下讲课和写作，其中一人在杨广的赞助下汇编了 120 卷关于礼仪方面的巨著。除了儒道佛三教的"代表人物"外，他还聚集了 100 多名南方的著名文人。显然这不仅是进一步缓和南方精英反隋情绪的巧妙行动，而且也是很合他心意的事。他喜欢结交文人，其中得宠的也许是柳䛒，此人一度是后梁的官员。柳䛒润色年轻的晋王的文章，并劝他学文不要以庾信（513—581 年）为模范。柳䛒是杨广深受恩宠的酒伴，

---

[1] 《国清百录》卷 2，载《大正新修大藏经》卷 46，第 807 页。

据说他的谈话具有诋毁性和鼓动性。这种关系在以后一直保持下去，这也可以认为是杨广转向南方文化的表现之一。

虽然隋在南方的行政情况并无大量记载，但南方以后没有发生叛乱和他在江都任期很长的事实，说明隋在南方的治理取得了相当的成就，文化再统一的许多措施也应归功于他。

600年，在他去朝廷后即将返回江都时，杨广向母后告别。他发现她正为她的长子，即皇太子杨勇的行为大发雷霆。杨勇的正妻在591年突然神秘地死去，他继续迷恋其他宠妃，并与她生了四子。皇后曾派人监视他，所获的报告更给她那清教徒式的一夫一妻制情绪火上添油。据《隋书》记载，杨广看到他们日益疏远的情况是一个良机，于是他回到江都就与其心腹策划促使他的兄长垮台的阴谋。这种策划意味着密谋和玩弄花招；对主谋及其同伙来说，它既有巨大的风险，也有机会获得丰厚的报酬。参加杨广集团的一个比较直言不讳的人说："若所谋事果，自可为皇太子。如其不谐，亦须据淮海，复梁、陈之旧。"[1]

人们不可能知道关于以后事件的记载的可信性如何，但狡诈无情的杨素显然是主谋。足够的"证据"终于被编造出来，以欺骗生性多疑的文帝，以致他最后向集合在宫内某殿的朝廷大臣和皇亲国戚颁布废黜皇太子杨勇的诏书。据说杨广则小心翼翼地给年迈的双亲以一个勤奋、虔诚、忠诚和实行一夫一妻制的年轻人的"假象"，这在远离国都的地方是很容易做到的；因此他取得了渴望已久的东西。600年阴历十一月，他被宣布为皇太子，此后不久他一家迁回京师。

正在此时，文帝度过了他的59岁生日，这是中国最隆重的生日，因为那里经常以60为周期纪年。他准备以孔雀王朝伟大的阿育王为榜样，在全国供奉舍利，舍利在他生日那天——601年阴历六月——被同时送到30个州治。新太子表现了他应有的虔诚，并在京城的东南部建造了一个宏伟的佛寺，同时邀请有学问的僧人来此佛寺，其中

---

① 《隋书》卷61，第1470页。

三分之一来自江都他的寺庙,除了三人以外全来自江淮流域。[1] 这样,他在向北方介绍南方的佛教传统这一方面作出了贡献。602 年杨广的母亲死去,在葬礼中露面的主要是他的寺庙中的著名僧人。

皇后死后,文帝逐渐把管理国务的工作移交给太子。当他在京师西北约 100 英里的仁寿宫避暑时,他把一切事情都交给杨广处理。603 年,文帝听信了妖术的所谓证据,贬黜了四子,证据还引起了他对五子汉王杨谅的忠诚的怀疑。604 年夏,文帝患病。根据文字记载,太子及其心腹杨素加速了文帝的死亡,而且还扣下了文帝的再立杨勇为皇太子的临终遗书。人们有理由怀疑其中的某些记载,不过虽然大部分证据有倾向性,杨广或其心腹之一似乎仍有可能加速了他父亲的死亡。八天后杨广登位,成为隋朝第二代皇帝。他的幼弟汉王杨谅在东部叛乱,杨谅的谋士力劝谅在富饶的华北平原——原北齐的领土——割据称霸。但谅优柔寡断,事实证明他不是杨素的对手,后者击溃了他的军队并将他俘获。新帝施恩免杨谅死罪,但他不久"死于狱中"。

对这个历史上称为隋炀帝的人的性格刻画是非常困难的,除了一些模糊的感觉外,人们不能期望在集中把他说成是古典的"末代昏君"的大量被篡改的历史和传奇后面,对此人的实际情况有更多的了解。历史文献把文帝的谨慎节俭与炀帝的放荡挥霍进行对比,但从下面建设东都和完成运河体系这一节可以看出,这种鲜明的对比过分夸大了。民间文学把炀帝描绘成荒淫无度的人——以各种异想天开的方式沉迷于女色。但人们会发现,即使怀有敌意的修史者也不能掩盖这一事实,即他的正妻,一个聪慧和有教养的妇女,从未遭到他的冷落而被宫内其他宠妃代替,她始终被尊重,而且显然受到宠爱。隋炀帝毕竟是一位美好事物的鉴赏家、一位有成就的诗人和独具风格的散文家,他可能有点像政治美学家,这种人的特点可用以下的语言来表达:"的确,自欺欺人也许是一个规律,因为带有强烈的艺术成分的政治个性具有一种炫耀性的想像力,它能使其个人的历史具有戏剧

---

① 山崎宏:《炀帝之四道场》,载《东洋学报》,34 (1952 年),第 22—35 页。

性，并使一切现实服从野心勃勃的计划。"① 的确，他从他的勤奋的父亲手中继承了一个统一和繁荣的帝国。他计划武力扩大帝国的领土和影响，并付诸行动。但他的这些梦想和远征既不是狂想，也不是没有前例的。它们倒不如说充实了他父亲已经仿效而他本人设法去完成的汉帝国的模式。只是由于他最后一次冒险行动的灾难性的失败，他的过去给人以恐怖的形象，他执政的全部历史才遭到了歪曲。当我们考察了他的政治作风以及他的高级官员和亲密顾问，我们也许就能更多地看到他的复杂的性格。我们首先应注意萧后，虽然她显然是他的知心人，但却不像他的母后那样起着积极的政治作用。

我们如果看到山崎宏所列的隋朝上层文武官员的表，就会发现炀帝任命官员的作风与其父非常相似。两者似乎都具有同样的倾向，即任命亲属和同乡，总的来说，任命有混合血统的西北贵族。有几个人在父子执政期间都担任要职。例如宇文恺，此人为善搞工程的人才。他计划和建设过隋的新都，并继续从事建设项目：运河、皇宫、几段长城以及炀帝向突厥人炫耀的行殿和大帐。他在辽河设计了一座桥梁以用于对高丽的首次远征；在612年死亡时，他任工部尚书。另一个为杨坚父子效忠的大臣为牛弘——一位长髯和语言迟钝的沉着的西北人。他具有非凡的事迹。在隋初，他说服文帝开始系统地收集中国的文化遗产（如同汉代很久以前所做的那样），即搜集在大分裂的动乱时期分散在各地的书籍。他建议通过收买或没收，以取得私人的藏书；而秘书省的藏书又成了《隋书》中经籍志的基础，这也是我们了解南北朝时期文献的基本指南。牛弘是发展隋律的主要人物，并任礼部尚书至少有三年之久。白乐日认为他在编纂隋的法典时起了主要作用。② 从599年到他在601年死去前，他是威望很高的吏部的尚书，因为吏部拥有隋帝授予的选拔、任命和提升官员的大权。在牛弘负责选拔制时，《通典》说他优先考虑的是个人的品质而不是文才。③ 下

① 哈罗德·拉斯韦尔：《心理学和政治学》（芝加哥，1930年），第50页。
② 白乐日：《〈隋书〉中的刑法志》，第162—163页。
③ 《通典》卷14，第81页。

文将要谈到吏部的权力在炀帝时期稍有缩小。这位随和并显然是清廉的大臣与炀帝是莫逆之交。当炀帝为太子时，他们互赠诗文，据说牛弘曾被召进内宫参加有皇后在场的酒筵——这是一种特殊的恩宠。当他死于江都时，炀帝深为悲痛，并将其遗体运到极西的故土。

我们还可以继续描述那些效忠于炀帝的高级的和有威望的官员，但约从 609 年起，行使权力的地点及关键的决策地点已从以前的行政官署和其中的官员那里转移出来。炀帝的特点是一贯好动。他有三个都城：西部的国都大兴城，华北平原南部的洛阳和他所喜爱的、并在那里任了 9 年总管的江都。他经常乘船沿运河往返于 3 个京都之间，并携带许多随从。此外，他常往北去长城视察防务或与突厥可汗谈判；608 年，他带随从浩浩荡荡去亲祠五岳之一——山西的恒山。609 年，他从河西走廊出发亲征吐谷浑。炀帝是个不肯安定的人；他对日常行政显然不屑一顾而喜欢巡行各地。更重要的是，他好向其臣民炫耀王朝的富强及亲自了解地方情况。据记载，他在 609 年曾说："自古天子有巡狩之礼，而江东诸帝（南北朝时期）多傅脂粉，坐深宫，不与百姓相见，此何理也？"在场的一朝臣答道："此其所以不能长世。"[1] 对当时的炀帝来说，天子的巡行几乎是一种生活方式，因此他在全国建造了许多离宫，以便他在巡行过程中能休息一天或一周。

这种生活作风意味着他不可能效法他父亲的那种特有的方式，按严格日程和有条不紊地主持政务——这种方式只适用于隋国都中按职能划分的各区。据记载，他的一个朝臣曾向他建议"无得效高祖空自劬劳"，炀帝也同意他的意见。[2] 不管这一记载是否属实，但上述的具体环境、他本人的个性和一些有心计的朝臣的迁就等因素所形成的力量，使他越来越依靠日益缩小的心腹顾问集团。这个集团最后当然使炀帝为它所用，同时，其成员助长了他的利己主义，迎合他的偏见和"清除"那些向他提出建议的具有独立精神的人。我们必须先论述后一种情况，才能转而叙述这一核心集团的作用。

---

[1] 《资治通鉴》卷 181，第 5644 页。

[2] 《隋书》卷 61，第 1470 页。

有一人略与后一种具有独立精神的人的类型不同。杨素——我称他为文帝的心腹谋士——在为炀帝粉碎汉王杨谅的叛乱时得到炀帝的厚赏，因为杨谅是对炀帝即位的唯一的严重威胁。杨素得到高官和显赫的爵位及丰厚的收入，但——如果我们相信史籍记载的话——他对炀帝为取得帝位而进行的一系列阴谋"知情太多"。在606年，当他得病时，据记载，炀帝派御医前往，设法使杨素一命呜呼。这个老武夫知道他的处境，服"药"后突然以其最后的佛教的虔诚对其亲戚说："我岂须更活耶？"① 他遗留大量财产，这无疑证明了他的贪婪，而且也证明了两个皇帝对他的赏识，他们每当需要他执行一项特别困难和见不得人的任务时，就知道他的价值和代价了。

文帝执政时的重臣和将领高颎曾因独孤皇后的谗言而被贬。炀帝即位后，立刻让这位老人复职，并授予显赫的官衔。607年，高颎及他一代的其他官员直言不讳地批评新帝的政策及朝廷的风气。这些批评被及时禀报，结果高颎获死罪，其子被流放到边境。隋朝最有才华和成就的将领之一并在征陈时与高颎同起重要作用的贺若弼同时也被指控。他被处决，其妻儿则沦为国家奴隶并被发配到边境。文帝时另一个有非凡才能的高级官员，当时担任礼部尚书的宇文弼也受牵连，落了个相似的下场。《隋书》对他情况的评述可能也适用于其他的高级政治家："弼既以才能著称，历职显要，声望甚重，物议时谈，多见推许。帝颇忌之。"② 年迈的薛道衡当时可能是最重要的儒家学者，炀帝初期，他从地方被召至京师任要职。但他盛赞先帝的成就，甚至提起高颎之名，由此可见此人很不圆通。炀帝在盛怒之下把他交给有司。他心存侥幸，希望能得到皇帝的公正待遇或宽大，但老儒生被处以绞刑，其妻及儿女被流放至中亚。这些人或因是炀帝父亲的心腹，或因他们有不受制约的盛名及直谏，或因其他各种个人的不明的原因，都失去了炀帝的恩宠并因此遭到迫害。可能除了杨素外，这些官员都习惯于传统的劝谏方式和在公开召见时议政。但如上所述，炀帝

---

① 《隋书》卷48，第1292页。
② 《隋书》卷56，第1391页。

喜欢以另一种方式作出决定。这种方式决定了另一种官员能够知道炀帝的秘密和分享他的权力。现在让我们更仔细地考察炀帝的核心集团。

值得注意的是，那些在核心集团中成为最有权势的人是南方人。虞世基是陈朝官员之子，在隋征服前曾在陈朝任职。炀帝即位，这个不起眼的人开始青云直上，不久他担任了相当于机要秘书的职务。由于炀帝的施政作风，必须有人起这一作用。《隋书》在叙述这种作风和虞世基的作用时写道："与纳言苏威、左翊卫大将军宇文述、黄门侍郎裴矩、御史大夫裴蕴参掌朝政。于时天下多事，四方表奏日有百数。帝方凝重，事不庭决。入閤之后，始召世基口授节度。世基至省，方为敕书，日且百纸，无所遗谬。"① 据《资治通鉴》记载，吏部虽然以牛弘为首，另有七名高级官员辅助，"然与夺之笔，虞世基专之，受纳贿赂，多者超越等伦，无者注色而已"。② 他受贿之事未见于其他史料，但他的权力是在这种安排下取得的。他不能提供好建议。《隋书》在关于炀帝于 615 年在雁门被突厥人围困的一段文字中记载，在全力突围失败后，虞世基劝其主激励士气，给他们赏格。他为炀帝起草诏书，宣布停止征伐高丽。炀帝批准这些措施。但当士兵突围，炀帝随即食言，没有分发许诺的赏格，同时再次宣布征辽。据记载，这标志着炀帝失"信"于朝野。他的机要秘书伴随他直至末日来临，并同死于行刑人之手。③

炀帝的施政作风需要一个主要的谋士，他发现裴蕴是合适的人选。裴蕴是南梁官员之孙，其父为南陈官员，被隋所俘而为文帝效劳。裴蕴因父在北方，就秘密请求文帝让他在陈朝充当隋朝的内应；陈亡后，他受赏历任要职。炀帝在一系列任命中对他进行考验，最后让他进入核心集团。裴蕴为人极为残忍。随着他权力的扩大，他担任御史大夫，并且日益侵犯司法权。613 年，当杨素之子杨玄感叛变

① 《隋书》卷 67，第 1572 页。《隋书》卷 41，第 1188 页，证实了核心集团的构成。
② 《资治通鉴》卷 181，第 5624 页。
③ 《隋书》卷 67，第 1572—1573 页。

时，叛乱很快被镇压，但炀帝的信心却大为动摇。因此他下命搜索所有有任何牵连的人，裴蕴均无情地一一追捕。《隋书》记载，数万人被杀，财产全被充公。据说他纵容杀害年迈的薛道衡；当核心成员中的老资格成员苏威试图委婉地告诉炀帝关于帝国中叛乱的范围时，裴蕴即策划把这位受尊敬的政治家罢了官。

宇文述是非汉族的北方人。他在北周时建有军功，并协助文帝巩固政权。他率大军 3 万征陈，经历了艰苦的战斗，并取得辉煌的战绩。在战斗中，他遇到当时的晋王杨广，杨广对这个军人深为赏识，因为他的背景与杨广本人很相似，经杨广的请求，宇文述在江都王府附近任职，后来杨广又让他参与让自己即位的阴谋。当阴谋得逞，宇文述得到厚赏，杨广登帝位时他又得到厚赐。608 年宇文述将吐谷浑赶出他们世代居住的故土，俘获其首领和男女约 4000 人，使之沦为奴隶。从 609 年起，他与上述数人就成了隋帝核心集团的成员。据记载，宇文述无耻地滥用其职权，其贪婪的欲望是无止境的，他是朝廷中令人望而生畏的人。凡听到有稀世之珍，无不据为己有。与中国历史中常见的情况一样，他的贪婪伴随着赤裸裸的阿谀奉承，只要看一眼主公的脸色，他就知道他需要什么建议（对君主或帝国来说可能不是最佳的建议），然后提出。这一情况的可信程度可以讨论。但宇文述接受了几个艰巨的任务。他第一次率军远征高丽惨败后，一度被削职为民。但一年后当他赴西北时，又奉命征剿最早的叛乱者杨玄感。他击溃了杨玄感的军队，并把杨的首级呈献炀帝。在 616 年后期，炀帝采纳宇文述的建议退居南都时，宇文述得病死去。在此之前，他曾请求炀帝宽恕当时被软禁在家的他的两个儿子。其中一子不久就率一股人马杀害了炀帝。宇文述是一个彻头彻尾的军人，也许与其说是一个主要的战略家（裴矩就起这一作用），不如说是一个勇猛残忍的战将。这类人在官僚修史者写的传记中常常受到不应有的否定。

苏威被人们认为是文帝的智囊团成员。在炀帝时，我们发现他有时得宠，有时受到严厉的责难；他为人狡诈，有野心和贪污行为，执行过一系列艰巨的民事和军事任务，但他的权势可能远不及核心集团的其他成员。他的一生是有代表性的：为文帝和炀帝效劳，在弑炀帝的人手下任职，后来又协助其他的政权争夺者。他在 87 岁时死于其长安的宅第。

裴矩为核心集团中最关心外事和蕃夷事务的成员，已有学者对他进行详细的研究。① 透过模糊的史料我们可以说，他似乎是一个比较正直的官员，老谋深算似不如杨素或裴蕴，冷酷自私似不如虞世基。他是今之山西省人，在北齐长大；北周灭齐，当未来的隋文帝前来接管一个州时两个人相遇。隋建国后，直至隋文帝派他南下解广州之围时为止，裴矩担任了一系列的次要职务，广州当时正处于土著叛乱者的压力之下；他远征告捷，杀了叛乱的首领，并以传统的方式将"二十余州"的土著置于他们自己首长的管辖之下。当他北返时，他得到赏赐和擢升。从此他主要关心突厥，并普遍关心北部和西部的边境。他奉命计划和执行遏制突厥人的军事和外交活动，似乎干得很有成效。在文帝末年，他受赏担任了重要的文职。

炀帝即位，裴矩立刻成了他在边境问题和国外民族方面的主要顾问。在履行职责时，裴矩前往今甘肃省的边境贸易站，在那里收集关于亚洲腹地的情报。他是一个不知疲倦的地理学家和人种学家；他向主公呈献《西域图记》，书中描述了中国西面约 40 个"国家"的特点，同时概略地叙述了通往"西洋"的主要贸易路线。《图记》附有详图。他的政策性建议是使用和平方式——主要是中国的财富和威望——以尽量争取这些民族或尽量影响它们的代表人物。但裴矩也力促炀帝远出建立边戍哨所和贸易集镇，迫使某些民族集团臣服。例如在 608 年，宇文述武力夺取了河西走廊南面的吐谷浑领地，把它分成若干中国行政单位，把因犯"轻罪"而判处流放的中国人迁到这里定居。究竟裴矩是这些对外冒险事业的主要推动者，还是炀帝未经他的建议就进行这些活动，这仍是问题。《资治通鉴》编者的一段特别显眼的文字说，炀帝在 607 年听了裴矩之言后一时冲动，竟梦想仿效秦始皇和汉武帝的丰功伟业征服整个中亚。为了在隋朝京都与亚洲腹地

---

① 弗里茨·耶格尔：《裴矩的一生及其著作》，载《东亚杂志》，9（1920—1922 年），第 81—115、216—231 页。

之间迎送使节，隋极力榨取当地的民众，司马光作了结论性的指责："卒令中国疲弊以至于亡，皆矩之倡导也。"[1] 所以它之荒诞不经似乎是毫无疑问的。我们将在本章的最后一节再叙述裴矩的事迹。

以上概略的介绍虽然简短，仍足以说明炀帝核心顾问集团中每个人的特点。这些人使他能按他自己的作风来处理政务，他们几乎都伴随他无休止地在全国来回巡行。应该注意的是，除了裴矩（可能还有苏威）外，他们都是处理实际事务的官员，而不是起任何"劝谏"作用的政策顾问，但儒生认为在国家大事中平衡帝王和官僚权力时，"劝谏"作用是必不可少的。这一可能真正导致国家灭亡的结构，肯定使以后的（全是儒家的）史学家对炀帝苛加指责。

炀帝在位时的问题

在转到炀帝在位时的问题和政策前，我们可以先考察要论述的这段时期，即从他605年登位至617年被贬黜的时期，是否可以作一定的划分。人们有理由认为存在这样一个转折期，它应在609年前后。司马光称这一年为"隋世之盛，极于此矣"，他指出了有条理的和稳定的行政单位——190个州和1225个县；指出了帝国广袤的版图，估计东西达3100英里，南北达4938英里（按每里相当于三分之一英里计）；最重要的是，他指出了它众多的人口——将近900万个登记户，或约5000万人。[2]

但人们还有理由认为，这一年前后标志着炀帝执政的政治基调发生了变化。在609年以前，炀帝似乎全力采取以下几项措施：进一步巩固从其父亲继承下来的帝国，促进帝国繁荣富强；获得其臣民的拥戴。609年以后，他全力贯注于对外扩张，对高丽的征服简直发展到

---

[1] 《资治通鉴》卷180，第5635页。

[2] 《资治通鉴》卷181，第5645页。关于人口数字的解释已有大量讨论。见毕汉斯《公元2至742年中国的人口普查》，载《远东古文物博物馆》，19（1947年），第160—161页；浦立本：《隋唐时期的人口登记》，载《东方经济和社会史杂志》，4（1961年），第289—301页。

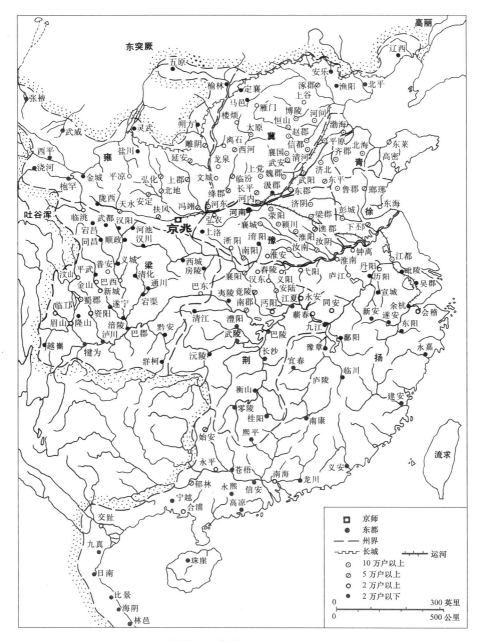

地图1　隋代中国（609年）

着迷的程度，对国内问题则相对地放松，同时日益依赖他的核心顾问集团。以下是对几个措施的简单的考察，它们也许能反映他执政前期的状态。

他执政最初几年的行动是一个新统治者典型的和预料得到的行为：封其妻为皇后；指定皇太子；全国大赦；选择典礼用的颜色和服装，等等。但另外一些早期措施却远不是典型的。他对在与汉王杨谅进行的短暂而激烈的战争中被杀的人的家庭，均免税10年。他下令撤销原来存在于许多州的总管之职。他宣布要亲自大张旗鼓地恢复传统的儒学（详情见下文）。他下令制定远不如文帝的法典严厉的新律，在制定过程中他命令暂停执行"十恶之条"。命令重订新律的夸张的言辞可以反映出他思想感情中的某些内容，即他开始认为自己是一个至高无上的专制君主，一个明智的统治者，一个天下的主宰。"朕虚己为政，思遵旧典，推心待物，每从宽政……一眚掩德，非所谓也。"①

他在位的第二年，在东都的南中门宣布全国大赦和免税。这一年稍晚些时候，他颁布规定：凡未通过科举考试取得官品的官员，必须有突出的才能方可被荐举擢升。同年，他继续建造他父亲已经开始建造的粮仓，一些大的设施也在洛阳附近竣工。年末，他颁布诏书，向值得后代尊敬的过去的统治者表示敬意，同时哀叹他们陵墓的破落状态；他拨给每个陵墓劳役，由附近的10户承担，负责修理和保护。这一年裴蕴又在南北朝时期的几种音乐传统中大规模收集乐曲、乐器和乐师。这些传统留存于曾得到几个国家支持的世家之中；裴蕴淘汰一些无能之辈，精选了最佳的演奏者，并授予他们太常寺的等级和职位。炀帝非常高兴，这当然是因为音乐不但令人愉快，而且他作为天子在履行保持天下和谐统一的职责时，音乐又起着作用。音乐在最古的典籍中就已被提到，在汉代被列入帝王祭祀的山川神祇之中。608年阴历八月，炀帝从太原北上北岳恒山，在那里，他在黄河以北诸州刺史和裴矩召集的十来个中亚王国代表的面前举行了隆重的祭祀以祈求帝国的富强——这种祭祀的传统可追溯到神话中的圣人帝舜。祭祀

---

① 《隋书》卷25，第717页；白乐日：《〈隋书〉中的刑法志》，第91页。

后他宣布大赦，返京途中又下令巡行所经之地免税一年。

史料对他早期这几年喜爱奢侈豪华和大肆炫耀的行为作了大量叙述。我倾向于认为这些都言过其实，但关于他对 3 个年长资深的批评者采取的粗暴行动并在 607 年将他们杀害之事，我认为并无夸大；而这一年正是颁布刑罚较轻的新律之时。这些严酷的措施预示着以后几年不幸地加剧的暴虐行动方式的来临。即使我们姑且假定处决先皇的 3 个主要政治家的指控有一定的根据，609 年年迈的薛道衡因含蓄地批评时局而被蓄意判处死罪之事，也肯定使炀帝的执政由此进入了更黑暗的第二阶段。

儒学和学校的恢复

文帝晚年，对培养可能成为政府官员的年轻人的官办学校很失望。601 年阴历六月在他生日之时（那天他仿效阿育王宣布在全国举行佛教盛典），他颁布诏书，大量减少儒家学校（见前文）。在回顾他对这类学校寄予厚望及儒学在培养道德和实际才能时的价值时，他抱怨京师和地方学生过多而且懒散，既不能发展成为道德的典范，也不能成为潜在的官吏。因此他撤销了州县的学校，京师的三个学舍只保持其中之一，并削减国家支持的学者，人数从 1000 减至 70。文帝在其晚年对所有儒学项目的支持也减少了。

炀帝即位时，他作为一个文人已略有名声，在扬州期间已是儒家学者的庇护人。他为人精明，当然认识到作为尊老敬上这一民众道德基础和作为帝国秩序所派生的一切象征性表现的纽带的儒家传统的价值；这些象征性的表现包括季节性的祭典、向祖先和神祇的祝福和祈祷及天子向苍天祈求天下和谐的一切礼仪。他在位第一年，就在一份夸夸其谈的诏书中表示要扭转他父亲的政策，它在开头写道："君民建国，教学为先，移风易俗，必自兹始。"然后他回顾了南北朝时期学术传统中断的情况，并与他统治的和平、繁荣和统一的时期进行对比。他又命令专使在全国搜罗有学有才之士，挑选合适的人才任职，由国家津贴学有专长之人，"即当随其器能，擢以不次"。最后他命令恢复京师学堂的讲学（其他的地方学校我们知道也已恢复）。"教习生徒，具为课试之法，以尽砥砺之道。"① 同年早些时候，奉命视察各州的专使除了其他任务外，还要发现有模范行为、文才出众和学有专长的人，经过考察，再把他们送往京师。据《隋书》记载，结果远近儒生纷纷前来，并被组织起来互相辩论学术问题。一名高级官员给他们排列名次，上报隋帝。因此许多寒士得以重振门庭；典籍研究盛极一时，南北的传统兼容并包。古代的典籍都被注疏。但《隋书》继续说，这一复兴为时甚短，重点很快转向四夷的外事和武功方面。② 《资治通鉴》对炀帝有利的记载甚少，但其中一段说他在执政晚期增设宫内秘书省官员 120 名，由学者任职。这又引出了关于炀帝搞学术活动的一段追述性的记载。司马光说他成年后好读书和著述。他命 100 名学者在其江都的王府搞编纂工作，在他执政期间这方面的兴趣一直没有衰减。大兴城和洛阳建有大藏书殿，而最终的成果则是规模宏大的秘书省，在洛阳藏有珍本，藏书总数达 37 万余卷。为了让两京的宫、省、官府使用，他下令建造藏有节录本的观文殿。③

炀帝常关心帝国儒教的礼仪，这些隆重的典礼使至高无上的权力引人注目。学者们是关于这些典礼的公认的权威。例如，他们为皇帝选定吉日进行祭祀；在命令寻找并列出至圣孔子的后裔的同时，608 年授予孔子新的尊号；定出恒山祭祀及其他许多典礼的正当礼仪。在首次远征高丽的前夕，炀帝在今北京附近的大本营按传统举行了出征前皇帝主持的三次古代的祭祀。

炀帝的记载在儒家礼仪、学术和教育方面都远比具有特点的文帝统治时代更能引起人们的兴趣。也许这不足为怪，因为早有人注意到，儒生在武力夺取政权时毫无用处，但在帮助统治者保持江山时却起了理想的作用。炀帝时代的儒生在一定程度上一度起了这种作用，但从 612 年开始，暴力事件将把他们从所从事的工作和职位中赶走，以致他们又要再次等待改朝换代的时期。

---

① 《隋书》卷 8，第 64—65 页。
② 《隋书》卷 75，第 1707 页。
③ 《资治通鉴》卷 182，第 5694 页。

建立洛阳新都

.文帝死后一月，曾得到父亲宠爱而在东部平原养精蓄锐的文帝幼子汉王杨谅发动了叛乱，被令人生畏的杨素所镇压。同年末，炀帝宣布在控制东部平原的洛阳建设东都。次年（605 年）早期，他任命宇文恺与杨素和杨士达（炀帝的堂兄弟）重建该城。劳工是从东部平原的百姓征募的，工程进展很快。当竣工时，炀帝将原来州治的居民及"数万"户富商和商人迁入以充实重建的城市。607 年，他命河南诸州输送工匠家庭至洛阳居住，这样，可利用的技工定额人数就翻了一番。他专设 12 个坊来容纳他们。

炀帝因在重建新都时大肆挥霍而受到道德论者的谴责，但如果看到他自己对此举的论点和地缘政治学的合理性，人们就会发现充足的理由。在两份命令建设新都的诏书中，他提到在这一地点建都的著名的先例：周公约在公元前 1100 年在那里建东都；汉高祖盛赞这一地址。他还提到那里也是东周和东汉的国都，汉之主要继承国在 312 年该城沦于"异族"之手前也建都于此地。494 年汉化的北魏帝也选此城为新都。他提到周在东方建立第二个根据地的必要性，因为从那里可以控制被征服的商（约公元前 1100 年）；他举近期他兄弟汉王叛乱之例来证明同样的需要；关中区作为基地过于偏僻，难以由此遏制东部的反抗者。此外，洛阳是水陆运输的自然中心及储藏和转运贡粮的要地。这些因素也促使唐朝在将近 300 年期间以洛阳为东都。

我们对第二个隋都的详情知道得很少。根据新发掘出来的外城，隋唐时期的洛阳的大小约为西京的一半。它内部同样分为三个有城墙的建筑群：北面的皇城；在它南面的行政区；城的其余部分形成分为若干坊的不规则的 U 字形，洛水在东流至与黄河汇合处的半途经过其南城墙。此城总的轮廓与其前身——在洛阳的北魏国都——相似。它不像西京大兴城那样被重新建造。只是在隋帝想带他的贴身随从临时在那里居住时，它才似乎成了"国都"；这里没有明代两京制特有的重复设置高级官僚机构的任何迹象。但它在战略上和经济上是一个重要城市。对东部平原中这一被神话和历史蒙上神圣色彩之地的精英来说，它更是帝王权威的重要象征。

全帝国交通体系的完成

虽然炀帝因在建城和建宫时穷奢极侈而受到严厉的指责，但他开凿运河的工程是最受儒家史学家痛恨和批判的目标。许多世纪以来，传奇小说的作者从有偏见的历史著作中取材，而且层层地加以夸大。我们在阅读时必须设法透过这些夸大之词，参照炀帝采取的经济和政治策略，以更严肃的措辞和文字来描写运河开凿的规模。

命令开凿一条运河的诏书是在炀帝执政的第一年（605 年）颁布的。运河名通济渠，它使洛阳与淮河畔的泗州相连，并与从淮阴往南通向扬州边上的长江的古渠道连接起来。这条漫长河渠的各段几乎都沿着以前各河渠的流向；应该注意的是，这条河渠和该系统其余部分的开凿是在平坦的冲积平原上进行的。工程无疑需要进行大量的疏浚工作和新的建设，如果这些河渠如史料记载，确实傍靠绿树成阴的帝国驿道，那就需要征募大批劳力。《隋书》记载，为了开掘此河渠北部较长的一段，炀帝动员了百万以上的劳工，同年稍晚，他为从淮河至长江的一段又征募 10 万以上的劳工。如果这些数字不是按任何一段时间做工的人数计算，而是按每人 20 天服役期的总数计算，那么它们比较可信。[①] 还有往南延伸的一段。610 年，炀帝命令开凿从扬州对面的长江往南至杭州湾顶端的运河。它约长 270 英里。但许多段也是沿着现有河流或以前河渠的河道建造的。

但在所有的河渠中，最长的为永济渠，它的起点也离洛水与黄河的汇合处不远，流向东北。发源于山西的沁水被引至此渠，而沿途则从其他河流补充水量，一般是黄河的支流。它的尽头就在以后的大运河的终点处，即今北京的附近。工程开始于 608 年，当时"百余万"人被动员进行这一工程。《资治通鉴》中有"男丁不供，始役妇人"

---

① 杨联陞：《中华帝国公共工程的经济特征》，收于其汇编《中国学概览》（1969 年），第 203—204 页。

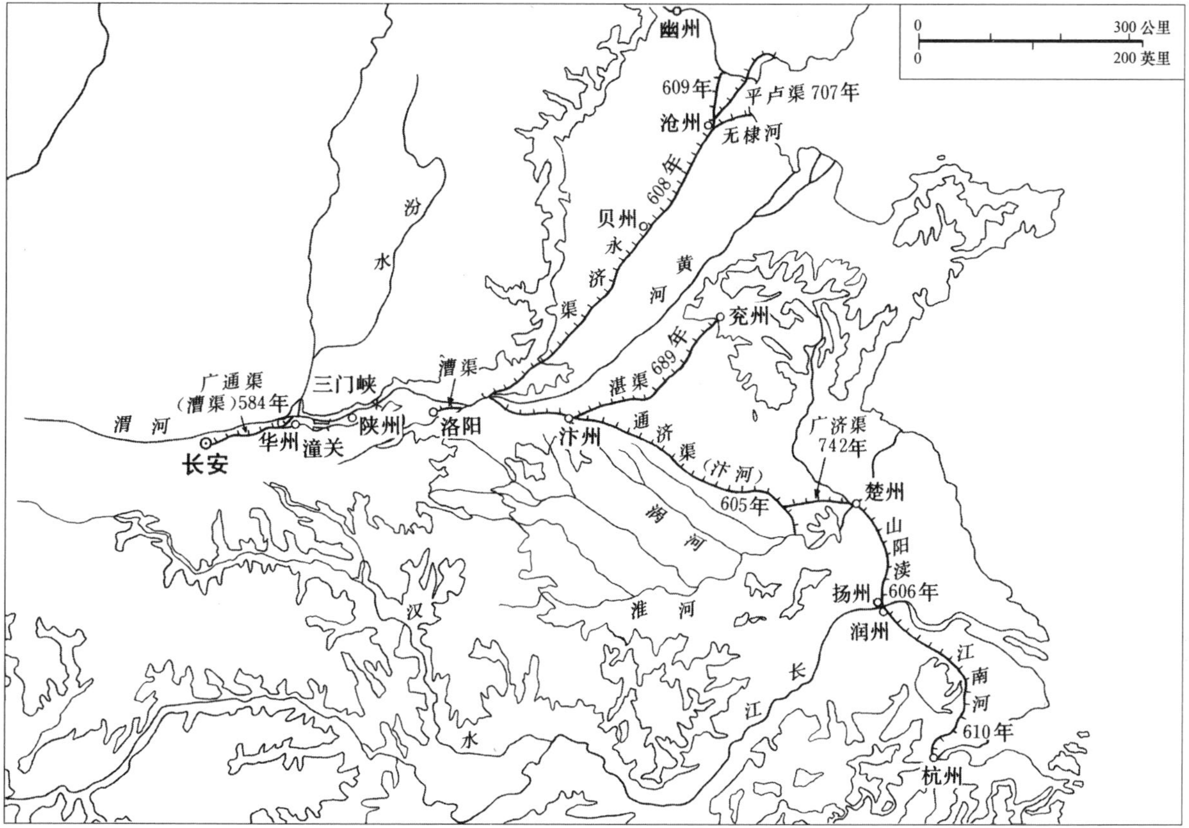

地图 2 隋唐时期的运河体系（剑桥，1970 年），第 182—189 页。

详情请参阅崔瑞德《唐代的财政管理》（剑桥，1970 年），第 182—189 页。

121

的记载。[①] 此河渠的南段也是沿古运河的路线开凿的。

如果人们看过中国的地形图和对定居的农业已有所了解，就可以清楚地看出这些运河，再加上自然的水道，保证了隋能获取所有最富饶地区的资源（只有四川除外，但它与京都有一条相当完善的驿道相连）。我们现在没有关于隋代船运的税、粮和布的数字，但大粮仓储粮充足，有几个粮仓成了隋末夺权斗争的重要战利品。唐代的繁荣在很大程度上可以归因于它继承和改善了这一运河体系。通往东北的永济渠之开凿，不但是为了运来河北的税收，而且部分地出于重要的战略目的，即在需要军队防御北方和东北部区域时供应兵员。此渠还有政治用途。如上所述，中国经过长期的分裂后，此时才靠武力被重新统一。新君主在全帝国炫耀其财富和威严的能力是重要的有利条件；当然，把军队和供应以船运至有潜在反抗危险的地区的能力则更重要。长江南面的中国东南部已处于移民定居的过程中；运河系统延伸至杭州，举例来说，就大大促进了杭州的发展，使它从一个边境前哨地一跃而为繁荣的商业城市。[②]

如果运河系统的这些具体优越性给我们以深刻的印象，中国的历史著作却没有反映这些观点。《隋书·食货志》描写了开凿通济渠的605年炀帝从洛阳巡行至扬州的情景：

> 又造龙舟凤艒，黄龙赤舰，楼船篾舫。募诸水工，谓之殿脚，衣锦行滕，执青丝缆挽船，以幸江都。帝御龙舟，文武官五品以上给楼船，九品以上给黄篾舫，舳舻相接，二百余里。所经州县，并令供顿。献食丰办者，加官爵，阙乏者，谴至死。

该书在文后列了向全国征用物品的清单，接着便是一段非常夸张的叙述：

> 征发仓卒，朝命夕办，百姓求捕，网罟遍野，水陆禽兽殆

---

① 《资治通鉴》卷181，第5636页。
② 马伯乐：《浙江考古队的简要报告》，载《法兰西远东学院学报》，14（1914年），第5页。

尽，犹不能给，而买于豪富蓄积之家，其价腾涌。是岁，翟雉尾一，直十缣。[1]

对上述文字和当时的一些史学家及近代史学家看到的运河系统的具体优越性之间的矛盾，我们又做何解释呢？撰实录和修史的儒家官员一般不赞成中央权力过度扩大和统治的君主无节制地使用这种权力；他们的重农经济观看不到经济发展的好处；他们的政见和他们的历史记载强调对外军事冒险的劳民伤财和害处。历来皇帝既是所有官员必不可少的盟友，又是自然的对手（不论多么隐蔽）。就不得善终的炀帝而言，这种潜在的敌意就表现在以上所引的文字中。

中国势力的继续扩张

由于隋代两个皇帝的对外政策的连续性没有突然中断，所以我在前面已对隋朝与几个国外民族的关系作了总的叙述。我论述了对占婆的入侵，它实际上始于文帝而终于炀帝；论述了对付东突厥人的成就，但他们在炀帝时依然是一个问题。另一方面，向西的扩张（包括征服吐谷浑和把他们赶出世代居住的放牧领地）、对东中国海的远征和与日本的建交则是炀帝时代历史的部分内容。虽然文帝在598年对高丽进行了短期的灾难性的水陆远征，但他满足于高丽统治者的形式上的臣服，拒绝再作进一步的干预。炀帝直到他最后毁灭，一直对该地区怀有更大的野心，这将在后面进行叙述。通常中国历史中的评价是：文帝在处理对外关系时谨慎明智，而炀帝则任性放纵。但在他们执政时期，边境有两种战争：一种是要确保东亚新帝国在地缘政治上的支配地位；一种则出于掠夺的欲望或个人的猎奇心理。汉的中央政治和文化秩序优于所有国家，这不但证明它理应防御，而且也证明它有理由使弱小民族受它的支配，根据这一古老的传统，前一种战争是师出有名的。后一种战争规模和代价较小，同样是一种可追溯到秦始皇的古老传统，表现为帝国专制君主纵情于猎奇和对异国珍奇的爱

---

[1] 《隋书》卷24，第686—687页；白乐日：《〈隋书〉中的食货志》，第54—55页。

好，不惜让国家派兵出征。现在让我们探讨这两种对外干预的行动。

流求

关于名为流求的岛屿的确切地点已有很多争论。日本学者普遍认为此名称指的是台湾；赫格瑙尔和几个中国学者持另一种观点，认为在隋代它是从菲律宾远至日本的东中国海中所有岛屿的笼统名称。610年，当炀帝最初派军"平定"流求未遂时，他就指定将领在今浙江地区征募一支新的攻击部队。结果隋军遇到顽强的抵抗。史籍记载两种远征结果：（1）通常的凯旋之说。中国军队得胜，打败并处决了流求王，中国将领俘获大量奴隶回国，奖赏和提升得胜的将领；（2）战败之说。抓获战俘后，随之而来的是中国兵力过于扩散，入侵兵将因染病而死者十之八九。不管人们采纳何种说法，史籍一般都未说隋准备在东中国海诸岛上郑重地或长期地建立政权。

日本

日本的情况则迥然不同。自汉以来，它一直接受中国的文化影响，文化影响大部分通过朝鲜传入，它在那里有相当的影响。在南北朝时期，日本诸藩至少名义上向北方的主要王朝纳贡。当他们知道中国重新统一时，日本人当然注意了解大陆新秩序的详情。开皇时期（581—600年），日本可能已派使节至中国，但第一个正式使节在607年到达。使者称炀帝为"海西菩萨天子重兴佛法"，并说他带一批佛僧前来学佛法。他然后递呈其君主的一封信，信的开头是"日出处天子致书日没处天子无恙"。炀帝对这种无意的冒犯深为不快，于是吩咐"蛮夷书有无礼者，勿复以闻"。尽管出现这种失礼，中国人仍在次年派了一个级别相当低的使节去日本，他带回前所未有的关于日本的完整和准确的报道。使者显然顺利地离开，这时所发展起来的关系对于日本的文化史是有非常重要的影响的。[1]

吐谷浑

在东突厥帝国全盛时期，吐谷浑早已是突厥人的附庸。他们在青

---

① 《隋书》卷81，第1825—1828页；R. 角田、I.C. 古德里奇：《中国断代史中的日本》（帕萨迪纳，1951年），第28—36页。

海湖周围有牧地，其地位于通往玉门关沿线一些卫戍市镇之南，几个世纪以来，他们对这些市镇进行袭扰。608 年，他们受铁勒部的攻击，其可汗派一使者要求臣服于中国并得到援助。炀帝派凶悍的宇文述率军前往"欢迎"。吐谷浑一见这支欢迎的军队就四方溃逃。中国人发动进攻，取首级数千，俘获其首领，并使男女约 4000 人沦为奴隶。据《资治通鉴》记载，"其故地皆空，东西四千里，南北二千里皆为隋有。置州、县镇戍，天下轻罪徙居之"。[①] 这次"征服"与其他的征服一样，没有维持到隋的灭亡，这样，吐谷浑就必须由后来的唐王朝再去对付了。

突厥

前面已经叙述东西突厥人的帝国分裂成两个独立和经常火并的帝国的情况，这对隋朝来说是一件幸运的事。

在炀帝全盛时期，西突厥人对他似乎是一个次要问题，一个以少量代价即能为中原帝国所用的累赘。他们当时所占的领土紧靠中国西部，但他们祖先的辽阔帝国已不复存在。他们的可汗处罗的母亲本是中国人，她留在隋都充当人质和中国与西突厥人之间的调解人。610年当处罗表现出独立的愿望时，隋帝采纳裴矩的意见另立一对立的可汗射匮，后者成功地把处罗及其骑兵赶出其领地。处罗的中国母亲被派往他在西面的避难地，说服他来到隋都，在那里他受到隋帝矫揉造作的隆重接待。他带着一批随从在 612 年前留在隋都，可能被作为备用的潜在的对立可汗，用以对付东突厥人或向力量日增的射匮挑战。处罗与其骑兵随炀帝对高丽进行第一次远征，因战功而受到厚赐。炀帝希望在处罗故地重立他为可汗，但因隋亡而没有实现。

但占有大致相当于近代蒙古草原领土的东突厥帝国却对中国北方边境的中部构成了威胁。如前所述，隋很早就开始修建和扩建长城；炀帝在 607 年建造或重建了一段漫长的呈 L 形的长城。其较长的一段与黄河南北向的河道平行，蜿蜒于今山西和陕西省之间；较短的一段大致沿山西北部边界由西向东，与原来早就存在的长城相接。但要

---

① 《资治通鉴》卷181，第 5641 页。

遏制突厥人，仅靠城墙是不够的，所以炀帝不时采用一种或几种中国的传统策略：让突厥可汗的子侄住在隋都受"教育"；让部落在中国领土上定居；和亲政策；封赠和废黜可汗称号；朝贡和中国回赠礼物；定期在指定地点进行以物易物贸易（一般以中国的丝绸换突厥的马匹）；各种政治阴谋。炀帝依靠的边境政策专家为裴矩，他利用他在极西城镇张掖（甘州）和敦煌的任命，为其主公收集情报并成功地在部落间施展阴谋，收买或威胁它们使之成为中国的臣民。607—608年炀帝在西北和西部边境的巡行有助于说明隋朝与边境民族关系的复杂性和裴矩的作用。

607年初期，当隋炀帝开始首次西北的巡行时，他先派裴矩前往敦煌。炀帝来到长城西北段之内的榆林。他在那里的豪华的行宫接受启民可汗（前已被裴矩争取到中国一边）和义城公主的朝见。可汗向隋帝呈献马3000匹，隋帝回赠丝绸13000段。与这次高级的物物交换同时进行的是礼节性的互访（隋帝幸启民的大帐），互赠礼物和互相致意。608年，炀帝准备极西之行，裴矩作了周密的准备。隋帝的这次巡行是成功的。在陕西某地，他接见了高昌王（他长期在突厥的影响之下）、伊吾吐屯设和西胡27国的代表。据裴矩的传记，这些臣服的民族"皆令佩金玉，被金罽，焚香奏乐，歌儛喧噪。复令武威、张掖士女盛饰纵观，骑乘填咽，周亘数十里，以示中国之盛"。[1] 裴矩当然是炫耀中国富饶的种种表演的舞台监督。据记载，这些愚昧的牧民为之嗟叹，隋帝大悦。

在这些措施背后，隐藏着隋的现实政治的具体目标之一。这就是进一步削弱突厥人，不让他们与其东西的其他部落集团结盟，在可能时，还把他们用作打击隋朝其他潜在敌人的力量。例如当605年契丹侵入中国后，隋帝派一中国将领率一支两万名东突厥骑兵的部队迎战。契丹人大败，其妇女和牲畜被分赏给突厥人。608年，突厥人准备参加中国人对伊吾的中亚绿洲的进攻，该地一度是汉代卫戍集镇，位于穿过亚洲腹地的北路上。这一次，突厥的盟军显然没有露面，但隋军占

---

[1] 《隋书》卷67，第1580页；耶格尔：《裴矩的一生及其著作》，第97页。

领该地，建立新的要塞，然后留军驻守。这次远征并无惊人的理由，而是为了使亚洲腹地各族在与中国人贸易时免除长途跋涉之劳。

607 年，隋帝幸启民可汗之都，可汗因高丽国来了使者而陷于严重的困境，于是尽力设法使使者朝见来访的隋帝。像潜在敌人之间秘密来往的这类证据总是会使中国人惊慌不安的。裴矩建议其主公命令高丽使者：回国后告诉高丽王立刻亲自来隋廷致敬；如果不来，中国人将率领一支突厥军去严惩他的可鄙的国家。牛弘立即奉命明确告诉使者。使者将此讯息带回本国，高丽王拒绝作出表示臣服的应有的姿态。中国的权威受到蔑视，隋朝迟早必定要使用大军去讨伐这一犯上之徒。

裴矩向其主公提出的建议只能有两种解释。其一是他认为高丽会很快屈服，因而要让这个完全开化的地区恢复其相应的朝贡国的地位。另一种解释则是他预计会遭到抵抗，但抵抗会很快被雇佣的突厥军粉碎，然后高丽可以成为帝国的组成部分。他注意到汉代曾经征服过这一地区，并把它划分为三个郡。他提醒炀帝，文帝曾试图征服高丽未遂，因为战地统帅无能。他指出高丽是"开化"的，因此容易并入中华帝国，但此时他们竟派使者去向微不足道的游牧的启民可汗大献殷勤！他虽然有广泛的经验，却没有对东北地区最直接的认识知识，所以没有说胜利是不可能轻易取得的。裴矩为人机敏，深受公认的价值观念的熏陶，熟悉对立和冲突地区的情况，但他对他许诺会轻易取得胜利的那个地区却完全不了解。

他的计划中出问题的第一件事是未能实现使用东突厥雇佣军的打算。609 年，听话的启民可汗来洛阳晋见时死在那里。其子始毕继承他被封为汗，同时获得大量礼物并与一个中国公主结婚。但始毕远比其父精明。当裴矩开始施展惯用的手法，又把始毕之弟树立为一敌对的可汗以削弱突厥人时，始毕就转而与隋为敌，立刻停止晋见隋廷。这样，对高丽的讨伐就得由中国人独自承担了，同时，中国人的北方和西北边境安全的不稳定性正在增长。

高丽

在 7 世纪初期，高丽国占有今辽河东部的满洲和朝鲜半岛的北部，其国都就在现在的平壤。朝鲜半岛的大部分分成西南的百济和东南的新罗。北方的王国曾向北魏及后来的北周、北齐纳贡。但为了对高丽侵袭辽河以西地区进行报复，隋文帝在598年发动了最后遭到失败的水陆进攻。高丽此时在军事上是强大的，但它对中国的潜在威胁更因其他因素（除了与东突厥人结盟这一因素之外）而成倍增长和更加复杂化了。高丽以北是一个称为靺鞨的好战的通古斯部落联合体，它参加了高丽渡过辽河的侵犯。辽河的下流为契丹，它在605年曾入侵河北，但如前所述，被中国人指挥的东突厥军所击败。但契丹单独地或与它的不受约束的邻邦结盟后，依然是一个威胁。此外，已有学者提出一种假设，远处西京的隋廷担心高丽在河北地区可能产生强大的军事影响，因为从北齐时期起那里的分裂情绪远没有消失。①

炀帝的意图可能是等漫长的永济渠——连接中国心脏地区与北京的大运河的主渠——竣工后才"讨伐"高丽。不管是否属实，永济渠于609年竣工。610年，以富户为对象的战争特税开征，军事准备工作迅速进行，有庞大的后勤支援的大军（《隋书》说这是历史上最大的一支）集结在今北京地区的涿郡。黄河平原的一次水灾淹没了40个州，打乱了计划，并引起征募人员的逃亡。但在612年正月，隋帝及其将军和一支庞大军队准备从陆路进攻，而水军则从海上进攻。隋帝举行了应有的祭祀（前文已予描述），并为此颁发了冠冕堂皇的诏书。在诏书中，炀帝适当地以古代的圣贤统治者和伟大的帝王为比喻，坚持隋朝具有美德、支配天下的力量和丰功伟绩。他严厉指责高丽王拒绝臣服，为人奸诈，勾结契丹、靺鞨侵犯隋的领土，等等。②裴矩作为战略顾问，随他征讨，杰出的工程专家宇文恺在辽河架了桥，大军向前推进。所订的计划是迅速直逼高丽国都，但沿辽河东岸诸城顽强抵抗，直到夏末大雨使军事行动不可能再继续进行。炀帝在8月末撤军返回洛阳，据说损失惨重。回都后惩办了几个战败的将

---

① 约翰·贾米森：《三国史记和统一战争》，加利福尼亚大学未发表博士论文，1969年，第20—32页；浦立本：《安禄山之乱的背景》，第77页。
② 《隋书》卷4，第79—81页。

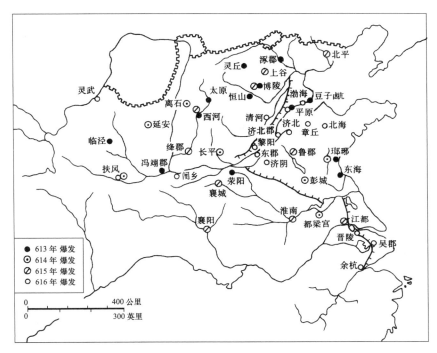

地图 3　隋末的叛乱（613—616 年）

领，并加强了他的统治。

　　613 年正月，他宣布第二次动员，并在夏初北行，打算第二次远征高丽。宾板桥注意到了这一年早期国内叛乱次数增加这一不祥之兆；其中七次主要集中在 611 年黄泛受灾区。[①] 炀帝又渡辽河，但在战斗中，传来当时的礼部尚书并在永济渠南端负责一供应中心的杨玄感（杨素之子）叛变的消息。杨玄感的叛变是重要政治人物中最早的背叛，而且它发生在离洛阳不远的帝国心脏附近。炀帝派最优秀的将领宇文述从东北战场返回镇压叛乱。随之引起了一场短暂但激烈的内战，杨玄感的军队战败，他的首级送给在战地的炀帝，由他验明；但社会结构、税制、府兵制和供应制被严重破坏。而炀帝竟宣布在 614

---

① 　宾板桥：《唐朝的建立：隋之灭亡和唐之兴起》（巴尔的摩，1941 年），第 43 页。

年作第三次远征，但从这次叛乱和下半年爆发的八次分布得很广泛的叛乱来看，实在令人惊异。宣布前他召臣僚进呈意见，但据《隋书》记载，竟"数日无敢言者"。[①] 于是他在阴历二月又颁布诏书，但这一次却带有自我辩解的语气。他说他一贯全心全意履行帝王的职责和致力于武功；他引了（虚构的）商朝成汤52战的前例，此外又补充了东汉光武帝的武功。他说他痛恨战争，对以前几次战役牺牲的生命表示悲痛，命令收集和安葬战死兵将的遗骸，并建立道场，"恩加泉泽，庶弭穷魂之冤"。[②] 准备工作开始进行，尽管物资和马匹不足，许多应征士兵没有报到，隋军又渡过了辽河。沿河据点再次固守，但隋军渗入了平壤的城郊。614年较晚时期，高丽王在严重的困境中派使者要求投降，使者随带一名投靠高丽的隋将。隋的先锋要攻取平壤和俘获高丽王，但被炀帝召回。炀帝再次命令高丽王到隋廷表示敬意。但高丽王没有前来。炀帝又命令准备第四次远征，但此时国内叛乱不断爆发，对外的冒险行动不得不到此结束。

促使炀帝再三进行这几次劳民伤财的毁灭性远征的动机是：他的帝国威严和帝国地处宇宙中心的观念；他想恢复汉代光辉业绩的迫切愿望；他自认为对所有敢于抗拒中国移风易俗的仁爱影响的人必能取得伟大胜利的想像；他对裴矩和其他军人言之成理地提出的现实政治的考虑。他在反复发生的灾难面前坚持讨伐的原因似乎是清楚的。但失败的原因长期以来是一个探讨的问题。近来，约翰·贾米森总结了他本人、陈寅恪及其他学者的解释。这些解释大致归纳如下：（1）地形和气候有利于防御者。进攻的目标地形险恶，部分地区森林茂密，那里夏季有倾盆大雨，随之严冬很快降临；入侵者的战斗季节只是从4—7月雨季开始之时。（2）高丽的战略家由于熟悉地形和以一年的大部分时间备战，能够顽强地防御。他们防御的中心是从辽河河口的安市附近往北延伸至东岸的一批有城墙的市镇。他们反复牵制围攻的

---

① 《隋书》卷4，第86页。
② 《隋书》卷4，第86—87页；山崎宏：《隋之高句丽远征与佛教》，载《史潮》，59（1953年），第1—10页。

军队，直至严冬的侵袭迫使他们撤退。（3）从中华帝国首都至战场的距离是惊人的，将近 1000 英里。例如，杨玄感叛变的消息用了将近一个月的时间才传给在地战的炀帝。高丽在这方面取得有利条件。四、隋使用水军得不偿失而且愚蠢，高丽则有良好的海防。[①] 在唐太宗进行灾难性的远征时，这些因素继续起决定性的作用，只是在中国人说服和"协助"高丽的南邻新罗开辟第二战线时，形势才发生了变化。

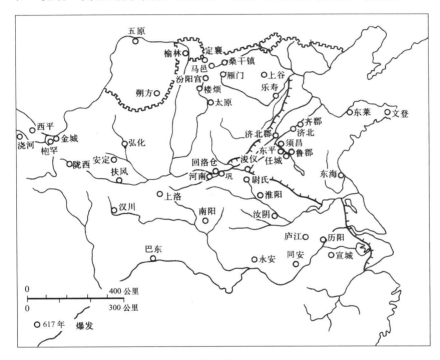

地图 4　隋末叛乱（617 年）

结局

隋炀帝先回到洛阳，然后在 614 年阴历十月返回西京，他立刻下令在城的西中门外磔裂投降高丽的将领。然后他企图像平时那样处理帝国事务。在新的一年，即 615 年，炀帝赐宴官员。据《隋书》记

---

① 贾米森：《三国史记和统一战争》，第 32—34 页。

载,他接见了突厥、新罗、靺鞨、契丹和亚洲腹地诸国的贡使。正月稍晚,他招待南方和东方诸土著民族的代表,并分赐礼物。阴历二月,他在诏书中回顾了远征的劳累和破坏,但敦促人民各安其业。他说,他们经历了所有苦难,"今天下平一,海内晏如"。[①] 但实际上帝国一片混乱。官兵在十几条战线作战,力图遏制和消灭叛乱者。炀帝在建于太原附近的汾阳宫度夏。夏末北巡时,他几乎被始毕可汗率领的东突厥军所俘,后来逃入雁门城。记载所述不一,有的说守城者表现恐慌和不满,有的说有人轻率地提出逃跑或把敌人赶走。但附近的各刺史显然得到勤王的命令。城虽然被解围,但炀帝却惊慌失措,他的信心严重动摇,以后变得越来越消沉了。

我们不清楚他当时了解帝国处境的程度,但帝国日益被无数地方叛乱者控制。他的特殊的统治作风必然会使其核心集团设法对他隐瞒全部严酷的事实。根据一种记载,他的顾问一味对他含糊其辞和不置可否,甚或干脆撒谎。有一人因直言而在议政庭上被鞭笞致死。616年夏,经宇文述的力劝,炀帝乘新建的运河船队至江都。他留下官员负责北方,即帝国的中心,但他本人则永不复返。他在江都最后的日子是忧郁的。他备受恐惧和猜疑的折磨,不能忍受帝国的消息,更不能为帝国采取任何行动。617年,他的两个孙子被北齐的对立叛乱者拥立为他的继承人,其中之一给他一个响亮的空头衔——太上皇。618年,他在浴室被宇文化及所杀,宇文化及是他父亲无情地取代的皇室的后裔,又是他最信赖的将领宇文述之子。

儒家修史者对炀帝道义上的评价的确是苛刻的,因为他们把他描写成令人生畏的典型的"末代昏君"。在民间传说、戏剧和故事中,他的形象被作者和观众的随心所欲的狂想大大地歪曲了——人民生活在一个无节制地使用权力、有豪华宫殿和享有无限声色之乐的世界中,只能产生这种感情上的共鸣。在中国的帝王中,他绝不是最坏的,从他当时的背景看,他并不比其他皇帝更加暴虐。他很有才能,很适合巩固他父亲开创的伟业,而他在开始执政时也确有此雄心。但

---

① 《隋书》卷4,第88—89页。

是他希望历史会肯定他的执政以及他追求豪华壮观的欲望，这就使他的判断力不能发挥出来。那种骄奢淫逸的作风只能使阿谀奉承之辈得势，而他周围确有这样一批人，这对他是致命的。远征高丽——这种企图的目的我相信是合理的，即使是传统的——随着每次失败，却使他越来越着迷，而着迷对于拥有最高权力的专制君主及其统治的人民来说往往是致命的。

尽管有着这次悲剧性的大灾难以及随之而来的内战，但在经历了最漫长的大分裂时期之后隋终于重新统一了中国，这是一个了不起的成就。隋朝消灭了其前人的过时的和无效率的制度，创造了一个中央集权帝国的结构，在长期政治分裂的各地区发展了共同的文化意识，这一切同样了不起。人们在研究其后的伟大的唐帝国的结构和生活的任何方面时，不能不在各个方面看到隋朝的成就，它的成就肯定是中国历史中最引人注目的成就之一。

第 三 章

唐王朝的建立:唐高祖
(618—626 年在位)

　　隋朝末年义兵蜂起，公元 617 年隋军中最强大的将军之一唐公也起兵响应。唐公的军队进逼隋都，摧毁了它的防御，并夺取了京城。六个月以后，他在那里建立了后来几乎延续三个世纪的新王朝，它与汉代并称为中华帝国的两个黄金时代。由于隋代在差不多 30 年前已经结束了中国分裂割据的局面，所以当李渊接着在全国建立稳固的中央政权的时候，他幸运地继承了隋王朝这一份大家业。李渊新王朝的制度便是在前朝遗留下来的坚实基础之上建立起来的。

　　和中国历史上成功地建立了自己王朝的大多数叛乱领袖一样，李渊也不是一个平民，而是一个出身显赫世家的贵族。他的先世可以确切无疑地上溯到他的祖父，即作为八柱国之一的李虎:八柱国是曾在 6 世纪 50 年代襄赞宇文泰建立北周国家时的主要将领。李氏家族在那个时候聚居在武川镇，它是北魏的拓跋国家在长城塞内（今大同附近）的一个防戍据点，也是宇文泰的老家。李虎的祖先目前史学界尚未完全弄清。唐皇室自称，李虎祖父是李熙，他的父亲是李天赐，这两个人都是北魏（386—585 年）的著名军事将领，因此李虎的家是出自西北著名的陇西李氏，即出自在 5 世纪初年统治过甘肃西部的西凉小王国的王族（西凉在 420 年被匈奴消灭）。西凉的创建者李暠原是汉代抗拒匈奴的名将李广的后裔，也是当地著名的氏族之长，李广的子孙在敦煌郡世代为郡守。西凉覆灭以后，它的末代国王之子李重耳逃往南部中国，后来就在拓跋氏北魏供职，当了刺史。李熙据说就是李重耳之子。

　　唐皇室自订的家谱意在表明他们是出自汉代的名门，同时还是西

134

北的望族。可是我们在某种程度上可以说,唐代史书作为确切事实所提供的这个世系,其实只是一个精心的编造。据认为,李氏家族同西凉王室毫无关系,也同陇西望族李氏毫无关系,它不过是中国东部家族的一个小支派,即河北赵郡李氏:这个支派定居在拓跋氏北魏治下的西北,与非汉族的部落贵族实行广泛的联姻。据认为,从李虎先祖中的两个人——李初古拔和李买得——的名字可以看出,这两个人要不就是袭用了汉族的李氏姓,要不就是被赐姓李,而他们的名则依然故我,也许是鲜卑族的。[1]

可是不管它的最初渊源何在,李氏家族在6世纪下半叶却是极重要的一个贵族。在宇文泰创建北周的其他赞助者中,还有突厥望族成员独孤信和隋文帝的父亲杨忠:他们的家族间有着联姻的关系。独孤信有几个女儿。大女儿嫁给了宇文泰之子,即北周的第一个皇帝明帝(557—561年在位)。他的七女儿嫁给了杨忠的儿子杨坚,即后来的隋文帝(581—604年在位)。他的四女儿嫁给了李虎的儿子李昞,这对夫妻在566年生下了李渊。[2] 因此,李渊不仅是著名武人的后代,也不仅是统治中国西北部的汉—鲜卑—突厥贵族的混血儿,而且他通过他的母亲又同北周及隋两家皇室有着紧密的关系。

李氏家族还是最高品级的世袭贵族。李虎在北周之初的558年被封为唐公。他的儿子李昞承袭了爵位,后者在572年死后这爵位又传给了六岁童子李渊。

隋王朝执掌政柄以后,李渊备受隋文帝的恩宠,而他与文献皇后的近亲关系又使他能官居高位。李渊于581年开始作文帝的侍卫——千牛备身,后来陆续做过畿辅地区或中国西北战略要地的刺史或郡守。在炀帝时期,他仍然做着许多重要的郡的郡守。后来被召还京

---

[1] 见陈寅恪《唐代政治史述论稿》,1944年初版,在《陈寅恪先生论集》(台北,1971年)中重印时作了某些修订,见第109—117页。陈氏的论据不是最后定论,但他的论证非常有力,尚无人做出令人信服的反驳。

[2] 关于根据近年来发掘的碑铭对于这些家族之间相互关系的研究,可看冈崎敬《隋赵国公独孤罗墓志铭考证》,载《史渊》,83(1960年),第40页上有一张很明晰的系谱图。

师，委以殿内少监和其他朝廷要职。

613年，李渊43岁的时候任卫尉少卿，负责京师的兵器和兵器库，并且在炀帝的第二次远征高丽时承担监管向东北前线（今辽宁省）运送军需之责。

也就在那一年稍晚些时候，即在三年零星不断的骚乱和劫掠之后，不满于政府的杨玄感（文帝的主要顾问杨素之子）起兵于河南北部之黎阳，从而爆发了反隋的第一次大叛乱。[1]

杨玄感本人好文，喜欢结纳文学宾客之士。他也和李渊一样，是隋帝国的社会精英人物，并且与皇室是远亲。他官至礼部尚书，而且在远征高丽之初就受命在隋军的主要供应基地黎阳督运军需。杨玄感尽管出身于有特权的贵族门第，却也沿袭了他父亲同文帝及炀帝之间的猜忌和恶感，而且他也像当时和后世的人那样深信，杨素是炀帝在606年授意毒死的。在讨伐吐谷浑的那一次失败的战役中，他就曾被人劝阻不要参加609年的叛乱。这时他认为他身处群情鼎沸之地，而这种不满情绪是611年黄河大水灾的后果，也是609年征发民工修筑北段运河（永济渠）引起的百姓的痛苦和炀帝远征高丽之役从灾区征调了大量农民的行动造成的。早在613年初期，今山东省黎阳之东就已连续爆发了农民暴动。杨玄感利用了人民对高丽之役的普遍反对和对炀帝本人的广泛不满，纠集叛军向东都洛阳进发，并将它围困起来。

隋炀帝被迫放弃对高丽的征讨而集中兵力平叛，叛军被优势官军迅速平服。杨玄感被俘虏并被杀害，他的家属和随从也无情地被杀戮殆尽。这次叛乱只延续了不足两个月。

可是就在那一年，叛乱仍是此伏彼起，频频发生。不少于8起武装起义的消息从各个不同地区传来。李渊从东北被调往陕西治军，以保卫通往京师的要道。在西北，一个名叫白榆妄的叛乱者引起了甘肃的骚乱，从而破坏了隋朝骑兵所仰赖的国家的马匹放牧场地；另外，在613年和614年叛乱也在邻近京师西面的扶风郡发生。这些小叛乱

---

[1] 见布目潮沨《杨玄感的叛乱》，载《立命馆文学》，236（1965年），第91—95页。

都很快被扑灭，但它们的残余分子仍逍遥法外，而且随着政权和秩序的进一步瓦解又爆发了许许多多或小或大的纷乱和叛乱（见地图3）。

615 年和 616 年李渊又接受了另一军事要职，这一次是在河东（今山西省北部），他平定了当地许多股匪，而且胜利地抗拒了突厥人对边境的侵犯。为了酬赏勋劳，炀帝于 617 年初提升李渊为太原留守（李渊自 615 年以来一直屯驻太原）。他的指挥部即设在晋阳。

这时，炀帝自己南下去他的行都——江都，他对北方大部分地区已失去有效的军政控制。李渊的新任命不过是在事实上确认他在今天的山西省境内已经行使的军事权力罢了。[1] 但是，直到此时为止，李渊仍是隋王朝的忠心耿耿之臣和极有价值的支持者。

夺取政权的经过

在李渊接受新任命于晋阳的时候，由于隋炀帝的靡费无度，滥征徭役，以及屡兴讨伐高丽之师和防御突厥人卷土重来所造成的大量伤亡，天灾人祸交困，引起了广大人民和许多隋朝官吏的强烈不满。群盗蜂起，叛乱很快遍及全国（见地图 4）。当不断加剧的叛乱警报频频传到太原府的时候，李渊的朋友和军事顾问们纷纷认为隋朝统治已危如累卵，都劝他趁机起事，创建新王朝。

李渊几乎处于一次领导有成功把握的叛乱的理想地位。他的家世和人望都无可挑剔：他是一个与皇室攀亲的贵族，而且在他 51 岁之年已侍奉过隋朝两代皇帝而达到他漫长而顺心的宦途的顶峰。他是中国北部产生一个个王朝统治者的那个社会精英集团中的一个成员。作为太原留守，他有强大的军事和战术上的优势地位，因为他所控制的这个地区在中国历史上被认为实际上是坚不可摧的，可以很方便地从这里对长安（隋大兴城）和洛阳这些传统的政治中心发动进攻。

---

[1]　见宾板桥《唐朝的建立：隋之灭亡和唐之兴起》（巴尔的摩，1941 年），第 79—80 页。

李渊还能够赢得广大民众的欢心，这是因为约在 614 年有图谶预言李氏当兴，继起为王，而且这说法在民间已家喻户晓。至少李密所领导的另一支反隋叛乱便是受了这一预言的影响。李渊也知道有此民谣，因为它已在晋阳人民中间传开。[①]

由于姓李，李渊自然也受到隋帝的猜疑。615 年一位术士警告皇帝说，有一李姓者不久当为天子，因此隋炀帝在全国大杀姓李的人；这样的清洗包括他的最高级将领在内，例如有权势而门族强盛的李浑及其一族的 32 人便都被清洗；其他远亲被放到边地。李渊也一定知道他在隋朝的位势已岌岌可危，也知道隋王朝既然明显地处于日薄西山的境地，他很有可能自建王朝，代之而兴。

李渊那一代人对儒家的忠君思想中毒不深，儒家是禁止人们背叛前朝而改事新朝的。李渊和李渊的同时代人在思想上忠于社会秩序远甚于忠于一家一姓的某一王朝。因此，在 617 年阴历五月他动员了他太原府的军队，并开始向京师进发。

令人有点感到惊异的是，李渊在太原起事中的作用的程度和性质，只是到最近时期才有新发现。按照新、旧《唐书》和司马光《资治通鉴》的传统说法，李渊是一个碌碌无能之辈，而且暮气沉沉，胸无大志。相反的，他的次子李世民（617 年时年 17 岁）倒被说成一位高超的军事领袖：有魄力，有进取心，英明天纵。因此，后来成为唐代第二位皇帝（唐太宗）的李世民在这些记载中就成了创建唐王朝的大功臣。

按照正史的传统说法，617 年李渊被任命为太原府留守时，李世民就已开始与刘文静共谋反叛大计（刘文静时为晋阳令，但因涉及与反叛者李密联姻而被隋炀帝下令囚系狱中）。李世民会刘文静于狱中，想发起一个运动以统一有不满情绪的人民，进而一举扫荡已处于垂死状态的隋王朝。当李渊第一次听到这种想法时未十分在意；他毕竟与隋的帝室有姻亲关系，何况又是王朝的主要捍卫者。但是，李世民赂

---

① 《资治通鉴》卷 183，第 5709 页。见宾板桥《关于民谣中的李氏兴王之说》，载《美国东方学会学报》，61（1941 年），第 272—273 页。

嘱晋阳宫监裴寂把炀帝的晋阳宫女弄来陪侍李渊，而没有告知她们的身份，以此迫使他父亲表态。当李渊得知他卷入了这一罪当处死的行为时不得不同意了他儿子的计划，勉强地起兵发动叛乱。传统的叙述还强调指出，在后来夺取隋朝都城的战斗中，李世民在导致唐朝胜利的军事战略和领导才能方面，功劳都高人一等。

历史学家近年经过对正史中所记关于此事的材料重新加以研究后，得出了新的结论：有些重要情况可能是在唐太宗统治时期因太宗本人的坚持而编造出来的。根据其他材料，特别是根据从前被忽视的唐代初年的史料《大唐创业起居注》，历史学家已经能够对唐朝创立史的传统说法中的某些偏见和歪曲之处做出订正。[1]

《大唐创业起居注》的作者温大雅是太原府人，是唐王朝建立的目击者。他的翔实记述着重指出，正是李渊本人策划了太原叛乱，也正是他的英明统率使唐军在夺取隋都的战斗中取得了胜利。温大雅笔下的李渊不同于传统史书上的李渊；温大雅的李渊是一位勇敢的领袖、刚烈的对手和足智多谋的战略家。根据《起居注》的说法，十几岁的李世民不仅在叛乱事件中只起到次要作用，甚至他在王朝建立中的贡献也并不多于他的长兄，即后来成为太子的李建成。温大雅的《起居注》告诉我们，甚至在 617 年年中太原起事之前，李渊已开始图谋不轨。另外，激起李渊雄心的事件也是一清二楚的。最早发生在 616 年的一件事是当时李渊受命剿捕太原地区的盗匪。太原这个地方在传统上又与传说中的圣君唐尧联系在一起，因为传说尧曾在一个名之为唐的地方住过。唐还是李渊作为国公的封地，虽然像诸如此类的爵位那样，国公的爵位也无统治领土的实权。当唐公李渊接受新任命时，他认为他的爵衔与职务的巧合简直是天降吉祥。[2] 第二年他当了太原府

---

[1] 见宾板桥《温大雅：唐代历史的第一位记录者》，载《美国东方学会学报》，17（1937 年），第 368—374 页；罗香林：《唐代文化史》（台北，1955 年），第 1—29 页；李树桐：《唐史考辨》（台北，1965 年），第 1—98、276—309 页；福井重雅：《大唐创业起居注考》，载《史观》，63.4（1961 年），第 83—88 页。

[2] 温大雅：《大唐创业起居注》卷 1，毛晋《津逮秘书》版（此下简称《起居注》），第 1 页。

留守时，李渊对李世民说："唐固吾国，太原即其地焉。今我来斯，是为天与。与而不取，祸将斯及。"[①]《起居注》还提到民谣《桃李章》及该民谣关于下一个中国统治者将姓李的预言对李渊的影响，因为《起居注》引用李渊的话说："吾当一举千里，以符冥谶！"[②]

617年阴历五月初，李渊传谕给在山西南部供职的长子李建成和四子李元吉，叫他们就地再招募军队，同时命令次子李世民和刘文静等人也在太原招兵买马。他们在十天之内招募了几乎一万人，屯驻在晋阳的兴国寺。

李渊一不做二不休，决定清洗他班子中的不稳定分子。当李渊被任命为太原府留守时，隋炀帝给他指派了两个副手——王威和高君雅——来协助他，这无疑是为了监视他。李渊曾经利用他们暂时离开太原的时机而为自己征募了兵马，但他认为他们会马上对他的招兵买马起疑而向隋帝报告。因此，他把建成和元吉召到太原来以后，在5月15日借口两个副手潜引突厥人入寇太原地区而逮捕和杀害了他们。[③]

可是，在李渊能够放心地发动战斗以前，他必须对付东突厥人——这是在戈壁南北居住的一个极为强大的部落联盟，此时横行于中亚并控制着从辽宁到蒙古的长城以北的地区。在隋朝末年，东突厥是亚洲北部睥睨一切的势力，自从613年以来，中国西北部出现的许多叛乱者都向突厥称臣，以取得突厥人的支持。东突厥的始毕可汗则分别给这些叛乱者封以皇帝或可汗的称号。他也给叛乱者供应士卒、武器和马匹，希望从隋朝的覆亡中谋取利益。[④] 615年后期，当隋炀帝定期巡狩长城的时候，东突厥人在山西的边疆城市雁门围困炀帝达

---

① 《起居注》卷1，第3页。

② 同上书，第15页。

③ 正史和《资治通鉴》的传统说法，把这次行动归功于李世民。但温大雅指出，逮捕这两个副手的军队实际上是由另一位将军统领的，虽然他们名义上是归李世民节制。见《起居注》卷1，第9页。

④ 下面略举几位得到突厥人支持的主要叛乱人物：薛举、李轨、刘武周、窦建德、梁师都和高开道。另外尚有许多次要叛乱人物。

一个月之久，[1] 而且不久前还几次入侵山西和太原地区。617 年，他们又加强了压力，这次是与刘武周勾结在一起；刘武周在 617 年初已在山西北部自己称帝，并已被突厥领袖封为可汗。当李渊逮捕他的两位副将时，突厥在撤退之前曾进抵晋阳城下。

很明显，李渊在能率领叛军前进以前，他必须先解除东突厥人及其盟友进攻他的后顾之忧。他因此写信给始毕可汗，伪称他之起兵意在恢复帝国的秩序，使能重建中国人和突厥人之间的友好关系。他说，这样做会对各方面都有利。他与可汗达成了协议，即如果他赞助唐兵义举，始毕可汗可取得全部为唐战斗的战利品。这个协定是由刘文静出面谈判的。[2]

李渊力排众顾问的意见，用了下对上行文的"启"字，辞气甚恭；这表示，他和其余某些叛乱一样，可能已决定在名义上成为突厥人的藩属。但是，当始毕可汗要求李渊拒绝效忠炀帝而应自己称帝时，李渊却予以谢绝。相反的，他告知可汗，他准备拥立炀帝之孙代王杨侑为帝（杨侑当时已在隋都）。不管李渊之向东突厥人称臣是真是假，双方确是建立了某种友好关系，因为在他离开太原的前夕，始毕可汗赠送了 1000 匹马，后来又给了他几百名士卒和另外数千匹马。

一处理完东突厥人的问题，李渊就建立了他的军事战斗组织——大将军府。他的成员绝大多数是太原附近隋朝的文武官员。李渊的大部分军将在开始时都是因为这些官员的支持才得以征集并得到供应，因为他们原来都是隋朝鹰扬府的军官，现在只不过把他们的士卒转手交给李渊指挥。[3] 晋阳宫监裴寂也以隋宫仓储中的大量粮秣、武器和甲胄供应唐军。

---

① 根据正史，这事又涉及李世民。但李世民此时只是一个 15 岁的男童，而按照温大雅所说，恰恰是李渊带兵解了炀帝之围。见《起居注》卷 1，第 1 页。又见宾板桥《唐朝的建立》，第 49 页注 82。

② 见宾板桥《唐朝的建立》，第 99—100 页；李树桐：《唐史考辨》，第 217 页。

③ 见布目潮风《李渊集团的构造》，载《立命馆文学》，243（1965 年），第 27—29 页。此文重印于布目潮风的《隋唐史研究》（东京，1968 年），第 112—149 页。

617 年阴历七月初，李渊和他的两子世民与建成率军 3 万从太原出发，而命另一子元吉留守太原。他们的目标是隋大兴城；此地是一个古都，并且是陕西南部关中地区的战略要地。

唐兵遇到隋军的强烈抵抗，并且在通向潼关要塞的汾河流域途中被夏季的大雨所阻，李渊下令他的军队暂停前进。[①] 他现在接到了河南洛阳附近一位叛乱领袖李密的书信，[②] 要求二李结成同盟。李密出身西北贵族，原是隋朝的一低级官员，现为李渊的强劲对手之一。他早年原为杨素的门生，613 年离开隋都后参加了杨素之子杨玄感的叛乱。他在杨玄感战败以后逃走，炀帝撤往南都后，从 616 年起他成了在洛阳周围地区的诸叛乱集团联盟的领袖。当他建议与李渊结盟的时候，他已经控制了河南的大部和河北的南部。

李渊担心的是，如果李密知道了他的计划，他会阻止他向大兴城进军。他因此写了一封卑辞和违心骗人的书信，说他是隋朝的忠义臣民，他之所以起兵只是为了重新建立秩序，并矢口否认他有比做唐国公更大的野心。与此同时，他还假劝李密自己努力取天下，他说："天生蒸民，必有司牧；当今司牧，非子而谁！"李密被这封信吹捧得昏昏然，因此应允李渊向隋都进发而不加阻拦，但这个决定使李密后来为之追悔莫及。[③]

617 年约阴历八月中旬大雨已停，唐兵在突厥可汗送来的 2000 马匹和 500 军士的援助下，迅速打破了隋军在霍邑的抵抗，并继续向南推进。[④] 阴历九月，唐军抵达黄河，他们留了一部分人马围住扼守

---

① 根据温大雅的《起居注》卷 2（第 12—14 页），李渊的军队为大雨所阻，当时他正在等候突厥人已答应送来的马匹，而且还担心谣传的刘武周计划对他太原根据地的袭击，所以他曾准备放弃他的远征，只是被他的诸子劝阻才未下达撤退命令。

② 李密的传记，见《旧唐书》（卷 53）和《新唐书》（卷 84）及《隋书》（卷 70）。关于他的政权，见布目潮风《李密在隋末叛乱中的动向》，载《史学杂志》，74.10（1965年），第 1—14 页；经增订收于《隋唐史研究》，第 53—100 页。

③ 《资治通鉴》卷 184，第 5743 页。

④ 《起居注》卷 2，第 13—14 页。据温大雅所述，在霍邑之战和唐兵夺取大兴城的整个战役中，李建成和李世民都是唐军的带兵将领。但是在两部《唐书》中，李建成被贬低，而突出了其弟李世民的作用。

从山西和汾水通往陕南平原这一要道的隋兵据点蒲州,其余兵马则跨河而进。当他们渡河的时候,他们遇到了大队隋军,即予以击溃。这时潼关以内的重镇华州的州官投奔李渊,他把永丰仓献给了唐军,至此,通往大兴城的道路已被打通。

当李渊进入京畿地区的时候,又有由李渊之女李氏(柴绍之妻,后为平阳公主)和他从父弟李神通在京师周围招募几千名士兵前来投靠。他的女儿已经纠集了一支大军,她用的办法是在大兴城附近散财,以收买从其他更加动乱的地区逃来的民众的心,另一办法是与京畿地区的群盗和叛乱者结盟。阴历十月,联合起来的唐军号称拥众20余万,在大兴城外扎下了营寨。[①]

围困了首都以后,李渊精心部署了最后的攻击。当最后攻击约于五个星期以后发动之时,居民开始有挨饿之虞。617年阴历十一月初九,李建成的部下雷永吉的部队攻破城墙,夺取了城市。[②] 李渊曾严令保护隋朝皇室的安全。然后按照原来的计划行事,炀帝的年幼的孙子杨侑被立为傀儡皇帝(称隋恭帝),虽然唐兵的将军们都要拥立李渊自己为帝。早已逃往南都——即长江岸上的江都——的隋炀帝则背上了一个太上皇的虚衔。

次年初,李渊又对东都洛阳大举进攻。[③] 618年阴历五月二十日,即他下令逮捕两名副将和太原顺利起兵一周年之际,李渊废黜了隋朝傀儡幼帝,自己登极成了新朝的开创之主。李渊——以后我们即按他的谥号称之为唐高祖——按其世袭封号而改国号为唐。依照历来习惯,他选自己的年号为武德。虽然唐高祖也建都于大兴城,但他易名为长安,此又为汉代及以后南北朝时期许多位于附近的王朝的古都名称。高祖的长子李建成被立为太子;次子李世民被封为秦王;元吉封齐王。

---

① 《起居注》卷2,第25页。
② 《起居注》卷2,第27页。又见罗香林《唐代文化史》,第10页;李树桐:《唐史考辨》,第279—280页。
③ 见布目潮风《隋唐史研究》,第263页。

唐王朝对全国控制的扩展

此时，唐王朝已占据了隋都城、陕西（关中）和山西（河东）的部分地区。但是，它依然是许许多多地方政权中的一个政权而已。它也不是唯一称帝的政权。在隋末唐初有两百多个叛乱组织互相打来打去，不过其中只有十支人马有可能建立稳固的政权和问鼎中原。其余叛乱者不过占据小城镇，俟机投靠可能的胜利者，只想至少捞取一些地方权势。许多地方仍然受制于隋朝的文武官吏，这些人或仍然忠于炀帝，或只是想保持他们的地方势力。在另外一些地方，当地绅士阶层也起兵反对盗匪和内战，他们准备随时支持那些能给该地区带来和平稳定的人。唐高祖的任务是一方面尽量取得这些小叛乱者、隋朝官员和绅士领袖人物的支持，一方面就是摧毁他的主要对手们的力量。他达到第一个目的的办法是，他精明地既搞大赦，又搞封官许愿，又搞特赏；而为了达到后一个目的，他则不断扩充自己的兵力，精心地予以部署。

总的说来，唐朝的绥靖工作实施得相当克制。那些率部带着领土投降的人以及许多在战场上被打败的人，都被给予特赦。甚至有些叛乱领袖已被处决，但其随从一般都给予宽大处理。战败的军队被吸收进唐军，而重要叛乱领袖的军队也往往在原来军官的带领下原建制地参加唐军。① 这就无疑地使得叛乱领袖们甘愿转而效忠唐王朝。隋朝地方官吏大多除授原官，而某些地方性的盗匪或叛乱领袖的事实上的权力又常常因被任命为唐朝的刺史而被合法化了。② 由此可见，唐高祖力图获致原来叛乱领袖的忠诚，同时又使地方行政有一定的延续性，使法律和秩序得以维系而不坠。

除了委以地方官职之外，唐朝皇帝还给效忠者以其他刺激。每次

---

① 例如可见《起居注》卷2，第16、23页。
② 例如可见《旧唐书》卷69，第2521页；卷57，第2301—2302页；《起居注》卷2，第19页。

战斗结束之后他都很细心地犒赏他的军队。[1] 他也对投降的叛乱分子大加赏赐，并且常常封以爵衔。他对某些重要的叛乱领袖甚至赐以李姓，由此给予这些人以很高的荣誉，使他们在朝班中位居前列。[2] 尤其重要的是，一旦从前的敌手参加了唐朝的政府，唐高祖就明确地显示了他用人不疑的宽大胸怀。之所以有大量的人向唐王朝投降，其原因不仅在于唐王朝拥有压倒优势的军事力量，而且也在于唐高祖给自己树立了一个宽容、大度和值得信赖的统治者的形象：他只想宽恕别人和忘记一切，以求恢复中华帝国的和平。

617年后期紧接着夺取大兴城之后，唐王朝立即开始了征服中国其余部分的军事活动。战斗一直延续了十多年，但主要的抗拒力量已于624年初期被制服。奉命外出讨伐叛乱的唐军称为行军。他们不是常备军，而是视情况需要而特设的军队。建立这种部队的办法是：在地方或地区两级的老百姓中征兵；另外也吸收打败了的敌军部队；后来还动员唐王朝的民兵部队。

唐王朝在长安建立政权的时候，国内的主要敌对势力有如下几股。在京畿西北，位于唐王朝根据地能够随时予以打击的距离以内的是甘肃叛乱者薛举[3]（617—618年）的势力。在长安以北，位于鄂尔多斯边境上的是突厥的藩臣梁师都[4]（617—628年）。在山西北部的为刘武周[5]（617—622年），他被始毕可汗赠以可汗之封号并已自己称帝。高开道[6]（617—620年和621—624年）控制今北京地区，自称为燕王。河北的中部和南部在窦建德[7]（611—621年）手中，他于617年建国称为夏，自己称帝。魏公李密（617—618年）原追随杨玄感，已如上述，他控制了河北南部和洛阳以东的河南地带。洛阳本身

---

① 《起居注》卷2，第15—16页。
② 《资治通鉴》卷187，第5840页。
③ 传记见《旧唐书》卷55，第2245—2247页；《新唐书》卷86，第3705—3707页。
④ 传记见《旧唐书》卷56，第2280—2281页；《新唐书》卷87，第3730—3732页。
⑤ 传记见《旧唐书》卷55，第2252—2255页；《新唐书》卷86，第3711—3713页。
⑥ 传记见《旧唐书》卷55，第2256—2257页；《新唐书》卷86，第3714—3715页。
⑦ 传记见《旧唐书》卷54，第2234—2242页；《新唐书》卷85，第3696—3703页。

则被隋军将领王世充①所占据，他是 618 年阴历五月后以一个隋朝傀儡皇帝的名义实行统治的。618 年初炀帝被弑以后，扬州周围和淮河及长江流域的隋王朝残余部分被弑君者宇文化及②所控制，他也是以隋王朝的另一名傀儡皇帝的名义进行统治的。江苏和浙江沿海是李子通③（615—621 年）的地盘，南京地区长江流域则建立了杜伏威④（613—621 年）和辅公祏⑤（613—624 年）政权。南方政权中最富强的政权是自称梁帝的萧铣⑥（617—621 年），他控制了整个长江中游和大部分南部中国。上述每一位领袖都采取了某种措施以稳固地控制一个相当大的地区，并且拥有相当数量的军队。

最初对唐王朝的军事挑战来自西北的叛乱者薛举，他从 617 年年中以来控制着大部分甘肃地区，并且自己称了皇帝。他曾经想自己夺取京师，但受到了这一年被突厥人支持的另一叛乱的牵制。当唐军夺取隋都的时候，他的军队已进抵渭水，并且占领了附近的扶风，此地原为早期爆发两次反隋叛乱的地方。618 年初，李世民奉命率军赶走了盘踞扶风的薛举军。他轻而易举地打败了由薛举之子薛仁杲统率的军队，把他们往西赶到了甘肃边境，但李世民马上回师首都，没有乘胜追击。薛举于是计划与突厥军及另一叛乱分子梁师都（他的根据地在陕西北部鄂尔多斯沙漠的边境地带）结成联盟，准备向大兴城进发，但是唐高祖用贿赂突厥领袖莫贺咄（他后来以颉利可汗著称）的办法挫败了这个计划。这一年的晚些时候，薛举又单独从西北向长安推进，他重创了派来抵抗他的刘文静的唐军以后，又去夺取首都。对唐军来说很幸运的是，薛举在 618 年阴历八月计划发动攻势的前夕突然病故。其子薛仁杲继续其事业，但薛仁杲同他父亲的那些老臣宿将

---

① 传记见《北史》卷 79，第 2660—2664 页；《隋书》卷 85，第 1894—1898 页；《旧唐书》卷 54，第 2227—2234 页；《新唐书》卷 85，第 3689—3696 页。

② 传记见《北史》卷 79，第 2654—2658 页；《隋书》卷 85，第 1888—1892 页。

③ 传记见《旧唐书》卷 56，第 2273—2275 页；《新唐书》卷 87，第 3726—3728 页。

④ 传记见《旧唐书》卷 56，第 2266—2268 页；《新唐书》卷 93，第 3799—3801 页。

⑤ 传记见《旧唐书》卷 56，第 2269—2270 页；《新唐书》卷 87，第 3724—3725 页。

⑥ 传记见《旧唐书》卷 56，第 2263—2266 页；《新唐书》卷 87，第 3721—3724 页。

的关系闹得很紧张，因而叛军内部士气低落。他从长安地区撤退，以巩固他在西部地区的地位。618 年的阴历十一月，李世民包围了薛仁杲的位于京师西北甘肃边境的泾州营寨。战败后，薛仁杲的许多军官带着士卒投奔唐军，他也不得不迅即投降李世民。他被解往长安处决。唐王朝在西边的主要威胁已被解除。次年，甘肃的另一叛乱首领李轨①也被俘，这就最终巩固了唐王朝对西北地区的控制。

可是，东北平原——即河北—河南地区——的军事形势却是最后决定唐王朝究竟成为一个地方政权，还是能够统一全国的因素。唐王朝还只控制了甘肃、陕西及大部分山西地方：它拥有隋帝国的政治上和战略上很重要的西北地带，但其人口还不足隋代的四分之一。在隋代，大平原上的河北和河南是中国最富庶之地，它们养活了中国全部人口的半数以上。与此同时，淮河流域和华中的长江流域变成越来越重要的粮食产地，而运河的兴建则把这些地区和京师连接了起来。沿着运河航线，在河南和河北南部建造了几个大粮仓，以贮存粮食和备转口运输之用。它们都是早期几次叛乱攻击的目标。对于一个想重新统一全国的王朝来说，牢牢地控制富庶的东部平原是绝对不可少的。唐高祖的最强大的四大对手——即李密、王世充、宇文化及和窦建德——占据了这个地区的关键地带。

隋朝将领王世充于 617 年年中被炀帝派来防守他的东都洛阳。当炀帝于 618 年初期被他的将军宇文化及刺杀于江都的消息在这一年阴历五月到达洛阳时，王世充拥立炀帝的另一幼孙杨侗继位为隋朝傀儡皇帝，和李渊所立的傀儡皇帝一样，也称为恭帝（已见上述）。虽然叛乱者李密经过长期努力而仍然未能夺取洛阳，但他控制了洛阳周围的许多地方，包括重要基地黎阳在内，而且还继续威胁着洛阳本身。当在南方拥立另一位隋朝王子为傀儡皇帝的宇文化及率军从江都北上向位于河南北部的李密的主要基地黎阳城进发时，王世充用计想使他们两败俱伤，自己坐收渔人之利。王世充的洛阳政府宽恕了李密，作为回报，李密应与王世充共同反对刺杀炀帝的人。李密必须保卫他的

---

① 传记见《旧唐书》卷 55，第 2248—2252 页；《新唐书》卷 86，第 3708—3711 页。

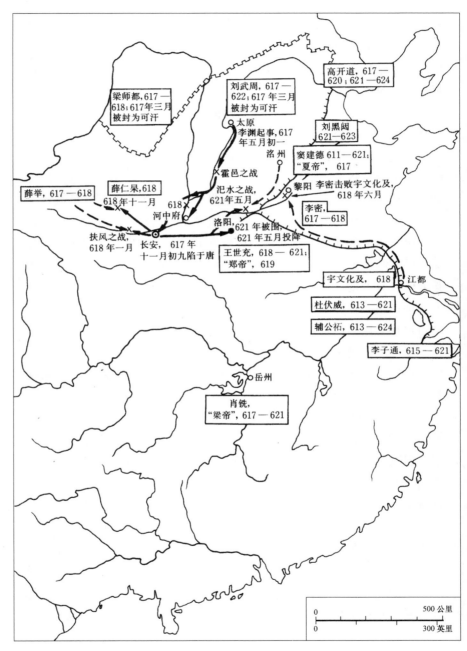

高开道, 617—620; 621—624

梁师都, 617—618; 617年三月被封为可汗

刘武周, 617—622; 617年三月被封为可汗

刘黑闼 621—623

太原 李渊起事, 617年五月初一

洺州

窦建德 611—621; "夏帝", 617

霍邑之战

薛仁杲, 618

汜水之战, 621年五月

黎阳 李密击败宇文化及, 618年六月

薛举, 617—618

618

河中府

李密, 617—618

扶风之战, 618年一月

洛阳 621年被围, 621年五月投降

长安, 617年十一月初九陷于唐

王世充, 618—621; "郑帝", 619

宇文化及, 618

江都

杜伏威, 613—621

辅公祏, 613—624

李子通, 615—621

岳州

肖铣, "梁帝", 617—621

0   500公里

0   300英里

地图 5　唐之武功

148

黎阳基地，同时他还相信，他能很好地利用这一缓和的关系，最后除掉王世充并控制整个河南—河北平原。因此，他接受了特赦，经过在洛阳的一段时间的调解以后，他率军对弑君者打了几次胜仗，摧毁了后者的大部分军队，并且强迫他向北撤退到大明府。

王世充因而越来越关心李密日益增长的势力；可是李密受他的主使而得到从宽处理，在洛阳又获致高官，并且对宇文化及连打了几次胜仗。618 年阴历七月，他借口据报有人阴谋反对他，在洛阳发动了一次先发制人的突击，清除了他的政敌，把李密拒之城外。虽然李密曾经击退宇文化及，并迫使他从黎阳地区撤退到河北南部，但正如王世充所希望的那样，他的兵力在战斗中消耗过多。王世充在这时很细心地在洛阳集结了军队，他抓住时机猛烈地向李密已经削弱的军队发动了攻击。根据一项记载，王世充有一个士兵酷似李密；王世充命将这士兵绑起来，在战斗高潮中他把这士兵展示于李密军前，李军便溃不成军。李密既已彻底战败，此时只得逃往长安托庇于唐王朝了。唐高祖在 618 年阴历十月接受了李密及所率残部的投降。[1]

王世充战胜李密之后，得意洋洋，野心勃勃。他现在已完全控制洛阳，于是便任命了一批高级官员，其中包括隋朝大臣苏威。619 年阴历四月，他废除了傀儡隋恭帝，自己取而代之，改国号为郑，并且建年号。最初，王世充因在战场获胜而得以实际上主宰河南全境，但后来由于他自己残暴的统治和唐军的压力不断加大而引起的内部纷争，他不断失利。621 年初，他被迫退至洛阳城下，李世民围城，并迅速使城中陷于断粮之境。王世充认识到事态的严重，他这时想同他的叛乱伙伴窦建德结成联盟。

窦建德是最早起兵反隋的叛乱者之一，他是在 611 年拿起武器的。到了这时，他胜利地占有了河北北部和山东的广大地带，并于617 年在这里自称夏王，建都于河北南部的洺州。他的政权因秩序良好，他本人又因礼贤下士和生活简朴而被人称道。619 年初，他俘获并斩杀了刺杀隋炀帝的宇文化及——此人曾先逃离李密，后来又从唐

---

① 《资治通鉴》卷 186，第 5813—5817 页。

军手中逃脱。这一年稍晚些时候，窦建德驱军过河北西南部，打败了唐高祖之从弟李神通所领的唐军，并占领了原属李密的强大据点和位于河南北部的黎阳仓。他曾受到王世充的攻击，因为王世充认为他之占领黎阳是对自己领土的威胁，但是，他们双方又感到有暂时联合起来的必要。窦建德认识到，唐王朝如果攻取了洛阳，会使它在东北平原上获致重大的军事优势，从而会危及他自己的生存。他因此同意带领一支部队去救援这座被围困的城市。

李世民的策略是先攻较强大、但因长途行军而疲惫不堪的窦建德，在打败了窦建德之后再去对付王世充。621年阴历五月，李世民大胜窦建德军；窦建德本人负伤，并在战斗中被俘。当窦建德于四天后被押到洛阳城下时，王世充已别无他路可走，只有投降唐军。这一次违反了唐高祖一般宽待被俘对手的政策，窦建德在解往长安后被斩首，王世充则在放逐的途中被杀。

归根到底，唐高祖在争夺东北平原的斗争中比他的敌手们占有很大的优势。山西和陕西是很可以闭关自守而在军事上比较安全的地区，他在这里能够保存实力，蓄积资源，静待对手力量的耗竭。反之，河北河南地区的叛乱者所处之地无天然防线，并且处于持续不断的军事压力之下，这种军事压力来自互相征讨，也来自日益强大的唐军对他们的进攻。他们被迫将很多力量用于防御。甚至要在几条战线上分散兵力。结果，他们不能彼此发动有效的攻势，特别是对唐军不能发动这种攻势。

攻占洛阳和东北平原的结果使国内的力量对比最后变为有利于唐高祖，因为他清除了他的最强大和最有组织的几位敌手。但是，强大的叛乱军队无论在北方还是在南方都还在活动，而且时不时地有反对唐朝新政权的新集团参加他们的行列。在作为唐王朝老营的山西北部，刘武周建立了一个叛乱政权，它在622年以前一直困扰着太原府地区，并一再以突厥人为后援，入侵太原地方。

但是，对唐朝政权构成最严重的新挑战的却是在东部平原崛起的力量。窦建德的党羽由于害怕遭到他们原来领袖同样的命运，他们在621年后期在河北发动叛乱，其领袖是窦建德原来的一个将领刘黑闼。

这次叛乱在623年初被平息,但这只是在刘黑闼重新从唐军手中夺回了东北平原大片土地以后的事。① 甚至在这一叛乱被镇压下去以后,河北北部也依然在另一叛乱分子高开道的控制之下:此人一度于620年降唐,次年又叛乱,最后于624年才被除掉,被他的一个军官所杀。

不管怎样,全帝国还是逐步地落入了唐王朝的永久统治之下。621年后期,前梁朝的皇室成员和自立为梁帝的萧铣(他自617年起即控制了湖北的大部分、湖南、江西和广东,因此是中国南部最强大的统治者),在长江中游他的首都岳州投降了唐军。② 紧接着,拥有浙江和江苏南部广大地域的李子通降唐;他是被另一准备降唐的叛乱分子杜伏威打败才投降的。622年,占有山西北部的刘武周被他原来的庇护人——东突厥人——所杀。随着高开道之死于河北和辅公祏的建康政权在624年的最后被荡平,对唐政权的大规模抵抗已不复存在。唐高祖于是宣布正式大赦天下,并为他的统一而安定的帝国颁布了新律令。③

对　内　政　策

唐王朝的开国皇帝有时被形容成一个平庸之君和一个勉为其难的政务家,把他说成很喜欢畋猎游乐,而不屑做令人厌烦的日常行政工作的人。像他那个阶层的大多数人一样,唐高祖精于骑射,当然就喜欢狩猎,过着活动量大的生活。他也被他朝廷中清教徒式的儒家人物们批评,说他极尽声色之好。作为皇帝,他有时确实以个人爱好和憎恶来任免官职。有一次,他因赏给他的宠幸一个官职而使朝廷群情哗然。④

后来的批评家们批评他对人偏私不公,批评他易听朝中的闲言碎

---

① 传记见《旧唐书》卷55,第2258—2260页;《新唐书》卷86,第3715—3718页。
② 《资治通鉴》卷189,第5934页起以下诸页。
③ 全文见《册府元龟》卷83,第30—31页。
④ 《资治通鉴》卷186,第5834页。

语或者后宫的妇人之言。他确实爱发脾气，有时过于专断并急于下令施罚。例如 619 年，他怀疑他太原时期最早的支持者刘文静有谋反嫌疑，就立即将他处死。[①]

可是，他的这些性格特点不会使他的灼然可指和给人印象深刻的成就黯然失色，因为他重建了一个强大和高度中央集权的国家，并且国运绵延几乎达 3 个世纪之久。唐王朝在高祖治下胜利地建成了政治、经济和军事等制度：它们不仅成了唐代的标志，在许多方面继续深深地影响了直至 20 世纪的中国的文明，并且还为受中国深刻影响的东亚新兴诸国——日本、朝鲜和越南——提供了基本制度的样板。

中央政府和官僚体制的形成

唐高祖在战火纷飞的内战中要重建一个能行之有效的中央政府，必然会遇到很大的困难。例如，在 617 年唐军攻克隋都的时候，纸张极为紧缺，官吏们只得利用以前隋朝和北周的文卷的反面来书写。[②]隋朝的国库和仓储本来就几乎空无所有，后来又由于唐高祖喜欢大赏他的支持者而弄得更加空虚。在最初，很难吸引适当的人选来政府供职，这一迹象表明，许多人怀疑唐军能撑持多久，所以宁可等到内战形势更明朗的时候。但是当唐王朝逐步扩大的领土统治权显示了它的军事力量，恢复了它的财政地位并渐渐获得民众信任的时候，这些困难就逐渐被克服了。

唐朝中央政府的基本结构承袭了隋代所用的三省制度。这个制度包括门下省和作为决策及顾问机构的内书省（后来改名中书省）以及作为主要执行机构的尚书省。隋朝覆灭以后，这三省的组织形式尚未达到后来那样精确分明的程度，它所属的各官署的职权常常是重床叠屋，或者未予严格划分。在高祖统治的初期，这个体制带来了越来越多的麻烦，导致了行政混乱，高祖有时得亲自颁布诏令，而不是经过

---

① 《旧唐书》卷 57，第 2293—2294 页；《资治通鉴》卷 187，第 5861—5862 页。
② 《唐会要》卷 56，第 961 页。

正常的官署渠道办理和发布。可是，三省制度逐步被合理化，在唐太宗中叶，每一省的职能都得到明确的分工：中书省知制诰；门下省有封驳之权；尚书省及其六部则负责施行。[1]

　　唐高祖时代的中央文官体制比起唐代后来的规模来说是很小的，它在最高层相对地说也是不拘礼仪的，这反映了皇帝本人及其所任命的官吏之间出身大致相仿。因为高祖在建立新朝代的过程中还感到把握不大，因此他任命的行政班子都是最信得过的人：他的密友；太原起事和攻占隋都中的他老臣宿卫；他的亲朋故旧。高祖的12名宰相中，不少于八人都同隋室或唐室有姻亲关系。[2] 高祖的很多最高层文武官员都是他的太原军事幕僚中的旧部。[3] 事实上，唐高祖的中央高级官员不外乎由下列三种人组成：他们作为隋朝的官吏，有老经验；或者是北周、北齐或隋代官吏的子孙；或者是以前各朝代皇室的后裔。因此，唐王朝的秉政对以前各朝各代的统治精英集团没有形成重大的挑战，更不能说它是一次社会革命。[4]

　　唐高祖的朝政被很少数高级顾问所把持，其中大多数人的出身与唐王朝创建者相同，并且在他的叛乱初期诸阶段和他有牵连。毋庸置疑，他的朝臣中最有权势的人物是裴寂（569—628年）。[5] 裴寂原为前朝一个刺史的儿子，幼孤，由其兄抚养长大。他在隋炀帝手下任过许多职务，最后做了晋阳宫副监，唐高祖便是在这里起事的。裴寂在唐王朝建立的最初阶段中提供了宝贵的帮助，他所得的酬劳也甚为可观。高祖登基以后，他被任命为右仆射、知政事；终高祖统治之世未

---

[1]　见孙国栋《唐代三省制之发展研究》，载《新亚学报》，3.1（1957年），第39—41页。

[2]　见筑山治三郎《唐代政治制度研究》（大阪，1967年），第29页。对高祖及其子女婚姻关系的异常详尽的研究，又可见布目潮渢《隋唐史研究》，第314—367页。

[3]　见布目潮渢《唐朝创业期的一个考察》，载《东洋史研究》，25.1（1966年），第3—15页。此文重印于《隋唐史研究》，第154—167页。

[4]　见布目潮渢《唐朝创业期的一个考察》；筑山治三郎：《唐代政治制度研究》，第15—33页。又见《剑桥中国史》第4卷中池田温所写的一章；崔瑞德：《唐代统治阶级的组成》，载芮沃寿、崔瑞德编《对唐代的透视》（纽黑文，1973年），第47—84页；韦克斯勒：《初唐政府中的宗派主义》，载《对唐代的透视》，第105页。

[5]　传记见《旧唐书》卷57，第2285—2289页；《新唐书》卷88，第3736—3739页。

尝去职。但他没有什么将才，在绥靖战争中经常吃大败仗。[1] 但是，高祖厚待裴寂，视之为个人至交，经常给予各种赏赐，甚至在视朝时引与同坐。这种个人关系又因高祖之第六子纳裴寂之女而更加牢固。

朝中另一位大权势人物是萧瑀（575—648 年）。[2] 他是后梁明帝之子、隋炀帝皇后之弟，在隋代历任很多官职，隋炀帝当太子时授太子右千牛之职。隋朝末年，他任职于西北诸州镇，曾在此地抗击过甘肃叛乱者薛举。高祖攻取隋都以后，萧瑀纳土来降，被酬以殊勋。从618—623 年，他先是内书令，而后又与裴寂同为尚书省仆射。萧瑀是一个忠心耿耿的行政官员，对同僚持严厉批评态度，总是苛求于人，被许多朝臣所厌恶和惮服。但是，唐高祖很重视他，重用他，让他和裴寂一起制定了于 624 年颁布的行政法。

第三位大臣是命运不济的刘文静（568—619 年），[3] 他在高祖治下或许有同样显著的功业。他是太原起事的坚决支持者和定策人之一，在唐高祖第一次组织政府时，任门下省纳言（侍中）和宰相。可是，在 618—619 年的多次绥靖战役中，刘文静证明善于带兵，结果他和裴寂之间产生了个人恩怨。唐高祖认为这是对他的政权的不忠，于是采纳了裴寂之言，即应该把他作为对唐王朝潜在的危险而清除掉。刘文静在 619 年阴历九月被处决，这一事件几乎从最初起就引起所有历史学家对高祖的批评，认为他偏听偏信了不实之词，对恩信诸臣没有一碗水端平。

陈叔达（635 年卒）[4] 本是南朝陈宣帝（569—582 年在位）之第十六子，在隋炀帝时曾任门下省给事中，后被外放。在唐军进攻隋都时他参加了唐军，成为唐高祖的幕宾。从 619—626 年，他又历任门下省纳言和宰相之职；虽然对他的政治作用不太清楚，但显然这是高祖推行政策用心良苦的一个例子，即他要在最高层职位上尽量容纳各

---

① 见《资治通鉴》卷 187，第 5867 页，司马光干脆称他为懦夫。
② 传记见《旧唐书》卷 63，第 2398—2404 页；《新唐书》卷 101，第 3949—3952 页。
③ 传记见《旧唐书》卷 57，第 2289—2294 页；《新唐书》卷 88，第 3733—3736 页。
④ 传记见《陈书》卷 28，第 372 页；《南史》卷 65，第 1589 页；《旧唐书》卷 6，第 2363 页；《新唐书》卷 100，第 3295—3926 页。

主要地区的代表性人物。陈叔达似乎广为庇护了愿意投效唐朝政府的南方文学之士。

隋室成员杨恭仁①曾率领隋军镇压过杨玄感叛乱。他是一位诚实正直的官吏，与炀帝朝中大臣不合，因而被派往河南去镇压盗匪。他被打败，便逃往江都，接受了弑君者宇文化及的任命。杨恭仁在河北作战时被一交战的叛乱领袖逮住，后者把他送往长安以示投效之意。唐高祖对他非常好，封他为公，从 619—623 年任他为纳言，此后三年又做了内书令。因此，他从 619—626 年是当然的宰相。他在朝中以行乎中庸见称，是一位秉性温厚、不贪财贿、一丝不苟的人物。更重要的是，他体现了隋政权的延续性。这一点因下面的事实而更加突出：继任他为纳言的是隋炀帝朝中的两位大臣，即一为裴矩（从 624—625 年在职），② 一为炀帝著名的顾问宇文述之子宇文士及（从 625—626 年在职）。③

与正直诚实的杨恭仁截然相反的是唐高祖的最后一位主要顾问——封伦（封德彝）（568—627 年）。④ 封伦为隋朝一刺史之子，也是北齐显官的后代，是河北地区的东北部人。他在隋文帝末年拜在杨素门下，杨素委他为内史舍人。到了炀帝时代，他结纳虞世基，历史学家都责备封伦，说他败坏了炀帝的政府，加重了法令的苛酷和蒙蔽上聪。封伦随炀帝游幸南方，结果变成了宇文化及弑君的党羽。宇文化及任命他为自己政权的纳言。但是，当宇文化及败在李密手下时，他和宇文化及之弟宇文士及逃往长安，投降了唐军。虽然唐高祖最初对他怀有敌意，但封伦以"密计"赢得欢心，并被任命为中书侍郎。后来，他还升任中书令（前后两次，620—621 年；623—624 年），还带宰相衔。从 621—623 年，他当上了民部尚书这个关键性的职位。

---

① 传记见《旧唐书》卷 62，第 2381—2382 页；《新唐书》卷 100，第 3926—3927 页。
② 传记见《隋书》卷 67，第 1577—1584 页；《北史》卷 38，第 1387—1393 页；《旧唐书》卷 63，第 2406—2409 页；《新唐书》卷 100，第 3931—3934 页。
③ 传记见《旧唐书》卷 63，第 2409—2411 页；《新唐书》卷 100，第 3934—3936 页。
④ 传记见《旧唐书》卷 63，第 2395—2398 页；《新唐书》卷 100，第 3929—3931 页。

封伦后来还当了唐太宗对王世充作战的顾问，在此以后他表面上继续支持太宗。但他完全是个投机分子，因为在争嫡的斗争中他似是又秘密地帮助过唐太宗的敌手。但无人知晓此事，直到他在 627 年死后才露了马脚。他把此事瞒得密不透风，甚至唐太宗在即位以后还任命他为右仆射（626—627 年）。

尽管封伦被后世儒家道德派历史学家所诟病，尽管人们在把他与魏徵等大臣相比时对他大加贬抑，但他也显然有他的才干。他在投唐以前就有了长期在政府当顾问和在决策机构中工作的经验，而且据说，他在民部尚书任内的作为还颇得当时人士的赞誉。

以上就是唐高祖周围少数顾问中的主要角色，他们都是参与最高决策的人。当我们在更大的范围内考察唐高祖时代的高级大臣时可以清楚地看出，他们大多数人都与唐皇室出身相类似。大多数人都是北朝和隋王朝的世家大族。高祖治下的 45 名显宦中，有 27 人曾仕于隋，大多数人都在高位。其余人中的大多数之父与祖，或者在隋朝做官，或者在隋朝以前的朝代做官；只有四个人的先世曾给南朝效劳。[1] 后来唐太宗皇室的近侍集团也大致是这个比例。[2]

人们也可以从中清楚地看出，对政府统治精英中的各个地方集团作过平衡的努力，特别是要避免发展成为隋王朝特点的西北人士占优势的情况。[3]

如下所述，这种人事上显著的继承关系还与基本政策上同样的继承性相配合。

唐王朝以这种方式组成的官僚体制，是它的力量的一种源泉。它的成员们绝大多数都有从政经验。大部分高级官员都与皇室有关系，这有助于加强唐王朝的统治，而他们所体现的唐王朝的五湖四海的广泛性则能消除全国不同人士的疑虑，从而促进国家的重新统一。

---

[1] 布目潮风的《隋唐史研究》（第 153—197 页）对统治阶层进行过深入而充分论证的分析。

[2] 可是，在他的文学馆中有很大一批南方人。见福泽宗吉《文学馆学士》，载《熊本大学教育学部纪要》，1（1953 年），第 40—44 页。

[3] 韦克斯勒：《初唐政府中的宗派主义》，第 87—120 页。

中央政府对乡村控制的扩展

对于外地的行政，唐高祖建立了州以取代隋代的郡。这仅仅是个名词的改变，因为隋代本身早在 589—607 年间也已使用了州的名词。县仍然是州治下的下一级行政单位。州、县的长官分别定名为刺史和县令。我们不能确知武德年间有多少州，但是据说，唐高祖想对原来的叛乱者、隋朝官吏和唐军的勋臣宿将酬以官职，他建置了多于隋代（190 个州）一倍多的州，而且也大大增加了县的数目。[①] 可是皇帝沿用隋代的办法，仍然把地方官员的任命委之于中央政府中的民部。

地方行政单位的设置，并不意味着国家可以马上恢复正常的文官统治。唐高祖时代军事活动不断，皇帝在他统治的大多数年代中把他的国家置于严格的军事控制之下。他不仅需要维持 12 支大常备军以保护都门锁钥，而且在全国各地建立了总管府（624 年以后称为都督府）。[②] 这不是什么新发明，因为隋朝就建立了这种兵制，而许多叛乱者在隋朝末年的战乱中也曾自号总管。总管府有 43 个，地位在该地区文职之上，对境内的一切军事问题拥有全权。它们的辖境很大，每个总管府能号令数州；最大的总管府称为大总管府，所号令之州达39 个之多。

除了这些总管府之外，政府在唐朝初年还建立了地区的机动行政组织（行台）：它们位于陕西东部、山东和四川，以及长江中、下游的战略要冲。它们主要是战地政府机构，临时成立起来以协调地方行政和落实政府的政策。这些行台都被委给唐王朝最可靠的支持者节

---

① 据《唐会要》卷 70，第 1232 页，627 年有州 360 个。《资治通鉴》卷 192，第 6033 页，开列了这一年的州名，但此表有许多不合理的情况，比如它包括了 7 世纪后期才建立的州，所以没有反映 627 年的真实情况。事实上，唐高祖时代甚至建立了更多的州、县，总数远远超过了隋代的一倍。《旧唐书·地理志》（卷 38—41）很详细地反映了唐高祖年间地方行政的变化，但还没有哪一位学者试图重新整理出这一复杂而变动不定的情况。很清楚，有许多建置是在 618 年以后，但又约在 624 年后陆续裁撤，而在唐太宗的 627 年大加裁并。
② 《唐会要》卷 68，第 1192 页；《旧唐书》卷 38，第 1384 页。后者说它们建于边境或战略要地。

制；李世民本人就曾主管过两三次行台之责。一旦正式行政机构开始顺利运转，行台在几年内便撤销了。

唐王朝还不失时机地设置地方军事部队，使之提供可靠的、以地方为基础的人力资源，以满足王朝的军事需要。他们在这方面所沿袭的政策可以上溯到西魏于 543 年所作出的决定，即征调地方兵力来补充它空虚的部队。在关中的京兆地区建立的府有 261 个。[①] 在唐王朝初建的数年内，当兵马倥偬之际，这些关中的府兵被置于保卫京兆的十二个军的统领之下。十二军在高祖末年被解散之后，这些府兵仍被保留了下来，但改归保卫京师的卫来领导。[②] 尽管关中是中国最军事化的地区，有些地方据说是十男中有九人服兵役，但全国其他地方也建立了府，总数最后达到 633 个。

每一个府都有一整套军官编制，并按很严格的军事方式组织起来。它们的规模有三种：每个单位或 800 人，或 1000 人，或 1200 人。隋代在 590 年曾公开下令，所有以地方为基地的士兵应直接置于当地文官的管辖之下，唐代则与此不同，它把府作为单独的军事单位，不过士兵们也要在平民户口中注籍。但唐代也有继承隋代政策的方面，即把这些地方部队直接置于京师控制之下。为了保证对他们的控制，唐王朝下令，府应该轮流派送兵士去长安服兵役。636 年，这些地方部队又改名为折冲府。到了这个时候，中央政府已经牢牢地控制了全中国，它能信赖这些自给自足的地方部队，因为任何单个的府都很小，已不能对朝廷构成威胁，但却又是能招之即来的可靠的人力来源。[③]

树立财政权威和形成偿付能力的努力

唐王朝草创之际最紧迫的问题之一，是征集资财以供军需和支付

---

① 据《新唐书》（卷 50，第 1325 页）说有 261 个府；《唐会要》（卷 72，第 1298 页）说有 361 个府。

② 《新唐书》卷 50，第 1324 页。

③ 见杜洽《唐代府兵考》，载《史学年报》，3.1（1939 年），第 9—10 页。

日益增多的官僚的俸禄，因为唐朝的行政控制已遍及全国。最初，唐军掳掠的战利品和从隋王朝的金库及仓廒中所猎取的财物成为唐高祖收入的主要来源，但是很显然，政府的财政收入得有比这更持久的措施才行。

618 年，皇帝制定了一个制度，使京城或各州的官署能拥有一定数量的资金，以便投放于贸易或放贷取利。这些钱交由通常是商人出身的特殊的"吏胥"掌握，由此取得的利益用于政府支付官吏的俸金。也就在这一年，皇帝又开始为京城和各地方的官署设置职分田，使其地租成为它们现任官吏的薪水的一部分；又设置了公廨田以提供官署的管理经费。这种以田地作特殊基金来支付官吏薪俸和办公经费的办法是取法于南朝的经验。[1]

作为获致政府财政收入的主要方法，在 619 年和 624 年的法律中，唐高祖恢复了由国家控制土地使用和土地分配的均田制度，这是在北魏时期建立的一种制度，后来在北朝和隋代都一直沿用。这个制度的细节将在本书下一章予以讨论，建立这个制度的用意是要根据成年男性纳税人的年龄和社会身份保证给他们一定数量的土地，并限制个人手中所拥有的土地数量和他们自由处理土地财产的权利。[2] 与此同时，政府还建立了一种直接税制，即租庸调制，它规定每一个登记在籍的纳税人都得支付一定数量的谷物、布匹，并定期服劳役。可是在唐高祖时期，租庸调制在全国的实施程度和贯彻这一税制的阶段尚未充分弄清楚。但应该注意，唐高祖的基本财政政策是严格模仿北朝的，因而不太重视非农业部门的经济。在中国南方已司空见惯的货币税，也没有起多大的作用。这整个制度对所有纳税人的税务负担采取一刀切的办法，而不管他们的实际处境和他们所在地区的实际情况如何。[3]

---

① 见菊池英夫《关于南朝田制的一个考察》，载《山梨大学教育部纪要》，4（1969 年），第 1—44 页。

② 关于这个土地制度，可看崔瑞德《唐代的财政管理》第 2 版（牛津，1970 年），第 1—6 页。关于这个问题的大量文献材料，见该书所开列的书目。

③ 见崔瑞德《唐代的财政管理》，第 24—28 页。

自从汉代灭亡以来，隋代第一次试图给中国北方提供一个可行的货币制度，但事实证明，它是很不够的；在隋朝后期随着公共秩序的瓦解，伪造货币之风十分猖獗。其结果是，人民使用各种商品以取代钱币。621 年，皇帝开始铸造其大小、轻重和成色都划一的新铸币。新币取名为开元通宝；终唐之世它都是法定货币。[①]

虽然在 8 世纪以前唐代并未对商业课税做过系统的努力，但从唐王朝建立之初它即对贸易实行严格的控制，特别对首都和各州城这些大市场更是如此。除了从隋代传下来的长安的三大都会市场以外，皇帝还命令各州及都督府自设官办市场。为管理京师和地方大城镇市场所设的官被称为市令；市令负责维持秩序，登记所有商店，监督度量衡，决定批准的价格表，保证出售货物的质量。[②]

唐高祖也继续实行隋朝的发展水利和运河体系的政策。624 年在陕西建成了一套给水系统，它引黄河水浇地 8 万多英亩，次年在陕西建造了一条漕运运河，它有助于京城的物资供应。[③]

法典的编定

当唐高祖最初起兵太原时，他颁布了一系列宽厚法令以缓和隋炀帝那一套严刑峻罚；而在 617 年攻取了大兴城以后，由于他想赢得城内人民的忠顺，他迅速公布了一套只有 12 条条款的很简易的法令，大约是仿汉高祖的约法三章，作为其新王朝开始的一种宽厚姿态。这些法令减少了处死的罪行，只限于凶杀、暴力抢劫、开小差和叛逆等行为。[④] 618 年正式建国，他立即增加了 53 条法令，它们都是取自隋文帝的开皇行政法与刑法，取代了后来隋炀帝的严苛而繁杂的法律。[⑤] 隋律是 581 年"新法"（完成于 583 年）的修订版，它的渊源

① 见崔瑞德《唐代的财政管理》，第 66—70 页。
② 见崔瑞德《唐代的市场管理》，载《大亚细亚》（新版），12.2（1966 年），第 202—248 页。
③ 《唐会要》卷 89，第 1619 页；《册府元龟》卷 497，第 7 页。
④ 《旧唐书》卷 50，第 2133 页；《资治通鉴》卷 184，第 5762 页。
⑤ 《旧唐书》卷 50，第 2133—2134 页。

很多，分别来自北魏、晋、北齐和梁朝的法律。也是在 618 年，皇帝任命了一个高级委员会来编纂唐王朝的大型刑法和行政法法典。它于 624 年阴历三月呈上御览，四月份颁行天下，被称为新武德律；它极像开皇律，也包含有 500 条款。因此这部初唐律令大致上是经过隋代合理化处理三国南北朝时期的法律的成果，并无多少新内容。不过，这个委员会不仅包括隋代大理寺的原来正卿，也至少包括两位显赫的南方人，因此它也做了一些努力来吸收南方行政实践中的特点。①

除新武德律以外，呈交给皇帝的还有一套行政法——即 30 卷令；还有行政细则——即 14 卷式，它使高祖建立起来的新型政府和制度有了法律效力和一个标准的法典形式。正如皇帝在颁行它的诏书中所说，"永垂宪则，贻范后昆"。② 在这一点上唐高祖确实是成功的：由他的委员会所起草的唐律，除了略有修订外，一直到 14 世纪都具有权威性，而且为越南、朝鲜和日本等国的第一部法典提供了样板。至于在中国本身，根据定期修订的法律精心制定行政法律程序的活动一直是唐代在下一个世纪所关注的大事。

考试制度和学科制度的建立

唐高祖究于何时重新推行隋朝的科举制度，这个问题尚不清楚，但是到了 621 年，竞争各种功名的士子已云集于京城应试。③ 可是，如果认为科举考试在唐朝初年有很大影响，那就错了。第一，那时中式的士子与唐朝全部官吏的数目相比为数极少。第二，虽然唐高祖时代有几位高官曾在隋代中过举，但那些在唐代中举的人当时还很年轻，在他们的宦途中开始时尚处于下僚。高祖时代的顶层官僚之所以取得这样的位望，通常是由于他们要么与皇室沾亲带故，要么在建立唐王朝的过程中曾建功立业。如果他们也有人有了功名，那纯粹是巧

---

① 见仁井田陞《唐令拾遗》（东京，1933 年），第 12—13 页。
② 《唐大诏令集》卷 82，第 470 页。
③ 《新唐书》卷 44，第 1163 页；《唐摭言》（《丛书集成》版）卷 15，第 159 页。见福岛繁次郎《唐代的贡举制》，载《中国南北朝史研究》（东京，1962 年），第 58—65 页；戴何都：《〈新唐书〉选举志译注》（巴黎，1932 年），第 160 页。

合。最后，贵族的权势还十分强大，许多官员是靠祖荫得的官。

为了满足那些想应科考的人，唐高祖在长安重开了隋代的三种学校，即国子学、太学和四门学；所有这些学校都着重教授经书。它们最后都受 627 年开办的国子监的管理。626 年，它们总共只有学生342 名，他们几乎都是皇室、贵族和品级最高的官员的子弟。只有最低级的四门学才除外，略有放松。[①] 624 年，唐高祖下令在各州县一律设立学校。[②]

管理宗教集团的有力措施

在三国南北朝大分裂时期，道、释二教变成了颓废官吏阶层哲学的和宗教的主要寄托。这种宗教也在平民百姓中广有徒众，而且创立了道士、僧尼的巨大宗教社团。它们对历代的中央政权构成了日益严重的挑战，是由于以下几点：它们拥有巨大的物质财富、土地、寺院和庙宇，拥有珍贵金属所制造的圣物；宗教社团的成员实际上宣布不承担对国家、自己的家庭和社会的一切责任，因而使国家蒙受大量的人力损失；在寺院土地上作为农奴劳动的依附家庭和依附男女数目庞大。

随着隋代的重新统一中国，特别是在唐代，儒家思想又变成了官吏们关心的大事，因为他们现在正全力巩固他们在这新建立的高度中央集权的政权内的权力。释、道、儒为了取悦知识分子精英人物而展开了尖锐的争夺人心之战；在唐朝初年，这三方的代表人物经常在朝廷上展开激烈的辩论，由皇帝亲自主持其事。

621 年和 624 年，太史令、中国的保守派代言人傅奕在奏疏中攻击佛教为外来的和有害的宗教，因为它把数以万计的男女都诱入不参加正常社会活动的歧途，因此他请皇帝在中国废除佛法。[③] 唐高祖自

---

① 《唐会要》卷 66，第 1157 页；《资治通鉴》卷 185，第 5792 页。

② 《新唐书》卷 49 下，第 1314 页；《资治通鉴》卷 185，第 5792 页；《唐大诏令集》卷 105，第 537 页；《全唐文》卷 3，第 1—2 页。

③ 《唐会要》卷 47，第 835 页；《资治通鉴》卷 191，第 6001—6002 页；见芮沃寿《傅奕与对佛教的抵制》，载《思想史杂志》，12（1951 年），第 33—47 页。

然不愿对如此声势浩大的佛教进行干预,不过佛教和道教拥有日益增长的经济势力,这不能不使他像前人那样产生忧虑和担心。

直到 626 年阴历五月,皇帝才采取有效措施反对佛教,同时他也设法对道教组织实行了更大程度的国家控制。他限定了京城和各州的佛寺和道观的数目;在京城,他把佛寺的数目从 120 个减到 3 个;道观从 10 个减到 1 个。各州只许各设一座佛寺和道观。凡不真正属于宗教组织之僧尼,均应着令还俗。[①] 这些指示几乎没有来得及付诸实行,因为它们在三个月以后撤销,那时李世民攘夺了政府的权力。唐高祖的丧失权力可能同他对佛教和道教采取高压措施有关。我们至少知道,李世民的随从人员在他掌权以前就曾在文字和口头上为佛教辩护,所以这足以表明,李世民及其一伙当时正在争取全国佛教信徒的支持。[②]

唐王朝与东突厥的关系

唐高祖之治的大部分时间都专注于国内事务和新王朝制度的建立工作。但是在唐代初年,最大的威胁不是来自国内的敌手,而是来自一个外族政权——东突厥人。唐高祖充分了解唐王朝还处于军事软弱的地位,所以经常贿赂东突厥人不要侵犯唐朝领土,也不要他们帮助已宣布成为突厥附庸的那些叛乱者。他在位期间,给突厥可汗大量送礼是常例。但是,唐高祖的收买政策并不十分顺利,因为突厥人索贿的胃口越来越大。他们派往长安的使者并不尊敬皇帝,反而把京城搞得乌烟瘴气。其中有这样一个例子:唐高祖被迫允许东突厥的使节们刺杀了西突厥的曷萨那可汗;后者从前曾向唐王进贡,此时正在长安。不仅如此,东突厥人还勾结北方各叛乱者再次进犯中国。

在计划于 619 年初期进犯中国的前夕,始毕可汗死了。他的儿子

---

① 《唐会要》卷 47,第 836 页;《旧唐书》卷 1,第 16—17 页;《记古今佛道论衡》,载《大正新修大藏经》卷 52,第 381 页。
② 见芮沃寿《唐太宗和佛教》,载芮沃寿、崔瑞德编《对唐代的透视》,第 245—246 页。

尚未成年，因而由他的兄弟接任为处罗可汗——他不久于 620 年死去。处罗可汗由另一兄弟颉利可汗（620—630 年在位）继位，此人在高祖年间和唐太宗初年被认为是唐王朝的大患。

622 年，颉利率领号称 15 万人的大军进犯唐王朝原根据地太原，但被太子建成和李世民统兵击退。突厥人屡屡进犯京城长安的周围地区，形势变得如此严重，以致京师在 624 年后期不得不实行戒严。根据传统的记述，高祖曾认真地考虑把都城迁到更安全的地方以避突厥人之锋，他并且派过一个官员去勘察新都几个可能的地址。[①] 次年，原已于 622 年解散了的十二个军又重新建立，以便对付突厥人的威胁。625 年年中，颉利可汗又率大军再次攻击太原，使唐军受了很大损失。甚至在高祖统治的最后几个月内，东突厥还在攻打北方边境，因此皇帝不得不命令地方官员加固城垣，多挖护城河，严加防备。

虽然唐高祖历来受到后世种族中心论的中国历史学家的严厉批评，说他在唐朝初年屈从于突厥人；虽然他的收买政策未能挡住突厥人接二连三的进犯，但他确在王朝危急的时期成功地买得了安全。这个喘息时机，首先使唐军在进入隋都时免除了腹背受敌之虞，后来又使唐军巩固了在陕西的力量。它还使唐朝能够在太子建成的指挥下开始筹划北方边境的防御工作，这虽然不能完全阻止突厥人的入侵，却为汉人在唐高祖在位的余年坚强有力地抗拒突厥人的进犯打下了基础。

玄武门之变和内禅

与唐高祖逐鹿的群雄纷纷败于战阵，朝廷上也已形成一种相对稳定和宁静的气氛，这时以太子建成及支持他的幼弟李元吉为一方，以建成之弟李世民为另一方的早在战争时期即已潜滋暗长的仇恨终于表

---

① 传统的史学家指出，经李世民劝阻，这一计划未付诸实施。见李树桐《唐史考辨》，第 55—60 页。

面化了，并且发展为你死我活的权力斗争。

建成和元吉两个人在正史上都被说得无甚是处。根据这些史书的记载，元吉酷嗜射猎，在战阵上反复无常，又是个好色之徒和一个虐待狂；太子建成则冥顽不灵，桀骜难驯，沉湎酒色。这些贬词至少是传统史料中这一时期的记载对他们故意歪曲的部分结果。例如，宋代大历史学家司马光（1019—1086 年）就深知当时的实录对建成和元吉有偏颇不实之语。[1]

到了 621 年，李世民由于战胜了窦建德和王世充而声誉骤隆，太子建成则因大部分时间在北方边疆防御突厥人，未能树立同样的声望。也就在这一年，唐高祖把李世民的地位提高到全国其余一切贵族之上，命他掌握东部平原文、武两方面的大权，并且命他开府洛阳。李世民立即组成一个听命于他的约有文武官员 50 人的强大的随从人员集团，其中许多人来自东北部平原原来已被他消灭的敌人营垒；他开始向太子建成的高于他人的地位挑战了。[2]

李世民很可能也从其他方面威胁建成。621 年他设立了自己的文学馆，其中有 18 位学士当他的国事顾问。文学馆的创办很可能提醒太子建成，世民有继登大宝的野心。[3]

从这时起，建成想方设法挖李世民的墙脚，把后者班子中的几个人调往别的岗位上去。[4] 与此同时，他招募两千多名少壮人员来增强他在长安的力量，这支力量称长林兵，因为他们驻扎在太子住地东宫内的长林门附近。建成与他的反李世民的同盟者元吉还获得高祖后宫中许多妃嫔的支持，她们在不间断的宫廷阴谋中在皇帝面前给他们说好话。另一方面，李世民因有军务经常不在首都，他在长安城内和宫廷内部没能成功地得到支援。但他却在洛阳的军政官员中建立了支援

---

[1]　《资治通鉴》卷 184，第 5738 页《考异》；《资治通鉴》卷 190，第 5960 页《考异》。

[2]　布目潮沨：《隋唐史研究》，第 189—256 页，特别是第 218—249 页。

[3]　同上书，第 217 页起以下诸页；福泽宗吉：《文学馆学士》。

[4]　布目潮沨在他的《隋唐史研究》（第 296 页起以下诸页）中讨论了太子建成以下的这些安排。

的基础，以此来与太子建成在长安的优势相抗衡。[①]

最初，太子建成的策略进行得很得手。可是 624 年阴历六月，原任太子东宫侍卫的庆州总管杨文干谋反。据说，有人曾劝杨文干应为太子建成起兵并拥立太子为帝；是时太子正留守京城，唐高祖则住在离宫。阴谋被揭露，太子建成和杨文干分别从长安和戍地被召赴行宫。当高祖的使者到达时，太子建成拒绝了一位部属劝他夺取帝位的进言，反而前往行宫请求皇帝宽恕。可是，杨文干却举兵反叛。按照史书上的某些记载，唐高祖答允立李世民为太子，并派李世民和另外几位将领率兵去讨伐杨文干；官军一到，杨文干即为其部下所杀。

与此同时，太子的支持者李元吉、后宫的妃嫔们和宰相封德彝（封伦）等人成功地掩饰了整个事情的真相；而且尽管太子的几名顾问和李世民的至少一位随从都被放逐，李建成仍被遣回长安当太子。有些历史学家很怀疑李建成是否真正与闻这次事件，而且至少有一位现代学者相信，指控李建成的罪名是李世民及其同党罗织起来的。[②]

唐高祖曾想法缓和诸子之间日益紧张的关系。他试图让李建成和李世民脱离直接接触，并且曾作过某些微弱而不成功的努力以弥补他们之间的裂痕。但是，他陷入了宫廷内和朝堂上精心策划的尔虞我诈的交叉火网之中而不能自拔，每一方都设法诋毁对方，而唐高祖本人对李建成和李世民的态度又极端摇摆不定，对他们的态度看来取决于他们各自成功地利用他的程度。同时，局势也急转直下，直到最后以兵戎相见。

---

① 《旧唐书》卷 69，第 2515 页。关于建成与世民敌对双方各拥有的支持者的问题，见陈寅恪的《论隋末唐初所谓"山东豪杰"》，载《岭南学报》，12.6（1952 年），第 1—14 页；章群：《论唐开元前的政治集团》，载《新亚学报》，1.2（1956 年），第 290 页；李树桐：《唐史考辨》，第 134—135 页。

② 有若干证据表明，太子建成是被诬枉的。见《资治通鉴》卷 191，第 5986 页《考异》。李树桐走得更远，他认为传统记述都是唐太宗的支持者及后世史家——特别是许敬宗所精心编造出来的。可是在《隋唐史研究》（第 276—281 页）和《玄武门之变》（载《大阪大学教育部集录》，16〔1968 年〕，第 29—32 页）中，布目潮风反驳了这种看法，但他并未提出具体理由。

到了 626 年，李世民对李建成和李元吉耍弄花招所取得的成就越来越惊恐不安，因为后二人意在使皇帝反对他，并且想挖空他的一帮人马。杨文干事件后不久，唐高祖得知李世民的觊觎之心日渐增强，他便召李世民进宫并明白地告诉他，他不可能从高祖本人那里得到什么帮助。① 李世民的两个最重要的谋士房玄龄和杜如晦，已因建成和元吉玩弄阴谋而被开革。他的将军尉迟敬德被建成和元吉雇人行刺，几乎丧生，而当他后来被他们在朝中诋毁时又是经李世民说情才免于一死的。当突厥人于 626 年初入侵边境时，经建成提议，元吉被派往抗御突厥人；他随身带走了李世民手下最优秀的将军们和精锐士兵。建成和元吉并且厚赂李世民的关键人物，希望他们倒戈相向。唐高祖似乎并不反对他们搞这些名堂。最后，据说李建成想毒死李世民，虽然对行事的时间——甚至对这个事件本身——都一直有人争论不休。

一个时期以来，李世民的最有影响的官员们曾敦促他对他的两个兄弟采取强硬的立场。但是，他在制定进攻性策略时行动是缓慢的。可是，他谦恭下士，慷慨大方地笼络了洛阳地区的地方军事精英人物（豪杰），而且用自己的一干人马警卫着这个城市。可能他是在想，如果一旦被迫逃出京城的话，他可利用洛阳做避风港，或者用它作为反对建成和元吉的基地。

最后，刺激李世民采取行动来反对他的兄弟们的事件终于出现：据他的探子报告，他们计划在李世民送元吉出征突厥人之际将他杀害。这时，他秘密地把扮成道士的房玄龄和杜如晦召进他的营地以协助他制定计划，同时，他又贿买玄武门禁军将领常何，使之听命于己。玄武门位于长安北面城垣之中心，是出入禁城的要道。由于它地处冲要，所以禁军都驻扎在它的左近，以负责防止任何敢于政变的尝试。②

阴历六月初三，李世民谎奏说建成和元吉淫乱后宫。唐高祖即对此事进行按验。次日一早，高祖的一个妃嫔把李世民对他们的控告通

---

① 《资治通鉴》卷 191，第 5990 页。唐高祖告诉李世民说："天子自有天命，非智力可求。汝求之—何急耶！"
② 见陈寅恪《唐代政治史述论考》，第 140—143 页。

知建成和元吉，他们便决定不去朝廷而径自去见皇帝求情，因此打马直奔皇宫，想为自己辩护。

可是正在这时，李世民领着 12 名[1]心腹部署在他此时已控制的玄武门阵地。当建成、元吉到达宫门入口处玄武门时，他们被伏兵袭击。建成被李世民砍死；元吉则被李世民的军官尉迟敬德所杀。建成和元吉的随从于是对玄武门发动攻击，但当两位被杀主子的头被拿来晓示众人时，他们的攻门努力便即刻瓦解了。

在玄武门之变的前不久，唐高祖表现了颇不利于李世民的态度：他曾允许把李世民的几个要员调走，同时他也默默地看着建成在京城发展部队，使它的人数明显地多于李世民的部队。[2] 紧接着玄武门的事变，李世民派了他的可靠的将军尉迟敬德（即唐高祖前不久要处死的人）去向皇帝报告政变的结果。据说，在玄武门事件发生时，高祖正在宫内的湖面上划船。这时，尉迟敬德身穿全副甲胄荷戈而至（这一行动通常罪当处死），把高祖两个儿子的死讯告诉了他。李世民用了这一戏剧性的手法告诉他的父亲：唐廷内的潮流变了，他现在完全控制了局势。[3]

玄武门事变之后仅仅三天李世民便被立为皇太子，从他父亲手里接过政府的实际控制权。阴历八月初九，唐高祖可能是由于被胁迫而放弃了皇位，李世民便做了唐王朝的第二位皇帝（后来在中国历史上被谥为太宗）。与此同时，唐高祖被尊为太上皇。

唐高祖逊位之后，无论在事实上或名义上都变成了退隐皇帝，只偶尔出席宫廷礼仪。关于 626 年以后的年代他们父子之间的关系到底如何，我们知道的很少，但是，当时事变所引起的创伤似未治愈。632 年，监察御史马周上疏诉陈：年迈的高祖住在宫城西部狭窄的大安宫内；虽然它去太宗之宫咫尺，但太宗已经好久没有去省视他了。

---

① 按照布目潮风在《玄武门之变》中的说法，李世民所带领的人是 12 名，而不是传统记述中的 9 名。
② 见傅乐成《玄武门事变之酝酿》，载《文史哲学报》，8（1958 年），第 174—175 页。
③ 《资治通鉴》卷 191，第 6011 页。

马周还进一步指责说，当太宗要去夏宫避暑时，高祖却被留在长安受热天的煎熬。[1] 可是，后来太宗也要邀请高祖和他一起去避暑时，高祖谢绝了。太宗于是在宫城的东北面建造大明宫作为他父亲的避暑离宫，但高祖在施工期间却一病不起，而于 635 年阴历五月死去，没来得及住进他的离宫。另外一件事情也一定很重要，即唐太宗给他父亲建造的陵寝明显地小于他为他妻子所建造的宏伟的陵墓，他也打算把那里作为自己的安葬之地。这一举措的含义肯定对唐太宗的一位官员有所触动，他讥讽太宗为不孝。[2]

可以毫不夸张地说，唐高祖是中国一切史书中最受贬低的一位君主。他的声誉之所以蒙受损失，第一是因为事实上他的统治时期很短，而且是夹在中国历史上两个最突出的人物的统治期的中间：他前面的统治者是大坏蛋隋炀帝，他后面的则是被后世史家视为政治完人的唐太宗。第二，已如上述，是因为他建立唐王朝的功绩被他的接班人精心地掩盖了。实际上，唐高祖举兵反隋时尽管已年过 50，上了年纪，他仍然不失为一个有雄心壮志而又生气勃勃的和干练的领袖人物。有充分材料可以证明，他具有不凡的抱负，而且毫无疑问，恰恰是他策划了太原起事，并胜利地引导唐军进抵隋都。他对李密和东突厥人的外交攻势使得唐军能夺取大兴城，并且使得唐军能组织和加强在陕西的力量而无虞敌军的阻碍。后来，他的大赦、封官许愿和大加赏赐的政策，再加上李世民在战场上的胜利，有助于使新王朝取得很多必要的支援，并且促成了全国的重新统一。也正是唐高祖其人建立了初唐的制度和政治格局。武德之治，从任何现实标准来衡量，都算得上取得了突出的成就；从其结果来看，唐王朝已经打下了坚实的行政、经济和军事基础。总而言之，唐高祖为他儿子的辉煌统治奠定了必不可少的基础。

---

[1]　《旧唐书》卷 74，第 2613 页。

[2]　《新唐书》卷 97，第 3871 页；见韦克斯勒《天子的镜子：唐太宗朝廷中的魏徵》（纽黑文，1974 年），第 136—137 页。

第 四 章

唐政权的巩固者唐太宗
（626—649 年在位）

后来的太宗李世民为高祖次子，600 年生于今陕西省武功县。[①]
他母亲出身于一个极有权势的氏族——窦氏。窦氏的姐姐是杨广（即
隋炀帝）的夫人。它和隋、唐的皇室一样，是一个含有异族血统的氏
族（其原始姓是纥豆陵氏），[②] 它在初唐时期一直非常有权势，出了
两个皇后、六个王妃、八个驸马和一大批高官。[③] 太宗的母亲生长于
她舅父北周武帝（他的妹妹是她的母亲）宫中，据说李渊在那里的一
次射箭比赛中和她订了婚；她死于 614 年。[④]

童年时代的李世民，自然只是一个贵公子，不可能受到任何准备
将来做帝王的特殊教育。他受的肯定是当时上流阶级的典型儒家教
育，因为后来他做皇帝时表现出他深通经、史，而且是一个书法家。
李氏家族具有强烈的北方民族传统，当然是佛教信徒，高祖的几个儿
子都有佛教的乳名。但和大多数的汉—突厥混血贵族一样，太宗早年
受的教育侧重武术，尤重骑射。当时的史书里充满了关于他的勇敢和
富有军事天才的故事。他擅长骑术，装饰他陵墓的他所喜爱的六匹骏
马的浮雕，现在仍然被保存着。

和他的兄弟们一样，他很年轻的时候就接受了第一次战争考验。
当他还只十几岁时就随他父亲多次出征，平定发生在今山西省内的各

---

① 太宗生年有几种不同的说法，即有从生于 597 年到生于 600 年四种年头的说法。
② 姚薇元：《北朝胡姓考》（北京，1955 年），第 175 页。
③ 《旧唐书》卷 61，第 2369 页。
④ 《旧唐书》卷 51，第 2163—2164 页。

种叛乱和抗击东突厥人的入侵。据传统记载，太宗仅仅 15 岁时就曾率领一支人马，在山西北部长城的雁门救出被东突厥包围的隋炀帝。这个故事历来被看做太宗第一次出现于历史的记载，但恐怕不可靠。[①]

李世民的身份在唐朝的最初年代基本上还是一个军事将领。作为一个英勇而常胜的指挥官，他的品格形成于他夺取帝位的多年的艰苦野战时期。他确实有帝王之姿，在朝廷上显得很庄严威武。他好冲动，易被激怒，当他发怒时面色紫胀，使周围的人不寒而栗。他在处理突厥事务上的成功，多半应归功于他坚强的个性和英雄的风度。

太宗认为，是人，而不是天，决定人们的命运，他采取的理性主义态度是与这一时期的传统信念背道而驰的。例如，他即位不久全国各地的官员不时奏报祥瑞和凶兆，他驳斥说："安危在于人事，吉凶系于政术。若时主肆虐，嘉贶未能成其美；如治道休明，庶征不能致其恶。"[②] 后来，他命令在一个不误农时的日子举行太子的冠礼，而不顾有人关于此日不吉的劝告。[③] 他曾嘲笑以前很多服食丹药求长生·的帝王。

太宗是一位非常自觉的帝王，深切关心他留给后世的形象。我们知道，他企图改动实录关于唐朝创业的叙述和玄武门之变的记载以提高他的历史形象。太宗的许多公开的举止，与其说是出自本心，倒不如说是出自想得到朝官——尤其是起居注官——赞许的愿望。

毫无疑问，太宗具有作出戏剧性和炫耀性姿态的才能。我们现举一件逸事为例来说明他喜欢做作的习惯：628 年，京畿地区发生蝗灾。他到皇宫北部的御花园中亲查灾情。他抓起一把蝗虫叫骂道："民以谷为命而汝食之，宁食吾之肺肠。"于是他举起这把蝗虫往口边

---

① 宾板桥：《唐朝的建立：隋之灭亡和唐之兴起》（巴尔的摩，1941 年），第 49 页。
② 《唐会要》卷 28，第 531 页。
③ 《贞观政要》，原田种成编印（东京，1962 年）卷 8，第 241—243 页。

送，准备吞食，侍臣们阻止他说，"恶物或成疾"。他坦然回答："朕为民受灾，何疾之避！"说着，把蝗虫吞吃了。[1]

太宗在位初期，一直表现出对民众的同情和对朝臣意见的尊重。他为缺乏治国的才能而经常表示担忧，并声明由于他早年从事军旅，没有受过做帝王的教育。他曾说："朕少好弓矢，得良弓十数，自谓无以加。近以示弓匠，乃曰皆非良材。朕问其故。工曰，木心不直则脉理皆邪，弓虽劲而发矢不直。朕始寤向者辨之未精也。朕以弓矢定四方，识之犹未能尽，况天下之务，其能遍知乎！"[2]

太宗就这样在群臣面前采取谦恭下士的态度，渴望学习，尽力征求他们的意见和坦率的批评。

尽管表面上显示出谦虚，但在 626 年阴历八月九日他即位之后，事实证明他是一位精力充沛和才能卓越的政治家，同时也是一位优秀的军事统帅。虽然比起他父亲高祖来，他相对地缺乏文治经验，可是不久他就给唐政府带来一种新鲜的、事必躬亲的和有吸引力的作风，这种作风基本上建立在他个人的明察、过人的精力、勤奋不息和善于用人的基础之上。

他倾注于治国方面的精力是惊人的，并且要求群臣也和他一样。他的宰相们轮流在中书、门下省值宿，以便能不分昼夜地随时召对。当谏书多起来时，他把它们粘在寝室墙上，以便能对它们审查和考虑，直到深夜。

他谨遵儒家的教导，使士大夫参与国事并有权有责，而且事实证明，他对文人的谏诤和压力非常敏感而负责。他虚心征求群臣和顾问的坦率批评，并诚心诚意地利用他们的批评改善政务。他即位不久，就使谏官参加门下和中书两省大臣们的国事讨论，以便有失误时可及时纠正。[3] 他还使所有的官员都可议论政事而不必畏惧，并使他们能更方便地直接向皇帝提出建议和请求。

---

① 《资治通鉴》卷 192，第 6053—6054 页；《贞观政要》卷 8，第 241 页。
② 《资治通鉴》卷 192，第 6034 页。
③ 同上书，第 5031 页。

太宗不只对群臣有上述的一般要求，而且还和他们建立了密切的个人关系，这就是让他们觉得，在制定政策和处理国事方面，他们是起了重要作用的。如果我们看到太宗在传统史书中的形象常常被理想化了，这不仅是由于他自己力图影响历史的记载，而且还由于史官们也受到作为士大夫所应有的责任感的影响，他们当然会把一个如此关心他们本阶级而且行为近乎儒家思想的皇帝偶像化。

太宗即位初年所自觉遵奉的另一个儒家美德就是节俭。他严格地削减了大型公共工程，以减轻民众的劳役负担和赋税。他在即位后几个月内对群臣说："君依于国，国依于民。刻民以奉君，犹割肉以充腹，腹饱而身毙，君富而国亡。"[1] 这样地宣扬节俭和关心民众福利，自然使朝廷的儒臣们高兴，也使他大得民心。

627 年阴历元旦，太宗取年号为"贞观"，后世历史家对他的被理想化的施政画卷尊之为"贞观之治"。它证明是一个非常有影响的样板，激励了后世如乾隆皇帝、忽必烈汗和日本的德川家康等各种各样的统治者。

可是这个理想的形象只适用于太宗在位的初期。到了 7 世纪 30 年代的中期，随着国家力量的强固和帝国边境的扩展，太宗对他自己的治国之术变得越来越自信，独断专行和自以为是开始发展。他早年的节俭和爱惜民力的经济政策让位于大修宫苑和广兴公共工程之举了。

629 年和 630 年，谏官们一再劝告，不要大规模地重修洛阳的隋代宫殿，因为这样就易蹈隋末的覆辙，可是在 631 年，太宗仍命令整修隋代宫殿；但当他看到完工后的宫殿过于华丽时，又下令把它拆毁。[2] 在同一年，太宗重修凤翔府的隋代仁寿宫，[3] 随着又建造了不少于四个新的宫殿：即建于 634 年的大明宫，[4] 后来成为皇帝的主要

---

[1]　《资治通鉴》卷 192，第 6026 页。

[2]　《唐会要》卷 30，第 551—552 页；《资治通鉴》卷 193，第 6079—6080、6088 页。

[3]　《资治通鉴》卷 193，第 6088 页。

[4]　《唐会要》卷 30，第 553 页。原名永安宫，635 年改名大明宫。

常居之处；建于 637 年的飞山宫；[①] 建于 640 年的襄城宫；[②] 建于 647 年的玉华宫。[③] 我们举一例以见工程之大：襄城宫的建造，用了大约 200 万个工时。即使是这样费工，当 641 年竣工时太宗发觉它是建立在暑热和不合意之地，又命把它夷为平地，并把主持建造的将作大匠降了级。[④] 647 年，大量公共工程的费用成了推迟预定在次年举行封禅的原因之一。[⑤]

太宗放弃节俭的方针也表现在别的方面。他在即位初期，很少举行他父亲和他弟弟元吉喜爱的那种隆重的大狩猎活动。这种狩猎，与其说是单纯的捕猎活动，不如说是大规模的军事演习，对当地人民来说是劳民伤财的事情。但在太宗在位的后半期，狩猎又变成了经常的事，使他长期离朝在外。637 年，有一个皇子因沉溺狩猎而被降黜。太宗在朝宣称："权万纪（皇子的老师）事我儿，不能匡正，其罪合死。"御史柳范冷冷地回奏说："房玄龄事陛下，犹不能谏止畋猎，岂可独罪万纪？"于是太宗悻悻地退朝回宫。[⑥]

在 7 世纪 30 年代初期，太宗的群臣中有人对他放弃早年的具有特色的行事方针开始表示不满。到了 637 年，这种担心的呼声更大而且公开化了。在那一年，马周抱怨劳役日重和太宗日益不关心民众，呼吁恢复早年的政策。[⑦] 魏徵在次年也陈诉说，自 627 年以来太宗的施政作风变了，越来越独断、自负和浪费。[⑧]

随着太宗权力的日益巩固，他开始更加专断而不顾群臣的意见。他过去和群臣建立的某些良好关系有了裂痕；他开始对批评置之不理，并威吓那些和他意见不同的人们。648 年，他的宰相房玄龄临终

---

① 《唐会要》卷 30，第 560 页。
② 同上。
③ 同上书，第 555 页；《资治通鉴》卷 198，第 6248 页。
④ 《唐会要》卷 30，第 560 页。
⑤ 《资治通鉴》卷 198，第 6248 页。
⑥ 《旧唐书》卷 74，第 2615—2618 页。
⑦ 同上。
⑧ 《魏郑公谏录》，王献功刊本（长沙，1883 年）卷 1，第 23 页。

时难过地说，现在朝廷已无人敢犯颜强谏了。① 太宗过去对顾问大臣们的谦虚态度已为帝王的专断所取代。他晚年经常炫耀自己早年的武功。他自己认为已超过以前的其他伟大君主，而他的群臣也以阿谀之辞来满足他的骄傲。

虽然太宗终其生未能实现他早年的崇高理想，可是他的拔高了的形象和"贞观之治"的概念一直是有力的政治象征，不仅终唐之世如此，而且对整个中国历史说来也是如此。

太宗朝的群臣

在最高级行政官署中，太宗集中了一批优秀的大臣。这些人大多数是在其父执政、或为秦王时的文、武幕僚。但有两个杰出人物是例外，即做过被害太子建成的顾问的魏徵和王珪；此事雄辩地证明了太宗用人唯才，可以不管其人过去的历史背景。他曾经这样写道："故明主之任人，如巧匠之制木。直者以为辕，曲者以为轮，长者以为栋梁，短者以为栱桷。无曲直长短，各有所施。明主之任人亦犹是也。智者取其谋，愚者取其力，勇者取其威，怯者取其慎。无智愚勇怯兼而用之。故良匠无弃材，明君无弃士。"②

这位青年天子用人通常是选择与他志趣相投的人。他逐渐罢免了高祖时代的旧人，而起用自己的年轻支持者；他还大规模地斥退身为高官的皇亲国戚，唯一著名的例外是他的内兄长孙无忌。他的最高级官员几乎都是原来富有吏治经验的人和从前历朝官员的子孙。太宗即位以后，朝廷中的高级官署都有些人事变动，但尚未见新的官僚阶级出来掌权。③

在整个太宗时期，他最亲密和最信任的顾问之一是他的内兄长孙

---

① 《资治通鉴》卷 199，第 6260 页。
② 《帝范》（丛书集成本）卷 2，第 15—16 页。
③ 筑山治三郎：《唐代政治制度研究》（大阪，1976 年），第 33—42、123 页；布目潮渢：《隋唐史研究》（东京，1968 年），第 231—250 页。

无忌（约 600—659 年）。长孙无忌出身于北魏势族，大约和太宗同时生于洛阳，童年时期就和太宗的关系很好。他参加了唐高祖向隋都进军的队伍；事实证明他是个很有军事才能的战略家，并且后来随太宗平服山东平原。作为太宗完全忠实可靠的支持者，他帮助太宗策划反对其弟兄的政变，而且是把他们杀死在玄武门的少数人之一。

太宗即位后，内兄长孙无忌被任为尚书右仆射领宰相衔。他妹妹当上了皇后，死后谥为"文德皇后"。长孙无忌在所有的群臣中最受尊崇，特许他出入宫禁，不受限制。由于他的权势过大，曾被指控为擅权并被迫辞职，但依然做皇帝的顾问。自 633 年以来他在群臣中享有最高的（虽然是名誉性的）称号——司空和司徒；而且他对皇帝的影响依然没有减弱。643 年，他以个人的巨大影响解决了继位之争，使之有利于未来的高宗。从 645 年直到太宗晚年，他再度掌门下省和尚书省的大权，并负责修订律令。太宗死后，在他的指导下完成了这项工作。他和褚遂良一起同受太宗顾命。太宗临终时盛赞长孙，并要求褚遂良保护他，使他免受诽谤和危害。长孙无忌和太宗的终生友谊和合作以及和太宗的姻亲关系，使他特别受到太宗的器重和成为群臣及顾问中的最有影响的人物。[①]

太宗群臣中的第二号人物是房玄龄（578—648 年）。他出身于齐州（今山东省）的一个家族，他父亲在隋代做过刺史，他本人在 17 岁的未冠之年即考中进士。在隋代，他历任地方和中央的高官，并在隋都做吏部侍郎。太宗占领长安后不久，他作为一个富有经验和能干的官员加入了太宗的侍从行列。他成了未来皇帝的长期伙伴，总是伴随太宗出征，充当顾问和秘书。

太宗为秦王时，他给太宗引荐了一批人做幕僚。这些人大部分是当时的山东人，并且往往是被太宗平服的东北平原的敌手们的旧官吏。房玄龄和长孙无忌一同策动玄武门之变，太宗即位后，他继续做太宗的顾问和私人秘书，起草诏令；据说他起草的诏令即使是初稿，也如同宿构。

---

① 传记载《旧唐书》卷 65，第 2446—2456 页；《新唐书》卷 105，第 4017—4022 页。

如果说长孙无忌基本上以个人的方式起作用，是皇帝的心腹谋士，那么房玄龄则是一个卓越的实干家。他和杜如晦（见下文）一起，荐举了一批高层官员，完善了基本行政制度（他们从 629—630 年共同负责尚书省的工作）。房玄龄和杜如晦的名字成了办事公正、行政有效的同义语。房玄龄做尚书左仆射 13 年（629—642 年），是太宗朝任期最长的宰相。

房玄龄是一位特别讲求实际和正直的顾问大臣，他的影响比清教徒式的魏徵（见下文）更大，因为魏徵喋喋不休的道德说教，往往最后被束之高阁。房玄龄则在必要时自动让步，而且有时过于顺从皇帝。但他很务实而又得人心，他的裁断公正宽厚，见解稳健，深为皇帝和僚属所欢迎。他是朝廷中安定和中庸之道的主要源泉，特别在太宗晚年日益骄傲时更是如此。虽然他谦柔而没有很大野心，但在整个太宗时期他是仅次于长孙无忌的权势人物。[①]

与房玄龄齐名的杜如晦（585—630 年）出身于西北望族：和太宗的其他高官一样，他也生于一个官僚家庭。他的祖父曾在北周和隋做过官，他本人在隋代做过地方上的小官，后来辞职。唐兴后不久，他参加了太宗的幕僚集团，与长孙无忌和房玄龄一样随太宗参加了征讨东北平原的战役。他也参与了玄武门之变，很可能参与了袭杀太宗兄弟们的行动。太宗十分相信杜如晦的决断力，以致对房玄龄说，所有的重大政府决策都需要杜如晦的支持。杜如晦和房玄龄彼此取长补短，同心协力。不幸的是他身罹不治之症而死于 630 年，正当他的权力的顶峰时期。[②]

和这两个有决断力并讲求实效的政治家形成鲜明对比的大臣是呆板而缺乏幽默感的魏徵（580—643 年），此人代表太宗朝政治集团中强调儒家道德标准的一派。魏徵出身于河北南部的一个小官吏的家庭，祖先在北魏和北齐做过小官，隋末，魏徵做了起义领袖李密的幕僚。618 年末，李密降唐，魏徵也随着到了长安。后来做太子李建成

[①]　传记载《旧唐书》卷 66，第 2459—2467 页；《新唐书》卷 96，第 3853—3857 页。

[②]　传记载《旧唐书》卷 66，第 2467—2469 页；《新唐书》卷 96，第 3858—3860 页。

的幕僚时，他支持李建成反对李世民并为建成出谋划策。李建成在玄武门被杀后不久，魏徵和李世民进行了一次对话，其时他表现出惊人的直率。当李世民问他为什么和建成、元吉发生争吵时，他说他们不听他的劝告：如何对付他们的野心勃勃的现在已取得胜利的弟兄，他说："皇太子若从徵言，必无今日之祸。"李世民据此断定，这个倔强坦率的人大有用处，于是任命他为自己的幕僚。

一个月之后李世民即位，魏徵被任为谏议大夫并授以荣衔。后来，他又任太宗个人的使节，到东北平原与残余的敌对集团谈判和平。魏徵对这个任务非常适宜，因为他以前支持过一个主要叛乱者。他可用自己的亲身经历来表明新政权对李世民或唐王朝从前的敌对分子均可不咎既往，一样任用。除去这类"外交"使命之外，魏徵还参与了朝廷的其他活动。他参加了几个学术项目，如编制《新礼》（又称《贞观礼》），他和房玄龄一起于636年把这部书呈献太宗；他又在629—636年期间和其他史官合编了唐以前几个朝代的史书（见下文）。

但魏徵很少参与实际的行政和决策工作，他并不是以作为从事实际工作的政治家而成为当时和后世的有代表性的人物。魏徵一直以一个不屈不挠的道德家和无所畏惧的谏诤者而著称；中国人确实认为魏徵是太宗群臣中最杰出的人物。637年的魏徵的一份谏疏足以说明他的直率。这是应太宗之问而谈到太宗早年和当前统治的比较时所说的话。他坦率地指出："昔贞观之始。闻善若惊，暨五六年间，犹悦从谏。自兹厥后，渐恶直言，虽或勉强，时有所容，非复曩时之豁如也。"[1]

魏徵在朝廷起了清廉刚直的表率作用和限制皇权的作用。他是成为太宗时期政治特色的一个象征，这个特色就是君臣以诚相待，彼此坦率地交换意见。魏徵在后世的学者、文官之中所以享有盛誉，肯定是由于他所起的这种作用，这种作用很符合他们的利益和价值观。[2]

另一个大臣是倔强而难以相处的萧瑀（575—648年），他是在太

---

① 见 H. J. 韦克斯勒《天子的镜子：唐太宗朝廷中的魏徵》（纽黑文，1974 年），第 147 页。
② 传记载《旧唐书》卷 71，第 2545—2562 页；《新唐书》卷 97，第 3867—3882 页；又见韦克斯勒前书。

宗时继续任职的高祖的少数大臣之一，主要起着道德说教的御史的作用，但不像魏徵那样享有死后的荣誉。他经常吹毛求疵，并与同僚们争吵，终于触怒了太宗，以至于 627 年末被免除了宰相之职。但他依然保留了他的高官地位。630 年他任御史大夫，在这一年又一度做过短期的宰相；在 635—636 年又出任宰相。太宗尊重他似乎是由于他的行政经验，但更重要的是他的廉洁和耿直的品质，虽然他的性格好斗，和同僚们的关系又不好。643 年，在继位之争的伦理危机之后，他又被任为宰相和太子（后来的高宗）少师。他担任这些官职直到646 年，当时他要求退休做和尚，公然和太宗发生口角，于是被外放到地方。在整个太宗执政时期，他依然是一个有权势的人物，虽然在政治上常常表现为消极的力量：一种不安定的因素，但又是一股其道德情操和刚正不阿的品质，是绝不可等闲视之的势力。①

　　在太宗晚年，另外一些人物开始在朝廷显露头角。魏徵死后，他的体现"帝王之心"的作用由褚遂良（596—658 年）承担下来。褚遂良是南方人，他父亲褚亮在陈、隋两朝做官；因介入流产的杨玄感叛乱而被贬谪到西北，在那里他变节倒向叛乱者薛举一伙。619 年薛举死后，他们父子投唐，褚亮成了太宗个人文学馆里的成员。褚遂良是一个天才的学者、有名的书法家和历史家。他在太宗朝历任秘书省的文学"清要"官职，如起居郎和谏议大夫。他掌起居注时，以抵制太宗想影响起居注内容的企图而闻名。643 年在继承问题的争议上，他支持后来的高宗做太子，其后，他做了太子的师傅。他作为皇帝的顾问，起了积极的作用；他对内主张温和政策，对外反对扩张政策。647 年，他当上宰相，在中书、门下两省享有高位。太宗临终时，他和长孙无忌受太宗顾命。

　　在太宗晚年，褚遂良确是一个有力的人物。不幸的是，当他成为高官时，太宗已不再听取道德说教了。但他无疑依然和皇帝保持良好的关系并对皇帝施加相当的影响；他在朝廷上有很高的个人威信，这

---

① 传记载《旧唐书》卷 63，第 2398—2404 页；《新唐书》卷 101，第 3949—3952 页。

种威信持续到高宗时期。①

以上我们所说的人物虽然在高祖创业时期做过短暂的军事将领，但基本上是文官政治家。太宗朝还有两个有影响的武官。

头一个是李靖（571—649年），他生于西北的京畿区，他祖父和父亲是北魏和隋的地方官。他自己也在隋朝做官多年，是太宗最老的亲密伙伴。李靖在长安被唐军占领后投唐，在唐王朝初年曾统军平服中国南部的几个叛乱政体。625—626年他和东突厥作战。太宗即位后，他历任朝廷各种高官，但也被派出征，与薛延陀和东突厥作战。630—634年他出任宰相，代替杜如晦而和房玄龄一起共管尚书省，所以对皇帝显然很有影响。他虽然在634年后期带着荣誉高级职位引退，但在次年他又统军成功地在库库淖尔地区（青海）击败吐谷浑。以后的年代，他继续以一个有势力的人物影响着皇帝，直到649年他去世时为止。②

另一个武将在朝廷起着双重作用的是更年轻的李世勣（594—669年）。他出身于今山东省的一个地方官家庭，本姓徐，青年时期参加了翟让领导的起义，在靠近洛阳的地区活动。后来在李密手下做军官，李密降唐后，受魏徵的劝说归唐，这是619年的事。在唐军平服河北和山东的战争中，他是一员主要将领，仅次于李世民。高祖晚年，他在原来的唐军基地山西北部的太原做军事长官，防御突厥。太宗非常相信他适于这个任务，他在太原这个重镇任军事长官直到641年，并在629—630年平服东突厥的战争和事后安置突厥降民事务中起了关键性的作用。太宗曾这样说过，李世勣之抗击突厥"其为长城，岂不壮哉！"

641年，他任兵部尚书时被召回朝廷。同年，他一度率军远征薛延陀（见下文），此后就在朝廷过安定生活。643年他做了宰相，直到太宗末年都留在这个位置上。这一时期他多半外出征讨，一是在644年出征高丽，一是在646年抗击薛延陀。虽然最后这几年他没有

① 传记载《旧唐书》卷80，第2729—2739页；《新唐书》卷105，第4024—4029页。
② 传记载《旧唐书》卷67，第2475—2482页；《新唐书》卷93，第3811—3815页。

在朝廷，但依然是一个对朝廷政治有影响的人物，因为他不仅是宰相，643 年后还是太子詹事。太宗晚年对李世勣应该继续忠于他（太宗）的继承者一事非常关心。[①]

李靖和李世勣是整个 7 世纪一直相当普遍的那种官员的代表人物，在内是朝廷文官，在外是战场武将，如成语所说的"入相出将"那样。这些官员提醒我们，新兴的唐朝统治集团也一样要出自这样一个社会，在这个社会里，领导者不仅需要成为干练的行政官员和学者，而且还要如皇帝本人那样娴于武事。

朝廷的"地区性政治"

中国历史家传统地把太宗的统治时期描绘为一个理想的治世，其特色是君臣间的鱼水关系和官僚机构中良好的团结精神。只在一次事件中，即 643 年的继位之争中确实表现出强烈的宗派现象。可是如所有的行政系统一样，太宗的官僚机构也是容易出现紧张关系和内讧的。

关系紧张的根源之一，是被近代中国和日本学者所特别强调的统治阶级内部的地方集团的对立。陈寅恪和谷霁光[②]都过于重视唐代皇室疏远东北人特别是疏远河北人一事。他们把这种疏远追溯到北魏分裂为北齐、北周的时候，但是对此他们显然是夸大其词。河北确曾有好几年抗拒唐王朝的征服，几乎可以肯定，唐王朝对中国人口最稠密的这一地区的地方领导是不放心的，因为它阻止了太宗在那里多设折冲府。[③] 太宗自己对这个地区也了解得很清楚，因为他曾负责平服河北，也不信任这里有叛乱可能的民众。此外，他的被杀的兄弟建成和

---

① 传记载《旧唐书》卷 67，第 2483—2489 页；《新唐书》卷 93，第 3817—3822 页。

② 浦立本：《安禄山之乱的背景》（伦敦，1955 年），第 75—78 页；陈寅恪：《唐代政治史述论稿》（重庆，1944 年），第 19 页以下；谷霁光：《安史乱前之河北道》，载《燕京学报》，19（1936 年），第 197—209 页。

③ 杜洽：《唐代府兵考》，载《史学年报》，31（1939 年），第 142—158 页；菊池英夫：《关于唐折冲府分布问题的一个解释》，载《东洋史研究》，27.2（1968 年）。

元吉的很多党羽都出身于东北地区。

但另一方面，太宗曾劝告高祖对这一地区莫为已甚。而且不管他们的怀疑和表面上的态度如何，高祖和太宗都起用过很多东北家族的人做高官。即使高祖在太原起义时的武臣幕僚中，也有四分之一的人出身于东部的河北和河南两道。[①] 排他的东北贵族精英集团（山东四姓）的成员之一崔民干，做过高祖的门下侍郎；看来这是特意在其他地区（其中包括东部平原）出身的人与西北地区（关陇）出身的人之间搞平衡。还有，他为女儿择婿一事也可以说明高祖对东北地区的人并无过甚的偏见。在他称帝之前，他的年长的女儿们都嫁给了西北贵族成员，在这之后，他的两个幼女却嫁给了河东地区（高祖开始掌权的地区）一个最大家族的成员。[②]

在唐初的年代太宗在中国东部作战，并长期以洛阳为中心，他引用了很多东北平原出身的人作幕僚。在 626 年玄武门之变以前，当高祖命他回洛阳以便把他和他的弟兄们分开时，太子建成反对，理由是世民的党羽都是山东人，一旦他被遣返洛阳就不会再回朝廷了。[③] 627 年，魏徵被派往东北地区作协调当地领导人和唐朝关系的工作。太宗即位后，继续从全国各地招用他的高级官员，以防止任何一个地区集团控制主要的行政部门。[④]

太宗对社会地位优越的山东贵族门阀（四姓）有众所周知的反感，但这是一个完全不同的问题。这种反感不是针对他们的籍贯——不管怎么说，这样家族中的大多数已经逐渐形成一批京畿的社会精英——而是针对他们的自高自大，排斥别人，和自以为他们的氏族高于皇族等表现。没有确凿的事实说明太宗对这个小小的——虽然是极有势力和影响的——集团的反感竟然发展到针对以此地区为其传统势力基地的所有人们的程度。

---

① 见布目潮风《隋唐史研究》，第 114—115 页之表。

② 同上书，第 317—341 页。

③ 《资治通鉴》卷 191，第 6004 页。

④ H.J. 韦克斯勒：《初唐政府中的宗派主义》，收于芮沃寿、崔瑞德合编《对唐代的透视》（纽黑文，1973 年），第 87—120 页。

　　最后，事实不仅清楚地表明，以前的西北贵族在太宗时代已经失去了他们在朝廷的绝对优势，高级官僚来自全国各地；而且它还清楚地表明，高官的籍贯和地区性集团在制定政策时都没有起重要作用。在许多问题上意见的尖锐对立都不是由于有关高官们的籍贯不同；的确，在某些与东部诸道有关的问题上，东北部出身的大官的主张反而不利于他们的故乡。但也很显然，太宗非常了解这种地区性集团的严重性。他委任高官的方式表现了对这个问题的警觉；他似乎有意避免实行针对任何特定地区的政策。

　　但是，这种地区利益看来并没有给任何长久的政治分化提供基础，也没有产生地区性派系。[1]　在太宗在位的大部分时间里，没有任何政治问题曾把朝廷分裂成长期的派系集团；相反，这时期的政治界线并不泾渭分明，政治上的效忠很不固定，而且基本上是因人而异的。只是在 643 年随着继位问题产生的尖锐分歧才使宗派主义表面化了。但即使如此，直到太宗晚年它依然是一个比较小的问题，没有严重干扰政治的进程。

国内政策和改革

　　626 年阴历八月九日太宗即位时，中国已经统一，新王朝的基本制度和政策也已经确立和付诸实施。这位年轻皇帝的任务是巩固和发展他父亲的成就。在太宗在位的 23 年中，他对所继承的行政和立法结构进行了检验、改进和使之合理化，同时制定了一些新政策以应付疆土日益扩大的帝国的急需。

行政的改革

　　到太宗即位时，国家的行政组织已失去平衡。高祖曾经大封皇室的大多数成员和许多外戚以及那些曾支持他获得政权的人们。他还新设许多州县，让那些曾帮助创建唐王朝的人们治理，

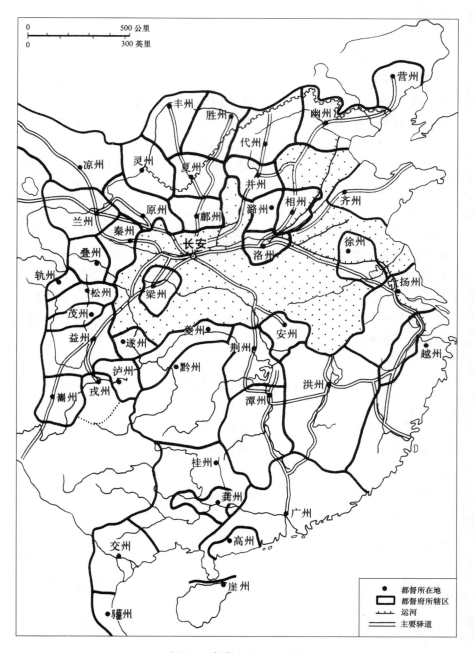

地图 6 唐代中国（639 年）

据严耕望，《唐史研究丛稿》（香港，1969 年）第 237—284 页和第 284 页地图绘制。

184

作为犒赏。到626年他逊位时为止，贵族数目激增，州县数已是隋朝的两倍多。

太宗有条不紊地力图限制这个官僚机器急速膨胀的形势。627年，他命房玄龄裁减京师的文、武官员，因为"官在得人，不在员多"。[1] 在地方上，太宗在位的头几年，以大规模合并州县的方法大力裁减行政分支机构。

通过高级的都督府（设立于624年以取代总管府）管理地方行政，至少理论上仍在继续。在639年，都督府的总数是43个，它们管理边疆地区和国内的战略要地。总的说来，这些都督府管理全国358个州中的大约272个州；这一体制的主要职能是协调军事任务，它所辖范围不包括京畿的地区、黄河和淮河之间的区域、河北中部、河东西南部（今山西）、长江三角洲及四川东部。但都督府对所辖诸州的全面管理基本上是有名无实的。经过几十年的和平之后，它们的权力变成了具文，仅相当于州一级而稍为重要而已。[2]

太宗重新把全国划分为十个称为"道"的行政区域，即西北的关内和陇右；北部的河东和东北的河北；华中的河南、淮南、山南和剑南；南方的地广人稀的江南和岭南。没有常设行政机构和常任官员管理这些区域。它们不是新的行政单位，只是便于皇帝派出的观察使不定期地视察道内各州地方行政工作的巡行区。[3]

地方官僚机构的改革

唐以前的很长一段时间，对于同一级官职来说，京畿的远比地方的受尊重，到唐高祖时期还是如此。武官常被任命为刺史或县令；地方的属吏当资历已够"入流"时常被任命在地方任职，而京畿的官如

---

① 《资治通鉴》卷192，第6043页所说官员数目为643人；《新唐书》卷46第1181页所列为730人，包括中央和地方；参考戴何都《〈新唐书〉百官志、兵志译注》（莱登，1947年），第2页注1。

② 严耕望：《唐史研究丛稿》（香港，1960年），第237—284页；此书也列了一幅639年都督府的分布图。

③ 戴何都：《中国唐代诸道的长官》，载《通报》，25（1927年），第222页。

犯了错误，常被贬谪到外地以示惩罚。地方官即使位高任重，也常被看做流放，因此志大心高的人总把当地方官看做自己仕途上的挫折。

太宗试图改变这种情况，提高地方官的地位和改善地方行政管理。他亲自考察每个地方官的经历，把他们的姓名贴在自己寝室的屏风上，名下注明功过事迹，据此进行黜陟。637 年，太宗接到一份关于地方行政积弊的奏疏，开始亲自选择刺史的候选人，并命中央官员都可推荐新人担任县令。① 634 年②和 646 年，他两次派遣专使到全国巡视考察地方行政，并责成对地方官提出黜陟意见。在 646 年的考察中，几千名地方官因政绩不好而受处分，其中有七人因犯罪而被处死。③

贪污行为不仅限于地方政府。在高祖时期，朝廷大臣受贿已成为众所周知的弊病。太宗对此很是懊恼，曾用暗中派人行贿的办法考验他的廷臣是否廉洁。这种办法当然引起轩然大波。太宗于是当众赏赐那些受贿的人，使贪官们蒙垢含羞。在太宗在位期间，通过这种办法，受贿——甚至接受习惯上的酬谢——有所收敛。

修订法典

太宗一直关心刑法的执行，当他即位的头几年尤其如此。据说，他即位不久就觉得他父亲制定的法律中有很多条文过苛，因此下令减轻对某些罪行所订的严刑。朝廷经常就法和伦理问题、刑罚的哲学问题、严法和宽法孰优孰劣等问题开展讨论。看起来，太宗大体上赞同宽厚政策，废除了一些苛酷刑罚。630 年，对肉刑作了严格规定，拷问已被限制；④ 632 年，自古以来的刖刑被废除而代之以流刑。⑤ 次年，为了停止匆促处死和错判，太宗命令，死囚须经三次复奏才能执行。⑥

① 《唐会要》卷 68，第 1197 页。
② 《唐会要》卷 77，第 1411—1412 页。
③ 《资治通鉴》卷 198，第 6234 页；《唐会要》卷 77，第 1412 页。
④ 《旧唐书》卷 50，第 2139 页；《新唐书》卷 56，第 1411 页。
⑤ 自 627 年以来，关于断肢之刑的争论持续好几年，见《唐会要》卷 39，第 707—708 页；《旧唐书》卷 50，第 2135—2136 页。
⑥ 《旧唐书》卷 50，第 2139—2140 页。

　　法典的修订也继续进行。早在 627 年，裴弘献就建议太宗修改
624 年高祖的律令中的大部分条文。① 太宗命房玄龄、裴弘献和各类
司法官员修订法典。过了 10 年，以房玄龄为首的一个组织才完成了
这个任务。637 年初，将这部名为《贞观律》的法典送呈太宗，它大
量减少了判处死刑或流刑的罪行，减轻了许多轻罪的刑罚。同时，令
中的行政法也被修改扩充成 30 卷 1590 条，作为补充条例的式也增加
了内容。最后，第一套格也完成了。这些法典化的法律起初是以诏令
和个别法令的形式颁布的。经过整理、修改和归纳，总计为 18 卷
700 条，它们体现了 618 年以来颁布的大约 3000 个诏令中的法律和
程序的实质性变化。② 太宗对法律的兴趣经久不衰，他临终的遗嘱还
吩咐他的继承者再次修订法典。③

兵制的改革

　　高祖时期兵制的进展已如上述。这里再说太宗进一步改进现行军
事组织的问题。636 年，太宗将现行的民兵组织改称"折冲府"，其
兵员就是所谓"府兵"。折冲府总数大约为 633 个，大抵集中在京畿
地区。仅关中一带就有 261 个；其余的几乎都分布在河东和河南西部
的洛阳附近。在这些地区，府兵一定包括很大比率的男丁。河北和河
南这些人口稠密的大平原折冲府很少，华南和华中就更少了。

　　每个折冲府由 800 人到 1000 人或 1200 人组成，配备有军官和行
政官员。每个折冲府的指挥官都是高品级官员。其结构是 10 人一伙，
50 人一队，200 人一团。这些府兵包括骑兵、骑射兵和步兵；他们还
有自己的驮骑。武器、装备和口粮自备，甲胄和复杂的武器则由折冲
府的武库供给。

　　靠近京师的折冲府分属于 12 卫，它们组成中央政府的主要兵力，
府兵分期轮番服役，保卫京师。

---

① 《旧唐书》卷 50，第 2135—2136 页；《唐会要》卷 39，第 707 页。
② 《唐会要》卷 39，第 707 页；关于式和格的颁行，见《旧唐书》卷 50，第 2136—2138 页。
③ 《唐大诏令集》卷 11，第 67 页。

除了服役保卫京师外，府兵在农闲时期还要受军训，每年冬末以大狩猎的形式举行正式军事演习。士兵的服役年龄从 20 岁到 60 岁。在服役期间免除赋税和劳役。

也有少数折冲府设置在边境，但在唐初，显然有专职的长期戍兵驻守边境。这些戍兵，特别是骑兵，有很多是在 630 年东突厥战败后参加唐军的突厥人，以及随后定居在北方边境的归顺的突厥人。

可是，在进行重大的征讨时这些兵力是不够的，这时政府不仅要动员府兵和匆忙组成"行军"，而且还要从一般平民中征兵。[①]

一般认为，府兵是由旧贵族门第出身的人统率的。虽然勇武的西北贵族集团在高级文官中明显地失去了优势，但大部分的折冲府（至少占总数的三分之二）分布在关陇、代北贵族集团以前占支配地位的今陕西、甘肃和山西中北部，这里也是他们的老家。府兵和为出征所征集的士兵都应该从富裕之家挑选，由于享受免税免役的恩惠，所以服役与其说是强制征集，倒不如说是一种特权。

经济政策

太宗行政上的一大失败是在全国推行的财政制度。609 年的隋代户数差不多是 900 万，到了高祖时代下降到不足 200 万，到了太宗末期，仍在 300 万以下，不到隋代户数的三分之一。这个差别并不表示实际人口灾难性的下降，而是说明作为课税根据的人口登记的松懈和低效率。漏籍最厉害的地方是全国最富、人口最多的河北和河南两道，那里的登记数分别只为隋代人口的 17％ 和 10％。幸亏太宗施政相对节俭，因为全国约有三分之二的应纳税的人逃避了课税而未受到惩罚。[②]

[①] 浦立本：《安禄山之乱的背景》，第 61—63 页及第 140—141 页的注；戴何都：《〈新唐书〉百官志、兵志译注》，第 30—65 页、761—773 页及他处；宾口重ান：《从府兵制到新兵制》，初发表于《史学杂志》，41（1930 年），又收于作者的论文集《隋唐史研究》（东京，1967 年）卷 1，第 3—83 页。

[②] 浦立本：《隋唐时期之户口登记》，载《东方经济和社会史杂志》，4.3（1962 年），第 290 页及以后诸页；崔瑞德：《晚唐的地方自治和中央财政》，载《大亚细亚》（新版），11.2（1965 年），第 211—232 页，特别是 213 页。

但到太宗时,伴随着隋末内乱和唐初统一战争而来的经济凋敝开始有了好转。唐王朝建立后的头几年,物价高涨,粮食缺乏(因而禁止酿酒)。即使在太宗即位之后,粮价依然很高而且粮食供应不足,以至在京师以外工作的高级官员奉命只好把他们俸禄中的粮食部分运送回家。保守的官员如魏徵,几年来一直以隋末战乱带来的经济恶果还没有消除为论点,劝阻皇帝不要推行好大喜功的政策,如不要举行劳民伤财的封禅大典和进行大规模的军事扩张。

但到了630年前后,由于多年来的国内和平、农业丰收和施政正确,局势有了明显好转。一个使人民取得一定抗灾能力的新的重要措施是628年在各州建立义仓,积谷以备荒年。[①] 639年,在一些主要大城市建立了常平义仓以调节粮价,避免暴涨。[②]

由于经济的普遍稳定和改善,国家逐渐繁荣,开始积存大量储备。在新的繁荣基础之上,太宗有能力实行更积极的、干涉别国的对外政策,进行多次横扫中亚大部分地区和进兵朝鲜的战争。

虽然经过这些战争,但经济依然繁荣,直到太宗的继承者高宗时期,物价保持低而稳定。政府比较节约,军事建置实际上也是通过府兵制而自给自足,这实际上是把处于相对贫乏和无生产力地区的京师的影响减到了最低点。太宗以后诸朝,长安的供应成为主要的后勤问题,而太宗时则大不相同,每年只需较少量的粮食(约20万石),主要从河南大平原漕运到长安。太宗以后十分重要的南方的税粮,在太宗时并不运到首都,而是折成布匹或货币以减少运费。

旨在加强中央权力的政策

太宗最关切的是确保唐王朝的长治久安,使它能免遭后汉灭亡以来各个短命王朝的命运。因此他断定,在与国内的其他对立集团相处

---

① 《旧唐书》卷49,第2122—2123页;《唐会要》卷88,第1611—1612页。
② 《唐会要》卷88,第1612页。

时，中央权力，特别是皇室权力，必须加强。

关于建立"封建制"之争

627年的后半年，太宗就如何使国祚长久一事征询群臣的意见。年迈的萧瑀建议，应恢复使夏、商、周三代国祚长久的封建制。[①]

唐代学者设想，封建制基本上是分权政体，封地的权力已下放给世袭的封建主，他们被封为皇帝的藩属。郡县制与此相反，它是由中央政府派职业官员直接治理全国的领土。

萧瑀的建议引起了历久不息的热烈争议。大多数朝廷官员完全反对恢复封建制。礼部侍郎李百药指出，周代所以国祚长久是由于天命，而不是由于封建制度，况且到了后期，周就极度衰弱了。另外一些官员则指出了实行封建的后果。魏徵的反对理由是，实行封建将缩小王畿，大量减少国家的岁入，以致无力供给官吏的俸禄。他和马周还指出诸侯无道的危险和可能发生的国家防务问题。[②]

于是实行封建的计划暂时被搁置。但关于封建的主意显然给太宗以有力的影响，所以封建这个政治论题在太宗在位期间几次被提出。631年，有旨命官员们起草一个详细的规定，使皇族和杰出的官员据此可被任命为世袭的边境镇守之官。[③] 可能是由于朝廷中所有派别的反对，这个规定依然没有实行。但到了637年，这个计划终于被重新提出。21个皇子被分封为世袭都督或刺史，分配到各州作"藩翰"，虽然分配给他们的地方有很多在东北平原和内地各处。14名杰出的大臣，包括一大部分朝中显贵，也被任命为世袭的刺史。我们毫不清楚这件事实行到什么程度。但可以肯定，这是一个被大大冲淡了的封建制，它不过是在正常的官僚机构中设立一批数量不多的世袭官职罢了。

---

① 《唐会要》卷46，第824页。
② 同上书，第824—827页。
③ 《资治通鉴》卷193，第6089页。

对这个被削弱的"封建制"，反对的意见依然不绝于耳。[1] 朝中大臣们几乎无人离开岗位到他们的"封地"去，而且他们也不愿意去。639 年，长孙无忌和房玄龄上书辞谢他们的职位，理由是自汉改封建为中央控制的郡县制以来，复古已毫无意义；皇族和以前的开国功臣未必能胜任这些行政重任；他们的子孙很可能证明不能担任这些职务，或可能在继承时年纪太小，不能防止外人夺权。[2]

面对这一派反对意见，太宗让步了，并降诏缓行刺史的世袭分封之议。[3] 但皇子的分封似仍在继续实行，[4] 太宗依然向往于"封建制"。他晚年时，在给继承者立下的政治遗言和写于 648 年的《帝范》中，再次提到这个问题，并断言：如果不分封皇族，皇室就不能占有足够的土地。但这必须保持平衡，不能过度，以免削弱中央的力量。[5]

作为政治权力的一种可供选择的形式，或作为一个可能医治积弊的药方，"封建制"在太宗以后也讨论过，但真正土地分封的实行，也就是分给地方以实权而不是只给一个空头衔，则再也没有被认真地考虑过。

大　姓

太宗在企图巩固他的王朝权力时所面临的一个非常重要的问题是，对贵族集团——特别是称之为"四姓"的集团——树立皇族的绝对支配地位。"四姓"集团大都出自中国东北部，由于它们的成员已有好几代在朝中做高官，所以在 5 世纪时已经取得优越的社会地位。后来，这些氏族以它们在地方上的政治和经济影响，以它们保持的所谓"纯正"的中国传统文化，以它们严格遵守的一切儒家礼仪细节，尤其重要的是以它们内部的通婚关系，加强并保持了它们的特权地

---

① 《资治通鉴》卷 195，第 6145—6161 页；《唐会要》卷 47，第 829—830 页。

② 《旧唐书》卷 65，第 2450—2451 页；《唐会要》卷 47，第 829—830 页。

③ 《资治通鉴》卷 195，第 6146 页。

④ 见 642 年褚遂良的谏书；《唐会要》卷 47，第 831 页。

⑤ 《帝范》卷 1，第 3—8 页。

位。它们的社会优越感发展到竟把 6 世纪的半异族西北皇族轻视为社会的暴发户；而且唐皇室也被划归于暴发户之列。①

632 年，太宗命他的几个大臣编纂一部全国有名氏族谱系的概要。在唐初，"四姓"氏族中只有极少数的成员在朝做官，他们的经济地位已下跌到被迫和"四姓"以外的人通婚的程度——当然，代价要相当。虽然他们在地方上依然拥有巨大的特权和势力，可以和中央政府争夺权势，但太宗完全可以期待，一旦氏族按照它们的政治身份和社会地位排列，皇族及其主要支持者应远远排在"四姓"之前。

编纂工作由太宗的一些资深的官员担任，其中没有一人出身于世家大族；这项工作包括仔细审查支持每个家族权利的文献。

可是，概要编完后，主要的编纂官高士廉把书呈献皇帝，太宗看到高祖时的大臣、山东（今河北、河南、山东一带）"四姓"之一的崔民干的氏族竟高居第一位，而皇族居第三位，立刻勃然大怒。这清楚地表明，在唐初，社会地位仍然与政治权力无关。太宗因此否定了这一工作，命令从新编纂，新编要求排列氏族的地位要和其成员在唐朝官僚机构中的官职直接联系起来。

这一本题为《贞观氏族志》的修订本，于 638 年编成后送呈皇帝。它把皇族和最高级官员的氏族排在第一位，高祖和太宗的母系亲戚排在第二位，崔氏排在第三位。②

这是一个有意识的政治行动，它试图贬低东北贵族世家的社会地位和名望，同时公开肯定李氏和李氏支持者的崇高地位。可是"四姓"的社会威望似乎没有受到什么损害。太宗的最有名的三个大臣房玄龄、魏徵、李世勣都和"四姓"氏族联姻，虽然皇帝力图贬低他们的社会地位。③ 甚至迟至 9 世纪的文宗皇帝还在哀叹，尽管李（唐）

---

① 关于这个问题，可参考崔瑞德：《唐代统治阶级的组成——从敦煌发掘的新证据》，收于芮沃寿和崔瑞德合编的《对唐代的透视》（纽黑文，1973 年），第 47—85 页和第 83—85 页的参考书目。

② 详情可参考《剑桥中国史》第 4 卷中池田温所写的一章；此外还可参考竹田龙儿《关于贞观氏族志编纂的一个考察》，载《史学》，25.4（1952 年），第 23—41 页。

③ 《新唐书》卷 95，第 3842 页。

氏君临天下已经 200 余年，可是想和皇族联姻的人还是比想和旧"四姓"氏族联姻的人少。①

考试制度

太宗治下的唐政府，继续用科举出仕和提倡学术的办法来鼓励文人阶级。

太宗即位后，举行官方考试的次数大大增加。几乎每年都有来自各地的应试者参加考试，并受到皇帝的亲自接见。② 太宗命京师和各道供给应试者的衣食，并颁布规定考试科目的诏令。

虽然如此，应试者的人数还是不多，中试者一年只十多人。为了给应试者提供学习的条件，京师建立了在国子监指导下的学校系统，③ 负责所辖五个学校的课程；五个学校之中的三个，即国子学、太学和四门学建立于高祖时期。这些学校经过扩大和增加新校舍，足以容纳 2000 多学生。④ 另外的两个学校是在太宗时期增设的，即 628年建立的书学和 632 年建立的律学。⑤ 由于教学内容不同，这两个学校面向下级官员和平民的子弟，他们不能指望做高官。

此外，朝廷还设立了一所专门学院——弘文馆；它只让皇族成员和高级官员的子弟入学。⑥ 弘文馆的前身是太宗在高祖时期建立的文学馆；弘文馆与文学馆一样，也有一个另外的职能，即充当太宗个人的咨询机构和秘书处。它也是后来具有同样职能的几个机构的先驱，这几个机构是武后时的北门学士、玄宗时的集贤院，尤其是翰林院；翰林院的成员自 8 世纪最后的几十年以来成了重要的政治顾问。⑦

随着学校的扩大，几千名学者和学生自各道进入长安，京师到处

---

① 《新唐书》卷 172，第 5205—5206 页。
② 《文献通考》卷 29，第 276 页；《太平御览》卷 629，第 1 页。
③ 《唐会要》卷 66，第 1157 页。
④ 《唐会要》卷 35，第 633 页；《资治通鉴》卷 195，第 6135 页。
⑤ 《旧唐书》卷 3，第 42 页；《新唐书》卷 48，第 1267—1268 页；刘伯骥：《唐代政教史》（台北，1958 年），第 93 页。
⑥ 《唐会要》卷 64，第 1114—1115 页。
⑦ 关于翰林院，可参考 A. 比绍夫《翰林》（巴黎，1964 年）。

举办经史的讲习。甚至对做皇帝"飞骑"的青年精英分子也提供教员讲授经学，如果他们证明有能力，也准许应考。[1]

教育领域的这种活跃气氛必然导致经学解释上的各种矛盾，结果，太宗不得不下令编纂正统的经籍注疏。太宗命大学者颜师古校订经书本文，638 年，命孔颖达和其他学者作详细的疏义。642 年初稿完成，但还需要进一步加工，续订工作一直继续到 7 世纪 50 年代。这些经文和疏义就是众所周知的《五经正义》，它依然保留着权威性，并为唐代的儒家经典教育奠定了基础。[2]

史　学

经书的标准文本和疏义的产生只是官方主持的学术活动形式之一。另一个可与它媲美的学术成就是编纂唐以前各朝的正史与建立官方修史的制度。[3] 唐以前的官修史不幸已有好几个世纪被忽视，不论在北朝和南朝都是如此。作为使新王朝合法化的根据，被看成是奉行天命的唐以前各朝的纪录就是重要的证明材料。此外，高祖，尤其是太宗，都非常清楚历史典型和前例的力量。举史事为例和作比喻是当时讨论政治的普遍形式。

编纂北魏、梁、陈、北齐、北周和隋各朝史书的工作始于 622 年，但由于朝廷致力于其他事务和指导不力，修史工作中断，一直没有完成。629 年，太宗建立了一个新的修史组织，以房玄龄负总责，魏徵任主编；它于 636 年完成了梁、陈、北齐、周和隋朝各史。编修北魏历史的工作因已有 6 世纪中叶的初稿，所以放弃了。但这项工作在 636 年以后继续进行。新的晋代的历史成于 644—646 年。636 年修的那些史书中没有大分裂时期诸王朝的志，但到 656 年太宗的继承者高宗时期，这些志终于完成并送呈皇帝。

修史工作出现很多困难。如修新的晋史时，史官必须考虑现存的

---

[1]　《资治通鉴》卷 195，第 6153 页。

[2]　关于经学的详情，可参考《剑桥中国史》第 4 卷中麦克马伦所写的一章。

[3]　关于唐初史学的详情，可参考上注所引之书。

18 家晋史。在写此后的历史时，梁、陈、北齐的纪录虽然完备，但更重要的北周和隋的纪录则一片混乱。隋代的很多档案被王世充在洛阳毁掉，而更多的档案是从洛阳往长安运送隋代图书和纪录的船只在黄河沉没时损失的。太宗的史官尽力用私家的藏书和前朝皇族保存的纪录弥补这一缺陷。他们亲自访问这些家族的成员，[①] 并搜集其他人的回忆录，其中一人是以记忆力强而驰名的医生。[②]

修史工作在一个钦定机构中进行，它与成立于 629 年的一个全新的政府组织——史馆——合作。史馆不仅负责编纂前代的历史，还要随时编纂本朝的历史纪录。

国家建立史馆成为中国持续到 20 世纪的一个长期特征，而且编纂本朝纪录的基本步骤也确立于唐初。[③] 人们常忽视这一非常了不起的创新。前此的王朝史虽然也是由史官在皇帝主持下编写并利用了国家档案，但它仍是学者的私家著作。在太宗治下，修史——或者不如说是官方修史——成了一个官方任务。同时，历史也成了集体学术项目，它作为一项日常工作，在大臣的指导下由文学侍从之臣来编写。另一创新之举是建立编纂本朝历史纪录的新制度。唐朝是编纂本朝诸帝"实录"的头一个王朝，这主要又是受到太宗的鼓励，因为他一心想给后世留下他的历史形象。

这种新的官修史工作很快就发展出了一个不受皇帝干预的真正而独立的理想意识；而且就在太宗在位时期就发生了皇帝和史臣之间关于实录内容不同意见的摩擦。但官方控制也给国家以歪曲纪录的权力。例如，我们看到官方纪录怎样歪曲了太宗在创业中的作用和隐瞒导致玄武门政变的事实。

图书的搜集和图书馆

622 年，隋朝皇室藏书的十之八九在用船从洛阳运往长安的途中

---

① 《魏郑公谏录》卷 4，第 42—46 页。
② 《旧唐书》卷 191，第 5096 页。
③ 详情可参考《剑桥中国史》第 4 卷中崔瑞德所写的有关政府制度的一章。

沉没于黄河。劫余所存不过 14000 部，总计约 9 万卷。高祖和太宗时期都致力于弥补这个灾难性的损失。622 年，高祖下令搜求死去学者们的藏书以充实皇室的收藏。到太宗即位时弘文馆的藏书已有 20 多万卷，学士们用了几年时间把这些书分为传统的经史子集四部。在整个太宗时期，他下令继续搜求珍贵的和古代的书籍，并打算审正珍贵书籍的本文。在太宗晚期，他购买了一个有名的晋朝学者的藏书，全国各地学者也被鼓励向皇室的图书馆献书。[①]

这些学术项目吸引了官员中一大批学者精英人物参加。有很多参加过修史、解经，并在文学和学术岗位上任职的人，在太宗死后都跻身显要。这样的学术项目，使唐王朝得到了精英文人的拥护。

和佛教僧徒的关系[②]

除了官僚阶层以外，最有势力的集团恐怕就是佛教僧徒，太宗不得不面对他们所加于一个强大的集权政制的威胁。

太宗个人对佛教的态度看来是很消极的，他从不像虔诚的隋文帝和炀帝那样大行布施和庇护僧徒。可是太宗清楚地认识到疏远佛教团体（尤其是在他还没有巩固他自己的政权时）的危险性。因此，他作为皇帝的头一个行动就是废除他父亲晚年提出的严厉的反佛教措施。此外，他给佛教以有限的庇护，让僧徒在宫中行佛事，给几千名僧尼以度牒。他还命令寺院给为唐朝战死的人作法会，要他们祈求神灵护卫国家和保证国家的兴盛，但这些措施的终极目的是世俗的和物质的。皇帝对佛教精神境界的兴趣仅限于与国家利益一致的方面。

甚至自太宗初年起，他就清楚地表示了要控制佛教寺院活动的决心。627 年，他采取行动以反对一个多年来的积弊，即以非法出家作为逃避赋税的手段；629 年，他下令对非法出家的僧徒要处以死刑。太宗的反佛教措施愈演愈烈。至少在一件事上他的措施是空前的。

---

① 《旧唐书》卷 80，第 2729 页。
② 详情可参考《剑桥中国史》第 4 卷中 S. 温斯坦所写的一章。

631 年，他成了中国头一个禁止僧尼受亲生父母致拜的皇帝，因为这种举动违反世俗社会的风习。虽然在 633 年他在佛教徒和他们的有势力的支持者的压力下接受劝告，废除了这个命令，可是这一行动表示了这位皇帝对佛教教义产生的社会影响的关心。637 年，他又命令男女道士在国家主持的一切典礼上都要居僧徒之上。同年，他还发布了一份攻击佛教的告谕，说它是一个外国宗教，以诡诈和神怪诱骗轻信的群众；又说，粗浅的佛教教义比不上渊奥的中国传统的道教。同年的第三个措施是颁布"道僧格"，它提出了一个官方管制僧徒行为的世俗法律体制，而以前僧徒仅受体现"毗奈耶"（戒律）之中的宗教纪律的约束。639 年，太宗命令僧徒遵守《佛遗教经》中规定的严格的行为准则，这部经据说是阐述佛临死时的教导。这个命令严格限制僧徒参与世俗的和政治的事务，并以皇帝给予法律力量的宗教戒律来补"道僧格"之不足。

虽然以这些正式的措施控制僧徒和限制僧徒的世俗活动，但太宗无意消灭佛教。他继续让僧徒为两个虔诚的隋代皇帝作忌日法会，并在 634 年命令把长安的一座宏伟的弘福寺献给他自己的母亲，以作纪念。太宗本人也参加寺中法事，并郑重地对僧徒说明，他对道教的尊崇是必然的，因为皇室李氏是道教祖师老子的后裔。

但这些调和姿态是表面上的，太宗对僧徒和佛教基本上没有好感，迟至 646 年太宗还指责佛教是庸俗而无益的信仰，它过去迷误了许多帝王，而且用许伪愿的办法欺骗人民。

与太宗关系最密切的僧徒是伟大的朝圣旅行家玄奘（600—664 年）。玄奘在 629 年离开中国，在印度生活了 15 年之后于 645 年回到中国。玄奘回国后成了中国佛教史上的伟大人物之一，负责翻译瑜伽学派（即中国所谓的法相宗）的主要经典。佛教史料强调太宗非常看重玄奘，并指出这种感情来自皇帝个人的信仰。

但没有迹象表明，太宗对玄奘的兴趣是由于后者倡导了新教义。他感兴趣的是，玄奘是唯一对印度和中亚的地理、风俗、物产和政治等方面有知识的人。太宗确曾劝过玄奘还俗，在朝廷做官。此议虽不果行，但玄奘却被说服留在长安的弘福寺从事他的繁重的译经工作，而皇帝则对此提供优厚的津贴。

玄奘有三年没有再见到皇帝。649 年，在太宗死前不久，玄奘曾陪伴太宗到避暑离宫。据说太宗以未能早遇玄奘以弘扬佛法为憾事。太宗是否说过这样的话是可疑的；如果说过的话一定是临终时的皈依，因为此话和太宗毕生对佛教组织与佛教教义的敌视态度是格格不入的。[1]

对外关系

汉代曾短期地控制东起朝鲜北部，西至塔里木盆地西边，南到越南北部的一大片领土；自此以后继续兴起的王朝都梦想恢复这个泱泱大帝国。隋代在几个世纪的大分裂以后已开始恢复汉帝国的疆域，只是由于内乱才中断了这一尝试。太宗平定中国后，第二步就想以臣服周围国家的方法来推行隋代对外进取的未竟之业。

当太宗初期，唐朝的经济力量还很弱，所以他听从顾问们的劝告不轻用武力。因此他对很多邻国采取怀柔政策，有时以下嫁公主（实际上不是皇帝自己的女儿）的手段进行和亲，[2] 有时以外交手段破坏这些国家的内部团结。但所有这些情况很快就变了。630 年，从前的北亚霸主东突厥汗国的灭亡在北部边境造成了一个巨大的权力真空地带，并且除掉了中国外部的最大威胁。这个新形势，加上国内经济实力的巨大增长，给太宗提供了一个执行大规模对外扩张政策的机会。

东西突厥

太宗最大的军事成就在于平服东突厥，完全消灭了他们的军事力量，因而从此改变了北亚的整个均势达半个世纪之久。太宗成功地把

---

[1] 又见温斯坦《唐佛教形成时期帝王的庇护》，载芮沃寿、崔瑞德合编《对唐代的透视》，第 265—306 页；芮沃寿：《唐太宗和佛教》，第 239—263 页。

[2] 戴密微：《拉萨会议》（巴黎，1952 年），第 1 页注 2；邝平樟：《唐代公主和亲考》，载《史学年报》，2.2（1935 年），第 28 页注 19。

唐和突厥的关系彻底翻了过来。高祖当时曾向突厥称臣，现在却亲眼看到自己的儿子成了天可汗，即成了所有突厥人的君主。

但太宗成为天子后初次和东突厥的冲突并不太顺手。626 年阴历八月末，太宗取得皇位后才几个星期，隋末残存的最后一个叛乱者梁师都劝说突厥入侵中国，显然是想利用玄武门之变后太宗支持者和他两个被杀兄弟的支持者之间出现的不和。东突厥的首领颉利可汗（在位时期 620—630 年）和他侄子突利可汗于是联合他们的兵力，率领一支据说有 10 万人的军队取道泾州（在长安西北约 75 英里）侵入现在的陕西省，抵达距京师西十多英里的渭河边。泾州的守将是罗艺，他和被杀的太子建成关系很好，突厥所以能这样快地进逼京师，表明他可能只象征性地抵抗了一下。①

据传统说法，这时太宗用了一条计谋，把颉利可汗和他的主力军隔开，并以他的一小支人马把可汗包围，然后劝诱可汗讲和。按照传统习惯，在渭水便桥上杀白马为盟以后，据说突厥就退兵了。

但有证据表明，太宗不仅没有俘获突厥可汗，而且被迫送给突厥大量财宝以求退军。有一条史料说，太宗听从他的将领李靖的"空府库"的劝告，以求突厥退军；以后太宗无可奈何地提到此事时说它是"渭水之辱"。②

但此后不久，东突厥的势力急剧下降。627 年，臣属于突厥的薛延陀、拔野古、回纥等起兵反抗突厥的统治。同年的较晚时期，突厥境内遭大雪灾，大部分牲畜死亡，从而引起了可怕的饥荒。628 年，突利未能镇压反叛的种族，颉利就把他囚禁并处以鞭笞。两个首领的分裂更进一步消耗了突厥的力量。引起内部不和的另外的原因是：颉利严重地依赖粟特人和其他中亚人作行政官员，随之便产生了突厥朝廷安土重迁的趋势。突厥中的保守分子把这看做对传统游牧生活的威胁，群起反对。

---

① 见李树桐《唐史考辨》（台北，1965 年），第 257 页。
② 《新唐书》卷 93，第 3814 页；《资治通鉴》卷 191，第 6019—6026 页；王谠编：《唐语林》（上海，1957 年）卷 5，第 152 页；李树桐：《唐史考辨》第 8 章。

突利被释放之后就秘密计划谋反，他致函太宗要求许可他来长安。628年阴历四月，突利为颉利所攻，请求唐军援助。太宗决定不干预，认为如果他袖手旁观，突厥就会被内讧搞得四分五裂。可是太宗确想利用这个机会与梁师都算老账，后者此时占据现在陕北的河套，而突厥人也已不能保护他。628年春，唐军包围了梁师都的营帐，梁师都为自己的部下所杀。

太宗又以册立近来反抗东突厥统治的各部所选出的新首领为可汗的办法，进一步削弱了颉利的力量。新可汗毗伽承认唐朝对他的宗主权，也向唐朝进贡。很多以前臣属颉利的部族，都转向了新首领毗伽可汗。

到了629年，颉利竟处于这样的困境，以致这一年的后期他公开宣称自己是唐朝的藩属。太宗不理会他这一姿态，此时他相信胜利已经在握，就派遣十多万大军在李世勣、李靖的率领下出征颉利，颉利的营帐这时设在戈壁（大漠）南部，被唐军攻取，同时杀死许多人畜。颉利起初逃走，但在630年初他被唐军追获，押送到长安，当了政治人质了却余生。

630年春，西北各部族首领到长安朝见，请求太宗接受天可汗的称号；这个称号含有最高宗主权和仲裁他们之间纠纷的权力的意义。虽然有些学者认为此举结果产生了一个正式的政治体制，[①] 但这个意见很不可靠。不过在长安举行的颂扬天可汗的典礼却非常隆重，同时中国人还充分利用了这个称号，因为他们认为它体现了——不管实际含义为时多么短暂——中国和突厥的命运的完全逆转。

关于如何处理东突厥灭亡后的遗民的政策，朝廷出现了一场经久而热烈的辩论。太宗采取了中书令温彦博的建议，决定把突厥遗民安置在河套南部的中国境内。其部落应拆散，使之散居在中国的各个州县从事农业；同时他们要接受中国文化的"文明影响"，以便最后失去自己的文化特性，永不成为中国的威胁。

---

① 　如见罗香林《唐代天可汗制度考》，收于《唐代文化史》（台北，1963年），第54—87页。

　　许多朝廷中的名臣，其中包括颜师古、魏徵、李百药等有名儒家学者，都反对把突厥人引进中国，特别是反对把他们安置在京师附近的地区，因为突厥的本性绝不能被中国生活方式同化，也不会受中国文化价值的影响。他们建议不如把突厥人安置在他们的草原故土，但在政治上分裂他们，以使他们不可能对唐构成军事威胁。[1]

　　皇帝的意见终于占了上风，决定把突厥遗民安置在中国境内，大约10万人分布在从河北到今之陕西的中国边境。最后大约有1万人到长安定居，他们的几个部落首领被封为唐朝的将军。

　　和卓柴达木的8世纪的突厥碑文详细地描述了被征服的突厥人的命运：[2]

> 　　突厥贵人的子孙沦为了中国人的奴隶，他们的清白的女儿下降到奴婢身份。贵人放弃了他们的突厥封号，接受唐朝的封号，臣服于中国可汗，为他尽力奉职五十年。对于他，他们曾远征到东至日出外西至铁门关。但他们把他们的帝国和政府机构都献给了中国可汗。

　　太宗得天之助，消灭了东突厥帝国。他在鄂尔多斯和今内蒙古的边境建立了强固统治之后，开始对西突厥使用同样的分裂和征服政策。这时，他又大大得益于近来破坏突厥政治统一的严重的内部分裂。当东突厥在隋代和唐初屡次威胁中国的时候，西突厥正专心经营西方：它和拜占庭帝国联合，压迫波斯。高祖曾想和西突厥结好，用东西两方夹攻的方法威胁东突厥可汗。但东突厥越衰微，西突厥越强盛。到了太宗时期，统叶护可汗统治下的西突厥统辖有东自今甘肃省长城

---

[1]　《唐会要》卷73，第1312—1314页；《贞观政要》卷9，第284—287页；《魏郑公谏录》卷2，第8—12页。

[2]　勒纳·格罗塞：《草原帝国》，诺亚米·沃尔福德英译本（新不伦瑞克，1970年），第92—93页。

西端的玉门关,西至萨珊王朝的波斯,南至克什米尔,北至阿尔泰山的广大地区。

630年,统叶护所属的一个部落叛乱并杀死了他,西突厥帝国因而崩溃。634年,西突厥沿着伊塞克湖和伊犁河分裂成由两个集团控制的西东两个联盟,它们分别是弩失毕和都陆。

太宗巧妙地利用传统的"以夷制夷"政策,以保持西突厥内部的不和。641年,他册立统治西部联盟的沙钵罗叶护可汗。作为对此事的反应,西部突厥帝国东部联盟的统治者都陆可汗(在位时期638—651年)很快地入侵在他的对手统治下的几个中亚绿洲,不久,又用计刺杀了沙钵罗叶护可汗。旧西突厥汗国再度统一以后,都陆可汗拘留唐使臣,并入侵甘肃的中国边境。

642年,西突厥内部的几个部落不满意都陆可汗的统治,派使者到长安,请求另一个可汗做他们的统治者。太宗抓住这个机会,又册立了另外一个新可汗,乙毗射匮。结果,都陆可汗很快失去了他所属的大部分部落的支持,被迫逃入吐火罗国。乙毗射匮可汗遣贡使到唐朝请婚,以加强他和中国的关系。太宗默许了他的要求,条件是要他割让五个塔里木盆地中的绿洲给中国作聘礼,其中的龟兹(库车)、于阗(和阗)和疏勒(喀什噶尔)大概不是可汗给的。[①] 总之,太宗已经着手要以武力征服这个地区了。

中亚绿洲

随着西东两突厥帝国的衰微和灭亡,太宗有可能对塔里木盆地的诸绿洲王国建立中国的宗主权,其中有些王国的居民是印欧语民族。这些绿洲的灿烂文化是受伊朗、印度、阿富汗和中国诸文化的影响而培育成的;诸绿洲对唐来说是十分重要的,因为"丝绸之路"就通过这里。中亚、波斯、东罗马帝国的商人通过这条路到达中国;因此,对这条路的控制是唐帝国政策的一个主要目的。

---

① 《旧唐书》卷194下,第5183页;威廉·萨莫林:《十二世纪前的东突厥斯坦》(海牙,1964年),第59页。

　　头一个归顺唐朝的大绿洲是最靠近中国的、温暖而富饶的高昌（喀喇和卓），它位于今新疆省东部的吐鲁番附近。它受到的中国文化影响比其他绿洲国家更多。自 498 年以来，高昌国由其祖先（可能是中国人或半中国人）麴氏王朝统治，但到 7 世纪初期它已高度中国化了。在隋代和唐高祖时期，高昌处于西突厥的统治下，但 630 年随着统叶护可汗之死，它日益处于东突厥处罗可汗次子阿史那社尔的势力之下。630 年，高昌王麴文泰和他的王后一同到唐朝，受到盛情接待。

　　可是麴文泰回国几年后，他开始封闭丝路，这是由于塔里木盆的此时发生了一个深刻的政治变化。636 年，阿史那社尔决心到长安做唐朝的将军。自 638 年以来，阿史那社尔在高昌的统治地位被西突厥东部联盟的首领都陆可汗所取代。由于都陆的支持，高昌王才敢于藐视唐朝。从西方带着货物去往长安的商人不能继续前进，高昌以西各国的贡礼也被截留。[①]

　　由于这些困难，638 年太宗准许高昌西南的另一个绿洲小国焉耆（喀喇沙尔）另开一条横越沙漠到中国边境的南路。麴文泰于是联合西突厥攻击焉耆和另一个绿洲小国伊吾（哈密），后者位于高昌之东，为通往长安的必经之路，近来改变它对西突厥的效忠而转向唐朝。太宗命麴文泰作为一个藩臣亲自来朝，但麴文泰置之不理。638 年阴历十二月，太宗命侯君集率军远征高昌。起初麴文泰把唐军会跨越这么广大的沙漠地带远征他的王国当做可笑的念头，但他没有料到侯君集的坚毅精神，当他听到唐军已近在眉睫时，据说他惊恐而死。西突厥曾应允高昌，如果后者遭到进攻就给予援助，于是派出一支援军，但在唐军到达时援军竟转头逃跑。640 年阴历八月，麴文泰的儿子高昌新王举国向侯君集投降。

　　太宗决心把高昌并为中国的一部分。[②] 魏徵和褚遂良二人极力反

---

① 岛崎昌：《唐朝征讨高昌国的原因》，载《中央大学文学部纪要》，14.4（1958 年），第62—83 页。
② 《唐会要》卷 95，第 1702 页。

对中国直接统治这个绿洲王国，因为它离中国太远，需要很多中国部队驻守，在征集成兵和供应上都有困难。魏徵坚决否认这个地方的归并能使中国得到任何实利。[1] 但太宗对这个劝告置之不理。高昌成了中国的一个州——西州，其后不久，唐在那里设立了安西都护府以治理周围地区。都护府兼管文、武两方面的事务，使用中国文官而由一支常备军支持。它是太宗及其继承者所建立的几个治理承认中国权力的外国民族的机构中的头一个。[2] 它所辖的区域从甘肃极西的敦煌（沙州）直到西面的焉耆边境。

受印欧文化影响的焉耆，自 632 年以来就是唐朝的朝贡国，可是它很快因中国在紧靠它的、相距不到 100 英里的西州设立都护府和驻军而不安。因此它和西突厥联盟并停止向中国朝贡。结果在 644 年后期，安西都护郭孝恪出征焉耆，俘虏了国王，打败了西突厥的援兵。于是焉耆恢复了对唐朝的朝贡关系。648 年，焉耆国王被他的一个从兄弟推翻，当时为唐朝效劳的突厥首领阿史那社尔再度侵入该国，另立了一个王室成员做国王。新国王恭敬地自称是一个忠于唐朝的藩属。

不仅焉耆感到日益增长的中国势力威胁着中亚。它的西面是龟兹（库车）绿洲，龟兹是塔里木盆地所有王国中受印欧文化影响最深的绿洲。国王苏伐虽然名义上是唐朝藩臣，却援助了 644 年焉耆的反唐叛乱，停止向唐朝纳贡。648 年，阿史那社尔在处置焉耆后，就进军攻占龟兹的都城，将龟兹置于安西都护郭孝恪统治之下。以后不久，龟兹的残余势力联合西突厥部落夺回国都，杀死郭孝恪。但阿史那社尔的军队很快重占该城；在另外五个龟兹的大城陷入他手之后，其余的城也都投降了。11000 多名降服的居民死于刀下，作为对郭孝恪之死的报复。焉耆和龟兹的征服对中亚的印欧文化和文明是一个致命的打击，从此它再也没有恢复。[3]

---

① 《魏郑公谏录》卷 2，第 13—14 页。

② 关于安西都护，见戴何都《中国唐代诸道的长官》，第 31—32 页。

③ 格罗塞：《草原帝国》，第 100—101 页。

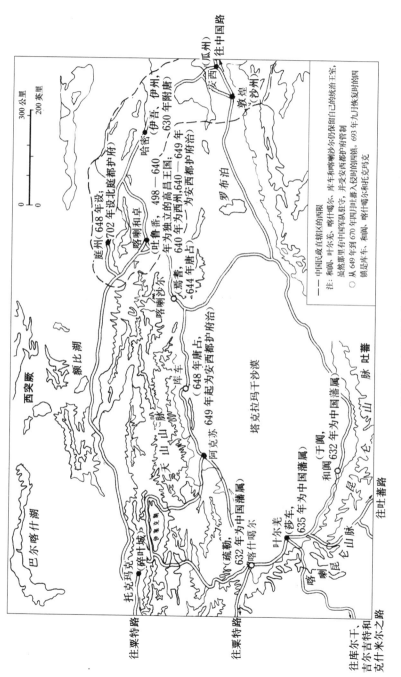

地图 7 太宗进入中亚图

注：和阗、叶尔羌、喀什噶尔、库车和喀喇沙尔仍保留自己的统治王室，非安西四都护府管制。虽然那里有中国军队驻守，从649年到670年间归地，694年自吐蕃入侵时的四镇是库车、和阗、喀什噶尔和托克玛克，693年九月陷复时的四镇是和阗、叶尔羌、喀什噶尔、库车和喀喇沙尔。
●　中国民政在额济区的内限

　　这些国家的臣服意味着唐朝统治了几乎全部塔里木盆地，因为有三个西部绿洲国家在几年以前已经自愿臣服于唐朝，它们是：疏勒和于阗（632 年臣服）莎车（叶尔羌，635 年臣服）。649 年初期，安西都护府的治所从高昌西移到龟兹，建立了归它节制的龟兹、疏勒、于阗和焉耆四镇，从而控制了中国在塔里木盆地的领土和今苏联吉尔吉斯斯坦共和国境内伊塞克湖周围的地区。[①]

吐谷浑和吐蕃

　　青海湖周围地区和今青海省的黄河源头是吐蕃化的鲜卑族——吐谷浑——的故乡。隋炀帝在 608 年曾把他们从故乡赶出，但当隋末国内大乱时，吐谷浑趁中国衰弱又恢复了他们的旧领土，并再次侵袭中国西北边境的诸州。唐朝兴起以后，吐谷浑可汗伏允曾率兵帮助高祖攻击甘肃的"叛乱者"李轨；高祖把伏允的儿子、被炀帝扣在中国作人质的伏顺送还，作为报答。此后，吐谷浑和新王朝继续保持比较亲切的关系，直到 634 年他们的使臣在从长安朝贡后的归途中掠夺中国边境时为止。唐太宗命年老的伏允可汗亲自到唐朝，但伏允未予置理。结果，可汗的一个儿子与唐"公主"的婚约被取消，吐谷浑于是入侵中国西北边境以图报复。

　　634 年后期，太宗大兴问罪之师，命李靖和侯君集率军进攻吐谷浑。五个月以后，唐军多路分兵西进，经过几百英里的荒无人烟之地，在青海湖东北黄河源头附近追及吐谷浑，几次战败吐谷浑军，并俘获其贵族多人和几十万头牲畜。但伏允可汗经过沙漠逃往于阗。唐军紧追不舍，但他未被捕获，最后被其士兵所杀，或者自杀身亡。

　　伏允之子伏顺为伏允嫡妻所生，过去因在隋朝作人质而没有被立为太子。这时，伏顺废了原来取代他的太子，自立为君，举国投唐。太宗认为伏顺成长于中国，易受唐朝的政治影响，因而满意地承认他

---

① 伊濑仙太郎：《中国西域经营史研究》（东京，1955 年），第 187—201、243—246 页；戴何都：《中国唐代诸道的长官》，第 31—32 页。

为新可汗。

但吐谷浑的政局依然不稳定。高度汉化的伏顺得不到他本国人的支持，继续要求唐军帮助以维系他摇摇欲坠的政权。尽管有中国的帮助，但在 635 年末，伏顺被他的下属所杀；在太宗朝余下的时间里唐军多次进入吐谷浑境内以图稳定政局，但是迄无成效。[①]

虽然中国显然对这一事情不甚了了，但吐谷浑局势不稳定的主要原因之一是来自扩张中的吐蕃联盟的日益加大的政治压力；7 世纪 30 年代以来，吐蕃一直在蚕食吐谷浑的属部。

直到隋代，吐蕃是被许多凶猛好战的部落所占据，它们就是中国人所说的土波、土鲁波或最常见的通称吐蕃，他们之间内战不息。但在 6、7 世纪之交，吐蕃的中、南部诸部（拉萨周围）在一个首领论赞索的统治下统一起来，论赞索的儿子松赞干布（在位期为 605？—649 年）成功地把全吐蕃统一成一个紧密的联盟。

到了唐初，吐蕃人把领土从南面的喜马拉雅山扩张到南山山脉，还从克什米尔边境扩张到四川的边缘。在高祖时，吐蕃已开始对中国西北边境施加压力，在 623 年，又侵犯陇右道（甘肃）边境的一个州。634 年，它与唐朝建立外交关系，并派使臣进贡。这是整个唐王朝时期约 100 个这类官方和非官方使团中的头一个。

几年以后，吐蕃王松赞干布听说唐朝的"公主"们曾嫁给突厥和吐谷浑的可汗，他也因此要求同享这样荣誉。不幸的是，太宗因低估了吐蕃的力量和侵略性而拒绝了这一要求。于是吐蕃进攻四川西境的松州，在唐军以惨重的损失为代价把他们赶走之前，他们以强大兵力围困了松州数日。这次进攻虽然被打退了，可是中国也认识到了必须和这个可怕的新邻国周旋，所以当 641 年松赞干布再次请婚时便立即应允。[②]

---

① 加布里埃拉·莫尔：《从北魏到五代时期的吐谷浑》（罗马，1970 年）。
② 《唐会要》卷 97，第 1730 页；《资治通鉴》卷 196，第 6164—6165 页。吐蕃王国不仅要求通婚，还要求能读写汉文的人；吐蕃王室成员被派往长安上国子学。高宗初期，吐蕃还要求派人能传授养蚕、酿酒、造纸和盖碾房技术的技工。

这次和亲带来了中国和吐蕃此后 20 年的和平关系；吐蕃在此时期逐渐巩固了它已占有的吐蕃文化区，并发展成为一个直到 9 世纪中叶都是中国最成问题的邻邦。虽然经历了 640 年和 641 年的事件，太宗的朝廷对中国西部边境这个新威胁的程度之大还无所体会。

薛延陀

薛延陀是铁勒 15 个部中最强的一部；铁勒为突厥民族，原住今新疆北部（准噶尔）的乌伦古河和塔尔巴哈台流域。[①] 太宗初年，薛延陀和另一铁勒属部回纥起兵反抗它们的统治者东突厥，并集合铁勒的其余部落，由它们共同控制。如上所述，这次叛乱是唐朝征服东突厥的一个有利因素。

东突厥遗民被安置在中国北部边境以后，薛延陀占据了从鄂尔多斯到鄂尔浑河的原来东突厥的领土。

641 年，突利可汗的一个弟弟企图行刺皇帝（太宗），于是唐朝想把突厥人遣回他们的游牧故地。但薛延陀坚决反对他们回来，又把他们赶回中国。后来，太宗又把突厥人迁到长城以外，这只能使薛延陀攻击他们，并开始经常袭扰中国边境。

薛延陀可汗是个暴君，臣民都痛恨他。645 年，回纥人发动了一次针对他的起义，太宗决定利用这个机会发动进攻，不仅要消灭薛延陀的力量，而且要消灭所有的铁勒部落的势力。唐朝、突厥及其他非中国民族的联合大军刚一到达，薛延陀可汗就逃走了，后被回纥部民杀死。一旦薛延陀的新可汗向唐朝称臣，其他铁勒部落也纷纷效法。646 年秋，太宗到长安之西受降并接受它们的贡礼，同时刻石立碑，亲自作诗纪功。

高　丽

隋炀帝三次试图征服这个朝鲜的王国高丽未遂，并在征讨过程中

---

① 以前薛延陀被认为是 Syr Tardush 族，铁勒被认为是 Tolos 族，但现在这个说法被证明不可信。关于他们的最早的突厥语名称还没有一致意见。

毁灭了他的大帝国。几次战争也使高丽蒙受严重损失，战争的疮痍到
618 年高丽婴阳王（在位时期 590—618 年）死去和异母弟荣留王
（在位时期 618—642 年）继位时还没有痊愈。高丽的权力转移与中国
建立新王朝同时，所以两国的友好关系得以恢复。619 年，高丽再度
承认中国的宗主权并忠诚地向唐朝纳贡。过了三年，荣留王接受高祖
的建议，交换双方在隋代远征时的俘虏。高丽共遣返了约 1 万中国战
俘。[①] 但很多中国人在隋末大乱时逃到朝鲜避难，在遣返战俘后，还
有相当多的中国人留在高丽。在 7 世纪 20 年代，高丽谨慎地沿辽河
西岸建造大量堡垒，以防中国人再度入侵。这条防线用了大约 10 年
的工夫才完成。

　　唐朝和高丽双方都有足够的理由要谨慎行事。高祖在位的大部分
时间忙于平定国内叛乱，中国的经济还没有从 10 年内乱中恢复过来，
唐朝还没有任何能力进行对外冒险。而高丽则希望有一个和中国持久
友好的时期，以便收复在抗隋战争中被南部新罗、百济所夺去的领
土。

　　可是随着太宗对唐朝的军事力量越来越自信，随着中国经济的恢
复，隋炀帝在高丽的灾难性失败对太宗来说逐渐变成了一个难以忘怀
和带挑战性的问题。到了 641 年，太宗公开对朝廷说，高丽在汉武帝
时曾是中国的一部分，如果唐朝从陆、海两方进攻，高丽可能再度被
征服。[②] 为了达到这个目的，同年，他似乎已采取了一个实际步骤，
即派职方部郎中陈大德侦察高丽的军事势态和防御工事，作为唐朝进
攻的第一步；职方部为负责收集情报，测绘边区地图和维护边境防御
设施的中央机构。

　　一个对高丽发动战争的借口是在 642 年出现的，当时长安得到消
息说，负责沿辽河修筑堡垒并以对中国强硬闻名的泉盖苏文，在高丽
朝廷的党派斗争中获胜，并在发动的一场政变中杀死了荣留王（他名
义上是唐朝的藩臣）和他的 100 多支持者，泉盖苏文立荣留王的弟弟

---

① 《旧唐书》卷 199 上，第 5321 页。
② 《资治通鉴》卷 196，第 6169—6170 页。

大阳王之子宝藏王为新王（在位时期 642—668 年），自立为军事统帅——大莫离支，执行更加摆脱中国影响的独立政策。

太宗虽有了干涉高丽的足够理由，但还没有立刻采取行动。他提醒他的朝臣，进攻高丽的不可缺少的基地东北平原，仍遭受着 20 年前内乱所造成的经济破坏。

可是不久，朝鲜发生的几件事迫使他摊牌。三个朝鲜王国之间的关系越来越紧张，高丽对中国的态度越来越敌对。643 年的后期，声称是中国藩属的新罗报告唐朝说，高丽联合百济在几条战线攻击新罗，并切断新罗贡使前往长安的路线。太宗用外交手段阻止高丽侵略新罗的行动无效，泉盖苏文甚至拘留一个唐使。太宗于是决定亲自征讨这个犯上的国家。

出征高丽的计划在太宗的大臣中是不受欢迎的，他们不禁回想起隋炀帝在朝鲜战争中的惨重失败。太宗最亲密的顾问长孙无忌强烈反对任何远征，褚遂良极力谏止太宗亲征。唯一似乎赞成入侵朝鲜的宰相是太宗最有权势的大将李世勣，他提醒朝廷，由于以前没有采取强硬手段对付敌人，以致它后来悔恨不已。

尽管朝臣们反对，太宗还是决心实行自己的计划，644 年秋，开始精心准备远征。大部分军队被调到东北，一部分军队奉命探测高丽在辽东的防御。建造了 400 艘船往东北运粮。几个月以后，太宗前往洛阳，那里是他到前线的第一站。他在洛阳召见并询问了以前的隋朝官员、曾参与过隋炀帝进攻高丽的郑元璹。虽然郑元璹告诫太宗，唐军将遇到供应上的困难，并且事实证明，高丽具有守城能力，但太宗依然充满胜利的信心。[①]

太宗在洛阳向全国发布了一份诏书，宣告讨伐高丽的道义上的理由：泉盖苏文是个弑君者和专横暴虐者，他侵略忠诚的中国藩属新罗，因此必须受到惩罚。实际上，太宗所以念念不忘高丽可能有其他更为重要的原因。唐王朝要完成隋炀帝的未竟之业和收复中国的旧疆这种雄心壮志起了一定的作用。战略上的考虑也起了作用，因为出现

---

① 《资治通鉴》卷 197，第 6213 页。

了高丽统一整个朝鲜半岛的危险，而中国的利益在于保持朝鲜分裂，防止它与东满洲的靺鞨或与日本联盟。此外，太宗在 643 年的继位争论（见下文）后碰到了严重的个人危机，因而感到有必要离开朝廷亲自行动。

645 年春太宗到达前线，进攻开始。太宗亲率大军和他的大将李世勣直驱辽东，[1] 同时由大将张亮率领海军 43000 人分乘 500 只船从海道进攻高丽首都平壤。在开始时，一切顺利。在辽东获得鼓舞人心的进展，阴历五月，唐军攻克了曾顶住隋炀帝几次远征的高丽重镇辽阳（辽东城），从而使进展圆满结束。辽阳是在中国人修筑了一条横越辽河沼泽地带的堤道后攻下的。[2] 但看来太宗犯了一个战略上的错误，因为他没有放下辽东的不太重要的目标而深入朝鲜半岛占领平壤。太宗可能想依靠海上入侵去占领这个目标。但看来他这个计划失败了，中国史料对其结果几乎始终没有提及。

在辽东，太宗的军队被阻在辽阳西南的重镇安市城。在经过两个月的无效进攻之后，太宗考虑到即将来临的朝鲜的严冬，不得不命令撤军。即使这样，在归途中唐军还是遭到大风雪的袭击，死了几千人，整个远征以灾难性的失败而告终。

太宗讨伐泉盖苏文的失败，使后者对中国的态度更加傲慢。他开始拘留唐使并重新入侵新罗。647 年初，太宗再度进攻高丽。和以前一样，唐军在牛进达和李海岸统率下取得一些进展，甚至在一次大战中战败高丽军，但结果还是不能取得决定性胜利。

这位皇帝依然决心与高丽周旋到底。647 年的晚期，太宗命令四川及其以南诸道建造庞大的舰队，准备大规模入侵高丽。记载太宗晚期的史书生动地描述了这些地区民众的苦难，他们为了从财政上支持建设海军，承担了沉重的劳役和繁苛的赋税。648 年，四川甚至发生一起小叛乱。[3]

---

[1] 《资治通鉴》卷 197，第 6214 页。
[2] 同上书，第 6220 页。
[3] 《资治通鉴》卷 199，第 6261—8262 页。

648年阴历六月，太宗宣称将在次年以 30 万大军彻底粉碎高丽。甚至他的老朋友和顾问，宰相房玄龄临终时恳求，请他放弃这次消耗国力的和师出无名的远征，他也没有听从。①

当第二年太宗去世的时候，以打击他的可恶敌人为目的的决定性远征尚未发动起来，他所尝到的唯一一次大失败的苦果尚余味未尽。

征服高丽的惨败虽给太宗本人蒙上一层阴影，但几乎没有削弱唐朝在亚洲的日益增长的力量。由于帝国边境的扩展和声威远播，边远的民族，如住在中国极北部（可能是在中西伯利亚）的骨利干族、住在乌拉尔东部的赤发碧睛身材高大的高加索种族吉尔吉斯（结骨、黠戛斯）族，开始源源不断地向长安进贡。远在中国之西的国家也遣使前来。638 年，波斯萨珊王朝的最后一个王伊嗣侯三世也派遣他的儿子卑路斯到长安，可能是请求中国帮助抗击正在侵略其王国的阿拉伯人。太宗没有允许，伊嗣侯和他的王朝因而灭亡。943 年，太宗接见拂菻（拜占庭帝国的叙利亚省）王的使臣，据说这是东罗马帝国皇帝君士坦丁二世派往中国的使臣。到太宗时，长安已成为一个真正的国际都市。它接待了来自亚洲各国的使臣，居住着许多不同种族的民族，它的学院和寺院也给高丽、新罗、百济、吐蕃和高昌等国的王室子弟提供了学习的机会。②

随着大批外国人流入长安，外国货、外国娱乐、外国风俗和外国宗教也同时引进。佛教在这时已在中国长期流行，当然不再是外来宗教，但到太宗时期，由于最有名的中国朝圣者玄奘的回国，佛教与其印度及中亚根源的关系又得到恢复和加强。据 17 世纪发现的 781 年立于长安的一块石碑记载，在此以前不久，景教僧阿罗本（可能是罗本〔Reuben〕）在 635 年曾来唐并受到太宗的欢迎。看来，太宗对这种宗教是喜欢的，所以下令把阿罗本带来的景教经典译为汉文。

---

① 《旧唐书》卷 66，第 2464—2466 页；《资治通鉴》卷 199，第 6260 页。
② 《唐会要》卷 35，第 633 页。

继承问题的斗争

在太宗朝的前半期，太宗的家庭生活相对平静，只是由于 636 年他的妻子兼密友文德皇后长孙氏去世才有了波折。在 7 世纪 40 年代初期，随着他儿子们都已成年，两个皇子之间展开了一场激烈的继位斗争。这场冲突是太宗自己无意中促成的。两个对手一个是文德皇后所生的长子太子承乾，一个是魏王泰。有关这一时期的正史说李泰是文德皇后的第四子，但其他史料说他可能比他"大哥"承乾还年长，而且可能是太宗的另一个妃子所生。[①]

虽然承乾因患严重腿病而跛足（可能是痛风或畸形足），可是在太宗刚即位后不久的 626 年阴历十月就立他为太子了。[②] 太子显然聪明而能干，并且一到成年太宗便开始让他处理日常事务，当太宗离京时命他留守京师。但随着年龄的增长，对中国的朝廷官员来说，承乾的行为显得在某些方面不正常和有失体统，很可能是精神失常。承乾不遵守中国的习惯和传统，口说突厥话，他和他的仆从都穿突厥服装。当朝廷官员们批评他这种粗野和不体面的行为时，他公然蔑弃中国礼法，竟打算杀害他们，由于没有成功，他的这些活动当时没有泄露。[③]

甚至在 639 年以前，当承乾的越礼行为尚未最后成为公开丑闻时，太宗已明显地在所有皇子中表现了对魏王泰的偏爱。[④] 李泰聪明而有魅力，并且秉承了太宗的许多优秀品质。太宗在很多方面都表示喜爱李泰。936 年，当其他皇子被封为世袭都督赴任时，太宗破格地

---

① C. P. 菲茨杰拉德：《武后》（伦敦，1955 年），第 215 页注 9；松井秀一：《围绕拥立武后的问题》，载《北大史学》，9（1966 年），第 16 页注 48；岑仲勉：《唐史余渖》（北京，1960 年），第 10—11 页。

② 《旧唐书》卷 2，第 31 页；《新唐书》卷 2，第 27 页。

③ 关于承乾之失德，见《旧唐书》卷 76，第 2648—2649 页；《资治通鉴》卷 196，第 6189—6190 页。

④ 《资治通鉴》卷 194，第 6119 页。

允许李泰不外出任职，而为他建立了一个类似太宗自己早年在洛阳建立的机构——文学馆。642年，李泰在新建的王府广招文学之士，每月的花费甚至超过了太子。[①]

李泰当然会把太宗有增无已的恩宠当做有希望继位的征兆。他左右的一帮年轻而有非分之想的官员也希望他代承乾为太子，以便附骥沾光。承乾的日益反常的行为看起来是有可能导致他被废弃。李泰左右的这一伙人中有房玄龄的儿子房遗爱和杜如晦的弟弟杜楚客。

因此在继承问题上，在太宗朝廷中第一次出现了两大势力集团，一个支持承乾，一个支持李泰。为了防止官员分化成两个各怀拥立目标的对立集团，太宗宣称，如果因故废了承乾，承乾的尚在襁褓中的幼子将继承乾之位。

在这期间，太宗用各种方法改进太子的行为，方法之一是在643年初期指定刚直而重道德伦理的魏徵为太子的老师。但改造承乾的希望微乎其微，于是太宗决心不使太子受其左右亲信的坏影响。643年初期，他杀了太子的三个亲信，一个是太子的宠侍歌童，另两个是以异端诱惑太子的道士。

太子怀疑自己和变童的关系是李泰告诉太宗的，并对太宗的日益严厉的态度越发警觉起来。于是他计划杀害李泰和除掉他父亲。参加太子这个计划的有杜如晦的次子、他的长期亲信杜荷和在征讨高昌之役中因行为不端受处分而心怀不满的将军侯君集、太宗的异母幼弟并对太宗的屡次训斥日益厌烦的性格粗野的汉王李元昌。

幸亏另一个皇子齐王李祐谋反失败，使李承乾的阴谋还未实行就暴露了。李祐叛乱计划的参与者之一纥干承基就是承乾指使谋杀太宗的人。纥干承基揭发了太子的阴谋，使朝廷更加吃惊。643年阴历四月，承乾被废为庶人，囚禁在现在的贵州边境，死于644年末。[②] 承乾的支持者的下场更坏。汉王元昌奉命自杀，杜荷和侯君集被斩首。[③]

---

① 《资治通鉴》卷196，第6174页。
② 《旧唐书》卷3，第55、57页；《新唐书》卷2，第42—43页。
③ 《资治通鉴》卷197，第6193—6194页。

虽然太宗以前曾宣布不废除承乾子嗣的继承权，可是他特别宠爱李泰；随着承乾的被废，他现在宣布有立李泰为太子的打算。李泰的追随者当然热烈支持；但太宗的有权势的老臣长孙无忌却极力反对这个计划，主张立当时快满 15 岁的李治为太子。于是朝中分为对立的三派：即原来支持承乾而现已瓦解的一派；支持李泰的一派；以长孙无忌及其他大臣为首的支持李治的一派。①

但是，因皇帝的意见受到最有势力的顾问们的反对和由此产生的对政治安定的威胁所造成的艰难局势，很快得到了解决。李泰本人开始暗地里威吓李治，因李治过去和新近被处死的汉王关系很好。随着新阴谋的暴露，太宗没有其他选择，只有褫夺李泰的爵位并把他驱逐出京。这种家事的烦恼使得太宗的精神濒于崩溃。他抱怨三个儿子和一个兄弟都背叛了他，只是由于褚遂良的阻拦他才没有饮恨自尽。

对于继承问题，太宗没有什么选择余地了。由于李治受到有影响的大臣们长孙无忌、褚遂良和房玄龄的有力支持，太宗于是在 643 年阴历四月正式立李治为太子。同时，为了使李治受到严格的教导，一批有很大权限的官员被任命为他的老师，其中包括长孙无忌、房玄龄、年老而固执的萧瑀和李世勣；同时另有一批地位较低但有才能的官员被派在太子府中任职，以使满朝文武都能团结一致地拥戴他。

可是太宗仍然认为，他是被迫作了错误的选择，而且怀疑意志软弱的李治不能有效地治理国家。643 年末，太宗又想以另一皇子吴王恪做太子；李恪的母亲是隋炀帝的女儿。② 李恪英武像他父亲，太宗自然被他吸引。但长孙无忌再度干涉，他批评太宗反复无常，并坚持认为李治会成为一个卓越的统治者。正像中国历史家很早就指出的那样，长孙无忌可能有意拥戴李治，但他支持李治是希望李治一旦即位他自己将能继续左右朝政。③

---

① 孙国栋：《唐贞观永徽间党争试释》，载《新亚书院学术年刊》，7（1965 年），第 39—49 页。

② 《旧唐书》卷 65，第 2453 页；《资治通鉴》卷 197，第 6206 页。

③ 孙国栋：《唐贞观永徽间党争试释》，第 46—50 页；《旧唐书》卷 76，第 2666 页。

因此，继承问题再无变动，649年阴历五月，享年不足50岁的太宗在久病后去世，李治即位，成为唐代的第三个皇帝高宗。

对一个盛世来说，太宗晚年是个不幸的结局。当645年发动给他蒙上一层失败阴影的辽东战役时，太宗患了一种精力耗竭的衰弱症，以致很多日常工作不得不由太子代劳。虽然他早年曾屡次嘲笑过去那些执迷不悟地寻求长生和灵丹妙药的帝王们，但他现在极力想减轻病痛，也找来一个印度巫师那罗迩婆婆寐治疗。[①] 太宗越来越仔细地研究他过去的成就，并且关心他的儿子到底会成为一个什么样的皇帝。为此，他写了一部四卷本的政治遗言《帝范》，揭示了他对于为人之君的理想。

虽然太宗的统治以低调告终，但它是唐代的第一个鼎盛时期，而且在某些方面在整个中国历史上是无与伦比的。他留给他的继承者一笔庞大的遗产：合理和高效能的行政机构、繁荣的经济及广大的国土。虽然他在高丽的失败投下了阴影，但在一定程度上全国出现了自汉朝全盛时期以来所没有的兴旺景象，一个充满自信的、安定的和繁荣的局面。显然，太宗时代的清平之治一定会使那些在他死后的不稳定的甚至危险的年代中继续供职的官员们产生深沉的追思。

随着时间的流逝，太宗的威信和荣誉也随之增长。对后世的中国文人来说，太宗代表了一个文治武功理想地结合起来的盛世：国家由一个精力充沛但聪明而谨慎的皇帝治理，他牢固地掌握着他的帝国，同时又一贯谦虚耐心地听取群臣——这些大臣本人也都是卓越的人物——的意见。太宗的施政作风之所以被人推崇，不仅由于它的成就，而且由于它接近儒家的纳谏爱民为治国之本这一理想，另外还由于它表现了君臣之间水乳交融的关系。

在武后统治的黑暗日子里，当群臣之间的良好而坦率的关系为惴惴不安和无穷的清洗及恐怖所取代的时候，就出现了要恢复太宗之治

[①] 《资治通鉴》卷200，第6303页；《唐会要》卷82，第1522页；《旧唐书》卷3，第61页；参考陈祚龙《论巴黎国家图书馆藏温泉碑拓本》，载《通报》，46（1958年），第376—396页。

的理想。安禄山之乱以后，当大大地削弱了的中央政府被迫采用各种只求苟安的权宜之计时，当皇权旁落而由宦官或私人仆从玩弄权柄时，太宗之治就显得无比的强盛和成功了。

后来，吴竞在 705 年编撰名著《贞观政要》，记述了太宗和群臣有关国家长治久安之策的讨论，编者希望在武后统治了半个世纪之后，太宗的行政作风能予以恢复；此书成了帝王资治的基本手册，后世探求治国之本的帝王们及极力说服皇帝纳谏的大臣们都热心研究。此书也为朝鲜人和日本人所爱读，后来被译为西夏、契丹、女真、蒙古和满洲等文字，以供西夏、辽、金等朝的统治者参考。它形象化地体现了太宗之治的作风，因此风靡东亚，成了强有力的政治理想。

还有一件有趣的事值得注意，《贞观政要》有一部军事方面的姊妹篇《李卫公问对》。这部书的现在形式很像宋初的伪作，但也包含一些真的内容，它记述了太宗和他的名将李靖讨论的各种战略问题。[①] 此书竟被塑造成一部与《贞观政要》形式相同的著作，以显示太宗在军事上也堪为楷模；这件事本身就突出了后世对他的特别崇拜之情。在后世人眼里，太宗朝文治武功并盛，既空前又绝后。

---

① 关于这部书，见彼得·A. 布德伯格未发表的博士论文《古代中国的战争艺术——〈李卫公问对〉研究》（伯克莱，1931 年）。

第 五 章

高宗（649—683 年在位）与武后：
继承人与篡位者

太宗对太子李治是否能有效治国的怀疑，被证明是有充分根据的。太宗的第九子李治是长孙氏文德皇后的幼子。李治生于 628 年阴历六月十三日，633 年封为晋王，643 年立为太子。649 年阴历六月一日在其父灵柩前登基时尚不满 21 岁。李治以庙号"高宗"知名于史。[①]

尽管有计划地为李治登基作了种种准备，如委派精心挑选的师保，撰写针对帝王的禁令以指导他的行动，但事实证明李治是一个无能和优柔寡断的所谓好皇帝。

新皇帝在位初期曾认真地试图仿效其父亲行之有效的施政作风。他厉行节约，免去狩猎和奢侈的宫廷宴会，寻求坦率的规谏并重与朝臣共同议事。但太宗的那种事必躬亲的领导作风所要求的品质和纯属于个人的力量是高宗不具备的。高宗的无能，至少在他在位后期，可以部分地归因于他的多病；经常发作的晕眩和视力的损坏使他丧失了工作能力。但无论如何，即使他是一个健壮和果敢坚强的人，他的环境也与他父亲的完全不同。由于年轻和缺乏经验，他被朝廷中一大群年长而又在他父皇统治下已经树立了自己势力的政治家所包围。其中有几位是他当太子时的老师。就高级政策与宰相们展开非常随便的私人讨论，这是太宗时代制定政策的固定形式，而高宗只是这个曾经多年亲密共事的集体中的年轻的新成员。高宗要想对他的朝臣进行真正的统治恐怕是非常困难的。事实上，他不能像他父亲那样领导和激励

[①] 《唐会要》卷 1，第 3 页。

官员们,而只能"端拱无言"。①

高宗继位不久即立其嫡妻王氏为皇后。王皇后的娘家是太原极有权势的家族,也是中国最大的贵族之一;王家和皇族及山西另一个大族柳氏都有姻亲关系。但王皇后未生子嗣,所以在她舅舅柳奭影响下,她劝皇帝立另一妃子所生的年岁最长的王子陈王李忠(643—664年)为太子。皇后希望控制他,因为李忠母亲在宫中的地位很低。长孙无忌经劝说也表示同意,李忠便于652年阴历七月被立为太子。②

高宗初期的统治受三位年长权重的政治家——长孙无忌、褚遂良和李世勣——为首的宰相集团控制。在新皇帝继位后,高宗的舅舅长孙无忌已辞去尚书右仆射之职,但仍保留宰相的职位。褚遂良在高宗时拜为尚书省仆射,也是宰相。太宗逝世时,按太宗生前的安排,李世勣被派到地方任都督,以考察他对高宗及王朝的忠诚。他无可挑剔地通过了考验,当他接到命令时,不回家便立刻赴任。③ 他不久被召回朝廷任尚书省另一名仆射;以后他要求解除这个职务,但仍拥有宰相身份。

这三位年长的政治家都是太宗忠实的臣仆,与别的宰相一样,在643年的继位争执中都是高宗继位的有力支持者。他们的统治继承了太宗推行的政策,少有更张。

高宗继位不到三年,朝廷因发现房遗爱密谋反对皇帝而受到震动,房遗爱是已故大臣房玄龄的次子,在643年继位争执中曾经是太宗之子李泰的支持者。房遗爱娶的是太宗之女,即骄傲专横的高阳公主。房玄龄在648年年中死后,其长子房遗直被指定为唯一的继承人。高阳公主曾强迫遗直按一般习俗与她丈夫分家,但没有得逞;高宗继位以后,她又多次怂恿遗爱在皇帝面前挑起争论。高宗为房遗爱的执著所激怒,下令把他们兄弟二人都放逐到外地。

---

① 《唐会要》卷56,第961页。
② 《唐会要》卷4,第41页;《旧唐书》卷86,第2823—2835页。
③ 《资治通鉴》卷199,第6267页。

　　于是，高阳公主煽动房遗爱与朝廷的其他不满分子谋反，其中有与高祖女儿结婚的薛万彻，有其女与遗爱之弟结婚的李元景和太宗的驸马柴令武。阴谋于 652 年 12 月高阳公主诬告房遗直犯罪时败露；在后来由长孙无忌主持的调查中，她自己丈夫的阴谋真相大白。所有参与者都被处决和赐死，连不幸的房遗直也被降职。

　　在与房遗爱有牵连并不久即被处决的人之中，有长孙无忌曾劝太宗不要立为太子以代替高宗的吴王李恪。其他许多被处决的人或是以前支持过李承乾或李泰即位，或是与他们有过间接联系。房遗爱事件很可能不只是反对皇帝的阴谋（如果阴谋确实存在的话），而更像是集中表现在太宗末年继位问题上的派别斗争的继续。[①] 不论从哪方面看胜利者都是长孙无忌，他成功地清除了几个在他强烈拥护高宗为太宗继承人时已经树立的政敌。但是长孙无忌胜过政治对手的日子太短了。因为他和胆小的高宗在朝廷上不久便面对着一个远为强大的、机敏的和肆无忌惮的对手。

武后的兴起

　　美貌诱人的武曌给高宗在位 34 年的大部分时间，甚至给 7 世纪其余的时期投下了她的影子。

　　每一件与这位著名女人有关的事都笼罩着疑云，因为她干的事都与儒家士大夫阶级的理想相对立——女人干预公共事务；随心所欲地施政；蓄意利用宗派主义；残酷地报私仇；完全不顾道德和原则地操纵政治。对于她的统治，历史记载从一开始就抱有敌意和偏见，而且材料又极残缺不全。和唐代任何相当的时期相比，她统治的半个世纪的政治生活的详细情况，人们知道得更少。

　　对于这位敢于推翻李唐皇室并像男人一样泼辣地实行统治的女人，尽管儒家历史学家都进行恶毒攻击和抱敌对态度，但是武曌显然

[①]　孙国栋：《唐贞观永徽间党争试释》，载《新亚书院学术年刊》，7（1965 年），第 39—49 页。

具有特殊的才能，对政治具有天赋，并且非常善于操纵宫廷的权力结构。她之所以能非凡地攫取到权力，是由于她的杰出的才能、坚毅的决心和识别人的能力，再加上她的冷酷、肆无忌惮和政治上的机会主义。她对敌人和对手表现出的残忍和报复心，这在中国历史上很少有人能与之相比。

唐代的历史学家因为是在事后写书，并且都是从事后的认识出发，他们记载太宗时期的各种事件时就好像已经预料到有朝一日会发生武曌搞垮唐朝的大灾难。① 648 年年中，金星多次出现于白昼，宫廷占星术士解释说这意味着会有女人短时期地登上皇位。与此同时，女性统治者"武王"将在李唐皇室三世以后取而代之的流言开始在百姓中流传。太宗对宫廷主要占星术士的进一步询问透露，所指的这个女人已作为皇室亲属进入宫内，她将在 30 年内统治整个中国并杀掉几乎全部皇室成员。太宗以他特有的直率方式提出要处决占星术士所怀疑的全部对象，但后者坚持说天意不可违，事情就这样放下了。

后来才与预言有牵连的武曌已于 640 年前后进宫，当时她只有十几岁，为太宗的"才人"(第五等妃嫔)。她是高祖于太原府起兵反叛时最早的支持者武士彟的女儿。武士彟出身于太原地方的望族，由于身为第四子，故没有像他哥哥那样进入官场，而是做木材商人经商。他曾在家乡任隋朝民团组织的小官。高祖登基以前于 617 年多次去过他家，并受过他的反隋鼓动。事实证明，武士彟是天才的军事战略家，高祖起事反隋时，他身为行军司铠，在攻打隋京师的战役中起过重要作用。② 为了酬谢他的功劳，高祖派他担任工部尚书的要职，约四年后又提升为两个重要的州的都督。由于他对唐朝的贡献，他被封为"公"，高祖还给他从隋皇室杨氏家族的旁系中选了第二位妻子，

---

① 《资治通鉴》卷 199，第 6259—6260 页；《旧唐书》卷 69，第 2524 页；《新唐书》卷 94，第 3837 页。
② 布目潮风：《隋唐史研究》(京都，1970 年)，第 307 页；《全唐文》卷 249，第 7—8 页；李峤：《攀龙台碑》，载《全唐文》卷 249，第 7—8 页。

以示殊宠。武曌就是这一对夫妇所生，约生于 627 年。[1]

近代史学家对武曌的出身做了很多研究。如下面所说，有人强调她是商人之女，因此她便代表"新兴的商人阶级"。但上面说过，她父亲实际上出身于当地地位很高的传统士大夫家庭，他的兄弟们都在隋朝做官，而他本人则为唐高祖的高级官员。有人主张她代表东部（山东，即河南及河北）地区的利益，反对在初唐政治生活中起重要作用的西北（关陇）贵族。但如上所述，她出生于太原地区，此地的贵族有其自己的特征（它当时以"代北"集团知名），并倾向于与西北贵族建立比河南、河北世族更紧密的联系。此外，由于她母亲的缘故，她也是西北贵族中显赫的隋皇室杨氏家族的后裔。而且从她后来生活中的事件可以得知，她总是强烈地意识到自己的"贵族"出身。

高宗才 8 岁时，他母亲文德皇后即于 636 年死去，他继续住在后宫。他很可能在武曌进入太宗后宫不久即与她有所接触，特别是 646 年太宗让未来的高宗住到与自己相邻的宫苑以后。传统的史料含糊其辞地暗示，高宗和武曌在太宗健在时即已发生不正当的亲密关系。[2]

又据传统记载，太宗死后，武曌依例出宫到一座佛寺削发为尼，而且按照惯例，她本应与世隔绝以度过余生。后来，高宗在太宗周年忌时来此庙行香，他看到了自己一直怀有深情的武曌。在此之前皇帝已宠幸萧淑妃，萧已为他生下一子。王皇后对萧淑妃深为妒忌，希望弄个对手来夺取高宗对萧淑妃的宠爱。为此她命武曌留发，并说服丈夫召武回宫作"昭仪"。

上述事件发生的日期不甚清楚，宋代史学家司马光确定武曌回宫的年代是 654 年，[3] 但肯定有误，因为武曌在 654 年前已为高宗生了至少一个，可能还是两个儿子（见下文）。起码有一位当代史学家已

---

[1] 《资治通鉴》卷 195，第 6134—6135 页；《全唐文》卷 249，第 1—17 页；《文苑英华》卷 875，第 1 页以后。关于武曌与高宗的关系，见 R. W. L. 吉索《唐代武则天皇后之生平及时代》，未发表博士论文（牛津，1975 年）。

[2] 《全唐文》卷 199，第 1—2 页。

[3] 《资治通鉴》卷 199，第 6284 页。

提出，她根本没有当过尼姑，高宗在他父亲死后立刻让她进入自己的后宫，虽然这是完全违反礼仪规定的。[①] 但是，整个情节扑朔迷离，很难弄个水落石出。

不论武曌是否曾为尼姑，也不论她确在何时进入后宫，她显然于652 年给高宗生有一个儿子（也可能是两个）。[②] 她以她的魅力迷住、进而完全控制了高宗，她开始向高宗施加越来越大的影响。王皇后担心自己的位置，并意识到武曌是远比萧淑妃更为危险的对手，因此转而与昔日的对手联合起来展开诽谤武曌的活动。但对武曌的对手来说很不幸，武曌搞阴谋的手段远比她们高明。傲慢的王皇后对后宫的众多妃嫔抱有无法掩饰的蔑视心情，并且在她成为皇后以后在宫里和朝廷上树敌太多。武曌于是与皇后的敌人联合，收买妃嫔们充当自己的耳目，要她们把皇后和萧淑妃的一切活动告诉她，因此她每每能操胜券。与此同时，高宗又提升了她的妃嫔级别。

尽管高宗宠爱武曌，尽管皇后依然无子，高宗仍无意废黜王皇后。废后是重大的政治决策，因为王氏家族既有权势，又有很好的社会关系。而且皇后有最有权势的元老重臣做靠山。因此武曌只能找一个借口使皇帝让她靠边站。654 年，这个机会到来了。前不久武氏生了一个女儿，无子的皇后经常逗着小公主玩。一天，皇后已离去，武曌偷偷将婴儿闷死。皇帝来到后，武氏装作情绪很好，让皇帝看视女儿，当发现婴儿已死时，她又装得十分惊讶。侍女禀告皇帝，刚才皇后曾和他女儿一起玩过，从而让高宗自己得出某种结论。高宗本人是否确信王皇后的所谓罪行，不得而知。但是，不管真相如何，武曌似乎已达到她的目的；皇帝决定，如能争取到大臣们的默许，就决定贬黜王皇后，并封武曌为后。

他首先试图争取朝廷上最有权势的人物，即他的舅舅长孙无忌，提拔后者的三个儿子当官并给大量赏赐，但长孙无忌不为所动。与此同时，武曌开始巩固自己的地位。王皇后的舅舅及主要的

---

① 李树桐：《唐史考辨》（台北，1965 年），第 313—335 页。
② 同上书，第 311—313 页；郭沫若：《武则天》（北京，1962 年），第 123 页。

支持者柳奭自 652 年以来即为中书令和宰相，但于 654 年 6 月降为吏部尚书。第二年，皇后又遭另一打击，她母亲柳氏被禁止进入皇宫，理由是她和皇后曾使用厌胜，试图制服武曌。不久以后的 655 年阴历七月，柳奭被贬到四川一个小州任刺史，他就这样离开了政治舞台。[1]

与此同时，与长孙无忌不和的中书舍人李义府正要被流放到四川担任小官，为了使自己免于流放，他狡猾地伺机奏请皇帝贬黜王皇后而以武曌代替她。李义府因此得到赦免并在中书省得到提升，武曌的其他支持者也公开站出来支持她当皇后，他们之中有礼部尚书许敬宗（592—672 年）。

元老重臣长孙无忌和褚遂良强烈反对任何废黜王皇后的企图，另两位刚升为大臣的中书令来济和门下侍中韩瑗也持同样态度；来济和韩瑗都已在 653 年升为宰相。在其他自高宗继位初期就当上宰相的人中，只有尚书省仆射于志宁不反对废后。唯一鼓励皇帝废后的资深大臣是李世勣，他认为立何人为后是皇帝的家庭问题，外人没必要过问。老臣李世勣曾在高祖和太宗两朝任司空，643 年以来即为宰相，他对百姓，特别是对东北平原的军人有巨大影响，他的介入无疑使朝廷的力量对比偏向武曌一边。[2]

这一转折点使高宗兴奋，他命令许敬宗当朝宣称："田舍翁多收十斛麦，尚欲易妇，况天子欲立后，何豫诸人事而妄生异议乎？"[3]皇帝为了强调他对武曌的反对者的不满，他远谪褚遂良为今日湖南某州的都督。

655 年阴历十月，朝廷下诏指控王皇后和萧淑妃阴谋毒杀皇帝。因此她们被贬为平民，其家庭成员被剥夺了一切职衔，并被流放到瘴疠之地的岭南。当月 19 日，武曌正式被立为后，[4] 第二年元旦，她

---

① 《资治通鉴》卷 199，第 6285—6288 页。
② 陈寅恪：《论隋末唐初所谓"山东豪杰"》，载《岭南学报》，12（1956 年），第 7—8 页。
③ 《资治通鉴》卷 199，第 6292 页。
④ 《唐会要》卷 3，第 27 页；《全唐文》卷 11，第 25 页。

的位置因己子李弘（652—675 年）取代了由王皇后提议立为太子的李忠而得到最后的巩固。[①]为了宣布王朝政策已发生重大变化，朝廷改元"显庆"。

关于高宗时期朝廷分成支持与反对武曌的两派，已有人提出几种解释。近代历史学家陈寅恪认为，对立的派别代表了不同地区的贵族利益集团。按照他的理论，李唐家族从 6 世纪初期兴起之时便与集中于中国西北地区（陕西和甘肃）的许多大家族（即所谓"关陇集团"）建立婚姻纽带，这些家族自西魏以来已在北方成为统治阶级的核心。"关陇集团"内部的复杂的婚姻关系组成了一个忠于皇室的关系网；当高宗试图废掉这个贵族集团成员之一的王皇后而代之以该集团以外的武曌时，这个关系网就显露出来了。按照陈寅恪的观点，长孙无忌、褚遂良、韩瑗和来济之反对武曌，是由于他们都是关陇集团成员。而武曌的支持者像李世勣等人，则都出身于其他地区。他们大多来自东北平原，很多人进入官场是通过科举制度，而不是凭借贵族的世袭特权。他们是陈寅恪称之为"山东集团"的成员。按照这种论点，王皇后和武曌之间的争夺就不仅仅是宫廷内部之争，而是反映了两个政治精英集团（关陇集团和山东集团）之间夺取最高权力的政治斗争。[②]

后来许多马克思主义史学家从已树立牢固势力的贵族统治阶级与5 世纪末实行均田制后产生的新兴地主阶级之间的权力争夺的角度，来看待有关立武曌为后的冲突。他们坚持，到高宗时期，通过均田制和巧取豪夺两种手段，已有大量的土地易主，以致产生了一个要求能进入官僚阶层的独立的地主阶级。唯一能使他们达到目的的手段是科举制度，虽然应考者人数过多。马克思主义史学家宣称，武曌的低贱出身导致她反对贵族而去支持新兴地主阶级和商人的掌权要求。这些

---

① 《唐会要》卷 4，第 41 页；《旧唐书》卷 86，第 2824、2828 页；《唐大诏令集》卷 27，第 93 页；《唐大诏令集》卷 28，第 98 页；《文苑英华》卷 443，第 8 页；《全唐文》卷 12，第 2 页。

② 陈寅恪：《记唐山之李、武、韦、杨婚姻集团》，载《历史研究》，1（1954 年），第 35—51 页。

人当然反过来也支持武曌。①

上面说过，关于武曌真正出身的证据使这两种论点非常值得怀疑，因为这两种论点的依据都是对当时社会过分简单化的认识。不论是拥武派或是反武派的成分，都不像它们所假设的那样纯而又纯。事实上，双方成员的籍贯和社会背景相当复杂多样。例如，武曌的支持者李义府出身于极西的四川地区，既不是西北，也不是山东。同样，王皇后的支持者来济是中举的士子，而武曌的党羽李世勣则出身于门阀世族。②

事实上，这种地区因素很可能远不如纯粹个人的或政治上的合作那么重要。除了李世勣，武曌的支持者在高宗的政府里只是中级官员，而王皇后的支持者却都盘踞要津，拥有实权。从这个角度看，关于拥立武曌的斗争可以看成是那些已掌权的、要保持政治现状以维护既得利益的人与那些把拥立武曌当做自己升迁手段的人之间的斗争。武曌是否打算提高某个权利集团的利益是十分可疑的，更不可能按照某个经济上的阶级的利益行事，因为很清楚，她认为自己本来就是最高层贵族的成员。倒不如这样认为，她利用了一群有野心的中级官员的不满情绪和抱负来帮助她取得权力，后来则报答了他们的支持。只要这些个别人对她不再有用处，她就会马上弃之如敝屣，贬黜他们，甚至毫不犹豫地处死他们。

武后的当权

新册封的皇后不失时机地向反对拥立她的人进行打击报复。当上皇后仅一个月，她就残忍地害死了原来的王皇后和萧淑妃，割掉她们的四肢，让她们死在酒瓮里。657年春，她再次调褚遂良到离京师更

---

① 胡如雷：《论武曌的社会基础》，载《历史研究》，1（1955年），第85—96页；横田繁：《武后政权成立的前提》，载《东洋史研究》，14.4（1956年），第25—46页。

② 松井秀一：《围绕拥立武后的问题》，载《北大史学》，11（1966年），第1—6页；松井秀一：《唐代前期的贵族》，载《历史教育》，14.5（1966年），第41—42页。

远的今广西的一个州任都督。同年晚些时候，她命令死党许敬宗和李
义府诬告曾强烈反对她为后的中书令来济和门下侍中韩瑗与在广西的
褚遂良共谋反叛。

不幸的褚遂良再次被贬，这次是调到中国本土以外的河内西南一
带。遂良向皇帝求情，提醒他自己曾长期为高祖和太宗效劳，在 643
年又支持高宗继位。但是高宗甚至没有阅读他的奏折的耐心。658
年，褚遂良在流放中死去。他的所谓的同党韩瑗和来济也被发配到边
远地方任职，并规定终生不许返回朝廷。657 年阴历八月，许敬宗被
任命为宰相以代替他们，他任此职直到 670 年退休为止。

许敬宗（592—672 年）不是像皇后的另一主要支持者李义府那
样的单纯的机会主义者，尽管他也同样受到历史学家的苛评。[1] 许敬
宗出生于南方的杭州，其父是隋朝有名的官员。许敬宗是一位出色的
学者，他是隋朝极少数获得高等学位（秀才）的人之一，曾短暂地当
过小官。他父亲被隋炀帝的刺客宇文化及杀死，而许敬宗先后为李密
及唐朝效劳，并成为太宗私人学士之一。太宗时期，他在门下省和中
书省中历任要职，从事国史的编撰工作。645 年，他成为太子的老师
之一（来济已是太子的另一个老师）。因此能在一定程度上对未来的
皇帝有影响。649 年他当上宰相，但不久即因受诽谤而降为地方官
员。

许敬宗于 657 年再次任宰相时已经 65 岁了，作为皇后的主要支
持者，他不久就起到了从前元老重臣长孙无忌所起的作用。许敬宗学
识渊博。他曾参与编纂唐以前历代王朝的历史、本朝高宗及太宗的实
录、全国重要人物的家谱（详下）、大部头的类书《文思博要》及其他
许多项目。他留下厚厚80卷的个人文集。他是为武后提供历史先例及行
政管理经验的重要人物，另外，他本人也是很有效率的行政官员。

许敬宗再次任宰相以后，宰相的队伍依然很小。在高宗继位后一
直任大臣的一批人中，只有长孙无忌、于志宁留任。除了武后的支持
者许敬宗和李义府外，只有出身于河北地区的年长学者杜正伦是宰

---

[1]　《旧唐书》卷 82；《新唐书》卷 223 上。《新唐书》把他归入"罪臣"一类。

相，他与许敬宗一样，是隋朝的秀才，在太宗时期的中央政府中显赫一时，后来不幸成为太子李承乾的老师。在对待太子的问题上由于顶撞了太宗，他于 642—643 年极不公平地被流放到很远的南方。656年他被召回长安后不久，便被任命为宰相和户部尚书。

在公开反对武曌当皇后的人中，只有长孙无忌仍为宰相。但武后的权力仍有一定限度，幸存于朝廷的反对派一直设法想搞垮她及其支持者。武后的支持者之一中书令李义府于 658 年后期的失势使反对派得到一点鼓励。

李义府（614—666 年）出身于河北的官宦之家，太宗统治初期在科举中中式，并已稳稳当当地升为中书舍人。李义府精于写作，曾与许敬宗合作撰写国史和编纂晋史。我们在前面已看到，他在 656 年通过支持武曌篡夺后位的活动，挫败了长孙无忌想把他流放到外地的企图。结果，他在 655 年阴历七月当上宰相。不过事实证明他是非常腐败的，他相信武后会无限度地保护他，便凭借这一点很快地滥用职权。据说在荐举和选拔官员方面他大肆贪污，他和家人公开卖官鬻爵，而在两性生活方面也时有丑闻。但尽管如此，他照样不断得到皇帝的支持，并于 657 年阴历三月升为中书令。

但李义府的行为在 658 年末成了公开的丑闻，以致那年阴历十一月，当他与同为宰相的杜正伦在皇帝面前激烈争吵时，高宗借机把他们二人都贬到地方任职。

长孙无忌及其党羽如果以为这件事会巩固他们的位置，那么很快便证明他们错了。659 年阴历四月，武后终于发起了搞垮他的行动。两个小官韦季方和李巢被指控组织敌对集团，其后在由许敬宗监督的司法审讯中，据称被告之一曾与长孙无忌共同策划反对皇上。许敬宗向皇帝提出他的舅舅竟会谋反的确凿理由，并且添油加醋地列举大量历史先例以达到贬黜这样一位有权势、在朝廷上受到广泛敬仰的人物的目的。高宗虽然最初不相信这些指控，但仍违心地在未经传讯长孙无忌的情况下把他发配到今贵州省的边境地区。

彻底清除武后的反对者的机会很快来到。另一位长期担任宰相的于志宁，由于他对高宗更立新后的建议未置可否，被外放到地方担任高官。664 年他 74 岁时获准退休，第二年死去。其他人便没有那么幸运。甚至连以前发配到地方的官员也未能幸免。柳奭、韩瑗（有点尴尬的是，他证实在不久前已死）和长孙无忌的侄子长孙恩奉命从流放地返回京师，就指控他们搞阴谋一事接受进一步的审讯，在途中即被杀死。最后，长孙无忌一案又被提出，他被迫在流放地自尽。

　　随着太宗时期最后一位宰相的清除，许敬宗成为剩下的唯一的宰相。未与武后为敌的卢承庆、许圉师和任雅相三人于 659 年阴历五月当上宰相。卢承庆（595—670 年）出身于河北的书香门第，长期从事财政工作，这时被任命为户部尚书以代替杜正伦。但第二年就因为户部未能征集到足够的赋税而被派到地方任职，后来虽然没能返回中央，却一直身任高官。许圉师（？—679 年）是唐高祖幼年时期的小伙伴、唐朝初年平定长江流域时被杀的许绍的小儿子。许圉师在唐朝初年科举考试中成为进士，居官后政绩出色。任雅相似乎主要是武将，曾一度任兵部尚书。661 年阴历四月，他担任远征高丽战役的指挥官，在 662 年初期的战事中被杀。659 年阴历八月，李义府也当上了宰相，武后在朝廷上仍需要李义府的支持，因而说情把他赦免并从流放地召回。

　　这时政府作出了一个重大变动。褚遂良和于志宁作为政府主要行政机构尚书省的仆射，都是当然的宰相。他们免职以后，无人继任，尚书省至少在以后的 16 年里没有首脑。政府的各行政组织因此不能直接参与宰相们审议国家政策的工作。皇帝和皇后可与之商榷朝政的宰相的队伍一直很小。太宗时期常有 8 名以上的宰相，现在只有 5人，随着卢承庆于 660 年免职又减少到 4 人；任雅相在 661 年离朝征伐朝鲜后只剩下 3 人。这 3 人是许敬宗、腐化的李义府和许圉师。662 年末，许圉师因试图掩盖其子在狩猎时误杀一人之事，被李义府逼迫离职，由上官仪（？—664 年）代替。上官仪是隋炀帝末年被杀于扬州的隋朝大臣之子。为了避难，他当了和尚，是享有盛名的学者和作家。太宗初年，他被举荐参加进士考试，先后在一些搞学术的岗位上为太宗效劳，有时为皇帝的文章作些润色工作。高宗时期，他是秘书省少监，以文章和诗闻名于世。他之所以当上宰相，可能是由于他在高级官员中平庸无能而官声上尚无瑕疵。

这些变化表明，武后的支持者的权力已得到巩固。有一段时间，皇帝的健康状况不好。657 年，他被迫到离宫休息，只能隔日上朝一次。① 660 年阴历十月以后，皇后的位置实际上已变得不可动摇，当时高宗显然得了一次严重的中风，致使他一度局部瘫痪，而且视力严重衰退。② 虽然他康复了，但仍有几次严重的复发。武后得益于自己的精明和锐利的政治敏感，在皇帝几次患病期间，治理帝国十分顺手。总之，皇帝的意志过于软弱，即使在健康时也不能阻止他那位难以对付的皇后把自己的意志强加给他本人和他的朝廷。到 660 年末，武后事实上已是帝国的统治者，虽然无此名义。③

但她还没有为所欲为。她的支持者李义府从流放地返回朝廷后的几年，再次过着使他在 658 年以前臭名远扬的那种丑恶、腐朽的生活。他的堕落和渎职竟使武后也感到是个政治负担。663 年，他家庭的胡作非为再次成为朝廷上的议题，李义府甚至不向皇帝求情而打算蒙混过关，他因而被流放到中国南方的疫病区，三年后死在那里。当时，武后由于不再过于依靠他的支持，而且她的位置也远比五年以前巩固，所以没有采取任何行动去挽救他。

那一时期反对武后的力量似乎以 656 年封为梁王的被废黜的前太子李忠为中心，他们把李义府的倒台误解成为皇帝最终向武后的权力进行挑战的信号。他们制定了一个把她也一网打尽的大胆计划。

在此以前，一生深受宗教和巫术影响的武后被一个道家术士所吸引，特准他可自由出入皇宫见她。长期以来，中国人对皇室成员或朝廷命官参与巫术感到非常恐惧，认为他们理应受到最严厉的惩处。唐律规定它为"十恶"之一的大罪，对这种罪行，给予高级人士的任何法律特权都不适用，而且这些罪行都明文规定不在赦免之列。④ 因

---

① 《资治通鉴》卷 200，第 6303 页。
② 同上。
③ 同上书，第 6322 页。
④ 《唐律疏义》卷 1，第七条第五恶，"不道"。

此，664 年李忠王府原先的一个宦官把事情报告给皇帝时，看来高宗认为这是摆脱皇后支配的方便借口。

皇帝召来宰相、中书省侍郎上官仪（曾为李忠的顾问）"讨论"这件事。不出高宗所料，上官仪建议以她的罪行为由废黜武后，皇帝命令上官仪就此起草诏令。但武后已从她众多的皇宫耳目中得到于她不利的消息，她冲进皇帝的居室以阻止事态的发展。胆小如鼠的高宗不敢与她面对面争辩，而是胆怯地宣称废黜她的计划完全是由上官仪策划的。

这桩不幸事件的结局简单而又残酷。一贯忠实的许敬宗指控上官仪、前太子李忠和首先告发武后的宦官共谋大逆。主犯被处决，并且再次清洗与这些敌人有可疑联系的全体朝臣。他们全被贬黜或发配到边远地区。

从这以后，武后的政治统治是确定无疑的了。她的统治也公开化了。皇帝上朝时她总坐在一旁，前面用帘子遮住，甚至监视皇帝所处理的每件细务。宋代大历史学家司马光对此总结道："天下大权，悉归中宫，黜陟杀生，决于其口，天子垂拱而已。"[1] 高宗至此几乎完全无权，武后的反对派全被清除。

但是，武后的统治也不仅仅是搞宫廷阴谋和运用灵活的政治策略去处置反对她的人。她的主宰朝政也包括参与制定新政策。第一个成果是 657 年末把洛阳定为永久性的东都。[2] 朝廷事实上已于太宗时期分三次迁到洛阳。但在 657 年，它被正式定为第二个首都，而不是朝廷的行宫。每个部和每个衙门都在洛阳设分支机构，662 年甚至还在那里办起东都国子监。从此，整个朝廷经常迁往新都去处理公务，长期成为定制。虽然在空荡荡的京师始终保留着一个小小的留守政府，但实际上不但整个皇室及其随从，而且中央政府的全部行政机构在这几次迁移中也转移一空。

几次迁都不但造成了很大的混乱，而且耗资巨大。众多的扈从人

---

① 《资治通鉴》卷 201，第 6343 页。
② 《全唐文》卷 12，第 6 页。

员给所经之地带来了贫困,他们经过的地区通常可以在很长一段时间内免缴赋税,这样可以在一定程度上弥补所造成的破坏。高宗时期,朝廷迁往洛阳不少于七次;高宗统治在建立新都后的 26 年中,约有 10 年在洛阳上朝。682 年,朝廷最后一次迁往洛阳。683 年后期高宗死后,武后永久性地把朝廷迁往洛阳,一直到 701 年。

朝廷在东、西两个京都之间来回迁移,使帝国财政极度紧张。洛阳需要建造许多新的宫室和官署,以提供一个京都的必要设施。耗资巨大的工程在高宗时期不断进行。因此,进行这一新的和花费极大的工程,一定是事出有因。

对迁都有各种各样的解释。首先是政治上的解释。长安是西北地区的自然中心——当西北贵族集团已处于统治地位时,它是文职官僚机构的自然政治中心。指定在公元前 1000 年前已成为帝国政治势力所在的东部平原附近的另一个中心为新都,这本身是一个象征性的表示,即西北政治势力的全盛期已经过去了。迁都又是一个旨在取悦于许多东北出身的官员的行动,他们在高宗时期当上了高官,并且算得上是武后最热心的支持者。

第二种解释纯粹是经济方面的。长安位于比较贫穷和生产不发达的地区,易遭受长期的严重干旱。从外地供应长安谷物既困难,费用又极大。供应洛阳的朝廷便容易得多,因为它直通隋朝修建的复杂的河渠网系。[①]

这两种解释都有一定道理,但又都没提供完整的答案。在朝廷迁往洛阳时期,长安地区有时是繁荣的,而新的东都有时却遭受饥荒灾害。很可能有第三种因素常常决定了迁都,这一因素就是被传统历史学家所强调的武后的情感和精神状态。据说在骇人听闻地除掉王皇后和萧淑妃以后,迷信的武后常看到她们的鬼魂作祟,因此她感到继续住在长安是不能忍受的。[②]

---

① 全汉昇:《唐宋帝国与运河》(重庆,1944 年);崔瑞德:《唐代的财政管理》,第 2 版(剑桥,1970 年),第 84—87 页。

② 岑仲勉:《隋唐史》(北京,1957 年),第 142—144 页。

武后的迷信和对宗教的沉溺还产生了其他后果。在成为其亲密伙伴的男、女术士的影响下,武后越来越热衷于宗教的仪式和符咒。她摒弃传统,创造新的标记,以借助于超自然的力量来巩固她的地位和她实际控制的王朝。高祖和太宗均用一个年号来代表他们的统治,武曌当了皇后以后,高宗统治时期改元不少于 13 次。662 年,中央官僚机器的许多主要职官名称改为古称,到 670 年才恢复原来的形式。674 年,皇帝和皇后采用中国历史上第一次使用的庄严称呼:"天皇"和"天后",武后想用这种称号使自己和她丈夫的统治与以往中国历代君主的统治有所区别。

另一种宣告他们统治的辉煌成就的形式是举行古代意义最深远、最隆重的封禅典礼。祭祀仪式在位于今山东省的中国主要圣岳泰山的山脚下和山顶上举行,仪式象征性地对天地宣告,皇帝在人世的任务已胜利地完成。由于封禅具有深远的意义,而且很多皇帝担心举行这种仪式会因无充分理由而变成妄自尊大,因此在中国历史上这项活动只进行过六次,最后一次是在 56 年。① 太宗曾三次计划举行封禅仪式:632 年,被魏徵劝阻;641 年,太宗已达洛阳,由于出现彗星而被劝阻,没有继续行进;648 年,因一次不合时宜的洪水取消了仪式。②

659 年,许敬宗在皇后的要求下上奏高宗,建议他举行封禅祭祀。③ 因为几百年来没有举行,祭祀的具体形式基本上已被遗忘,需要讨论和决定,经过长时间拖延之后,高宗终于于 666 年阴历元旦在山脚开始了复杂的礼仪,第二天清晨上山完成仪式。尽管没有妇女参与的先例,但武后仍违反传统,计划扮演一个主角,于是她率领嫔妃及皇族亲眷作为第二队以表示她具有与皇帝平起平坐的合法地位。④

高宗统治后期,武后鼓动他在洛阳附近的圣岳嵩山和其他圣岳举

① 沙畹:《泰山》(巴黎,1910 年),第 18—20 页。
② 《唐会要》卷 7,第 79—95 页。
③ 同上书,第 95—101 页;《旧唐书》卷 23,第 886—887 页;《资治通鉴》卷 200,第 6316 页。
④ 《唐会要》卷 7,第 98 页。

行同样仪式。嵩山的仪式安排在 676 年冬，但因吐蕃入侵而未果。后又安排在 679 年末，但又因与突厥人的纠纷而被取消。武后又在 683 年安排了第三次，但由于皇帝生病而不得不取消。[①]

武后迷恋古代礼仪的另一例可在 668—669 年的一个提案中看到，这个提案主张恢复建筑"明堂"的古制。"明堂"是向上帝献祭的建筑，它的设计适合举行最重要的礼仪，同时也是一个朝觐大殿。在明堂举行的仪式将反映皇帝（当然也包括皇后）的世俗权力以及与天的和谐关系。但负责讨论应建成什么样的大堂的学者们未取得一致意见，这个计划因此被取消。武后直到高宗死去，自己当上最高统治者，才成功地建起了明堂。[②]

武后不论怎样着迷于把王朝与超自然力量联系起来，她还要确保王朝与统治阶级的世俗关系的加强，以有利于王朝。

如前所述，在太宗时期，638 年编成的《氏族志》试图列出全国的大姓并进行分等。皇后自己的家族武氏，因为社会地位较低而未能列入。很清楚，这是一个必须纠正的遗漏。659 年末，多半是在皇帝直接命令下，许敬宗奏请注意《贞观氏族志》中这个严重的缺点，为此下诏编辑 200 卷的新《姓氏录》。高宗亲自作序并确定应遵循的等级序列。武氏及其他皇妃的家族安排在第一等级中，这是可以预料到的。但新志有很大变化，它只收唐代五品以上官员的家庭。从前长期依据的"家庭出身"和社会承认的原则被取消；新志远比旧志充实，因为它的范围扩大到当时兴起的统治官僚阶级。[③]

同时，政府再次针对有社会威望的山东大族"四姓"采取行动，它们原来已是太宗的《氏族志》反对的目标。这一行动并不损害众多东北人在高宗统治下享有的总的有利地位。这些东北人尽管来自同一

---

① 《唐会要》卷 7，第 101—103 页。

② 《唐会要》卷 12，第 283—285 页。

③ 《唐会要》卷 36，第 664—665 页；又见池田温在《剑桥中国史》第 4 卷中所写的一章；池田温：《唐代氏族志的考察》，载《北海道大学文学部纪要》，13（1965 年），第 3—64 页；崔瑞德：《唐代统治阶级的组成：从敦煌发掘的新证据》，载芮沃寿、崔瑞德合编《对唐代的透视》（纽黑文，1973 年），第 47—85 页。

地区，但大多只具有次一等的社会地位。自太宗下诏试图削减山东大姓的特权以来，他们的社会地位并没有明显下降。他们继续大规模地进行内部通婚，要求那些想与他们联姻的外姓人付出大量财礼，甚至干脆拒绝求婚。另外，他们之中的大多数已移居京师，在京畿的社会中组成了一个紧密的社会集团。659 年山东大姓之一拒绝了行为放荡的李义府的求婚，于是李劝高宗下诏禁止 7 个大族的 11 个家系（他们形成了令人羡慕的圈子）之间的内部通婚。这个集团并不包括山东大族的全部，但包括了那些需要控制其特权的氏族。王皇后的氏族就是其中之一。同时对准许的财礼数量实行严格的限制，这种限制不是与家庭的社会地位，而是与姻亲的官品相联系。[1] 然而，这些大族似乎很容易躲过这些限制，繁盛景况不减当年。

这些措施有助于武后巩固她在朝廷上的地位。但在皇帝生前由后妃直接控制政府尚无历史先例，依然存在一股忠于唐皇室的官员们内心反对的暗流。只要这种情况仍然存在，武后的地位就始终不稳定，因此她寻求那些能给她带来威信和影响的集团——特别是文人和佛、道僧侣——的效忠。

高宗统治初年，他已对文人进行大规模的保护，其方式是在京师集中学者编辑了一批大部头的文学汇编。几个在太宗时期开始的大项目已告完成：成为现在的《隋书》中的"志"的《五代史志》已在 629 年开始编写，在 656 年完成；[2] 同年，后来成为官方正史的李延寿私人编撰的《南史》和《北史》也上呈给皇帝。[3] 至此，早在 622 年就开始组织撰写的唐以前的官方历史宣告完成。[4] 唐朝的实录也在继续编撰。656 年，长孙无忌和令狐德棻完成了高祖和太宗两朝的实录，作为正式的唐朝历史。[5] 许敬宗孜孜不倦地继续这项工作，写了

---

① 《唐会要》卷 83，第 1528—1529 页。

② 《唐会要》卷 63，第 1092 页；对这些志的简要介绍，见白乐日《〈隋书〉中的食货志》（莱顿，1953 年），第 5—7 页。

③ 《唐会要》卷 63，第 1092 页。

④ 同上书，第 1090 页。

⑤ 同上书，第 1092 页。

高宗最初几年的实录，在 659 年把它呈献给皇帝。①

另一个延续到高宗初年的大项目是对儒家经书的标准注疏（《五经正义》）的最后校订。此书的大部分已完成于 7 世纪 40 年代，但《易》、《书》、《诗》、《礼记》和《春秋》及其注疏《左传》在 653 年才被批准和颁行全国。其他经书的正义也完成于以后几年。②

随着这些项目的完成，特别是在许敬宗初任大臣的几年中，皇帝又发起撰写一系列新著作。以下简要列出 656—663 年期间在他的指导下呈送给皇帝的著作：656 年，皇帝撰写的 130 卷并附有详细注释的关于统治者的政策和职责的论述；658 年，一部关于西域的 60 卷大型图籍，其中收有派往吐火罗和康国（撒马儿罕）的使臣带回的材料；同一年，一部长达 1000 卷的文集《文馆词林》；661 年，另一部 630 卷的文集《累璧》；同年，李善为大型总集《文选》作的标准注疏，这是普遍施之于文学教育的基本著作；663 年，一部由太子李弘的老师主编的大型文学名著汇编《瑶山玉彩》问世，计 500 卷。③ 上述项目与钦命的巨大佛经翻译工作同时进行（见下文）。

朝廷对世俗的和佛教的学术所作的这种慷慨赞助似乎在 665 年突然结束。在此前后，武后开始实行对文学的个人赞助，她组织起自己的学者班子，命他们从事为她自己的政治目的服务的工作。他们编了《列女传》，还有表达武后关于君臣大义的《臣轨》——该书后来成为所有科举应试士子的必读课本；另外有与《臣轨》同为一类的《百僚新戒》及音乐和礼仪方面的著作《乐书》。④

武后在进行这些学术项目时雇用私人学士集团，其中还包藏着祸心。从 7 世纪 60 年代后期开始，他们形成了一个秘密的秘书班子，名为"北门学士"；这些人开始为皇后起草奏折，对政策的制定作出

---

① 许敬宗编撰的唐代前三位皇帝统治时期的历史有许多伪造的地方，许的作品送呈高宗后，高宗发现了这些伪造。见《唐会要》卷 63，第 1093 页。
② 详情见 D. M. 麦克马伦在《剑桥中国史》第 4 卷中的论述。
③ 《唐会要》卷 36，第 656—657 页。
④ 《资治通鉴》卷 202，第 6376 页。

决定,而决策本应是宰相们的职责。①

国家不只庇护文人学士。它也对在社会上有更多追随者的佛、道僧徒团体给予庇护。②

我们已经说过,武后把宗教象征和仪式当做使自己的政体合法化的手段,我们现在就回过头来看看她与一批真真假假的宗教顾问的迷信关系。指出这一点是值得的,因为她和高宗都沉湎于宗教,虽然他们的宗教信仰各不相同。

高宗统治初期,他有些勉强地继续实行他父亲对佛教的保护。太宗的赞助与国家的支持使伟大的朝圣者玄奘得以完成一项大规模的重要工作,即把他从印度带回来的梵文经典译成中文。

但尽管有这种庇护,以及他在公开场合表现的虔敬行为,高宗本人对佛教的态度即使不是敌视的,也是十分冷淡的。655 年他下诏命令佛教僧侣服从普遍的法律,而不是根据 637 年专门颁布的《道僧格》来审理他们。此举引来了僧侣们(其中包括高宗非常敬重的德高望重的玄奘)的抗议风暴,以致高宗只好收回成命。玄奘还提出了太宗曾确立道士的地位优于佛徒的问题,但皇帝对此不感兴趣。657 年高宗又提出了长期存在的问题,即佛教僧侣是否应承认社会上正常的等级关系,是否应服从双亲及君主。657 年的诏令禁止僧侣们接受父母或其长辈的致敬,后来由于公众的抗议,朝廷还是做出了妥协。662 年,高宗要求朝廷讨论僧侣们应尊敬父母及皇上这一更广泛的问题,而他以前的高祖和太宗对此都无力解决。经过僧侣们的强烈抗议,朝廷展开了辩论,两种意见势均力敌;妥协的解决办法是僧侣们应尊敬父母而不必尊敬皇帝,这又引起了不断的抗议,致使诏令不能实行。

尽管高宗在就这一基本政治问题在与僧侣们的正面冲突中失败了,但当他在 664 年(其时玄奘已死)中断了远没有完工的庞大的翻译工作时,他给了佛教真正而持久的打击。高宗逐渐不再注意佛教,

---

① 《唐会要》卷 57,第 977 页。
② 关于高宗与佛教的关系的详情,见 S. 温斯坦在《剑桥中国史》第 4 卷中所写的一章。

而开始对道教表现出越来越大的热诚；这种转变似乎从 660 年起就开始了。玄奘死后，几个道教术士对皇帝施加了强烈的个人影响，并在朝廷上得到了官职。

皇帝用比偏爱个别术士更积极的形式表示对道教的支持。例如，666 年完成了封禅祀典以后，老子又有了更为显赫的新头衔，① 各州奉命既建佛寺，又建道观（第一次）。② 道教就这样得到了佛教多年以来就有的国家资助的寺院网络。675 年，皇帝下令编辑第一部道教典籍汇编。678 年，他把道士置于宗正寺的管理之下，以正式承认皇室与老子之间的虚构的亲缘关系。③ 同时，道家主要经典《道德经》被列为参加科举考试的必修科目，与儒家经典不分上下。

但从 664 年放弃了翻译佛经的计划以后，高宗还是谨慎地避免采取可能与势力强大而又组织严密的佛教僧、俗人等发生冲突的任何步骤。他在宫中展开了两种信徒之间的辩论，668 年在一场特别尖刻的交锋后，他下令销毁伪造的《老子化胡经》，因为它宣称如来佛与老子实际上是一个人，此事一直是引起争吵的原因。

就在此时，对佛教的庇护改由皇后接手。她出身于虔信佛教的家庭，那些希望接近皇帝的佛教徒显然把她看成是赞助人和保护人。武后也是宗教建筑的主要赞助人，在她当皇后时期，她主持在龙门石窟里凿刻了大量的佛像。

674 年，她终于成功地废除了太宗关于在宗教仪式上重道轻佛的诏令。从此以后，两种信仰地位平等。这是 691 年武后取得最高权力之后最终把佛教立为国教的第一步，也是十分重要的一步。

所有这些措施也是重要的政治行动。皇帝和皇后用这些措施确立了他们作为两种宗教的庇护人的地位，这两种宗教的影响已扩展到整个帝国和各级社会。

---

① 《全唐文》卷 12，第 13 页；《唐大诏令集》卷 78，第 442 页。
② 《唐会要》卷 48，第 850 页；《旧唐书》卷 5，第 90 页；《法苑珠林》，载《大正新修大藏经》卷 53，第 1027 页。
③ 《唐会要》卷 49，第 859 页；《佛祖统记》卷 39，载《大正新修大藏经》卷 49，第 369页。

　　皇后需要具有这样广泛基础的支持，因为 666 年完成了封禅祭祀以后，朝廷上的政局出现了对她不完全有利的变化。

　　大约在这段时期，皇后经历了一场涉及她的武氏家族成员的危机，因为他们在她当上皇后以后都做上了高官。当时，这些人感到自己的地位和个人权势已很稳固，开始不想再以武后为靠山，开始不太尊重她的母系亲属、仍然极有权势的原来隋朝的皇室杨氏。666 年阴历八月，皇后只得采取行动对付他们，处死两个异母哥哥和一个叔叔，谎称他们毒死了皇帝当时宠爱的魏国夫人，她是皇后姐姐之女，已与廷臣贺兰越石结婚。传闻说，魏国夫人是武后本人毒死的。①

　　664 年上官仪垮台后，许敬宗是剩下的唯一长期担任宰相的人，他继续代表武后的利益，行使不容挑战的权力。但他毕竟是 72 岁的老人了，而最高一级政府在日益增多的财政和军事问题面前显然需要加强。665 年，朝廷任命了一小批新宰相，但他们在一两年后都被免职，被两位高宗的最有成就的将军姜恪和刘仁轨所取代，他们经常离开朝廷去远征。667 年，皇帝感到缺乏可靠的参谋，就任命了一批能力很强的新宰相，他们至少恢复了进行正规朝政程序的门面。

　　新宰相无疑不是统治阶级中的新成分的代表，但也不是听命于武后的傀儡。杨弘武是隋朝谋士杨素的侄子，因此与武后之母是亲戚。赵仁本是来自河南西部的陕州的世族，他在御史台和吏部有出色的政绩。李安期的祖父和父亲在隋朝和初唐先后任中书令，他少年时即为奇才，后来连续担任高官。他还在 7 世纪 40 和 50 年代从事国家的各种文学事业。他出身于河北北部的望族。这个宰相班子其余的两名成员也来自河北，戴至德（？—679 年）是太宗时期著名宰相戴胄的侄子兼养子；张文瓘（605—677 年）是李世勣的门生，出身于 7 世纪后期产生许多高官的一个河北氏族。尽管已知新班子的成员中只有张文瓘参加过科举考试，但他们都是杰出的学者。

　　667 年末，李安期被派到地方任职，第二年，已经很老的杨弘武死去，赵仁本与许敬宗闹翻，被免去宰相之职。但是戴至德和张文瓘

────────────

① 《资治通鉴》卷 201，第 6350 页。

在679年和678年（原文如此。——译者注）分别死去以前一直任宰相，使政府得到多年缺乏的那种行政上的延续性。

任命这批新的宰相可能与朝廷开始面临因朝鲜战争而逐年增长的花费所引起的严重内政问题有关。例如在666年，中国最富裕和人口最多的河北，全部税收都被送到辽东供给征伐高丽的军队使用。[1] 政府试图通过使用劣钱（见下文）来解决问题，这证明是一个灾难。668年、669年和670年一系列的饥馑和自然灾害使局势变得更坏。皇帝被迫砍掉各种靡费的建设；670年，问题竟发展到使武后表示要放弃后位——当然这只是一种毫无诚意的姿态——以平息上苍之怒。[2]

这时皇后又经历了两次家庭危机。第一次在670年阴历九月，她的因有显贵亲属而在朝廷上成为她重要帮手的母亲死去了。[3] 第二次是武后的姐姐（已于666年被害）的儿子贺兰敏之卷入了一桩重大的丑闻。在此之前，武后已把贺兰敏之的姓改为"武"，这样他就能在她的几个异母弟兄被杀后，承袭她父亲的头衔。但以追逐女性而臭名远扬的敏之行为越轨，他诱奸了已中选为太子妃的杨思俭的女儿。武后总是迅速除掉使她陷入困境的同伙中的不良分子，于是就把敏之发配到遥远的南方杀死，随即又清洗了他的已知的同伙。[4]

同年，即670年，武后失去了支持她最久和最忠实的帮手许敬宗；他在78岁时退休，两年后死去。几乎立刻就出现了反对他的活动。一部分廷臣表面上以他的冷酷行为为由，想授予他不受尊敬的谥号，因为他曾发配自己的儿子去遥远的南方，还把女儿嫁给南方部落首领之子以换回大量彩礼。许的传记也提到他无法无天和贪婪的声誉；673年，朝廷下令修订他编撰的国史，删掉书中不实之词和不实之情。许敬宗把持朝廷达15年，尤其是他使武后能够取得最高的政

---

[1] 《资治通鉴》卷201，第6351页。
[2] 同上书，第6365页。
[3] 同上。
[4] 《资治通鉴》卷202，第6367页。

治权力，所以这种反映是对他的自然的反感。

不过，正当武后的影响看来要削弱时，皇帝的健康状况再次恶化。672 年末，太子奉诏监国；皇帝病情一度好转后，太子在 673 年阴历八月又不得不承担受诸司启事之责。这一年，皇帝的健康状况如此不佳，以致召来著名的道家老医生孙思邈给他治病。第二年，即 674 年初期，皇帝病情严重，朝廷正式讨论武后应否临时掌管政府。

这个动议由于受到众朝臣和宰相们——特别是郝处俊和李义琰的强烈反对而未能通过。朝廷此时由相当庞大而稳定的一个宰相集团控制：他们是戴至德、张文瓘、李静玄和几乎一直在指挥作战的将军刘仁轨。他们至少在表面上开始使行政工作程序恢复正常，尽管武后通过她个人的秘书班子继续对朝政施加影响。

674 年后期，武后公开地广泛笼络人心，她的奏议提出 12 点对庶民和政府官员均有所让步的改革主张。各种主张多半只表达了虔诚的愿望而不是实实在在的政策，但它们仍反映了对当时各种问题的一种敏锐的理解。其要点如下："一、劝农①桑，薄赋徭；二、给复三辅地；三、息兵，以道德化天下；四、南北中尚禁浮巧；五、省功费力役；六、广言路；七、杜谗口；八、王公以降皆习《老子》；九、父在为母服齐衰三年；十、上元前勋官已给告身者，无追核；十一、京官八品以上益禀入；十二、百官任事久、材高位下者得进阶申滞。"以上主张基本上包括在一个诏令之中，并予以发布。它们以泛泛之论来处理那些长期存在的问题，旨在赢得官员和纳税人的欢迎。另外，它们还表现了武后对提高妇女地位的兴趣及皇帝献身于道教的迹象。675 年，朝廷又作出进一步的让步，即取消由于支付朝鲜和西北战事的军费而征课的捐税。

675 年，又有人提议恢复政府"正规的"形式，这时戴至德和刘仁轨被任命为尚书省的左、右仆射，而自 7 世纪 50 年代后期以来尚书省就已缺少主要首脑。这个动议使政府的行政机构在宰相们审议高

---

① 《新唐书》卷 76，第 3477 页；《旧唐书》卷 5，第 99 页；《资治通鉴》卷 202，第 6374 页。

级政策时重新得到了发言权。

在 676 年又增加了一批新的宰相。他们是前宰相来济的兄长、扬州人来恒。高智周（602—683 年）为另一位来自江苏南部的南方人，已通过了进士考试，长期在学术部门担任高官，在 7 世纪 50 年代参加过几项庞大的文学作品汇编工作，曾担任太子的老师。李义琰（死于 688 年）也是进士，出身于河北的名门望族。他早年是李世勣的门生，665 年到朝廷擢升高位以前长期在地方任职。高宗很尊敬这位学识渊博的名人。他是 674 年反对武后摄政的动议的主要人物之一。最后一位是薛元超，他出身于山西南部的望族，是一位早熟的青年学者，得到太宗宠爱，与皇室的一个地位较低的公主结婚，高宗做太子时，他曾在太子府任职，又是《晋书》的编撰者。高宗登位后，薛元超先后在门下省和中书省任要职，显然他会位至三公。664 年上官仪被处决时，他却被贬并流放到很远的南方，674 年获赦免，立刻当上朝廷高官，在 683 年年中因身体状况不佳而不得不退休以前，他对皇帝也有极大的影响。

这些宰相都是名声清白的大臣，他们在 7 世纪 80 年代以前使朝廷出现了一个显著稳定的领导集团。但那时，武后已通过北门学士获得了自己控制和影响朝廷议事的手段。北门学士的主要人物有刘祎之和元万顷，他们充当了她的私人代理人和私人秘书，渐渐干预起许多原来应由宰相们关心的事情。

675 年，皇后取得权力的主要障碍因太子李弘突然死亡而消失了；太子不仅被皇帝本人宠爱，而且还受到朝廷上下一致的赞许和爱戴。[1] 在皇帝最近患病期间，他十分胜任地管理各项事务，他死前不久经常站在皇帝一边反对武后。几乎就在他临终前，他还就被杀的萧淑妃的两个女儿所受不公平的待遇与武后公开争论过，因为这两个女儿已被幽禁在宫中 20 年而没有结婚。当时人们普遍认为李弘是武后毒死的。太子死后，皇帝向朝廷宣布：他只是因为患病，才没有传位给太子，为此他采取了一个不平常步骤，即谥李弘为"孝敬皇帝"，

---

[1] 《旧唐书》卷 86，第 2830 页。

仿佛他真的当过皇帝似的。[1]

太子的位置立刻由武后所生的皇帝第六子雍王李贤代替，对此我们可作一简短的回顾。[2]

武后当时清除对她具有潜在威胁的其他皇室成员。675 年，一位低级妃子给皇帝生下的第三子李上金，因捏造的罪名被流放到湖南的蛮荒之地。[3] 第二年，即 676 年，萧淑妃所生的第四皇子、爱好学术的李素节，有试图影响他父亲的表现。自 666 年以来，武后就谎称他生病而不让他上朝，676 年，他因贿赂公行的莫须有罪名而被流放。[4]

677 年，一个由著名大臣组成的很强的新班子成为新太子的顾问，679 年当皇帝又因病不能亲政时，太子负责政务，表现得非常明敏，因而赢得了很高的赞誉。武后在除掉李弘后，现在又面临一个潜在的对手。

第二年，皇后着手对付李贤。在此以前不久，另一个术士明崇俨已得到皇帝和武后两个人的宠爱，他曾私下预言太子不适合继位，而武后另一个儿子却有未来统治者的相貌。679 年阴历五月，明崇俨被盗贼杀死，凶手始终没有抓到。武后认为李贤对此事有责任。[5] 她开始谴责太子，并命她的驯服工具"北门学士"编写《孝子传》和《少阳政范》作为对他的直接告诫。朝廷和后宫开始流传谣言，说太子不是武后的儿子，而是 7 世纪 40 年代与武后一起进宫的她的姐姐韩国夫人之子。

李贤是个好色之徒，他与他的几个家奴有不正当的关系，因而引起官员们的不满。武后为此向皇帝正式抱怨，皇帝于是派三名高级官员薛元超、高智周和新任宰相裴炎调查此事。在调查过程中，他们在太子的马厩里发现了几百套盔甲，于是断定太子在策划政变。也在受

① 《资治通鉴》卷 202，第 6377 页；《旧唐书》卷 86，第 2829—2830 页；郭沫若：《武则天》，第 125 页；吕思勉：《隋唐五代史》（上海，1959 年）卷 1，第 137 页。

② 《唐会要》卷 4，第 42—43 页。

③ 《资治通鉴》卷 202，第 6377 页。

④ 同上书，第 6381 页。

⑤ 同上书，第 6390、6397 页。

审讯的太子宠奴指控太子害死了术士明崇俨。

皇帝非常宠爱李贤，对指控他的罪行显然是半信半疑，仍想赦免他。武后却把自己的意愿强加给皇帝，于是太子被贬为庶民并被幽禁在长安。太子后来流放到四川，几年后被迫自杀。很清楚，公众对此案疑虑重重，因为皇后下令在洛阳公开烧掉发现的盔甲，以便让百姓和官员看到太子的罪证。[1]

许多有名人物在李贤的倒台中受到株连。宰相张大安，被谪流放四川；两位王子蒋王李炜和曹王李明被流放到很远的西南地区；另外几位大臣曾是李贤的老师，他们虽然后来都被赦免并官复原职，但对他们的指控损害了他们的权力。[2]

680年阴历八月二十三日，皇帝第七子、武后的第三胎英王李哲被立为太子。[3]

以后的几年，朝廷的局势保持相对稳定。新太子是14岁的孩子，不能在政治上起积极作用。这时皇帝的健康很不稳定，因此不再对从不屈服的武后构成威胁，而武后似乎也满足于皇帝作名义上的君主。681年，在674年公开反对武后摄政的郝处俊被皇后巧妙地免去了宰相之职，而当了太子的老师。这个差事的风险是不言而喻的。

那时整个帝国处于长达几十年的巨额军费造成的财政危机之中。后来大量宫室和公共建筑的新工程又使这个问题更加尖锐。物价上涨到前所未有的高度，大批农民逃往未开发地区试图逃避纳税，而饥荒和干旱的报告频频传来。朝廷几乎没有办法解决这些问题。除了作出减少铸造已经短缺的钱币的灾难性决定外，朝廷提出解决王朝财政问题的唯一的积极建议就是打算卖掉皇宫马厩中的马粪。[4]

当皇帝健康时，他把注意力放在一些小事上，如派人远至长江去搜寻稀有品种的竹子等等。他再次处于武后的影响之下，又开始准备

---

① 《旧唐书》卷86，第2831—2832页；《唐会要》卷4，第42—43页；《资治通鉴》卷202，第6397页。

② 《资治通鉴》卷202，第6398页。

③ 《唐会要》卷1，第4页。

④ 《资治通鉴》卷202，第6400—6401页。

一系列新的封禅祭祀，这次打算轮流在五岳举行。676 年和 679 年的两次已经作好了安排，但因前线又出现了麻烦而被取消。后来武后计划在 684 年新年举行，以表示上苍对高宗统治的最后的认可。

但在 683 年后期，皇帝的病情恶化，因此封禅大典又被取消。[①] 皇帝正遭受晕眩和失明之苦，可能还得了另一次中风。一个为他治病的医生建议放血。皇后反对，但高宗坚持放血，结果他得以重见光明。[②] 诋毁武后的人喜欢用这一事件来证明，她不希望高宗康复而希望他死去。但是，那时她丈夫已不再是她取得最高地位的威胁，况且始终存在着一种危险，即他的继承人证明要摆脱她的控制。

尽管高宗病情暂时有所缓解，但不久又更加恶化。683 年阴历十二月初四，他召见右相裴炎，授以遗诏，命令太子在他的灵柩前登基，年轻的皇帝有不能单独决定的军国大事，应与武后协商解决。[③] 他在同一天死去。

高宗的对内政策

高宗在位时间比他父亲和祖父加在一起的时间还要长，他常被贬为在重要的政治制度上建树极少的统治者。但高宗时期，对管理上的革新需求不多：基本的政府机构已于高祖时期设立，太宗又加以改进和使之合理化。高宗继承的是一个稳定的国家，它具有一套顺利地发挥作用的制度，一个受集权的法制约束的行政体系，其中各官署的职责都由法律作了周密的限制和规定。制定出的兵制和财政制度把中央政府的直接干涉减少到最低限度。政府主动实行的政策被严格地限定在维持秩序、处理军事任务以及管理土地制和税制等方面。事实证明，这套行政体制具有非凡的持久性，在缺乏坚强的上层直接领导时又具有明显的弹性。它经受住了高宗统治的紧张时期、武后篡权时期

① 《唐会要》卷 7，第 101—104 页。
② 《资治通鉴》卷 203，第 6415 页。
③ 《唐大诏令集》卷 11，第 67 页。

和她垮台后唐皇室恢复时期的考验。它的设置是为了使它能在最低限度的中央积极指导的情况下继续发挥作用。

这一种制度化的行政机器的基础是制定成套的法律和行政法规，以使政府能顺利地运转，而这正是整个高宗统治时期所不断关心的事。

太宗对继任者的遗训之一就是修订唐律和行政法规使之适应形势。[①] 这件事已完成：651年，以长孙无忌为首的一个由高级官员组成的组织把奉敕修订好的律、令、格、式的新版本奏报皇上。651年阴历九月的诏令向全国颁布新法。[②] 新法经过全面修订，成为唐代一系列法律当中最重要和影响最大的法律之一，它称为《永徽律令》。第二年，高宗又组织了另一个有几名法律专家在内的组织，以编写一部能用于法制教育的详细的刑法官方注释。这部形式稍作变动而成为流传至今的《唐律疏义》，在653年阴历九月完成并被送呈皇帝。它经过小的修改后在几个世纪中一直是刑法的权威性的注疏。[③]

这些不朽的著作完成以后，在高宗时期有人为了使法典适合当时的形势而作了系统的努力。这项工作包括把原来在诏令中颁布的格编成法典，并对为执行法律而制定的详细规定——式进行小的修改。665年，当全部官署的名称改动了以后，高宗命令刑部的主要官员修改格和式。[④] 676年政府又下令对法律进行意义更为深远的修改，这次不仅修改格和式，而且也修改行政法的主要部分（令），这项工作在677年初期完成。[⑤] 高宗去世后不久，又进行了一次修订。[⑥]

因此，高宗统治时期肯定没有忽视法律。相反，法典以大致12

---

① 《唐大诏令集》卷11，第67页。

② 《唐会要》卷39，第701—702页；《文苑英华》卷464，第5—7页；《唐大诏令集》卷82，第470—471页。

③ 《唐会要》卷39，第702页；《旧唐书》卷50，第2141页。

④ 《旧唐书》卷50，第2142页；《唐会要》卷39，第702页。

⑤ 《唐大诏令集》卷82，471页；《文苑英华》卷464，第7—8页；《唐六典》卷6，第18页；《旧唐书》卷50，第2142页；《唐会要》卷39，第702页。

⑥ 《旧唐书》卷50，第2143页；《唐会要》卷39，第702页；《文苑英华》卷464，第8页。

年的间隔期，经过仔细修订并使之顺应时势，这比唐代任何时候都更正规。

这个时期个别法学家和注疏家也相当活跃。朝廷上两位杰出的官员赵仁本（667—670 年任宰相）和崔知悌完成了私人选编的案例《法例》，它后来普遍使用于 7 世纪的法律学校。崔知悌的这部私家著作成了一部使用方便的现成的法律摘要，以致在 667 年被禁止在朝廷使用。①

高宗另一个远比他的前辈伟大的政绩是重新建立科举制度，并在他统治时期更多地通过科举制起用官员。② 中举和应试的人数开始迅速增多，科举制的影响开始在最高一级官僚机构中表现出来。高宗的几个宰相都有功名，相当数量的官员开始以这种方式走上仕途。但不能夸大这个趋势。官员中中举的人依然是少数，大部分官员仍靠世袭的特权入仕，甚至靠更普遍的方式从胥吏升任。例如在 656 年，不少于 1400 名胥吏有资格进入正途，而同一年只有 22 人通过进士考试。③

经常听说，通过科举制征用人才是有意识地试图增加对武后新政体的支持，因为这给统治阶级带来新的社会成分，但支持这种论点的材料很少。能参加科举考试的人来自两种途径：或来自京师的国子学，但能进入这些国子学的几乎都是勋贵和高级公卿子弟；或是被他们所在的州当做"贡品"送上的。后一条路是寒士能指望参加科举考试的唯一途径，中举的人不多。例如在 670 年，11 个中举的进士中只有一个是来自地方；在 681 年的 51 人中只有一人，在 682 年的 55 人中只有一人。④

有关所谓的高宗和武后故意利用考试来改变官僚队伍社会成分的另一个有趣的现象，是在 652 年、653 年、663 年、669 年、671 年、

---

① 崔瑞德：《敦煌出土的唐代〈水部式〉残卷》，载《大亚细亚》（新版），6.1（1956 年），第 25 页。
② 《文献通考》卷 29，第 276 页。
③ 《旧唐书》卷 81，2751 页；《文献通考》卷 29，第 276 页。
④ 《唐摭言》（丛书集成版）卷 1，第 8 页。

672 年和 676—679 年暂停实行科举制。相反，在唐朝的其余时期，除了少数例外，每年都举行科举考试。换句话说，在武后 660 年完全控制了朝廷以后，她本应该忙于通过科举制吸收新的统治精英，但她却有十年根本没举办科举考试；而在 665 年，所有的应试者——至少参加进士考试的人——都未中选。只在 670 年、673—675 年和 682—683 年有较多应考人中举。660—683 年通过进士考试的年平均数仅为 18 人。①

高宗统治时期的真正成就，不是想改变统治阶级内部社会力量的对比这一难以作为定论的企图，而是对科举制本身进行一系列大改变。651 年，隋朝和初唐最高级的秀才考试中断。此前取得秀才功名的人极少。除了太宗时期设立的法律和书法（实际为语言学和古文书学）两科外，656 年又新设一门新的专科数学考试和一所为该科培养考生的专门学校。数学考试与原有的两种考试一样，是专为低级官员和庶民的儿子举办的。但在 658 年，所有的专科学校和专科考试都停办。662 年它们又在雇佣其中举者的政府部门的控制下恢复：大理寺管法律学校，太史局管数学学校，秘书省管书法学校。671 年，这几所学校可能又变成了国子监的一部分。②

科举考试仅仅使中选者得到当官的资格（出身），但有更多的人通过其他途径也得到了这种权利。例如，在 657 年，估计有资格当官的人三倍于他们能得到的官职。为了从取得当官资格的人当中选人担任实职，选举制被采用了。如同太宗时期和高宗初期，这项制度带有极大的随意性。669 年，裴行俭制定了实行选举制度的详细规定，这项规定在唐朝其后的时间决定了官员的选拔和升迁。③ 据说武后用"糊名"来确保选举制度的客观性，这样，候选人的身份和社会出身就不能影响选拔的结果。

科举制本身在 681 年也经历了一次很大的改革，从而再次确定了

---

① 《文献通考》卷 29，第 276 页。
② 戴何都：《〈新唐书〉百官志、兵志译注》（莱顿，1947 年），第 454 页注 8。
③ 《唐会要》卷 74，第 1347 页。

唐朝其后时间的科举形式。直到此时，"明经"和"进士"两科考试已变得非常相像。两者都是让应考人完成专题文章，只是题目不同（明经科考经书及其注疏，进士科考政治事务）。681 年的改革给两种考试带来了彻底的变化。明经科此时要求完全掌握经文（678 年以来它包括道家的《道德经》，也包括传统的儒家经籍）及其传统疏义。它基本上成为一种强调死记硬背的考试。新的进士科也要求有一定的经籍知识，但不那么详细；另外要求考生依式写出诗赋等文学作品，同时还要写政治和哲学论文。从此以后，进士功名的取得比明经困难得多，因而其威望也远高于后者，而在以前，人们则更重视明经的资格。①

另一个创新在高宗时期虽属罕见，但对后世产生了极大影响，这就是 658 年第一次在皇帝本人命令下为特定应试人举行的殿试。② 在以后各朝，殿试几乎和进士试同样被看重。

因此，国家的首要的官员选举制在高宗时期得到了彻底改造。8 世纪盛唐时期实行的选举制度基本上是高宗时期传下来的。

高宗实行的建设新都、不断扩大官僚队伍，尤其是经常进行大规模征战等等政策，给帝国的财政带来了持久的和不断增长的压力。

高宗的主要的财政问题是太宗时期早就遗留下来的。人头税这一基本税制如果要有效地推行，就需要详细登记一切户口，以确定谁该纳税。在隋朝，609 年登记的超过 900 万户。太宗时期已不到 300 万户。③ 这种惊人的锐减不是由于隋末唐初内战时期人口大量死亡，而纯粹是由于地方政府没有对人口进行全面的登记。甚至在高宗统治的初期，登记的户数也只有 380 万户——当然这远不足实际人口的一半。④ 可见有近逾一半的人口未被登记，因此就不纳税。高宗像他父

---

① 　详见《剑桥中国史》第 4 卷。
② 　《唐会要》卷 76，第 1386 页。
③ 　《册府元龟》卷 486，第 11 页。
④ 　《唐会要》卷 85，第 1557 页；《册府元龟》卷 486，第 12 页。

亲一样，也知道这个问题，但是，虽然在 654 年和 677 年对登记制度进行了几次小的改进，基本的问题仍没有解决。

对税制没有进行改革，虽然帝国的某些地区获准以谷物以外的货物纳税，以减少漕运到京师的费用。后来 656 年，政府又试图消除黄河三门峡引起的运输堵塞，和开辟从东北部平原运漕粮去长安的更方便的路线，但未能奏效。① 672 年沿渭河流域通往长安的河渠得到了改善，② 但往长安的谷物运输仍既费钱又费工。

随着行政费用和官方消费的增长，国家的经济形势从整体上看已经恶化。太宗时期一般来说是繁荣和物价低廉时期，这种情况延续到 7 世纪 60 年代初期。但是，在此以前，官铸货币明显供不应求。大规模的私铸成为一个主要问题，特别是货币经济基础最牢固的长江流域更是如此。660 年政府曾试图折价收买私铸币，③ 但不论这个措施也好，或者对私铸进行前所未有的严惩也好，都没有成功地解决这个问题。

666 年，情况恶化到了危机的程度，当时政府不顾一切地企图满足压倒一切的财政需要，有意识地降低新铸铜钱的成色，让金属含量与一般铜钱相同，但其面值却大了 10 倍。④ 但随后出现的对贸易的破坏是如此严重，以致新币在发行的第二年年初就被收回，这个考虑不周的措施严重地搞乱了经济。⑤

高宗统治后期的显著特点是持续多年的歉收。670 年，谷物严重短缺，致使政府禁止酿酒。⑥ 7 世纪 70 年代后期和 80 年代，歉收、洪水、干旱、虫灾和饥馑接踵而来，一直达到危机的程度。680 年，粮价之高，前所未有，⑦ 政府认为高物价是流通货币过多的结果，因

---

① 《唐会要》卷 87，第 1595 页；《新唐书》卷 53，第 1365 页。

② 《通典》卷 10，第 56 页；《册府元龟》卷 497，第 8 页。

③ 《旧唐书》卷 48，第 2095 页；《唐会要》卷 89，第 1623 页。

④ 同上。

⑤ 《唐大诏令集》卷 112，第 582 页。

⑥ 《册府元龟》卷 504，第 5 页。

⑦ 《通典》卷 7，第 40 页；《资治通鉴》卷 203，第 6410 页。

此大量减少铸造新币，对私铸的惩办也比以前更加严厉。[1] 与此同时，从原有登记地区逃往其他地区而成为不登记、不纳税的占地者的流民占有令人不安的比例。高宗是在经济和财政危机依然没有得到解决的情况下去世的。

虽有这一总的失败，高宗的政府仍提出了控制物价的措施，并取得部分成功，它们后来继续使用于整个唐朝。政府周期性地从自己的中央谷仓中拿出谷物以低价卖出，679 年甚至用谷物换回私铸钱。更重要的措施是 639 年在部分重要城市进一步发展常平仓，655 年，京师成立了常平署，在物资供应充分时以高于当时市价的价格买回商品，物资短缺时再以低于市价的价格卖出，使物价浮动保持在一定限度内。后来每个州都设立了这种粮仓。[2] 太宗时期设立的义仓也保留下来，作为对付本地饥荒的安全措施。651 年以后，义仓储备粮的征收基础是各户财产的估算数额，而不是耕地面积，这可能是在税册中的土地材料不完备的缘故。[3]

对 外 关 系

不管对高宗统治下的国内政治作出什么样的评价，唐朝的军事力量和威望在这个时期都达到了顶峰，甚至超过了太宗时期。在短暂的几年中，唐朝控制的中华帝国的领土比它以前和以后都更为广阔，长安的影响已达到中亚和东亚的大部分地区。但由于越来越严重的财政困难困扰着帝国内部，高宗和武后在进行这些征服时，滥用中国军事力量，超过了合理限度，并且过分延长了唐朝的防线。这种情况，再加上中亚和北亚新的强国的崛起，最终迫使中国收缩自己的边境。高宗统治的最后几年，唐帝国的大部领土再次沦陷于"夷狄"之手，有

---

① 《旧唐书》卷 48，第 2095—2096 页；《唐六典》卷 22，第 29 页；又见崔瑞德《唐代的财政管理》，第 290 页注 8。

② 《唐六典》卷 20，第 19—22 页；《旧唐书》卷 44，第 1890 页；《唐会要》卷 88，第 1612 页；《册府元龟》卷 502，第 22 页。

③ 《唐会要》卷 88，第 1612 页。

些地区甚至被他们长期占领。

西突厥

主要由于太宗的精明外交，在他死去时西突厥的力量已被内部冲突严重削弱，咄陆可汗被身为唐代封臣的乙毗射匮代替。咄陆垮台之际，他的部下阿史那贺鲁逃往中国，后成为中国军队的将军，并任陇右（甘肃）一个州的都督。但贺鲁一听到太宗死去的消息，立刻背叛了唐朝，向西侵略乙毗射匮的领土并把他推翻。他宣布自己为沙钵罗可汗（统治期651—657年），并在自己的统治下重新统一了西突厥帝国。他在短时期内就控制了整个塔里木盆地，并拥有伸展到帕米尔以外直到波斯边境的广阔领土。

突厥人多次跨过中国边界入侵，迫使高宗派部队远征沙钵罗可汗。经过几次长达数年的未决胜负的战斗，657年唐朝将军苏定方终于在伊塞克湖附近的一次战役中击败西突厥军队，沙钵罗逃往塔什干，但塔什干人把他交给了中国人。

后来高宗再次把西突厥划分为都陆和弩失毕两个部落联盟，并立两个臣服唐朝的对立的可汗为它们的首领。西突厥在伊犁河谷和伊塞克湖的故土分别置于唐朝两个都护府的管辖之下，它们的管辖范围与西突厥帝国以前划分的东、西两部分大致相符。从前归新疆西部、俄罗斯突厥斯坦和奥克苏斯河流域的西突厥人控制的外国人，也在659年和661年正式接受中国人的辖制。唐帝国的版图于是从中国海一直达到波斯边境，其中中国辖制的一部分新领土称为波斯都督府。但新领土十分辽阔，唐军分布的力量又非常单薄，因此唐王朝权力的这种进一步扩张只能维持一个短暂时期是不足为奇的。665年初，都陆和弩失毕两个部落联盟反叛了拥唐的可汗，再度从中国手中取得了独立。

唐朝这次向西部扩张，正在波斯的政治局势出现全局性的变化之后。太宗统治时期，波斯萨珊王朝被阿拉伯的入侵摧毁。波斯国王伊嗣俟三世在638年派使团向太宗求援以抵抗阿拉伯人。率领使团的国王之子卑路斯王子在长安定居，其后高宗统治时期他成立了波斯人的流亡政府。高宗还允许他在长安建一座祆教寺庙。按照一种说法，高宗于677年派出中国军队帮助王子重获王位。但中国军队护送卑路斯最远只能到龟兹，然后便返回唐朝。事实证明，卑路斯复位的企图完全失败了，他回到长安后死在那里，大批波斯少数民族滞留在中国的京城。

高宗时期，中国第一次与征服萨珊王国的阿拉伯人建立了联系。第四位哈里发奥斯曼派出的第一个阿拉伯使团在 651 年向唐廷贡献方物。

朝鲜半岛

太宗曾希望 649 年的大战会最终征服高丽，但太宗临死以前亲自取消了这次战役。这反而加强了高丽的独裁者泉盖苏文的侵略野心。655 年他攻击满洲南部的契丹人，后者已于 648 年公开承认自己是中国的附庸。656 年，泉盖苏文联合朝鲜半岛西南部的百济王国入侵北面的新罗，占领了新罗 30 多个城镇。同时，新罗试图说服高宗与它一起消灭高丽的力量。这个计划对高宗来说是非常有吸引力的，由于新罗已迅速地引进了中国文化中的许多内容，并且按照中国的路线确立它的制度，这一建议就加倍地吸引人了。

这两个盟国决定从两个方向进攻小国百济，然后把它当做入侵高丽本土的基地。到了 660 年，充分的准备工作已经完成，中国大将苏定方率领号称 10 万人的大军出山东半岛渡黄海，在百济的首都、锦江边的泗沘城附近登陆。同时有 5 万大军从新罗冲破百济西部的防线，然后围攻泗沘城。由于被包围，百济国王逃出都城，他儿子以该城和国土投降了唐军。百济皇室成员在长安当了人质，中国官员在 1 万名中国占领军的支持下被派往这一被征服王国的全国。

以夺取的百济为基地，高宗（或是武后，她已在丈夫最近患病时接管了政府）策划中国军队从百济和辽东同时进军，对高丽进行几面夹攻。苏定方指挥的远征军从北面深入高丽腹地，围攻平壤。但在百济的中国军队被一次叛乱牵制住，不能参加进攻。新罗的支援又太迟，苏定方的部队被迫撤回。百济的抵抗运动由一位名为牟岑的将军领导，他短期地恢复了王室，直到 663 年后期才最后投降。叛乱者得到日本人的支持，后者在锦江口与中国人进行的一次大海战中损失了400多条船。

666年年中，泉盖苏文之死以及继任者与其两个弟兄的内部争斗，使形势变得对中国人有利。当新首领请求中国人协助对付他弟兄的反叛时，唐朝的反应是以年迈的李世勣率军对高丽发动水陆大战。新罗的一支大军从南面配合进攻。668年阴历九月，唐朝的一系列胜利达到顶点，这时李世勣经长达一个月的围攻后攻陷高丽首都平壤，带着20万俘虏（其中包括高丽国王）返回中国，并把高丽国王献到太宗墓前祭奠。一个有两万驻军的都护府在平壤设立，以治理被征服的高丽王国。

软弱的高宗能如此成功地完成导致隋炀帝和唐太宗灾难性失败的重大军事远征，这似乎令人奇怪。但高宗享有两个其前辈所没有的有利条件。第一，泉盖苏文死后，高丽国内发生内乱，其防线遭到严重的削弱。第二，唐朝军队占领了可从海上得到供应的百济作为基地，便能迅速打击高丽的心脏地带，开辟第二条战线。唐朝军队不必再依靠穿过辽东的漫长的陆路，这条路夏天遇雨非常泥泞，又为过早来临的严寒所苦。

但唐朝不能长时间享有军事上的优势。670年，高丽反抗占领军的叛乱成功地使王室得以复辟。[1] 尽管四年以后叛乱被镇压下去，但反对中国占领的抵抗在高丽持续不断。抵抗受到企图在朝鲜半岛上建立统治的新罗的支援；新罗这时已开始侵占百济从前的领土。676年，中国人被迫把平壤的都护府撤至辽东更安全的地带，[2] 所有的中国官员都从高丽被召回。678年，高宗经劝说停止对新罗发动大战，理由是对吐蕃的防御已成为比控制朝鲜更为急迫的事情。[3] 新罗已在几年内占领了百济和高丽南部的大部。[4] 同时，唐朝越来越注意离本

---

[1]　《资治通鉴》卷201，第6363页。

[2]　《资治通鉴》卷202，第6397页。

[3]　同上书，第6385页；关于朝鲜战争和随后朝鲜统一于新罗的论述，见约翰·C. 贾米森《〈三国史记〉和统一战争》，加利福尼亚大学未发表论文，1969年。

[4]　《唐会要》卷95，第1711页。

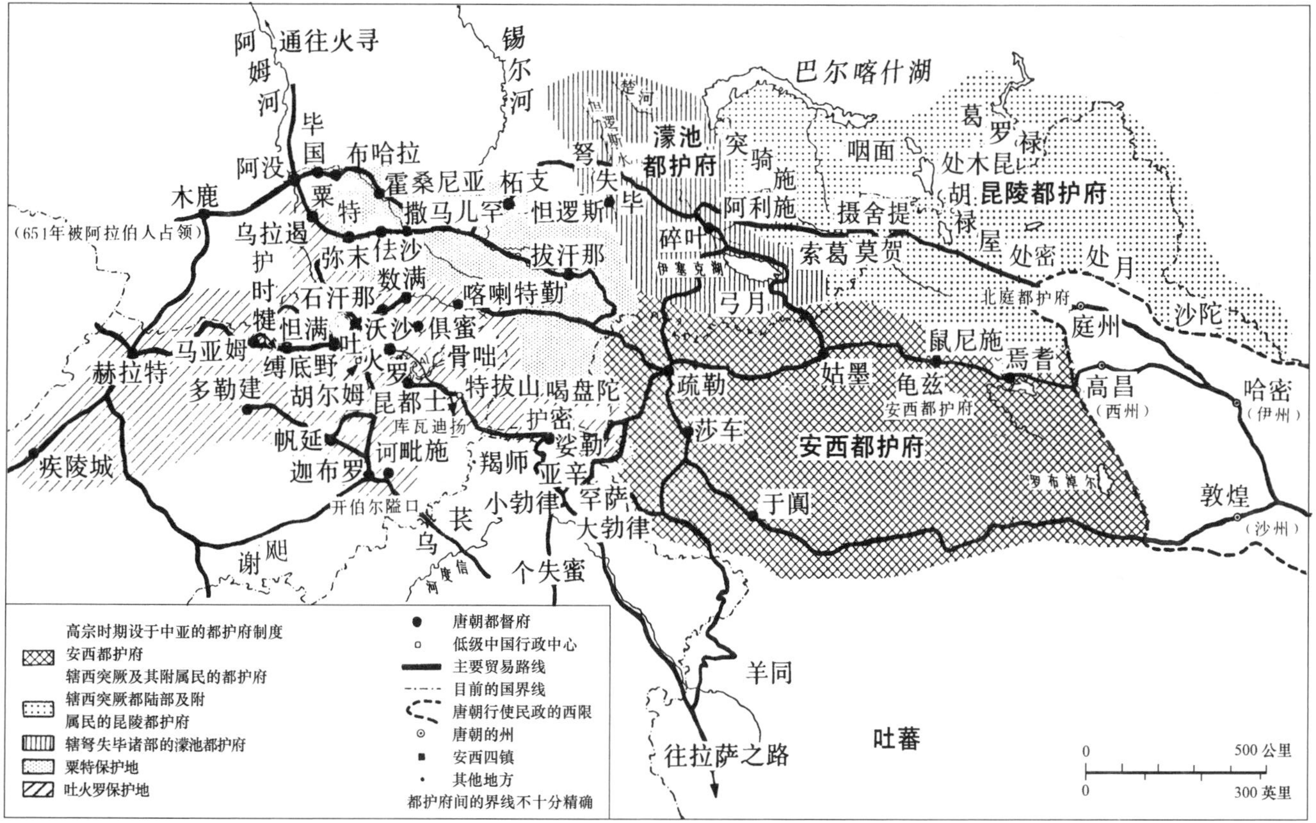

地图 8 高宗时期中亚的保护地

巴尔喀什湖

锡尔河

阿姆河

阿通往火寻

木鹿

赫拉特

疾陵城

谢陑

阿姆河

毕国

布哈拉

阿波

乌拉遏

护

时

健相

缚底野

胡尔姆

帆延

迦布罗

开伯尔隘口

霍桑尼亚

撒马儿沙

护木健满

沃野

罗末建

昆都士

那色波

栗特

石汗那

拔汗那

柘支

马儿

数满

喀喇特勤

亚罗

喝盘陀

亚关律

揭师

羯师毗施

小勃律

大勃律

个失蜜

往拉萨之路

吐蕃

羊同

于阗

莎车

疏勒

弓月

姑墨

龟兹

毗沙

安西都护府

鼠尼施

安西都护府

罗护守悉

高昌（西州）

北庭都护府

庭州

处月

沙陀（伊州）

哈密（伊州）

敦煌（沙州）

伊丽河

碎叶

濛池都护府

昆陵都护府

阿利施

突骑施

摄舍提

索葛莫贺

胡禄屋

处木昆

咄陆五啜

葛逻禄

处木昆

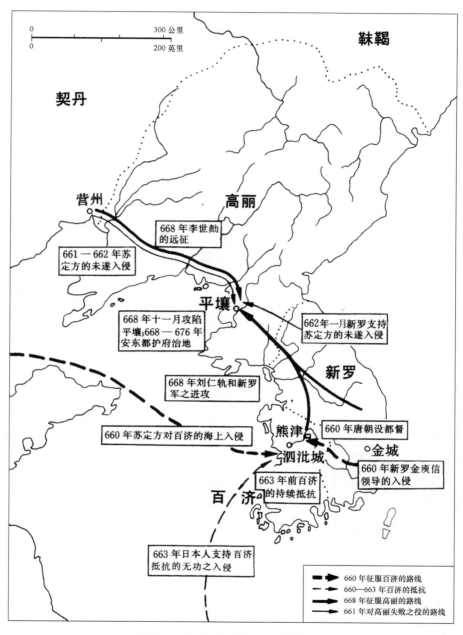

地图 9 高宗对朝鲜的几次干预行动

国较近的严重得多的军事事务。由于大量的兵力投入对付西面吐蕃人的战役，朝廷无力再派更多的部队去朝鲜遏制前盟友的侵略性的扩张，因此占领和统治朝鲜的计划被取消。

吐　蕃

中亚的一个大变化是吐蕃的大规模扩张。吐蕃的大规模扩张始于伟大的吐蕃王弃宗弄赞，甚至顺利地持续到他 650 年死去以后。吐蕃的力量朝各个方向渗透，进入西藏高原西部、云南和四川的边境地区以及尼泊尔，往北进入塔里木和现青海省的肥沃的牧场（当时是吐谷浑的领土）。在 7 世纪 60 和 70 年代，高宗朝廷的主要精力放在高丽战争方面，对吐蕃的日益增长的威胁有一段时间未能给以充分的注意，结果听任西部边境发生了极为重要的战略性变化。

660 年吐蕃人攻击吐谷浑。663 年他们再次发动进攻，把吐谷浑人赶出他们青海湖周围的故土。吐谷浑国王在绝望中恳求中国人给以援助，但遭到拒绝。当吐蕃和唐朝领土之间唯一的缓冲国被吐蕃摧毁时，高宗就是这样袖手旁观的。随着吐谷浑的被征服，吐蕃就能自由出入甘肃边境和塔里木盆地。

670 年，吐蕃开始蚕食唐王朝从前在四川边境部族地区设立的各边境州。再往西，吐蕃人又与残存的西突厥部落之一弓月结盟，大举侵犯中国在塔里木盆地的领土。665 年，吐蕃与疏勒国王联合进攻于阗，切断了通过塔里木盆地的南部通道。670 年，在于阗国王的援助下，吐蕃向北进攻，占据了唐朝安西都护府所在地龟兹以及焉耆。中国人因此被迫从吐鲁番以西的大部分塔里木盆地撤退，并放弃了安西都护府和控制着塔里木诸土邦的安西四镇。[①]

但是吐蕃对塔里木盆地的控制并不十分稳定。673—675 年，与吐蕃和他们的西突厥盟友吵翻的疏勒、于阗和焉耆等国的国王重申他们对唐王朝的效忠，于是安西都护府得以重新设立。与此同时，中国人对通往西面的另一条穿过天山山脉以北的准噶尔和伊犁河谷的路线

① 伊濑仙太郎：《中国西域经营史研究》（东京，1955 年），第 245 页。

加强了控制。677 年当吐蕃在西突厥可汗的援助下再次入侵塔里木时，中国仍保持对此路线的控制。679 年，中国军队打败了西突厥，俘虏了西突厥可汗并进军碎叶，在碎叶筑城设防。同年，吐蕃人被赶出塔里木盆地，安西四镇（此时包括取代焉耆的碎叶）再次设立。

但是，唐军在对付吐蕃从青海湖周围的前吐谷浑领土对甘肃构成的远为严重的威胁时，则不那么成功。670 年，旨在夺回中国在这个重要地区失去的土地而由薛仁贵领导的一次大战遭到惨败，唐朝的远征部队几乎全军覆没。676 年，吐蕃国王的死导致一系列的内乱，高宗希望利用这个有利的机会进攻吐蕃。他被劝阻，但两年以后，另一支由李敬玄指挥的 8 万人的中国军队奉命进攻青海地区，但也失败了。中国军队受到重创。吐蕃人继续袭扰边区，并巩固他们对青海地区的控制。680 年又占领四川西北的战略要地安戎，使他们能牢牢地控制四川和云南边区诸部落民族。

在高宗末年，唐廷对吐蕃已拿不出任何积极的政策。从 677 年起，保卫崎岖难行的现甘肃和四川的西北边境需要建立一支更庞大的常备军，尽管那里建立了屯田组织而使部队能够部分自给，但事实证明那里的后勤供应是困难而又昂贵的。同时，吐蕃的扩张却大大地加快了。[1]

东突厥人的复振

679 年，在太宗摧毁东突厥可汗国几乎半个世纪后，突厥各部在长城外今山西省北部叛唐。叛乱于 681 年末被镇压，双方兵力的损失都很惨重。但是 682 年末，颉利可汗的后代阿史那骨咄禄可汗（即鄂尔浑河碑铭上的颉跌利施可汗）统一了东突厥人余部。他在鄂尔浑河上游的故土成功地重建了东突厥人的国家。他在对抗中国人时得到了

---

① 《资治通鉴》卷 202，第 6396 页；关于吐谷浑衰落的最好的论述，见加布里埃拉·莫莱《从北魏到五代时期的吐谷浑》（罗马，1970 年）。关于西藏内部的历史，见佐藤长《古代西藏史研究》（东京，1958—1959 年）；J. 巴科：《西藏历史介绍》（巴黎，1962 年）；石泰安：《西藏文明》（伦敦，1972 年），第 56—64 页。

突厥人阿史德元珍的援助；后者的家族早已效忠于唐王朝，他本人也已接受了中国教育。在高宗的余年，东突厥人在他们的联合领导下继续侵袭今山西、陕西和宁夏诸省的边境地区。这种边界战事造成双重损失，因为唐朝骑兵需要的大量战马大部分产于这个地区。[①]

当高宗在遗诏中命令太子处理国家重要事务时应与皇后协商时，他一定是有意地要确保武后在他自己在位时期建立的政治统治能够继续下去。很可能他已得出结论，中国一旦又被边界纠纷和国内的财政危机所困扰时，它在武后坚决的、哪怕是残酷无情的控制下要比在年轻和缺乏经验的皇帝控制下更好。

新皇帝的登基典礼往后拖延了几天，在此期间，武后在裴炎的协助下作了安排，以便通过门下省和中书省来处理政务。新皇帝（庙号中宗）登基时，武后就成了皇太后，但大权丝毫未减。在下一章将会谈到，中宗继位后几个月就被迫退位，由他的弟弟继承皇位，但一次宫廷政变又使后者成了傀儡。武后终于成为整个的帝国无与匹敌的统治者，李唐皇室 70 年的统治就这样结束了。

比起她意志软弱和优柔寡断的丈夫来，武后才是太宗传统的真正继承人。但后世的历史学家如果不根据武后在高宗死后的行为来衡量她对高宗的控制，就不能弄明白高宗的统治。人们常把她在 660—683 年的治理与她在 7 世纪 80 和 90 年代实行的恐怖和恫吓政治混为一谈。但事实并非如此。她通过宫廷政变或搞宫廷阴谋积极而公开地干预政治，在高宗生前只有四五次，后来只是作为皇帝背后的势力来确立和维持她的地位。她完全可以成为中国真正的统治者，但她只是通过皇帝和他的朝廷行使她的权力。高宗在去世前仍保留着相当大的个人权力。他得到了由朝廷卿相形成的强大势力的支持，他们强烈反对武后任何使她地位合法化的企图。对官僚集团有计划的清洗还没有进行。高宗生前，受害者仅限于那些在宫中，或在她的亲戚中，或在皇室中，或在朝廷官员中对她施加影响控制皇帝的行动构成威胁的人。指出这一点并不是否认她对决策无可怀疑的权力和影响，或是否

----

① 《资治通鉴》卷 202，第 6388 页。

认她在必要时为了达到目的而采取非常冷酷无情的手段，而只是想说明她在 683 年以前和以后是用迥然不同的手段达到她的目的的。

正如我们已经看到的那样，高宗统治时期不是没有制度上的改进，国内也出现了持续的和平，虽然为了军事远征和其他政策花费了大量的赋税和人力。高宗统治时期，人民基本上没有表现出不满的迹象，只是在最后 10 年，无限制的军费和为扩大的及不断增加的官僚队伍而必须提供的开支才开始把很重的负担强加给群众。高宗时期军事取得了辉煌的成功，但这些成功使帝国的兵力过于分散，由于新的敌对国的出现，帝国的军队又被迫后退而处于防守。到了 683 年，帝国甚至已经丧失一部分太宗征服的边界领土，并且正在经历一场重要的内部危机。

但是，它不是传统历史学家所攻击的高宗及其作威作福的皇后在其统治末年的那种危机。各种史书基本上都是那些本人即为朝廷官员的历史学家所作的关于中央政府活动的朝政记录，而高宗统治时期中央政府最高层的行为对于这些历史学家来说显得是灾难性的转折点。太宗与其朝臣目标的一致、宰相之间坦率公开的议政以及成为太宗政治特点的亲密的君臣关系，早已消失无余。代替它的是一个缺乏坚强领导的朝廷，在那里，讨论被压抑，官员中充满了恐怖、不安全、猜疑、相互诽谤和不断倾轧的气氛。政策是由武后和她的私人宠幸决定的，然后强加给皇帝和朝臣，政府的正规形式早已无人理睬。

然而，即使在朝廷，也不是一切都一无是处。高宗统治的后半期，有一批能力很强的宰相为他效劳，为了弥补武后在 655—664 年攫取权力时造成的损失，他们也作了一定的努力。直到高宗统治后期，武后的位置基本上是不稳定的，只能依靠间接的手段控制朝廷。她一直易受攻击，她的地位是靠个人的控制而不是靠任何坚实的制度基础来维系的。不过，她鲜明地把自己确立为高明而机智的政治家，到高宗统治后期，她的权力地位已经不可动摇，以致在高宗死后她可以稳操胜算地成为中国不可置疑的统治者。

第 六 章

武后、中宗和睿宗的统治，
684—712 年

准备时期，684—690 年

683 年阴历十二月作为中宗登上皇位的唐朝第四个皇帝不过是高宗和武后的第三子。由于他继位的希望一直似乎很渺茫，所以在此之前他既没有为此受到培养，也没有在当皇太子的短短的三年中为他新的尊严地位作准备；可能出于这一原因，他父亲的遗嘱才规定让有经验的武后继续施加政治影响。严格地说，她的干政只被容许在"军国大事之未能决者"方面，但她立刻表示，以皇太后的身份作荣誉而无实权的退隐，她是绝不甘心的。这一心意的第一个表示是她违反遗嘱的规定，未使中宗立刻在"梓宫前"继位；在拖延加冕的整整一个星期中，她既暴露了自己的野心，也表示了她对自己儿子是否适宜继位有某种忧虑。人们对新君主的性格知道得太少，所以无法判断他母亲的怀疑是否有根据，但即使在他一生的这个阶段也已很清楚，他至少已经继承了他父亲的弱点，并已受他的妻子韦后的支配。他登上皇位不到一个月，就提升他岳父韦玄贞为宰相。

这一任命造成了中宗统治的第一个危机。不满意她儿媳胆敢抗衡的武后是不欢迎这个任命的，而那些期望随着武后的销声匿迹会恢复他们传统权力的官僚们也不欢迎它。最反对这一任命的官员为裴炎，他出身于山西的绅士名门，通过科举制青云直上而成为中书令。高宗死前不久，他把所有议事从门下省转到中书省，从而成功地树立了自己的领导，并且当他被选中去接受垂死的高宗的遗诏时，又发现自己的威信进一步有了提高。关中精英集团中最强大的韦氏参加政治生活必然会损害他的利益，所以他强烈反对对皇后父亲的任命。中宗对此反应非常鲁莽："我以天下与韦玄贞何不可，而惜侍中邪!"① 裴炎对如此强烈的反驳大吃一惊，就迅速报告武后，她便认为此话是言为心声。她召集朝廷百官，责备她儿子有叛逆的用心，然后平静地宣读废黜皇帝的诏令，这时御林军就将他拉下御座。次日，在执政刚满六个星期后，他被更听话的 22 岁的弟弟睿宗所代替。

废除中宗和武后在 690 年建立周朝这两者的合法性没有被像伟大的宋代理学家朱熹——他的《通鉴纲目》自 13 世纪以来一直是中国的历史教科书——等正统史学家所承认。他们认为中宗直到 710 年死去时一直是合法的君主。尽管有这种历史的传统看法，但在当时人们的心目中，权力无疑是操于武后一人之手。在 684 年，唯一的问题是她究竟还怀有什么其他野心。

武后本人似乎也不注意去平息人们的怀疑。从一开始，她就鄙弃了以前关于牝鸡司晨的庸识浅见，在放逐中宗及其怀孕的韦后去湖北的房州（房陵）后，她便公开在朝廷主持政务和履行礼仪的职能，甚至不屑"垂帘"。她封她的长侄至兼她父亲的继承人的武承嗣为皇嗣，并且不顾裴炎等大臣的警告（说她开始像汉代篡位的吕后），决定在洛阳为她的得到追封的祖先立武氏七庙。这一行动是没有先例的。事实上，它僭取了帝王家族的特权，并且刚好证实了人们的担心，即武后不久将不满足于以她的傀儡儿子的名义进行统治。它与 684 年的大赦令一起，成了以后李敬业叛乱事件的导火线。

684 年的大赦令

在叙述这场起义以前，简单地考察一下大赦令的内容是有益的，因为它是许多大赦令的典型。② 在整个唐代，这类文献就像在吉庆盛典中论功行赏和赦免重罪这一本意那样，也被用来颁布重要的行政措

---

① 《资治通鉴》卷 203，第 6417 页；《旧唐书》卷 87，第 2843 页。引文为中宗对裴炎提出他授予其岳父的官职太高这一抗议的答复。

② 全文载《全唐文》卷 96，第 11—16 页；《文苑英华》卷 463，第 6—11 页。

施。在武后统治时期，颁布大赦令的次数频繁得异乎寻常，例如在684—705 年期间年号变动了 16 次，每次都颁布大赦令。它们构成了一种有用的史料形式，从中不但可以看出国内的状况，而且可以了解武后政府的若干总的方针路线。

684 年的大赦令首先改变了政体的外表象征：此后旗帜将是紫饰金色，某些官员将穿不同的官袍和佩戴不同的标志。和长安相比，武后一直偏爱洛阳，它被定为"神都"，那里的皇宫定名为"太初"。此令反映了武后对命名的深切关怀。所以它又声称某些官职的职称有缺陷，必须予以改变。关于新选用的名称有的可追溯到第一个周王朝的传奇时代，另一些则使人联想到道教神话中的仙境。当时有人杜撰了道教的几个名称，例如凤阁（中书省）、鸾（一种神鸟）台（门下省）和肃政台（御史台），这些均不见于中国史籍。武后之母被尊为太后，这一头衔的明显含义是，武后本人出身于帝王世家。这些俨然与新王朝开国之初的大典相似的措施引起了忧虑和反对。

大赦令的第二部分盛赞黎民的厚德，厚赏年迈之人，并且提出要救济贫困和宽恕某几类罪犯。在承认赋税过重——特别是两京周围地区的赋税——的同时，武后答应减轻负担。为了表示她的俭朴，她遣退了许多宫中的仆婢；为了表示她尊重孝道，她答应让有迫切愿望的边境戍军回家，不中断祭祖。像这些一般大赦令中最常见的规定在武后时期特别多，并且被传统的历史学家非难为"笼络人心"的应急手段。马克思主义学派则倾向于把它们视作民众反对贵族和大地主分子的阶级斗争手段。它们一定深受当时平民的欢迎。

最后部分试图解决当前施政中的问题。武后说，近几年领土的扩大已经引起了各道原来过得去的行政质量的下降，京师以外贪污成风。御史台将设立一个新部门，以严密监督各道和经常进行视察。另一个弊病是规避赋税和徭役，随着近几十年国内安定而出现的人口激增，这一问题因行政的混乱而更加严重了。为了与登记不实和在人口统计数字上玩花招等现象作斗争，政府拟对行政单位进行一次严格的复查，如县和州的人口分别超过原来的 1 万户和 3 万户的限额时，政府就另设新的县和州。人口的增长和再分配是 7 世纪后期的一个大问题，虽然武后对此非常注意，并且曾一度企图对道的制度进行大规模的改组，但抱敌视态度的史书否认她在这方面的贡献。[①] 在这一大赦令中，她还承认了军事领域中的弊病。其中主要的弊病一是升赏不当造成的士气低落，一是把基本上是防御性和临时性的府兵变成半永久性和职业性军队后造成的过长的服役期。此外，许多富人只是捐官而从不赴职。武后命令有关官员惩处这些犯法行为，但她似乎忽视了这一问题更广泛的含义。最后，她强调了用儒家灵丹妙药来解决行政困难，即吸收"有德之士"担任文官。所有高级官员都要举荐一个适合当官的人。没有一个唐朝统治者像武后那样深深地依赖这一措施；这一措施连同她经常采用的除科举制以外的其他吸收人才的方法，使得官员人数大量增加。自 657 年以来，批评已经越来越多，所以武后在此大赦令中被迫作出反应：干脆不承认官僚机构已变得太大。

大赦令中所列的行政问题绝不是详尽无遗的，但也许足以说明初唐的某些制度的退化情况。原因有几个：国内的长期安定既造成了人口增长，又造成了经济和商业的发展；扩张主义的对外政策已使边境行政和防务需要新的形式。像科举制那样的其内容本质上是社会性的其他一些发展已经引起了很不平静的情绪，一些人特别是因为"突然展现的前程"而很不平静，这些人因不是出身于初唐的贵族门第，已被摒于迅速擢升为高级官员的大门之外。简言之，太宗的"遗产"已经过时，而武后也不是创新者。最抱乐观态度的历史学家只好承认，她没有使她继承的制度合理化；但另一方面，她采取的重大政策——加强帝王特权和中央权力，征服"外夷"，"笼络人心"——合在一起却暴露了制度的种种缺点。她留给玄宗的财富（主要表现为新形势下的一种新的和高效率的办公形式）才使真正的改革成为可能。在她统治的开始，她没有这种有利条件；此外，她在整个掌权时期受到了自己是妇女这一生理事实的牵制。儒家反对女性统治这一禁令的严厉性

---

① 《旧唐书》卷 94，第 2993—2994 页；《新唐书》卷 123，第 4367—4370 页。

意味着她的地位永远不能被人接受；[1] 她很快为自己的安全而惶惶不可终日，从而使她把自我保护和自我炫耀置于其他一切之上。造成了这种情况的主要原因是李敬业的叛乱。

恐怖统治

叛乱者的领袖为征服高丽者和武后的早期支持者李世勣的孙子。李世勣已死于669年，他积累的荣誉保证其后裔能取得很高的威望和得以凭特权进入仕途，而李敬业已在官场中开始了他的事业。但最近，他已驻节位于长江和大运河相交处的扬州。[2] 在这个商业中心的傲慢但又懒散的气氛中，他的大部分亲密伙伴也一样是因各种过错被罢官的出身名门和有声望的人。他们当然都伺机恢复自己失去的家业；到684年年中武后的雄图尚未大定，这种形势有助于创造一次起义的理想气候。

叛乱者的目标是不明确的。虽然公开的目的是中宗复位，但他们又另立一人并在名义上把他抬为首领，称此人为中宗的兄长，即已死的李贤（他长得很像中宗）。因此，敬业很可能无意让中宗复位，为了掩盖自己改朝换代的野心，就借用这个被废黜的统治者的名字以争取支持者。出于同样的原因，他企图给武后抹黑，于是他的支持者骆宾王为他写了一篇出色的檄文，[3] 其文开始如下：

> 伪临朝武氏者，性非和顺，地实寒微。昔充太宗下陈，曾以更衣入侍。洎乎晚节，秽乱春宫，潜隐先帝之私，阴图后房之嬖……掩袖工谗，狐媚偏能惑主。践元后于翚翟，陷吾君于聚麀。

---

[1] 见杨联陞《中华帝国的女统治者》，载《哈佛亚洲研究杂志》，23（1960—1961年），第47—61页；陈寅恪：《武曌与佛教》，载《历史语言研究所集刊》，5.2（1935年），第137—148页。陈寅恪文引了许多取材于古代传统的参考材料。

[2] 关于唐代的扬州，见全汉昇《唐宋时代扬州经济情况的繁荣与衰落》，载《历史语言研究所集刊》，11（1947年），第149—176页。

[3] 《旧唐书》卷190上，第5006—5007页。骆宾王檄文载《全唐文》卷199，第1—2页；《文苑英华》卷646，第11—12页。

> 加以虺蜴为心，豺狼成性，近狎邪僻，残害忠良。杀姐屠
> 兄，弑君鸩母。人神之所同嫉，天地之所不容。犹复包藏祸心，
> 窥窃神器。君之爱子，幽之于别宫。贼之宗盟，委之以重任。

他继续以一系列的历史隐喻详细叙述妇女左右以前历朝政体的恶果，强烈呼吁同僚们与他一起造反。

> 敬业皇唐旧臣，公侯冢子。奉先君之成业，荷本朝之厚
> 恩……是用气愤风云，志安社稷。因天下之失望，顺宇内之推
> 心。爰举义旗，以清妖孽……
> 公等……或膺重寄于话言，或受顾命于宣室。言犹在耳，忠
> 岂忘心。一抔之土未干，六尺之孤何托？倘能转祸为福，送往事
> 居，共立勤王之勋，无废大君之命……请看今日之域中，竟是谁
> 家之天下？

檄文的陈述当然是很不确切的，不过它很可能反映了当时的许多信念。敌视武后的史学家们极易用它作史料，有的指控也已见于其他有声誉的史书之中。檄文之传布既广泛又迅速；据记载，武后在叛乱初期已见到一份檄文。她的反应既典型，又能说明问题。她说她的大臣们是多么愚蠢，竟让像檄文作者那样有文才的人在地方上流落不偶！但尽管檄文写得很妙，却不能吸引许多人同情叛乱事业；不到三个月，起义就被粉碎。叛乱失败的部分原因是，武后推行了奖赏抵制叛乱的人和宽恕协从的叛乱者的政策。更重要的原因是李敬业作为一个指挥将领有着种种缺点。一名副将有几次敦促他在山东—河北地区寻求支持，并说，在那里可以发现最优秀的战士和反对武后"独裁"的最强烈的不满情绪。① 近来的研究倾向于认可这一策略，指出在整个唐代，这一地区历来厌恶来自长安的统治，特别在经济困难和夷狄

---

① 《资治通鉴》卷 203，第 6426—6427 页。这一策略是魏恩温提出的，此人其他情况不
详。

入侵时期,这种情绪几乎达到分离主义的程度。但李敬业却决定滞留在江苏的根据地,这里除了最初随他叛乱的 10 万之众外,他的兵力再也不可能增强。当三倍于他的帝国军队来讨伐他时,胜败不久便见分晓;如果说这次叛乱的规模如此,它引起的后果却远不如叛乱本身严重。但在武后看来,真正的危险来自叛乱者与朝中人士的关系。在那一年阴历九月当起义处于高潮时,裴炎被捕,并被控犯了叛逆罪。

当时的这一指控是指与叛乱者合谋和在武后预定前往龙门万佛洞的途中策划把她劫持;在缺乏可靠证明的情况下,他有罪或无辜的问题成了大量历史论战的题目。[①] 几乎可以肯定,武后是相信他有罪的;从她的反应判断,影响是深远的。裴炎的朋友们愿代他死,武后在不耐烦地驳回这种传统的辩护时,行动迅速果断,她说:"朕知炎反,知卿等不反!"裴炎在市场上被屈辱地处死了,而胆敢为他辩护的人中最有名的"突厥之所惮"的程务挺将军也在他军中未发抗议的情况下被斩首。这时,李敬业已战败并被部将所杀,武后用亵渎他祖父的坟墓和剥夺他家族一切荣誉的方式来泄愤。据一份史料记载,在这以后她召集满朝文武官员申斥说,她为国不遗余力地操劳,每个官员能取得如今的地位都应该感谢她。她以三个被杀的敌人为例下结论说:"此三人者,不利朕,朕能戮之。卿等有能过此三者,当即为之;不然,须革心事朕,无为天下笑!"[②] 大臣们均伏地叩头。

但她既被背叛过一次,就决定要更加确保它不再发生。为此,她实行了一种令人胆战心惊的恐怖统治,这只有她的马克思主义辩护士中最可鄙的人为她辩护。它的根源难以追溯,大部分史籍认为它始于中宗被废黜之时;当时一名"飞骑"得到厚赏,因为他揭发了那些为爱好游戏的皇帝下台后丧失额外收入而抱怨的同事。虽然在此以前已有迹象表明,武后通过经常的贬职和调职,企图把忠于她的人调到周

[①] 《资治通鉴》卷 203,第 6425—6426 页;这一段的《考异》考察了相对立的证据。在其《武则天》(北京,1962 年)中把裴炎写成坏人的郭沫若在剧本的附录(第 144—145 页)中讨论了这一问题。

[②] 《资治通鉴》卷 203,第 6432 页。引自早期的《唐统记》(收于《考异》)。司马光否定这一情节。

围，但这是断然处决宫廷以外的反对派的最早文字记载。通过对李敬业叛乱的镇压，御史台和刑部的一些官员上台掌了权，他们的传记在正史中被列在"酷吏"一类。以周兴和来俊臣为首，他们张开了由耳目和告密者组成的网络，并在特设的狱中，通过伪造、酷刑和来俊臣在其令人厌恶的《罗织经》中描述的其他方法逼取"供词"。[①] 在686年初期，又设官掌管铜匦，从而使这些酷吏的活动变本加厉。这一制度一直实行到唐朝结束。[②] 铜匦是为这一官署建造的，它有四个口，任何有所企求的人都可将文字投入其中一口。第一个口用于自荐和促进农业或人民福利的计划；第二个口用于对政府的批评；第三个口用于对不公正的诉苦；第四个口则用于报告预兆、预言和密谋。原意可能是对恐怖的严酷性的后果进行补救和宣扬武后对黎民的关怀。但不久，铜匦不过成了匿名的、但往往是虚假揭发的一个容器。

不能对这种恐怖说什么支持的话，但在另一方面，千百年来传统史学家对它不断的谴责可能过分了。[③] 如果全面地看，似乎可以说，恐怖行为产生于有充分根据的恐惧。甚至在了解恐怖的种种弊病以后，武后仍继续让它存在下去，因为她看到了它的用处：用它可以对为反对女性统治这一僵硬传统而斗争的人进行恫吓；还因为她知道她有能力控制恐怖统治的最厉害的暴行。作为一种历史现象，恐怖具有种种含义，而修史者的愤怒情绪使他们忽视了这些含义。

一个结果当然是政治空气的改变。没有一个大臣能够阻拦武后而不担心自己会被送交秘密警察，因此就没有一个大臣能像魏徵等大臣争取太宗那样把她争取过来。众所周知，太宗不止一次撤回诏令以尊重大臣的异议。688年刘祎之拒绝了一份未经自己的中书省认可的诏

---

① 《资治通鉴》卷203，第6439—6440页；《旧唐书》卷186上，第4838页。关于来俊臣和周兴，见《旧唐书》卷186上，第4840—4842页。

② 《唐会要》卷53，第956—959页；《资治通鉴》卷203，第6437—6438页。

③ 最近期的一个例子是林语堂的历史小说《武夫人——一个真实的故事》（伦敦，1957年），作者在书中的一个署名的脚注中提出了一个不寻常的意见，即武后是一个可与斯大林和成吉思汗相比的大刽子手。近期的中共史学家则走向另一个极端，他们原谅武后的恐怖统治，认为她是单纯地为了保存自己。例如，见吕振羽《史论集》（北京，1962年），第174页以后；吴晗：《灯下集》（北京，1961年），第140页以后。

令，武后被"我所引之人"的忘恩负义行为激怒，立刻命令他自杀，否则他就被处死。[1] 这种统治"作风"的事例还很多，传统史学家们很喜欢把它们与"贞观之治"进行对比。[2]

第二种由恐怖统治派生的一系列后果是社会性质的。也许因为武后记得，平民百姓曾经拒绝支持叛乱和她发现高级官员中有人与她为敌，所以她对后一个集团进行报复。一种史料在谈到 597 年的最后清洗时说，她的大部分受害者是"海内贤士名流"，实际上是指中央政府五品以上的官员（特别是高级官员），而不是指诸道官员。[3] 因为对他们的指控一般是煽动叛乱，所以惩处株连到他们的家属（放逐或沦为奴隶）和涉及他们的财产（加以没收）。即使受较轻指控的人的子弟也不准参加科举考试，而近时的研究指出，组成初唐上层贵族大部分的几百户高傲的贵族门第在这一时期严重衰落。虽然在中宗复辟前后有几次大赦，有的家族恢复元气要用几代人的时间，并且它们与较下层的社会竞争高官的力量永远被削弱了。[4] 7 世纪 80 年代的一些诏令产生了迥然不同的社会含义，诏令授权告密者可以公费从全国各地前来揭发。从此，前所未有的事情——不识字的平民因告密而担任高官，奴仆揭发主人等——大量出现。官员们警告武后说，这些措施将引起全国大乱，使平民的生活不安定和朝不保夕，这里所指还必须包括专使在各道搜捕不忠分子和流放至岭南这种漫长而惨苦的赭衣塞途所引起的动乱。[5] 有好几年武后对这些异议置之不理，这可能是因为她看到这些政策带来的补偿性的好处。它们可以到处提醒人们注意中央政府的权力以及在它之上还有她本人这一事实。

最后必须承认，在恐怖统治中，司法制度在非常严重的考验下幸

① 《旧唐书》卷 57，第 2296 页；《资治通鉴》卷 204，第 6444 页。
② 例如，见《旧唐书》卷 186 上的酷吏传；又见林语堂《武夫人——一个真实的故事》，第 134—140 页。
③ 《资治通鉴》卷 206，第 6512—6513 页；《旧唐书》卷 57，第 7 页；《旧唐书》卷 186 上，第 4849 页。
④ 受害者中有太原王氏的成员、陇西的李氏、宇文氏和著名的谱系学者路敬淳。
⑤ 滨口重国：《唐王朝的贱人制度》（京都，1966 年），第 218—244 页。

存下来。不公正现象的确存在，但主要是在秘密警察用酷刑或答应对受害者家属宽大的方法逼取供词和处理案件时产生的。武后常主持审讯或复核重要的案件；当像徐有功等大胆的御史面陈执法不当时，他们几乎无例外地得到支持。[1] 当武后在 697 年处决了她最后的秘密警察后，她为自己竟受她的大臣们的蒙骗而推行不正当的重刑而表示了遗憾，她很可能是真诚的。[2]

恐怖的开始有时被认为是武后企图篡位的明确的迹象。但另一方面，也有迹象表明在以后几年，她本满足于继续以睿宗的名义进行统治，从而使自己至少能部分地避免历史的谴责。迹象之一是，在 685 年她纳了第一个面首，此人是她女儿太平公主引见的一个粗壮的脂粉（和春药）货郎。此事迅速成了一件公开的丑闻。为了使他的未净身之躯得以在宫内容身，她就让他出家，并放肆地立他为中国最有名望的白马寺的住持。新僧——历史上称薛怀义——立刻带领一帮暴徒在京城称霸，侮辱官员和欺凌道士。在她有病的丈夫生前一直忠贞的武后似乎已陷入着迷的状态。她与他单独厮混的时间越来越多，并且经常在激怒的大臣面前竭力为他的"怪僻行为"开脱。686 年初期，她提出要还政于睿宗，但据历史记载，后者"知〔武后〕非诚心，奏表固让"。很可能她不是出于真心实意，但事实是从那时起，她再也不像以往那样把注意力放在单调而繁琐的日常政务上了。这个僧人受她的宠幸几乎达 10 年之久，而他反过来也在几个方面为她效劳，如当过与突厥人作战的将军，在 688 年担任所有唐代建筑中的灿烂明珠——明堂——的主持人时，他表现得更为能干。[3]

行政改革

但不应下结论说，武后迷恋这个僧人后就变得不问政务了。如果

---

[1] 《旧唐书》卷 85，第 2817—2820 页；《新唐书》卷 113，第 4188—4192 页；《通典》卷 169，第 894—897 页；《册府元龟》卷 616，第 1—8 页；卷 617，第 13—16 页。

[2] 《资治通鉴》卷 206，第 6523 页。

[3] 关于明堂，见 C. P. 菲茨杰拉德《武后》（伦敦，1956 年），第 131—132 页。关于明堂在唐代发展的文献，见《唐会要》卷 11—12，第 271—300 页。

说在她一生最不稳定的时期中的统治作风日趋个人决断和她的寻欢作乐变得更加公开，她在行政方面的警惕性却没有放松。对突厥人和吐蕃人的日益加剧的威胁进行了几次征讨，并改组了安北都护府。[①] 在民事方面，她在 685 年又修订了律令,[②] 授权御史监督佛僧在京师的日益发展的经济活动，并且在整个这一时期又设立了新的行政单位以处理人口——特别是江南的人口——的流动和增长。官僚机器也大大地发展了。在反映武后不埋没有才之士的关怀方面，在正规的考试外还特持"殿前试人"，每年选拔更多的人来效劳，并且绅士和平民都获准自荐。[③] 政府在京师和各道设立了新的官职：常平令、左补阙和左拾遗等。六部的官员也增加了，行政工作的质量一度有所改进。同时，武后对文学的兴趣表现在以她的名义刻印大部头文学汇编方面。据说她推动了新翻译她敬奉的华严宗经卷的计划，后来当她在洛阳任命于阗的高僧实叉难陀时还参加了编辑工作。[④] 在这一时期，京师的四个藏书馆每年必须送呈藏书的书目。[⑤]

武后对日益加剧的经济困难也表明有所认识，虽然她的解决办法是零碎的和基本上无效的。自 666 年因铸新币失败而引起了商业混乱以来，中国的物价一直在上涨，到高宗去世时米价比繁荣的 7 世纪 30 年代几乎高达百倍。另外，连年歉收，再加上防务开支的增加、文官队伍的扩大和逃税行为的蔓延，给政府增加了越来越大的压力。到 677 和 678 年，财政问题达到了危急的程度。处理这种局势的前例并不缺乏，而且还有大臣的建议，但武后宁愿依靠一些权宜之计去解决问题。684 年当政府已无力支付下级官僚全部官俸时，她反而为政府增加额外的官员。[⑥] 687 年华北的大部分为饥荒所苦，在遥远的岭

---

① 《唐会要》卷 73，第 1309、1315 页；《资治通鉴》卷 203，第 6435 页。

② 《唐会要》卷 39，第 702 页；《旧唐书》卷 50，第 2143 页。

③ 《册府元龟》卷 639，第 20 页；《通典》卷 15，第 83 页；《唐会要》卷 75，第 1376 页；《唐会要》卷 76，第 1390 页；《文献通考》卷 29，第 272 页。

④ 见镰田茂雄《中国华严思想史研究》（东京，1965 年），第 107—149 页。虽然镰田主要注意她对华严宗的态度，但也提供了她与总的佛教关系的许多材料。

⑤ 《唐会要》卷 35，第 643—644 页。

⑥ 《唐会要》卷 91，第 1652 页。

南道出现了武装抗缴增税的事例。① 镇压是迅速和有效的，但苦难的根源却被忽视。武后的最大的失败是她提不出经济政策，这样说可能符合事实。

尽管这些年有许多行政活动，但武后把她主要的活动放在寻求支持和安全方面。活动的一个方面是建立告发制；另一个则是经常颁布旨在赢得民心的措施。这样的大赦令有三次，虽然只有 689 年颁布的最后一次的全文现还存在。② 鉴于当时的财政问题，它似乎是非常慷慨的。全国的穷人、孝子孝女和在战争中丧子的户都得到酒、丝帛、牲畜和粮食的赏赐。欠税被免除，以吸引那些逃避登记的农民回来种地；在新平军征讨突厥之役中受难的地区和在兴建明堂时受榨取的地区被免税一年。地方官员要抑制不得人心的商人阶级的越来越厉害的铺张，并保护那些因儿子服兵役而衰落的门庭免受土地攫取者的压榨。当武后在大张旗鼓地"笼络民心"时，她还开始给她自己制造帝王的灵光。庙宇、宫殿和公共工程在洛阳到处出现；在它的中心，宫廷和武后的随从队伍变得越发豪华。唐都长安很快相形失色。武后经常在公开场合露面，主持庄严隆重的礼仪，并且企图在公众的心目中把自己与光荣和经常袭用其礼仪的昌盛的古周朝联系起来。这一过程的高潮发生在 689 年中国空前辉煌的敬奉宝图的仪式中。③

宝图是一白石，上有"圣母临人永昌帝业"数字。它是 688 年在洛水发现的，所有史料一致认为它是武后之侄武承嗣所伪造，此人是她篡位的最坚定的支持者。甚至像司马光等敌视她的史学家也没有假设武后本人曾参与此事，她的虚荣心和她对祥瑞常常表现出的轻信完全可能使她相信预言指的就是她本人。它无疑是使她下决心篡位的重要因素，也许是决定性的因素，因为从发现它开始，她的种种行动不容许有别的解释。她率领朝廷全体官员前往天坛，宣称洛水为神圣之

① 《资治通鉴》卷 204，第 6445 页。
② 《全唐文》卷 96，第 16—22 页；《文苑英华》卷 463，第 1—6 页。
③ 见《资治通鉴》卷 204，第 6448—6449 页。武后高度重视这一祥瑞，以致她正式称它为天授圣图，并采用"天授"为其新王朝的第一个年号。

河，所以禁止在那里捕鱼；她自封为"圣母神皇"。无性别含义的
"皇"字是一个意味深长的选择。然后她开始计划一次豪华的盛典，
以便正式敬奉这一祥兆，并把年号改为"永昌"以应此预兆。她计划
把这些盛典与新完成的明堂的启用结合起来举行，并下令全国名流应
一律在洛阳集合庆祝。这当然也包括广泛地分散在全国各地担任刺史
的李氏皇室的旁支成员在内。

对唐室诸王来说，邀请是不受欢迎的。在最近几年，他们已越来
越被排斥而不能在政治上起任何有意义的作用；一份史料指出，他们
已无寸土之地为己有。诸王很了解京师的事件，显然也清楚他们作为
武后实现其野心的障碍，处境很危险，所以他们甚至可能在接到召赴
京师的通知前正在策划对策。[①] 但是他们是在得知武后正在准备死亡
陷阱这一警告后才突然行动的。他们理解，集体拒绝参加庆典也会获
罪，就决定谋反。在起义中能鼓动人心的人物是睿宗的叔祖、四川通
州的刺史李谋。他伪造诏书和派密使分赴四方的亲戚，在时间紧迫和
交通困难的情况下协调起义。但由于一个过急地在河北的博州（高宗
之侄李冲在那里任刺史）征募军队的行动，计划被破坏。我们已经注
意到，这一地区有强烈的好战传统和分离主义倾向，所以可能是最适
宜这类冒险的地方，可是李冲所能征募的军队不超过 5000 人。[②] 加
之这些人也不热心，在第一次受挫时就已溃散。在帝国主力军到达
时，叛乱已告结束，李冲也死于自己的部将手下。在洛阳附近的豫
州，刺史是李冲之父、武后之内兄弟李贞，当知道他儿子的行动已使
他遭殃时，他感到自己只能造反了，于是他用尽一切手段征募了几千
人。这些人在勤王军到达前四下逃窜，随着李贞的战败和自杀，所谓
的诸王之乱很快结束。[③]

[①] 《旧唐书》卷 76，第 2661 页。

[②] 浦立本在其《安禄山之乱的背景》（第 75—81 页）中回顾了初唐河北道的特殊情况，
并附完整的参考材料。

[③] 《资治通鉴》卷 204，第 6449—6452 页，载于《旧唐书》卷 64，第 2431—2432 页和卷
76，第 2661 页以下的诸王的传记中所举的细节可以补充这一记载。关于叛乱的后果，
见《资治通鉴》卷 204，第 6457 页。

这次起义是国内对武后的最后一次反抗，虽然它几乎不构成真正的威胁，但过度恐怖的惩罚却持续到 691 年的相当一段时期。直到那时，李氏宗族不论有罪无罪都遭到蓄意的杀戮。只有流放在遥远的南方的少数儿童得以幸存。传统的史学家一致谴责武后的残暴，但也勉强承认在粉碎叛乱时，她得到全国的支持。

李氏宗族中最有声望的成员在利用一些矫造的诏旨时也未能唤起人们对他们事业的很高热情。甚至总是批判武后的司马光也专门指出，李贞集团中有官品的 500 名成员除一人外都是被胁迫参加叛乱的。[①]

对武后来说，她平息起义的成功进一步证实她一定得到上苍的庇佑。688 年阴历十二月，她穿戴帝王服饰，主持推迟了的盛典，据一份史料记载，它是"唐兴以来未之有也"的盛典。在典礼中，祭祀她父亲的规格相当于开国之君，而礼仪不言而喻是模仿古周朝的。多年来，武后一直把她与这一最受称颂的周王朝联系起来，并模仿它的官职称号、建筑、典礼和历法。正像李氏皇族曾宣称老子为它的祖先那样，她也把著名的周武王当做自己的始祖。因此事实似乎是，她选自己的王朝的名称为"周"，可能不是因为追赠她父亲的封地为周，而是为了与古代周朝联系起来。不只是像王莽这样的篡位者，在她以前的有野心的统治者都用过同样的手法。她的目的是，至少象征性地重新建立据历史声称已在第一个周代达到的至治之世。[②]

两个更深入的步骤为篡位铺平了道路。首先是颁布一批代替常用字"日"、"月"等旧字形的新字，这可以看做武后把自己与传奇中的中文造字者相比的含蓄的行动。在一份造新字的法令中，她回

---

① 《资治通鉴》卷 204，第 6451 页。
② 一般认为选择她的国号为"周"的原因是，它是追赠武后之父第一个封地的名称。有几个原因使这个解释不可能成立。我要感谢谷川道雄，他的《周隋革命本末——周礼国家的悲剧》一文（载《古代文化》，18.5〔1967 年〕，第 89—94 页）首先提出了另一种解释，并且举了先例。见 R. W. L. 吉索《武则天的正统性》，为 1975 年 6 月在阿西洛马尔召开的中国历史正统性会议准备的未发表论文。

顾在文字系统的漫长历史中，方块字已变得如此复杂，以致许多存在的字甚至连学者也不认识。因此，作为一个持续改革的开端，她造了 12 个保持字的起源和能说明其真实意义的新字。例如，她的名字的新字为"曌"，其组成部分表示天体照亮下面的空处。她说，它象征"天下来归资朕之政"。[①] 敦煌和当时的碑文，甚至日本的证据都表明，这些字在中华世界中广泛流行，并且不时被新字补充。深受历史学家批评的这些杜撰的字反映了武后对象征符号的持久的兴趣，并且还可以被视为一种宣传行动，虽然这一行动必然地只限于文人阶级。对广大的平民来说，他们需要另一种信仰，佛教满足了这一要求。

只是到近期，历史学界才了解大乘教的信仰和实践是多么深入地渗透进唐代的平民生活之中。当时一部不重要的《大云经》有两种现成的译文。[②] 经中包括弥勒佛即将下凡为女神和君临全世界的预言。流传至今的一个版本对她的时代作了令人目眩的诺言，它描述道："谷米丰熟，快乐无极。人民炽盛，无有衰耗病苦忧恼恐怖祸难……邻比诸王，咸来归属……尔时诸臣即奉此女以继王嗣。女既承正，威伏天下。"[③] 根据大部分史料，武后的僧人面首薛怀义发现了经文，作了适当的注释，并指出长期等待的下凡的神竟是他的庇护人！[④] 武后表示惊奇，但当然高兴；她立刻颁布了这一教义。在一次对佛僧广施恩泽的令人惊愕的行动中，她在全国各州兴建国家维护的大云寺，

---

① 常盘大定的《武周新字之研究》（载《东方学报》〔东京〕，6〔1936 年〕，第 5—42 页）对新字作了充分讨论。关于更简明的叙述，见内藤乾吉《敦煌发见唐职制户婚厩库律断简》，载《石滨先生古稀纪念东洋学论丛》（大阪，1989 年），第 339—342 页。

② 关于《大云经》，见矢吹敬辉的明确的研究著作《三阶教研究》（东京，1927 年），第 685—761 页。关于佛寺，见塚本善隆《日中佛教交流史研究》（东京，1944 年），第 25—31 页。安东尼奥·福特的《七世纪末中国的政治宣传和意识形态》（那不勒斯，1977 年）为一部非常详尽的研究，并附一切有关文字的完整译文。又见 R. W. L. 吉索《武则天的正统性》。

③ 《大方等无想经》，载《大正新修大藏经》卷 12，第 1107 页。

④ 关于这一事件的各种佛教和非佛教的记载有许多矛盾说法，见 S. 温斯坦在《剑桥中国史》第 4 卷中的论述。

其中有的是新建的，另一些则是现存并受帝王庇护的寺庙。9 名编写注疏的高僧被封为县公，并得到高级官员的服饰；1000 多名佛僧被授予圣职。武后后来将"慈氏越古"加在她的头衔之中。[①]

这时一切准备就绪。690 年阴历八月，武后形式上拒绝了要她登基的三次连续的请愿，其中的一次请愿书上有 6 万余人的姓名。但当她得知她的象征——凤凰——已出现在皇宫上空，一群赤雀也翱翔在觐见殿周围，她认识到天意不可违。睿宗退位。武后庄严地成了堂堂的周代的"圣神皇帝"。妇女成为中国的皇帝，这是第一次和唯一的一次。

周朝，690—705 年

同时代的人并没有把周朝看成是唐朝延续性的截然中断。在 705 年唐代中兴的一份文告中，中宗在谈及武后时说："亶聪成德，濬哲应期，用初九之英谟，开太一之宏略。"[②] 在同一文献中，他继续争辩说，实际上没有发生变化，她恢复了唐的基本政策，在促进教育，兴建学校寺庙，量才录用官员，主持许多文学和历史汇编，重新宽恕那些使她受蒙骗而被酷吏迫害的人等方面，不过在为李氏宗族工作，如此的赞扬竟出自武后长期剥夺其继位权的人之口，这件事本身是惊人的；但更加重要的是，它代表了对待这次篡位的"官方路线"。只是在 20 世纪，更具体地说，根据陈寅恪最初提出的假设，周朝不仅代表了一种政治变化，而且代表了一种意义重大的社会革命；从此以后历史学家才开始改变传统的观点。[③] 当前中国学术界流行的观点认为，武后是被剥削阶级反对唐代社会中的贵族和地主分子的斗士，而日本的历史学家近来则设法认定有一个"新兴"阶级，武后企图取得

---

① 《旧唐书》卷 6，第 121 页；卷 183，第 4742 页。

② 《全唐文》卷 17，第 10 页。

③ 陈寅恪：《唐代政治史述论稿》（上海，1946 年），第 14 页；重印于《陈寅恪先生论集》（台北，1971 年），第 120 页以下。

它的支持，以代替不能宽恕的传统贵族的支持。① 但在关于唐代史料性质的几大问题得到解决以前，有关社会阶级及与它相联系的论题必然是得不出结论的。

在唐室诸王之乱失败后，周代的改朝换代进程进行得很顺利，没有遭到反对。武后迅速制定了新王朝的行政细则并定都洛阳。早在 7 世纪 60 年代，她和高宗已在一份诏书中认定洛阳在交通和供应方面优于长安；而中国的经济中心向南面和东面的逐渐转移从此又加强了这些优势。② 当武后选洛阳为都时，她一定意识到自己与唐都及那些已调到那里任职的忠于唐朝的氏族断绝关系的好处。作为安全的额外措施，据说她从关中的长安周围地区迁移 10 万户去充实该城。③ 有才能的官员像徐有功、狄仁杰和李昭德等人也来到新都，正像《资治通鉴》在少见的一段赞扬文字中所解释的那样，这是因为"〔武后〕政由己出，明察善断，故当时英贤亦竞为之用"。④ 部分是由于这些官员的影响，部分是由于"民心已定"，武后几乎立刻着手缓和恐怖统治。⑤ 691 年，特务头子周兴被声名更为狼藉的副手来俊臣请去，要他或是供认曾参与最近一次阴谋的事实，或是投入自己的瓮中。⑥ 他被"逼供"后，在放逐途中被以前一个受害者的家属所杀，次年，有 850 名他的仆从被审讯、判刑，并在政治舞台上消失。武后表现出，她既能在以前满不在乎地支持这些酷吏，也能在以后满不在乎地处理他们，但具有典型意义的是，她继续让来俊臣及其党羽为她效劳。

不久，他们不是被武后而是被武后的长侄武承嗣所用；后者已被

---

① 近来中国历史学家中发生了一次论战，从中反映了吴泽、袁英光和齐陈骏之间的分歧，砺波护的《隋之貌阅及唐初之食实封》（载《东方学报》〔京都〕，37〔1966 年〕，第 154—156 页）对之进行了讨论。

② 全汉昇的《唐宋帝国与运河》（上海，1946 年）详细讨论了这一问题。

③ 《册府元龟》卷 486，第 33 页。

④ 《资治通鉴》卷 205，第 6478 页。

⑤ 同上书，第 6485 页。

⑥ 《资治通鉴》卷 204，第 6472 页；菲茨杰拉德：《武后》，第 137—138 页。

指定为武后之父的后嗣。^① 他与更加狡猾的堂兄弟武三思一起约在
670年已来到京师，但在高宗死前一直不引人注意。从高宗去世起，
他已成为劝进者中最坚定的人，显然他把自己看做是他姑母的继承
人。武家的势力迅速发展；在新王朝的最初几年，由于武氏中的几个
成员被授予高级文武官职，所有的成员都被封为王和得到实封，^② 他
们都牢固地树立了最有力的地位。在691年，虽然睿宗保留了皇嗣的
头衔，但武承嗣却信心十足地发起了一场要求宣布他自己为太子的请
愿。

　　整个朝廷陷入一片争吵声中。武后对她侄儿的请求表现得很惊
奇，所以在朝廷广泛征求意见。有的人大胆直言反对武承嗣；但其中
大部分人遭到流放，甚或死于他的心腹来俊臣之手。唐皇室利益最重
要的维护者是李昭德，他是从小士绅通过科举考试发迹的另一种
"新"型官员；此人是如此刚直不阿，以致一次他把一名其绣袍违背
了节约规定的官员鞭笞至死。^③ 692年，他成功地使武后相信让她家
属拥权过重的危险性；不到一周，她剥夺了其中三人——包括武承
嗣——的一切政治权力。当她侄儿怒冲冲地前来抗议和污蔑李昭德
时，她平静地对他说："吾任昭德，始得安眠。此代吾劳，汝勿言
也!"^④ 事情到此结束，但只是暂时的。如果说这一次武后对她家属
抱敌视态度，但其他几次她的态度又迥然不同，竟让他们在公开典礼
中做她的助手，还命他们统带她的几支大军。为了防止出现睿宗被指
定为她的继承人的猜想，她小心翼翼地惩办了那些与他关系过于密切
的人；693年，她放肆地害死了他的两名宠妃。其中一人就是未来的
玄宗之母。

---

① 《旧唐书》卷183，第4727—4729页。武后在665年和666年间已把其异母同胞弟兄及
　其子放逐。当时，其姐妹之子贺兰敏之被指定为其父封地的正式继承人。他在670年
　失宠和死去后，武后的异母弟兄武元爽之子武承嗣从岭南流放地召回代替贺兰敏之，
　为她父亲继续武家香烟。

② 见《旧唐书》卷183，第4729页；《唐会要》卷90，第1639—1640页。

③ 《资治通鉴》卷205，第6491页。这件事很不寻常，因为受害者侯思止是来俊臣的一名
　亲密助手。

④ 《资治通鉴》卷205，第6483—6484页。

　　对她的这种行为可能有两种解释。其一是武后确实被自己的氏族和诸子争夺继位权之事弄得焦头烂额。结果，狄仁杰的论点——集中在母子纽带和有朝一日她需要后嗣的祭祀两方面——才使相持的形势有利于她的长子。但第二种解释同样可以讲得通。她把决定拖延至698 年，因为继位问题是平衡和分裂大臣中不同利益集团的很有价值的手段。

　　如果事实真是如此，它只能被视作武后整个执政期间表现的政治技巧的一个方面。她的主要目的是扩大对宰相们的皇权，在这方面她是十分成功的。宰相在唐王朝开始时被授予中央三省首脑的职位。它逐渐也被授予其他高级官员，所以宰相的人数可从有 3 到 15 人不等。[1] 他们的职责范围是辅弼天子，指导官员和掌管政务，从而使宰相成为最重要的官员。[2] 到 7 世纪中期，已经出现触犯帝权的强烈的集团意识、主动性和愿望的种种迹象。这些特征明显地表现在围绕废黜高宗第一个皇后的争论方面。太宗没有极力反对这一倾向，似乎已习惯只把自己看做群臣之首，因此儒家的历史学家从此就对"贞观之治"大加歌颂。这些历史学家之蔑视武后，既是由于她使用了独断专行的手段以阻止大臣权力的发展，又是因为她是一个妇女和篡位者。她半个世纪的统治造成了皇帝和宰相之间的一种新关系；要衡量她的政治技巧，人们会发现，她几乎使人觉察不到而做到了这一点，因为采用的方法一般没有超越传统的框框。

　　例如，任免权无疑是皇帝的一个特权，而武后使用它时有她的特定的目的。在太宗的 23 年统治期中，被任命的宰相有 21 人，每人的平均任期为 7 年。从 684—705 年，66 人被任命，平均的任期只有两年。60 岁以下被任命的为数甚少，职务的调动空前频繁。甚至唯一得到武后充分信任的大臣狄仁杰在他担任宰相的 3 年中也担任了不少于 7 个不同的职位。临时任命和在京师外执行长期任务的情况比以前更加频繁；部门职能的自然重叠使武后取得在集团内部制造对立和分

---

① 见戴何都《〈新唐书〉百官志、兵志译注》，第 4 页以后。
② 研究宰相制的最详尽的著作是周道济的《汉唐宰相制度》（台北，1963 年）。

裂的机会。她常常把像狄仁杰和李昭德那样的杰出人物与自己家族中的平庸之辈和道教的术士一起安置在相应的职位上。当697年来俊臣最后被处决时，她竟听任一个捏造的罪名把来俊臣的主要敌人李昭德同样处死。武后的宰相中有高达惊人的80%的人从高级职位上被迫撤下来，有的人被流放或处死，有的人干脆被降级任用。太宗时这样的人占33%。在她统治时，官僚的高级圈子中一直存在着一种朝不保夕的气氛；令人感兴趣的是，著名的历史学家刘知幾最早的文学作品之一是696年的一首赋，它向那些一心向上爬的人提出种种危险作为警告。它名为《思慎赋》。

其他传统的控制办法也是为了达到同一目的。武后精心制定了专门的奖赏制度，它旨在提醒人们，荣誉的取得不但靠科举中试或靠成为高官显宦，而且还靠在职时取悦于统治者。像清代多产的史学家赵翼就有时称赞她能接受大臣的规劝和批评。[1] 但是一经考察就可以弄清楚，她始终划清对她自己的批评与限制帝王特权的企图这两者的界线。李昭德一次取笑那块她奉为祥瑞的白石，因为她重视这块白石的"赤心"。当李昭德观看时，他说："此石赤心，他石尽反邪？"她与其他人一起也为之解颐。[2] 在另一次，她的宠臣吉顼坚持提出继位问题，虽然众所周知，她把此事视作"家务"。她告诉他，太宗曾对她谈到一匹不能驯服的新马。她冷冷地看着吉顼说，"朕言于太宗曰：妾能制之，然须三物，一铁鞭，二铁挝，三匕首……又不服，则以匕首断其喉"。这个大臣颤抖退出。[3]

有时武后干脆摒斥宰相的议政，她宁可依靠她的宠臣和女儿太平公主，特别值得注意的是依靠一个通称为"北门学士"的非官员顾问集团。它是后来翰林院的前身，不但为武后草拟以她的名义发表的大部分文学作品，而且还协助决策。当宰相们阻挠兴建明堂的奢侈计划时，武后干脆绕过他们而依靠这些学士。武后之治的矛盾现象是：存

---

[1]　见赵翼《廿二史劄记》（台北，1974年）卷19，第415—417页。
[2]　《资治通鉴》卷205，第6484页；《旧唐书》卷87，第2855页。
[3]　《资治通鉴》卷206，第6544页。

在一个发展和扩大的官僚集团，而同时它的上层又正在被削弱和限制。一个日益发展的官僚阶层遇到了武后这位对手，这可能是在她被废黜时只有一个大臣哭泣的原因吧。

武周的最初几年相对地说是平静的，恐怖的缓和带来了处理若干老问题的机会。在边境，突厥、吐蕃和西南蛮诸部落正为进行了相当时期的内讧所苦；在 690—694 年期间，超过 35 万名"蛮夷"前来中国避难。两名有才能的将军王孝杰和唐休璟说服武后，收复 678 年丧失的"四镇"的时机已经成熟。在 692 年阴历十月，他们在西面击溃了吐蕃军，并在龟兹重建安西都护府。[①] 可是在朝廷，武后对严重的行政问题表现得认识不够，自己忙于汇编文学作品及设立新职位以安插和滥用官员，再就是忙于与佛教打交道。她又为自己加了"慈氏越古金轮"的头衔；她一改唐王朝重道轻佛的做法，甚至禁止杀生。在这一时期，她对这一印度宗教的庇护说明了面首和尚对她的影响；这个和尚的爱好似乎已趋向在明堂周围的寺庙群主持秘密的、有时是血腥的礼仪。[②] 由于五方杂处，这些礼仪被称作"无遮"会，但它们似乎在怀义和尚死后即烟消云散。以后，武后又重新庇护华严宗和此时迅速发展而深受欢迎的禅宗。[③]

她的庇护还扩大到科举制度。武后一贯重科举制而轻靠各种特权进入官僚集团的方式；在 689 年，她首创君主亲自策试贡士的做法。[④] 武后显然看到科举制能为统治者的利益服务，因为在 693 年，她用几年前自己编写的《臣轨》"经"以代替举子的必修课程《道德经》。这个文献以太宗的《帝范》为模式。它体现了武后的政治哲学，主要包括从儒家和道教经籍中精选的引语，分列于"至忠章"和"利

---

① 《资治通鉴》卷 211，第 6487—6488 页。关于安西都护府，见大谷正直《安西四镇的建立及其变迁》，载《白鸟博士还历纪念东洋史论丛》（东京，1925 年）；伊瀬仙太郎：《中国西域经营史研究》（东京，1955 年），第 190—204 页及以后。
② 这些礼仪在菲茨杰拉德的《武后》（第 133—134 页）中作了描述。见镰田茂雄《中国华严思想史研究》，第 122 页；S. 温斯坦：《唐佛教形成时期帝王的庇护》，载芮沃寿、崔瑞德合编《对唐代的透视》（纽黑文，1973 年），第 297—306 页。
③ 《文献通考》卷 29，第 272 页。
④ 《臣轨》，见于《丛书集成》卷 893。

人章"等标题之下。至少前言是武后本人写的，正文包括有关帝国政策的结构十分严密的观点，反复提出如下的格言："父子虽至亲，犹未若君臣之同体也"；"夫人臣之于君也，犹四支之载元首，耳目之为心使也"。它不断地强调忠诚，强调国家的权利高于个人。在 705 年前，每个应试士子被要求牢记这一著作。最后，在 695 年武后取消了她本人以前在抡才考试过程中采用的糊名法。这样做的原因不详。但这一措施可能与那一年出现的问题有关，因为容许一定范围的徇私舞弊是堵塞批评的一个权宜之计。还有许多事情可以批评。武后与怀义面首的关系已日趋冷却，这部分是因为他的行动越来越骄恣，部分是因为她已找到了一名合意的儒家医生来代替他。怀义和尚是一个易冲动的人，他在 695 年的新年朝贺中被公开冷落后，就纵火焚烧明堂。熊熊烈火把明堂焚毁；虽然武后公开谴责不慎的匠人，但她知道谁应该负责，于是决定行动。她驳回了公开审讯的做法，因为这不利于她重建明堂的决定，而且还会带来令人难堪的证词，所以她采纳了太平公主的计划，把这个和尚诱至宫内并秘密处死。随着他的死亡，武后对佛教的态度似乎改变了。她去掉了"慈氏越古"的称号，终止了杀生的禁令；在她的年号中，在皇宫及诸如重建的明堂等新建筑中，开始使用像"天"那样的儒家字眼。但这些建筑绝不是按儒家精神兴建的。史书中也有"用财如粪土"的记载，御史们也经常提出耗尽民力和国库的警告。武后的奢侈是否像历史告诉我们的那样具有毁灭性，现在没有办法作出确切的估计。

虽然帝国仍旧繁荣，人民缴税一般没有怨言，但在武后后期已有人对财政事务越来越关心和开始打算处理帝国面临的日趋严重的财经问题。695 年，李峤上疏提请注意浮逃户的数字日增，他们出于种种原因从登记地出逃，作为未登记的占地者在其他地方定居。他提议规定这些人向当局投案的期限。他们或可以重返故地，或在他们的定居地登记，但不论何种情况，都要成为正式登记的纳税者。新政策不仅由地方官员推行，而且要受中央政府派往各道的御史的监督。武后批准了这一计划，而且御史也实际上被任命了。但计划受到朝廷几名大臣的阻挠，最后被搁置下来。然而它在 8 世纪初一定被恢复执行，因为人们从敦煌和吐鲁番发现了当地官员执行这类政策的有关文书。这些文书的日期是从 702 年和 703 年起，当时李峤又成为朝廷中的主要人物。①

在 8 世纪的最初几年，由于商业日益重要而引起的问题也受到相当的注意。通货问题显然更加严重了。在 7 世纪 90 年代中期私铸成风，政府是如此缺乏金属，以致必须熔化农具去建造京中一座新的方尖塔。从 701—704 年，某些私铸钱获准使用，作为应付通货长期短缺的一个措施。703 年，曾有对商人和贸易征税的企图，但它被朝廷的传统主义分子所阻。② 造成国库真正严重枯竭的两个因素——迅速扩大的官僚集团的俸禄和防务费用——尚未达到严重的程度。

但从 695 年起，防务费用开始成为大问题。在前一年，北突厥的新可汗默啜已开始在边境袭扰，并从此折磨中国达好几年，时而掠夺，时而又要求归顺；时而叛乱，时而又要求和亲。③ 在他的统治生涯的开始阶段，他顺从绥靖；在 695 年，当武后将注意力转向吐蕃的更严重而紧迫的威胁时，他被收买，得到了一个中国的“公”的封号。自 7 世纪 60 年代以来，吐蕃已一直在进行它的领土扩张，但随着幼王（赞普）在 676 年登位，实权落到了属于论氏的大臣们的手中，统治者对他们也难以控制。④ 695 年秋，最有权势的大臣论钦陵率军侵入中国，次年春天在离长安不到 200 英里的地方打败了王孝杰和娄师德率领的中国大军。武后立刻降了二将的级，但这一年爆发的大规模的契丹反叛使她不能〔对吐蕃〕作进一步的报复。

这场叛乱是当时朝廷完全没有料到的，因为契丹自 648 年被太宗

---

① 见唐长孺《关于武则天统治末年的浮逃户》，载《历史研究》，6（1961 年），第 90—95 页；内藤乾吉：《西域发见的唐代官文书研究》，载《西域文化研究》，3（1960 年），转载于他的《中国法制史考证》（东京，1963 年），第 223—345 页。

② 见崔瑞德《对商业课税的一种儒家观点：703 年的崔融奏疏》，载《东方和非洲研究学院学报》，36.2（1973 年），第 429—445 页。

③ 关于默啜，见勒内·吉罗《突厥帝国：骨咄罗、默啜和默棘连诸汗（680—734 年）的统治》（巴黎，1960 年），特别是第 49 页以后；勒纳·格罗塞：《草原帝国》（巴黎，1948 年），第 155—158 页；诺亚米·沃尔福德的英译本，第 107—110 页。

④ 《资治通鉴》卷 206，第 6539 页。

并入松漠都护府以来，一直平静无事。① 契丹人在这里享受很大程度的自治，他们之中的李尽忠和孙万荣升任很高的职务。但他们在中国官员的管辖下并不是一贯走运的，这时的中国都护是一个冷酷和傲慢的人，在此地不久前的一次饥荒中，他没有提供救济物资，并"视酋长如奴仆"。② 他们便举兵叛乱，在一周内两名首领武装了数万人。官方的反应是迅速的。28 名将领率领数目不详的军队奉命征剿，但在今北京附近的第一次大战斗中几乎全军覆没。这次战败是一大震动，它的规模造成了危急局势。次月，一份诏令提出大赦和重赏那些愿意参军的罪犯或私人奴隶，这一提议是如此异乎寻常，以致她的一名官员气吁吁地说它有损国基。同月，当契丹人在今北京周围地区筑垒自固时，突厥人侵入今甘肃的凉州，仍占领陇右的吐蕃利用这一局势要求中国军队从"四镇"撤出。

武后很少因她的对外政策而受到称赞，但在这次危机中她表现出的冷静和果断完全值得赞赏。郭元振使她相信，论族在吐蕃人中日益不得人心，于是她顺应时势，派使者前往就和亲和交换领土进行谈判，而使者的真正目的是挑拨离间。默啜因地位稳固而要求优遇，他的野心提供了解决问题的钥匙。这个突厥人一定很熟悉中国的宫廷政治，因为他在以前已经提出，如果武后愿将她女儿太平公主嫁给他并收他为养子，他就攻打契丹。这时武后答应考虑这些条件，同时又颁发了承认他为可汗和封他为帝国将领的证明。默啜把这些荣誉视作受宠遇的标志，于是利用李尽忠之死进攻契丹的基地，并带走了不在那里的领袖的家属和生活用品。这引起了意想不到的后果，即促使契丹人南下侵入中国；同月，他们新联合的军队抵达营州边界，在冬季被阻。据史书记载，"河北震动"；③ 但即使如此，人民拒绝了契丹人要他们参加废黜武后的圣战的号召。

697 年在阴郁的气氛下开始。默啜已变得不耐烦了，于是又开始

---

① 《旧唐书》卷 199 下，第 5350 页。
② 《资治通鉴》卷 205，第 6505 页。
③ 同上书，第 6510 页。

掠夺中国的边境诸州。同时，一个与名门望族有关系的刺史刘思礼被一个术士的夸夸其谈的预言所惑，组织了一次夺取皇位的阴谋。他吸收了一批京师官员，但在他们能够行动前，此事被泄露。全神贯注于契丹威胁的武后已不能容忍，便让到处插手的来俊臣去对付这些密谋者。正好来俊臣一直在等待这一机会，于是大搞扩大化，株连无辜。受害者"凡三十六家，皆海内名士……皆族诛之，亲党连坐流窜者千余人"。[①] 朝廷又被猜疑和恐惧的气氛所笼罩。

约在这时，同父异母弟兄张易之和张昌宗这两个重要人物的出现又增添了新的内容。这两个美貌青年"皆傅粉施朱，衣锦绣袍"，[②] 靠与太平公主和被认为与武后本人通奸而得宠，从而平步青云。[③] 虽然武后年约 70，但据史籍记载，她善自涂泽，以致"左右不觉其衰"。可能在这时使她长出新齿和新眉的自然精力和春药，增加了朝廷中关于他们关系性质的谣传的可信性。[④] 张氏弟兄的权势迅速超越了一切；据说甚至武氏的子弟也"争执鞭辔"。[⑤] 697 年初期，武周朝廷出现了种种不正常的现象：来俊臣和二张都为了自己的目的威胁其他官员；武后在考虑已用了 870 吨青铜的九鼎的镀金问题；而同时契丹则势如破竹地进入现在的北京地区。

这时朝廷被默啜的新要求所震惊而要考虑现实了，他的要求是：割让单于大都护府和遣返以前在帝国内六个州定居的突厥人。在随之而来的朝廷的一次大辩论中，武后开始时倾向于李峤和田归道的"强硬路线"，但契丹的威胁迫使她支持绥靖派。[⑥] 她勉强送给默啜大量贿赂，并答应皇族联姻，以期至少暂时使他得到满足。随着夏季的即

① 《资治通鉴》卷 206，第 6513 页。
② 《旧唐书》卷 78，第 7 页。
③ 关于张氏兄弟的传记，见《旧唐书》卷 78，第 2706—2708 页；《新唐书》卷 104，第 4014—4016 页。
④ 《资治通鉴》卷 205，第 6487 页；卷 206，第 6539 页。武后与张氏弟兄之间关系的确切性质在同时代的史料中叙述也不完全明确。但《旧唐书》（卷 78，第 2706—2707 页）所引朱敬则的奏议清楚地说明这种关系是公开的丑闻。
⑤ 《旧唐书》卷 78，第 2706 页；《资治通鉴》卷 206，第 6514 页。
⑥ 《资治通鉴》卷 206，第 6516 页。

将来临，她派两支大军（其中一支兵力 20 万）征讨契丹，这时形势发生了变化。只有很少中国人参加了叛乱；契丹的首领因一次外交的错误而与默啜疏远，而且他的基地也已断送给突厥人。这个消息传到了已与中国人交战的叛军那里；当非契丹族部落民哗变时，士气低落的军队崩溃了。那些在溃退中免遭杀戮的人逃到吐蕃人那里避难。契丹叛乱终于被平息，但这是在耗费大量人力财力和河北大部分地区遭到破坏的情况下取得的。

武后的成功又使政治气氛缓和下来。来俊臣第一个消失，他的下台是自食其果。他权欲熏心，竟同时指控李氏和武氏两个皇室成员都在搞阴谋。太平公主的狡诈几乎不亚于她母亲，她领导被控者进行反指控，并且进行得相当妥善，以致武后最后被迫同意将来俊臣处决。整个京师为他的死而庆贺，甚至在暴民将他的尸体撕成碎块时，官员们就开始上报他的种种不公正的行为。武后终于相信，首先她承认自己已经受骗，诚恳地答应结束恐怖统治。这次她决意这样做，以狄仁杰和吉顼为首的大臣们迅速行动，立刻提出继位这一微妙问题。698年阴历三月，中宗及其韦后从他们的流放地被召至洛阳。武后已决定帝国将再次由李氏家族来继承。

这一决定使武氏利益集团深为失望。据说武承嗣不久因懊恼而死，但不是在他目睹其子武延秀去与默啜之女结婚这一不光彩的场面之前。正统的官员们惶惶不安地抗议，其中一个最直言不讳的官员说道："自古未有中国亲王娶夷狄女者。"这个批评者张柬之被贬至遥远的边境区，直至 704 年才回来领导一次复辟政变。对武后来说，派侄孙前往突厥的行动证明是一次严重的失策。精明的默啜当时已认清武后无意答应他的几个主要要求，于是利用这个亲王的来临作为借口，以便用武力来实现这些要求。他以侮蔑性的公函对朝廷猛烈攻击，抱怨所收礼物的质量低劣，他嘲笑与武氏联姻的想法，因为他认为武氏是小姓，不如自己的门第。他最后说："我突厥世受李氏恩，闻李氏尽灭，唯两儿在，我今将兵辅立之。"[1] 698 年秋，他率军沿契丹正西

---

[1] 《资治通鉴》卷 206，第 6530—6531 页。

面的一条路线，穿过耗尽元气的河北入侵中国。武后设法唤起全帝国进行另一次大行动，征募了一支三部分组成的、估计达 45 万人的军队。当这次大军也不足以阻止机动的夷狄时，唯一的解决办法似乎只有征募更多的人。这次人民抵制了。连续的征兵总共只招到 1000 人，武后最后被迫打出王牌。在一片引人注意的吹擂声中，中宗被宣布为太子和河北几支军队的统帅。史籍可能夸大其词地记载说，5 万人立刻响应这一号召，在同年阴历九月末，狄仁杰能够率领一支 10 万人的军队奔赴战场。随着军队的到达，默啜撤退了；他带着 40 万大军忙于为自己扩大在长城以北的草原上的势力。司马光黯然指出，“西北诸夷皆附之，甚有轻中国之心。”[1] 在 10 年内，他控制了从满洲边境直至伊犁河流域的整个亚洲腹地。

这正是死里逃生，但武后除了在河北和河南建立专门的常备军外，没有采取防止危机再发生的措施。其原因有以下几个：最明显的是，朝廷一致力求结束代价高昂的远征和干涉主义的对外政策，同时一致支持狄仁杰的“以夷制夷”的政策。其次，武后在 699 年初期的一场大病后，似乎满足于吃老本和享乐了。最后，边境的威胁开始迅速减少。当年夏季，吐蕃的幼王终于行使他的王权，对论族及其支持者进行打击并打败了他们，杀死了数千人。虽然内讧削弱了吐蕃人的力量，但他们在次年仍对中国大举进攻。结果证明是一场灾难。唐休璟将军在六次大战中打败了他们，使他们溃不成军。武后然后命郭元振掌管陇右道的凉州这一战略中心，他与继任的唐休璟在那里干练地治理了 10 年，扩大和加固了中国的领土，赢得了吐蕃人的尊敬，并给这一地区带来了很大的繁荣。702 年，吐蕃人恢复对中国的朝贡，并要求和亲。不久，吐蕃与它属下的民族的内部纠纷、幼王的死亡和 7 岁的统治者的登基，确保了又一个安定的时期。

直到 702 年春季，中国才听到有关致力于建立对西突厥人统治的默啜的消息，当时他率领一支大军沿传统的突厥入侵路线侵入北都（即太原）的周围。正当组织反攻时，他又撤军；次年夏季，他要求

---

[1]　《资治通鉴》卷 206，第 6535 页。

将他女儿嫁给皇太子的一个儿子。这个要求当然被拒绝，但有迹象表明，对一个地位不重要的公主的婚姻是做了某种安排的。703年，中国人在托克玛克（碎叶）沦于西突厥人之手后被迫再度改组安西都护府。但默啜在鸣沙（今宁夏南部的中卫附近）最后一次大胜中国人后，不再在中国制造麻烦。他不断忙于对付其附属部落的起义，直到716年他在远征北拔野古人时死去为止。

武周朝廷的最后几年被张氏兄弟所左右，也被官僚集团企图推翻他们的种种活动所支配。特别在700年狄仁杰死后，武后是如此迷恋她的两个面首，对他们真是有求必应。以前十分罕见的包庇和腐化当时变得很普遍，武后的名望也随之下降。699年，她为二张设置新的机构控鹤府，以使他们的地位合法化——鹤是道家仙人常用的交通工具。虽然设置的公开目的是提供有才华的文件草稿和文学作品汇编，但它很快就堕落为类似男性后宫的场所——如果朱敬则的奏疏可信的话。[①] 到700年年中，它已变成了一个制造闹宴、赌博、酗酒、反常勾当和荒诞行径的丑闻的地方，又是以后几个世纪富有想像力的小说家们取得素材的富矿。武后尽管健康状况日趋不佳，却经常出席，虽然她越来越在京师外约60英里的三阳宫寻求更省力的娱乐。

她没有采取约束这些宠幸小人的行动，甚至当关于他们卖官鬻爵的行径、浮华炫耀的生活作风以及灾难性的干政的怨言不绝于耳时也是如此。在受到整个官僚集团痛恨的情况下，二张竟然还疏远了武氏和李氏家族；对前者，他们主张让李氏成员继位，对后者，他们告发了中宗的两个子女，即他的长女和他与韦后所生的独生子，两个人因批评二张而付出了生命的代价。但这也使二张失去了在他们的女皇保护人死后生存下来的唯一机会。与两个具有最高地位的家族中的一个联合也许可以拯救他们，但他们反而愚蠢地把自己孤立起来。

这一家庭悲剧发生后不久，在701年冬季，武后返回长安，准备

---

① 《资治通鉴》卷206，第6538、6546—6547页；《旧唐书》卷78，第2706—2707页。其名称可能来自武后的信念，即张昌宗是再生的王子晋（即王子乔），后者是道教的神仙，据说他骑白鹤升天。

在那里住两年。史籍均未说明原因,也许这是出于健康的缘故。这更可能是象征性的迁移,打算表示帝国不久将重归于唐室。她在长安颁发文告,以终止所有反对她的叛乱者的危险处境,并且为有一个成员犯罪的家庭恢复已被剥夺的政治权力。迁移的最后一个目的可能是要减轻在洛阳积聚的反对她所宠幸的人的压力。最后一点,她失败了。

二张的主要敌人是一个名魏元忠的直言不讳的元老政治家,在他多事的生涯中,他已经遭受多次关押和流放。他或是通过二张的奴仆,或是通过一个弟弟,或是直接向武后抱怨,曾经几次打击二张,并已随朝廷前往长安。二张怀疑他的用心,当703年年中他们的女皇保护人患重病时,他们决定先对他进行打击。[1] 他们无中生有地指控他主张武后退位;同年阴历九月,唐代最有名的一次审讯开始了。整个朝廷全力证明魏元忠无罪,但只有当后来成为玄宗最杰出的大臣之一的张说改变作伪证的主意时,指控才表明是绝对虚假的。

但是武后决定压制正义和为她宠爱的人挽回面子,为此她把魏元忠和张说二人都发配到南方,这就使她威信扫地。这一如此不符合她性格的行动可能决定了她的命运。高级官员看到了二张权势炙手可热的程度,同时也认识到打倒他们的必要性,否则他们自己的命运就会被或真或假的临终遗诏所决定。有的官员走得更远。如果不能把专擅武后宠爱的两个可鄙的宠物打倒,那么武后本人必须下台。阴历十月初期,朝廷返回洛阳。

在这时,武后最后显示了她的干劲,她通过放弃建造一座昂贵的佛像、撤换一批贪官和在岭南发生严重抗议后提高道的行政级别的为时已晚的努力,在一定程度上恢复了她的衰退中的威望。但她的所作所为都不能掩盖二张的问题。她经常生病,只有二张能进入她的内寝,同时粗暴地打发一些失望的大臣们离开。在秋季,张昌宗在一次对他家族的几个次要成员受贿的指控中受到牵连,尽管他明显地有罪,却只处以轻微的罚金。朝廷再次为之震动。部分地为了进行安

---

[1] 对魏元忠审讯的主要记述载《资治通鉴》卷207,第6563页以后。菲茨杰拉德的《武后》(第174—177页)有英译文。更详细的情况见各参与者的传记。

抚，武后把既忠于唐、又有声望又干练的张柬之提升为宰相。张此时已 80 岁，他的漫长生涯中的大部分时间是在半失宠的情况下在京师外度过的，并且他策划倒武后的活动已进行了相当的时间。只有他最亲密的几个心腹才知道他的计划已进行得很顺利，而大部分官员继续把攻击矛头针对二张，试图以合法手段把他们消灭。704 年阴历十二月，他们指控张昌宗犯有叛国重罪，当连武后"控制"的法庭也不能开脱他时，她就采取了特恕的办法。反对派这时才认识到武力是唯一的出路。在 705 年正月后期，他们行动了。主要的密谋者张柬之、崔玄㬱、敬晖、桓彦范和袁恕已把身不由己的中宗哄劝出东宫，并带了500 名御林军进入玄武门。[1] 他们在庭院内遇见张氏弟兄，把他们就地处决。在他们进入皇宫前，披头散发和狂怒的武后挡住了他们的去路。她迅速了解局势后，就以轻蔑的字眼对颤抖的儿子和其他密谋者讲话。然后她返回卧床，她半个世纪的权力到此结束。

中宗和睿宗，705—712 年

从各方面的观点看，唐代中兴的第一个 10 年是令人沮丧的。武周末年因贪污和行政普遍废弛而号召的彻底改革干脆没有进行。相反，这几年出现的只是在日益恶化的财政和行政局势下展开的激烈的权力斗争。除了那些想在暴政中寻找客观教训的人外，传统的历史学家普遍不注意这一时期。

但是，近来已有人企图论证这一时期具有更重要的历史意义。有一篇这样的文章，它确定了三个与皇帝争权的集团。[2] 它们是受宠的

---

[1] 这支可追溯至唐朝初期的部队在 622 年已被名为御林军；见《唐六典》卷 25，第 20 页。戴何都：《〈新唐书〉百官志、兵志译注》，第 556、833—835 页。它的成员一般与皇帝有某种私人关系；从他们的社会排他性看，卫士们似乎已表现出一定程度的政治觉悟。陈寅恪的《唐代政治史述论稿》（第 39 页以后，再版本第 143 页以后）提出在玄宗以前他们为什么是每次政变的决定性因素的种种原因。

[2] 见谷川道雄《从武后末年到玄宗初年的政争——对贵族制研究的一个看法》，载《东洋史研究》，14.4（1956 年），第 54—60 页。

大臣、皇室和外戚。从中宗登基起,后两个集团特别活跃,它们的自我扩张和结党的企图与前一世纪的行政传统是那样背道而驰,以致它们的活动把行政搞得一团糟。在它们争夺权力的过程中,它们的成员各自建署开府,出售员外官和书吏的委任令,同时大大地增加它们控制的"封邑户"和收入。它们的行动损害了迄今受到尊敬的文人阶级的利益,他们被迫搞裙带关系和靠谄媚求得提升;并为庶民阶级的兴起提供了动力,他们这时可以通过捐纳进入官场,而不用再熬过漫长的科举考试过程。商人和地主是最大的受益者。

史料的性质显示这类分析具有很大的暂时性,但这一时期的简短的年表至少能显示为什么会作出这些推断。

在中兴时期,两个主要人物是中宗的韦后和她的面首,即被废黜的武后的小侄子武三思。韦后是一个淫荡和有野心的女人,据一种史籍记载,她之所以能完全驾驭丈夫,是因为他要感谢在流放期间她给予的支持;据说他曾答应,一旦他复位,就把全部权力给她。①通过成为她的面首,无耻的武三思在他姑母倒台后仍能幸存下来,并且施展与中宗朝的心腹谋士上官婉儿同样的才能,从而进一步加强了他在新秩序中的地位。上官婉儿是诗人兼官员上官仪的孙女;上官仪在664年参与了废黜武后的阴谋,结果不但自己被杀,而且使全家沦为奴隶。上官婉儿就这样开始了在宫中当奴婢的生活,但她凭借真正的本事,升到了类似武后私人秘书的地位,约从698年起,起草了许多武后的官方文件。由于她的经验和才智,她被推荐给新主子,名义上被封为昭容,不过她的作用是顾问和秘书性质的。此党的最后一个成员是21岁的安乐公主。由于她生于去房州的途中,又是韦后的唯一活下来的子女,所以中宗对她非常溺爱。705年,她嫁给武三思之子武崇训。

这是一个重要的联盟,它巩固了帝国最大的两个家族的关系;更重要的是它助长了武三思的得意的诡计。在为自己取得最高权力的野心的推动下,他已设想出一个大胆的计划,即在开始时通过他儿媳进

---

① 《旧唐书》卷51,第2171—2172页;《资治通鉴》卷208,第6584—6585页。

行统治；所以在完婚后他就立刻开始促进任命她为皇储的活动！以前从没有人提出这样的建议，朝廷为之愕然。尽管不久前已有妇女统治的传统，但被任性的公主称之为"山东木强田舍汉"[①]的魏元忠纠集大批支持者阻止了这个计划，所以暂时保住了中宗与一妃子所生的次子（原文如此。——译者）、当时的继任者李重俊的地位。计划的这一折挫没有吓倒武三思，但却使他知道，强有力的大臣们仍可能是一个危险。为了阻止任何进一步的对抗，他决定对整个官僚集团进行恫吓；为了达到这一目的，他狠狠地打击了最有威望的官员，即复辟政变中的5个带头人。他们之所以成为自然目标，不但因为他们是宰相和全国的英雄，而且还由于他们曾经企图抑制武氏家族的腐化和滥施封赏。通过韦后，武三思在705年先把5人提升为显赫但无实权的王，到同年年底，把他们贬谪到远离京师之地的借口也被找到了。年迈的武后看到她侄子如此迅速地占了绝对上风并且准备重新实施她以前的某些措施，她一定会面露笑容的吧。她宽厚地原谅了她的敌人并放弃了皇帝的头衔，在705年阴历十一月死去。她的谥号为则天。

武三思继续推行他的阴谋。朝廷中剩下的在威望上可与自己相比的人物是前帝睿宗和睿宗的同胞太平公主。两人都似乎满足于不过问政治；为了保证他们继续不干政，武三思给每人10万户的巨大收入。[②] 唐制规定，接受这种实封的人，本人收取岁入的三分之二，中央政府只收三分之一。[③] 在整个这一时期，武三思及其朋友和继承者们为自己捞得了大量的封赏，因此到玄宗登基时，国家的大部分岁入，特别是富饶的河南河北地区的岁入，都落入了私人手中。[④] 封赏的大部分是非法的，因为它们都超过了唐令规定的限额，而在这种情

---

① 《资治通鉴》卷208，第6608页，《考异》。

② 《新唐书》卷83，第3651页；《唐会要》卷90，第1638页。

③ 见仁井田升《唐代的封爵及食封制》，载《东方学报》（东京），10.1（1939年），第1—64页。

④ 见《新唐书》卷118，第4264页；《文苑英华》卷609，第8—9页。这一问题以及它与当时其他弊病（如雇用大量员外）的关系，在砺波护的《隋之貌阅及唐初之食实封》（第165—178页）中有简明的论述。

况下，赏赐给公主的法定限额仅为 300 户。[1] 但没有人提出异议。两个月后，太平公主和其他六个公主获准自己开府，规模与"亲王"的府同。[2] 通过把这些职位售给出价较高的人，她们不但增加了自己的财富，而且培植了几批主要忠于她们的官员。武三思使用了同样的方法，在 706 年初任命了 2000 多名员外官；据一份史料记载，另外有1000 名宦官被任命为七品以上的官员。[3] 这些员外官的性质模糊不清，但在正统官员看来，对他们的任命是很不得人心的。当时一个道的同僚致函魏元忠，列举"十失"，并警告说，今之政府快走向灾难，因为它在科举制中受贿和贪污，因为它存在宦官和无能的官员，因为它不能阻止公主们自己开府，因为它没有抑制贵族的骄奢淫逸。[4] 魏元忠非常清醒而且感到了很大的压力，所以没有向任何人提供此信。

朝廷在 706 年冬返回长安，武三思和韦后在那里加强了拥立安乐公主为皇储的活动。处境不幸的人是中宗与另一个妃子所生的第三子李重俊。韦后及其支持者恨他，对他很不尊重。不用说，他变得越来越不安，于是在 707 年秋他决定行动。他在有经验的将领李多祚和300 名御林军的支持下进入武三思的府第，把他和他的一个儿子，即安乐公主之夫杀死。他然后转向皇宫，但在那里就不那么得手。中宗带着妻子和女儿，已设法设置路障并躲在玄武门城楼中。当这批密谋者来临时，他表现了难得出现的勇气。他戏剧性地向士兵们发出呼吁，说服他们把矛头转向其首领。李多祚当即被杀；前皇太子在到达突厥边境时才被杀。

政变的失败和武三思之死没有使政治空气发生什么变化，不过从此他那个宗派的阴谋中已没有他那种精心安排的特点了。当新寡的安

---

[1] 《唐会要》卷 5，第 51 页；《新唐书》卷 83，第 3650 页。

[2] 一个公主只有资格设立一个管理其实封收入的机构。王公不但有大得多的实封管理机构，而且有一批老师、一个大的王府管理机构和一大批个人护卫及宫廷禁卫。见戴何都《〈新唐书〉百官志、兵志译注》，第 629—645 页。

[3] 《资治通鉴》卷 208，第 6601 页。关于员外官，任命的确切性质现在仍是一个问题。砺波护在《隋之貌阅及唐初之食实封》第 172 页以后对不同的论点进行了讨论。

[4] 《资治通鉴》卷 208，第 6601 页。此信为其他情况不详的官员袁楚客所写。

乐公主几乎立刻开始与刚回国的武延秀发生不体面的乱伦之事时，整个朝廷为之震惊。事情似乎是，他在默啜和北突厥人那里逗留期间习染的"夷狄"外貌和习惯使她着了迷。他们在 708 年的婚礼是如此浪费，以致大部分官员推测安乐公主已被内定继位，于是有的人退居幕后搞反对活动，有的人则竞相向她献媚。政府一片混乱，由于安乐公主愚蠢地企图诽谤睿宗和太平公主，隐藏着的紧张根源已经露头。707 年，他们轻易地洗清了自己，但安乐公主却愚蠢地破坏了武三思政策的精髓，即不疏远太平公主。

　　707 年到 710 年的时期主要处于令人不安的休战状态。韦后和她的女儿分享攫取的权力；前者的面首连续不断，后者在一个与她志趣相投的妇女小集团的参与下，通过出售委任状和所谓的斜封官来增加自己的财富。[①] 任何社会地位的人付 3000 钱就能度为僧尼，付此数的 10 倍就能成为一个公主府第的官员。需要的人很多，因为这两种职位的特权包括劳役和主要税赋的豁免，从而为富商和地主提供晋升的绝好机会。几位公主和她们的朋友因为攫取京师周围的土地和竞相建造豪华的别墅，所以很不得人心。她们使河流改道，破坏农业，还取穷人的子女为奴隶。上官婉儿是引人注目的，她是主持选拔应试士子的第一个妇女。可以预料，她所喜爱的是像崔湜那样文才优于行政能力的人。她创设了一个新的文学学院，还主持了一个铺张的社交性集会，文章比赛的优胜者在那里可以得到金、帛的奖赏；[②] 她与朝廷的其他人一起，在佛教的建筑上浪费了大量钱财。一名正直的官员韦嗣立告诫说，虽然民力耗尽，粮仓空虚，但新寺庙却不断出现，小庙花三五万钱，大庙则高达数百万钱。[③] 他的抗议连同其他同样的意见

---

① 这些弊端及文中随即谈到的弊病，在《资治通鉴》（卷 209，第 6623—6625 页）中有详细的描述。看来，任命斜封官的证书没有通过门下省和中书省，见《资治通鉴》卷 209，第 6625 页。关于对佛教建筑的赞助，见雅克·热内《五到十世纪中国社会中佛教的经济面貌》（西贡，1956 年），第 281 页。

② 《资治通鉴》卷 209，第 6622 页。

③ 《旧唐书》卷 88，第 2870 页。这份在 709 年春递呈的奏疏全文载于《全唐文》卷 236，第 6—8 页。

都被置之不理。即使没有卖官鬻爵的事，官僚集团的扩大也是突出的。各种史料没有作出真正的估计，只说两京通过科举的人达“数万人”。一名官员对任命的大批员外官深为厌恶，他上疏抱怨说，“金银不供其印，束帛不充于锡”。① 官场中的贪污如此盛行，以致当一个大胆的官员免除 1400 名持有非法委任状的人之职务时，他竟受到同僚的排斥。正规的政府官署不得不与许多与之竞争的政治集团分享权力，而拥有正式的和非常任命的官员的人数之多达到了令人反感的程度。② 但还有一些人等待了多年，才靠行贿、公开购买或偶尔靠自己本事谋求到了职位。

政治生活似乎已到了极度消沉的时刻，但事态还在发展。太平公主永远不会宽恕韦党想消灭她的背叛行径，已稳步地在培植支持她的力量，在此同时她还扩大了对她同胞睿宗的影响。约从 709 年年中起，她还开始引起她的另一个同胞兄弟中宗对他妻、女的不正当行为的怀疑；到 710 年初期，中宗公开流露了他的不满。韦后开始为自己的地位担忧了。阴历六月，皇帝突然死去；据一些历史学家说，他是被他妻子或女儿在他喜爱的糕点中下的毒所害。③ 这一指控并无实据，但韦后确实隐瞒了他的死亡。直到她命自己的亲戚担任关键的军职和把中宗仅存的 15 岁的儿子李重茂扶上皇位时为止。他即将统治两个星期。

废黜他的政变的成功通常归功于未来的玄宗李隆基，原因与唐之建立归功于太宗相似。④ 与他祖父一样，玄宗也亲自插手干预了他这一时期的历史，以确保任何史料都不能与这种官方解释有矛盾。但种种事实却暗示了不同的解释。阴历六月十二日晚，李隆基及其少数追随者（包括太平公主之子）再次把玄武门的禁军争取过来，杀死了韦党首领，强行闯入宫内。仓皇出逃的韦后、正在打扮的安乐公主和想

---

① 《资治通鉴》卷 209，第 6624 页；《旧唐书》卷 101，第 3155 页。
② 《资治通鉴》卷 209，第 6633 页。
③ 《资治通鉴》卷 209，第 6641—6642 页；《旧唐书》卷 51，第 2174 页。
④ 见第三章 H. J. 韦克斯勒的论述。

改投主子的易变的上官婉儿被杀。这是一次顺利的行动，但它需要钱和权力。25岁的李隆基则两样都没有；他当时任卫尉少卿，作为睿宗与一个妃子所生的第三子，他是没有前程的。政变显然是太平公主策划的；如果还有任何怀疑的话，两天以后，这类怀疑就烟消云散了。她傲慢地打断了一次朝觐，把年轻的皇帝拉下皇位，并把睿宗召来。睿宗也许是在真正勉强心情下再次进行统治的，而实权却转到了武后女儿的手中。没有人敢抗议。

有一个时期，太平公主似乎将步她母亲篡位的后尘。她的宠臣被安插在国家最高级的岗位；未得她首先批准，睿宗甚至拒绝考虑任何措施。"公主所欲，上无不听。自宰相以下，进退系其一言……趋附者门庭如市。"[1]

只有一件事太平公主没有成功。她预期体弱的同胞会长期统治，所以没有插手立嗣之事。人选为睿宗的有合法权利的长子李成器和李隆基二人，后者因领导政变有功而成为候选人。睿宗犹豫不定，但已在敦促李隆基登位的某些大臣的呼吁，再加上其长子的无私，使他不必作出困难的决定。710年阴历六月，未来的玄宗成了皇太子。没有关于太平公主反对这一立储的记载，但不出几个月，她发起了一场诋毁他的阴险的运动。她抱敌对态度的原因不详，也许是因为他表现得过于能干了。几乎从他任皇太子时起，有独立精神的高级官员似乎有了信心。诸公主府的官属被取消；唐休璟和张仁愿等忠于唐朝的有威望官员又控制了关键的军职；当时最受人称道的宋璟和姚元之正在处理科举制中的积弊，取得的成就使"当时翕然以为复有贞观永徽之风"。[2] 当他们罢了数千名斜封官的官职和削减中试的名额80％时，睿宗支持他们的努力。皇太子本人一直未被人注意，但他的声望日隆，同时对太平公主的攻击也随之与日俱增。他的日益扩大的支持者队伍力促他采取反对她的行动；虽然他非常了解她权势的范围，不能鲁莽行事，但他几个朋友的热情几乎毁了他。宋璟和姚元之擅自行

---

① 《资治通鉴》卷209，第6651页。
② 同上书，第6652页。

动,说服睿宗把太平公主派出京师,以结束家庭的争端。他勉强同意暂时将她流放,于是她就居住在濮州的附近,但她的势力几乎没有缩小。皇太子知道她把自己的放逐归咎于他,所以经常担心报复。在一次企图使她息怒的行动中,他要求将自己的盟友宋、姚二人分别贬逐到外地。她立刻抓住这一机会,以自己的人去取代他们,《资治通鉴》对此后的种种事件作了简明的叙述。斜封的官职被恢复,"自是纲纪紊乱,复如景龙之世矣"。[①] 711年晚秋,已经打算放弃皇太子之位的李隆基完全投降,请求将她姑母召回京师。她同意回京,在几个月中,7个宰相中就有5个是她的人了。

睿宗对事态的这些发展不是视而不见的,并且日益有所醒悟。在712年,他因自己不能控制局势而精神受着折磨,到了仲夏,苍天以一颗明亮的彗星来示警。皇帝觉得这一迹象有其用意,当宫廷的占星术士证实了他的解释时,他宣布了让位于儿子的决心。这时太平公主强烈反对,但无济于事。她设法强行达成一个妥协,即睿宗成为"太上皇",保持任命高级官员和决定死刑的控制权;但在同年阴历八月,玄宗登上皇位。

这时,轮到太平公主焦虑不安了。她的权力仍极大,控制着大部分的文武官员。[②] 但她在新帝统治下,很难期望无限期地保持有利于她的平衡。她的支持者经常敦促她对他采取行动。最后,她抛弃了以往行之有效的忍耐和谨慎,求助于毒药,但玄宗防卫严密,逃脱了毒手,但他非常清楚,太平公主一人应对此负责。一直是可望而不可即的和解这时是不可能取得了。

713年夏季,她被迫企图发动一次武装政变。她以一贯的谨慎拟定了计划;如果她是男子,能够亲自执行计划,她很可能成功。相反,她必须依赖别人,而玄宗则通过其中一人得到了警报。阴历七月初,正好在实行密谋的前一天,他冷静地逮捕了几个首犯,在武德殿把他们斩首。三天后,公主本人在她的府第被赐死。她的死亡可以被

---

① 《资治通鉴》卷210,第6664页。
② 同上书,第6682页。

恰当地视为一个时代的结束。以后再也没有这样多的妇女如此长期地影响中国的政治生活了。

这一时期的回顾

中国传统历史学对 684—705 年这一时期的态度可以用宋代史学家袁枢作为最鲜明的代表，他称它为"武韦之祸"。[1] 前面已经提到这种说法的某些理由，很少近代的史学家会不同意这种说法适用于韦后的时代。但作为对武后统治时的描述，这就有欠公道了。

首先，它忽视了她篡位前的成就的意义。武后掌权的中国，王朝通常不过延续两三代；通过应用并扩大控制和集权的手段，她成功地形成了有生命力的和长期持久的统一。在一生的大部分时间，她尊重合法继承的威信；她的夺取皇位，从流血和破坏的角度来衡量，在所有的改朝换代中是最不激烈的一次。它把国家从更糟的境遇中拯救出来，当然，这点是可以争辩的。

其次，袁枢的观点有严重的偏见。几乎与所有的传统历史学家的观点一样，它因与士大夫的看法和价值观完全一样而大为逊色。[2] 对他来说，历史是说教的，他的目的是要使未来的统治者相信，武后对大臣们的专断是"灾难性"的。但是没有确切的证据能证明，在她统治的最后几年之前，政府受到她统治作风的危害。太宗官僚集团中特有的集体精神被破坏，但即使对这一批评也应抱保留态度。上层的官员被严厉地抑制，他们的特权也受到限制；但在低级官员中，他们的社会背景和地域背景比以往远为广泛，而且晋升的面也更大。在整个唐代，各种考试只提供了全部官僚集团中约 10% 的人，但只根据这一基数而低估它们的重要性则是错误的。它们——特别是进士考

---

① 见袁枢《通鉴纪事本末》（国学集体丛书本），第 178 页。

② 关于这一问题的清楚明了的讨论，见白乐日《作为功利主义官僚的指南的历史》，载 W.G. 比斯利、浦立本合编《中国和日本的历史学家》（伦敦，1961 年），第 78—94 页；芮沃寿编：《中国的文明和官僚》（纽黑文，1964 年），第 129—149 页有此文的英译文。

试——的威望是很高的，功名的取得正迅速变成取得最高官职的标准资格。[1] 标志之一是，有功名的宰相的比率从高祖时的 7％上升至太宗时的 23％，上升至高宗和武后时的 35％，上升至武周朝的 40％。此外，科举制可作为一种重要象征。对一切有资格参加的人来说，特别对提供大部分中试者的低级贵族来说，它就是提高社会和经济地位的关键。[2] 对高级贵族来说，它是保持他们地位的最重要的手段。它推动了这两个集团的官僚化和城市化，因此它在削弱它们以前那些地方的、离心倾向的特征方面起了重要作用。最后，考试普遍地促进了文学和教育。准备考试的人远远多于通过考试的人，有资格当官的人远远多于当官的人，在 686—689 年期间，当时的魏玄同估计，有资格当官的人的十分之一成功地取得了官职。[3] 这样，就留下了大批可用于地方一级教育和行政方面的尚无官守的候补者。

武后统治的许多非儒家特征也有助于造成她在历史中的坏名声。经典的儒家哲学包括许多反对妇女参政的禁令和同样多的反对妇女篡位的禁令。武后之所以受谴责，不但是出于这些原因，而且还由于她溺爱佛教，延长服母丧的时间使之同于服父丧的时间以提高妇女的地位，和派男"新娘"前往突厥。她的扩张主义的对外政策同样是非儒家的。当时针对她的军事冒险所作的劝谏几乎无不提到经典中反对耗费国库民力的告诫，或是把所谓的"浮逃户"这类问题归咎于远征。这种意见有对的一面，但也有一定程度的夸大。近世的研究指出，为了逃避税役而躲避登记的家庭在武后时期只限于少数边缘地区，到以后几朝才扩大到中国内地。[4] 另外，远征的军费必须比照不很明显的长期效益来衡量。国内经济的促进、技术和艺术的交流、贸易的增长和引导剩余精力向外发展等成就只是这些比照的几个方面。

---

[1]　见陈登原《国史旧闻》（北京，1958 年），第 117 页以后；岑仲勉的《隋唐史》（北京，1957 年）在第 181 页以后论述了各种考试的声望。

[2]　所有的"新"官员，甚至那些被任命担任朝廷最受尊敬和最负责的"清望"官职的人，绝不是都有高尚的道德情操；见《唐会要》卷 67，第 1131 页。

[3]　《通典》卷 17，第 94 页。

[4]　例如见中川学《唐宋客户研究》，载《东洋学报》，46.2（1963 年），第 97—110 页。

最后，必须记住，传统历史学家的种种评价很少注意群众的境况。在武后时期，府兵制负担较轻和远离外来入侵路线的农村地区是安定和繁荣的。① 农村没有出现动乱，两次叛乱运动也都没有得到支持，这就提醒人们，农民的生活秩序比抱敌对态度的历史学家经常断言的更为良好。在人民中间，武后甚至可能是得人心的。近来在四川出土的一块可能是 10 世纪的石碑写道：“其间以水旱灾沴之事，为军民祈祷于〔武〕天后之庙者，无不响应。”只有很少的中国统治者，其生日能像武后的生日那样在每年的一个农村节日中被人纪念至今！②

在消极的一面，武后统治的最后几年每况愈下。她的统治是高度独断的，以致当她失去控制时，行政结构立刻开始出现裂痕。她不但对此视而不见，而且不能以她一贯的无情手段为后来者提供什么根基。她的被废黜留下了一个让几个平庸的竞争者没法填补的真空；在统治集团内部随之产生的冲突中，衰落越来越快。冲突不限于在皇帝同皇室成员结成的党派和外戚结成的党派之中进行，而且还存在于官僚集团内部。

在武后统治的整个时期，贵族通过诸如排外性的内部联姻的手段成功地维护了自己的社会声望，并且为了维护自己的利益，已与通过科举制发迹的“新”人在官场中日益严重的侵犯进行斗争。通过在吏部和门下省保持高度的控制，他们已经为唐代中兴时预期的贵族复兴准备好了一切。③ 武后曾经反对这一集团，而支持地位较低的地方精英集团，并且帮助其中许多人担任高级职务。但是到了后来，主要反对她并导致她被废黜的，却正是这些受过她恩宠的人，这就显得矛盾了。原因有几个，而最重要的原因之一是上面提到的官僚冲突的存

---

① 关于府兵部队的分布，见菊池英夫《关于唐折冲府分布问题的一个解释》，载《东洋史研究》，27.2（1968 年），第 1—31 页。浦立本著《安禄山之乱的背景》有府兵分布的地图。一般地说，华中、华南和东部平原的部分地区没有府兵的负担。

② 武后得人心的上述这些迹象被郭沫若著《武则天》（第 135—137 页和 154—155 页）所引。郭沫若企图证明武后生在四川，比传统的日期晚几年，但说服力不强。

③ 见筑山治三郎《唐代政治制度研究》（大阪，1967 年），第 78 页以后。

在。官僚们自己正在受到武后的"酷"吏和那些在她最后年代通过不正当手段进入官僚集团的人的挑战。员外和斜封官人数的增加、在连续两个统治时代中由于妇女擅权而造成的官僚宗派的形成，使一个原已严重的问题更趋严重。韦后和太平公主的垮台和对她们所支持的弊病的改革，使玄宗赢得了一个重新统一的官僚集体的支持。他准备很好地使用这个官僚集体。

第 七 章

玄宗(712—756 年在位)

　　唐代诸君主中在位期最长的玄宗帝是一位非常能干的统治者，王朝经过了几十年的篡位、权力衰落和政治腐败的苦难，他又使它的力量达到了新的高峰。[1] 对生活在他退位以后苦难动荡的几十年的中国人来说，他的执政期代表着一个已失去光辉的黄金时代，一个政绩彪炳、安定繁荣和在国内外同样取得成就的时期。但是他的统治以悲剧和灾难告终，这一结局主要是他自己的一些几乎摧毁这个王朝的行动和政策所造成。对在 8 世纪 50 年代后期撰写玄宗期历史的历史学者来说，他是一个悲剧中的英雄，他在执政开始时政绩显赫，但后来被野心和狂妄引入歧途，以致帝国的行政和资源过分紧张，最后以退出政务来结束他支离破碎的统治。[2]

　　但所有学者都认为，他是一个出类拔萃的统治者，他给当时的历史留下了不可磨灭的痕迹。此外，他多才多艺：他精于音律、诗文和书法，是许多艺术家和作家的庇护人。他还精通道家哲学，成了道教的主要保护人；尽管他早期的措施对佛教组织不利，但后来仍深深地沉溺于密宗佛教。作为一个普通人，他似乎与弟兄和家属都有很深的

---

[1]　这一章不断得益于两位学者的研究成果。第一位是已故的陈寅恪，他关于唐代政治的各方面的研究为近代的唐史及其制度史的工作打下了基础，他 1948 年前的作品收入《陈寅恪先生论集》（台北，1971 年），《陈寅恪先生论文集》（两卷，香港，1974 年）则收得更全。第二位为浦立本，他的《安禄山之乱的背景》（伦敦，1955 年）经过了 20 年，依然是详细记述唐代各时期的政治史中的佼佼者。在本章的后半部分，我经常取材于此名作。关于玄宗中期，佩内洛普·赫伯特的《张九龄的一生和著作》很有用（剑桥大学未发表的博士论文，1973 年，以下简称赫伯特 《张九龄》）。

[2]　崔瑞德：《柳芳：一位被遗忘的唐代史学家》，1970 年耶鲁大学中国历史学和比较历史学讨论会未发表论文。

情谊，甚至他执政时期的正式记载，也把他描绘成一个十分亲切、体贴臣属和直率多情的人。就在他去世的一代时间中，出现了大量与他名字有关的半传奇故事和民间传说，而他对杨贵妃的那种招致不幸和灾难的感情成了中国文学中一大悲剧主题和无数诗词、小说和戏剧的内容。

但他出生时并无任何继承大统的指望。[①] 李隆基在 685 年生于洛阳，为睿宗之第三子；他的父亲名为皇帝，实为傀儡，宫廷被令人生畏的武后所支配和操纵。李隆基的生母为窦氏皇后，出身于 7 世纪唐宫廷中权势很大的家族，又是睿宗的妃子。按惯例，李隆基在 687 年被封为楚王，由于他为人直率，受到武后的宠爱，但他的处境很快就恶化。688 年爆发的李氏诸王的叛乱引起了针对皇族的一系列清洗，690 年武后出于自己的利益，诱使傀儡皇帝睿宗退位而自己称帝，改国号为周。

睿宗及其诸子实际上被幽禁宫内，与世隔绝。693 年初期，两名私自朝见被废黜之帝的高级官员因这种鲁莽行动被公开处决，[②] 同年年末，睿宗的刘后和隆基的生母窦妃——两个人都出身于极有权势的家族——被武后以勾结术士，阴谋用巫术谋害她的捏造的罪名断然处死。[③] 李隆基及其弟兄都被贬爵，受到苛刻的待遇。高宗留下的长孙，即与他们同时被囚禁的李守礼，经过了半个世纪仍患有屡次挨打的后遗症。[④]

698 年，武后最后决定在她宾天之后皇位归回李氏家族。684 年在位不到两月就被废黜而让位于睿宗的逊帝中宗被指定为皇储，睿宗及其子女由于这时已更不可能继位，就被解除监禁。最初他们得到一

---

① 关于玄宗的早期生活和登位的情况，见霍华德·列维《王如何成为皇的：玄宗之即位（713—755 年）》，载《汉学杂志》，6（1958 年），第 101—121 页。其早期生活的主要材料来源载于《新唐书》卷 8，第 165—171 页。

② 《旧唐书》卷 6，第 123 页；《资治通鉴》卷 205，第 6490 页；《旧唐书》卷 186 上，第 4839—4840 页。这些记载的时间和细节有出入。

③ 《旧唐书》卷 51，第 2176 页；《资治通鉴》卷 205，第 6488 页。

④ 《旧唐书》卷 86，第 2833 页。

座洛阳的王府，701 年又迁往长安东部兴庆坊的巨宅。在 8 世纪的初年，李隆基历任右卫郎将和尚辇奉御。

705 年，年迈的武后终于被废，中宗即位。李隆基任卫尉少卿，负责管理京师的军械。708 年，他任山西东南战略要冲潞州的别驾后，仍保持卫尉少卿的职务，这一定使他在长安的兵员中拥有相当的势力。中宗时的政治局势非常紧张和动荡不安。皇帝是通过政变掌权的；707 年，中宗的三子李重俊曾发动一次未遂的叛乱；政治权力又落到宫内的韦后及其女儿安乐公主之手，在她们的把持下，贪污腐化、裙带关系和任人唯亲之风盛行。政治失修，怨声载道。

710 年李隆基及诸王被召至京师参加为全国大赦举行的南郊大祭。这时他为了积极参与政治，开始吸引随行的学者和官员。他在京师和潞州的有些追随者开始认为他可能有九五之贵。[①]

他的机会来临之快远远出于他的预料。710 年阴历六月，韦后由于担心她的地位受威胁，将中宗毒死，并伪造遗诏指定他最小的第四子李重茂继位。韦后以皇太后之尊主政。为了确保她的地位，她下令动员 5 万大军防卫京师，由其兄长韦温指挥，同时她的几个坚定的支持者被派往关键的关中、河北和河南诸道进行控制。[②]

在中宗生前，反对韦后的主要力量来自前帝睿宗及其令人生畏的姐妹、武后之女太平公主。韦后此时企图任命睿宗为宰相，以争取他为自己效劳。总之，他是一个萎靡不振和胸无大志的人，不可能主动采取行动。但太平公主却继承了她母亲的坚强性格，此时正策划一个阴谋，为了防止失败，她故意瞒着睿宗进行。在太平公主之子薛崇简、佛僧普润、一名控制京师外战略要地朝邑县的默默无闻的官员刘幽求以及禁军中三名中级将领的协助下，李隆基组织了这次政变。在710 年阴历六月十二日夜，即韦后立年幼的李重茂为帝之后的第十六天，李隆基及禁军将领率北军中一支分队通过御苑进入宫内，御苑总

---

① 《旧唐书》卷 8，第 165—166 页。
② 《旧唐书》卷 7，第 150 页；卷 51，第 2174 页；《资治通鉴》卷 209，第 6441—6442页。

监钟绍京率他的匠人也参加这一行动。军队涌进玄武门，杀死了韦后、安乐公主和韦党的主要成员。其余的人在以后几天问斩。政变一旦大功告成，睿宗立刻得知，第二天他正式登基。①

李隆基被封新王爵并被任命为宰相，他的密谋同伙刘幽求和钟绍京也得到封赏。这时朝廷开始了解决政治问题的工作。这方面最突出的也许是立储问题；阴历六月二十七日李隆基正式被指定为太子，这主要是因为他领导了这次政变。他的兄长李成器本来是当然的法定继承者，却把这一权利拱手让给了李隆基。②

事实证明睿宗是一个无能的君主，主持朝政时优柔寡断，而左右朝廷人物则是皇太子和太平公主。睿宗对他们言听计从，在他作出任何决断前，常问他的大臣是否已与他们商讨过。希望像她母亲那样控制朝廷的太平公主很快发现皇太子是一个有力的对手，于是经常企图削弱他的势力。

但在睿宗执政的最初几个月，皇太子保持着更强大的地位。710年阴历七月中，中宗时期留下的宰相中除了韦安石和苏瓖外，其余的人都与韦后发动政变后她任命的大臣一起被贬逐到地方任职。③他们被一个新的集团代替，其中薛稷④和崔日用⑤不久被解职，因为他们经常公然与朝廷意见不合。活跃在宫廷的另外两个领袖人物为姚元之（后改名为人们通常所称呼的姚崇）和宋璟，他们在玄宗执政的最初几年成了左右政务的大臣。

姚崇⑥（651—721 年）在 677 年通过殿试后开始了官场生活，并且担任过一系列军职。在契丹入侵河北时，他的行动得到武后的赏

① 《旧唐书》卷 8，第 166—167 页；《新唐书》卷 5，第 116 页；《资治通鉴》卷 209，第 6643—6648 页。
② 《旧唐书》卷 95，第 3010 页；《资治通鉴》卷 209，第 6650 页。
③ 《资治通鉴》卷 209，第 6652 页；《旧唐书》卷 7，第 154—155 页；《新唐书》卷 5，第 117 页。
④ 传记载《旧唐书》卷 73，第 2591—2592 页；《新唐书》卷 98，第 3893—3894 页。
⑤ 传记载《旧唐书》卷 99，第 3087—3089 页；《新唐书》卷 121，第 4329—4331 页。
⑥ 传记载《旧唐书》卷 96，第 3021—3029 页；《新唐书》卷 124，第 4381—4388 页；张说作墓志铭，载《全唐文》卷 230，第 8—11 页；《文苑英华》卷 884，第 1—3 页。

识，于是被任命为兵部侍郎，后在 698 年任宰相。在武后于 705 年丧失权力前，除了短期负责前睿宗王府的事务外，他一直担任宰相。他曾参与清除张氏弟兄的政变，对武后的下台深感懊丧，因为他曾长期效忠于她。在中宗时期，他担任过几种不同的地方职务。

宋璟①（663—737 年）具有一个有成就的儒家士大夫所特有的生涯。他为河北一个低级官员之子，在 679 年或 680 年通过进士考试，时年仅 16 岁，因而赢得了文才出众和善于写作的名声。他通过御史台转任中书省的舍人。他以刚直不阿著称，武后对他的能力评价甚高。在武后朝末年他任御史中丞，参与过企图弹劾张氏弟兄的活动，二张为了报复，曾企图刺杀他。中宗执政之初对他恩宠有加，担任过黄门侍郎之职，但他后来与武三思不和，被调到地方任各种要职。

姚崇和宋璟因此是两个互相取长补短的人物，一个是务实的政治家，善于处理实际事务；另一个是严格掌握原则和清廉正直的人，具有堪为道德楷模的真正品质。睿宗朝廷需要这两种人的品质。这两位大臣通过打击前朝最严重的弊病之一和取消武后及安乐公主作出的一切冗滥任命，开始了他们的一项改革计划。此举引起了一阵骚乱，因为几千名官员——其中许多人是付了现钱才得到晋升的——发现自己被剥夺了官职。在年末宋璟主持选拔文官和姚崇选拔武将的考试中，他们清除官场无能之辈的意图变得更明显了，当时有资格出任官职的人数达万余人，但除了 2000 人之外全部落选。

在他们当权时，睿宗的皇位仍不完全安全，阴历八月，他不得不镇压由中宗次子谯王李重福发动的起事；后者在李隆基的政变成功时，也曾策划反韦后的叛乱。李重福的起事只吸引了很少的支持者，并毫不费力地被平定了，但他作为中宗的合法嗣子本来有充分的权利继位。② 这一事件突出地说明皇族在继承皇位争端中的地位并不是牢

---

① 传记载《旧唐书》卷 96，第 3029—3036 页；《新唐书》卷 124，第 4389—4394 页；颜真卿的墓志铭载《全唐文》卷 343，第 1—8 页；补志载《全唐文》卷 338，第 22—24 页。

② 《资治通鉴》卷 209，第 6653 页；卷 210，第 6654—6655 页；《旧唐书》卷 86，第 2835—2837 页；《新唐书》卷 81，第 3594—3595 页。

固的。

睿宗皇位的不安全是太平公主蓄意造成的，她此时正在开始坚持皇太子之兄李成器的权利。幸运的是，诸王之间的手足之情极深，因为在睿宗复位后，皇太子的四个弟兄都受权统率宫内各禁军，禁军几乎与唐代的所有政变有牵连，因此能够以武力来影响皇位继承的改变。在 711 年初期，姚崇和宋璟知道睿宗的长子李成器和高宗留下的长孙李守礼都比皇太子有更充分的理由继承皇位，于是就劝谏睿宗应把他们派往地方任职，以挫败太平公主的阴谋；另外二王应指挥皇太子自己的禁卫；太平公主夫妇应远离朝廷，前往东都。睿宗同意把诸王从禁军的岗位上撤下来，但拒绝将公主放逐到洛阳。[①] 此时一个甚至更极端的措施被提了出来。皇帝一贯轻信，为人又迷信，他被术士预言武装政变迫在眉睫的警告弄得惶恐不安，于是就问大臣们采取什么措施来防止这一政变。张说在姚崇的支持下，提出应由皇太子监国。二月初二，皇太子奉命监国；他有权决定六品以下官员的任命和劳役以下的一切惩处。[②]

太平公主这时被迫行动。两名官员——其中一人来自太子宫内——经过利诱，起来反对取消韦后和安乐公主授予的一切冗滥任命，理由是这对先帝的错误将是公开的诋毁，他们还提请注意，由此已引起动荡不安。太平公主为他们的呼吁推波助澜，而意志一贯薄弱的睿宗终于让步。阴历初九，姚崇和宋璟被解职和调往外地。他们的改革企图和皇太子对宫廷的控制到此结束。[③]

在 711 年的大部分时期中，朝廷被韦安石[④]（651—714 年）所左右，此人与韦后同族，考取过明经，从 700 年起任武后的宰相，直至她交出政权时为止。中宗登基之后，他除了短期被免职以外，继续任宰相直至 706 年。然后他失宠，但在 709 年阴历八

---

① 《资治通鉴》卷 210，第 6662—6663 页。
② 《旧唐书》卷 7，第 156 页；卷 8，第 168 页；《资治通鉴》卷 210，第 6663 页。
③ 《旧唐书》卷 7，第 156 页；《资治通鉴》卷 210，第 6663—6665 页。
④ 传记载《旧唐书》卷 92，第 2922—2958 页；《新唐书》卷 122，第 4349—4351 页。

月又被任命为门下侍中。韦后政变期间他继续留任，然后退休担任太子少保，直至710年末。他坚定地抵制太平公主争取他支持的一切企图。

这几个月的第二个宰相为李日知[①]（？—715年），此人为洛阳地区的进士，他官场生涯的大部分时间从事司法工作，在武后清洗的最可怕的日子中赢得了公正仁慈的名声。在中宗执政的末期任黄门侍郎，韦后则任命他为宰相，在710年全年留任，大部分时间还兼任御史大夫。

三名特任宰相在他们的手下工作：张说[②]（667—730年），689年殿试及第，出身于洛阳的一个小官员家庭。他在武后时担任过几个朝廷的官职，在他卷入张氏弟兄反对魏元忠的轰动一时的事件时，他已升为凤阁舍人。由于拒绝作不利于魏元忠的伪证，他被放逐至岭南。他被中宗召回，升任兵部侍郎兼修文馆学士，修文馆是门下省中拥有文学专才的机构，负责编纂和起草国家文献。郭元振[③]（656—713年）是河北人，在太学攻读后18岁中进士，后来当上宰相的薛稷和赵彦昭就是他的太学同窗。他在任第一个职务时就深深地陷入困境，但武后被他的外表和能力所动，就派他出使吐蕃。他在吐蕃边境和中亚任总管，享有盛名。睿宗即位后他被召回，受命作防御突厥人的准备。任命他是沿袭了武后和中宗时的做法，即在他们的宰相中包括一名资深的军事将领。第三人与前两个人迥然不同。窦怀贞[④]（？—713年）是宰相窦得玄（663—666年任职）之子，出身于最高贵的氏族之一。他靠庇荫出仕，在整个武后执政时期在地方任职，赢得优秀行政官员的名声。705年他被召至朝廷，出任御史大夫。他因阿谀奉承和受安乐公主之宠而臭名远扬。韦党垮台，他被流放至地

---

① 传记载《旧唐书》卷188，第4926—4927页；《新唐书》卷116，第4241页。
② 传记载《旧唐书》卷97，第3049—3057页；《新唐书》卷125，第4404—4411页；张九龄作墓志铭，《全唐文》卷292，第13—16页。
③ 其传记载《旧唐书》卷97，第3042—3049页；《新唐书》卷122，第4360—4366页。张说：《行状》，载《全唐文》卷233，第1—7页。
④ 其传记载《旧唐书》卷183，第4724—4725页；《新唐书》卷109，第4100页。

方,但不久就被召回当了殿中省监。这时他一心迎合太平公主,在任宰相时,每天从朝廷前往公主府,向她报告议政内容和刺探她的意愿。

这个班子除了韦安石外,一般都按照太平公主的利益行事,所以姚崇和宋璟实施的官僚集团的改革很快就被破坏无遗,尽管朝廷有人提出异议。围绕皇太子和李成器的勾心斗角继续展开,后者的女儿被封为公主,准备与东突厥可汗默啜进行王朝联姻。阴历四月,睿宗向朝廷卿相宣布,他希望让位给皇太子,但太平公主的党羽之一则劝他说,禅位为时过早。但诏书终于颁布,它规定皇太子要参与所有最高国务的讨论。

但皇太子仍处于对手们的强大压力之下,在阴历五月,他甚至提出将位置让给李成器,并要求睿宗把太平公主召回长安。

睿宗和太平公主此时都很关心宗教,公主对佛僧慧范十分敬重,慧范利用她的庇护,大量盗窃和侵吞财产。当御史大夫揭发慧范时,公主就把这个御史贬至州里任职。[①] 同时,睿宗的两个姐妹金仙公主和玉真公主和他一样是道教的虔诚的信徒,并成了女道士,睿宗开始为她们在长安西北部紧靠后宫之处建造两座豪华的道观。散骑常侍魏知古和中书侍郎李乂对工程毁灭房屋和浪费大量劳力之事提出异议。除了皇后的宠臣和指挥工匠劳动力的窦怀贞外,所有大臣都反对这一计划。但睿宗我行我素,完成了这两项工程。[②]

这一时期唯一有积极意义的政策是进行地方政府的改革。按察使巡察的道,全国分为 15 个,以代替原来的 10 个。同时它还计划设置新的一级地方行政,即一个区域所有的州均归都督管辖,全国设 24 个都督。但这些改革遭到反对而取消,因为新都督会拥有带危险性的

---

① 《资治通鉴》卷 210,第 6665 页;《旧唐书》卷 7,第 157 页;《新唐书》卷 5,第 118 页。

② 《新唐书》卷 83,第 3656—3657 页;《资治通鉴》卷 210,第 6665 页;《旧唐书》卷 98,第 3061—3063 页;《全唐文》卷 237,第 12—14 页;《唐会要》卷 50,第 871—875 页。

权力，朝廷不可能进行控制。①

到 711 年阴历九月，甚至皇帝也知道了宰相们的缺陷。他召集他们，以帝国的状况——受旱涝灾害打击、库藏空虚、官僚机器又日益膨胀——为由，把他们痛斥了一顿，并把他们全部罢相，但他们仍在中央官署中担任要职。

四名新宰相被任命了。新门下中丞为刘幽求，他曾参与推翻韦后的密谋。在此以前他与姚崇和宋璟一起，担任了短时期的宰相，此后先后担任户部尚书和吏部尚书，在吏部任职时，他要为新涌现的浪潮一般的不正当和不适宜的任命负责。他的同僚为魏知古、陆象先和崔湜；在新的一年，即睿宗改新年号以表示改变政体以后，又增加了岑羲和窦怀贞，后者可能由于太平公主的坚持而被重新任命，以充当她的代理人。

魏知古②（647—715 年）为河北人，约在 686 年中进士。他通过在宫廷任职，在 8 世纪初武后时期升为门下省侍郎，后来在尉卫寺任少卿（未来的玄宗皇帝也在这里任职），同时兼任睿宗王府的司马，这样他就在其早期生涯中与皇帝和皇太子有了接触。中宗即位之初他任吏部侍郎，他在吏部因荐举有才之士而享有盛名。706 年，他因丁母忧退隐，后来担任州官。711 年，他迁任散骑常侍，在列举当时许多迫切问题——特别是帝国的财政困难——的两份措辞尖锐的奏疏中，激烈抨击睿宗为其姐妹建造道观。睿宗对他关于建造道观的抨击置若罔闻，但在任命他为宰相后，又命他兼户部尚书和左庶子。在一个充斥政敌的政府中，他一直是皇太子坚定的支持者。

陆象先③（665—736 年）为南方苏州望族的成员，他的父亲从663—665 年曾作过武后的宰相。在武后时，他由殿试出仕，然后在朝历任清要之职，快到中宗执政的末期，他升为中书侍郎。

---

① 《资治通鉴》卷 210，第 6666 页；《唐会要》卷 68，第 1192—1196 页；《新唐书》卷 49下，第 1131 页；《旧唐书》卷 38，第 1358 页。
② 传记载《旧唐书》卷 98，第 3061—3064 页；《新唐书》卷 128，第 4413 页。
③ 传记载《旧唐书》卷 98，第 3064—3069 页；《新唐书》卷 116，第 4236—4237 页。

崔湜[1]（671—713 年）出身于河北望族，为太宗朝著名官员和在648 年一度任宰相的崔仁师之孙。他在 699 年中进士，年轻时就以著述享有盛名，在中宗朝初期升为考功员外郎。他参与了桓彦范、张柬之和其他大臣清除武三思的密谋。但崔湜向企图消灭的对象出卖了这些密谋者，706 年当他们被逐出京师时，他还布置他表兄周利贞去杀害他们。崔湜此时成了武后的女官上官婉儿的面首，因而臭名远扬；在中宗朝内，他与上官婉儿和安乐公主紧密勾结。由于她们的影响，他升至中书省侍郎和吏部侍郎；他与同僚郑愔一起贿赂公行，致使任命制度成了一时的丑闻。他终于被弹劾罢官，但几乎立刻被召进京，任尚书左丞。韦后掌权后他任宰相，但在睿宗登位后被罢官。他此时成为太平公主的追随者。由于她的活动，尽管他有不光彩的历史，但仍被任命为宰相。现在，他把一切政务都秘密通报公主。

712 年正月增加的两个大臣，一个是同样可鄙的窦怀贞，另一个是岑羲，[2] 后者是太宗朝著名官员岑文本之孙。他原籍河南西南部，本人为进士，在武后执政的末期升至中书令。中宗时他在吏部任职，在这一贪污腐化温床中，他以一尘不染知名于世。韦后曾任命他为宰相，但当睿宗登基后，他被派出任州刺史，后来又任户部尚书。

太平公主这时占有强有力的政治地位，但朝廷的总的形势正在恶化。外患即将来临。刘幽求以一名新都督代替带兵保持东北边境的安宁达 20 年之久的薛讷，从而带来了灾难，因为新都督立刻投入了对契丹和奚的一次毫无必要的远征，结果战败，自己也丧生。四川的土著发动叛乱。与突厥可汗的和亲未能实现。睿宗无意执政的情绪日趋明显，最后决定让位于皇太子，这是 712 年阴历七月一颗不祥的彗星的出现促成的。

虽然太平公主企图劝阻，皇太子也试图促使他重新考虑，但决定不可能改变。他的儿子玄宗在阴历八月初三正式即位，并举行应有的仪式：定新年号为先天，立其妻王氏为后，进行大赦。但睿宗虽然正

---

① 传记载《旧唐书》卷 74，第 2622—2624 页；《新唐书》卷 99，第 3921—3923 页。
② 传记载《旧唐书》卷 70，第 2540 页；《新唐书》卷 102，第 3967—3968 页。

式退位，太平公主却诱使他极不正常地保持大权。虽然玄宗此时作为新帝要每日主持朝政，睿宗依然是太上皇，每五日就亲自上朝，自己保留任命全部三品以上高官的大权，并决断最重大的案件和政务。①

新帝和太平公主之间的形势这时是严重的。朝廷中大部分的大臣是她的追随者。刘幽求得到玄宗的批准，这时与皇宫禁军的将领之一策划刺杀公主的阴谋。但事情败露，刘幽求被捕，发配岭南，崔湜在那里试图把他杀害；尽管刘幽求在710年救过崔的性命，但两个人的关系这时不好。②

713年阴历正月，东北的军事形势又突然恶化，玄宗御驾亲征的安排已经就绪，边境也已集结大军。但结果他未成行，这也许是宫廷的政治形势使他不可能离开。③ 同月，随着萧至忠被任命为宰相，他的地位更加不利。萧至忠④（？—713年）出身于山东东南部的一个名宦门第，在武后的朝廷曾经显赫一时。在中宗时，由于他的家族与韦后的家族有密切的姻亲关系，他享有特殊的恩宠。在任吏部侍郎后，他在707年成为宰相，直至710年韦后政体垮台时为止；710年他之得以逃避惩处，主要是由于太平公主的说情。出乎他朋友意料的是，他这时成了公主的得力的党羽。

太平公主现在通过她的同胞手足太上皇，已能操纵重大事务和影响重要的任命，并得到了大部分宰臣和朝廷大部人员的支持。713年阴历六月，她、窦怀贞、岑羲、崔湜、萧至忠、当时为玄宗宫府官员的前宰相薛稷、京兆少尹、宫内禁军的几个将领及她宠爱的佛僧慧范密谋毒害玄宗，然后公开取得政权。但是，其他因公主权势日增而惊慌不安的官员劝玄宗现在必须采取果敢行动。当魏知古透露公主正在策划叛乱时，玄宗与他两个兄弟李范和李业及一批心腹决定先发制人

---

① 《资治通鉴》卷210，第6673—6674页；《旧唐书》卷8，第168—170页。
② 《资治通鉴》卷210，第6676—6677页；《旧唐书》卷97，第3041页。
③ 《资治通鉴》卷210，第6696—6697页。
④ 《新唐书》卷5，第120页；《旧唐书》卷92，第2971页；传记载《旧唐书》卷92，第2968—2971页；《新唐书》卷122，第4371—4374页。

和杀死密谋者。阴历八月初九，① 300 名经精心挑选的精兵在原为玄宗的私人奴仆王毛仲将军率领下逮捕了密谋者。萧至忠、岑羲和几个从犯被就地正法。窦怀贞自尽。薛稷和崔湜被赐死。公主逃入一寺院，但三天后投降，获准自尽。她的几个儿子全被处死，只有薛崇简除外，因为他曾几次劝阻公主策划阴谋。没收公主在有权势时多年积累的大量财富和财产的工作花了几年时间才完成。② 次日，即 713 年阴历七月初四，睿宗正式放弃了他剩下的权力。③

玄宗这时成了名实相符的君主。他只有 28 岁，自发动反韦后政变以来经历了阴险的政治阴谋和不断斗争的 3 年，成了他统治时期政治史中不可分割的序幕，并对他的国事处理具有持久的影响。

玄宗在位初期（713—720 年）：姚崇和宋璟

随着太平公主之死，所有的宰相除了魏知古外，或被处死，或被迫自尽。玄宗任命郭元振和张说来代替这些人。郭曾为活跃的密谋分子之一，张为鼓动玄宗进行打击的大臣之一。阴历九月，刘幽求成为第四个宰相。然而这个班子是短命的。阴历十月，皇帝命令举行大规模军事演习，但演习未按计划进行。郭元振负有责任，因此被流配岭南，只是因为张说和刘幽求的求情，他在夏季才没有被处死。④

玄宗这时召见姚崇——他是 710 年试图进行改革的带头人并提出了广泛的改革计划（下面将另予讨论）——并任命他为宰相和兵部尚书，代替那个倒霉的郭元振。张说与姚崇一直不和，所以反对对他的任命。为了避免势必发生的不和，玄宗就将张解职，在 713 年年末派

---

① 据《资治通鉴》卷 211，第 6683 页之《考异》，应为阴历七月初三。根据下文，应为七月初三。——译者
② 《资治通鉴》卷 211，第 6681—6686 页；《旧唐书》卷 8，第 169 页；《新唐书》卷 83，第 3651—3652 页。
③ 退位诏书见《旧唐书》卷 8，第 169—170 页。
④ 《旧唐书》卷 97，第 3048 页；《旧唐书》卷 96，第 3023 页；《资治通鉴》卷 211，第 6687 页。

他到地方任职，同时又调刘幽求担任一个闲职。他们被卢怀慎[①]（？—716年）代替，卢为门下侍郎，是河北一个大族的成员，曾中进士，担任过武后和中宗时期的御史。姚崇对前一政权的唯一遗老魏知古的才能评价不高，所以在714年阴历五月设法解除了魏的职务，把他调到工部。[②]

现在只有两个宰相，其中姚崇无疑是处于支配地位的人物。[③] 卢怀慎对他完全唯命是从。这些就确定了在玄宗在位期间一直实行的一种新的施政形式：只用为数甚少的宰相，通常只有两三人，其中一人在制定政策时起决定性作用。宰相们通常留任几年，以前几十年所特有的任期经常变化和不稳定的情况这时已成过去。姚崇和卢怀慎一直掌权到716年年末，这时卢病故。他被源乾曜[④]（？—731年）短期替代；源为河北的进士，是拓跋魏皇室远支的后裔，在中宗时任御史，710年以来在地方历任要职。713年，他被玄宗的宠臣姜皎荐举，在尚书省担任很高的职位。然而几乎不久，姚崇本人也患病，在716年阴历十二月被迫去仕。[⑤] 在721年死亡前，他在朝廷仍有很大的影响，玄宗常征求他的意见，但在制定政策时他未进一步起积极作用。[⑥]

他荐举宋璟继承他的职位。宋璟在710年任宰相时是他的同僚同时又任广州都督。宋璟是一个可以指望采用基本相同的政策的人。716年末，宋璟和门下侍郎苏颋[⑦]（670—727年）接替姚崇和源乾曜任宰相。苏颋为做过中宗和睿宗时期宰相的苏瑰之子。他中进士并通过殿试，以精于著作和学识渊博著称。在武后时期他当过御史，后任门下省和中书省舍人。玄宗命他历任宫廷要职，并委任他起草和撰写

---

① 传记载《旧唐书》卷98，第3064—3069页；《新唐书》卷126，第4415—4418页。
② 《旧唐书》卷98，第3064页；《资治通鉴》卷211，第6700页。
③ 《旧唐书》卷96，第3025页；卷98，第3068页。
④ 传记载《旧唐书》卷98，第3070—3072页；《新唐书》卷127，第4450—4451页。
⑤ 《旧唐书》卷96，第3025页。卢怀慎的临终奏疏还提到宋璟的名字，《旧唐书》卷98，第3068页。
⑥ 《资治通鉴》卷212，第6739页。
⑦ 《旧唐书》卷96，第3025—3026页；《新唐书》卷124，第4385—4386页。

帝国的文献。宋璟，如同他之前的姚崇，是占支配地位的大臣。他是一个原则性很强和果断的人，负责制定政策，而苏颋则具有使他的计划以最有效的形式落实的才能和经验。他们担任宰相一直到 720 年，他们的免职标志着玄宗朝第一阶段的结束。[①]

虽然这些年与睿宗在位的不稳定时期和玄宗第一年大臣频繁更替、党派尖锐对立之时很不相同，但它们在人事方面有明显的延续性。从 710—720 年，每个有相当地位的宰相都经过科举，通常中过进士或通过殿试。他们之中的大部分人都是世代官宦，但不是最大的豪门世族；大部分人来自武后时期政治权力中心的洛阳地区或河北、河南。他们都在武后时期初涉仕途，大部分在朝廷供职，特别在御史台供职的多。只有一次，在 710 年政变后不久，一个圈外人士得到任命，他就是密谋分子之一的钟绍京，被任命为宰相。但他不多几天就被免职，因为同僚们提出异议，说他原为胥吏出身，不宜任此职。

他们大部分是杰出的学者和优秀的行政官员。只有崔湜和窦怀贞被中宗时期朝廷的腐败严重污染。睿宗的大臣大部分虽然缺乏创见，却是值得尊重的人，不过在他们为之效忠的朝廷中，皇帝简直没有权威，不能提供领导，他们自己的任期也朝不保夕，政治又不断受到皇亲国戚及宠臣们的干扰，所以他们是难以有所作为的。姚崇和宋璟的经历和背景完全相同，他们有幸在一个坚强果敢而且愿意给他们更大权力和行动自由的皇帝手下秉政。玄宗初期高级官僚的状况反映了武后善于发现人才的一大功劳，同时又说明她的科举制度已经选拔了一批有才能的官僚精英。玄宗现在的一系列重大改革就是通过这些人进行的。

政府的政策（714—720 年）

713 年末，姚崇任长安以东的重要的同州刺史。当时正奉命举行大军事操练，方圆 300 里的刺史按例都应出席，但玄宗仍专门召唤姚崇。玄宗和姚崇一起骑马打猎，然后讨论政治。他问姚崇是否愿出任

---

① 传记载《旧唐书》卷 88，第 2880—2882 页；《新唐书》卷 125，第 4399—4403 页。

宰相。姚崇答复说，除非玄宗接受十条改革纲领，否则就难以从命。纲领的内容是：皇帝应以仁爱治天下而不是靠严刑峻法的威慑力量；不进行军事冒险；行使法律应不论亲疏，同样严厉；禁止宦官参政；禁止开征苛捐杂税来取宠于皇帝；禁止任命皇亲国戚在中央政府任职；树立皇帝以前因与大臣们关系过分亲密而受损的个人权威；容许大臣们直谏而不用担心专横的惩处；停止建造佛寺道观；清除外戚过分的政治权力。玄宗同意，姚崇接受任命。[1]

714 年玄宗面临的重大政治问题在睿宗时早就明显地出现了，姚崇所提的十条建议在前 10 年已出现在其他许多奏议之中，但他现在是在皇帝的地位开始强大得足以能设想进行这样一次全面改革之际有说服力地向玄宗提出的。不是每一条都能立刻实行，但总的说 714—720 年的政策都来源于他的建议。

姚崇所提的这些制度上的改革旨在在一个强有力的君主和他的朝廷之间创造一种更健康的关系，如果他的政权要得到最杰出的政治家的支持，这种关系是必不可少的。在武后执政时期，特别在 7 世纪 80 年代末和 90 年代初，宫廷政治中独断专行、官员职务不稳定和惶恐不安的情况有所发展。随之而来的中宗的宫廷政治也同样独断专行和不稳定，当时的局势由于贪污腐化和裙带风盛行而进一步恶化了。现在人们普遍感到摆脱了迷惘，并且向往变化和怀念太宗的盛世之治。这种向往唐朝"中兴"和向往它的政策在道义上得到振兴的情绪成了这一时期奏疏中经常出现的主题，促使史官吴兢（他因政客的不断干扰而不能完成编纂武后实录的任务）转而撰写《贞观政要》，此书是把太宗皇帝所作所为多少理想化了的记载，从而成了乌托邦式理想统治的著名范本。[2] 几乎毋庸置疑，吴兢撰写此书，并不是单纯地歌颂作为君主的太宗之美德，而是把它作为振兴政权的范本，使皇帝的权威不

---

① 《资治通鉴》卷 210，第 6688—6690 页；《新唐书》卷 124，第 4383 页。关于姚崇的十条改革建议，见《全唐文》卷 206，第 14 页。

② 关于《贞观政要》，见原田种成《贞观政要研究》（东京，1965 年）；温斯顿·刘易斯：《贞观政要：研究早期唐代政府的材料来源》，香港大学 1962 年未发表的硕士论文。

容反抗，但君臣之间又能推心置腹，相互信任，共谋国是。

在这一方面，714—720 年的改革是紧紧地遵照姚崇的建议进行的。皇帝的权威和行政的稳定恢复了。原来风纪荡然的吏治现在重建了团结精神，广泛的制度变革工作已开始进行。

中央政府的改革

玄宗以前几代君主朝政不稳定的主要原因是宰相太多，其中许多人的任期又很短。在唐初，宰相有两类。中书令、门下侍中和尚书省仆射为当然宰相，如果所设之职全部有人担任，共 6 人。此外，其他高级大臣、在战时偶尔还有突出的将领，也可能任特任宰相（同中书门下平章事）。在中宗和睿宗时期，这样的任命为数很多，其中许多人的任期只有几个月。在韦后当权的短暂时期，同时任职的宰相人数不少于 17 人，如果要有效地处理政务，这个班子是庞大臃肿的。

削减人数的步骤在睿宗时期已经开始进行。到 710 年末人数减到 6 人，到睿宗执政时又减到 4 人。713 年玄宗总揽政务后人数又从 4 人进一步减到 2 人，其中一人为当然的宰相。

人数的这一减少又伴随着重大的形式变化。在 7 世纪的最后 25 年，中央执政的主要机构尚书省的地位已经逐渐下降。到武后朝末期，授予尚书省仆射同平章事所拥有这个或那个头衔的做法已成惯例。在 711 年，这一通例已被正式规定，从此除非有特别任命，仆射不再是宰相。713 年末，这一规定又被重申，仆射称丞相。[①]

此外，由当然宰相担任的高级职务空缺的现象变得普遍了。例如，714—724 年，无尚书省仆射，而在 714—720 年，门下侍中和中书令从未同时在职，所以只有首席宰相依据职权任其中一职，而由另一宰相任另一省的副职。

---

① 《资治通鉴》卷 210，第 6692 页；《唐会要》卷 57，第 990 页；《旧唐书》卷 8，第 172 页；《新唐书》卷 46，第 1185 页。关于宰相制的变化，参见严耕望《唐史研究丛稿》（香港，1969 年），第 1—101 页，此书最早出版于 1952 年；孙国栋：《唐代三省制之发展研究》，载《新亚学报》，3.1（1960 年），第 19—120 页；周道济：《汉唐宰相制度》（台北，1964 年）。

这一情况导致门下省和中书省职能的逐渐合并。它们逐渐变成一个协调的组织，既负责制定和起草政策，又负责法规的检查和复审。它还充当一小批与皇帝一起负责重大决策的宰相的秘书处。总之，权力稳步地集中于宰相们，特别是集中在德高望重的宰相之手。

根据宋璟的建议，在717年阴历十月实行的另一个重要措施是试图恢复公开处理朝政的做法。在武后时期，许多事情都在私下解决，尤其是御史们有权避开负责保存记录的起居注史官进行秘密弹劾。这种做法现在被禁止，除了机密之事外，一切事务的处理都在朝廷公开进行，并由史官予以记录。[①]

进一步的重大变化是御史台的改组。自684年以来，掌肃正行政的御史台已分成两部分，一部分负责中央政府的官员，另一部分负责在地方任职的官员。这一情况反映了在官僚体制内部两部分精英集团的界线日益明显的倾向。一部分几乎只在京师任职，其中包括许多通过科举进入仕途的人；另一部分则在地方任职，而且任期往往很长。在713年，这一界线不复存在，御史台被改组成单一的机构，如同唐初。御史台的这一改组标志着试图系统地重新统一官僚机器的活动的开始。[②]

官员的选拔

如果企图恢复官僚集团的效率和风纪，就必须先处理官员选拔的问题。[③] 事实上，存在两个关系很密切的问题。较直接的一个问题是消除中宗朝因受贿而任命大批冗员所造成的危害。除了这些人不适宜担任高级职务外，他们的任命——大部分人任京师的高级职务——使中央政府庞大臃肿，给支付官俸的当局添加巨大的财政负担。这些额外的任命还影响了另一个也许是更严重的问题：扩大了京师和地方官

---

① 《资治通鉴》卷211，第6728—6729页。

② 《资治通鉴》卷203，第6421页；《唐会要》卷60，第1041页；《新唐书》卷48，第1237页；《唐六典》卷13，第3页。

③ 见佩内洛普·赫伯特《七世纪后半期中国的文官选拔》，载《远东史论文集》（堪培拉），13（1976年），第1—40页。

员之间的巨大鸿沟，从而危及自隋以来所定官员可在京内外互调而担任品位相当职务的原则。在武后时期，对中举士子的日益重视，使得有前途的年轻人越来越靠正途去开拓前程，他们通常在担任京畿县令以后，就能继续在朝廷任职。我们只要看看睿宗朝宰相们的经历，就会惊异地发现，他们之中大部分人在地方任职的经历是何等地少。另一方面，地方职务虽然收入多，官品也高，但官僚中的佼佼者避而不就，而是由那些按资历从胥吏擢升的人、在京师各部失利或失宠的人，或政治上暂时不得意的人充任。

甚至在最有利的情况下，有前途的年轻人都有意识地拒绝在地方任职。在韦后时期，官员在京师取得尽管是有名无实的官职要容易得多，配备地方官署官员的工作却很困难。自 7 世纪 90 年代以来，对这个问题的怨言不绝于耳；709 年韦嗣立曾建议，凡过去未担任刺史和县令的官员，均不得在中央各部各寺担任高官，但此建议没有成功。

前面已经叙述姚崇和宋璟在 710 年曾企图清理冗员的问题，结果在次年他们的政策反而来了一个大倒退。714 年以后，姚崇开始处理选拔有才之士在地方任职这一更大的问题。714 年初，几乎就在他担任宰相之职以后，便有诏书规定，从京师选拔有才能的官员去地方担任刺史和都督应永为法式，而有良好政绩的刺史和都督则应调至京师。

姚崇在这方面受到年轻多才的专使张九龄[①]的压力。后者为 702 年进士，来自广州以北的边远南方韶州城；由于张说的赏识，他谋得一个官职，后来参加过两次殿试，一次在 707 年，一次在 712 年，后一次由玄宗亲自主持，他在应答时提出了关键的选才问题。张九龄在 715 年阴历五月呈递玄宗的一份十分详细的奏疏中又重提此事，其中特别强调地方职务，尤其是远离京师的那些职务的人选，同时力主官

① 传记载《旧唐书》卷 99，第 3097—3100 页；《新唐书》卷 126，第 4424—4430 页。传记连同徐浩的墓志铭（载《全唐文》卷 440，第 13—18 页）及 1960 年发现的墓志铭均被译成英文，载赫伯特的《张九龄》中。

员任某职的时间不宜太长。①

715 年阴历六月，玄宗再次颁诏，命令互调京畿和地方官员，并实行按察使每年对地方官员的政绩进行考核、由吏部和户部批准的更彻底的制度。政绩优良者有资格在京师任职，以前未在地方担任刺史或县令的人均不得在中央政府任职。②

但尽管有这些诏令，尽管皇帝决心要提高地方官员素质，官员们依然不愿在京外任职。716 年初期，玄宗在抱怨最近几次考试的结果之后，召集所有新任命的县令——他们的素质之差是有名的——进宫，就他们的施政计划进行面试。他们的答复是如此不能令人满意，以致 45 人被遣送回籍学习，而负责选拔文官的官员本人也被派往地方担任几年刺史，尽管他们的官声很好。③ 深深地卷入这些改革之中的张九龄似乎冒犯了姚崇，这也许是因为张九龄是与姚崇不和的张说的门生。虽然进行改革部分地是由于张九龄的鼓动，他本人却于 716年后期退隐回原籍，这显然是因为不得志。

选拔合适的官员一事并不是地方政府面临的唯一问题。朝廷此时清楚地了解到在中央政府和州之间再设一级行政组织的必要性，它不但有助于评价地方官员的品格，也能监督他们的施政。唐代初期，全国分成 10 个道，御史们定期被派往各道视察地方的行政。706 年，这些御史被采访使代替。在 711 年，曾有把帝国改组成 15 个道和在州以上另置一级长期性地方行政区的企图。但这一企图失败了；在 714 年，重新对以前的 10 个道各任命采访使（现称按察采访处置使）。④ 但尽管

---

① 其信载《文苑英华》卷 670，第 1—2 页；《曲江集》（四部丛刊本）卷 16，第 9—11页；姚的答复载《文苑英华》卷 689，第 1 页；《曲江集》卷 16，第 11—12 页。715 年的奏疏载《曲江集》卷 16，第 5—9 页；《文苑英华》卷 676，第 1—5 页。

② 《唐会要》卷 75，第 1360 页；卷 81，第 1501 页；《册府元龟》卷 635，第 226—236页；参见 714 年更早的诏令，载《册府元龟》卷 211，第 6694 页。

③ 《资治通鉴》卷 211，第 6716 页；《新唐书》卷 45，第 1176 页。

④ 关于 706 年的专使，见《唐会要》卷 77，第 1415 页；《新唐书》卷 49 下，第 1311 页；《通典》卷 32，第 184 页；《唐大诏令集》卷 103，第 524—525 页。711 年的改革，见《资治通鉴》卷 210，第 6666 页。714 年再任命按察采访处置使之事，见《资治通鉴》卷 211，第 6697 页。

有玄宗的提高地方行政的那种干劲和在选拔过程中对采访使规定了任务，但他们在 716 年被撤销了。

重订法律

在 720 年以前一段时期进行的行政改革的内容几乎完全是恢复和贯彻 7 世纪武后建立统治前奠定的行政准则。这些改革已经体现在 685 年前定期修订和重新颁布的一整套法典，即律、令、格、式之中。685 年以后，武后未作进一步的修订，虽然编成了体现修订法典的立法《格后长行敕》。武后垮台后，705 年在唐休璟、韦安石和苏璟的主持下，彻底修订所有法典的工作才得以进行。710 年睿宗登基后，下令重新修订，同时指定一个包括许多法律专家在内的编纂组织负责。新的法典在 712 年阴历二月编成并颁行。[①]

713 年末，姚崇和卢怀慎领导一个被指定修订令、格和式的组织，这部分法令与行政事务有关。修订的法令于 715 年阴历三月完成，然后被颁布执行。它后来被称作《开元前令》。

在宋璟和苏颋担任宰相时，诏令又命再作修订，这一次包括刑法在内。有些曾协助姚崇的法律专家也参加了这一工作，编纂工作成于 719 年，阴历三月其成果送呈玄宗过目并被公布。它通常被称作《开元后令》并具有重要的历史意义，因为它的大部分内容收入《唐六典》，此书给我们提供了唐代行政法的详细内容。[②]

因此，从 710—719 年的十年是制定中央行政法典的重要时期，这种法律旨在把中国再度置于一个精心制定的统一行政规定和实践的体制之下，所以这十年对恢复一个强大的中央集权的帝国来说是必不

---

① 《唐会要》卷 39，第 702 页；《旧唐书》卷 50，第 2149 页；《通典》卷 165，第 871 页；《册府元龟》612，第 10—11 页。关于睿宗时期编订法典的情况，见仁井田升《唐令拾遗》（东京，1933 年），第 17 页以后的导言；滋贺秀三：《关于汉唐间法典的一些考证》，载《东方学》，17（1958 年），第 27—43 页。

② 《唐会要》卷 39，第 703 页；《唐六典》卷 6，第 18 页；《旧唐书》卷 50，第 2138、2149—2150 页；《新唐书》卷 56，第 1413 页；《通典》卷 165，第 871 页；《册府元龟》卷 612，第 12 页。

可少的。

财政问题

在概括从中宗在位的后半期和睿宗时期起遗留下来的弊病的一切奏议中,一个反复提到的内容是国家的财政资源不足、收入减少和缺乏储备积累这一问题。在武后末期,政府曾打算重新登记人口。户税和地税两项新的税收开始提供大量补充收入,同时有人已公开议论从贸易和商界征税。[①] 但总的来说,人们尚未密切注意全面的财政政策。

当武后迁都洛阳时,帝国的财政已经大有好转。东都靠近中国东部产粮的富饶平原,对它的供应远比长安方便和经济。武后本人于701—703年返回长安之行是出于政治压力;而中宗长期迁都长安也是如此,因为韦后的政治根据地就在关中。政府向西北的这次迁移重新引起了供应京畿这一巨大的后勤问题,因为京畿的人口将近百万,又位于资源比较贫乏、气候严酷而变化无常的地区;那里的人口逐渐减少,而其中大部分户口又在府兵中服役,因此在不同程度上免予纳税。[②]

向长安运输供应是一个困难的问题。虽然隋炀帝的运河体系已经为东部平原提供了一个极佳的运输水系,因为它把长江与淮河和黄河连接起来,又接通了黄河与近代天津附近的地区,但溯黄河和渭水而上把粮食和物品送往长安的运输却被黄河河道的淤塞,尤其是被三门峡巨大的激流险滩所阻。在高宗时期,曾打算靠近这些激流险滩筑路,还打算沿峭壁修拉纤的小路,以便船只能被拉过险滩,但这些计划都没有实现。虽然与渭水并行的通往长安码头的运河在672年被疏浚和改善,但从洛阳到长安的运输依然是困难和昂贵的。[③] 甚至在高

---

① 参见崔瑞德《唐代的财政管理》,第2版(剑桥,1970年),第28—31页;崔瑞德:《对商业课税的一种儒家观点:703年的崔融奏疏》,载《东方和非洲研究学院学报》,36.2(1973年),第429页;唐长孺:《关于武则天统治末年的浮逃户》,载《历史研究》,6(1961年),第90—95页。

② 见全汉昇《唐宋帝国与运河》(重庆,1944年)。

③ 《通典》卷10,第56页;《册府元龟》卷497,第8页;卷498,第15页。

宗统治初期的全盛时期，每年运往长安的税粮似乎只有 20 万石左右，① 657 年以后，关中的饥荒总是导致朝廷迁往洛阳，这样做代价很高。

武后把朝廷长期定在洛阳，这样就更加忽视了这一段运输体系，同时使为大平原服务的主要运河体系也日益衰败。到玄宗登基时，在运河与黄河汇合地的大坝和水闸闸门已经失修，不能通行。

同时，中宗时期的特征是饥荒连年不断。705 年的一次大洪水使河北的 17 个州受灾，同时淹没了渭水流域。706 年发生了一次严重的旱灾，它从冬季持续至 707 年夏初，结果造成了关中、河北和河南的饥荒。708 年和 709 年又发生严重的饥荒，当时粮食必须通过陆路用大车从大平原和从江淮地区运往长安。②

早在中宗初期，李峤和宋之问已力促他永远迁都洛阳，现在大臣们又重提此议，但韦后利用她对皇帝的影响，加以阻挠。崔湜企图另辟一条跨山区经商州的通往南方的路线，这个尝试是一次灾难性的和劳民伤财的失败。③

中宗之死没有解决这一问题。睿宗和玄宗的新政权仍很不稳固，所以不可能离开长安，而自然灾害循环反复，不断发生。711 年，河东汾水流域发生一次大地震，很多人丧生。712 年春长期干旱，另一次在夏初。712—713 年渭水流域和长安京畿区发生严重饥荒。714 年又有一次严重干旱。

713 年玄宗决定迁都洛阳，但他与太平公主之间的政治危机使此行不可能实现。④ 但是运输体系终于有所改进。陕州刺史李杰被任命为水陆转运使，奉命用陆路拉纤来改造三门峡上游的陕州与洛阳之间的漕运。这一工程大见成效，结果它能每年运粮 100 万石，此数为高宗时期的五倍。714 年，李杰重建汴渠和黄河汇合地的水闸，从而恢

① 《新唐书》卷 53，第 1365 页。
② 见《旧唐书》卷 37；《新唐书》卷 35—36 中关于自然灾害的材料。
③ 《旧唐书》卷 74，第 2623 页。
④ 《册府元龟》卷 113，第 18—20 页；《唐大诏令集》卷 79，第 451 页。

复了从南方到洛阳的直达交通。[①]

尽管有李杰的这些成就，对长安的供应问题依然是严重的，部分地是由于关中和西北的军事编制日益庞大，部分地是由于京畿区继续歉收和缺粮，该地在714年遭到破坏性的飓风的袭击，然后又发生严重的旱灾。

但自然灾害的损失不限于关中。在玄宗朝初年，提供国家大部分岁入的大平原也深受打击。715年，河南河北有大的春涝，然后在夏季又发生蝗灾。716年，东部平原甚至遭受更严重的蝗灾，广大地区的粮食全部损失。716年和717年，洛水流域有严重的涝灾。在717年，河南中部的大部分地区被淹，洪水破坏了大片种粮区，并淹没汴渠边的巩县。河南和河北的这些洪水和自然灾害的后果特别严重，因为这两个地区是中国人口最密、生产力最高的区域，政府依赖它们的收入的程度也最大。

717年初，势在必行的事情终于发生，玄宗被迫将朝廷迁往洛阳。与经常一样，此行路途艰难，代价高昂，时间又长；玄宗一行用了24天才抵达洛阳，朝廷留在那里直到718年冬。在以后的20年中玄宗共在洛阳度过9年，朝廷的迁移不下10次，搬动花了很大的代价，并把政务严重打乱。由于规模扩大，管理日趋复杂，这些迁移的费用越来越高，它们必然耗费了国家的大量资源。[②]

表7　　　　　　　　　　　　玄宗朝廷的所在

时　　间	地　　址
至717年正月初十日	长　安
717年二月初三至718年十一月初一	洛　阳
718年十一月初一至722年正月十五日	长　安
722年二月初七至723年正月初三	洛　阳
723年正月初三巡行太原，直至三月初五	
723年三月初五至724年十一月十四日	长　安

① 《通典》卷10，第57页；《唐会要》卷87，第1595—1601页；《册府元龟》卷497，第8页；《旧唐书》卷100，第3111页。

② 《旧唐书》卷96，第3023—3024页；《资治通鉴》卷211，第6726—6727页；《唐大诏令集》卷79，第452页。迁都的详细情况，见全汉昇《唐宋帝国与运河》，第25—31页。

续表

时　　间	地　址
724 年十一月廿二日至 727 年九月廿二日	洛　阳
725 年十月十一日巡行泰山，直至十二月二十日	
727 年十月十一日至 731 年十月廿一日	长　安
731 年十一月至 732 年十月十一日	洛　阳
732 年十月十二日巡行太原，直至十二月初二	
732 年十二月初二至 734 年正月初六	长　安
734 年正月十六日至 736 年十月初二	洛　阳
736 年十月廿一日以后	长　安

救济饥荒

政府认真地采取了与饥荒作斗争的措施。714 年阴历九月，一份诏书命在全国扩大从 655 年起在京师实行的常平仓制。这些粮仓在丰足之年以高于正常市场价格的价格购进粮食，在饥馑之年以低于时价的价格出售储粮；这是一种旨在减轻因价格过分动荡而造成农民困苦的措施。719 年，又一份诏书命令在北方诸道以及长江流域和四川的大城市建立这类粮仓。每个州拨给专款作为资金。

同时，原来的义仓制也被改革。各州通过这些义仓应该保存根据地税征收的储粮。但挪用这些粮食作为一般岁入运往京师的做法已成惯例。716 年，这种做法被禁止，储粮只准作救济饥荒之用。

这是一个最重要的发展。到玄宗末期，在义仓储存的粮食储备相当充足，特别在最易发生饥荒的关内、河东、河北、河南诸道更是如此。这些储粮在很大程度上缓和了 8 世纪 30 和 40 年代自然灾害的冲击。[①]

税制

玄宗初期的财政问题并不仅仅是运输征收的粮食和布帛到京师的困难造成的。长期存在的收入不足的局面仍在继续。因不完善的人口登记而使税册漏登大批应该纳税的人这一主要的基本问题，在 7 世纪 90 年代变得严重了；这一严重局势只是由于武后并不怎么连贯的重

---

① 《旧唐书》卷 49，第 2124 页；《唐会要》卷 88，第 1612—1613 页；《册府元龟》卷 502，第 22—24 页。崔瑞德的《唐代的财政管理》第 193 页列举了这些储备的规模。

新登记的措施才部分地得到缓和。711 年，韩琬重提此事，[①] 但在玄宗执政初期，政府未采取行动，不过在使地方行政更有效率之前，这项工作的确是难以进行的。

几乎与丧失岁入的形式同样重要的是富户的数量庞大，它们的税虽然按规定缴纳，却被指定用于贵族（他们是皇亲国戚和武后、韦后时期授予贵族称号和封地的许多官户）的食实封。这一问题的规模难以用数量表示，但 709 年韦嗣立的奏疏估计有 60 余万成年纳税者（占当时总数的 8%）被分配给封地的拥有者，这些封地所收的丝税超过太府寺。同年另一种估计列出一个数字：140 户贵族享有实封，从 54 个州取得收入，并选州内最富之户来履行义务。[②] 在河南最富的一些地方，采邑户尤其是一个问题。确定为采邑户被普遍认为比应征入伍更加糟糕，因为在饥馑之年可能得到的减免纳税的待遇，采邑户常常被故意地取消。在有些地区，这造成了严重的不公平和促使许多被确定的户出逃，从而加剧了未登记的人口的问题。[③]

玄宗对此不能立刻有所作为，因为实封与贵族称号一起是世袭的，不能一笔勾销。然而他确实放弃了不分青红皂白滥封贵族的做法，并把实封减到最低限度，其户数常常只是象征性的，远远低于律令的规定数。但这一制度依然有效；玄宗本人就多子多女，共有 59 个子女，每人必须被给予贵族称号、管理王府的机构和一份封地，这样就给帝国财政平添了沉重的负担。

玄宗在即位初年也极力公开表示他在杜绝铺张和不必要的开支。714 年阴历七月他颁布了严厉的节约法令，内容是禁止织锦，禁止穿

---

① 《唐会要》卷 85，第 1561—1562 页；《新唐书》卷 112，第 4165—4166 页。

② 韦嗣立的奏疏载《全唐文》卷 236，第 6 页；《旧唐书》卷 88，第 2871 页；《资治通鉴》卷 209，第 6634 页；《唐会要》卷 90，第 1642—1644 页。韦又引了宋务光的奏疏，载《全唐文》卷 268，第 22—23 页。

③ 关于封地的问题，见仁井田升《唐代的封爵及食封制》，载《东方学报》（东京），10.1（1939 年），第 1—64 页；砺波护：《隋之貌阅及唐初之食实封》，载《东方学报》（京都），37（1966 年），第 153—182 页。

刺绣之衣和戴珠玉饰品。此诏甚至对后妃也不例外,为皇宫制造物品的织锦坊被关闭。同月稍晚,为了平息关于玄宗正在为后宫选美的谣言,他把大批闲着的宫女遣送回家。[①]

这时开始开征的一种税收的辅助形式是盐。710 年和 713 年,专使被任命去管理山西东南部的盐池。但这种形式纯属地方的权宜措施。[②]

货币

自 7 世纪以来的一个重大问题是官铸的钱奇缺。约从 679 年起,政府已削减了铸钱,在武后在位的整个时期,华中和华南出现了大规模的地方性私铸,其中甚至还牵涉一个未来的宰相。682 年,规定私铸钱币者要处以死刑,但收效甚微;从 701—704 年,政府被迫准许公开使用优质的私铸钱,以满足商业的最低需要。705 年,规定没收犯禁者的财产以代替死刑。713 年,一位大臣抱怨京师流通的钱质量低劣,以致不宜在其他地方使用。但货币的需要量增长得太猛,远远超过了官钱的供应量,所以政府被迫准许私铸钱流通,以免贸易呆滞。

随着宋璟在治政上得势,政府在 717 年终于企图处理这一问题,并实行以前关于私铸的严格禁令。死刑被恢复,718 年的一份诏书重申了禁令,御史萧隐之被派往淮河流域和黄河流域这两个私铸最盛行的中心,企图收集和销毁非法的钱币。但禁令和萧的使命都归于失败,结果导致物价大波动、商业暂时停滞、民众不满和宋璟垮台。最后,政府不得不放松禁令。问题依然没有解决。[③]

反佛教措施

在韦后去世之时,佛教已长期从国家和贵族那里得到无与伦比的庇护,其权势和财富已经盛极一时。公元 711 年辛替否上奏睿宗,请

---

① 《资治通鉴》卷 211,第 6702—6704 页。
② 《唐会要》卷 88,第 1608 页。
③ 见崔瑞德《唐代的财政管理》,第 74—76 页。

他注意佛教寺院聚积的大量财富以及富人通过充任僧人或沙弥逃避纳税和其他义务的方法。睿宗与他的姐妹一样，是虔诚的道教信徒，已把道教置于佛教之上，[①] 并且不断深受道士的影响。他下令调查佛教寺院拥有的土地和水磨，并命令凡是非法取得的土地一律由国家没收。[②] 712 年，他又下令拆除那些未得官方认可的寺院。[③]

玄宗登基后，在姚崇的鼓动下也迅速采取反佛教的行动，姚崇以前在河北任职时，曾以反对佛教寺院闻名。[④] 713 年的诏书禁止豪门大户建造私人寺庙或"功德院"，因为这些已经成了逃避纳税和各种形式的徭役的手段。[⑤] 714 年阴历五月，在姚崇提请玄宗注意为了同样目的公然不正当地滥用遁入空门这种现象后，对佛僧的大规模调查开始了，结果使 3 万余名僧尼还俗。次月，政府明令禁止建造新寺院，同时严格控制对现存庙宇的翻新。[⑥]

玄宗不但打击佛教界的物质基础，而且试图把佛僧的活动限在庙内并禁止他们公开讲经，后一个措施可能与这一世纪初期几份诏书中公开宣布镇压的各种宗教叛乱者的集团有关。[⑦] 他还企图使用由来已久的方法，要佛僧孝顺其父母，换句话说，就是要承认他们自己没有完全脱离正常的社会关系和摆脱对当局的义务。在这方面，他并没有比他的前人取得更大的成就。[⑧] 他的其他反佛教措施的成就是难以估

---

① 《全唐文》卷 18，第 9—10 页。

② 《全唐文》卷 19，第 3 页。

③ 《佛祖统记》，载《大正新修大藏经》卷 49，第 373 页。

④ 《旧唐书》卷 96，第 3022 页。

⑤ 《唐会要》卷 50，第 878 页。

⑥ 《唐会要》卷 47，第 826—827 页；《全唐文》卷 26，第 27 页；《资治通鉴》卷 211，第 6696 页。

⑦ 《全唐文》卷 26，第 10 页；卷 30，第 10—11 页；卷 29，第 5 页。关于 715 年河北的教派起义，见《新唐书》卷 5，第 124 页；《旧唐书》卷 8，第 175 页；《资治通鉴》卷 211，第 6710—6711 页；《唐大诏令集》卷 113，第 588 页。这些记载提到教徒白衣长发。敦煌的《户部格》残卷（S. 1344 号）引了 674 年、695 年和 702 年的类似的诏书。这些材料说明有些教徒受过很高的教育。

⑧ 《旧唐书》卷 8，第 172 页。关于对待佛教政策的更详细的情况，见 S. 温斯坦在《剑桥中国史》第 4 卷中所写的一章。

计的。玄宗肯定仍不满足，因为在8世纪20年代他又推行了新的措施，这将在以后论述。

710—720年的军事改组

玄宗时代中国对外关系中的重大事件在下面将予充分论述，这里只需提供详细的材料来说明防务政策发生变化的背景。在睿宗执政之初，唐朝在边境面临几个很突出的问题。

在极西部，武后在692年决定维持对塔里木盆地诸国和对准噶尔的牢固控制，这使中国人负担了相当沉重的军事义务。在塔里木盆地，以龟兹为大本营的安西四镇提供了一支分驻于重要城市的"保护性"力量，但这些城市仍保留着土著统治者。这些部队防卫这一地区，使之免受南方的吐蕃以及西突厥、特别是北方突厥的强大的部落联盟突骑施的压力，同时也为了对付阿拉伯人从西面侵入河中地区所构成的潜在威胁。在这里驻军的主要目的是控制经塔里木通往中亚、克什米尔和北印度的商路和经近代阿富汗通往伊朗的商路。

更往北，中国的军队和分遣队分驻在沿天山北侧经伊犁河谷和费尔干纳通往中亚的路线上。哈密和吐鲁番绿洲还驻有中国的守军，那些地方在太宗时期被征服，并正式归中国文官治理。在这些地区有一定数量的中国定居者（其中许多是强制迁来的罪犯和家庭），但绝大部分人口仍是非中国人。这一在今乌鲁木齐附近、以北庭都护府为中心的地区必须加以守卫，以防西面的突骑施、北面的黠戛斯和东北的突厥的侵犯。

8世纪初期驻在西面的守军总数约为5万人，这意味着中国人必须不惜一切代价牢牢地控制经甘肃西北绿洲这条供应他们的路线。在这里，唐朝面临的最强大和最咄咄逼人的敌人是吐蕃人。在7世纪后半期，吐蕃国已经征服和逐渐并吞了在今青海省的原吐谷浑领地。从这一富饶的放牧区，吐蕃人能直接对甘肃西部的敦煌直至四川这一弧形的中国边界施加压力。为了对付这一威胁，中国人自7世纪70年代起逐渐设立永久性的卫戍部队和分遣队，它们以军垦为后援，使部队在这一交通困难的地区至少能部分自给。直接的吐蕃侵略在 700—702 年的一次惨败后结束，此后发生的内乱和吐蕃幼王的登基暂时迫使吐蕃人把精力集中在内部事务方面。从 707—710 年与中国人的长期和谈，在睿宗即位前不久以和亲结束。吐蕃人能够从唐朝廷取得非常有利的条款；和谈的部分内容是把黄河上游称之为"九曲"的领地割让给吐蕃，这一地区对武后时建立起来的防务体系是极为重要的。吐蕃人可以由此直接威胁长安周围的京畿区，它的丧失大大地削弱了中国的战略地位。

714 年，吐蕃人要求缔结一个正式的和约，玄宗同意。但和约刚缔结，吐蕃人就攻击兰州，造成很大的破坏。虽然在 714 年后期吐蕃人遭受了决定性的失败，中国人从此能够控制其边境并再次建立起防御工事，但吐蕃人这种欺人的背信弃义使玄宗产生了根深蒂固的不信任和痛恨，并多年不愿再作任何和平安排。①

沿关中和河东两道的北部边境，唐王朝面临的是游牧民族宿敌东突厥人。691 年默啜可汗登上汗位后，突厥又发展成一个令人生畏的强国，到 8 世纪初期，它在从满洲边境直到西方的费尔干纳的整个草原地带称霸。突厥人在武后时期屡次袭扰中国边境，但中国人在 705 年惨败于他们之手后，就沿黄河北道建立了昂贵的、由常备军和永久性堡垒构成的防务体系，以重兵驻守，从而有效地遏制了进一步的大规模入侵。同时，基本上以他个人统治为基础的默啜的"帝国"受到西面和北面的臣服民族的日益加强的挑战，所以在睿宗登基时，默啜在全力进行他在极西部的战役。从 711 年起，他不断与唐王朝进行和亲谈判，以期支撑他在其臣服民族中的衰落的权力；714 年，虽然他攻打了中国西面的北庭诸前哨，但他从未严重地威胁中国本部的边境。716 年他的死亡进一步削弱了突厥人的力量，他们的许多附庸部

---

① 关于与吐蕃的关系，见伯希和《古代西藏史》（巴黎，1961 年），书中把《旧唐书》卷 196 上和下及《新唐书》卷 216 上和下译成法文。最佳的批判性研究载于佐藤长的《古代西藏史研究》（两卷，京都，1960—1961 年），此书把中文史料与 J. 巴科、F. W. 托马斯和 Ch. 图森编译的《敦煌文献中有关西藏史的材料》（巴黎，1940 年）中的藏文编年史互相印证。

落纷纷投向中国。以后北部边境的动乱并不是突厥人造成的，而是来自已在北部关中和河东（今陕西和山西两省）的中国领土上定居的突厥族和其他游牧民族的集团；驻守在这一区域的强大的边防部队负责对付它们内部的暴动以及来自草原的袭扰。①

从 696—697 年，生活在今河北和辽东省边缘地带的两个游牧民族——突厥血统的奚族和准蒙古族的契丹人——在东北崛起，构成了强有力的威胁，当时他们已把中国人赶出南满并侵入河北。他们被赶回后，由于得到突厥的援助，就像新兴的振国（后来的渤海，由在南满的高丽残余组成）那样成了突厥的附庸。他们多年来被幽州（今北京）都督薛讷所阻。薛在 711 年调任后，新督愚蠢地企图对他们发起进攻，结果造成了一段时期的严重对抗。② 但到 714 年，鉴于默啜的力量明显地衰落，奚和契丹都决定作唐朝的属国。717 年，中国在东北的地位又牢固地树立起来，并在位于现代辽东的营州恢复了都督府，719 年还在那里派驻强大的军队。③

因此，这段时期对中国的防务政策来说是相对安定和有成就的，部分的是因为邻近的几个最具侵略性的强国每况愈下，部分的是因为武后和中宗时构筑的永久性的防御工事起了作用，部分的是因为唐朝一般采取了和解性的外交政策与和亲手段。姚崇和宋璟都经常力促玄宗在对外关系方面要谨慎从事；玄宗也许需要克制，因为 714 年吐蕃入侵以后，他计划亲自领兵进行大规模的讨伐，只是由于边境将领的胜利才未成行。717 年，宋璟甚至反对把中国的管辖扩大到辽东，因为这是不必要的负担。

然而，虽然这 10 年中国人没有采取任何侵略性的扩张政策，但

① 关于突厥人，见岑仲勉在《突厥集史》（两卷，北京，1958 年）收集的详尽的史料；刘茂才（音）的《关于东突厥史的中文资料》（两卷，威斯巴登，1958 年）翻译了主要史料。勒内·吉罗的《突厥帝国：骨咄禄、默啜和默棘连诸汗（680—734 年）的统治》（巴黎，1960 年）主要根据突厥史料写成。
② 《资治通鉴》卷 210，第 6672—6673 页。薛讷曾在 710 年打退了一次奚族的入侵，《资治通鉴》卷 210，第 6659 页。
③ 《旧唐书》卷 39，第 1521 页；卷 185 下，第 4814 页；《新唐书》卷 39，第 1023 页。

他们仍不断在易受攻击的北方和西北边境一带构筑防御工事。到 722年，据张说估计，军队总数已增加到 60 余万。[①] 在玄宗初期，极力加强兵力的地区是陇右（甘肃南部）、河东和东北，这是一些能使中国境内关键的道遭受外来威胁的地区。

但比单纯建立边防军更加重要的，是对他们的控制和部署的变化。在所有的边境区，尽管它们的战略位置迥然不同，中国人仍面临着一个共同的危险因素。他们的潜在敌人吐蕃人、突厥人、契丹族和奚族都是高度机动的游牧或半游牧民族，他们的目标不是永远征服中国的领土，而是对边境地区进行突然袭击以掠夺粮食和其他物品，并掳俘居民为奴，特别是抢走牲畜和马匹。只有吐蕃企图长期征服中国的边境领土，但即使在当时它也是很有限度地进行这一活动的。

这类一般不很持久的战争尤其需要指挥的灵活性和作出迅速反应的可能性，它还需要庞大的边防军，因为所有这些民族能够把数以万计的精于骑射的军队投入战场。要对付这类挑战，像唐初建立起来的那种唐代军事体制是很不够，也不能适应形势的。整个军事组织高度集中。无数以几百人驻守的小的镇（或戍）已在边境成立，置于地方行政的控制之下。但万一出现超过规模很小的地方冲突，中央政府就必须集结"行军"。这种军队的组成部分是通过动员隶属于各卫的府兵，部分是通过大规模征兵。通常政府必须从京师禁军的将领中任命出征期间的统帅及其部属，但有时从正式的官员中任命，其中许多人能随时出将入相。这种完全特殊的组织必然需要一定的时间才能组成。所有动员、训练、向前线运兵、兵员的供应和装备等工作都必须临时完成。当需要进行计划周密的反攻或大规模讨伐时，它证明可以应付裕如。但如果要对只有有限目标的机动灵活的敌人的攻击作出迅速的防御反应，这一制度实在太慢，太不方便。到大军到达边境时，敌人一般早已撤回自己的境内了。

在高宗和武后时期，防务因成立大批长期的边防戍军而得到加

---

① 《旧唐书》卷 97，第 3053 页；《资治通鉴》卷 212，第 6753 页。

强。这些军队一部分是有长期任务的府兵，但长期服役的健儿的人数日益增加，他们之中——特别在骑兵中——有的人是非汉族人。这些常备军最早设在吐蕃边境的西北和中亚；从 7 世纪 90 年代起，河东和河北北部边境一带也部署了这种军队。但即使这些军队中最大和最训练有素的力量，在孤立无援时也不能抵挡一次大进攻。

随着睿宗的即位，边防不但得到足够的兵力，而且还有一个经过协调的指挥机构；如果遭到进攻，这一机构能够迅速部署这些部队而不会有一成不变的制度所带来的那种等待中央政府任命战地统帅和动员野战军的长期延误。从 710 年和 711 年起，任命长期的节度使以指挥各防区的做法逐渐成为定例，而根据传统，以前各防区是归远征军的总管指挥。这一制度并不是一下子在全边境实行的，而是在以后 10 年中逐渐发展而成，但在 8 世纪 20 年代初期，北方和西方边境已被组织成九大藩镇。这些可见之于表 8 和地图 10。

表 8 　　　　　　　　　　　　**玄宗时期的边境藩镇**

名称	驻营地	设立日期*	战略目标
平卢	营州	719 年+	控制南满。防御契丹和奚的侵袭
范阳	幽州	714 年	防御契丹、奚和突厥对河北道的侵袭
河东	太原	723 年前	防御突厥、奚和契丹对河东的侵袭。控制定居在境内的突厥等民族
朔方	灵武	713 或 721 年	防御突厥对关中的侵袭。控制定居在鄂尔多斯区的部落民族
陇右	鄯州	714 年	防御吐蕃对关中西部的侵袭
河西	凉州	711 年	防御吐蕃和突厥对河西走廊的侵袭。维护往中亚的通道
剑南	成都	717 或 719 年	防御吐蕃对四川边境的侵袭。控制边境少数民族
北庭	庭州	727 或 733 年	控制往中亚的通道，防止突厥、黠戛斯和突骑施等族的侵袭
安西	龟兹	718 年	控制塔里木诸绿洲

　　注：*不同的藩镇设立的日期很不相同，人们往往很难确定，日期是指授予节度使头衔的时间，或是指正式设立藩镇的时间。

　　+平卢虽然单独设藩镇，但在 742 年前总的说受范阳节制。

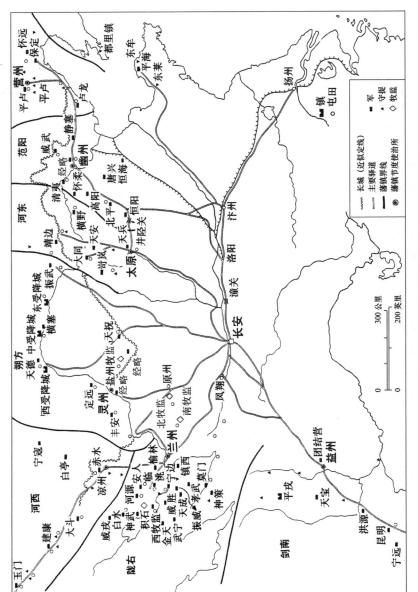

地图 10 玄宗时期的军事编制

部分根据蒲立本的《安禄山之乱的背景》（伦敦，1955 年）地图 2 制作。本图未标出北庭和安西两个边西藩镇，或河西的极西部分。剑南军事组织的材料非常混乱和矛盾，事实证明不可能在地图上详细标明。

（图内地名、标注）

河西　玉门　建康　大斗　威戎　白亭　宁寇

陇右　积石　神武　白水　河源　金天　武宁　振威　威戎　天成　安人　临　振武　威戎　振远　绥和　宁塞　莫门　神策　西牧监　北牧监

凉州　兰州　榆林

剑南　天宝　平戎　团结营　孟州　洪源　昆明　宁远

朔方　天德　中受降城　东受降城　横塞　振武　西受降城　定远　丰安　灵州　盐州牧监　经略　原州　南牧监

河东　大同　横野　清夷　横海　唐兴　岢岚　天兵　天安　北平　恒阳　大原　井陉关　恒阳　塞边　靖边

范阳　威武　静塞　蓟州　卢龙

营州　怀远　保定　平卢　平卢　都里镇　东牟　平海　东莱

长安　洛阳　潼关　凤翔　汴州　扬州

图例
- 长城（近似定线）
- 主要驿道
- 藩镇界线
- 藩镇节度使治所
- 军　屯田
- ◦ 守捉
- ▲ 守捉
- ◇ 牧监

比例尺：0　200 英里　300 公里

以上各"藩镇"的节度使拥有一大批他直接指挥的部属和军队（通常称经略军），对规定数目的边州军务有完全的管辖权，并且能指挥该地区所有独立的军、镇和小分队。归节度使调动的兵力十分庞大，其数从 2 万直至 9 万余人。对如此众多的兵员的维持造成了后勤支援的大问题，由于运输口粮和物资到边境地区的困难，这些问题就更加严重了。后勤供应由支度使负责，他们受权掌握大量中央政府的资金，以购买军粮、军衣和军用装备。许多军队高度依赖军队自己耕种的地方屯田。这些田地由营田使经营管理。在最初，这些职位由专门的官员担任，但从 8 世纪 20 年代初期起改由节度使兼任；节度使另外配备有专门知识的部属来处理这些后勤和财政问题。729 年后，范阳的军队部分地通过海运得到供应，因而范阳节度使另负海运的专责；而朔方的节度使则控制连接其各地军队的黄河上游的河运，同时还掌握地方盐的生产。

节度使历年取得的非军事职能还不止这些。朔方的节度使在 734 年，后又在 746 年兼任关内道的采访使，因此在一定程度上在一个远比他们实际的边境藩镇广大的地区管理民政。从 737 年起，剑南（四川）的节度使甚至兼有邻近山南西道采访使的头衔。725 年，政府正式承认把节度使的藩镇纳入行政体系的做法，节度使获准使用"木契"，使他们正式有权进行重大的财政转账和个人指挥大军。节度使身边有时有一监军，监军通常是御史，但 737 年后有时是宦官，他负责报告节度使的行动和维护朝廷的利益。但一般地说，节度使获准有很大的行动自由和选用自己部属的权力，不受文官政府繁琐行政手续的不当的掣肘。

边境藩镇的组织在玄宗初期逐步形成，它们的情况肯定不一样。至少在 732 年前，在设立永久性新藩镇的同时，政府仍在动员野战军和任命其统帅。军队的固定建制、小分队和军队的人数及支撑他们的固定财政拨款都是直到 737 年才被确定下来的（下面将予论述）。

在初期，直到 8 世纪 30 年代中期或更后，除了西部各藩镇外，大部分节度使为高级文官，他们兼任其他高级职务，希望在任期满后调至中央政府。例如，范阳最早的五个节度使都曾一度担任过宰相。

许多这类官员虽然身为文官，但可能在武职中几乎度过他整个官宦生涯，而且是与许多将军一样的职业军人。但他们仍渴望在中央政府担任高官。他们的任期一般比较短，在藩镇的时间很少超过 4 年，然后又重任文官。因此这些最强大的军队是牢牢地受朝廷控制的。

只有位于中亚的安西和北庭及吐蕃边境的河西和陇右诸藩镇是例外，因为那里边境战争的危险不断出现。这里文官很少接受带兵的任务，这项工作一般由职业军人去做。这些将领镇守的时间一般比其文官同僚更长。他们通常根据需要在西面的藩镇中调动，但很少担任文职。他们的部属也几乎全部是职业军人，由此产生了一批久经沙场和在战斗中得到锻炼的将领，他们的戎马生涯全在边塞度过。到 8 世纪30 年代，人们发现这些人都在北部边境的诸镇任职。

事实证明，新体制眼下对防务体系作了最有价值的改进，并且在玄宗巩固政权的最初的关键几年有效地保卫了中国。但它确实使压倒一切的兵权集中在少数人手中。只要皇权不受挑战，他们仍是王朝的忠仆，一切平安无事。但他们仍是产生危险的潜在根源。当玄宗在716 年，后来又在 729 年任命诸王为名义的节度使时，他也许意识到这种危险。诸王留在京师，由拥有节度使全权的副大使履行他们的职责。行政工作的进行实际上没有变化；这些正式的任命象征性地说明，节度使仍是皇帝的臣仆，而不是半独立的地方统治者。[1]

玄宗及唐宗室

玄宗在他执政开始时面临的最大问题也许是如何结束皇族成员、宫中后妃和外戚对宫廷政治的不正当干涉。他是在太宗时期显然十分巩固的皇帝权力已被削弱和侵蚀半个多世纪以后登基的。以前连续三个皇帝都完全受他们的皇后或女眷的支配，并且听任宫廷阴谋以及个

---

[1] 对兵制改革的第一流的研究作品为滨口重国的《从府兵制到新兵制》，此文最早在1930 年发表，重载于《秦汉隋唐史研究》卷 1，（1966 年），第 3—81 页。以后又有大量的作品。浦立本的《安禄山之乱的背景》（第 61—74 页）提供了早期研究的简明总结。《岩波讲座世界历史》，5（1970 年），第 407—439 页中菊池英夫所写的优秀的一章，《府兵制度的发展》提供了这一研究领域的更近期的状况。

人宠信的人物和外戚成员破坏政治发展进程。他以前每一代皇帝的统治都被激烈的继位争端搞糟，这些争端把朝廷弄得四分五裂，结果没有一个原被指定为皇太子的王子真正登上皇位。

要紧的是，不能再让后妃支配政治。每当发生这种情况，它不但给帝皇的权威造成不可挽回的损失，而且导致政治的普遍不稳定。这是不可避免的，因为皇家妇女没有公认的政治地位，她们只能秘密和间接地施加影响和压力，来左右政务的发展。

一切外界的势力都可以通过皇室妇女间接对皇帝起作用，因为她们能在皇帝闲暇时不受严格的宫廷礼仪接近他。地位高的后妃都出身于大贵族门第，她们的近亲常常深深地卷入宫廷政治斗争之中。与皇帝儿女攀亲的姻亲也有相似的背景，因此皇室就陷进了与京畿地区大贵族门第的复杂的联姻网络之中。虽然宫廷妇女身居深宫，由宦官守卫或管理，但这种隔绝状态与以后相比还是很松的。唐代的上层妇女享有很大程度的独立，所以当时宫廷妇女无疑与宫外的亲属和社会保持密切的接触。这类联系也是一种潜在的危险。

另外两个集团也能方便地接近后宫成员。第一种人是宦官，他们享有作为皇帝家奴的特权地位，但在 8 世纪开始时，除了像皇帝宠信的宦官高力士[1]（他在反韦后的政变中起了重要的作用）这类特殊人物外，相对地说依然无权。第二种人是僧道之流。宫廷的妇女历来虔诚，是佛寺道观和个别僧人的慷慨施主，有的僧人通过这种方式在宫廷取得很大的权势。

玄宗的王皇后[2]出身于太原的望族。她的父亲王仁皎（651—719年）曾是一低级的禁军军官，在玄宗成为皇太子后，他因皇亲关系而升至一个高级但不重要的职位。王皇后的孪生弟兄王守一是玄宗推翻太平公主及其党羽时的密谋者之一。玄宗在未得势时与他交往甚密，后来他娶了睿宗的七女清阳公主。虽然两家联系甚密，玄宗对王守一又欠了特殊的恩情，但王氏家族从未得到任何重要的官职。王守一担

---

[1]　传记载《旧唐书》卷 184，第 4757—4759 页；《新唐书》卷 207，第 5858—5861 页。
[2]　传记载《旧唐书》卷 51，第 2177 页；《新唐书》卷 76，第 3490 页。

任过殿中少监及太子少保。父子二人都被封为公,积聚了巨额财产,但玄宗小心翼翼地不授给他们任何有权势的职位。①

王皇后不能生育。由于当务之急是尽快解决继位问题,所以在715年之初,玄宗之次子郢王李瑛被指定为太子。② 李瑛为玄宗的赵丽妃所生。出于某种原因,刘华妃所生的长子李琮未被提名。人选之确定可能是因为赵丽妃善于歌舞,自708—709年在潞州时期就受到玄宗的专宠。

另外还有玄宗的弟兄们和他的叔父李守礼,太平公主在睿宗时期就曾提到他们的皇位继承权问题。

前面已经谈到,姚崇和宋璟在711年已经试图解决这一问题,办法是禁止皇室诸王统领禁军,因为这种部队使他们取得发动政变的兵力。对公主的配偶也下了类似的禁令。后来,玄宗的弟兄和李守礼被任命担任一般是在长安附近的几个重要的州的刺史或都督,同时在朝廷担任并无实权的礼仪性职务。这一措施在714年被正式规定,安排应有两个亲王在朝,三月一轮换。③

把诸王调离京师的目的不仅是阻止他们本人发动政变,更重要的是防止他们被朝廷中寻求皇室傀儡的对立党派所利用。他们受命管领很重要的州;例如李成义在防御契丹的关键时刻是幽州(北京)刺史。但诸王参与州的行政管理的程度是值得怀疑的。至少李守礼就把公务交给他的副手处理,自己则以狩猎、饮酒、听音乐和寻欢作乐度日。④

不论这一政策对帝国几个最重要的区域的行政带来多么不幸的后果,但它确使诸王摆脱了宫廷的阴谋。幸运的是,玄宗与他的弟兄手足情深。714年,他把他们以前在长安共住的一座王府扩大和改建成自己的离宫(南宫或兴庆宫),并分赠诸弟兄各一座附近的王府,以

---

① 《旧唐书》卷183,第4745页。
② 《唐会要》卷4,第43页;《旧唐书》卷8,第174页;《资治通鉴》211,第6707页;《旧唐书》卷107,第3258页。
③ 《资治通鉴》卷211,第6703页。
④ 《旧唐书》卷86,第2833页;据卷8,第173页记载,他们把责任下放给他们的副手。

便互相访问。诸王形成一个多才多艺的家族，他们专心于文学、音乐、学术以及唐代贵族珍视的那些上流社会的运动，并且还有许多与皇帝相同的爱好。[1]

与皇帝最亲密的亲王是李成器，他也热爱音乐和戏剧，经常与皇帝摆酒设宴，狩猎，打马球和斗鸡作乐。李成器对政治深感兴趣，特别获准每年把他自己一年的大事记送交官方的修史者。这是一项严肃的工作，每年送交的记载多达数百页，但仍存在一种默契，即他从不想与皇帝讨论当前的政务，也不想形成任何政治派别。[2] 弟兄之间的亲密关系是温暖的私交关系，它并不意味着诸王以任何方式分享玄宗的权力。

同时皇室以惊人的速度在扩大。玄宗有 59 个子女，其中许多人生于他登基之前。再下一代人数甚至更多。他 30 个女儿的子女的情况无记录可查，他们自然应算做驸马的家属。《新唐书》中的皇族谱系列了他 29 子中的 20 个，孙子共 94 人。但这些只是总数的一小部分，因为其中大部分或被分封，或担任高官。我们已知，他的第四子有子女 55 人，第六子有 58 人，第二十子有 36 人。这些孙辈中，有 34 人被封为郡王，24 人为国公，如果这些人全按 719 年唐律规定接受足额的封地，单单他们的岁入就吞没了将近 25 万户的税。他们收的津贴肯定不是足额的，往往只收到象征性的封地，但对诸王的支撑和维持显然成了一个沉重的负担。726 年以后，皇帝在城的东北角专门为诸王建立一座王宅。这一为王子建造的建筑群称十王宅，它因最早在那里定居的诸子而得此名。十王宅后来扩充到北面的御苑内；737 年的一个时期，王朝又在同一区为皇帝的孙子营造一群院宅，称百孙院。[3]

从此，皇室的子女都在宫内成长，但当他们被封后，他们不是像以前那样在宫外得到宅第，而是在这一建筑群中分得自己的院落，他

---

[1] 《旧唐书》卷 95，第 3011 页。

[2] 传记载《旧唐书》卷 95，第 3009—3013 页。

[3] 《旧唐书》卷 107，第 3271—3272 页。

们就与其家庭在那里居住，并受中央的监督和由皇宫供应一切用品。这样就对皇室成员作了进一步的限制，并便于皇帝遏制他们的活动。各王另立皇族新"房"并自定礼仪的旧制也到此结束，这是诸王地位衰落的一个标志。[①]

玄宗朝中期，720—736 年

720 年正月，宋璟和苏颋失去权力。宋璟因在命令御史台处理大量积压案件时采取高压手段而引起了普遍的不满。这一丑闻甚至被皇帝的俳优嘲讽一通，皇帝本人也认为宋璟有严重错误。但他被撤职的直接原因并不是这一丑闻，而是限制淮河和长江地区私铸的灾难性失败及其代理人萧隐之御史在推行这些措施时的严厉和不人道的方式。这一切引起了极大的不满，以致皇帝免去宋璟和苏颋的宰相之职，并把萧隐之撤职。宋璟和苏颋都留在朝廷，前者得到有名无实的最高品秩，后者担任礼部尚书。苏颋不久外放任剑南的节度使和采访使，在那个以艰巨闻名的职位上取得卓越的政绩。宋璟在朝廷得到元老的待遇，722 年，他任留守，负责长安的事务，724—725 年朝廷迁往洛阳时又任此职。[②]

随着宋璟的失权和不久的姚崇之死，一个时代结束了，这一时期的官方历史的作者柳芳描述这个时代的特点如下："姚崇、宋璟、苏颋等皆以骨鲠大臣，镇以清静。朝有著定，下无觊觎。四夷来寇，驱之而已；百姓富饶，税之而已。"[③]

这是一个巩固的时代，一个明智地运用皇权的时代，一个克制的时代，尤其是一个没有对外进行劳民伤财和野心勃勃的冒险行动的时代——正如 9 世纪初白居易的一首讽刺诗所言："君不闻，开元宰相

---

① 《新唐书》卷 70 下，第 2147 页。
② 《旧唐书》卷 96，第 3034 页。
③ 柳芳：《食货论》，载《文苑英华》卷 747，第 10—12 页；《全唐文》卷 372，第 5—7 页。参见《旧唐书》卷 9，第 235—237 页之"玄宗本纪史官评语"，它肯定也为柳芳所写。

宋开府，不赏边功防黩武。"

对玄宗以后的唐代作家来说，如果这不是整个唐朝的鼎盛期，也是玄宗在位时的鼎盛期。但在许多方面，在以后的 10 年和更长的时期中，人们可以看到姚崇和宋璟时期许多政策的继续和进一步发展。

720 年正月被任命的新宰相为源乾曜和张嘉贞①（666—729 年）。源乾曜在姚崇罢相之前一度与姚同任宰相。张嘉贞则是一个北京地区的世代名门之后，他的先祖在隋代已在河东西南（今山西）的濮州定居。他在 686 年前后的明经考试中得中，但在第一次授职中因有过错而被撤职。后来在 8 世纪初期，他被推荐担任去河东道视察的一个御史的非正式助手，这位御史用他起草奏议，并把他推荐给武后。武后对他印象很深，就任命他为御史。在兵部和中书省任职后，又担任重要的道的都督之职；在玄宗时他任并州长史，在那里赢得了官风整肃的政声。717 年，他在太原建立一支 3 万人的大军（天兵军）以监视在默啜汗死后就向唐投降并定居在河东北部的许多突厥人，张嘉贞就在该道任节度使。

虽然新宰相都没有姚崇或宋璟的那种形象，但两个人都因对职守兢兢业业和确立健全的行政而见称于时。721 年阴历九月，在老对手姚崇死后几天，张说被起用为第三个特任宰相和兵部尚书。他自 713 年被撤去宰相之职以来，先后在一些道担任要职，政绩卓著；最后他接替张嘉贞而任太原天兵军的节度使。②

有一段时间张说的大部分工作与军务有关。从 722 年阴历四月至 723 年阴历四月，他任朔方军节度大使这一要职。朔方藩镇控制着紧靠长安北部的关中边境。722 年后期，张说在那里与叛乱的突厥人作战，因为这些突厥人在党项人的支持下前一年在鄂尔多斯地区崛起，这时又发动叛乱。张说平定了叛乱，并把继续住在中国边境内的鄂尔多斯地区的 5 万非汉人远迁到今河北和河南省交界处的内地。③

---

①　传记载《旧唐书》卷 99，第 3090—3093 页；《新唐书》卷 127，第 4441—4444 页。

②　《旧唐书》卷 97，第 3058 页。

③　《旧唐书》卷 97，第 3053 页；《资治通鉴》卷 212，6746、6752 页。

随着边境问题的解决，张说建议大量削减当时号称 60 余万的边防军。他提出让其中的 20 万人解甲务农。张说认为边将在设法拥兵自重，皇帝虽有所犹豫，但仍被说服，同意了他的计划。同时张说又提出一个方案来代替以府兵短期配备各卫的旧制度。他要求把骁勇善战的矿骑军（他们不承担一切特殊任务）吸收到各卫和北门军中，以加强京师的防御。①

723 年初期，张说和张嘉贞发生严重争吵。多年前，张嘉贞在兵部是张说的部属，但现在他作为右相已不愿再屈己就人。张说对此心怀不满；当张嘉贞的弟兄因渎职获罪而张嘉贞本人又拒绝向皇帝表示悔悟和请罪时，他被解除宰相之职，怀着对以前同僚的怨恨被外放出任刺史。张说接替了他的中书令之职。②

代替张嘉贞的人选是王晙。③ 如同张说的情况，这一任命似乎是有意识地让一名有经验和有权势的军事领袖厕身于宰相之列。与张说一样，王晙被任命为兵部尚书和特任的宰相；一个月以后，他就任朔方节度使，前往边境赴任，并视察河西、陇右、河东、河北及自己掌管的朔方诸藩镇的兵制。他不参与朝廷的事务；723 年阴历十二月，他被贬为长江流域一个州的刺史，因为有人指控他结党和重用亲戚。④

从张嘉贞之撤职直至 726 年初这段时期，朝廷完全被张说控制。这是最后一任内阁，在此期间，政务仍被在武后时已担任高官并继续推行许多从她开始的政策的大臣所左右。直到此时，玄宗的全部宰相都通过科举考试，大部分来自洛阳地区或东北。

姚崇时期推行的集权化政策这些年仍在继续实施，而张说进行的两大改革又把相权牢固地树立了起来。722 年末的命令规定，宰相得享受 300 户实封的岁入。⑤ 这是第一次给他们提供实职俸禄以外的收

---

① 《旧唐书》卷 97，第 3053 页；《资治通鉴》卷 212，第 6753 页。

② 《资治通鉴》卷 212，第 6755 页。

③ 传记载《旧唐书》卷 93，第 2985—2990 页；《旧唐书》卷 111，第 4153—4157 页。

④ 《资治通鉴》卷 212，第 6755—6757 页。

⑤ 《唐会要》卷 90，第 1644 页；《资治通鉴》卷 212，第 6753 页；《新唐书》卷 127，第 4450 页。

入，并承认宰相的职务不再是兼职的咨询性任命；因为在以往，宰相应在午前完成任务，其他时间应在他的省（或部）工作。次年，这一新情况被制度化。以前宰相的会晤地政事堂被改为正规的宰相官署即中书门下，宰相们的政策建议即以此名义送呈皇帝。宰相的官署开始有自己的分成五房的僚属，它们分管吏务、枢机政务、军事、财政和司法。[①]

中书省和门下省的职责界线多年来变得越来越模糊，现在更加纠缠不清了。以前原由各自秘书班子履行的起草和审议的职责现在改由各院——特别是隶属于中书省的集贤院——的班子负责。[②] 集贤院在718 年成立，在 725 年被改组和改名，当时由张说领其事。它的成员都是兼职的干练官员，受宰相和皇帝之命草拟文告和充当学术顾问。[③]

这些发展具有十分重要的意义。它们给宰相们提供有效地控制政务所必需的个人支持，当只有一个强有力的宰相——皇帝的主要顾问——时也是如此。它们还使皇帝能够任用各院的学士起草文件和拟订政策，避免正规的官僚机器制造的拖拉和积压。虽然在开始时集贤院学士（他们在中书省管辖之下，虽然管辖比较松散）普遍地就以这种方式被使用，但皇帝的其他私人秘书则从翰林供奉选调，直接隶属于皇帝。738 年后，这些人被学士院学士代替，学士院学士开始越来越多地为皇帝起草诏令。这些发展为唐王朝以后政务处理的重大改变奠定了基础。

源乾曜和张说继续贯彻和加强推行的另一个政策是试图让更多有才能的官员到地方政府任职，并确保中央政府中的大臣有地方的行政经验。由于源乾曜本人对此深有感受，所以他在 720 年就任宰相后，就要求把他的任京官的三个儿子中的两个调到地方。[④] 这一规定扩大

---

① 见《资治通鉴》卷 212，第 6758 页。
② 关于集贤院，见池田温《盛唐之集贤院》，载《北海道大学文学部纪要》，19.2（1971年），第 45—98 页。
③ 《资治通鉴》卷 212，第 6755—6756 页。
④ 《新唐书》卷 127，第 4450 页；《资治通鉴》卷 212，第 6740 页。

到在京任职的文武官员的家族，他们的许多亲属被调到地方任职。

720 年阴历五月，已在 717 年停止活动的按察使被重新恢复。721 年，在京的每个高级官员和所有州刺史都奉命审查一个县令官署的政绩，然后建议对县令的奖惩。① 722 年，政府采取措施以保证增加地方官员的官俸，同时削减给高级京畿官员随从的津贴。另外，皇帝本人在这几年的巡行中也召见地方官员，有时给失职者以降级处分。②

725 年初期，皇帝挑选在京的 11 名杰出官员——包括源乾曜的任大理寺丞的侄子——出任州刺史。在任命时皇帝设盛宴招待朝廷百官。但甚至在这样公开的场合仍有一个被选派的官员不愿外调，玄宗大为恼怒，于是就把他贬黜。在朝廷为官的吸引力仍大于使地方获得良好吏治的需要。③

皇室的问题

有明显的迹象表明，玄宗在位初年建立起来的政治平衡正日趋不稳。皇帝决心把自己的意志强加于人的第一个迹象出现在他与自己家族的关系方面。720 年阴历十月，皇帝的四弟李范被牵连进一个奇特的事件中。李范是著名的潜心于学术的学者、书法家、古文物收藏家和藏书家，又是与许多学者交往甚密的庇护人。他现在与他妹夫（即睿宗幼女霍国公主之夫）裴虚己一起被控不正当地查阅预言吉凶的巫书——这一指控通常是含蓄委婉地指策划取代皇帝的宫廷阴谋。裴与公主离婚，被放逐到遥远的岭南。同时，李范的两个亲密的文人助手被贬至地方工作，原因是他们违背了皇帝最近的禁令，即诸王、驸马及其家庭成员不得与其近亲以外的人进行密切的社会交往。另外，所有术士不得进入宫宦之家。④

李范本人未受到任何惩处，在 726 年死前，与皇帝的关系依然很

---

① 《资治通鉴》卷 212，第 6740、6745 页。

② 《唐会要》卷 91，第 1653 页；《资治通鉴》卷 212，第 6755 页。

③ 《资治通鉴》卷 212，第 6763 页。

④ 《资治通鉴》卷 212，第 6751 页；《旧唐书》卷 95，第 3016—3017 页。

好。但在 720 年和 721 年,前此 10 年在地方任职的诸王都被召进京,长兄李成器担任太常寺卿,李成义被授予威望很高的司徒的荣衔。其他诸弟则在太子府任职。这种情况的发生,可能应部分地归咎于诸王对他们州的职守毫不热心,源乾曜在 716 年曾经对此有过抱怨。但更可能的是,皇帝感到他们与自己的诸子一样应该留在京内,以便监管。

725 年,他的另一弟李业也与一件涉及皇甫恂和韦宾的十分类似的事件有牵连:皇甫恂为殿中监;韦宾为李业的内兄弟,又是太子府的重要官员,太子娶他的另一个姐妹为妻。他们被控向术士卜问休咎。这一次的后果更为严重。韦宾被鞭笞致死,这也许是因为他是主犯,也许是因为他与皇太子瓜葛太深而使他成为参与宫廷阴谋的十分危险的潜在敌人;皇甫恂被放逐至岭南。但李业及妻子又逍遥法外。李业继续任太子少保,在 734 年极尽哀荣地死去。[①]

比他弟兄的问题甚至更加严重的是皇后的地位。他即位初期,后宫中以元献后和武惠妃最受宠爱。元献后是隋朝大臣杨士达的曾孙女,武后之母也来自这一门第。元献后于 710 年被选入后宫,生一子(后来为肃宗帝)一女。她与张说联系密切,她的女儿就嫁给张说之子为妻。但在玄宗登基后不久她就去世。[②] 玄宗后来特别迷恋另一个妃子武惠妃,她为他生下四子三女。武惠妃是武后的近亲武攸止之女,她的母亲也出身于无处不在的杨氏大姓。[③]

王皇后的最坚定的支持者之一是姜皎,在玄宗朝的头 10 年中,他是皇帝贴身的亲密宠臣,与源乾曜又是姻亲。在 722 年,皇帝与无儿女并日益被冷落的王皇后的关系趋于紧张。皇帝因她无子女,就与姜皎秘密商量将她废黜,但姜皎把此事透露给皇后。娶皇后之妹为妻的一个皇族低级成员报告了姜皎的这一轻率行动。玄宗处以鞭笞并把他放逐,他死于途中。[④]

---

① 《旧唐书》卷 95,第 3018—3019 页;《资治通鉴》卷 212,第 6741—6742 页。
② 《旧唐书》卷 52,第 2184 页。
③ 见霍华德·列维《唐玄宗的宠妃武惠妃》,载《通报》,46(1958 年),第 49—80 页。
④ 《资治通鉴》卷 212,第 6751 页;《旧唐书》卷 59,第 2334—2337 页;《新唐书》卷 91,第 3793—3794 页。

皇后这时比以往更有理由担心自己的地位，她一心想生出一个儿子来维护她在宫廷的地位，虽然皇帝还没有最后决定让别人代替她。她的胞兄弟王守一这时安排一个和尚为她作法画符，以保证使她生子。当724年阴历七月此事败露时，王皇后被贬为民。王守一被流放，与皇室之妻离婚，最后奉命自杀。但前皇后没有另受惩处，而在宫内另住一地，在阴历十月死在那里。其他的妃嫔都喜欢她，皇帝本人也后悔将她贬黜，就像他后来后悔对姜皎的惩处那样。①

与张说发生过冲突、此时任户部尚书的前宰相张嘉贞也受王守一之案的牵连，被外放到浙江任刺史。王皇后的贬黜可能出于政治动机；有人主张，与武家有长期亲密关系的张说一直支持武惠妃反对皇后，但这主要是推测。可以肯定的是，皇帝没有封武惠妃为后，她仍为惠妃（一等宠妃），不过她家族成员得到的那种荣誉和升迁却相当于皇后家族的待遇。726年稍晚些时候，他打算封她为后，但当他宣布这一意图时，有人反对，认为此举不明智，因为她的家族曾经是唐王朝的宿敌，还因为既然她不是皇太子的生母而有自己的儿子，封后之后可能会使继位问题陷入危机——事实证明这一预言十分准确。皇帝生前从未封她为后，虽然她无疑仍保持第一妃子的地位。

关于贵族的复起

8世纪20年代初期最重大的政治变化也许是作为一支活跃的政治势力的关中旧贵族的重新崛起。第一个明显例子是宇文融的崭露头角（详下文）和李林甫在政治舞台上的出现。贵族对那些保卫经过考试选拔和在武后时期开始当官的东部人利益的老卫士进行挑战，从而造成了下一个10年的尖锐的政治分化，虽然对立集团的界线绝不像有些人提出的那样泾渭分明。

除了8世纪20年代贵族在全国范围内重新崛起外，还有其他迹象表明，有严密界限的贵族的旧思想正在复活。在这一世纪初期，在

---

① 见俞大纲《两唐书玄宗元献皇后杨氏传考异兼论张燕公事迹》，载《历史语言研究所集刊》，6（1931年），第93—101页。

太宗时期最受人关注的宗谱已经重新时兴起来，在玄宗在位的整个时期它吸引了许多学者，其中包括许多最著名的官方史学家。刘冲就是其中之一，他在中宗时期提议编一部全帝国最有名望的家族的官修宗谱大全。重要的是，他提出它不应根据以担任唐代官员为收录标准的659年的《姓氏录》，而应根据638年的《贞观氏族志》编纂，因为后者更注意传统的社会地位。在前一世纪虽然容许改变家族的地位，但这时的情况似乎是，在名门大族面临武后时期吸收的出身较低的人的政治挑战时，新的宗谱汇编可能旨在重新树立这些大族的社会地位。

不像以前的汇编，这部作品是委托给包括刘冲（他的家庭有专门编修宗谱的长期传统）和刘知幾在内的官方修史者编写的。它修成于713年，并在同年送呈玄宗，其篇幅不少于200卷。编写的态度显然是慎重的，因为作者们奉命校正和使之符合当时情况，然后把它颁行于全国。在723—726年期间，著名的史学家韦述又加以补充，结果写成长达20卷的补编，名为《开元谱》。从实用意义上说，还不清楚修志的实际意图是什么。刘冲的奏疏提出，这个项目意味着要区分士大夫与平民的出身，不过唐代的任何材料都没有官方鼓励这种区分的记载。但从16世纪起，在一批中国宗谱著作中保持着一种持久不衰的传统，即在717年颁布一个诏令，规定26个大家族的突出地位，并禁止其成员与这些家族以外的人通婚。在整个玄宗在位期间，宗谱研究继续发展；749年，当贵族的地位已经提高了十多年时，李林甫颁布了《天下郡望姓氏族谱》，它似乎表明通婚只限制在这一集团内部。[①]

因此从玄宗朝初年起，政府似乎已在支持旧贵族的社会权利，在8世纪20年代以后，高级官员中的旧关中贵族成员的人数稳定地增加，当然，玄宗一定早在即位之初就开始吸收他们了。

贵族政治势力的另一个源泉无疑是与皇族结成的复杂的姻亲网

---

① 见崔瑞德《唐代统治阶级的组成：从敦煌发现的新证据》，载芮沃寿、崔瑞德编《对唐代的透视》（纽黑文，1973年），第47—85页；以及此书所引的其他文献材料。

络。根据掌握的诸王的婚姻材料，他们几乎都与关中和河东南部地区
一小批名门氏族通婚。有些家族不断地与皇室通婚。例如，娶睿宗之
九女并在 720 年因与李范牵连进丑闻而被流放的那个倒霉的裴虚已有
一个弟兄娶皇族成员为妻，其子也与皇族通婚。另一个弟兄之子和孙
也被选为驸马。他的从兄弟裴巽是睿宗之七女薛国公主的第二个丈夫
（她的前夫王守一 724 年在他姐妹王皇后遭贬后被处死）；他的孙子也
成为玄宗的一个幼女之夫。

杨氏、窦氏和薛氏及隋朝的宗室提供了许多唐皇室的配偶；单单
前隋皇室的一支，就连续三代有成员为皇室配偶。与唐皇室结成婚姻
网络的另一个例子是 8 世纪 40 年代脱颖而出的韦坚的家族。他的一
个姐妹嫁给李业（玄宗之弟），另一个姐妹嫁给皇太子李瑛，而韦本
人则娶皇帝的宠臣姜皎之女为妻。

值得注意的是，一再被选为皇室成员配偶的家族中有许多人在
殿中省、东宫或在为皇帝服务的官署中任职。但皇室不可能只与专
为宫廷服务的一小批朝廷精英通婚；皇室的关系有广泛得多的政治
含义。玄宗的有记载可查的 32 个女婿中，已知与唐代宰相有亲戚
关系的不少于 19 人。玄宗的三个女儿就嫁给了源乾曜、张说和萧
嵩这三位宰相之子。把女儿下嫁张说之子（他后来成为玄宗重要的
宠臣）一事说明，这种联姻不仅仅面向大贵族，因为张说的氏族是
默默无闻的，8 世纪 50 年代的宗谱学家拒绝予以收录。同样，在
玄宗在位的后期，公主也曾下嫁给他的宠妃杨贵妃的较无名望的家
族的成员。

宇文融的崛起

传统的史学家认为，8 世纪 20 年代初是玄宗执政的转折时期：
军事的胜利助长了他对外扩张的野心，同时他又放弃了早期的俭朴和
克制，这时玄宗开始处于一批批因拟订使他能实现其目标的财政政策
而得宠的大臣们的影响之下。宇文融①就是其中的第一个人，历史学

---

① 传记载《旧唐书》卷 105，第 3217—3222 页；《新唐书》卷 134，第 4557—4559 页。

家对他进行了无情的指责。

但当宇文融在 721 年出现于政治舞台时，朝廷已面临对玄宗的宏图毫无帮助的和不可避免的财政问题。户籍册列有应履行租庸调税义务的人口及他们通过均田制取得的土地之数量，但几十年来已有人抱怨户籍登记制严重地被忽视。忽视的部分原因是没有系统地对各家各户进行再登记和对原来登记的内容进行修正；部分原因是全国许多地方原来的课税和土地制度很不完善；但最重要的原因是逃亡户的问题日趋严重，一些人为了逃避纳税和劳役而离乡背井，在其他地方定居而没有登记，所以未予课税。同时，大地产的数量大量增加，其中许多为出身较低的官员所有，他们需要地产以稳定他们的经济地位。例如，据张嘉贞的传记记载，他在朝廷卿相中以不追求大房地产闻名。利用因缘时会的人不但有暴发户，而且有历史悠久的名门成员。例如，出身于东北世家并在 8 世纪 20 年代曾任包括刑部尚书在内的各种高级官职的卢从愿因积聚大量地产而臭名远扬，最后因这一名声而未能当上宰相。

721 年，宇文融首先提出应全面检括所有未登记的逃亡户。他是北周皇室的后裔，通过世袭特权而不是通过科举考试进入仕途，由于源乾曜的庇护，此时正担任御史。经过廷议，朝廷颁诏，限令未登记的定居者在百日内向官府投案，然后或是重返故里，或是在所居地重新登记。未投案者将被集中并运往边境。这一措施似乎未认真执行，并且遭到一定程度的抵制。723 年宇文融又拟订一个新方案，它规定向官府投案的未登记的定居者可以免税六年而缴一种特殊的"轻赋"，这样，那些占地者就能以非常有利的条件取得正式的地位。为了推行这一措施，宇文融被特命为劝农使，并配备一批有专才的判官，他们作为额外的御史被派往全国各地监督此方案的实施。

这一方案取得很大的成功，甚至得到漏登户本身的欢迎。724 年，宇文融的班子又增加了判官，最后，不少于 80 万个未登记的户及相应数量的漏登土地列入了簿册。这个措施的重要性是明显的；这些家庭约占 726 年登记的 7069565 户总人口的 12％。玄宗对此非常高兴；725 年，宇文融升任户部侍郎，并开始在朝廷起重要的作用。①

但方案引起许多人的反对。皇甫憬和杨相如上奏说，这样会引起人民的困苦，并会鼓励地方官多报未登记的占有地者数字来取悦朝廷。但宇文融得到源乾曜和中书省舍人陆坚的有力支持，反对者都失宠。甚至在方案付诸实施后，异议继续不断，直至皇帝被迫就此事专门进行廷议，而在讨论时又有人反对。

这一方案不过是全面贯彻一个已经施行了两个多世纪并详细载入玄宗早期精心修订的律令中的制度罢了，但竟会引起这样一场骚动，实在令人费解。反应部分是经济性质的：如果这一制度被忽视，那么应该推行它的官员就成了主要受益者，因为这样能使他们大量收买土地和吸引原来被迫离乡背井的家庭为他们劳动。当然，反应部分也是政治性质的：宇文融是贵族，不属于自武后时代起就控制朝廷和占突出地位的科举出身的官僚集团。他还主张用合理的制度来解决朝廷的重大财政问题，而不是采用张说力主的那种导之以德和齐之以礼的政策。同时，张说与同僚宰臣源乾曜的关系开始趋于紧张，如上所述，后者为宇文融的支持者。但更重要的是，真正的反对与其说是针对重新登记，不如说是针对进行再登记时使用的非正规制度的方法，即专门任命宇文融为劝农使，并为他配备一批助手，使这些人摆脱本应通过它们进行这类改革的各级官僚机器而自行其是。在玄宗朝较早的时期，地方已使用专使来改造运输体系和组织盐的生产，所以这种非正规的组织不是新鲜事物；但宇文融的改革是一项全国推行的重大政策，它突出了这类特权对原有的官僚机构所构成的威胁。

宇文融方案的成功使玄宗能够以正规的租庸调这一公认的正统方式来为他的国家提供资金，并且能把汉代一度推行和专使刘彤在 721年奏议后作出的关于恢复盐铁专卖计划暂时搁置下来。同年，姜师度

---

① 关于宇文融的方案，见浦立本《安禄山之乱的背景》，第 30—32、49—50、178—182 页；铃木俊：《关于宇文融的括户》，载《和田博士还历纪念东洋史论丛》（东京，1951 年），第 329—344 页；砺波护：《唐的律令体制与宇文融的括户》，载《东方学报》（京都），41（1970 年），第 263—288 页。

已经成立军垦以开采河东道南部的盐池，同时，已调到四川任节度使的苏颋也奉命开采该地的盐池以作财源。如果在全国范围内采用这些政策，它们对行政现状构成的威胁就会比宇文融检括农户政策的威胁严重得多。[①]

封禅与张说的垮台

张说曾经鼓励玄宗恢复许多象征王朝中兴的礼仪。722 年阴历二月，皇帝被迫把朝廷迁往洛阳。在返回长安时，张说说服皇帝长途绕道前往潞州、太原和汾阳（潞州是玄宗过去任地方官之地；太原是高祖开创唐王朝之地；而汾阳是他祭祀后土之地，这一仪式在汉武帝时制定，但久已中断）。绕道后，皇帝任命他为中书令，从而成为右相，以此来肯定他的地位。[②]

同年阴历十一月，玄宗在长安南部举行盛大的祭典；又在张说的建议下，对皇帝祖先的祭祀作了若干变动。在举行这些重大的礼仪活动时，都颁布大赦令；南部的祭祀还举行大酺（公开的狂欢聚饮）；酺在各道治地持续 3 天，在京师则持续 5 天。[③]

724 年阴历十一月，在张说的带头下，朝廷要求皇帝举行国家礼仪中最威严隆重的仪式，即在中国的五岳之首的山东泰山举行封禅祭典。虽然源乾曜反对此议（这一分歧逐渐导致两个宰相的公开分裂），皇帝仍采纳，并宣布于次年阴历十一月举行封禅；张说奉命设计应有的仪式。为了确保不致发生突厥人利用皇帝离京而朝廷又在山东之际侵犯边境的可能，朝廷同意要求突厥人和其他边境民族派代表参加。

724 年后期，朝廷又已迁往洛阳。725 年阴历十月，皇帝携大批官员、皇亲、外族领袖和无数随从浩浩荡荡启程前往泰山，走了将近一个月才抵达该地。

---

① 《旧唐书》卷 48，第 2106—2107 页；《唐会要》卷 88，第 1603 页；《册府元龟》卷 493，第 14 页；《通典》卷 10，第 59 页。
② 《唐会要》卷 10 上，第 213 页。
③ 《唐会要》卷 8，第 105—108 页；《旧唐书》卷 8，第 186 页；《新唐书》卷 5，第 130 页。

皇帝的巡行行列沿路长达若干里，每经一地，周围数里的农村都遭到了破坏。祭祀后，他们来到附近孔子的故乡和孔庙又举行祭典，然后返回洛阳；这次取道另一条更南的路线，因为无论哪一个富饶之地，也负担不起数周内两次驻跸的费用。[①]

祭祀取得了巨大成功，也是张说的胜利，他奉命为封禅盛典写了颂词刻在山上；726年初，他开始编新的礼仪法典。但一些与礼仪有关的事件导致了他的垮台。如前所述，他曾与源乾曜就祭典之事争吵过。他还反对宇文融推行重新登记各道人口的措施。在祭祀期间，他把最好的差事交给他自己的追随者，实实在在地提升参加盛典的文官，而只授给武将虚的荣勋，因而触怒了朝廷中的许多人。曾在中书省张说手下任职并作为他的被保护人的张九龄极力提请他谨慎从事。但张说我行我素，他的人事委派引起了普遍的不满。

726年初，张说反对皇帝选用靠荫庇进入仕途的东北贵族崔隐甫（？—736年）为御史大夫，理由是他认为崔缺乏文才。张说提出多年来与之关系融洽的崔日知应任此职，而崔隐甫更宜任武职。但玄宗严拒张说的提议；崔隐甫被任命为御史大夫，而张说之友崔日知则被任命为禁军的将领。[②]

张说此时面临的是一个其御史大夫和中丞宇文融均为他的公开敌人的御史台。另一个中丞为李林甫[③]（？—752年），他是皇族的远亲，在科举考试中也没有中式，他的官宦生涯是通过在禁军中任职开始的，他通过宇文融的荐举而获得了在御史台的官职。敌对集团对御史台的控制是一件非常严重的事，因为只有他们才有权弹劾任何大臣而不管弹劾对象的地位多么显赫。张九龄力促张说采取措施自卫，但张说显然感到很安全，他答复道："鼠辈何能为！"

他继续反对宇文融及其同僚。725年末，玄宗同意宇文融关于改

① 《唐会要》卷8，第108—118页；《旧唐书》卷23，第891—904页；卷8，第188—189页。
② 《资治通鉴》卷213，第6771页；《旧唐书》卷185下，第4821—4822页；《新唐书》卷130，第4497—4498页。
③ 传记载《旧唐书》卷106，第3235—3241页；《新唐书》卷223上，第6343—6349页。

革选拔程序的建议,以一个人数众多的负责任命的铨选官组织来代替吏部的三名高级官员。据推测,这是阻止张说再专断地任命官员的临时措施,因为在张说下台后的第二年,旧制又被恢复。张说对付他政敌的办法是干脆扣押他们的奏议。

762 年阴历四月,张说被崔隐甫、宇文融和李林甫弹劾,罪名有:受贿、向术士问吉凶和滥用职权谋求私利。玄宗命以近来与张说不和的左相源乾曜为首的一批高级司法官员进行调查。罪状似乎可以确立,但玄宗经其忠诚的宦官高力士的劝说后作出决定:鉴于张过去对国家有大贡献,只免去他的宰相职位,保留其他实职。①

李元纮②(?—733 年)被指定接替张说的位置,他是西北贵族世家的后裔和 696—698 年期间曾任武后宰相的李道广之子。他靠荫庇进入仕途,是玄宗时期被任命的第一个无科举功名的宰相。玄宗登基初年,当太平公主和窦怀贞企图占有某佛寺的水磨时他奋起抵制,因此知名于时。后来他赢得了尤善理财的优秀行政官员的美誉。725 年,他已取代反对宇文融政策的杨瑒而担任户部侍郎,如果没有张说的反对,他是本来可以担任尚书的。他显然是宇文融的支持者,也主张推行类似的合理化的财政政策。他被任命后就时政详加奏禀,所以深得玄宗的赞赏。

在短期内,源乾曜和李元纮牢牢地控制着朝廷,宇文融和他的伙伴控制着御史台,使重新登记的政策逐步完成。

阴历九月,杜暹③(680 年以前?—740 年)被任命为第三个宰相。杜暹出身于河南的士大夫之家,举明经;按照常规,他的官场生涯从大理寺和御史台开始,而从 716 年起是在边远的西部度过的,他在那里成功地抵御了突骑施部和于阗叛乱统治者对安西都护府(龟兹)的侵袭,从而在部落中很有名望。因此他与先前的张说和王晙一样靠显赫的武功担任宰相,而这正是源乾曜和李元纮完全

---

① 《旧唐书》卷 97,第 3054—3055 页;《资治通鉴》卷 213,第 6771—6772 页。
② 传记载《旧唐书》卷 98,第 3073—3075 页;《新唐书》卷 126,第 4418—4420 页。
③ 传记载《旧唐书》卷 8,第 3075—3077 页;《新唐书》卷 126,第 4420—4422 页。

不具备的。

在此期间，张说在朝廷仍有影响，凡有重大问题，玄宗都与他商议，所以宇文融和崔隐甫经常担心他会东山再起。726年，玄宗拟封武惠妃为后的计划遭到反对而未实现，反对的理由是她的支持者张说会因此而有功，从而重新获得权力。727年初，宇文融和崔隐甫又展开攻击，一再指责张说。在朝廷这次不断的冲突中，玄宗显然对双方都感到不耐烦，就命张说退隐，命崔隐甫回故里照顾老母，并任命宇文融为河北的一个刺史，负责那里的治涝和开垦计划。[①]

退隐后，张说指导编纂一部新的礼仪法典以代替7世纪编成的那一部。在徐坚——此人曾协助他拟定封禅祭典的礼仪——为首的一个礼仪专家大班子的协助下，张说继续从事这一工作，直至去世。成书的责任落在萧嵩肩上；732年，这一长达150卷的巨著终于完成，定名为《开元礼》。[②]

虽然造成不和的一个根源被清除了，但杜暹和李元纮之间意见的经常相左仍使朝廷不能平静。张说虽然正式致仕，728年二月仍被任命在集贤院任职，从事编修这一时期的官方历史。玄宗又开始通过派遣宦官就每个重大问题征求他的意见。[③] 728年阴历十一月，萧嵩[④]（约669—749年）被任命为另一个特任宰相。他是梁皇室的后裔，也靠荫庇出仕而没有什么文才和文学造诣，但姚崇对他有很高的评价，终于升任尚书左丞，后又任兵部尚书。762年，他任朔方节度使，并成功地抵御了吐蕃对西北的大举侵袭。

729年阴历五月，皇帝对杜暹和李元纮之间长期的不和感到厌烦，就把两个人都贬为刺史，同时又降源乾曜为尚书左丞，留在朝廷使用，但不再是宰相。萧嵩任门下侍中（自张说致仕以来，此职一直空缺），从而成为资深的宰相。被召返京任户部侍郎的宇文融此时升

① 《资治通鉴》卷212，第6772、6777页；《新唐书》卷125，第4409页。
② 关于《开元礼》的编纂情况，见《大唐开元礼》（东京，1972年）第822—823页中池田温的编者注。
③ 《资治通鉴》卷213，第6782页。
④ 传记载《旧唐书》卷99，第3093—3095页；《新唐书》卷101，第3949—3952页。

为门下侍郎及特任宰相，而裴光庭[①]（676—733 年）则任中书侍郎及特任宰相。裴光庭出身关中望族，娶武三思之女为妻，他的父和祖父都为名将，本人在 705—706 年中明经考试。他连续在兵部和鸿胪寺任职，并曾提议让突厥族和其他外族派代表参加封禅祭典。虽然他得中科举，又是贵族，但根据他后来的选拔政策，他反对对官僚集团中的中式的精英人物破格提升。[②]

这样，新阁全部由贵族组成，这是玄宗即位以来的第一次，玄宗初期占支配地位的集团以三年前张说的失势为先兆，此时完全失去了光彩。宇文融在三个宰相中权势最盛。他已长期邀得特殊恩宠，自李元纮被免职后，皇帝非常需要他的理财才能。

朝廷已经连续进行几年战争（特别是与吐蕃的战争），因而军费激增。另外，许多自然灾害打击着帝国。726 年，东部平原有大洪水，许多人淹死。727 年秋，范围更广的洪水袭击了河北，许多地方的庄稼未及收割就被毁坏。726—728 年又连续发生严重旱灾。这一时期气候的严重失常延续至 736 年前后。这些灾害没有波及容易发生干旱饥荒的京畿地区，但却影响了东部平原这块提供岁入的最富饶地区。727 年初冬，朝廷在东部发生灾难性的水灾后，被迫从洛阳迁回长安。[③]

虽然宇文融的地位看来很安全，但有些官员对他怀恨在心，因为他使用个人助手而不用正式任命的官员来实施他的计划，使这些人感受到威胁。但他却信心十足地认为他能很快解决帝国的问题，同时委任了几个杰出的人物。年迈的宋璟掌管尚书省，部分原因也许是为了安抚文士，他的门生裴耀卿（下文将予介绍）任户部侍郎。但主要通过皇帝个人恩宠取得权力的宇文融此时却自不量力，与另一个新得宠

---

① 传记载《旧唐书》卷 84，第 2806—2808 页；《新唐书》卷 108，第 4089—4091 页；张九龄的墓志铭载《曲江集》卷 19，第 3 页。

② 《新唐书》卷 108，第 4090 页。

③ 《旧唐书》卷 8，第 191 页。关于 726—728 年的灾情，见《旧唐书》卷 37 及《新唐书》卷 35 和卷 36 等处。

的皇族信安王李祎发生冲突，受到致命打击。李祎是太宗的曾孙。①
玄宗初年他曾在几个重要的州任职，卓有政绩；后来他一度退隐，但
在 727 年继萧嵩被任命为十分重要的朔方镇的节度使，直至 735 年，
在此期间，他先后与吐蕃和契丹作战，取得重大胜利。宇文融既害怕
他拥有的很大的兵权，又担心他对皇帝日益增长的影响，同时还可能
防备他会加强萧嵩的政治地位而对己不利。因此，他就照搬以前对付
张说的办法，安排御史李寅弹劾李祎。但这个御史预先通知了李祎，
李祎立即上奏玄宗。当李寅后来将弹劾呈上时，皇帝怒加驳斥。信安
王未受非难，宇文融反而被贬为河南的汝州刺史。他担任宰相只有
100 天。②

　　在愤怒中贬黜宇文融后，玄宗才意识到他已没有能为帝国理财的
大臣。于是他召见裴光庭和其他大臣，要求他们提出贬黜宇文融后应
采取的措施。其余的宰相无言答对，但他们意识到，宇文融即使在地
方任职，对他们的权力依然是一个威胁，于是急忙揭露他组织私党和
他儿子的所谓受贿行为。他再次被贬往岭南担任小官，但即使在那
里，他的政敌们也不放过他。一年多以后，司农寺指控他 727 年在一
州的任职期间大量贪污。他被削职和发配至今广西的一个边远地区。
他病死在途中。③

萧嵩和裴光庭的内阁（729—733 年）

　　在稳妥地清除了宇文融之后，萧嵩和裴光庭仍牢牢地控制着朝
廷，虽然两个人的关系并不和谐。730 年，裴光庭采用一个改革
"选"制的措施。当时实行的那一套复杂规定原来是他父亲裴行俭在
669 年推行的。但多年来在任命重要官职时，个别有才之士——特别
是有文才的人——是主要的考虑对象，而资历和漫长的任职期则被忽
略。此外，吏部的官员把大部分时间用于对京畿区的高级官职作重大

---

① 传记载《旧唐书》卷 76，第 2651—2653 页。
② 《旧唐书》卷 105，第 3221 页；《资治通鉴》卷 213，第 6787—6788 页。
③ 《资治通鉴》卷 213，第 6767—6788 页；《旧唐书》卷 105，第 3221—3222 页。

任命，而忽视了对远为众多和同样重要的地方低级官职的任命。裴光庭此时对所有官职推行一种"循资格"的制度，同时命令对胥吏担任流外官的任命应由中央政府详加审查。① 这些措施部分地似乎是自713 年以来企图完成的把地方官员像中央政府官员那样置于严密控制之下的工作的继续。它有利于无数从胥吏起家的从事日常工作的人。但这一措施又打击了选拔中举士子精英队伍的过程中的特权地位。它使后一种人为之哗然，他们的最年长的代言人、退隐的宋璟极力反对新措施。但抗议未起作用，这个措施得以推行，中式士子的地位进一步被削弱。

713 年，皇帝自己的侍从也开始制造问题。玄宗不但深受外廷官员中的宠臣的影响，而且也受形形色色的心腹的影响。前文已经谈到这些人中最突出的姜皎在 722 年毁灭的过程。后来，皇帝对另一个类型迥异的王毛仲②也倍加赏赐和宠爱。王毛仲是一个出身寒贱的职业军人。他有高丽血统，7 世纪高宗远征时他的家族沦为奴隶，当玄宗为地位较低的王子时，王毛仲成了他个人的奴仆。王毛仲在协助玄宗打击太平公主后，得到了厚赏、最高的名义职务和禁军中的一系列任命。在 8 世纪 20 年代后期，他在为军队骑兵筹集军需时成绩卓著。729 年他娶禁军中另一个名将之女为妻。朝中的几个大臣对此提出异议，因为这样做会使他控制宫中禁军和北军的权力过大，但玄宗不予理会。730 年，他与北军中一批将领的关系非常密切，他们利用他个人对玄宗的影响肆无忌惮地进行一切非法活动。王毛仲本人要求担任兵部尚书。皇帝的拒绝使王毛仲大为不满。

同时，王毛仲又与跟玄宗关系密切的宦官集团发生冲突。宦官中的高力士乘机向玄宗进言，指出王毛仲及其一伙将领构成的威胁，他们一起控制着京都最强大的军队——北军。玄宗开始行动了；731 年初王毛仲和他的几个儿子以及几个同伙将领被贬往边陲的道担任次要

---

① 戴何都：《〈新唐书〉选举志译注》(巴黎，1932 年)，第 262—265 页；《唐会要》卷 74，第 1348 页；《册府元龟》卷 630，第 6 页；《资治通鉴》卷 213，第 6789 页。
② 传记载《旧唐书》卷 106，第 3252—3255 页；《新唐书》卷 121，第 4335—4336 页。

的职务，以后不久，王毛仲奉命自尽。①

这一行动似乎粉碎了曾在玄宗初期起重要政治作用的北军的力量。它还助长了日益成为皇帝的心腹代理人的宦官的权势。但他们最重要的代表人物高力士在将近半个世纪中一直是皇帝忠实可靠的奴仆，② 所以在玄宗时期，宦官不可能像以后几朝那样成为一股重要的政治势力。

裴耀卿：运输改革和营田

730 年，重大经济政策的新倡议者裴耀卿③（681—743 年）在朝廷中崭露头角。他出身于西北的世家，少有奇才，在武后时中童子特科。中宗朝他在睿宗的王府工作，后又在各地方任职，有突出的政绩。729 年，经宇文融的荐举他被任命为户部侍郎，但因宇文融也随之被贬黜，他似乎没有到任。730 年任宣州（今安徽南部）刺史时，他上疏详细陈述应如何改造长安运粮的运输体系，即把通往京师的路线分成若干站，以免边远的府的税粮船必须全程进京。④ 玄宗对此未采取行动；但 731 年朝廷又被迁往洛阳一年，供应长安的问题显然现在非得一劳永逸地解决不可了。

730 年，裴耀卿又提出解决以前宇文融的再登记措施已部分解决的"逃亡"户问题的建议，办法是命这类户按村社在空地或未开发之地定居，并让它们按边境普遍存在的屯田模式组织营田。这些营田在逃亡户居住地建立，如果当地没有土地，这些流浪者就被运往待开发地区。这一计划与所建议的运输改革一样没有被采用。⑤ 但裴耀卿提

---

① 《资治通鉴》卷 213，第 6792—6793 页；《旧唐书》106，第 3253—3255 页，卷 190下，第 5037 页；《新唐书》卷 121，第 4336 页。

② 关于授予高力士及其家族的荣誉，见《资治通鉴》卷 213，第 6793—6794 页。

③ 传记载《旧唐书》卷 98，第 3079—3083 页；《新唐书》卷 127，第 4452—4454 页。

④ 《通典》卷 10，第 56—57 页；《册府元龟》卷 498，第 16—17 页；《旧唐书》卷 49，第2114—2115 页；浦立本的《安禄山之乱的背景》第 183—184 页有英译文。

⑤ 《唐会要》卷 85，第 1563—1564 页；《册府元龟》卷 495，第 20—21 页。其他史料记载这一计划为宇文融提出，误实，见佩内洛普·赫伯特《八世纪初期中国的营田》，载《远东史论文集》（堪培拉），11（1975 年），第 37—77 页。这一问题在本书第 2 章讨论过。

出的这两项计划在几年后实现了。

同时，萧嵩和裴光庭在后者于 733 年死去前继续掌权。萧嵩（其子娶一公主为妻）荐举王丘代替裴光庭，王丘本人是中宗一女儿之夫，出身于关中名门。王丘虽然与萧嵩友好相处，但谢绝这一职位，提出应任命韩休[1]（673—740 年）来代替他。韩休与王丘一样，既是西北贵族的成员，又是及第举子，以文才著称。在 8 世纪 20 年代后期，他负责起草皇帝的诏令，并已升任为尚书省右丞。

事实几乎立刻证明，韩休在朝廷是一个有闯劲和自以为是的人。他一贯坚持原则和道义，顶撞玄宗而毫不让步，要求撤换禁军中一个玄宗宠爱的将领，并经常与较随和的萧嵩冲突。玄宗看重他的耿直无私，但朝廷两个宰相的经常争吵最终迫使他结束这一很不愉快的局面。733 年阴历十月，在韩休任职只有七个月以后，两个宰相都被撤换；韩休被调任工部尚书，萧嵩调任尚书省右丞相。[2]

他们的组阁未取得突出的成绩，虽然在 733 年阴历六月对裴光庭的选用官员的严格规定的实施有所放松。吏部获准许在客观情况许可下不考虑他规定的根据资历和任职期选拔的原则，中央对任命地方胥吏的控制也放松了。但由于根据资历提升的原则对官员中除精英队伍以外的所有官员都有利，他的制度仍被广泛采用，大批人员继续从胥吏被提升为正式官员。

733 年，宋璟最后从朝廷退隐，他自从不担任宰相以来，曾经继续对玄宗施加有力的影响，并且支持京畿官僚集团中科第出身的精英。[3] 由于张说已死于 730 年，这意味着保护在武后时期已经地位很高的士大夫的最后残余势力已经消失。

---

[1]　传记载《旧唐书》卷 98，第 3077—3079 页；《新唐书》卷 126，第 4432—4439 页。
[2]　《资治通鉴》卷 123，第 6803 页。
[3]　《旧唐书》卷 8，第 200 页。

"调和班子"：裴耀卿、张九龄和李林甫

玄宗任命裴耀卿和张九龄作为他的宰相以代替韩休和萧嵩，他们分别成为黄门侍郎和中书侍郎，同中书门下平章事。裴耀卿不久前重提运输体系改革的建议，他之所以被任命，也许是要使建议得以付诸实施。运输体系的改革急需进行。任命新宰相以后不过几个星期，朝廷再次被迫迁往洛阳，裴耀卿获准落实他的计划，这在下文将予论述。裴耀卿既是贵族，又是宇文融荐举的财政政策方面的务实的拥护者，虽然他科场的记录是无懈可击的。新宰相张九龄是对立利益集团的主要代表人物。他出身于一个默默无闻的官宦之家，其故里在边远南方闭塞的岭南道；他参加过科举考试，其升迁主要是由于张说的友情和庇护。张说在726年失势后，他在州任职，但在731年玄宗命他在秘书省工作，同时为了利用他杰出的文才，又任命他为集贤院学士。此时他撰写外交文书和起草诏书。733年阴历五月，即在裴光庭死后，他一度任中书侍郎。

734年阴历五月张九龄和裴耀卿分别升为中书令和门下侍中，因而成了不折不扣的宰相。同时，宰相班子中又加进了李林甫。李林甫为皇室的远亲，是皇帝心腹姜皎的外甥，靠荫庇进入官场。他与一批精英文士的关系不好；例如，源乾曜就对他这个年轻人评价不高，历史学家又指出了他作为一个学者的许多缺点。但他曾担任过一般应由文士担任的几个"清望"官职、国子司业、御史中丞，后来又历任刑部和吏部的侍郎，以富有效率的行政官见称于世。

李林甫曾在裴光庭手下任吏部侍郎，当时后者正推行有争议的铨选方法；裴光庭死后，这些措施停止执行，李林甫即被调至中书省。故他曾与宇文融和裴光庭密切合作过，他们被公认是文士名流的敌人。

有人认为李林甫升为宰相前与张九龄不和，或认为张九龄极力反对李的擢升，但都没有确凿证据。后来的有些历史学家声称确有其事，并把李林甫升任宰相之事归因于玄宗所宠的武惠妃；又说李林甫与裴光庭之妻私通，后者是武惠妃的隔代表姐妹，但这些说法很可能是虚构的；因为当时的所有历史学家都非常仇视李林甫，竞相尽量给

他抹黑。①

不管张九龄和李林甫是否在 734 年前就已成为敌人，他们这一领导班子不久就发展成个人间的激烈斗争。他们的同僚裴耀卿时而支持这一方，时而支持另一方，但总的说他一心致力于粮运体系的改革。李、张二人都深受玄宗尊重：李林甫是一个精明的行政官员和制度专家，张九龄则继张说起道德的劝导人及正统礼仪和政治才智倡导者的作用。李林甫是一个善于搞政治权术的人，擅长耍阴谋和驾驭人。张九龄是一个有名的难以相处的人，拘泥，固执，碍事，并且对一些小的原则问题斤斤计较；他心胸狭窄，偏见很深。尤其突出的是，他热烈地信奉一种思想，即文学造诣和学术成就是担任高级官职的必备条件，并且公开蔑视那些没有自己那种书香门第背景的人。他最瞧不起的是军人。

宰相之间既然有这种分歧，麻烦是不可避免的，他们的对立日趋激烈，因为它集中反映了自 8 世纪 20 年代以来越来越厉害的持久斗争，斗争的一方是通过科举考试成为官吏的文士精英，一方是旧贵族成员和官僚集团中精于专业的官员。我们在下文将会看到他们的分歧有多大。但更令人惊奇的是，许多重大和有价值的改革竟是在他们双方共同的任期内进行的。

裴耀卿和粮运改革

在 733 年后期裴耀卿和张九龄出任宰相时，长安周围的地区被连续降雨毁损庄稼造成的饥馑所困扰。8 世纪 30 年代初期似乎是一个连续发生严重自然灾害的时期，730—732 年发生了大范围的洪水。733 年初期，只得派高级官员往各地进行救灾。几乎在裴、张二人掌权后不久，即在 734 年初，朝廷被迫迁往洛阳，大臣们奉命前往河北道南部诸受灾的州，去分配救济品和供来年使用的种子粮。

---

① 关于这几年复杂的宫廷政治，见浦立本《安禄山之乱的背景》，第 54—55 页；赫伯特：《张九龄》，第 165—190 页。

裴耀卿现在放手实施 730 年提出的改善京师粮食供应的措施。他被任命为江淮河南转运都使,拥有从黄河转运粮食的全权,其权在所有地方官之上。他负责一个有副使二人和大批属员的常设使署,他们直接控制着一个管理转运粮食的仓库、船队和陆运大车的复杂组织。因此,他如同以前的宇文融那样,成了一个正规官僚机器以外的组织的负责人,所不同的是,他负责的是一个有许多属员的长期的庞大组织。

通过他的改革,从运河与黄河汇合地运粮至京师粮仓的工作不再由收税粮的州地方当局负责。这就节省了地方运税粮船运输的时间,同时减少了付给地方当局运粮的费用。粮食此时卸入河阴庞大的新粮仓群;河阴是汴渠和黄河的汇合地,由此粮食沿黄河和渭水通过水路逐站运至长安。在每站的终点,粮食储藏在转运仓内,以便在适当时机运至下一站。河阴、北部平原的贝州和洛阳都有大量的储粮。但对长安的供应路线不再在陆路从洛阳运至三门峡下流的黄河边的陕州。运输路线直接溯河而上,在三门峡附近需要陆上短途拉纤,但路程只有 5 英里,而旧路线上的这一路程则长达 80 英里(见地图 2)。

新体系很收效,它在以后的 10 年又得到改进。州当局不再负担旧体系引起的变化莫测的费用和人力浪费;每年转运至长安粮仓的粮食大为增加——至少是旧政权时可能达到的两倍;总的运输费用也大幅度减少。[①]

幸运的是,运输的这些改进恰好在关中地区连续丰收之时;737年,那里的粮食是如此丰足,以致颁布的几个诏令容许当地百姓以粮纳税,并授权地方当局以"和籴"方式(即以高于市场价格购粮的救济措施)收购粮食。737 年,向长安运粮的工作暂停,但运输体系依

---

① 关于其运输体系的改革,见崔瑞德《唐代的财政管理》,第 87—89 页;浦立本:《安禄山之乱的背景》,第 34—35 页。裴耀卿的详细的奏议,载《唐会要》卷 87,第 1587 页;《通典》卷 10,第 57 页;《册府元龟》卷 498,第 17—18 页;《旧唐书》卷 98,第 3080—3081 页。浦立本之作第 185—187 页有英译文。

然保持，并在玄宗朝以后的年代，充分供应京师的需要。当朝廷在736年后期迁回长安时，因出现了富足的新形势，它就长期留在长安。洛阳仍是东都，但再也不是政府的所在地了。

国家"营田"和土地开垦

前面已经谈过，裴耀卿在此以前曾主张建立国家管理的营田，作为一种安置许多剩余的"逃亡"户和开垦耕地的手段。734 年后期，张九龄被派往河南西南，在那里建立一批位于淮河北部诸支流流域的大规模的营田，专种水稻。在这一世纪更早时期，几项大的开垦计划已经付诸实施，但张九龄似乎在设想规模十分宏伟的发展。使用中央管理"营田"这一办法，也许是因为所需要的大规模的排灌工程在一般情况下规模太大，非地方当局所能负担。与裴耀卿一样，张九龄也被任命为河南开稻田使去监督这一计划的执行，而这项工作并不属于原有政府机构的职权范围。事实证明，张九龄的营田既无利可图，管理又麻烦，所以 737 年他失势后，营田计划不得不放弃，土地被分给农民所有。[①] 但在一个人口增长特别迅猛和由此可将粮食方便地运往两京的区域内灌溉和耕种大面积肥沃的稻田方面，这个计划的确是取得了成绩的。

张九龄和通货问题

在 718—720 年宋璟灾难性地试图处理私铸问题以后，通货的状况进一步恶化了。732 年，政府为了解决由于钱币短缺而引起的种种问题，命令凡数额巨大者，一律混合用现金和商品来支付。[②] 734 年阴历三月，张九龄建议玄宗放弃国家对铸币的垄断和准许任何人自由铸造。这一激进的建议引起一片激烈的反对声。李林甫、裴耀卿及裴氏的助手萧炅共同呈上一份措辞尖刻的奏疏，强调控制铸币是皇帝最重要的权力源泉之一，对经济的控制不应以任何借口而予以放弃。崔

---

① 见赫伯特《八世纪初期中国的营田》，第 71—75 页。
② 《通典》卷 9，第 15 页；《册府元龟》卷 501，第 4 页。

沔和刘秩也呈上长篇论证严密的奏疏，提出同样的论点，并且争辩说，这一措施干脆会导致劣质钱泛滥。张九龄被迫放弃这一计划。[1] 后来信安王李祎重提此议，但再次遇到强烈反对，致使它立刻搁浅。[2]

财政制度的合理化

作为宰相，李林甫从 735 年后期直至 736 年阴历七月还兼任户部尚书。在此期间，他把注意力放在复杂得不可思议的和旷日持久的工作程序方面，按照程序规定，税赋、征兵人数、劳役、军费和各州各政府部门的各种开支必须每年重新加以估算。这牵涉大量文牍工作——李林甫声称每年必用纸 50 万张；而且这一制度的复杂性造成许多弊病，并使百姓对自己应承担的义务心中无数。

736 年初期，李林甫与朝集使和新任命的采访使讨论这一问题，并要求彻底修改整个税制和关于地方费用的规定，于是拟定了整套正规的规定，其中显然包括各州的税赋定额，并且收在长达五卷的汇编《长行旨符》中。此后，户部——实际上是它所属的度支司——只要每年下令定下每个地方当局准许花费的数额就行了。[3]

改革的细节不详，不过各地的差别一定很大；但这显然是行政合理化的一个重大步骤，它使帝国的财政制度更紧密地切合地方实际情况。它还是一大创新，因为政府悄悄地放弃了要求税率和劳役以及财政管理实施细则全国一致的总原则。

各道按察使的设置

急于想改进地方行政并使之合理化的官员不止是李林甫一人。前

---

① 《唐会要》卷 89，第 1625—1626 页；《册府元龟》卷 501，第 4—5 页；《旧唐书》卷 48，第 3097—3099 页；《新唐书》卷 54，第 1385 页。关于这一政策及随之产生的争论，见佩内洛普·赫伯特《唐代关于国家垄断铸钱的争论》，载《通报》，62.4—5（1977 年），第 253—292 页。

② 《新唐书》卷 54，第 1385—1386 页。

③ 《通典》卷 23，第 136 页；《唐六典》卷 3，第 43 页；《唐会要》卷 59，第 1020 页；崔瑞德：《唐代的财政管理》，第 100—101、332 页。

面已经谈到，自玄宗登基以来，朝廷一直全神致力于提高地方行政的效率和吸收较优秀的官员。一个长期存在的问题是有效地进行中央监督和控制地方行政。自 706 年以来，按察使（即巡察使）不时被派往全国的 10 个道。733 年，帝国重新划分为 15 个道，把几个较难控制的地区分成更易管理的行政单位，以便视察。734 年阴历二月，即在张九龄奏议以后，各道常设的按察使制度被建立，此制继续存在到玄宗退位以后。[①]

这一改革的直接目的是为了有效地处理地方上饥荒和救灾措施等问题和对迁移户的控制；新按察使还要监督地方官员的工作，以确保他们能有效地分配土地，实施税法和劳役法以及不滥用他们的权力。这一新措施之所以重要，是因为它在中央政府和州之间设立了一级常设的中间权力机构。但新设的按察使署纯粹是一个咨询性的视察机构，负责贯彻总的行政标准。它们被明令禁止干预日常事务和地方活动的实际进行；它们没有行政权和道的实际民事司法权。

但有时它们超越自己的权限。750 年，按察使被提醒：他们是视察员，不是执行官员；因此他们不应去处理事务，或者充当向朝廷转呈奏疏的渠道。[②]

因此，不应认为这是另设一级地方行政机构。

对科举考试的控制

前面已经谈到，裴光庭在 733 年死后，他的根据资历和经验选拔官员的一套规定已被放弃。得到张九龄支持的萧嵩对此事负责。

只有考虑到科举考试项目是多么重要，特别是考虑到张九龄深深地了解它作为衡量公认的学术造诣和文才这一标准的重要性，人们才会期待应在这一领域进行种种改革。第一项改革措施虽然与张九龄的

---

① 《资治通鉴》卷 213，第 6803 页；《玉海》卷 18，第 26 页；《唐会要》卷 78，第 1420 页；《唐大诏令集》卷 100，第 510 页；《册府元龟》卷 162，第 11 页；《旧唐书》，第 200 页。见赫伯特《张九龄》，第 278 页。

② 《唐会要》卷 78，第 1420 页。

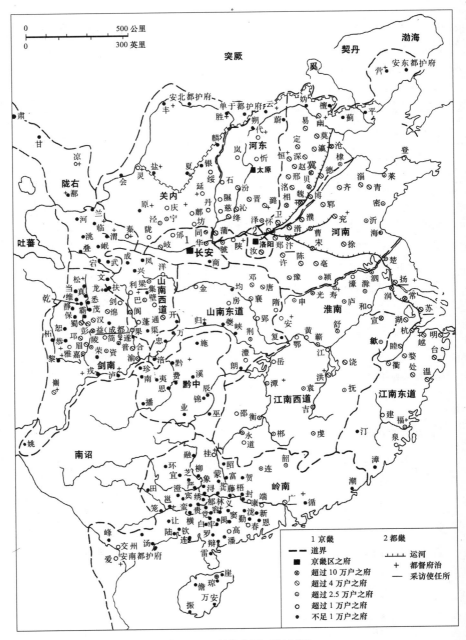

地图 11　唐代中国（742 年）

图中剑南道若干州的位置与《中国历史地图集》所列有出入。——译者

姓名无关，但可以说一定是由他倡议的。733年阴历五月裴光庭死后不久，诏令第一次准许各州学校中有才能的学生（他们是低级官员的子弟）进入国子监的四门学就读。地方的应试者，像张九龄本人那样在考试时与京畿的学生相比一直处于十分不利的地位，因为后者已受过国子监中一流学者的指导。虽然地方应试者自玄宗初期以来已取得较大的成就，但这一措施使他们更可能在平等的条件下进行竞争。[①]

在此之前，选拔合格人员担任官职（选）和给予应试者以出身机会（举）的制度由吏部掌握。结果吏部成了最有权势的部，它的尚书和两个侍郎对那些取得官职的人和被任命担任要职的官员施加巨大的影响。除了皇帝亲自任命高级官员（或者实际上经过宰相的建议由皇帝任命）外，他们能够影响整个官僚机器的结构。

另一项重大改革在736年实行。这一年初期，未中式的士子和负责考试的官员发生了严重的争执。这些考试一般原由吏部的一个低级的员外郎管理。现在决定，考试应完全脱离吏部的选拔程序。从此，礼部侍郎受权负责出任官职的考试。[②] 这样就大幅度地削减吏部控制官员出仕和他们关键的早期生涯的垄断权。

张九龄的下台

尽管有这些十分可观的积极成就，张九龄和李林甫就一些具体问题一再发生对立。第一次发生在735年初期，它涉及主张伦理道德的儒生（如张九龄）与制度和法律政策的鼓吹者（如李林甫）之间传统的争论问题之一。争论发生在某人的两个儿子谋杀一个御史的案件上，御史对此人的处分负有责任。此人两个儿子认为父亲所受的惩罚实属冤枉，就杀害御史为父报仇，他们也因此被捕。这类似乎是常见的复仇案件引起了一个非常复杂的问题，因为儿子为父报仇根据

---

① 《唐摭言》卷1，第6页；《新唐书》卷44，第1164页；戴何都：《〈新唐书〉选举志译注》，第171页。

② 《资治通鉴》卷214，第6814页；《唐大诏令集》卷106，第549页；《唐会要》卷59，第1024—1025页；《册府元龟》卷639，第246页。

"礼"的经典的规定可以说是正当的，但同时这种行为显然触犯了刑法。在复仇案件中当道德和法律有抵触时当局很难解决，以致在武后时期的一个著名案件中已有人认真提出，应命令犯案者一方面因孝道而受到公开的赞许，同时他又因触犯法典而应被处死。这一次果然不出所料，张九龄竭力主张释放犯法者，因为他们出于道义感而为父报仇；而李林甫和裴耀卿则都认为维持法律、秩序和刑法具有压倒一切的重要意义。玄宗也持同样的态度，杀人者被处死。①

另一个经常造成摩擦的原因是继位问题。武惠妃在玄宗的后妃中仍最有权势，但她自己仍不能被指定为后，也不能以自己的一个儿子去替代皇太子。736年，她声称皇太子和其他诸王计划杀害她和她的儿子（即玄宗特别宠爱的李瑁），然后废黜玄宗。玄宗打算废太子及诸王，但由于此事非同小可，所以就征求几个宰相的意见。据谣传，李林甫是由于武惠妃的影响而掌权的，并且曾答应支持她以她的儿子代替皇太子；他通过一名宦官鼓动玄宗采取这一行动，声称这是皇室内部之事，玄宗本人的意愿应为首要因素。武惠妃又传话给张九龄，说如果他助一臂之力，她就支持他继续担任首相。但张九龄一贯坚持继位稳定的重要性，主张对未来的皇帝进行系统的训练。他进言反对废黜诸王，并且怀疑他们身在深宫而又在玄宗的监视下有策划任何这类阴谋的可能性。他拒绝武惠妃的建议，并把此事报告玄宗，但玄宗似乎不能以任何方式断定此事的真实性，所以不了了之。②

虽然这一次张九龄的看法占了上风，但到736年，他对玄宗的影响似乎减弱了。他肯定是一个难以相处的咨询大臣；即使对他颂扬备至的传记也承认他性情急躁，动辄与人争吵，所以玄宗的其他朝臣不喜欢他。他对道德问题的一贯坚持还开始采取直接批评政治的方式。

---

① 《唐会要》卷188，第4933—4934页；《资治通鉴》卷213，第6976—6977页；卷214，第6811—6812页。
② 《资治通鉴》卷214，第6823—6824页；《旧唐书》卷107，第3259页；卷106，第3236页。

此时，玄宗早期的那种忠于自己政治责任的精神开始动摇，日益怠于问政。736 年秋，张九龄呈上一份关于儒家经世治国术的冗长说教《千秋金镜录》，企图恢复玄宗对政务的衰退了的兴趣，并鼓励他为全国进行充分的道德领导。[1]

张九龄坚持，施政权应保留在像他那样的士大夫手中。他反对那些从日常佐僚中提升起来的人，但对军人尤其藐视，并多次就涉及军人晋升之事与李林甫公开争吵。735 年，玄宗提出任命几年前与吐蕃作战时赢得几次重大胜利和不久又大败契丹的张守珪为特任宰相，就像他以前任命薛讷和王晙那样。曾经反对与契丹交战和主张"外交"解决的张九龄便起来反对指派张守珪担任宰相的任命。[2]

736 年当张守珪在洛阳报捷时，契丹和奚再度起来反抗中国人，他的属将安禄山率兵对他们进行一次损失重大的惩罚性讨伐。张守珪返回大本营后最初打算处决安禄山，并把此事上报玄宗。但后来他改变主意，要求朝廷批准宽恕安禄山。张九龄力促玄宗下令将安禄山处决；当安禄山后来造反并且危及唐帝国的存在时，张九龄的这一行动为他日后赢得了具有远见卓识的名声。[3]

736 年后期，拟定让牛仙客任六部之一的尚书的任命又引起了争端，牛仙客为朔方节度使，他作为一个军人和军事行政长官而享有盛名。张九龄竭力反对，断言牛既无必需的行政经验，又无担任高级职务所需要的能力。玄宗于是提出给牛仙客授实封。张仍坚决反对，因牛不过履行了一些他认为是日常工作的职责而已，不应授予他特殊的赏赐。玄宗再也不能忍耐，他指责张以牛仙客出身卑贱为理由进行反对的虚伪性，因为张自己也不是出身于名门望族。张九龄这时公开亮明他的偏见："仙客边隅小吏，目不识书。"玄宗不为所动，牛仙客得到了分封。但是，张九龄却成功地阻止了牛仙客在中央政府担任高

---

① 《全唐文》卷 288，第 1—2 页；《资治通鉴》卷 214，第 6821 页；见赫伯特《张九龄》，第 175—177 页。

② 《资治通鉴》卷 214，第 6811 页。

③ 同上书，第 6814—6817 页；浦立本：《安禄山之乱的背景》，第 116—118 页注 68。

官。张与牛仙客并无私仇，约在同时，他在为牛父写的墓志铭中还盛赞牛仙客。他之所以反对牛仙客晋升，无非是因为牛是军人，帝国中央机构不该有他的位置。但这一事件还有另一个原因。牛仙客的提升得到李林甫的支持，因为牛仙客具有担任行政长官的才能。[①]

不久，两个人又就朝廷从洛阳迁回长安之事发生争吵。735 年末，玄宗在关于粮食供应已有改善的报告的鼓励下，已决定在 736 年新的一年之初返回长安。但迁移被推迟至 736 年阴历十月（此时庄稼大概可以安全收割到手），后来又被推迟到 737 年阴历二月。但一心急于在长安履行祭祖礼仪的玄宗因为凶兆突然决定在 736 年初秋收割庄稼完毕前提前迁移。张九龄和裴耀卿反对，因为这可能会引起御驾所经地区的百姓的严重困苦。但李林甫又支持玄宗，声称两京是他轮流居住之地，他可以自由选择迁移的时间。[②]

玄宗接受李林甫的建议，朝廷在 736 年阴历十月二十一日返回长安，这是最后一次迁移。阴历十一月二十七日，张九龄失势。他的朋友和门生、曾在他手下任中书侍郎的严挺之在此之前引起李林甫的敌意，因为严挺之使曾在运输改革中担任裴耀卿的助手、刚被任命为户部尚书并且与李林甫关系密切的萧炅丢了官。萧炅被免职的理由是他有作为一个学者的各种缺陷。严挺之由于试图干预对自己前妻之夫王元琰贪污案的审理，此时面临李林甫的报复。李林甫指控严挺之偏袒，当张九龄为严挺之辩护时，他也在严的屈辱中受到牵连。

此事的结果是，张九龄和裴耀卿都被免去宰相之职而担任尚书省的仆射，这个职位早已成为级别虽高但无实权的闲职。[③] 裴耀卿留在朝廷，直到 743 年死去；在此期间他偶尔也过问政务，但再也没有什么实权。张九龄的情况则迥然不同。李林甫显然把他在朝廷的继续存在视为对自己地位的潜在威胁。737 年阴历四月经张九龄推荐而任职的一个御史因攻击李林甫的同伙宰相牛仙客（张九龄以前曾阻挠对他

---

① 《资治通鉴》卷 214，第 6822—6823 页。
② 同上书，第 6822 页。
③ 同上书，第 6824—6825 页。

的提升)而被贬黜。李林甫乘机把张九龄贬到地方,任长江中游荆州的长史。① 虽然张九龄的职务和官品仍很高,并得到显贵的封号和实封,但再也没有回京,他死于740年。

李林甫的掌权,736—752年

李林甫现在是朝廷无可争辩的主宰,他所代表的贵族利益稳定地处于上升阶段。第二个宰相为牛仙客,② 他的任期从736年后期至742年死亡时为止。牛仙客当然不是贵族成员。他出身于关中一个从未有人当官的默默无闻的人家,他的官宦生涯开始得也极为平常,是从胥吏转入流内的。他曾在一个县令属下任佐吏,在县令调到陇右藩镇时已让他当助手。在陇右,他为节度使的属僚,既是一员军事将领,又是行政官员。他在陇右,后来又在河西任节度使时(729—736年),在为军队建立行之有效的后勤体系工作中有突出的成绩。在河西时他帮遥领节度使之职的宰相萧嵩代行节度使职权,总管一切军政,后来又自己任节度使。736年,他调任关中以北极为重要的朔方镇的节度使。

因此,牛仙客是一个完全新型的宰相。他不是第一个被提升为宰相的将领,以前薛讷、王晙和萧嵩在玄宗初期因军功而当过宰相。但与他们不同的是,牛仙客既不是出身名门,又没有担任任何文官的经验,甚至也没有在中央政府任何军事部门任职的经历。他是第一个通过边镇新体制而升任宰相的人,他的任命标志着边陲将领日益卷入朝廷政治的时期的开始。

牛仙客当上宰相后,继续任朔方节度使直至740年后期;而在739年,他还总管邻近的河东镇。在738年,李林甫也兼任西北的陇右和河西的节度使,保留这些头衔分别至742年和740年。③ 虽然这

---

① 《资治通鉴》卷214,第6828页。
② 传记载《旧唐书》卷103,第3195—3197页;《新唐书》卷133,第4555页。
③ 《唐会要》卷78,第1437页。

些藩镇的日常行政都由副手处理，但在李林甫掌权的最初几年，政府的军务就这样成为宰相们直接关心的要事，宰相们个人保持着保卫关中京畿道的关键边镇的控制。在 739—740 年期间，这两个宰相个人控制的军队总数超过 30 万人。

但是尽管牛仙客有军事经验和对军事将领有影响，他在朝廷却不能采取独立的政策；他是李林甫的人，仅此而已。他不像一般的宰相，既没有宫廷政治的经验，也没有官场内一个普通文官在仕途中必须建立的关系网。他也没有一个有权势的家族做后盾。但是事实证明他是一个杰出的和有效率的行政官员，谨慎地实施和贯彻李林甫的政策，并且超然于宫廷的争端之外。

李林甫新政权从这一意义上说是恢复到玄宗初年只由几个宰相支配政务的状态，但也存在着重大差别。在姚崇、宋璟和张说当宰相时，首辅宰相是在一个积极参与政务处理的皇帝手下工作的。但在李林甫的漫长任期内，玄宗越来越只关心自己的家事，日益沉溺于道教和密宗佛教，并且逐渐不再起积极的政治作用。因此，李林甫对朝廷的支配远比他的几个前任全面，这种形势使英国学者浦立本认为，从736 年起至 752 年李林甫死亡时止，这段时期的特点是李林甫的"独裁"。

玄宗与道教和密宗

前面已经谈到玄宗初年各种反佛教寺院的措施。这些措施继续实施到 8 世纪 20 年代和 30 年代。722 年，政府对寺院土地进行登记，并限制僧侣永远拥有的财产的数量。727 年，它又减少乡村未经登记的小祠坛；729 年，礼部的祠部开始造册，全面登记所有的佛僧以确立佛僧的地位和防止滥发度牒。736 年，对佛僧的管理转由掌管藩邦事务的政府机构鸿胪寺负责，这等于宣布佛教为外来信仰而把它放在次要地位。[①]

与此相反，次年道观受到尊重而被置于宗正寺的管辖之下，理由

---

① 关于这些和其他的反佛教措施，见《剑桥中国史》第 4 卷中 S. 温斯坦所写的一章。

是唐皇室自称是老子的后裔。如同他的父亲和姐妹那样,玄宗早就对道教发生兴趣。在整个在位时期,他尊奉许多有名的道士。726 年,各家各户奉命须保存一本《道德经》,[①] 玄宗还亲自为它作注。[②] 732年,各州奉命建立一座尊奉老子的道观。自 675 年以来,参加进士考试的士子必须把《道德经》作为经典学习(只有武后执政的一段短暂时期例外),参加明经考试的士子似乎也要应试《道德经》。这一时期官方文书引用道教经籍的情况屡见不鲜。

8 世纪 40 年代初期,玄宗对道教的公开赞助出现了一个新的转折。741 年,玄宗命令设立专门研究道教的学校,命名为崇玄学,把它们作为国子监的一部分,以使考生按照明经科的模式,为参加关于道教经籍的专门考试(道举)做准备。[③] 742 年,这些经籍都起了崇高的新名,并且都有官修的注释。747 年,《道德经》正式被宣布为最重要的经籍。从 743 年起,老子被授予一系列越来越崇高的称号。此外在 742 年,玄宗采用新年号天宝,它具有道教的含义,以表示其天命的统治的性质有了变化。

玄宗还对在他在位期间传入中国的密宗佛教有很大的兴趣。印度密宗大士善无畏于 716—735 年间在京师工作,翻译了许多佛经,并为玄宗举行密宗的佛事和唪诵经咒。另一个印度密宗大士金刚智从719—740 年也在京师逗留,他的法术给予玄宗以很深的印象,因而被封为"国师"。中国的两位密宗佛教的倡导者为一行和不空,前者以其天文和数学知识闻名,后者曾受到玄宗慷慨的布施。[④]

尽管玄宗试图限制佛教的影响,但密宗佛教吸引玄宗不是偶然

---

① 《新唐书》卷 44,第 1164 页。

② 见《唐会要》卷 36,第 657—659 页。玄宗在 722 年第一次作注 (《旧唐书》卷 8,第183 页)并向全国颁布。735 年,附注八卷编成 (《册府元龟》卷 53,第 16 页);743年御注被重编。

③ 见《唐会要》卷 77,第 1403—1404 页;《唐摭言》卷 6,第 6 页;《旧唐书》卷 9,第213 页;卷 24,第 925—928 页;《新唐书》卷 44,第 1164 页。

④ 见周一良《中国的密宗》,载《哈佛亚洲研究杂志》,8 (1945 年),第 24—33 页;大部分传统史学家把玄宗不积极过问朝政的行为全归咎于道教,但柳芳是第一个指责释道两教的御用史学家。《旧唐书》卷 9,第 236—237 页。

的，因为密宗使用法术、咒语和魔法在许多方面与道教的相似，而
朝廷的密宗大师们确被指望在唤雨和治病方面与道教术士们争高
低。

道教和密宗佛教都不鼓励玄宗积极过问公共事务。两者都鼓励
修身养性。在这些影响下，玄宗对他日常的职责越来越不关心。但
他不过问朝政的行为应该说是逐步的，肯定不应完全归咎于他信仰
的道教。玄宗不像以后几个他的继承人（也确与他的伟大前人唐太
宗不同），除了几次国丧时期外，他继续每日紧张地上朝听政，直
至 755 年他已经 70 岁时为止。没有一个皇帝（不管他是什么超人）
能保持玄宗早期的发展速度，而且在 40 多年中不见放慢。传统的
史学家们的指责大部分针对玄宗迷恋道教，对这个问题我们也许应
该注意的是，到 742 年玄宗已经 57 岁，而且已积极勤于政事达 30 个
春秋了。

皇位继承问题

几乎在张九龄被贬出朝廷不久，武惠妃的女婿杨洄又指控皇太子
和鄂王李瑶、光王李琚及皇太子的内兄薛锈（又是玄宗三女之夫）正
策划谋反。宰相们再次被召征询意见，但李林甫对玄宗说，此事纯属
家事，他与他的同僚不应干预。玄宗于是废太子并把薛锈流配，后来
又命他们全部自杀。诸王之母和妻族的许多亲属也被流配。[①]

武惠妃此时实现了她的野心，继位问题悬而未决，但她的胜利证
明是短暂的。她死于 737 年阴历十二月，据民间传说，这是受害而死
的诸王的鬼魂作祟所致；她死后被封为后。玄宗当时既无皇后，又无
皇储，因为玄宗并没有按照武惠妃的计划让她的儿子寿王李瑁继位，
尽管李林甫想竭力促成此事。

在一年多的时期中，继位问题依然不能解决。玄宗有意立三子忠
王李玙（元献后所生）为太子，但长期未作决定。最后他采纳其宠幸

---

① 《旧唐书》卷 107，第 3259—3260 页。

的宦官高力士的意见，即李玙年长，他的继位权不容易被人反对。①
在玄宗初期就未被立为太子的李琮，这次又未被考虑，可能是他没有
子女。他收养前太子几个年幼的儿子为自己的子嗣。738 年阴历六月
李玙被指定为太子，并正式举行仪式，次月全国大赦。继位问题在玄
宗以后的年代没有变化，李玙在 756 年继位，他就是人们熟悉的庙号
为肃宗的皇帝。

编订法律

像李林甫这样的如此关心行政的井井有条和系统化的宰相，自然
会直接注意顺应形势，修订法律，并且对行政法当然尤为注意。事实
上他从事这一工作已有数年。除 731 年裴光庭和萧嵩颁布一系列《格
后长行敕》外，法典一直没有被重新编订或使之适应形势；颁布《格
后长行敕》的公开目的是要消除由于立法变化而条款又未列入修订的
行政法典所引起的种种反常现象。在此以前已有人抱怨法典条款因应
用比拟和援例而被忽视的情况。

734 年，李林甫奉命修订和整理全部法典。他会同一批法律专
家，对法律进行了扎实和周密的修订工作。被删除的无关紧要的条款
不少于 1324 条，另外 2180 条得到修正。经修订的法典于 737 年送呈
皇帝，计有：律 12 卷及其疏义 30 卷；令 30 卷；式 20 卷；《新开元
格》10 卷。这些法典在 737 年秋向全国颁行。

这证明是一次非常重要的法律修订，因为这是唐代最后一次系统
地重编全部法典的活动。这次制订的法典实行的时期特别长，因为它
一直到 14 世纪初都保持着权威性，虽然其间作了若干较次要的校订。
但也许更重要的是，这次修订法律是唐代最后一次试图提供包括在令
和式中的标准化的、全国一致的行政法规的活动。在唐以后历代皇帝
时期，地方活动的日益多样化使这一工作不可能进行下去。

李林甫及其同僚在送呈法典的同时还呈上按门类摘编以便查阅的
《格式律令事类》，计 40 卷。

---

① 《资治通鉴》卷 214，第 6832—6934 页。

各项新的法典的重要性在于，李林甫在它们颁布后专门请求降诏宣布，凡 737 年阴历五月末之前颁布的诏书中提到的一切未收入新法中的条款不再具有法律效力。[①] 整个法典的制定过程清楚地显示了李林甫处理行政问题的那种有条不紊和精确的方法，以及对行政程序进行彻底的合理化改革的决心。

另一个非常重要的法律汇编为《唐六典》，它成于李林甫掌权的最初几年。这一汇编工作有一个漫长和多变的过程。玄宗最初在 722 年已命令集贤院搞一部同名的汇编；名称中的"六典"原系比照《周礼》的题材结构，原来的作品可能在一定程度上与张说在 8 世纪 20 年代初期使礼仪法典化的努力有关。这项工作一直没有完成；在萧嵩领导时期，开始了汇编现在这种形式的工作，即准备搞成一部有关政府机构行政法的提要，后来张九龄也参加了汇编；他失势后，李林甫负责它的完成。它最后成于 738 年，739 年阴历二月被送呈玄宗，然后向全国颁布。[②]

它在一个多世纪中一直作为一部最方便的权威性的行政法提要而被人使用，甚至在它阐述的许多制度发生了很大的变化或机构被新官署代替后也是如此。

兵制改革

节度使统率的边境藩镇体制这时已完全建立，如上所述，李林甫和牛仙客本人都遥领很重要的边镇。737 年，兵制有两个重大变化。第一，节度使奉命与中书门下协商，以便一致确定适合于各镇战略需要的边防军的建制。人们现在仍能相当详细地了解约从 742 年起的这一建制的情况，当时帝国供养的边防军共达 49 万人，另有 8 万余骑。[③] 同时，帝国总的军事建制共为574733人，其中包括各种府兵和

---

① 《唐会要》卷 39，第 703—706 页；《旧唐书》卷 50，第 2150 页。

② 见戴何都《描述唐代行政制度的唐六典》，载《亚洲杂志》，263（1975 年），第 183—201 页。

③ 《资治通鉴》卷 214，第 6829 页；卷 215，第 6837 页。

宫廷军队（关于这些军队，将在下面论述）。人数略超过总人口的
1%。这些数字表明，虽然帝国武装了一支名实相符的强大的军队，
但受节度使控制的军队不少于帝国兵力的 85%，几乎是帝国有战斗
经验的士兵的全部。中央政府没有与之相比的兵力可供调遣，这一事
实解释了李林甫和牛仙客为什么抓住他们挂名节度使的控制权不放的
问题。

第二个甚至更重要的变化是把边防军改成全部由长期服役的健儿
组成的职业军。变化的过程经历了几十年，但 737 年颁布的一份诏书
命令，边境诸镇的所有士兵应在原征募的士兵和未登记户的成员中长
期雇佣那些合格的和愿意服役的人。那些志愿服役的人得到的津贴高
于标准，并享受免税数年的特别待遇。原携带家眷前往边境的人还可
分得房屋和田地，以使他们能长期定居。这意味着旧征兵制的最后废
弃；旧制规定，被挑选前往边境的士兵有的是府兵，有的是平民，他
们的平均服役期为三年。其中有人因企图得到奖赏，愿当健儿留在边
境，但这一制度造成了未经训练的新兵经常代替久经锻炼的士兵的情
况，而且常常带来苦难。① 改革似乎迅速见效。738 年初期的一份诏
书宣称，长期雇用边境健儿的办法使兵源充足。征兵支边的措施被取
消，那些仍在边境镇服役的征召士兵被解散和遣返故里。②

这些庞大的边防军造成了在崭新秩序下的财政和后勤供应问题。
边防的费用在 714—741 期间增加了 5 倍。部队的被服、装备及粮食、
军需的补给，都需要巨额资金。国家收入的大部分粮食用于军粮和战
略储备。大量人力资源用于军队的口粮和军需的运输工作。

随着永久性的职业军队的建立，情况就更为复杂，费用也进一步
增加。原来在战场因战功得到有节制的赏赐的士兵，此时开始要求得
到官职和名义上的官品，使他们能获得应有的一切封赏和特权。为了
战争胜利，这种慷慨的赏赐使防务支出有增无已。在 742—755 年期
间，军费增加了 40%或 50%。

---

① 戴何都：《〈新唐书〉百官志、兵志译注》，第 672—673 页。
② 《资治鉴通》卷 214，第 6832 页。

政府继续鼓励在边境建立屯田；牛仙客也扩大了他曾在关中西北采用的"和籴"制（和籴制在那里还被用来提供民用粮食）。[①] 但这些措施不能制止军费的继续增加。

与此同时，京师的军事组织也发生很大的变化。在 7 世纪最后几十年，轮番从不同的府兵抽调兵将的古老的禁军制开始蜕变。过去显赫一时的禁军的地位逐渐降低，除了少数精锐的单位，玄宗时期的禁军都不足额，素质也差，并且主要由朝中有关系的和不懂军事的文官担任军职。

禁军作为由皇帝直接调遣的主力部队的位置已被自 662 年以来称为御林军的"北军"所接替。这就是永久服役的——许多人是世袭的——警卫皇宫的精兵。他们在武后时期得到加强，到中宗时期，御林军的人数超过 1 万人，完全压倒了禁军。

禁军缺员的现象在 722 年已明显得令人不安，当时为御驾巡行泰山举行封禅仪式的准备工作正在进行；在 723 年，张说如前文所述已开始征募一支称为常从宿卫的庞大部队。通过吸收以前的禁兵和其他愿意轮番服役的合适的士兵，常从宿卫的兵力扩大到 12 万人。725年，它被改名为彍骑，然后拆散，把兵将作为受过训练的新鲜血液分别输送到各禁军之中。但后来他们又被分配在御林军；除了充当皇帝和太子警卫以及为京师执行治安任务的少数特种部队外，禁军作为一支有战斗力的军事单位已不复存在。

但这并不是说北军此时已成为一支归皇帝控制的强大力量。在731 年涉及王毛仲和禁军一些将领的危机以后，北军似乎有意识地被削弱了。虽然在 738 年有两支称龙武军的北军加入了御林军（显然是为了加强御林军的力量），但是它们的成员大部分是长安富裕的商人和城市居民，他们以前已经服役，因为军队的士兵既可不纳税，又可不去边境服役。这些人后来雇佣替身或派仆人代替他们当兵。作为一支军事力量，北军越来越不足道。当玄宗末期最迫切需要他们出力之

---

① 《资治通鉴》卷 214，第 6830 页。

时，他们成了废物。①

在张说的 722—723 年改革以后，府兵并没有取消。但随着边防军和京师的北军的日益职业化，府兵的作用消失，他们不过是纸面上的部队。749 年，李林甫下令制止府兵来京师服役。命令说，府兵近来不过是名义上的建制，既无组织、军官、武器和装备，也无粮食。②

府兵的消失意味着放弃了自北魏以来流行的一种思想；它主张，通过对农民进行正规训练的方式，国家可以经济地保存一支有战斗力的军队，因为农民兵自给自足，但又能与禁军一起履行正规的职责，并在需要的时候能很快地组成军事单位。在李林甫掌权时，边防军和京师的北军都几乎全由职业军组成，国家则直接负责供养它们。

但是，还存在一种新型的称之为团练或团结的地方治安军。它们不是全国范围的组织（如府兵），而是由地方组织并用于地方防务。士兵纯属业余，以种地为生，在农闲时则受训练。他们不必在京师或边境服役，只是组成归地方刺史管辖的地方治安军。他们在 697 年契丹入侵时在河北最先出现，后来又出现在受外患威胁的其他区域以及西北、长安周围和四川；四川的地方军组织规模似乎更大，那里已组成了一支以成都为中心的约 1.4 万人的部队。③

新的兵制为中国提供了对付外来威胁的极为有效的防御。在李林甫掌权的初期，邻近的最强大的两个民族吐蕃和契丹被打败并处于守势。同时突厥汗国也覆灭。但新兵制的花费极大，并使权力集中在节度使之手，以致中央政府再也没有力量去对付他们了。

财政的发展

当李林甫仍与张九龄分掌大权时，最重要的财政改革，即贯彻

---

① 《唐会要》卷 72，第 1300 页。

② 同上书，第 1299 页。

③ 浦立本：《安禄山之乱的背景》，第 69—70 页；戴何都：《〈新唐书〉百官志、兵志译注》，前言第 3—5 页；《资治通鉴》卷 215，第 6850 页；《唐六典》卷 5。

《长行旨符》规定的工作，已在进行。到 8 世纪 40 年代初期，尽管因军事扩张而军费激增，帝国的财政状况仍很良好。726 年登记的人口数只有 7069565 户，在 732 年达 7861236 户（45431265 人），在 742 年达 8525763 户（48900800 人），在 16 年中增加了 21％。这部分地反映了宇文融的再登记措施的长期效果，部分地反映了人口的自然增长，部分地反映了地方行政效率的提高。因此政府可以依靠比以前有明显增加的岁入。此外，8 世纪 20 和 30 年代可怕的连续自然灾害似乎没有再出现，40 年代总的说是农民比较富足的时期。

8 世纪 40 年代期间的税制大为松弛。① 现存的敦煌户册证明户口的登记日益放松，造成这一情况的部分原因是，在李林甫早期的改革中已确定了各州固定的税收定额。741 年的一份诏书取消了每年对各户成员的严格核查，而代之以三年检查一次。在 744 年，规定把男丁应充分纳税和服劳役的年龄从 21 岁提高至 23 岁。

这一制度出现了一些弊病。742 年及以后 744 年颁布的诏令企图制止各户为减少自己应征税的数额而分割家庭财产的现象，这项税收此时已成为国家日益重要的财源。对这些户应征收的税额不得不在 741 年，后来又在 745 年从严执行。② 土地制也产生了越来越严重的弊病；735 年的诏书又正式推行均田制，以防"百姓无处安置，王公百官及富豪之家比置庄田，恣行吞并"。但这一措施收效很小；752 年，政府又对那些积聚大产业的人进行了一次类似的打击。③

运输体系进一步得到改善，使粮食和物资的运输方便得多。741 年，政府曾有穿过三门峡开凿一条航运河渠的打算，同时对扬州附近的汴渠南端进行了其他的改善。在 741—743 年韦坚任水陆转运使时，建造了一条与渭水平行的新运河，以供漕运船只通往他建有新码头的长安。运往京都的粮食和货物又大量增加，在 744 年达到 400 万石。

---

① 见池田温《唐代的户册和有关文书》，载芮沃寿、崔瑞德编《对唐代的透视》（纽黑文，1973 年），第 121—150 页。
② 崔瑞德：《唐代的财政管理》，第 32 页。
③ 《册府元龟》卷 495，第 23—26 页。

他还整顿了地方的运输供应，让富户为漕运船只和载运的物品作保。[1]

韦坚是下一个 10 年出现在朝廷的一批新的贵族财政专家中的第一人，这些人也像宇文融那样因他们在玄宗末年的政权崩溃中所起的作用而受到历史学家的苛评。在财政的一个领域中，贵族的支配——实际上是一个家族的支配——自玄宗即位以来一直持续不断。从713—733 年，隋皇室的一个后裔杨崇礼长期任太府寺卿，在他 90 岁退隐时，他的儿子杨慎矜和杨慎名分别任太府寺卿和司农寺卿，前者掌管一切钱帛的收入，后者掌管一切粮食收入。[2] 杨慎矜深深地陷进了李林甫那一派。当李林甫掌权时，杨氏家族掌握了处理全帝国岁入的大权。

李林甫试图在制度上解决的另一个问题是长期存在的通货问题。737 年，第一个诸道铸钱使被任命，全面负责全帝国铸钱的工作。此职一般由御史担任。8 世纪 40 年代初期，杨慎矜接管了铸钱司，进一步加强了他对财政管理的控制。[3] 通货的供应暂时有所改善，但在8 世纪 40 年代后期私铸风又趋猖獗，752 年，政府又企图取缔劣质钱的流通。但事实证明，这一措施与以前的同类措施一样未能收效。[4]

李林甫的晚期：贵族结党

742 年阴历七月，牛仙客死去。直到此时，李林甫的行政已取得显著的成功。他的行政改革使帝国政府的运转比以往更加顺利和有效率。他的政权是繁荣的，对外敌连续取得辉煌的胜利。此外，它没有在官僚集团内进行任何清洗。贵族们取得了稳固的权力，代表士大夫利益的最后两个主要老人宋璟和张九龄已经死去，其他几个前宰相中

---

[1]　传记载《旧唐书》卷 105，第 3222—3225 页；《新唐书》卷 134，第 4560—4562 页。关于他的改革，见崔瑞德《唐代的财政管理》，第 90 页；浦立本：《安禄山之乱的背景》，第 36—37 页。

[2]　《旧唐书》卷 48，第 2086 页；卷 10，第 3225 页；《新唐书》卷 134，第 4563 页。

[3]　《唐会要》卷 59，第 1022 页。

[4]　崔瑞德：《唐代的财政管理》，第 76 页。

的裴耀卿死于 743 年，萧嵩已被贬到地方。官僚中的儒家学者被精心地排斥而不能担任任何有真正权势的职位。但尽管如此，李林甫和牛仙客掌权的六年总的说是朝廷的安定时期。

随着牛仙客之死，局势发生了变化，而且严重地变坏了。被任命代替牛仙客的新宰相是李适之（？—747 年）。[1] 他与李林甫同样是皇族成员，实际上属于太宗直系中地位较高的一支。他也没有参加过科举，705 年通过在禁军中任职起家。在玄宗时期，他先后担任一些州的职务，以行政干练见称，并担任河南尹，在那里完成了重要的治涝工程。从 739—741 年，他是幽州节度使，然后被召进京任刑部尚书。他显然是远比牛仙客更难对付的对手。情况可能是：或是玄宗为了抵消李林甫日益扩大的权力，所以亲自任命他为宰相，或是玄宗受了另外敌对贵族集团的劝诱才作出了这一任命。确实如同玄宗最后 10 年那样，任命李适之的详细情况也因这一时期的历史记载（这些记载对李林甫怀有明显的敌意）少得惊人而模糊不清。不管任命李适之的目的是什么，一个以一系列血腥清洗告终的激烈的党争时期由此产生了。

李适之立刻成了一个有才能和有野心的、感到自己被李林甫所挫的贵族集团的领袖。他们的主要人物有：韦坚（？—747 年），他由于他的运输政策和财政方面的成就，深受玄宗本人的赏识；裴宽，他继李适之从 742—744 年任幽州（范阳）节度使，然后任户部尚书；裴敦复，他在 743—744 年期间在浙江沿海肃清海盗，然后被任命为刑部尚书；陇右节度使皇甫惟明，他在陇右与吐蕃作战取得了重大的胜利。[2] 他们结成了一个令人生畏的集团，在财政和防务这两个关键领域有强大的势力。

744 年，当时任吏部尚书的李林甫（此职使他平时能左右一切任命）因选才考试的一次丑闻而丢了脸。由于任人唯亲，他在御史台的一个亲密同伙之子（此人是有名的不学无术之徒）得了最高分。这引

[1] 传记载《旧唐书》卷 99，第 3101—3102 页；《新唐书》卷 131，第 4503—4504 页。

[2] 裴敦复和皇甫惟明都无传记。关于他们的简单介绍，见浦立本《安禄山之乱的背景》，第 163—164 页注 22 和 23。

起了一阵强烈的怨言，但朝中无人大胆直言，因为任何抗议都意味着对李林甫的批评，但有一名官员说服了当时任东北范阳和平卢两镇节度使的安禄山向玄宗报告了此事；这是边将第一次干预朝政的行动。玄宗亲自重新对应试士子进行考试，那个名列榜首的人交了白卷。吏部的两个侍郎被不光彩地外放到地方；李林甫本人虽然未受惩处，但此事损害了他的威望。①

从 744 年起，李林甫开始沉重地打击他的政敌。他试图向玄宗进谗以使李适之名誉扫地，然后又挑起裴宽和裴敦复的不和，结果两个人都被外放到地方。745 年他煽起对以李适之为首的刑部的官员的严厉调查；745 年阴历九月，他又把韦坚从财政和运输的使署调到刑部任尚书，从而使他不能再对玄宗施加影响。② 韦坚的财政的职务转给了杨慎矜③，此人为当时与李林甫关系亲密的太府寺卿杨崇礼之子。

到那时为止，党争是沿着公认的不流血的政治方式进行的。但从 746 年初起，情况发生变化，一系列你死我活的清洗开始了。746 年正月，当时任节度使坐镇陇右和河西的皇甫惟明来京报告与吐蕃作战时又取得了胜利。他在朝廷当玄宗之面批评李林甫和赞扬韦坚。李林甫唆使杨慎矜向玄宗报告，说皇甫惟明和韦坚与太子一起策划发动政变和让太子登基的阴谋。

密谋的真相当时模糊不清。但皇太子的指定原来肯定受到李林甫的反对。皇甫惟明早已是皇太子的密友；韦坚是皇太子的内兄，以有政治野心见称。此外，对于因得到一个统率靠近京师 14 万名精兵的将领的支持而出现这样的政变威胁是绝不能等闲视之的。结果，韦坚和皇甫惟明被捕受审，但指控他们的案件得不到证实，于是他们离京出任刺史。皇太子未受影响。李适之本人未受任何牵连，但他与皇甫惟明和韦坚的密切关系使他忧心忡忡，以致他要求辞去宰相之职。他

---

① 见浦立本《安禄山之乱的背景》，第 84 页。
② 《资治通鉴》卷 215，第 6864、6868 页。
③ 传记载《旧唐书》卷 105，第 3225—3228 页；《新唐书》卷 134，第 4562—4564 页。

的要求得到恩准；令人不免奇怪的是，鉴于当时的形势，他竟能在东宫得到一个闲职。从此他不再积极参与政务。[1]

陈希烈[2]接替了他的宰相职位。此人出身于河南的一个无名家族，本人显然未参加过科举，但仍享有作家和学者的盛名。他精通道家学说，并大大地助长了玄宗对道教的兴趣。从731年起，他继张说为集贤院学士知院事，并协助玄宗起草国书和为玄宗润色文学作品。他为人柔弱圆通，无实际政治经验，在752年死前不久，对李林甫一直唯命是从。李林甫开始在家中处理公务，陈希烈不过在作出的决定上副署而已。陈希烈也继续从事他的学术活动，被任命在秘书省任少监。

虽然李林甫是朝廷的绝对主宰，但担任高级官员的韦坚的弟兄此时为韦坚竭力向玄宗求情，并要求皇太子支持他们的请愿。玄宗仍相信太子忠诚无辜而不给予任何处分，但对韦坚及其同僚非常恼怒，因为他们本来应该为自己幸免于死而庆幸。李林甫此时又指控韦坚和李适之结党。于是韦坚及其弟兄连同许多亲属均被放逐到边远的南方。李适之被调到地方，他们的其他支持者，如裴宽和河南尹李齐物也被贬至地方。太子本人惶惶不可终日，要求准许休掉韦坚之妹。[3]

清洗至此仍未结束。746年末，另一场涉及皇太子的所谓阴谋震动了朝廷。皇太子的长妃之父杜有邻与自己的女婿柳勣发生口角，因为后者企图指控他伪造图谶以使他丢脸（可能间接地把皇太子也卷了进去）。但他的指控出了纰漏。他和他的一个朋友被李林甫在御史台的一个同党审讯，结果，杜有邻和两个指控者均被处死，他们的家属被放逐到遥远的边境。其他受株连的人有：曾为柳勣庇护人的王子李邕和荐举柳勣的裴敦复（裴因与柳勣勾结而在747年初期被鞭笞致死）。后来，臭名昭著的御史罗希奭被派往贬所处决韦坚、皇甫惟明及其追随者。李适之服毒自尽；他的一子被杀，许多同僚被贬。李适

---

① 浦立本：《安禄山之乱的背景》，第88—90页。
② 传记载《旧唐书》卷97，第3059—3060页；《新唐书》卷223上，第6349—6350页。
③ 同上书，第6873—6874页。

之的追随者中唯一幸免一死的显要人物为裴宽，他退出了官场并献身于宗教。[①]

在这些阴谋和清洗中，李林甫最忠实的支持者之一是财政专家杨慎矜，他已为自己清除了职业的对手韦坚，同时又大手大脚地提供钱财以供玄宗日益奢侈的私人生活之用，所以深得玄宗的宠爱。李林甫开始对他势力的发展感到不满，两个人的关系变得越来越对立。杨慎矜还与王鉷[②]为敌，王鉷是太原一个望族后裔中一名高级官员的私生子。从 736 年起，他在御史台和户部任职，从事一系列的专门的财政工作，以善于搜刮民脂民膏和严厉推行"和籴"制闻名。如同以前支持杨慎矜那样，李林甫一贯支持他；而杨慎矜此时却一再冒犯和贬低王鉷，尽管后者在御史台拥有强有力的地位。[③]

这时，杨慎矜求教于一个术士，后者劝他在乡村购置产业，作为在预言的政治动乱即将发生时避难之用。王鉷得知他们的交往，于是揭露杨慎矜与这些预言有牵连，且更具体地揭露了他策划复辟隋王朝（他是隋皇室的后裔）的叛乱。杨慎矜被捕，在御史台的李林甫的代理人在他家中栽证陷害他，杨慎矜及其两个也任高官的弟兄被迫自尽。他们的几十名同伙和同僚像以前的清洗一样又受株连和惩处。[④]王鉷接任了杨慎矜的工作，此时他上升到了已能对玄宗施加很大影响的地位。他控制了财政方面的许多专门司署。他征收的大量税额超过了李林甫精心规定的岁入定额，他把这些收入转到玄宗的私囊，从而更进一步助长了玄宗骄奢的生活。王鉷与以个人清廉著称的杨氏家族不同，他无耻地利用自己的地位大发横财。

李林甫在消灭了一个潜在的对手，即财政专家杨慎矜以后，此时又企图搞垮另一个边境将领，因为此人的成就和在朝廷的势力与以前的皇甫惟明一样，开始危及李林甫自己的支配地位。此人即王忠

---

① 《资治通鉴》卷 215，第 6874—6875 页。
② 传记载《旧唐书》卷 105，第 3228—3232 页；《新唐书》卷 134，第 4564—4567 页。
③ 《资治通鉴》卷 215，第 6879 页。
④ 同上书，第 6879—6882 页。

嗣，[1] 他从 742—746 年已控制朔方和河东两镇，后来继倒霉的皇甫惟明而任河西和陇右的节度使，在那里防御吐蕃十分成功。但他是一个谨慎的将领。当玄宗在 747 年命令进攻青海湖之东的吐蕃要塞时，他劝告说，这个要塞坚不可摧。于是另一个将领奉命进攻，但王忠嗣拒不参加，当战斗不可避免地得到灾难性的结果时，他受到了指责。王忠嗣在皇宫内长大，与诸王——特别与皇太子——的关系甚为密切。李林甫利用玄宗的不快乘机攻击皇太子，并指控王忠嗣已答应协助皇太子登上皇位。王忠嗣被捕受审，但这一次指控实在站不住脚，以致连玄宗也不相信。但王忠嗣仍被派往西南任职，他的助手突厥将领哥舒翰则代替他负责边境的指挥。[2]

这一时期激烈的党争阴谋的胜利者是李林甫，但党争既削弱了他自己的地位，更重要的是也在几个重要方面削弱了中央政府和皇帝的地位。中央的官僚集团被李林甫清洗的暴力所动摇，又在一定程度上被暴力吓倒；大批杰出的人物死了，或被断送了前程。国家的财政依然控制在贵族理财专家王铼之手，但他不同于前几任的宇文融、韦坚和杨慎矜，只关心谋取自己在朝廷的优势和贪污自肥。

对边镇的控制

强大的边境将领干政的威胁得以避免，但代价很大。在发生涉及皇甫惟明和王忠嗣的"阴谋"以后，李林甫断定，让那些可能有干预朝政野心的高级的和有才能的官员控制边境藩镇，实属危险之举。从 748 年起，他硬要玄宗推行一项精心制定的政策，即把边境将领置于非汉人节度使之下。这些节度使被认为是比汉族更优秀的军人，他们的野心也被认为只在军事而不在政治方面。[3] 到 751 年，除四川剑南以外的所有藩镇都受外族将领的指挥。自 744 年起，安禄山控制范阳和平卢，从 751 年还指挥河东。他的堂兄弟安思顺从 747 年年末起指

---

[1] 传记载《旧唐书》卷 105，第 3197—3201 页；《新唐书》卷 133，第 4551—4555 页。
[2] 《资治通鉴》卷 216，第 6877—6883 页；《旧唐书》卷 103，第 3199—3200 页。
[3] 《资治通鉴》卷 216，第 6888—6889 页。

挥河西,从 750 年起又指挥朔方。突厥将领哥舒翰从 747 年后期起坐镇陇右,而在极西部,高丽血统的将领高仙芝掌管了安西。

在这些人中,最强大、在其藩镇培植势力最久的将领为安禄山。[①]他具有粟特和突厥的混合血统,是默啜可汗军队中一名粟特军官之子。安禄山在张守珪指挥的西北边防军中当兵,733 年张守珪调到幽州时,他作为僚将随往。739 年张守珪被贬,由李适之接任幽州节度使。安禄山在平卢时地位仅次于王斛斯。741 年李适之被召回长安;王斛斯成为幽州节度使;安禄山被提升指挥当时仍隶属于幽州的平卢。次年,即 742 年,平卢独立为镇,安禄山任节度使。在此期间,他与从 742 年直至 744 年阴历三月任幽州节度使的裴宽关系密切。因此,安禄山与李林甫的两个对头都有密切的联系。裴宽被召回长安以后,安禄山又兼任范阳(幽州)节度使。他在 743 年和 744 年已入京朝觐,并且如前文所述,卷进了一件轰动一时的案件。到 747 年当他再次进京时,他在东北已经树立非常牢固的地位,而且具有强大的力量。他和妻子被授予尊贵的称号,他还拥有御史大夫的荣誉职位。虽然他力量强大,但他个人仍非常畏惧李林甫,这种关系在这些动乱的年代里对维持朝廷的稳定起了重要的作用。

杨氏家族和杨贵妃的崛起

随着后宫政治造成的杨氏家族的崛起,宫廷事务中又添进了另一新的内容。[②]武惠妃死后,玄宗在后宫似乎暂时还没有一个恩眷不衰

---

① 传记载《旧唐书》卷 200 上,第 5367—5372 页;《新唐书》卷 225 上,第 6411—6421 页。关于他的出身和事业,见浦立本《安禄山之乱的背景》,第 7—23 页和第 82 页以后;戴何都的《安禄山史》(巴黎,1962 年)提供了《安禄山事迹》的详尽加注的完整译文;《安禄山事迹》为姚汝能所作的一部叙述安禄山事迹的 9 世纪初期的著作。

② 关于杨贵妃及其家庭,见浦立本《安禄山之乱的背景》,第 92 页以下。霍华德·列维:《杨贵妃事迹》,载《通报》,45(1957 年),第 451—489 页;此文有《旧唐书》(卷 51,第 2178—2181 页)和《新唐书》(卷 76,第 3493—3496 页)中她传记的译文;又见列维《杨贵妃的家族背景》,载《汉学杂志》5.2(1957 年),第 101—118 页;《一个杰出皇帝的后宫宠妃》(台中,1958 年);《长恨歌:杨贵妃之死》(东京研究社,1962 年);《杨贵妃之中选》,载《东方》,15(1962 年),第 411—412 页。

的宠妃。在 8 世纪 40 年代初期，他似乎已迷恋上了寿王李瑁之妻杨玉环；李瑁为武惠妃的宠子，他在 738 年未被立为皇太子。741 年杨玉环离开了丈夫，自愿度为女道士，住在宫内，745 年当她正式与再婚的寿王分居后，玄宗召她进了自己的后宫，封她为贵妃。从此，她完全左右了皇宫。虽然她两次被短期地放逐出宫，但玄宗对她迷恋之极，以致每次放逐后就立即召她进宫。

杨贵妃是来自四川的一名地方官之女，她与玄宗早期宠爱的元献皇后同样出身于华阴的杨氏氏族，又是隋皇室的远房后裔。杨贵妃的家族以出美人著称，她聪慧多才，与玄宗同样热爱音乐和舞蹈，而且自己又能歌善舞，事实证明她与她的也很受玄宗赏识的姐妹们是善于利用政治影响的行家，她家族的几个成员都得到勋位和在朝廷任高官。在 8 世纪 40 年代后期，她成了安禄山的密友，751 年她收这位奇胖和魁梧的将领为义子。关于他们和她的姐妹以及关于安禄山显然可以自由出入宫禁的宫廷中的淫逸放荡的丑闻不胫而走。但这些传说在许多方面是不可能的，是以后虚构的，它们也是以玄宗和杨贵妃为主角的大量半传奇传说的一部分。重要的事实是，在安禄山最后叛乱以前，她和玄宗两个人同安禄山的个人关系一直很密切。

在杨贵妃较远的亲戚中，隔代堂兄弟杨铦担任鸿胪寺卿，另一个杨锜担任御史并娶武惠妃之女太华公主为妻。第三个更为阴险的人物是杨钊，后来玄宗赐给他人们所悉知的名字国忠[1]。杨国忠为一小官员之子，年轻时放荡无行，为宗里所鄙，于是去四川从军，后任一地方的低级官员。他在四川得到一位富有的地方有才的文士鲜于仲通的庇护，鲜于后来在剑南节度使章仇兼琼（739—746 年任节度使）的幕府中担任重要的行政官员，为杨国忠谋得了推官之职。在四川的这些年中，他结识了他的远亲——杨贵妃的家属；他还因勾引她的一个妹妹而被控。

---

[1] 传记载《旧唐书》卷 106，第 3241—3267 页；《新唐书》卷 206，第 5846—5852 页；关于他的出身，见《资治通鉴》卷 215，第 6867—6868 页；浦立本：《安禄山之乱的背景》，第 164—165 页，注 47、48。

当杨贵妃作为玄宗宠妃的地位正式确立后，章仇兼琼和鲜于仲通决定用杨国忠为代理人以保住他们在剑南道的地位，于是派他前往朝廷。由于与杨贵妃的关系他来到京师时被任命为监察御史。他作为李林甫的忠诚和热心的亲信，参与了 746—748 年的清洗。章仇兼琼由于杨氏的势力，在 746 年阴历五月被任命为户部尚书，并担任了其他的职务。他在四川的节度使之职被原户部侍郎郭虚己接替；郭任此职直至 748 年，在此期间由鲜于仲通任助手。当郭虚己回长安时，鲜于在 748 年接任节度使。

这样，杨国忠由于他的堂姐妹和亲戚的影响，在 746 年以后得以迅速巩固他在京师的地位，同时他又与他早年供职的四川保持牢固的联系。由于这种特殊的地区关系，剑南（即四川）一直是李林甫的指派非汉族将领任节度使的政策从未得以实施的唯一边境藩镇。

在此期间杨国忠没有与李林甫公开破裂，但从 749 年起，他像王铁那样能够对李林甫进行挑战，因为他可以指望从玄宗和杨贵妃那里得到个人的支持。749 年，他把京兆尹萧炅贬黜出朝廷，此人先后是裴耀卿、李林甫及李在御史台的一个朋友宋浑的长期同伙。李林甫此时也无力帮助他的朋友。杨国忠在户部的度支使署担任一系列职务，并得到 15 个以上的专职头衔（其中大部分是属于财政方面的），所以其权力很快就与王铁不相上下，后者也就成了他的政治追随者。[①]

752 年，王铁被清除出政治舞台。他与其弟王锝召术士询问自己为帝王的前景，后来担心此事泄露，就将此术士和一个公主的知情的儿子审判处死。王锝的一个朋友此时正策划控制龙武军（北军）和清除李林甫、陈希烈和杨国忠。玄宗获悉这一阴谋，就命王铁逮捕阴谋者。王铁警告其弟即将被捕，于是密谋者出逃。在王铁和杨国忠带领军队的追赶下，造反者最后走投无路，被高力士率领的飞龙小儿俘获。

杨国忠此时揭露王铁也参与了阴谋。但玄宗不信王锝的叛逆行为，而李林甫又为王辩护。因此玄宗下令恕免王锝之罪，但为了保留

---

① 《资治通鉴》卷 216，第 6896 页；《旧唐书》卷 106，第 6 页。

留各方面的面子，他通过杨国忠命令王铁正式承认其弟之罪并请求宽恕他。但王铁拒绝照办，这下激怒了玄宗。陈希烈这一次就不听命于李林甫了，他这时公开指控王铁叛逆，要求将他处死。王氏两兄弟被杨国忠和陈希烈审讯，审讯结果不但使被挫败的阴谋真相大白，而且还弄清了他们以前起过作用的谋害人的情况。752年阴历四月，王铁奉命自尽，王锋被杖死在朝堂。王铁诸子被放逐到边远的南方，后来被处死，大量家产被没收。[①]

此事的结果对李林甫的地位是一个严重打击，因为他曾荐举王铁任职，又曾为他的叛逆罪名辩护。他这时不但面临曾企图在指控王铁时把他株连在一起的杨国忠和陈希烈的公开对立，而且还受到强有力的将领哥舒翰的仇视。

对外关系，720—755年

传统历史学家对玄宗的主要批评之一是，当他即位初期帝国的防御已得到加强和帝国随之采用消极的防御政策后，他的雄心导致他日益改用一种国力所不能负担的主动的、干预性的对外政策。当然，随着714年吐蕃战败而出现的相当平静的几年以后，军事活动在他在位的中期和后期大大地增加了。但这肯定不是像太宗后期和高宗时期那样的蓄意的领土扩张时期。在玄宗的这些日子中，唐朝对来自两个最强大和最富侵略性的邻国——契丹和吐蕃——的压力作了反应，与它们进行了持久的大规模战争。同时，中国对外关系的总格局由于以下的因素而起了变化：在满洲（渤海）和云南（南诏）出现了强大而稳定的国家；传统的北方敌人突厥族最后消失；基本上对唐朝友好的回纥人取代突厥族而成为蒙古草原的主人。

吐 蕃

吐蕃依然是中国最难对付的邻国。714年战败后，吐蕃人稳步地

---

① 《资治通鉴》卷215，第6910—6912页；《旧唐书》卷105，第3230—3232页。

巩固他们的王国；721年，随着幼王的成年和705年以来控制吐蕃的宰相和太后之死，吐蕃的宫廷政治出现了明显的转折。722年，吐蕃朝着新的方向重新向外扩张，入侵西部的小勃律（吉尔吉特）。小勃律和邻近的大勃律（巴勒提斯坦）对中国人来说具有非常重要的战略意义，因为它们是疏勒（喀什噶尔）经明铁盖山口通往迦湿弥逻（克什米尔）和印度河谷的要道。它们自武后时期起已是中国的朝贡国。吐蕃的占领将使吐蕃人控制帕米尔地区，使他们能直接与突骑施部或阿拉伯人接触，从而威胁中国人在中亚的地位。

面临吐蕃的入侵，小勃律王向中国求助。一支中国军从疏勒前往援助，吐蕃人被击退。但他们仍控制着大勃律。

这次冲突似乎对中国西部边境没有直接影响，但与吐蕃的关系不久在玄宗的朝廷成了一个政治问题。在725年封禅祭典以后，张说敦促玄宗与吐蕃长期议和以减少陇右和河西的大量边防开支。但玄宗征询了在724年已主张深入吐蕃领土进行打击的好战的河西节度使王君㚟的意见。结果他没有采纳张说的和议意见，开始计划对吐蕃进行一侵略行动。

725年，一些吐蕃人参与突骑施对塔里木绿洲的袭扰。从726—729年，敌对行动又在中国边境发生。吐蕃人屡次袭击河西走廊的中国领土，而中国人则再三打入青海湖区。从728年秋季起中国人取得了主动，军队赢得了一次次辉煌的胜利，并占领了几个主要的吐蕃要塞。吐蕃人求和，在以前因吐蕃人的背信弃义而仍对他们不信任的玄宗最后被说服同意议和。730年和约商定。吐蕃王承认中国的宗主权，吐蕃的边境将领奉命停止对中国领土的侵袭，一块刻有和约条款的石碑矗立在边境。和平持续了几年。两国互派使者，边界被划定，边界栅栏也被建立。此外，在这些年中，唐朝专心致志于同东北的契丹进行持续的战争。

但是，和平在736年遭到破坏。吐蕃人又进攻小勃律，虽经中国人抗议也未停止。帕米尔地区的形势甚至比722年更加危急。玄宗有好几年曾力图取得经帕米尔地区通往伊朗和西方的南方诸路的控制，因为粟特由于突骑施的干涉又受到来自阿拉伯人的压力而处于完全混乱的状态，同时传统的北方商路也受到威胁。这一对峙还有另一个形式。在 734—735 年，北庭（准噶尔）的唐军与突骑施之间已爆发战争。突骑施的可汗娶了一名吐蕃的公主，而吐蕃王的一个妃子又是康国（撒马尔罕）的公主。这样，对吐蕃—突骑施的结盟或对更讨厌的吐蕃—阿拉伯在中亚的结盟的由来已久的恐惧又出现了。

由于无力阻止吐蕃对小勃律的进攻，中国就在东面发动进攻，吐蕃人在那里因被和约和中国与吐蕃将领之间的誓约所麻痹，对进攻毫无准备。737 年中国人进犯青海湖区，738 年吐蕃的反攻被击退，河西、陇右和剑南诸节度使奉命与吐蕃人全面作战。中国人从甘肃深入今之青海省。四川的军队在开始时战果不大，但在 740 年得到当地羌族部落民的帮助，占领了关键的吐蕃要塞安戎，因为这些部落民对吐蕃的行政官的勒索已感到厌烦。尽管出现坚决的反攻，中国保持了战果，这样，唐朝又控制了在 680 年丧失的具有重要战略意义的地区。

739 年，在拉萨保持一定程度的中国文化影响的吐蕃王后金城公主死去，741 年吐蕃人企图利用在长安为她举行葬礼的机会缔结新的和约。玄宗没有同意，于是吐蕃人在 741 年夏季开始发起一系列果敢的进攻，并重新控制了青海湖区。他们夺回固若金汤的石堡城，并入侵甘肃边境的中国领土。

在以后几年，皇甫惟明及其继承人王忠嗣，进行了一次次的边境战争，稳步地加强了陇右和河西两镇的中国防御设施，这两个藩镇到 742 年时已控制了 17 个军，兵员共达 14.8 万人。皇甫惟明和王忠嗣都在宫廷的党争中被株连，747 年陇右归突厥将领哥舒翰管辖。749 年，他率领从陇右、河西、朔方和河东诸镇抽调的大军，最后攻占了石堡城，但中国人伤亡很大。该地成了新的中国军队的驻地，在以后几年中国人在西北新成立九支长驻军队，并开辟屯田来供养它们。753 年哥舒翰再次大败吐蕃，收复了称之为九曲的黄河上游的大部分。

8 世纪的 40 年代和 50 年代初期当中国人在吐蕃边境进行大规模战争时，吐蕃的西陲又形成了与唐朝直接对峙的形势。吐蕃在 736 年攻击小勃律后，稳步地巩固它在帕米尔的地位，许多山地小王国与长安断绝往来并成了吐蕃的属国。在塔里木的中国将领曾经不时攻击吐蕃人，但毫无结果。746 年，在安西任职的高丽将领高仙芝对小勃律进行了一次引人注目的讨伐，他率领 1 万名骑兵通过帕米尔最高的几个山隘。吐蕃人被赶走，中国军队驻在小勃律，中国对帕米尔诸国的影响得以恢复。吐蕃这时又转而窥测小小的劫国，使驻在小勃律的中国军队的供应线有被截断的危险。750 年高仙芝又进行一次讨伐，占领了吉查尔，最后遏止了吐蕃想在帕米尔建立统治的企图。

755 年，吐蕃王死，吐蕃朝廷派使节前来，寻求与唐朝建立友好关系。中国使节也被派往吐蕃去册封新王和转达唐皇的吊唁。吐蕃的威胁不论在中国边境还是在西面，似乎都暂时被遏制了。但安禄山之乱的爆发和随之而来的中国军队在吐蕃边境的撤离，又揭开了中国吐蕃关系史灾难性的新篇章。

中亚，突骑施族和阿拉伯人

自玄宗初年以来，伊塞克湖和巴尔喀什湖之间西突厥族各部居住的地区已被一个名突骑施的部落及其令人生畏的苏禄可汗所统治。虽然苏禄可汗已在 717 年正式臣服于中国人，但在同一年他还是袭击了边境并进攻阿克苏及塔里木盆地的其他地方。719 年，唐军已被赶出碎叶（托克玛克）的哨所，丧失了在天山山脉之北的大片领土。

幸亏苏禄这时西进占领富饶的粟特诸城邦国。苏禄是在粟特最后建立阿拉伯统治的伟大的阿拉伯将领库塔伊巴死后不久崛起的。阿拉伯人坚决的推进暂时被挡住了；突骑施族前去支援粟特人进行抵抗。在 724 年，在阿拉伯史学家称为"渴日"的战斗中突骑施大败侵略河中地区的阿拉伯远征军。这一挫折使阿拉伯向东的扩张中止了约 50 年；从 724—727 年，突骑施深入粟特国境，远至康国（撒马尔罕）本土。726 年，突骑施为防卫骨咄（帕米尔以西）而与阿拉伯人交战；阿拉伯人直到 730 年才开始认识到突骑施的力量。

唐朝感到应该安抚苏禄，于是在 722 年安排把唐朝的"公主"（实际上是西突厥名义可汗的一个女儿）嫁出和亲。同时，中国的安西都护府（塔里木盆地）和北庭都护府（准噶尔）的防御设施不断地得到加强。718 年，安西成为一节度使驻节之镇，北庭在 727 年也照此办理。到 8 世纪 30 年代，它们各自拥有两万名的守军，给养部分来自屯田，部分地来自与中亚贸易的商人所缴的过境税。

这些预防措施之所以必要，不仅是由于苏禄本人明显的军事力量，而且是由于他与中国的两大最强大的宿敌东突厥和吐蕃联姻。725 年，他插手支持于阗王的反唐叛乱。叛乱很快被平定，但苏禄与中国的安西副使结下私仇，他与吐蕃盟友一起掠夺塔里木盆地，围攻龟兹，进攻高昌区。但突骑施基本上仍只插手中亚事务，730 年，苏禄与唐朝媾和。突骑施的力量几乎完全依靠苏禄个人的领导和他给他的部落领袖提供无数掠夺物的能力。到 8 世纪 30 年代，他与诸子和酋长们的关系日趋紧张，同时他得了一次中风，一臂不能动弹。但他被迫继续征战。731 年，他又进犯粟特，企图打败阿拉伯人和夺取富饶无比的康国（撒马尔罕城）；他差一点儿成功，在被迫撤军前重创阿拉伯人。

在西面受阻后，苏禄又在 735 年和 736 年进攻中国北庭和北塔里木的据点。这一次他遭到惨败，于是又被迫议和。因此他在 737 年又重新西撤，阿拉伯人已在那里进攻位于经过帕米尔的南路的要冲骨咄。苏禄与从粟特和吐火罗的几个属国抽调的部队渡过乌浒水，抵达阿拉伯重要的前沿基地巴尔赫。虽然苏禄的军队人数大大超过阿拉伯人，但他们被彻底击溃。

这是苏禄及突骑施力量没落的开始。部落的对立造成了危机；738 年苏禄被一个争权者谋害。在随之而来的混乱中，这些部落中的一派请求中国人援助，于是中国人会同拔汗那（费尔干纳）王平息了突骑施之乱。这一地区取得了全面的政治解决，拔汗那、柘支（塔什干）和佉沙（基什）诸王都得到中国的封号。中国人企图在西突厥人中立一新可汗以便对突骑施进行控制，这又引起一次动乱，但 744 年的又一次讨伐最后打垮了突骑施人，并在伊犁河流域和碎叶区重建中国的权威。到 750 年，这里成了中国的强大的基地，高仙芝由此就能进一步向中亚扩张力量，最后在那里与阿拉伯人直接对峙。

被内部斗争搞得四分五裂的突骑施不再是唐朝的威胁。在 8 世纪

50 年代，他们日益受到住在巴尔喀什湖之南的北邻葛罗禄部的压力。葛罗禄部曾参与回纥人推翻东突厥之战，但后来又与获胜的回纥人不和，此时开始向西南迁入突骑施的领地。

东突厥的衰落和回纥的崛起

716 年默啜可汗之死引起了东突厥人内部一段不稳定的时期，在此以前，他们的力量已因许多臣服民族的变节而减弱。新的小可汗匐俱不久就被默啜之侄、杰出的将领阙特勤废黜，后者把除年迈的暾欲谷以外的默啜的家族及其衙官全部杀害。阙特勤以新可汗（中国史料中称默棘连或毗伽）代替匐俱，新可汗从 716 年一直统治到 734 年。在 716 年和 717 年，突厥领地瘟疫肆虐，于是与蒙古北部诸臣服部落的一系列血腥战争爆发了；结果乌古思诸部逃往中国避难。

毗伽成为可汗后，立刻想进犯中国，但被顾问们劝阻。他于是妄想使其部落民过定居生活，自己则想住在中国式的围有城墙的都城内。这一计划被暾欲谷劝阻，他认为这一发展会破坏突厥人的民族特点和使突厥人丧失对付中国人的力量——机动性。同时，毗伽建议与中国人媾和。玄宗予以拒绝，并在 718 年计划纠集东面的契丹和奚族、西北的拔悉蜜和黠戛斯以及臣服于突厥的形形色色集团，对突厥发动一次协同进攻。720 年秋，进攻在中国将领王晙的指挥下进行。计划同时直捣突厥大营的行动是一个错误。拔悉蜜先于中国大军抵达，结果被击溃。突厥人于是开始袭击河西走廊的中国定居地和西面的北庭都护府。

在 721—722 年期间，和解终于达成：可汗同意事玄宗为父，突厥的朝贡使团和使节定期来中国朝廷。毗伽几次要求娶中国的公主，但始终没有得到同意。8 世纪 20 年代后期出现边境纠纷时，吐蕃要求突厥人一起进攻中国，但毗伽拒绝，原因也许是中国人已在朔方建立大规模的边境集市，突厥人和其他边境民族可以在那里获得大量中国丝绸。

731 年阙特勤死，玄宗派使者前去吊唁，并派中国匠人为阙特勤之碑刻汉文纪念。达成的亲切的妥协显然对突厥人和中国人都有利。

734 年，毗伽被他的一个大臣毒死。

在 8 世纪 30 年代初期，这一政治平衡受到契丹和奚族的叛乱的威胁（见下文），它们拒不接受中国属国的地位，转向突厥效忠。突厥人似乎不愿意直接插手，从而危及与中国的良好关系，虽然在 733 年有些突厥军队协助契丹兵作战。然而在 734 年突厥人几次向渤海王建议，希望结盟反对契丹，但没有成功；735 年，他们自己攻打奚和契丹，但被打败。突厥人肯定已深深地陷入东北的这一危机之中，唐朝发现单单契丹已是强大和意志坚决的敌人，就十分谨慎地不让突厥人直接参加对抗。

伊然继毗伽为可汗，他不久死去，由其弟登利可汗继位，后者是被毗伽遗孀控制的儿童。这两个可汗继续与玄宗的朝廷保持朝贡关系。741 年，稳定的局势被破坏，登利被他的一个将领东杀所杀，东杀另立毗伽的一个儿子为可汗。但新可汗很快就被骨咄叶护杀害，他的弟弟被继立为统治者，但又被谋杀。叶护于是自立为可汗，但拔悉蜜、回纥和葛罗禄群起反对，把他杀死。拔悉蜜人企图立自己的可汗，但突厥人另立杀害登利可汗的凶手之子乌苏米施为可汗。中国人派使者要他效忠，但被拒绝。他的朝臣反对这一行动，乌苏米施在遭到拔悉蜜和其他部落的攻击后出逃，在 744 年被拔悉蜜部所杀，并被传首长安。

突厥人此时完全处于无政府状态。乌苏米施之弟被立为白眉可汗，但其他突厥人另立拔悉蜜之主为对立的可汗。中国人利用了这一混乱。朔方节度使率军进入草原，打垮了东面诸部。同时，葛罗禄部和回纥部杀了拔悉蜜的可汗，回纥的首领骨力裴罗控制了该国。745 年回纥杀了最后一个突厥可汗白眉，将其首级送到中国朝廷。毗伽的令人生畏的遗孀率部投诚玄宗。突厥帝国灭亡。

导致突厥人灭亡的部落联盟是很短命的。最初在叛乱中为首的拔悉蜜在 744 年被其他部落所灭，拔悉蜜的首领逃往北庭寻求中国的保护。此后不久，葛罗禄也臣服于回纥，回纥的统治者骨力裴罗此时成为原先被突厥人统治的整个草原区的无可争辩的主宰。746 年，玄宗封他为怀仁可汗，批准他为统治者。

747 年，他的儿子磨延啜继他为可汗；磨延啜巩固了回纥对其前盟友的霸权地位，并建都于合剌八剌哈孙城。回纥人以前原为游牧民族。磨延啜此时采取了 716 年毗伽可汗曾为突厥人设想的步骤，即给他的臣民建立一个固定的首府，回纥人逐渐开始定居和务农，同时他们的首府和磨延啜通过中国人和粟特人在色楞格河畔建造的另一个城市成了活跃的商业和手工业中心。回纥人从未成为定居的民族。在840 年他们的帝国灭亡前，他们多半依然是牧民。但他们很快发展了远比突厥人在鼎盛时期更为复杂和先进的社会和经济秩序。

对唐朝来说幸运的是，他们一直保持与中国的友好关系。在玄宗在位的最后几年，他们建立了正规的朝贡关系，并且奠定了在下一世纪将把双方连接起来的有利可图的商业关系基础。

契丹和奚

中国对南满控制的重新建立、717 年营州的强大的平卢军的建立和 714 年契丹王和奚王的重新归顺，使东北开始了一段相对安定的时期。这种局势是由唐"公主"与契丹王和奚王的一系列王朝通婚支撑的。贡使定期来到中国的朝廷，贸易在营州十分繁荣。此外，在东满洲出现的强大而稳定的国家渤海（详见下文）有助于进一步稳定东北，而突厥人的总的消极态度避免了外来民族在这一区域构成的传统战略威胁，即对整个北方边境的联合进攻。最后，唐朝在东北的防御设施极为强大。696 年契丹入侵后建立的五个军在玄宗初期得到三个军的补充，在 729 年又增加了两个军。它们归范阳节度使指挥，到 8世纪 30 年代，归他直接调遣的军队达 9.1 万人。此外，平卢军和南满的其他军队也归他节制。范阳是所有边境藩镇中实力最强的一个，这是朝廷见到契丹和奚构成的潜在威胁而采取的一个重要措施。

这一区域外表的平衡实际上掩盖了高度动荡的政治局势。契丹的局势尤其如此；718 年李失活死后，契丹在八年中走马灯似的有四个王上台。契丹朝廷的实权掌握在大臣可突于手中，他废立了几个王，大权在握。8 世纪 20 年代后期，他与一朝贡使团来长安朝廷，遭到宰相李元纮的粗暴对待。他对中国人怀有很深的怨恨；他在 730 年杀契丹王，迫使作为王妃的中国"公主"逃到营州的驻军那里，然后自立为契丹的统治者。他胁迫其邻近的奚族参加叛乱，并归顺突厥的毗伽可汗。

虽然中国朝廷决定讨伐他并下令大量征兵，但有效行动直到732年才开始。信安王李祎全面指挥一次同时从几个方面进攻可突于的战役。经过几次挫折，李祎取得了决定性的胜利，给对方造成大批伤亡，抓获很多俘虏。可突于彻底战败，率残部逃进热河山区，同时他以前的同盟奚族向唐投降，恢复了原来的属国的地位。

但契丹根本没有灭亡。733年春，有突厥友部参加的契丹大军驻营于渝关塞外。新任范阳节度使的薛楚玉派军进攻，但大败而归。同年稍晚的时候，在最近与吐蕃交战中战功卓著的张守珪接替了薛楚玉。可突于被张的盛名所慑而被赶走；他试图通过诈降来赢取时间，同时向西北撤退，指望与突厥人会合。张守珪此时策反了一个与可突于不和的契丹将领李过折。李过折杀害了可突于及其许多支持者，将其首级送呈中国朝廷。

735年玄宗承认李过折为契丹的领袖，并封以各种表示他的臣属地位的官职。契丹问题似乎得到解决。但和平希望很快又破灭。在同年年底以前，可突于的残余党羽在涅礼的谎言煽动下，杀害了李过折及其大部分家属。同时，突厥人进攻契丹和奚，但被击退。中国朝廷宽恕了涅礼并批准他为契丹王。但在736年初期，奚和契丹又不服中国的节制。张守珪的将领安禄山率军进击，但被战败。次年，张守珪大败契丹。随之而来的是一段战争的间歇，但双方未达成明确的和解。

738年秋，张守珪的两名属将矫称张守珪的命令，使营州主将在横水进攻奚。进攻失败。张守珪企图掩盖真相谎报胜利。真相泄露，张在随之而来的丑闻中被贬，职务由李适之接替；李率军在740年秋打败了契丹和奚。

局势到这时候终于变得比较安定了。唐的防御体系得到加强。743年河北建立了两支新军，平卢建立另一支军队；在742年，原归范阳节度使指挥的平卢改为负责中国在南满地位安全的一个独立藩镇。743 年契丹和奚国派使者至长安，唐朝廷也显然决定试探和解，因为在 745 年，中国又有公主嫁给了契丹王和奚王。

但在 745 年末，两王杀害了中国的王妃并谋反。自 742 年起已任平卢节度使并在 744 年以后同时指挥范阳的安禄山平息了他们的叛乱。746 年，中国朝廷册封了契丹和奚国的新王。和平关系得以恢复：749 年奚使者来到长安，契丹使者则于 750 年相继来到。

终玄宗之世，奚和契丹的问题仍未解决。虽然这些部落没有大举侵入中国境内，但中国人企图控制它们的活动也没有结果。它们一直是强有力的威胁，它们的存在说明唐朝在东北保持庞大的军事制度是完全有道理的。

渤　海

玄宗在位期间，唐朝与以前很少直接交往的中满和北满诸民族发生了关系。唐朝已偶尔接待来自生活在东西伯利亚、库页岛可能还有堪察加的形形色色来历不明的民族的使团，并与满洲和黑龙江流域的民族有定期交往。在唐初期，北高丽和今辽宁和吉林两省东部形成高丽国的领土。在高丽之北，许多室韦亚族居住在今黑龙江的西半部，它们属于与契丹有关系的蒙古族，而在今黑龙江省东半部和黑龙江下游则是有通古斯族血统的靺鞨的领地。北高丽人口的大部分也属于靺鞨血统。

随着高丽的衰亡，其原来的领地成了权力真空。在南部，一个组织甚差的"小高丽"国在新统一的新罗国和辽河流域下游中国人定居区之间的地区勉强维持生存。高丽统治集团的大部分已被高宗迁移，有的到中国各地，但大部分则在营州地区居住。当 696 年契丹入侵河北从而中断中国在东北的行政时，由来自濊貊统治阶级和高丽靺鞨部落的民族组成的一个集团叛乱，在前高丽将领大祚荣率领下逃到今吉林省的松花江上游。大祚荣在那里自称振国国王，并使自己成为突厥的默啜可汗的一个藩属。

到 705 年，中国朝廷得知他已成功地在东满洲建立一个强大的新国家，于是决定承认它，希望中国在与奚和契丹作战时，它会成为一个同盟。使者你来我往，但与契丹和奚的战争切断了双方的交往，直至712年，这时中国承认大祚荣为渤海王。新的渤海国开始发展成为一个强大繁荣的王国，它的组织如同新罗那样严格仿效中国的模式。定期的朝贡使团被派往长安，为了促进贸易，它还作了专门安排。

719年大祚荣死，他的儿子大武艺继位，他统治渤海直至737年。虽然朝贡关系没有中断，但在8世纪20年代，双方关系趋于紧张。渤海王采用自己的年号，放弃唐朝正朔，以表示独立于唐朝之外；渤海朝廷于是分裂，一方为亲唐派，一方为以渤海王为首和谋求更独立的路线的保王派。

唐朝对渤海的日趋强大越来越忧虑，并开始寻求同盟以抵消它的力量。渤海几代国王以前曾被北部邻族——黑龙江流域的靺鞨族——打得大败，唐朝开始与这些以好战著称的部落建立联系。726年，靺鞨派使者前来朝廷，中国人在黑龙江流域建立一边境行政区，由中国的军官充当部落首领的顾问并组织了一支部落军队。

渤海王当然会以忧虑的心情看待这些事态发展。726年，他命他的弟兄大门艺（此王从705—712年曾在唐朝廷当人质）率军对黑龙江流域的靺鞨族进行一次先发制人的打击，以防止唐和靺鞨的南北夹攻。大门艺反对这一计划，说这样会背叛他们的霸主唐帝国，他逃到了玄宗的朝廷。

渤海王派使者要求处决大门艺。玄宗企图蒙骗使者，说大门艺已被流放岭南，而事实上他被派往中亚任职。真相泄露之后，渤海王大怒。732年他派海军出征，袭击山东半岛的中国重要港口登州，攻占了州府，撤军前把刺史杀死。

玄宗此时决定对渤海采取激烈行动，他与也因强大的北邻的崛起而感到威胁的新罗王拟订计划，准备中国军队从营州、新罗军从朝鲜半岛北部进行联合夹击。战争的结果是一次惨败。733年中国人因与契丹重新出现纠纷而放弃了这次战役；新罗军也在高丽北部山区被暴风雪所困，在未与渤海军遭遇前就损失大部分人马，最后被迫撤军。734年玄宗致函新罗王，敦促他一有机会就向渤海进攻，同时双方缔结了协同防御的协定，结果唐朝等于正式放弃了它以前在高丽征服的土地上的长期权利。渤海王为报私仇，继续反对大门艺；他企图派人在洛阳暗杀大门艺，但企图失败，刺客被捕。

但更冷静的意见终于占了上风。在 8 世纪 30 年代，突厥人屡次与契丹发生纠纷，734 年他们要求渤海与之结成联盟，以对付此时又承认中国宗主权的契丹。渤海王也许意识到，作为契丹领土上的主宰的突厥人会成为比唐朝更具有侵略性的邻邦，所以拒绝了这一建议。735 年，渤海派遣由一个王子率领的朝贡使团前往长安，作了表示正式臣服的行动。从此使团岁岁来朝。

737 年，其政策导致与唐朝关系破裂的大门艺（原文如此，应为大武艺——译者）死亡。渤海诸王中最伟大的大钦茂（死后的谥号通称大文王）继位。他在位的 57 年使渤海的国力达到最高峰，而且取得了很高的文化水平。在他统治下，渤海在制度和文学文化方面成了唐朝亦步亦趋的翻版，很像新罗和日本已经做到的那样。它成了中文作为行政和文学通用语的东亚中国文化圈的一部分。虽然渤海与新罗及日本同样完全独立，唐朝政策也无力干涉它的内政，但朝贡关系的形式仍被谨慎地保持着。渤海王和新罗王正式接受唐朝廷的封号，他们的王后和太子也是一样。两国使者定期到唐朝廷祝贺新年，他们朝贡后得到回赠的中国产品则更加昂贵精美。

渤海崛起后，唐朝在东北面临新的形势。新罗和渤海既不是在发展程度上明显低于中国的部落民族，也不是在生活方式和社会组织上完全属于异族的游牧帝国。它们都是定居社会，完全是像中国本身那样组成的中央集权官僚王国；唐朝廷必须与它们一起创造一种新型的关系，即要接受一种远比与以往任何邻国相处时都更为平等的关系和更为共同的文化。

750—755 年的对外发展

直至 8 世纪 40 年代为止，对边境事务的处理基本上是成功的。吐蕃的边境已经稳定，以前丧失的重要战略地区已被收复。经塔里木、伊犁河流域和帕米尔通往中亚的各条路线都得到保护。草原被比较和平和友好的回纥人控制，契丹和奚民族的威胁被成功地遏制了。

漫长无比的边境防务在人力和供养方面都是代价昂贵的。但唐朝成功地达到了它的目的，玄宗时期的战役很少是中国对邻邦的侵略政策或扩张野心引起的。

但约在 750 年，中国在经过十年胜利的征战后遭到了一次次严重的军事挫败。751 年，曾在小勃律和拔汗那之役取得辉煌胜利的安西节度使高仙芝最后与阿拉伯人在咀逻私（塔拉斯）水交锋，被打得溃不成军。① 战斗本身并无重要意义。但它对未来的影响是十分严重的，因为它使阿拉伯人处于有力的地位，当安禄山之乱后中国在突厥斯坦的守军开始处于孤立然后又遭到吐蕃的侵袭时，他们就得以向中亚扩大势力。751 年安禄山也惨败。750 年，安禄山的军队在东北边境又已与奚和契丹交战。据历史记载，这些敌对行动是安禄山蓄意挑起的，其目的是想取得轻而易举的胜利，然后向玄宗邀功请赏；战争以中国的胜利告终。安禄山于 750 年后期回京后被厚加赏赐，即获准可自行铸钱这一无与伦比的荣誉。751 年返回东北后，他准备大举征讨契丹，于是率领自己的 6 万名军队和一支奚骑兵对付契丹。远征的结局是一场十足的灾难和安禄山大部分部队的丧失。② 尽管这次惨败主要是安禄山过分自负引起的，玄宗个人对他仍如此宠爱，以致他未受到任何惩处。

就在这一年，唐朝在云南也遭到同样的惨败。中国人在这里面临新兴的南诏国：中国人曾鼓励南诏的兴起，以期在对付吐蕃时它会充当中国的盟友。8 世纪 30 年代后期，蒙舍（南诏）统治者皮逻阁逐步将统治扩大到今云南的 6 个土著王国（六诏），此举得到剑南节度使王昱的默许和援助。739 年，他在今大理附近建都，并以重兵设防。南诏王和太子得到中国的封号，于是与中国朝廷建立了封建的关系。③

---

① 《资治通鉴》卷 216，第 6907—6908 页。

② 同上书，第 9608—9906 页；《旧唐书》卷 200 上，第 5369 页；《安禄山事迹》（1910 年本），上，第 11 页；戴何都的《安禄山史》，第 111—115 页；浦立本：《安禄山之乱的背景》，第 96—98 页。

③ 关于南诏的崛起，见迈克尔·布莱克默《云南南诏的崛起》，载《东南亚史杂志》，1.2（1660 年），第 47—61 页；藤泽义美：《西南中国民族史研究》（东京，1969 年）。

750 年，云南太守张虔陀企图掠夺南诏的使者。南诏王阁罗凤不甘忍受这种待遇，因此张虔陀在一份密奏中诋毁他。阁罗凤大怒，在750 年攻打云南府，杀死张虔陀，夺取这个地区受中国人保护的 32个土著部落州。

受杨国忠庇护的剑南节度使鲜于仲通已在四川稳步地建立了他的权力基地。他此时决定率军大举征讨南诏。751 年夏初，他派军队 8万夹击大理。阁罗凤提出愿意归还所占的领土，但鲜于拒不接受此建议，仍奋力发动进攻。结果是一场灾难。阁罗凤大败唐军；鲜于仲通死里逃生，唐军伤亡 6 万——许多人死于疾病。杨国忠对玄宗隐瞒真相，诡称取得了重大胜利。但这次鲁莽的远征使中国在四川的地位非常虚弱。阁罗凤马上向吐蕃称臣，于是吐蕃和南诏的结盟在以后威胁着西南的边境达 40 年之久。[①]

中国经过十多年不断的胜利后重新出现的这一边境问题促使李林甫在 751 年初期设法让自己遥领朔方节度使，而实际的指挥权则操在助手李�之手。四川的这场灾祸以后，杨国忠在 751 年阴历十一月决定让自己担任剑南节度使，以巩固自己在四川割据的权力基地。[②]

752 年初期，李林甫又遭到杨国忠及其同伙的攻击，原因是他对朔方负有责任。752 年春安禄山集结一支 20 万骑兵的大军以报他被契丹战败之仇。作为他计划的一部分，他曾要求得到奉信王李献忠——实际上是一个不愿在安禄山麾下效劳的原名阿布思的突厥降将——统率的朔方镇大批骑兵的援助。安禄山对阿布思有宿怨，阿布思自然担心安禄山会把他杀死。阿布思没有参加征讨契丹，反而叛乱；他袭击了朔方的军械库和粮仓，然后逃进大草原。

安禄山此时取消整个远征。阿布思原为李林甫的朔方节度使副

---

① 《旧唐书》卷 197，第 5280—5281 页；《唐会要》卷 99，第 1763—1764 页；《资治通鉴》卷 216，第 6901—6902、6906—6907 页。
② 《唐会要》卷 78，第 1437 页；《资治通鉴》卷 216，第 6909 页。

使，所以杨国忠、陈希烈和哥舒翰都企图要李林甫对阿布思的叛乱负责。虽然他们没有得逞，但李林甫被迫辞去朔方节度使之职，而转由安禄山的堂兄弟、已为河西节度使的安思顺担任。[①] 从这时直至755年，从鄂尔多斯到满洲的整个北部边境被安氏兄弟所控制，他们此时仍是李林甫的支持者。

以后不久，李林甫企图对杨国忠进行反击。自鲜于仲通对云南的未遂入侵以来，唐与南诏的边境纠纷不断。李林甫此时要求杨国忠倾听四川黎民要求他承担起节度使职务的紧急呼吁。杨国忠和杨贵妃向玄宗求情；玄宗坚持命令杨国忠赴任，但答应很快会把他召回朝廷担任宰相。

但这是李林甫最后的孤注一掷之举。他已经病入膏肓。一个术士告诉他如果能再见玄宗一面，他就可康复。尽管侍从们反对，玄宗仍同意见面；但李林甫这时已病得甚至不能行君臣之礼了。杨国忠就在出发至四川赴任之际被召回，李林甫在临死前把未来的帝国事务托付给他。几乎不久，李林甫在掌权19年以后死于752年阴历十一月二十四日。[②]

杨国忠立刻被任命为宰相。753年初期，他重新指控李林甫与阿布思的叛乱有牵连。后者已被回纥打败，他的残余支持者已为安禄山效劳；安禄山派他们的首领之一到朝廷报告：李林甫曾收阿布思为养子。玄宗下令调查。李林甫仍未被埋葬，但在753年阴历二月，他被追夺所封的一切官品和官职；他在职的后嗣被削职为民，并被流放到边远的南方和西南的边境，50多名近亲和同伙被株连。他的财产被没收，他的棺材被打开，珍贵的殉葬品被取走；他得到的只是平民的葬礼。[③] 杨国忠和陈希烈又得到新的封号，以奖赏他们在这次肮脏的报复行动中的作为。

---

① 《资治通鉴》卷216，第6910页；浦立本：《安禄山之乱的背景》，第101、167页，注87。

② 《资治通鉴》卷216，第6912—6914页；《旧唐书》卷106，第3239—3241、3243—3244页。

③ 《资治通鉴》卷216，第6917—6918页；《旧唐书》卷106，第3241页。

随着李林甫之死，帝国已没有一个坚强和负责的领导人。20 年来，朝廷已习惯于他的坚强的控制；自 746—748 年的几次清洗以来，大部分可以递补的领导人或者已经死亡，或是在地方任职。玄宗早就不再起君主的积极作用，此时，只能走一条最省事的道路，即听任杨国忠去行使最高政治权力，而杨国忠尽管善于宫廷政治的权术和对玄宗有个人的影响，却根本不能与务实的政治家李林甫相比。

前 40 年的政治发展已把空前的权力集中在宰相之手。但为了确保这一体制能顺利地运转，皇帝必须保留他更换宰相的权力和意愿。像李林甫和陈希烈享受的那种漫长而不正常的任期使替换越来越困难，因为在职者的势力不但愈加根深蒂固，而且把一些人提升为高官（他们一般有希望成为在职宰相的继承人）的按部就班的正常途径堵塞了。杨国忠就这样继承了一个朝廷的高级官职，而他和杨贵妃只要仍得到玄宗的宠爱，他实际上是不会垮台的。

杨国忠的掌权，752—756 年

从 752 年年末至玄宗逊位，杨国忠就这样一直是朝廷中左右一切的人物。除了宰相之职和中书令的实职外，他又兼任吏部尚书（李林甫自 739 年起就兼任此职），从而使他取得任命文官的控制权。他还继续掌管许多在李林甫时期逐步设置的财政专署，这样又使他完全控制了帝国的财权，因为户部此时既无尚书又无侍郎。陈希烈依然是左相，他在李林甫的末年多少表现出有些独立性，他还不是应予认真对待的政敌。此外，在李林甫垮台之前，他被撤除了按惯例由左相担任的兵部尚书的兼职。

但是，朝廷的势力显然被边镇节度使的巨大权力所压倒。在安禄山叛乱之前的最后几年，安禄山和杨国忠之间的关系日趋紧张，前者由于控制了北方和东北的边镇，对帝国构成了巨大的潜在威胁，后者则牢牢地支配着京师和朝廷。杨国忠此时孤注一掷，试图为自己建立地方基地和军事后盾，以与安禄山的力量相抗衡。

杨国忠想巩固他的剑南节度使地位的企图并不特别成功。四川远离朝廷，交通不便，它的军事编制又比较小，远不如东北诸镇完整，而杨国忠的党羽鲜于仲通向南诏进行领土扩张的企图也落了个灾难性的结局。753年设立了由何复光节制的一个强大和拥有全权的岭南藩镇，使之从南面威胁南诏，但此举收效甚微。754年夏对南诏重新发动入侵，其结果是又丧失了约全部人马的四分之三。[①]

杨国忠迫切需要的是一个强有力的军事盟友。他选中了唯一与安禄山明显为敌的突厥将领哥舒翰，[②] 此人是西北陇右和河西两地的节度使，并已在753年阴历八月被封为王。他与安禄山的堂兄弟朔方节度使安思顺长期不和；虽然在快到李林甫临终时玄宗试图让宦官高力士去弥合双方的分歧，但这反而使局面更加恶化。安禄山和哥舒翰曾在朝廷公开激烈争吵。

哥舒翰拥有庞大的军队，总数达14.3万人，他们久经沙场，在战斗中得到锻炼，在吐蕃边境的十多年中常常取胜。754年，他的军队大加扩充。陇右建立了八支新军，河西在755年初也建了一支新军。[③]

753—754年的冬季，安禄山急于加强他在玄宗心目中的地位，来朝廷祝贺新年。杨国忠告诉玄宗，安禄山肯定要谋反，并建议召见他以考验他是否忠诚。当召见令发出时，出乎杨国忠意料的是，安禄山应召而至，向玄宗表明他的永远不变的忠诚。玄宗对他大加赏赐，并比以往更加信任，虽然皇太子也与杨国忠一起警告说，安禄山可能谋反。使事态更加糟糕的是，玄宗甚至提出应任命安禄山为特任宰相，只是在杨国忠提出了关于安禄山只字不识不宜肩负此重任的紧急请求后，这一任命才未实现。结果，安禄山只当了尚书省仆射，这一

---

① 《资治通鉴》卷216，第6918页；卷217，第6926—6927页；《唐会要》卷99，第1734页；《旧唐书》卷9，第228页。
② 传记载《旧唐书》卷104，第3211—3215页；《新唐书》卷135，第4569—4574页。
③ 《资治通鉴》卷216，第6919页。

职务当时是通常授给前宰相的闲职。[1]

但安禄山仍获得一个削弱杨国忠和哥舒翰力量的职务。他被任命为闲厩使和陇右(哥舒翰控制的藩镇)群牧使。虽然安禄山三镇兵力多于哥舒翰的军队,但河西和陇右的军队却能更充分地得到骑兵的配备;此外全国骑兵所依赖的大片的国家牧地都集中在陇右和长安西北今陕甘两省的地区。安禄山通过这一新任命的官职能为自己军队挑选几千匹一流战马,以弥补自己军队的不足。[2]

在安禄山在京逗留期间,杨国忠对他的敌意已是昭然若揭,以致安禄山在 754 年阴历三月回范阳镇时,曾昼夜乘船兼程行进,途经任何城市都不下船,因为担心杨国忠会派人追赶和拘捕他。[3] 宰相和帝国最有力量的将领之间的对抗形势此时显然已无法扭转。但玄宗仍相信安禄山的个人忠诚,朝中无人再敢指出他谋反的可能性了。

安禄山来朝廷的结果是使杨国忠能为自己清除高级官员中的一个敌对集团,其中的成员与玄宗关系密切而且对他有相当影响。刑部尚书张筠和太常寺卿张垍两兄弟为张说之子。[4] 张筠在京畿和地方任职时政绩卓著。他长于写作,早就有担任宰相的野心,但一直被李林甫压制。李林甫死后,他成了陈希烈的支持者,希望能够接替陈的位置。张垍在 8 世纪 20 年代也在朝中历任显宦;玄宗对他特别宠爱,把宁亲公主下嫁给他,并准许他住在宫内的一个府第里。玄宗把他当作起草诏书的私人秘书和精通重大礼仪的人。当陈希烈请求批准辞职时,他也希望取代陈而担任宰相,看来玄宗也确有此意。另一个弟兄为门下省给事中张埱。但张氏弟兄的权力与其说依靠他们的高级职务,不如说是来自张筠和张垍所任的翰林院供奉之职。

前面已经谈过,玄宗在 8 世纪 20 年代有意识地发展集贤院,来

---

[1]　《资治通鉴》卷 217,第 6922—6923 页。

[2]　同上书,第 6923—6924 页。

[3]　同上书,第 6924 页。

[4]　传记载《旧唐书》卷 97,第 3057—3059 页;《新唐书》卷 125,第 4411—4412 页。

为自己提供一批年轻有为之士，使他们能协助他从事各种文学写作和准备、起草国家的重要文件。集贤院最初由张说掌管，后来被陈希烈接管，但仍保持它的重要地位。但在玄宗后期，它受到另一个由年轻有为之士组成的翰林院的挑战。翰林院与集贤院不同，是直属皇帝本人的一个宫廷机构。它最初由一大批作家、诗人、风水专家、占卜者、佛道僧侣、艺术家、画家、书法家甚至棋师组成，这些人是使皇帝生活更加充实愉快的翰林待诏。738 年，翰林院新设一学士院。学士院的重要性很快超过原来的翰林院，它是为皇帝处理国务和起草文件的个人的机要处；在这一职能方面，不久就代替了集贤院。① 张垍是学士院首批成员之一，院址就设在宫中他的府第内。到 754 年，张筠也成为供奉。因此他们很有影响，很接近玄宗。

张垍实际上曾起草任命安禄山为宰相的诏书，但由于杨国忠的反对，诏书从未被付诸实施。754 年阴历三月安禄山离京时，玄宗的大太监高力士为他送行；高向玄宗禀告，安禄山离京时非常不满，因为他知道玄宗原来打算任命他为宰相，但最后没有做到。杨国忠猜测此事只能是张垍或他的某个弟兄向安禄山透露的。玄宗大怒，因为翰林院学士必须严守机密，张垍及其弟兄都被贬往地方担任次要职务。②

这一年晚些时候，杨国忠在政治上又赢得了一个胜利。陈希烈再三要求辞去宰相之职，754 年阴历七月玄宗在杨国忠的赞同下予以批准，因为杨国忠与这个同僚已经不和。玄宗希望吉温代替陈希烈，此人凶残阴险，在 746—748 年的清洗中曾是李林甫的主要代理人之一，并在御史台任职多年。吉温此时已成为一个安禄山的支持者。这一年早些时候，安禄山曾要求他担任自己的群牧副使，同时还策划提升他为兵部侍郎。杨国忠在想到必须与如此一名危险的同僚对抗时，不禁惊慌失措，所以他反对玄宗的人选，并成功地让年长的吏部侍郎韦见

---

① 关于翰林院的发展情况，见 F. A. 比绍夫《翰林》（巴黎，1963 年），第 6—9 页。
② 《旧唐书》卷 97，第 3058 页；同上书，第 6925 页。

素担任吉温的上司兵部尚书并成为特任宰相。[1]

韦见素[2]（687—762 年）是名门出身的进士，他在睿宗登基前的王府担任低级官员，所以玄宗了解他的整个成年生活。他在京师历任高级职务，以为人随和温顺著称。正如杨国忠所希望的那样，他证明不过是一个傀儡而已，他副署杨国忠作出的命令时从不怀疑。

754 年晚些时候，杨国忠又清除了另一个敌人，他就是深得人心和能干的皇族成员和京兆尹李岘。据某些记载，他把自 753 年以来影响长安的连绵阴雨归咎于李岘，从而达到了清除的目的。其他记载则指出，杨国忠派密探弄清了一件牵涉到安禄山的阴谋后，强迫李岘的京兆府官员去袭击在京的安禄山的府第，在那里发现了安禄山计划叛乱的证据。安禄山的两个代理人安岱和李方来都被处死。安禄山大怒，向玄宗申诉，玄宗为了安抚安禄山，就给理论上应负责任的官员李岘以降级处分。[3]

他还使河东太守兼采访使韦陟失宠，此人为著名学者，官声极佳；杨国忠担心玄宗可能计划调他进京担任宰相。韦陟被指控挪用公款，于是御史们前往进行调查。韦陟愚不可及，竟贿赂吉温为他说情，同时又写信给安禄山求助。此事被揭穿以后，杨国忠不但能把韦陟贬往边远的南方，而且又能把吉温调出京师，然后把他处死。安禄山因此在中央政府中损失了一员干将，他要求宽恕吉温的呼吁未被理会。[4]

次年初期，不敢再亲自来朝的安禄山派一名副将前来，要求批准以非汉族将领取代许多汉族将领。杨国忠和韦见素以此作为安禄山计划谋反的确证，要求玄宗拒绝此议。[5]但是玄宗发怒了，他下诏照安禄山的要求任命新将领。宰相们于是提议召安禄山来朝廷和

① 《资治通鉴》卷 217，第 6927—6928 页。
② 传记载《旧唐书》卷 108，第 3275—3278 页；《新唐书》卷 118，第 4267—4269 页。
③ 《资治通鉴》卷 217，第 6923 页和《考异》；《旧唐书》卷 112，第 3343 页。
④ 《资治通鉴》卷 217，第 6929 页。
⑤ 《新唐书》卷 118，第 4627 页；《资治通鉴》卷 217，第 6929 页。

担任宰相，但他所领的诸藩镇应予分割并划归汉族将领节制，以剥夺他的实权。最初，玄宗倾向于按他们的意见办理，而且必要的诏令也已拟就。但在诏令发出之前玄宗又作了进一步考虑；他派一名宦官前往安禄山驻节之地，要他弄清安禄山是否真正在计划谋反。这名宦官得到安禄山的大量贿赂，所以回禀说安禄山一直完全忠于王朝。因此，玄宗命杨国忠和韦见素不要再用这类指控去打扰他。

但在 755 年初春，门下给事中裴士淹被派往河北巡视，据推测此举是一个预防措施。[①] 同时，安禄山又在与契丹和奚交战，并在阴历四月报捷。[②] 他究竟是想重新取得玄宗的欢心，还是在自己谋反时希望使外敌置身事外，则不得而知。安禄山留在范阳的大本营内，屡次称病，拒绝接见玄宗的使者。当裴士淹抵达时，他一直等了三个星期安禄山才同意接见，甚至接见时他仍受到冷遇。

同时，杨国忠在京师继续打击浮在面上的安禄山的支持者，并且经常企图制造安禄山有二心的证据。新任的京兆尹把安禄山的府第围困，逮捕了安的一个代理人；经御史台审讯后此人被秘密处死。安禄山的一个儿子安庆宗娶一个郡主为妻，并在朝廷任供奉。他秘密通知安禄山所发生的这些事。安禄山此时更加惊慌，当玄宗的亲笔诏书召他回长安参加阴历六月其子婚礼时，安禄山称病拒绝进京。

阴历七月安禄山奏称，他要进贡马 3000 匹，每匹马配备两名马夫，由 22 名安禄山的非汉族将领带领。河南尹达奚珣向玄宗提出警告说，他推测这些人可能会参加一场政变，所以建议让安禄山等到冬季送马，而且马夫由政府提供，这样就可以不动用安禄山的军队。现在，连玄宗也意识到安禄山可能有谋反之意了，就在此时，这一年早些时候他贿赂玄宗所派宦官之事真相大白。这名宦官被处死；另一名宦官携带给安禄山的诏书前往范阳，诏书内容如同达奚珣的建议，并邀请他在秋末玄宗依例在温泉逗留期间来见玄宗。当玄宗的使者抵达范阳时，安禄山坐着接待，甚至拒绝按惯例表示敬意，几天后使者被

---

① 《资治通鉴》卷 217，第 6929—6934 页。

② 同上书，第 6932 页。

打发回长安。没有再被接见。[①]

事情现在很清楚，叛乱只是时间的问题了。在 755 年阴历十一月初九，安禄山率领由同罗、契丹、奚和室韦诸部落民组成的军队和分队造反，他声称已接到谕旨，命他去平定叛乱分子杨国忠。

玄宗朝的终结

在战争开始阶段，安禄山取得了完全的胜利。[②] 他的 10 万多名主力军经河北迅速南下进攻，实际上未遇到抵抗，同时命属将留守幽州（范阳）、营州和山西北部的代州等叛乱基地。一个月后不久，他们就已进入河南。

叛乱消息在几天之后传到朝廷。杨国忠甚至在这时还在安慰玄宗，说叛乱在几天内就会结束；又说只有安禄山本人要谋反，他的部队并不是心甘情愿地追随他的。但对王朝威胁的这种盲目低估立刻证明完全是错的；玄宗经过了开始时的惊慌失措和不相信以后，就派效忠于王朝的将领前往洛阳和河东南部去全力征募和训练部队，同时刚从塔里木盆地的安西返京的封常清则被派往洛阳去准备防务，以对待叛乱者。封常清匆忙集结一支 6 万人的部队，并切断了河阳的黄河大桥以阻挡叛军的推进。但安禄山在此地下游渡过黄河并进逼汴州（今开封），于阴历十二月攻陷该城。就在此时，安禄山得知玄宗已把他儿子处死，还迫令他妻子自尽。他一怒之下便屠杀了汴州的全部守军。汴州为运河体系的主要港口之一，它的失守切断了朝廷的南方供应线；安禄山派一名部将留守汴州，自己率军攻洛阳。

封常清的新兵组成的军队根本不能与叛军匹敌，屡战屡败。洛阳

---

① 《资治通鉴》卷 217，第 6932—6934 页。

② 关于安禄山叛乱的情况，叙述最清楚的作品为浦立本的《安禄山之乱和唐后期长期存在的尚武主义的根源》（载于 J. C. 佩里、巴德韦尔·史密斯编《唐代社会论文集》〔莱登，1976 年〕，第 33—60 页）。关于安禄山的基本史料，戴何都的《安禄山史》和霍华德·列维的《安禄山传》有译文，后者把《旧唐书》卷 200 上的传记译成英文。以下叙述基本上取材于《资治通鉴》卷 217—218。

的河南尹达奚珣在755年阴历十二月十三日向安禄山献城投降。同时，封常清已先退到陕州，接着经过一次血腥的惨败后，又退到实际上难以攻破的潼关，这是入侵者进入关中和京城长安之前的最后一个可守之地。他在这里与曾在中亚身经百战的英雄并已在准备防务的高仙芝会师。叛军终于被挡住，他们的主力在陕州东面数英里之处安营扎寨。

安禄山因攻下洛阳而达到了他的第一个目的，于是开始准备建立他自己的长期统治的王朝。756年初，他自立为新王朝大燕之帝，同时宣布新年号和着手任命大臣以组织自己的中央政府。不少唐朝的有声望的官员支持他。同时，他的军队出击并占领了河南北部周围的地区。

安禄山在河南北部第一次遇到坚决的抵抗。汴州东面和东北面的濮州和曹州在叛军面前岿然不动，雍丘县一个足智多谋的地方将领的顽强抵抗使叛军不能向陈州南进。为了阻止叛军向西南进入长江中游，邓州节度使鲁炅奉命指挥一支基本上由黔中（今贵州）和岭南的非汉族部队组成的大军。虽然安禄山在756年阴历五月把他击退并围之于邓州，但他得到一支经蓝田关的来自京师的部队的救援，叛军被迫北撤。

叛军不但在南方遭受挫折。在河东的极北部，一支辅助的叛军试图西进攻打黄河的北套地区。他们屡败于郭子仪之手，郭子仪的勤王军收复了代州，并控制了关键的战略要冲东陉关。

但安禄山的主要问题却在河北。在叛军向洛阳首次冲击时，他们没有有步骤地降服或占领这个道，而只是留为数不多的守军控制通过太行山的井陉关，以防勤王军从河东进入河北。几乎不久，在恒州刺史颜杲卿及其堂兄弟德州刺史颜真卿的领导下，一个组织松散但范围广泛的勤王运动在河北发展起来。这一起义有切断洛阳的叛军与其北方基地幽州的联系的危险。到756年正月，正在计划亲自率军对潼关发动决定性大进攻的安禄山发现，除了河北最北的幽州周围的叛军基地和该道西南角紧挨洛阳附近的地区外，他已丧失了对全河北地区的控制。河北中部和东部约有人口1200万的17个州匆忙地组成了约

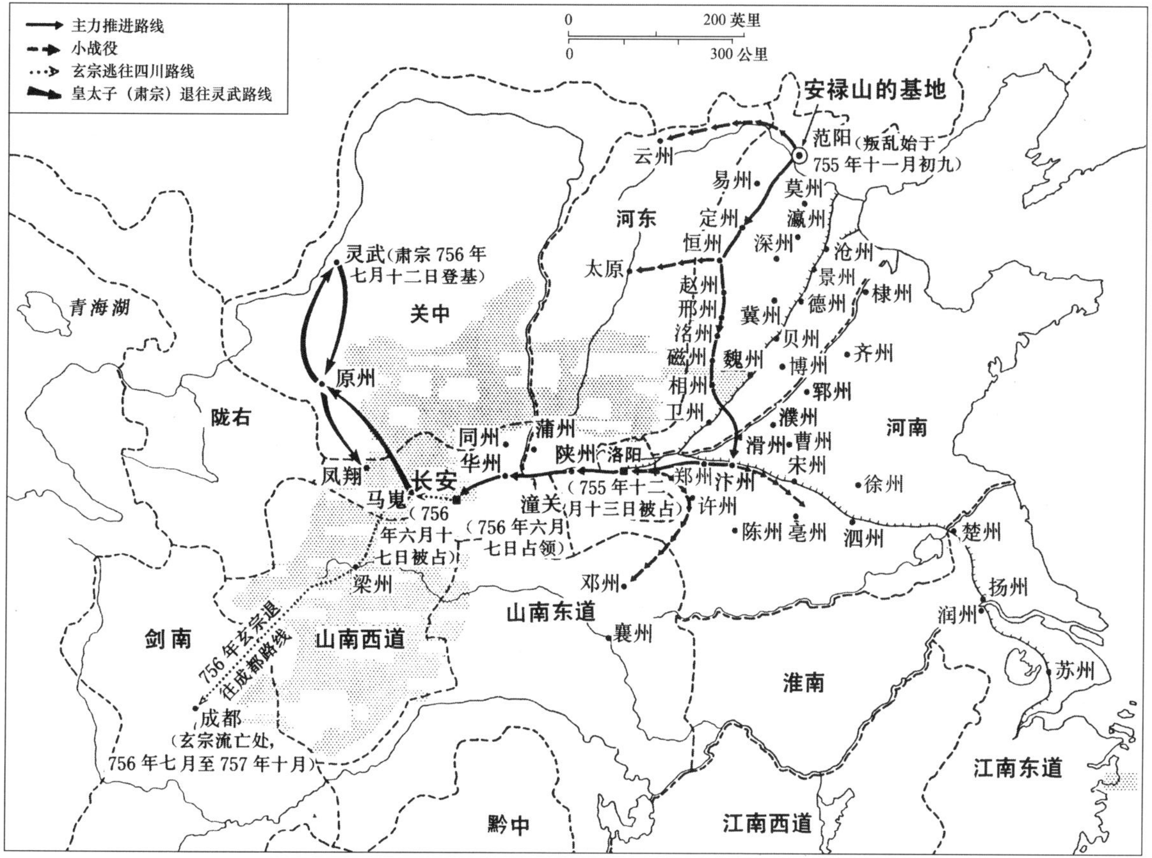

主力推进路线
小战役
玄宗逃往四川路线
皇太子（肃宗）退往灵武路线
0 200 英里
0 300 公里
安禄山的基地
范阳（叛乱始于
755 年十一月初九）
云州
易州
莫州
瀛州
定州
深州
河东
恒州
沧州
太原
景州
赵州
棣州
邢州
德州
冀州
洺州
贝州
磁州
魏州
齐州
博州
相州
郓州
卫州
濮州
河南
滑州
曹州
宋州
蒲州
同州
华州
陕州
洛阳
郑州
汴州
徐州
长安
凤翔
马嵬
（756
年六月十
七日被占）
潼关
（756 年六月
七日占领）
（755 年十二
月十三日被占）
许州
陈州
亳州
泗州
楚州
灵武（肃宗 756 年
七月十二日登基）
关中
原州
青海湖
陇右
梁州
邓州
扬州
润州
山南东道
襄州
剑南
756 年玄宗退
往成都路线
山南西道
苏州
淮南
成都
（玄宗流亡处，
756 年七月至 757 年十月）
江南东道
黔中
江南西道

地图 12　安禄山之乱

20万人的军队，他们宣布效忠于唐朝。

颜杲卿派出代表，企图争取幽州基地叛军将领倒向勤王的事业。但安禄山得知这一密谋，很快就处决和替换了他的将领。叛军这时对颜杲卿的恒州据点同时从南北夹攻。经过激烈战斗，恒州失守，颜杲卿被俘，然后被送到洛阳处死；叛军又控制了沿太行山山麓南北大道上的各个州，在那里进行血腥的报复。安禄山与他北方基地的交通线得以恢复，但勤王军仍牢牢掌握河北中部和东部平原的一些人口稠密和富饶的州。

同时，长安朝廷由于叛军的推进在潼关受阻和南面的叛军被牵制而得以喘息，它为了确保帝国的安全，已经采取了十分激烈和具有极其严重地长期影响的措施。当叛乱的消息被证实时，朝廷立刻决定撤出西北的全部常备军，只留下维持地方秩序所需要的少量守军。这一撤军没有立刻产生影响，因为吐蕃王刚死，吐蕃急于想维持和平。但从长期观点看，从河西和陇右撤出大量军队的行动将使西北和中国在中亚的统治听凭吐蕃人和回纥人的摆布，并标志着中国将在今后的几乎一千年中丧失了对塔里木和准噶尔的控制。

但玄宗别无其他选择。京师的军队人数很少，训练又差；在京畿区征募和训练新兵需要时间；在洛阳周围的最初几次遭遇战表明，这些匆忙征募的新兵无法与安禄山的老兵相匹敌。西北的边防军是唯一能与叛军相比的有战斗经验的部队。紧靠长安之北原受安思顺节制的朔方镇大军仍忠于王朝，并由郭子仪指挥。郭子仪原为安思顺麾下的将领，虽为著名的职业军人，却是一个出身名门的高级官员之子。安思顺的另一个有契丹血统的将领李光弼被任命为河东的代理节度使。

但是最为重要的是对集结在潼关的保卫京师的军队的指挥。玄宗对封常清和高仙芝不能打败叛军之事非常恼怒，已断然地把两个人处死。不久前是陇右节度使而且在威信上只有他能与安禄山相匹敌的哥舒翰被任命为集结在关中的所有部队和潼关守军的统帅；同时各道都奉命征兵，准备对洛阳发动全面进攻。但哥舒翰病重，不能有效地进行指挥，而他的副将们又经常争吵不休。

755 年末和 756 年初期,朝廷为了便于组织防御以对付叛军进一步的推进,开始任命指挥国内各道的节度使和受叛军威胁的地区的防御使。这类任命越来越多;中国内地新藩镇的设立导致了一连串中央权力下放的措施,这是唐朝后期的最重要的变化之一。

到 756 年阴历二月,叛军仍在河北握有主动权,并已企图重占中部平原各勤王军控制的州。叛将史思明在这里已开始围攻深州,邻近诸州勤王将领解围都告失败,损失惨重。为了解救深州,李光弼通过井陉关进入河北,在阴历二月十四日夺取重镇恒州。这就为勤王军提供了河北的一个据点,使之能从河东控制极为重要的井陉关,并再次切断叛军从北方南运给养的主要路线。史思明停止围攻深州而去对付这一新的可怕敌人,但被击败而不得不北撤至定州。

同时,颜真卿在河北的东部已取得对包括自己的德州及贝州(它是设有东北诸军大军需库和军械库的主要供应基地)和博州在内的广大地区的控制。他的部队移向西南去攻占魏州。山东北部的青州刺史贺兰进明也征集了一支勤王军,渡过黄河与颜真卿会师,并且有力地负责指挥作战。到阴历六月,地方的勤王军已攻占冀州,控制了河北平原的中部富饶区。

史思明已对恒州李光弼的部队进行有力的反攻,并把他们围得水泄不通。李光弼向郭子仪求援,阴历四月初,郭子仪率军经井陉关与李光弼会师,从而组成了一支超过 10 万人的大军。四月初十,勤王军投入战斗,大败叛军,并迫使史思明北逃至定州,使另一个叛将蔡希德往南撤至邢州。勤王军占领了赵州。

五月初期,安禄山下令从洛阳地区和幽州的北方基地调兵增援史思明,企图把李光弼和郭子仪赶出河北。阴历五月二十九日,两军在嘉山遭遇,摆开阵势进行大战。叛军一败涂地,伤亡甚众;史思明幸免于难,逃往定州,李光弼跟踪而至,把他围在定州。

从此,河北的许多州又群起反对叛乱的刺史,倒向勤王军一边。安禄山此时处境最为困难。他既不能进入关中,又不能向南面突破;他已经丧失了大部分兵将,同时勤王军一占领河北,就会切断他与北方的联系。他经过认真的考虑,干脆放弃洛阳,退回幽州老巢。

朝廷这时处于有力的地位，因而出现了能在几个月内平定叛乱的良机。但宫廷的阴谋决定了事态朝相反的方向发展。杨国忠的地位日益不稳，因为反对杨国忠及其党羽是安禄山自己谋反的公开辩词，也是倒向叛军的许多变节行为的理由；所以潼关主帅哥舒翰拥有的左右一切的兵权使他有如芒刺在背。杨国忠的敌人曾企图说服哥舒翰，希望他或是请求将杨国忠处死，或是干脆把他杀掉。哥舒翰拒不听从这类建议，但杨国忠却在主力军后面部署了两支军队，名义上作为万一潼关失守时的第二线，但实际上是保护自己免遭哥舒翰可能发动的打击。但哥舒翰要求这两支军队应置于他的全面指挥之下。六月初，他把它们的一个将领召至大本营后斩首。杨国忠的地位比以往任何时候都更加不稳了。

奏报此时开始传到朝廷，说面临潼关官军的叛军已经兵力空虚，他们已被削弱和筋疲力尽。玄宗命哥舒翰发动正面攻击，夺取陕州，进而收复洛阳。哥舒翰非常正确地加以拒绝，说他的军队的防御地位固若金汤，而叛军在其他几条战线则节节败退。他得到河北的战地指挥官李光弼和郭子仪的支持，他们正准备北上打击幽州的叛军老巢。但杨国忠力促玄宗迫使哥舒翰进攻；宦官使节们带了玄宗的个人命令前往哥舒翰的大本营。哥舒翰除服从外别无其他选择，无可奈何地命令部队转守为攻。阴历六月初七，他们在黄河河岸和群山之间的狭隘地带遭到叛军的伏击，被彻底击败。至阴历初九，叛将崔乾佑已占领潼关，从此在他的部队和长安之间无险可守。带了少数人马在战斗中逃生并企图组织残部负隅顽抗的哥舒翰被自己的部下所迫而向安禄山投降。

哥舒翰部下有人在初九来到长安，向玄宗报告了危急的局势。玄宗召集大臣们商议，杨国忠建议玄宗退到四川，因为他已命他的家乡剑南道（四川）的副使在那里准备了避难地以备朝廷应急之需，还因为叛军实际上是攻不破那里的。阴历十一日和十二日，大部分官员和许多平民已从长安逃往山区和周围农村。当一小批官员在阴历十三日上早朝时，他们发现玄宗已带了精心挑选的护卫骑兵星夜秘密出逃，只有杨国忠、少数高级大臣、杨贵妃及其亲属、几名皇室成员和几名玄宗的贴身宦官随行。大部分高级官员和许多皇族都被遗弃在京师。

玄宗是在非常艰苦的情况下从长安出逃的,护送的士兵桀骜不驯,他们对造成潼关祸灾的罪魁祸首杨国忠特别怨恨。阴历十四日,玄宗一行抵达马嵬驿,他们在那里遇到一批挡住杨国忠之路和开始向杨诉说缺粮之苦的吐蕃使者。有些护送士兵指控杨国忠与外藩策划叛国,就群起而攻之,把他和他的家属杀死。秩序暂时恢复后,护送的将领要求玄宗还应处死杨贵妃。完全无能为力和听凭哗变部队摆布的玄宗别无其他选择,无可奈何地命他忠诚的大宦官高力士把她绞死,这样,护送的士兵才被安抚下来。

随着杨国忠及其家属之死,一场就玄宗四川之行是否适宜的争论同时出现,因为四川被杨国忠以前的支持者所控制。有人建议玄宗应撤往西北或太原,去集结支持力量,还有人则建议他们应回长安(它直到阴历十七日才被叛军占领),准备困守。但玄宗已决心去四川避难,于是决定继续前往成都,同时皇太子被说服留在关中,以便在北方集结和组织抵抗力量。皇太子带领 2000 人的一小支护卫部队以急行军首先抵达关中西部的原州,然后前往朔方镇大本营所在地灵武(灵州,今宁夏银川),于阴历七月九日抵达该地。三天后,他在官员们的劝说下僭越帝位。史书上称他的庙号为肃宗。

肃宗立刻开始在关中组织勤王军(除了长安周围的渭水流域地区,该道的大部分仍在勤王军手中),并开始从回纥、吐蕃、塔里木甚至远及拔汗那的几个保护国那里召集支援力量。

得到上皇称号的玄宗这时仍在赴四川的途中,对所发生的这些事情毫不知情。他在阴历七月二十八日抵达成都,随从减少到 1300 人,然后举行了建立流亡朝廷的仪式。直到阴历八月十二日,通告肃宗僭越行为的使者才抵达成都。被杨贵妃之死受到内心折磨和弄得筋疲力尽的年迈的皇帝毫不犹豫地同意了此事,于是在阴历十八日派自己的大臣们随带皇权的象征物前往肃宗的大本营。唐代最漫长和最光辉的玄宗之治到此结束。

玄宗在成都留到 757 年阴历十月,这时已是在郭子仪从叛军手中收复两京以后，肃宗把他请回长安，迎接时礼仪隆重。他开始住在他喜爱的兴庆宫，后来在 760 年阴历七月，他搬入皇宫内，这可能是因为朝中还有许多人效忠于他，他可能作为党派阴谋的中心人物，对他的继位者构成潜在的政治威胁。他死于 761 年阴历四月，享年 77 岁。

本章的叙述大量取材于新、旧《唐书》和司马光在 11 世纪作的《资治通鉴》所描述的大事。重要的是，读者必须注意某些情况，其中之一是这一时期的历史编纂在材料上影响我们对事件的理解。《旧唐书》（成书于 945 年）提供了几乎这一时期的全部基本材料；《新唐书》（成书于 1060 年）使用某些遗闻轶事加以补充；《资治通鉴》（成书于 1085 年）则对它们进行了重新整理和严谨的批判性的鉴别；《资治通鉴》编者当时掌握的某些材料已经散失。

但关于 756 年以前的时期，《旧唐书》的编者不过是完整地转载了柳芳在 759 年完成并上呈肃宗的最后一部唐朝国史。他们没有什么其他材料，因为史馆所藏关于唐朝以前几个皇帝在位期的官方档案，包括起居注、实录以及较早的国史，都已在 756 年安禄山占领长安期间被付之一炬。

在这场浩劫后幸存下来的唐王朝前期的唯一主要记载是史官韦述作的一部国史稿。这部史稿记述的确切时间范围还不能肯定，但它几乎肯定叙事至 741 年（开元期最后一年），如果不是更早的话。玄宗朝的早期在他在位时已分别被记载在《今上实录》和《开元实录》中：前者共 20 卷，于 8 世纪 20 年代在张说和唐颖的指导下编成；后者共 47 卷，在 742 年以后某个时期编成。《开元实录》特别被提到，说它已毁于 756 年的大火，[①] 但由于韦述于 8 世纪 30 年代已在史馆工作，他可能已使用这些材料来编写他的国史稿。

当柳芳在 758 年奉命撰写国史时，他可能已掌握一部根据早期实录写成的玄宗朝早期的记载；这些实录由于是在玄宗在位时所写，它们一定是以赞誉的语气写出来让他过目的。为了完成这部直

---

① 《唐会要》卷 63，第 1095 页（于休烈奏议）。

至 756 年的历史，柳芳的工作十分困难。大部分材料已经散失，无法寻找；我们知道，在 8 世纪 60 年代曾有编一部玄宗朝新实录的企图，但大部分文献已经无法找到。此外，柳芳是在政治形势异常困难的情况下写作的。他在新帝肃宗的指使下撰写，而肃宗已通过明目张胆的篡位而把玄宗废黜，所以需要把他父亲在位的最后几年说成是一个行政不当的时期，以便为他的行为提供道义上的理由。但同时玄宗本人仍在世，他后期的几个为首人物仍在活动和掌权。安禄山发难的这场叛乱仍未解决；柳芳本人的地位也很不保险，他因在 756 年附逆曾被处以流放，之所以匆忙地予以缓刑，是为了让他从事历史写作。

我们知道，柳芳所写的历史在送呈肃宗过目时受到严词批评。760 年后，于休烈（他补上了肃宗本纪）和令狐峘对史稿作了一些小的修订。柳芳本人并不满意，于是又改弦更张，私下编写了《唐历》一书（现已遗失），在书中增添了一些细节。

但柳芳的 760 年的国史基本上被《旧唐书》的编纂者吸收到他们所写历史的早期部分之中，而且大部分是逐字照录的。因此，关于玄宗时期的记载内容是不均匀的。约在 741 年前，它有充分的文献依据，而且一般的是颂扬；他对玄宗的最后若干年则材料较少，语气特别带有批判性。这种不平衡不但明显地表现在本纪中，而且也表现在列传中。8 世纪 40 和 50 年代的许多高级官员的传记都很简短，而且材料很少。其他的官员根本没有传记。朝廷中活动的主要人物都没有留下可与张说和张九龄的文集相比的详尽的个人文集，以解决正史中玄宗最后年代缺乏材料的问题；二张的文集使我们能够非常详尽地填补 8 世纪 20 和 30 年代的历史空白。

因此，在对玄宗时期进行研究时，我们就处于只能依靠不充分的材料的境地，而且编写他的历史的客观情况也使这部历史的可靠性受到怀疑。如同所有前人所做的那样，我在这一章重新展示了柳芳提出的办法，即把整个玄宗时期分成三个阶段：（1）政权巩固时期；（2）日益受到宫廷紧张形势妨碍的积极参政时期；（3）玄宗不再起积极政治作用和朝政被李林甫和杨国忠控制的最后一段时期。但读者应该记住，柳芳的记载是奉命为强制性的政治目的撰写的，写作的情况又非常特殊和困难。我们永远不能了解 8 世纪 40 和 50 年代许多大事的幕后真相，这是因为材料干脆已经不复存在了。但是，我们至少应该认识到在我们掌握的史料中存在一些应予说明的问题。[1]

---

① 关于玄宗时期史料的详细情况，见浦立本《资治通鉴考异和 730—763 年的史料》，载《东方和非洲研究学院学报》，13.2（1950 年），第 448—473 页；崔瑞德：《柳芳：一位被遗忘的唐代史学家》。浦立本认为韦述的国史稿终于玄宗即位之初，虽然他引证的一些材料说明韦述也写了较后面的时期。作为一名史官，韦述几乎肯定参加了《开元实录》的编纂。

第 八 章

中唐、晚唐的宫廷和地方

　　8世纪中叶以后中国出现的强有力的地方分权体制是755—763年安禄山之乱的直接后果。在唐朝成立以后，这场叛乱无疑是唐王朝史中最重大的事件。叛乱把一个集权、富饶、稳定和辽阔的帝国搞成斗争不休、不安全和分裂的国家。历史学家早就认为它是唐朝史的一个转折点；在近几十年中，它甚至被认为是整个中国史中的一个大转折点。不过在叛乱本身及其后果之间存在着明显的不相称。虽然这种大内乱必定产生严重和深远的后果，但是难道一件基本上是军事的事件会造成把唐王朝截然分成前后两个时期的深刻变化吗？

　　实际上，安禄山之乱后中国的变化的局势不仅仅是叛乱所造成，而是有它早已在进行的发展根源。正如本书前几章所指出的那样，自唐朝开国以来，它的政制已经经历了重要的变动。这些变化在与初唐政体性质迥然不同的政体形式出现以前就已存在。但是必须把长期的变化与叛乱本身的特定根源区别开来。虽然当叛乱发生时，它造成了巨大的破坏和充当了强烈的催化剂，但这一事件绝不是不可避免的。

　　说到那些区别初唐和中唐的变化，我们须要在这里回顾一下与755年出现的危机及由此造成的政治分裂状态有关的变化。最重要的是8世纪第一个25年为巩固中国对外的地位所采取的步骤。在遭受7世纪最后几十年和8世纪初的重大挫折后，为维护一个从南满至帕米尔、从内蒙到越南的已经扩大的帝国新政制结构发展起来了。这些变化把唐帝国置于一个与半个世纪前太宗遗留下来的机制迥然不同的基础之上，它成了一个通过历次大征战（一般是胜利的征战）创建的，以及靠王朝无与伦比的威信、外交和仅仅是不牢固的外围防御维系的帝国。这些变化是日益增长的外来军事压力——主要来自复兴的东突厥人、契丹人和吐蕃人——直接造成的。唐政体在与这些强大和组织良好的邻邦的经常冲突中，被迫逐步建立永久性的大规模防御体系。但这一体系经过一段时期后获得了充分的进攻能力，这一事实有助于掩盖它开始时的防御性质。

这一发展的根据在多大程度上是出于民族利益（区别于帝国及其将领们的个人雄心），对此已有人提出疑问。[1] 但是批判者往往忽视了基本的战略考虑，即迫使中国人把军事力量扩大到远远超过他们可能定居的范围以外的考虑。只有这样，高度机动的游牧邻族才能被遏制，而不至于迅速和破坏性地渗入内地。另一个动机可能是维护对外贸易的交通，虽然由此产生的贸易远远不足以弥补这类政策造成的巨大费用。总之，重要的是，在边境维持庞大兵力的这一政策当时并没有人认真提出疑问。[2] 对当时的人来说，这一政策似乎一直是必要的，理由是它取得了全面的成功，而且唐帝国有能力负担它的费用而不至于造成资源的不应有的紧张。

这一政策的采用意味着再也不可能依靠从前以混合兵源的部队（府兵、职业军人和罪犯）充当小股守军的制度了。可以设想，在进入7世纪之际其战斗力已受限制的府兵制绝不可能维持大规模的长期边防戍军。一种新型的军队必须建立起来，以提供当时需要的更庞大更长期性的部队。在8世纪的最初几十年，边境常备军的规模明显扩大，最后至少达到5倍于前一世纪的水平。在8世纪40年代军队人

---

① 关于晚唐及宋的代表性的观点，见《通典》卷148，第1页；浦立本的《安禄山之乱的背景》中有译文及论述；《资治通鉴》卷216，第6888—6889页；范祖禹：《唐鉴》（日本，1839年）卷9，第14页；较近期的西方著作有福兰格的《中华帝国史》卷3（柏林，1961年，第437—451页）及浦立本的《安禄山之乱的背景》（第70—72页）。

② 唯一的例外是张说在722年提出的削减军队的建议（他所根据的军队总数显然是夸大的），载《资治通鉴》卷212，第6753页；戴何都：《〈新唐书〉百官志、兵志译注》（莱登，1946年），第774页，注1。

数将近 50 万，[1] 这一数字与广袤的作战区对比肯定不算巨大，但它确实代表了到当时为止正规地部署在中国边境的军队的最大数字。军队的成分必然发生了大变化。如此庞大的军队只能由长期服役的军队组成。这意味着军队的充分职业化，这个过程远远早于政府在 737 年宣布长期服役为定制之时。

边境行政管理制的基本变化也伴随着军事方面的变化而产生。变化前的习惯做法是临时任命将领来指挥大战役和边境行动。正常的边境行政工作由其权力被精心地限制的官署掌管。现在新常备军需要一种新的指挥机构，它能使这些军队在特定的边境广泛地区相对独立地行动。每个边境区（藩或藩镇）归一个接替行军大总官、都护和都督的节度使管辖，但他一般保留着这些头衔。[2] 除了军事职务外，新的节度使还拥有地方行政、财政和供应等方面的文职权力。这种把权力集中于一人的变化完全背离了以前的惯例。但是做不到这些，边防军就不可能得到适当的战地指挥和后勤支援，而这些军队又往往必须在远离中国内地之处作战。在这些情况下，中央政府显然必须极为慎重地选拔官员去担任这些拥有大权的职务，并且要在他们中间定期轮换，以防个人与某一藩镇的关系发展得过分牢固。

后来担任节度使的官员的类型起了变化，这使中央政府对这些问题甚至更加敏感了。在一开始，在高级文武官员之间并无泾渭分明的界限，被任命为节度使的人一般为文官，他们在边境藩镇任职期满后，能够指望返回朝廷。他们完全拥护朝廷既成的权力结构，而且他们就是正规的等级官僚集团的成员。但约从 730 年起这些拥戴朝廷的官员逐渐让位于另一种往往有广泛的边境生活经验的职业军官。许多人是行伍出身，他们所取得的擢升在以前是不可能得到的。许多人还

---

① 《旧唐书》卷 38，第 1385—1389 页；《资治通鉴》卷 215，第 6847—6851 页；戴何都：《〈新唐书〉百官志、兵志译注》，第 786 页，注 2；参见鲁惟一《汉武帝之征战》中关于西北边防军的较低的估计数字，此文载于 F. A. 基尔曼、费正清合编《中国的兵法》（坎布里奇，1974 年），第 93 页。

② 浦立本：《安禄山之乱的背景》，第 68—69、149—152 页，注 32；日野开三郎：《中国中世的军阀》（东京，1942 年），第 16—21 页。

是非汉人；鉴于唐朝一贯在边防军中使用大批部落民，这种现象是不足为奇的。人事上的这种变化有其实际的原因，即希望通过使用职业的军事专才来取得最佳效果。[1]

但新制度的成就中孕育着一种抵消其力量的因素；大权日益落入边境将领之手所包含的危险却被人忘记了。

以节度使统率的形式出现的军事力量的分布有两个值得注意的后果。第一，伴随着府兵制的衰落而出现的藩镇制在抵御外患方面的成就导致了一切有战斗力的军事力量在内地的消失。京师保持有一支军队，但其素质变得如此之差，以致成了人们的笑柄。第二，中国的绝大部分兵力此时部署在沿漫长和容易渗透的北方边境延伸的五个藩镇。按其大小，这五个藩镇依次是：范阳（北河北）、陇右（南甘肃）、河西（甘肃—宁夏北部）、朔方（甘肃—陕西东部）和河东（北山西）（见地图10）。它们基本上是边境藩镇，但范阳和河东主要由地方供养，比其他几个北方藩镇较少地需要中央政府的直接支持，不过河东自给的程度比范阳稍差。另一个藩镇剑南（四川）也是如此，但在安禄山之乱前它拥有的兵力相对地说还不算庞大。[2]

正如边境的新形势造成边境行政制度的变化那样，国内的各种发展——人口的增长、迁移和流亡的日趋频繁、税册之过时、行政手续的日益复杂、非经常性的不法行为（再加上官僚们怠于职守的长期存在的倾向）也促使内地行政的变动。部分的解决办法是像边境那样设立一种较高级的行政单位，以管辖一个包括许多州的地区。由于朝廷不愿把实权正规地交给任何这类大行政单位，所以这种官署的发展是不平衡的，从一开始它的职能就被设想为应是监督性的，而不是具有执行性质的。最后在733年，帝国被划分成15个道，各置采访处置使。[3] 这只是搭起了道的制度的架子，不过在以后安禄山叛乱的年

---

① 但浦立本（《安禄山之乱的背景》，第95页）和其他许多研究这一问题的作者都采纳传统的观点，即宰相李林甫造成了这一变化，以保护他自己在朝廷的地位。

② 见本书第423页注①的参考材料。

③ 戴何都：《中国唐代诸道的长官》，载《通报》，25（1927年），第279—286页；日野开三郎：《中国中世的军阀》，第13—16页。

代，采访处置使才逐渐对其管辖的州县越来越主动地行使权力。

在 8 世纪前半期政府所作的制度改革似乎进行得很顺利。它们使帝国能够取得最大的疆域和国力，使国内达到高度的稳定，并且能够保持一个可以接受的中央集权。玄宗朝被人怀念为唐代最光辉的时期，这是有充分理由的。但是当时的政治家却没有看到中央对地方事务的强有力的控制（而这种控制正是整个地方行政结构及土地分配、税制、劳动力动员和征兵等工作的基础）在逐渐放松；更不可恕的是，他们中的大部分人仍没有意识到他们在边境建立的庞大的军事建制所包含的种种危险。

东 北 边 境

东北边境的强大边境藩镇的成长，与中国对外的和军事的总政策是完全一致的。自 7 世纪末契丹和奚对河北大举入侵以来，它们持续的压力需要唐朝在这里保持强大的兵力。大约到 742 年，范阳及其附属的平卢藩镇有兵力 13 万，它们形成了坚强的防御堡垒，而且还有不容忽视的打击力量。但这并没有导致任何大的领土扩张。虽然中国人终于在东北重建了远至辽河的控制，但这远没有完成 7 世纪隋炀帝、唐太宗和唐高宗的目标。[①] 范阳的领导权如同其他边境藩镇那样，日益落到职业军人手中。以前这些人在那里很少能指望升迁到低级和中级官员以上，但现在他们之中能力最强的人发现能够升任最高的官职。

在这一背景中，我们必须先考察一下安禄山的事迹。[②] 安禄山为粟特族和突厥族的混血儿，从青年起就在中国军队中服役，他的擢升无疑归功于军功。在他四十来岁时，他已取得一个职业军官的最高和

---

① 见日野开三郎载于《史渊》（87 〔1962 年〕，第 1—60 页及 89 〔1962 年〕，第 1—26 页）的关于东北边境史的综合的（但其部分内容是高度理论性的）论述。

② 关于安禄山的事迹，特别参见浦立本的《安禄山之乱的背景》一书（它叙述到 752 年），又见戴何都的《安禄山史》（巴黎，1962 年）和霍华德·列维的《安禄山传》（伯克利，1960 年）。

最有权势的地位：在 742 年成为平卢节度使；在 744 年又任邻近的范阳镇节度使。他身兼两职是有充分理由的，因为两镇需要最紧密的协调。但容许他在这两个职位上留任达 12 年以上则是很不正常的（节度使的正常任期为三年），何况同时他又有兼职（750 年兼河北采访使，751 年兼河东节度使），从而使他成为东北不容挑战的长官。让一个人能集如此大权于一身，从这一点可以看出，朝廷在授权这一基本任务方面显然已经变得草率从事了，所以安禄山才能取得为自己招兵买马的良机——如果他愿意，他还能选择违抗朝廷这条道路。

安禄山之所以如此受宠，部分原因在于他自己的性格和过去的经历。虽然绝大部分史料——主要在叛乱进行时期写成——把他描绘成肥胖的小丑，但他仍是一个在漫长的镇守期间保持东北边境安全的有成就的军事将领。另外，他还兢兢业业地建立与朝廷各方面的关系，取得了很大的成绩；事实上，权势炙手可热的宰相李林甫在 752 年死亡前，玄宗在临近悲惨的结局时，仍然对他恩宠有加。鉴于他集权力和荣誉于一身，很可能从 8 世纪 40 年代中期起，他被认为是一个不可缺少的人物。从朝廷总的发展形势看，这些都不是偶然的：安禄山的崛起及其地位的巩固与玄宗不再积极领导国务和强大的节度使日益参与朝政的情况是一致的。

在玄宗朝的最后 20 年中，玄宗究竟提供了多少积极的指导，这是很难回答的。他越来越依靠强有力的人物：在朝廷，李林甫在 734—752 年这段非常长的任期内是宰相和实际的独裁者，以后接任的杨国忠几乎同样独裁；在边境，东北的安禄山和西北的哥舒翰在很长的时期内都同时掌握几个藩镇。另外，从 8 世纪 40 和 50 年代朝廷的政治争吵和角逐中，人们也明显地可以看出玄宗对日常的政务越来越不加过问了。

在这些情况下，比帝国其他官员能更直接行使地方和军事权力的节度使都不免卷进操纵政治的角逐之中。但这带来了边境将领——或至少那些有足够的野心和机智在政治领域中纵横捭阖的边境将领——干预政治的危险。李林甫之死是一个转折点，因为只有他拥有在帝国其他实权人物中间保持平衡所必需的毋庸置疑的权力和威望。他死后，在导致叛乱的最后几年中出现了安禄山和杨国忠之间你死我活的激烈斗争，这一斗争只有玄宗的有力行动才能解决，但他的消极态度反而助长了斗争的发展。在这种形势下，撤换安禄山的各种企图不能简单地再被看成是替换一个任期早已届满的将领或让他退隐的事情。杨国忠本人很可能主张加强中央控制边境将领的总政策，但安禄山认为，如果替换他的企图得逞，这只会使杨国忠取得更大的权力。

但是，尽管历史学家对宫廷政治斗争表现出强烈的兴趣，却不能为叛乱的起源提供圆满的或令人满意的解释。古往今来许多评述者把注意力集中在安禄山及其许多追随者的非汉族出身方面，他们坚持这些人生来（或被养成）桀骜不驯和贪婪成性。这些人所受的中国文化的影响甚为肤浅，所以不甘心接受传统约束而一心渴望征服和掠夺。因此，安禄山之乱被视为"在国内进行的外患"。① 虽然这一观点并非全无根据，但它也不能提供有说服力的解释。它假设在作为中国兵员来源的不同民族中存在一个共性，而没有看到在它们中间存在的语言和文化上的重大差别。其次，它假设所有"胡人"接受中国文明的程度都很低，而实际上随着接触时间的长短和接触质量的高低，同化的程度也大不相同。边境城镇的长期居民——可能已与汉人婚配，或是第二代或第三代汉化"胡人"——不可能作出与来自草原的新迁入者相同的反应。再次，它忽略了一个简单的事实，即安禄山麾下包括许多汉人，而另一方面，回纥人和其他"夷狄"后来证明也属于唐王朝最坚定的捍卫者。

近年的两大论点试图参照一些地区的特征来解释叛乱。已故的陈寅恪发展了夷狄论的另一深思熟虑的变种论点：8世纪初期异族的迁入河北导致了最后使东北社会"胡化"的过程。这一过程到8世纪40年代已发展到如此程度，以致充分了解这一形势的唐朝廷只有树立一个"羯胡"（安禄山）作为保持控制河北和东北的唯一办法。因此，陈寅恪所看到的夷狄因素不仅涉及安禄山及其所属的兵将，而且

① 这一观点构成大部分传统记载的理论基础；关于近时对这一观点的修正，见岑仲勉《隋唐史》（北京，1957年），第257—260、264—265页，注8。

还涉及整个这一地区的人口。^① 除了这类文化解说的高度主观性连同它的模糊和带激情色彩的"胡化"观念外，陈寅恪这一引人注意的假设没有足够的证据作为依据。他的叛乱前的证据所指的不是整个河北，而只是具体地指边境地区；他用的叛乱后的材料——这是他论证的大部分依据——则错误地把一些具体的后果归因于主观设想的文化变化，而不是归因于这一区域取得的事实上的政治自治。

谷霁光提出的另一个主要的解释迥然不同，他的论点稍经修改又被浦立本采纳。两个人都从河北（在东北）对唐朝廷（在西北）的长期异化这一角度来解释叛乱，这一异化过程主要是朝廷对该区的歧视政策造成的。根据这一理论，安禄山是作为这一地区的感情和利益的代表出现的。^② 但关于朝廷和河北道之间长久分裂的证据不够充分，而且几乎都来自 7 世纪的材料。此外，成为这一论点前提的河北地区支持叛乱的广泛基础始终不明显——不论在叛乱前、叛乱时和叛乱后都是如此。

我的观点是叛乱产生于基本上是政治性质的若干牵涉面较小的环境，它们与中国文化的敌人的大规模渗透或长期的地方分离主义无本质的联系。这场叛乱其实并不是产生于任何大的社会危机。在叛乱开始时，河北道除了提供基地外并未卷入。引起这场叛乱的原因要在边境形势中而不是在河北道内寻找。虽然边境藩镇的建立和以后的发展使得它可能对唐统治皇室进行挑战，但关键的一个发展是指挥机构逐渐被那些很难被认为是唐统治阶级的成员的人所控制。这些人为职业军人，地方观念强，社会出身往往很低，所以形成了一个与正规官僚集团显著不同的集团。^③ 朝廷和它的边将之间的社会和文化差距不一定产生敌对，也不会使叛乱成为不可避免的事。但它能使一个强有力的将领纯从自己的私利出发去寻求其袍泽的支持，并对他们认为很少

① 见陈寅恪《唐代政治史述论稿》（重庆，1944 年，1956 年北京再版），第 25—48 页。
② 谷霁光：《安史乱前之河北道》，载《燕京学报》，19（1936 年），第 197—209 页；浦立本：《安禄山之乱的背景》，第 75—81 页。
③ 唐代官方历史中关于这些叛乱时和叛乱后青云直上的军人的传记清楚地说明这一点。陈寅恪的《唐代政治史述论稿》第 35 页以后收集了这类人物的大量材料。

有共同点的朝廷宣战。从这个意义上说，这场叛乱最好用到玄宗朝快结束时已经形成的政治军事结构的变动来解释。

安禄山极不可能像我们掌握的大部分史料所声称的那样早就有谋反的计划。事实上，他潜在的敌对行动似乎只是到李林甫死后他看到杨国忠对他的地位构成威胁时才开始的。不过在他镇守边境的漫长时期，他显然已乘机扩大和巩固了他个人的权力及他指挥的军事力量。他通过合法的和非法的方式扩大其军队的规模，并建立了一支绝对忠诚于他的 8000 假子的精兵——这是五代私人军队的前身。据说他还从边境外征募许多新兵（这些人不可能有强烈的忠君思想）和采取提拔和滥赏的慷慨政策，这些都是为了加强他与部下的关系。他凭借自己受玄宗宠爱的有利条件，甚至直接控制了西北主要牧马中心之一，这就保证他能得到骑兵马匹的充分供应。最后，通过他在东北的漫长的任期和兼任的河北道采访使之职，他能影响东北文武官员的任命。[1] 这样，到他与朝廷决裂时，他拥有一个强大富饶的地区基地，并已建立了一支庞大和训练有素的、其核心由效忠于他个人的追随者组成的军队，它与其说是属于皇帝的，远不如说是属于安禄山的。可以毫不过分地说，到 755 年，安禄山控制的藩镇已经出现了他叛乱后自治和半自治地方政体的主要特征，虽然这些特征尚有待于向帝国的内地渗透。

当安禄山相信他已失去玄宗的支持，失宠又一定会发生和迫在眉睫时，他才最后与朝廷决裂；他又坚信自己拥有足够的力量去推翻王朝。对于他的希望来说，关键是要进行迅速和决定性的打击；因此他的战略核心是立刻占领政治中心地区。这样就会使统治皇室威信扫地，也许还能使它垮台，从而使安禄山成为最可能的继承者。安禄山的信心是可以理解的，因为他统率的部队在开始叛乱时约为 20 万人，其中 15 万人被动员去参加重大战役。由于留守平卢镇的约 2 万名士兵倒戈和河东道的一些部队没有参加叛乱，他的总兵力立刻减少了。安禄山对自己在河北的控制和对他的进攻力量估计过高，这一战略归

---

[1]　见本书第 425 页注②所列的传记材料。

于失败，随之而来的是在帝国的心脏地带自始至终激烈地进行的消耗战。

勤王军的人数远为众多，但这一优势毫无用处，原因有二。第一，如前所述，几乎全部帝国的兵力都分布在边境沿线，这样内地已没有多少训练有素的部队能抵挡安禄山的进攻。所以安禄山的军队在遭到坚决抵抗之前经河北过洛阳而所向披靡。此外，最精锐的政府军被牵制在偏远的边境，要花相当长的宝贵时间才能被调回，而这样做又显然会削弱或被迫放弃边境的阵地。第二，在叛乱的第一阶段，勤王军的战略需要不加选择地使用兵力。他们再三在广阔的前线进行正面进攻以期制服叛军，但最后都不但以失败告终，而且因大量损兵折将而严重地妨碍了以后的行动。结果，陇右、河西和朔方三大西北藩镇的久经沙场的部队都大为损耗，只有朔方军作为一支完整的部队还能继续作战。

安禄山之乱的经过

叛乱持续了 7 年以上，从 755 年 12 月至 763 年 1 月。从纯粹的军事角度看，它可以分为五个明显的阶段，每个阶段都被几场决定性的或有潜在决定性的战斗所决定。它们是：

（一）755 年 12 月至 758 年 6 月叛军最初的胜利阶段，它以叛军在潼关的进攻受阻和勤王军在叛军后方河北的起事告终。

（二）756 年 7 月至 757 年 11 月叛军占优势及其军事力量和地域控制处于鼎盛的阶段。

（三）757 年 11 月至 759 年 4 月政府收复京都和接近平息叛乱的阶段。

（四）759 年 4 月至 762 年 10 月叛军重新崛起和随之而来的长期僵持阶段。

（五）762 年 10 月至 763 年 1 月政府最后进攻和取得胜利的阶段。

这是一场长期和激烈的冲突，其结果几乎到最后仍不能肯定。但冲突中间存在军事上相对停顿的漫长时期，例如从 757 年秋至 758 年秋政府收复两京以后，事实上 760 年全年和最后战役前的 18

个月这几个时期都是这样。因此严格地说，叛乱期不应被认为是连续不断战斗的 7 年，而应该是帝国一直处于全面战时体制的漫长的时期。

虽然战斗的间歇有种种原因（指挥的变化、进一步征募兵员的需要、甚至天气），但主要的原因无疑是后勤的问题。每一次阵地的大变动都需要对供应线作新的部署，而这正值帝国财政结构完全崩溃之时。在这一方面，叛军的日子可能比中央政府好过些，尽管他们控制的地区较小。河北是坚固和可守之地，靠近主要的冲突地区。相比之下，政府发现自己被夺去了主要的收入来源：河北当然已经丧失；河南的部分地区被叛军占领，而且已被战争破坏；与长江诸道的联系由于叛军破坏了汴渠的几条交通线而基本上被切断。此外，玄宗时期积累的大量剩余粮食和物品在叛军占领两京时大部分已被毁掉。在这些情况下，政府被迫从三个来源取得有限度的正常岁入：关中本地的生产（但只在 758 年以后才有挹注）；从南方跨秦岭经汉水运来的少量资源；一切能从四川通过陆路运来的物资。在其他方面，政府只能采取短期的权宜措施：卖官鬻爵和出售委任状，操纵通货，开征商业税和生产税。因此，中央政府不得不在非常拮据的情况下与叛乱作斗争，这有助于解释它作战的时断时续的缓慢的节奏。

领导问题也影响冲突的进行。下文将谈到，政府有时因为不能对自己的战地军队和它在地方掌权的代表进行控制而严重地受到损害，但至少从 756 年秋季起，它在中央仍保持领导权的延续性和稳定性。叛乱政体则并非如此。有四人相继任叛军的领袖，但每人（不包括安禄山本人）都杀害了他的前任才取得指挥权。每人都僭号称王，力图使他的权力合法化。安禄山未能利用其最初优势的事实和流传至今的对他的各种描述，都说明在 755 年他的鼎盛期早已过去。他在 757 年初期遇刺，其子安庆绪接替他，控制叛军直至 759 年春。史料把安庆绪说成是一个平庸之辈，但他的不幸在很大程度上是由于他的洛阳政权不能从河北叛军地区得到足够的支持，这些地区那时在他后来的继承者史思明的控制之下。史思明任叛军领袖后证明是一位杰出的将

431

领，如果不是他的儿子史朝义在761年春通过与人合谋将他杀害，他很可能推翻唐朝。虽然史朝义坚持与庞大的勤王军对抗直到762年的相当长一段时期，但结果他在年末在帝国军队最后的进攻下被消灭。且不说这四人的个人性格如何，领导权的不断地和激烈地变化显然使叛军难以保持任何巩固的团结和凝聚意识。

安禄山最初的战役取得重大胜利。在一个月内，他已占领了河北、河东的几个部分以及包括东都洛阳和黄河中段航道的河南北部。这时，河北勤王军的联合抗击和在潼关匆忙集结的帝国军队阻止了他的迅速推进，使他不能直驱西京长安。尽管遭到这些挫折，他仍在756年的阴历新年初一在洛阳称帝，国号为"大燕"。朝廷那时正在为动员抗击，为从北方和西北边境召回部队，为征募新的人力资源和授予地方官员额外的兵权而作出疯狂的努力。

事实证明，这些应急措施中有一项具有特别深远的影响。朝廷在企图为其匆忙集结的部队提供指挥机构时，求助于以前为用于边境而发展起来的节度使制的模式。第一个内地节度使是在叛乱爆发后不久时为河南道任命的。[①] 由于节度使结构早就适用于战斗中的主动灵活的指挥而不同于归朝廷节制的臃肿的军事组织，它在其他地区推行的理由就不难想像了。但是，节度使制从一开始就有意使之在高度独立的情况下发挥作用，而且基本上体现了一种军事分权体制。在一些重要方面，它是与严密的中央控制的原则不相容的。虽然在一开始，它在帝国内地的扩大使用单纯是一种军事上的权宜之计，但这一制度被准许长期有效，并为地方在以后的两个世纪提供了全面的行政和军事的基础。

河北勤王军的行动是对叛乱者的一大打击。这些起事从755年末到756年后期几乎持续了一年，它们使安禄山停止西进，并且本来完全可以在早期把叛乱镇压下去。安禄山通过河北已迅速推进，很少系统地采取牢牢控制该道的措施。他显然相信，他留在幽州（今北京）和留在平卢镇境内的满洲边境的守军能控制这一区域；此外，他有充

---

① 《旧唐书》卷9，第230页；《资治通鉴》卷217，第6937页。

分理由对及早取得胜利抱有信心。但是在他通过河北后一个月稍过，河北勤王运动风起云涌并且迅速从东面的德州（在今河南的德州［原文如此——译者］）和西面的镇州（正定）向外蔓延。有的地方，起事由一些安禄山认为不必予以替换的刺史领导，而另一些地方，领导起事的则是把安任命的刺史杀掉或赶走的较低级的官员和地方领袖。河北多一半的州起来反对叛乱者；虽然它们之间很少协调行动（它们各自的兵力也很弱），但它们的确保持了密切联系，这样就有助于发展运动。勤王者的目标不仅是不让叛乱者控制他们本人的州县，而且更重要的是要切断安禄山在洛阳的主力军和幽州叛乱基地之间的联系。他们当然知道，如果没有中央政府军的援助，不论时间长短，他们抵御叛军的可能性实际上是不存在的。[1]

　　勤王运动的运势变化很大。756年初期，随着叛乱者第一次软弱无力的镇压活动的失败，大量正规军从安禄山在河南和北方的军队中抽调出来，迅速重新占领许多地方。但是李光弼和郭子仪率领的正规政府军从河东（今山西）经太行山几个关隘抵达河北，从而又激起了新的起事浪潮。接着在这一年的初春，平卢的一些部队出人意料地倒向政府，叛军的地位又趋恶化。[2] 这就迫使河北的叛军后备军驻守幽州。勤王军在击退叛军的同时，于756年中期已经控制了横跨河北直至沿海的地带，完全收复这一区域的可能似乎出现。但是朝廷的大部分人却不能敏锐地看到更大的战略可能性，反而全神贯注于通往京师的各要道的形势，因为政府军正在潼关与叛军主力相持不下。最强大的政府军在那里不与叛军交锋。政治考虑支配着这些朝廷大臣的观点。他们担心，如果政府经过连续几个月的努力而显然不能彻底粉碎叛乱，就会大大地动摇人民的信心。还存在朝廷官员和潼关统军将领之间的严重战略分歧，从中人们同样可以看出在文官和武将之间、朝

① 关于勤王起事的最完整的记载，见彼得森《帝国的分离部分：中唐和晚唐的东北》第1章（在撰写中）；又见谷川道雄《关于安史之乱的性质》，载《名古屋大学文学部研究论丛》，8（1954年），第86—91页。
② 日野开三郎之文（载《史渊》，91〔1963年〕，第8—17页）仔细地追溯了平卢军的历史。

廷和边将之间的那些首先导致叛乱的对立和不同利益。

结果，以杨国忠——他对安禄山的敌意无疑促使叛乱爆发——为首代表朝廷文官利益的一方占了上风。756 年阴历六月，朝廷下令，命军队全面出击，这在政治上是权宜之计，但在军事上是草率从事的莽撞行动。[①] 结果政府一方大败：参加进攻的 18 万官军大部分遭到伏击，被分割和消灭。政府因缺乏完整的后备军，不能在叛军和京师之间的地带再进行防御。几天后，玄宗及其朝廷出逃，长安被叛乱者占领。玄宗前往四川避难，在一个经常加以戏剧化的插曲中，杨国忠与他的堂妹杨贵妃在途中被不满的部队所杀。同时，皇太子，即未来的肃宗，撤往西北的灵武，以期在那里集结支援力量。

在许多人看来，老皇帝此时已威信扫地，所以皇太子在下一个月的僭位掌权普遍被人接受。在肃宗流亡朝廷召集的部队中，有在河北作战的部队；征召的行动是不可避免的，但它促使河北勤王军抵抗的崩溃。勤王运动的活动中心——一丧失，这样就实际上结束了唐朝在那里的权力。东北边缘平卢的勤王守军被孤立，最后在 762 年，他们通过海路撤至山东。潼关的一场灾难性的战斗必须被视为一个重要转折点，因为它使叛乱者时来运转，使王朝几乎崩溃，并使战争无限期地延长下去。

但是从长期看，关键的因素证明是全国大部分地区继续留恋唐统治皇室。这种忠诚在下一年中受到严重的考验，当时肃宗的朝廷遭受一系列严重的失败，只有一些小的胜利稍稍有所弥补。一切努力都集中于收复长安这一唯一的目标。756 年秋，然后又在 757 年春，勤王军对占领长安的叛军发动进攻，但都被击退，损失惨重。在南方，叛军穿过秦岭，直趋汉水边的襄阳，虽然他们朝东南向淮河的推进在宋州（今商丘）被持续到 757 年秋的英勇的抵抗所阻。[②]

[①] 戴何都：《安禄山史》，第 241—255 页；吕思勉：《隋唐五代史》（北京，1959 年）卷 1，第 217—218 页（他与其他历史学家不同，不去谴责杨国忠，而把攻击的决定全部归咎于玄宗军事上的无知）。

[②] 关于长期围攻宋州的情况，见章群《唐史》（香港，1971 年），第 103—104 页；《旧唐书》卷 187 下，第 4899—4900 页；《新唐书》卷 192，第 5534—5541 页。

再往南，动乱也出现了。在潼关败后面临政权可能垮台的情况下，玄宗已把帝国的几大地区交由诸王子控制，极力企图依靠皇族的忠诚来维系王朝。他的一个儿子李璘例外地已至长江中游镇守，在757年初期举兵叛乱。也许李璘预期自己会成功地领导唐朝中兴，所以溯江而下夺取富饶的长江下游地区；但他被迅速打败和杀死。同时在边境，外邻开始利用中国的内乱来侵吞当时仍由唐朝控制的地方。主要的受益者为吐蕃和南诏。前者侵入陇右（甘肃），限制了唐朝与中亚的交往；后者在四川进行蚕食。但是甚至在极南方（包括安南），非汉族部落也起来叛乱，迫使中国当局撤离。

虽然朝廷虚弱无能，但暂时占有军事优势并控制河北、黄河，远至长安的大部分渭水流域和大部分河南（中国最最富饶和人口众多的区域）的叛乱者却没有另立取代唐朝的稳定的政体。虽然由于材料很少，人们不可能推测他们的政策，但显然他们取得的支持很少，并一直被视为是些粗鲁的边境军人而已，除了进行军事征服外，根本无权统治。也许安禄山在一开始未能取得全面胜利的事实足以使他的希望趋于破灭；斗争一旦拖延下去，王朝就能够利用剩余的巨大力量和支持，其中大部分是无形的。这件事本身就证明了唐朝至755年的统治的成功。但叛乱者的眼光短浅的政治头脑一定也起了作用。另一个因素是叛乱者领导内部的离心离德，随着安禄山在757年初的遇刺，分裂达到了最严重的程度。[①] 其子安庆绪继承指挥可能恢复了洛阳大本营的和谐，但此事却疏远了在河北继续带兵的安禄山一代的将领，其中最著名的是史思明。事实证明，当时河北和洛阳两派已经公开化了的争吵几乎是致命的。最后，值得注意的是，叛乱者在洛阳建都后，始终只对长安表示一种消极的兴趣，即不让唐朝得到它而已。除了他们的东北渊源外，他们是否也认识到渭水流域越来越不适宜充当政治中心？

随着757年秋政府军发动的进攻取得胜利，事态似乎发生了决定性的转变。转变始于英勇善战的回纥雇佣军率先大举进攻以后在阴历

① 见戴何都《安禄山史》，第290—295页及其参考材料。

九月收复长安，这是他们在叛乱期间两次决定性贡献中的第一次。经过了一系列的胜利，进攻在阴历十月收复洛阳时结束。叛军不得不放弃邻近地区（其中包括他们最近已经占上风的河南南部和东部），退到黄河以北。叛军大本营被迫撤回河北西南的相州（安阳）。政府肯定作了有成效的军事努力，但它的成功主要是由于河北的叛军不能为其西面的军队提供足够的支持。这些失败以及两京的丧失在当时公开地把叛乱者分裂成两个对立的阵营：相州的安庆绪和幽州的史思明。到 758 年初期，叛乱者的前途显得如此渺茫，以致史思明本人宣布向皇帝投诚。朝廷由于不能最后消灭他，不得不满足于他名义上的投降，所以就封他为原官。

在收复洛阳后不久，朝廷实际上停止了主动的军事行动。它的资源暂时耗尽，朝廷的政治家们认识到，叛乱者此时虽被牵制在河北，但仍十分强大，不能一举消灭。总之，政治家普遍的期望是：最坏的逆境已经结束，唐皇室已被保存下来，现在可以进行必要的重建工作了。758 年颁布的大赦令宽恕了除少数有名首领以外的所有叛军。[1]这是有意识地愈合国内分裂的企图，但它也为促使叛军内部倒戈以削弱敌人力量的战术目的服务。

在 758 年的大部分时期内，政府表现的有限的军事主动性令人费解（除了它自身继续虚弱这一理由外）。秋季发动的新进攻把叛乱者赶出黄河，但安庆绪率领的叛军主力部队成功地撤至壁垒森严的相州大本营以确保自身安全。政府军采用一种极为谨慎的战略，不在乎取得对河北其他地区的控制，而只把该城围困起来。围城持续了整个冬季；到 759 年春，围城者和困守者同样筋疲力尽。同时，朝廷对北方的叛将史思明的不适当的处理（可能是史思明军事上的老对头李光弼的过错）又促使他背离朝廷。他再次叛乱，率军南下。在很长的一段时期内，他袭扰围困相州安庆绪的政府军，最后在阴历三月与他们进行对阵战。虽然据说他与政府军的力量对比不到 1：10，但他的军队仍把所谓"九节度使"的勤王军彻底击溃，迫使他们一路撤至洛阳。

---

[1] 关于这一政策的坚持和重申，见《册府元龟》卷 87，第 13—14、17 页。

史思明于是进而消灭安庆绪及其支持者，为自己取得了叛乱的大燕朝的皇位。[①] 在当时，惊慌失措的朝臣把占压倒优势的政府军的惨败归咎于缺乏一个受权的最高统帅以指挥和协调几支军队的将领的行动，虽然这不能完全解释这次战败，但是在以后的几十年内，因各个节度使在联合作战中各自为战而引起灾难性后果之事，则是不乏其例的。

这样，刚在一年多以前似乎几乎完蛋的叛乱又进入了另一个阶段，它的结束变得遥遥无期。759 年秋洛阳和汴州陷落，政府命运进一步恶化。从此以后，时而一方主动出击，时而另一方主动进攻，但双方都未取得任何明显的胜利。长时期的对峙一直持续到 761 年初期。也许就在这一叛乱阶段，出现了对现存政治和社会秩序最有害的后果。虽然朝廷幸亏没有其他危险的僭号者出现，但它本身却不能恢复元气。汴渠源头几个关键地区的丧失和汴渠本身的失修，排除了从长江各地取得大量收入和运输军事物资的可能。因此，朝廷能取得收入和支援的地区依然是十分有限的，面对这些地区，政府不得不采取越来越严厉的措施。[②] 由于旷日持久的战争，叛乱者盘踞的河北地区一定非常困窘，但自 756 年以来已没有大的战斗，此时它可能已从最初叛乱造成的困境中恢复过来，并且又变得比较富饶了。

从长期看，具有同样严重后果的是，对地方的控制越来越多地从中央当局手中丧失。这些年的记载充满了哗变和小叛乱之事，它们几乎都出于个人的野心和对抗，而不是为了宏图伟业。政府一再因这类与主要叛乱活动或叛乱政权毫无关系的动乱而分散精力和受到牵制而不能实现它的主要目标。759 年晚期，接着又在 760 年初期，在汉水流域和长江中流爆发了相当规模的叛乱。760 年后期，长江下游又有一次大起事，761 年和 762 年的四川也有起事，但这远远不是所有的动乱。地方权力斗争、暗杀和公开蔑视秩序的事例甚至更多。

这类目无法纪的行为常常使人难以分清敌友。例如，长江下游地

---

① 戴何都：《安禄山史》，第 307—321 页。

② 吴章铨：《唐代农民问题研究》（台北，1963 年），第 94—101 页；崔瑞德：《唐代的财政管理》（剑桥，1970 年），第 34—35 页。

区诸城市遭受的唯——次严重战祸发生在 760—761 年冬季镇压刘展叛乱的时期。前来镇压叛乱者的政府军在扬州和楚州这两个富饶无比的商业城市胡作非为，大肆掠夺和杀戮而不受惩处。数千名外国商人被杀。[①] 762 年，由征苛刻的税的企图引起的民众起义也遍及长江下游地区。袁晁领导的叛军据说总数即近 20 万，他们蹂躏了浙江的大部分，直到 763 年阴历四月才最后被镇压下去。

在中央政府的眼中，比这些叛乱甚至更加严重的现象是地方将领日益不请示京师就擅自行动的倾向。这些地方当局从朝廷往往已得不到指导和真正的帮助，而只能自己临时设法满足地方的需要，例如在财政方面就是这样。但在其他方面，它们干脆对朝廷的指令置之不理。总之，由于战争艰难地进行而冲突又无结束的迹象，对王朝政权的一种信任危机显然发展了，它转而又妨碍政府作出粉碎叛乱的决定性的努力。

叛乱者当然一定继续希望帝国权力全面崩溃。至少，史思明的将领们期待达成一项妥协的解决办法，容许他们保持自己的地位和地方的权力范围。但无论如何，消耗战既拖垮了中央政府，也拖垮了叛乱者。可能为了寻求新的供应来源，史思明在 761 年初期又对勤王军的领地发起进攻。事实上，是叛乱者而不是政府军差一点有了决定性的突破。761 年 4 月在洛阳附近的又一次大战中，他们击溃了政府军，并且威胁要沿黄河向西发动另一次进攻。但史思明不久被其部下所杀。[②] 这对叛乱者来说是一个大灾难。他的死亡使发动新攻势的前景趋于破灭，并且也使叛乱长期所抱的胜利希望烟消云散。如同安庆绪，我们的史料对史朝义也不注意，但我们应该认识到，叛乱者在他的领导下有一段时期依然是强大的。直到进入 762 年相当长一段时期，境况才不利于他，并且又像安庆绪那样，他最后被他的一些高级军事将领的背叛所解决。现在正在为第四个首领效劳的这些人发现，保全个人性命的要求优先于效忠的要求。

---

① 《新唐书》卷 144，第 4720 页；《资治通鉴》卷 222，第 7101—7104 页。
② 见戴何都《安禄山史》，第 335—345 页以及他的参考材料。

762年阴历三月新帝代宗在长安登基，但他的继位对冲突的进程没有什么直接的影响。可是他登基后随即颁布大赦，以重申肃宗的宽大政策，这对结束叛乱起了直接的作用。[①] 叛乱的结束是突然来临的。可以确定战争最后阶段的日期从762年的初期或中期开始，但不论在那一年的初期力量对比可能发生了何种变化，政府的大捷和大量失地的收复都只是秋季攻势的结果。阴历九月，派往回纥可汗的使者发现，史朝义已在试图说服回纥人进行反唐的干预。唐帝就派曾以女儿嫁给可汗为妻的仆固怀恩前往回纥朝廷；仆固在那里说服可汗参加对史朝义的协同进攻。对朝廷来说，再次向回纥寻求军事援助的行动肯定是它经过6年连续的战争和内乱后在虚弱和走投无路的情况下采取的一个措施。[②]

决战以阴历十一月叛乱者在洛阳城外的惨败告终。洛阳又被收复，然后同样遭到勤王军和回纥人的蹂躏和掠夺。史朝义在这次战斗中人马大量丧失使他处于严重的劣势。这次战败对他主要的战地将领的影响同样重要，因为尽管叛乱者在河北仍拥有重兵，但这时将领们相信他们的事业已经失败。他们一一背叛史朝义而向皇帝投顺。史朝义接连败北，最后被赶往河北的北面。当763年初期他抵达安禄山原来在范阳的根据地时，守将把他摒于城门之外。他被迫逃入契丹和奚族之间的边境，根据一个记载，他终于自尽而死。随着他的死亡，叛乱结束。

叛乱是在没有任何最后的和决定性胜利的情况下结束的，这种方式反映在763年河北建立的新权力结构方面。肃宗和代宗几年来都积极地鼓励叛军首领们自动投降。在叛乱后的处理中，叛乱的全部责任由安、史家族及其直接支持者承担。所有其他的叛乱者都准许为唐王朝效力，许多叛乱头目被批准在原辖地任官。[③] 朝廷不但愿意赦罪和

---

① 《册府元龟》卷88，第1页；《唐大诏令集》卷8，第9页。
② 关于回纥插手叛乱的情况，见C. 麦克勒斯《唐史记载中的回纥帝国》（堪培拉，1972年），第17—25、55—77页。
③ C. A. 彼得森：《仆固怀恩和唐朝廷：忠诚的局限性》，载《华裔学志》（1970—1971年），第29—33页。

保证安全，而且还确保叛乱将领的权力和官阶，其原因有二，它几乎不惜一切代价地急于结束敌对行动；它预料一旦和平和现状得以确立，就能够控制以前的叛乱将领。这一政策在唐王朝第一个 10 年进行得很顺利。但在这时这种政策的实施结果就不像预料的那样。当然，主要叛乱将领的倒戈最后促使叛乱迅速瓦解。但河北——中国人口最多和最富饶的道之一——这时一分为四，并且落到了被代宗朝廷任命为节度使的前叛乱将领手中。政府与其说是镇压叛乱，倒不如说通过妥协的解决办法来结束叛乱。在河北，妥协的代价证明是昂贵的。

在全帝国，占主导的心情是松了一口气，而不是欢欣鼓舞。以前人们很多次对胜利抱有希望，结果反而失望。现在"胜利"已经来临，但"胜利"是暗淡的，是通过代价十分昂贵的回纥盟军的干预和对叛乱者的全面宽大取得的。

全帝国处于混乱、多事和分裂的状态。实际敌对行动的结束使政府面临大量紧急的问题。第一种倾向是想重建 755 年的状况，因为很少人——虽然他们看到了局势的严重性——能认清几年叛乱的事态已把国家和社会改变到什么程度。这些变化已使简单地恢复旧制度成为不可能之事。以下几方面可以说是最重要的变化。

（一）军事化已经大规模实行。武将们行使大权，支配着地方行政和占有所有主要的战略要地。大批的人——可能超过 75 万——都武装起来。在以后半个世纪，甚至程度较轻地在王朝以后的其余时期，军方一直是帝国生活中的主要力量。

（二）地方行政的结构已被改组。到 763 年，节度使和观察使控制的政体已在整个帝国成为处于中央政府和旧州县之间的常设权力纽带。这些地方政体发展成为本章下文讨论重点的自治和半自治形式。

（三）新的社会成分被引进政治领导之中。通过作为军人取得的战功或在准军事政府中效劳，许多人在官僚体制中升至高位；或者取得了以前没有机会取得的财富和社会威望。

（四）国家的财政结构已经崩溃，需要新的方法来筹措收入。地方的税收记录已被销毁、散失和过时。到 763 年，政府完全缺乏重新推行旧的高度集权制所必需的严密的行政控制，适合新形势的新方法已开始在叛乱期间逐步形成。

（五）叛乱造成的动乱给了土地分配制最后的打击；原土地分配制再也不能限制地产的拥有或控制财产的转移，甚至再也不能起土地登记制的作用。随着社会总的失调，它的最后消失使地产大量转到新主人手中。

（六）人口大规模地迁移。河北和河南许多遭受战祸的地区的人口部分地减少，许多人迁往江淮及江淮以南。

（七）政府丧失了对河北和大部分河南地区的有效控制，它们这时在前叛乱地方长官手中成了帝国内部的一批半自治的道。这样就使帝国丧失了对它的 25%—30% 的人口的控制以及大量的收入。

（八）长江和淮河两流域的几个道取得了新的和关键性的地位。由于中央政府在其他地区实施的控制有限，这一区域因其增长的人口和巨大的生产力而成为王朝主要的收入来源。结果，运送收入至京师的运河体系成了朝廷的绝对生命线，没有它，朝廷就没有物资和资金。

（九）在对外方面，帝国令人悲叹地丧失了领土和威信。随着撤离军队和文职官员以应付内部危机，四周的边境收缩了。中国丧失了对中亚的控制，虽然孤立的中国前哨远在那里苦撑了若干年。更重要的是，近代的甘肃和宁夏两省被吐蕃人占领。这使帝国的政治中心比以往更容易受外来的攻击。

到 763 年，这些变化已清楚地被人觉察。不管口头政治家们如何空喊"中兴"，这些变化是不可逆转的，并且排除了任何真正恢复政府旧政策和旧行政程序的可能。在几年内这一事实已经变得很明显，所以政府被迫试行新制度。这些制度往往与传统的政治模式（它建立在能在全帝国推行统一行政措施的强大中央集权国家的存在之基础上）南辕而北辙。初唐的旧秩序一去不复返了。

叛乱后的权力结构

安禄山叛乱的直接的和可见的遗产是一个大为削弱的中央政权管辖下的不稳定的总形势。在几个地区，特别在不断遭受战祸和将有长期和艰难的重建工作的河南北部，物质的破坏是严重的。在其他曾发生过重大的、但只是停停打打的战斗的区域，如关中、河东南部和河北，最严重的后果是征用人力造成的，因而是短期的。这时全体民众面临的具体困苦主要只能推测；但有充分材料证明，当时存在大规模的破坏、荒芜和人口减少。政府自身被各种各样的困难——严重的资金短缺、混乱的官僚机器、破坏的交通、吐蕃构成的严重的外来威胁和浙江发生的一次危急的（显然是民众的）叛乱——所困扰。但一些事件表明，其中最难处理的问题是曾经确保王朝生存下来的那种手段，这就是为了行使分散的权力，动员资源和进行战争而在内地建立起来的军事藩镇。[①]

前面已经谈过，这些藩镇之建立是专门为了应付军事的紧急情况。但在叛乱的过程中扎下了根后，它们这时已形成了京师大门以外的主要权力中心。一方面，军事力量无疑使节度使们能够对朝廷坚持自己的权利，甚至貌视朝廷。在历史著作中，他们通常被形容为桀骜不驯和追求权势的武将。另一方面，客观情况本身，即政府的紧密结合和高度集权的旧政制的崩溃，也需要比过去更大程度地把权力下放到地方一级。因此，新的地方政体的发展也可以被看成是对紧急需要的一种积极反应，这一点已被叛乱以后若干年新的地方行政单位的建立所证实，而它们以前在这些地方是不存在的。例如，764 年和 765年，从荆南和江西这两个大的旧置道分离出更统一、更紧密的湖南和鄂岳的措施肯定是由于当时的行政能力不能胜任所致，而不是像以后的情况那样是出于削弱军事上强大的藩镇的愿望。唐王朝只是在付出了高度分权的代价后才得以幸存下来。

叛乱结束时的行政安排是建立约 34 个新的地方藩镇（见地图13）。以后几十年新藩镇继续增加，其数在 45—50 个之间。[②] 新藩镇

---

① 最完整的单独论述叛乱后地方结构的论著（虽然有的观点已经过时）是日野开三郎的《中国中世的军阀》。王寿南的《唐代藩镇与中央关系之研究》（台北，1969 年）十分有用，特别是它的表列数字，但它绝不能使吴廷燮的旧编《唐方镇年表》（载《二十五史补编》卷 6）过时。

② 岑仲勉的《隋唐史》（第 272—273 页）论述了道的数字和变动情况。

的建立和复杂的辖境的变动使 763 年以后唐朝的行政地理非常难以捉摸。但叛乱平定后最初几年存在的 30 个藩镇实际上都以这种或那种形式保存下来，到 785 年，所有比较重要的藩镇都已形成。大小的差别很大，有的只包括两个州，有的则有 12 个或更多。地位和行政结构的不同也使事情复杂化。

最初，大部分藩镇（几乎是华北的所有的那些镇）由节度使管辖，他们都兼有观察使的权力。后一种职务是玄宗时代的采访处置使的直接后身，但这时它拥有广泛的行政权力。按理说，节度使应拥有常备军供他们指挥，在理论上是为了执行他们的军事任务。这里情况又有很大差别，有的镇只有军队数千，而有的镇则多达 7.5 万—10万人。观察使领导的镇的各类军队都很少，这类官员一般兼有都团练使或都防御使的头衔，从而在必要时有权在地方行动中动员军队。在安禄山叛乱结束时兵员总数（包括边防军）可估计为 85 万人左右，这不包括当时已被解散的府兵。[①] 但在这种高度军事化的情况下，朝廷却没有一支任何规模的中央军队可供调遣。从军事上说，政府几乎完全依赖忠于王朝的节度使的军队，但这些军队不论设置在边境沿线或分布于整个华北，都不在它的直接权力之下。

从一开始，内地几处军队大集结的继续存在（甚至在和平恢复后仍如此）妨碍了想重新树立中央权威的任何坚定和有效的活动。情况确实如此，原因有二：地方戍军常常是动乱的根源；更重要的是，他们为争取独立地位的有野心的地方领袖提供力量。地方部队内部的哗变和动乱是经常的，这些情况有时是暴虐和无人道的领导造成的苦难引起的，如 764 年河中和 775 年河阳的情况；但由于单纯的个人对抗和军纪败坏造成的这些情况至少同样经常，如 770 年的湖南和 774 年的汴州就是如此。[②] 虽然它们助长了总的不安全感，并且它们一直有

[①] 《旧唐书》卷 17 下第 567 页、《新唐书》卷 164 第 5057 页和《册府元龟》卷 486 第 21页估计的数字可能偏低，现向上稍作修正。

[②] 见《资治通鉴》卷 223，第 7166—7167 页；卷 224，第 7214 页；卷 225，第 7225、7229 页的记载。

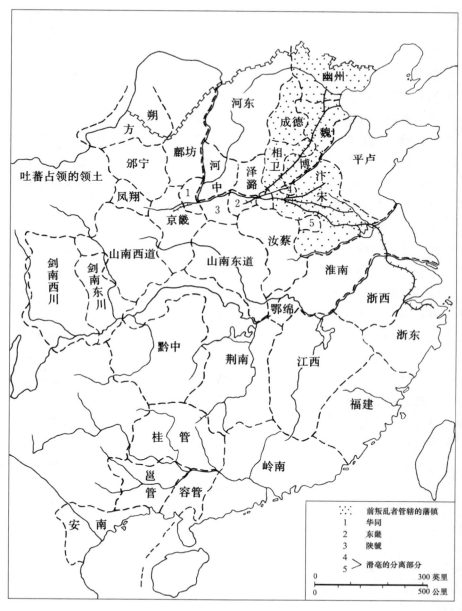

地图 13　唐代的地方建置（763 年）

图例：
∷∷∷　前叛乱者管辖的藩镇
1　华同
2　东畿
3　陕虢
4 〉 滑亳的分离部分
5

0　　　　　300 英里
0　　　　　500 公里

发展成大暴乱的危险，但这类动乱的影响主要是地方性质的。受这类成军支撑的基本自治的地方政治权力的出现则是另一回事。这些势力为了有效地控制帝国的要地，最后甚至为了取得那里的主权，很快向中央政府进行挑战。军事力量不但支持它们的野心，而且为它们的领袖赖以在领地中取得充分完整的控制提供了手段。这样，从那些长期在中央控制之外的地方政体，我们可以发现从以原来派在该地区的军队为基础的狭隘的军事权力发展成真正在地方割据称雄的明确迹象。甚至像魏博和昭义那样的藩镇（前者不受节制，后者效忠朝廷），情况也是如此，它们的军队只是在安禄山叛乱以后的时期通过大规模征募和训练地方居民以后才变得难以对付。

中央政府是非常了解军事力量分散的种种危险的。但它缺乏消灭这种现象或对地方势力施加任何严密的中央控制的手段：各地的军事领袖和一般士兵都激烈反对这类政策。因此它对诸如战时英雄郭子仪提出的取消军事藩镇的建议和对文官独孤及提出的紧缩所有内地各地的军队规模的建议，都无实施的企图。[①] 随着叛乱后局势的明朗化，有人认识到，为了抵消不直接受中央控制的藩镇力量。在直接受中央控制的几个藩镇保持庞大的驻军是绝对必要的。随时由中央政府调遣的大部分兵力分驻在西北边境沿线。总的说，这些军队造成的问题比内地军队少，这无非是因为他们驻守的地区很贫困，而且人口稀少，所以深深地依赖中央政府的供应和资金。可是安禄山之乱以后时期第一个政治军事大危机却在边防军中发生，这场危机虽是短命的，但却有深远的影响。

叛乱时期其功勋可与郭子仪和李光弼媲美的杰出英雄仆固怀恩是一个具有回纥血统的职业军官，曾指挥过结束叛乱的最后的扫荡战。作为西北地方军的指挥官，他在帝国胜利后的几个月中依然是军界最有实力的人物。763年秋，当他带领回纥可汗及其朝臣在参与镇压叛乱后回国时，他和他的贵宾发现河东节度使不让他们进入太原。节度使提出的借口是安全预防措施，但私仇可能是这次纠纷的根源。在这次发生的激烈争吵中，仆固不无理由地感到朝廷不给他足够的支持。

---

① 《资治通鉴》卷 223，第 7165、7173 页；《全唐文》卷 384，第 20—22 页。

结果，当他在等待报私仇的时机时，他命令朔方军在河东消极观望，尽管吐蕃有入侵京师西面之势。吐蕃人 763 年 11 月确实跨越边境时，他们迅速地打垮了面临的有限抵抗；由于附近各镇的节度使和仆固本人都没有响应要求支援的紧急呼吁，吐蕃人进而占领长安。朝廷在 7 年中第二次出逃，这一次东逃至黄河河畔的陕州避难。由于在军事上和政治上都无力据守京师，吐蕃人在两周后就撤走。唐朝人的生命和财产遭受一定的损失，但更为巨大损害的则是和平重新来临后刚刚有所恢复的帝国威望。[1]

结果，事情变得很明显：第一，政府再也没有完全可依赖的军队可供调遣；第二，它的主要目标必须是防御来自吐蕃人的外来威胁。仆固怀恩被宫廷策划的阴谋赶下了台，他的朔方戍军指挥官的职务由郭子仪接替，同时对边防军的多少更有效的新部署也得以进行。仆固怀恩逃往在今宁夏境内的灵武，并在 764 年秋与吐蕃人联合，为他们领路和领导新的入侵。这一次深入中国领土的打击未取得持久的收获。在下一年，他组成了吐蕃人、自己的回纥人和其他部落民族的一个广泛的联盟准备入侵中国。但对唐朝来说幸运的是，他在入侵期间得病，不久死去。在这整整的 10 年中，吐蕃人每年秋季进攻边境，这些袭击构成了安全、后勤和士气方面的严重问题。随着吐蕃的威胁，名义上友好的回纥人表现出模棱两可和不明确的态度。这种外来威胁严重地妨碍了政府在中国内地恢复中央对不同的区域权力中心的控制的努力。

在开始时，政府对哪些地方当局会响应它的指令和哪些地方会拒不服从是不完全清楚的。与各地的关系只是随着时间的推移才趋于明朗，并且因考验和错误判断而更加清楚。每一次的最终考验是中央政府选任各镇节度使的能力的大小。在长江流域及以南，政府稳定地保持这种权力，虽然那里偶尔发生哗变和动乱，却不存在真正的军事问题。在北方，类型则很不一致，至少是最初是完全不能预测的。虽然在某一特定时期政府掌握了对大部分地方节度使的挑选权，但在面临有力的地方（军事）反对时，它通常不能对某镇强加它的人选。可是

---

① 彼得森：《仆固怀恩和唐朝廷》，第 423—455 页。

在安禄山之乱后的 10 年中，它确实在一些困难的、或有潜在困难的局势中成功地作出了一些人事变动。例如在 764 年，它设法安全无事地把一名前叛乱将领从汴渠边的战略要镇汴州调到一个比较次要的地方，而以一名效忠王朝的将领接替；767 年，它使用武力在陕西东南的华州清除了一名拒不听命的节度使，因为此镇太靠近京师，使它放心不下；773 年它任命自己选择的节度使去控制河北的黄河边上虽小但很重要的义成军，并顶住了当地守军要求任命他们自己的一个军官的压力。

同时，中央政府在实施一项有关的政策，即在把地方的权力交还文官时也有一定的进展。在叛乱结束时，各地的长官（不论其具体官称是什么）有近 75％是军人。到 779 年的代宗末年，这一比率已减少到约五分之三。这些成就主要在南方取得，因为在许多北方藩镇，由于战略的原因，强大的军事力量的存在是必要的，职业军事领导的保持不会带来不能接受的安全风险。[①]

但是尽管政府在有些情况下有所进展，但在其他情况下它却没有力量将其意愿加在与地方军人相勾结并加以利用的有野心的节度使身上。763 年在襄州（在汉水边上），765 年在平卢（当时是平卢军已被调去的山东一个重要藩镇的名称）和 767 年在四川（那里全是“效忠”的镇），政府对地方将领之间的权力斗争被迫袖手旁观，然后给得胜者奖以节度使的正式任命。在前叛乱者领地的第一起这类事例发生在 768 年的幽州，当时节度使被刺。朝廷对自己的军事实力和威信感到有足够的信心，以致派了自己的一名高级官员去掌管该地。但是地方驻军的一次武力炫耀就足以迫使他返回，然后那名刺客就得到合法的批准而成为节度使。四年后当他也不得善终时，朝廷不打算干预，而是经过了相当长的一段观望期，才正式批准继任人选。

政府直到 775 年才对一个拒不听命的藩镇采取大的军事行动，但

---

① 　这些结论根据吴廷燮的表作出。见彼得森的《763 至 875 年期间官员任命的控制与唐代各道世袭官职的发生率》，这是为 1962 年芝加哥召开的“唐宋时代传统和变化”会议准备的未发表论文。

即使在当时它也只是在最狂妄的挑衅后采取行动的。这一危机发生在河北是不足为奇的，那里的魏博在前安禄山的、精明和足智多谋的副将田承嗣的领导下已成为四个藩镇中最强的一个。775年，田承嗣企图接管邻近的一个已经更换节度使的相卫镇。如果这一行动成功并被群起效尤，帝国就会发生混乱。因此政府命令附近的9个藩镇对田承嗣发动一次征讨。它们之中有的非常愿意行动，以便取得一份战利品。它们还可能都得到朝廷的资金。中央政府的主要目标是牵制甚至降服魏博，但它一定还希望这次冲突有助于削弱一些不很听话的藩镇。

这些目标只被完成了一部分。田承嗣通过兼用计谋、外交和及时的胜利，能够保持他的军事地位。此外，其他强大的藩镇节度使终于认识到，他们的长远利益只是与田承嗣的利益而不是与朝廷的利益相通。结果，在赢得了一些大小适当的领地后，幽州、成德和平卢诸镇妥协并最后放弃征讨。这虽然导致朝廷在776年早期完全停止作战而没有降服魏博，但它至少已经使魏博不能为所欲为。魏博虽然面临众寡悬殊的不利形势，总的说丧失了很少的领地，但它取得的半个相卫镇（它此时不再存在）在很大程度上补偿了它在其他地方的损失。此外，它已经有说服力地显示出个别有强大武装的藩镇的防御生存能力，尤其在河北的藩镇更是如此，因为朝廷在对那里的个别节度使采取任何行动时，能指望得到的支持很少。[1]

那一年（776年）的晚些时候，朝廷的确成功地利用了一批联合的地方军消灭了一个有潜在危险的地方领袖。一个不出名的将领李灵耀在汴州的节度使死后已经夺取了那里的控制权，并且立刻开始执行一条傲慢的独立路线。对在汴渠边上的战略要地出现的这种行为，朝廷简直是不能容忍的。为了消灭他，朝廷发动了一场战役，并且很快取得胜利，尽管不知悔改的魏博节度使对叛乱者提供了援助；在汴州地区，朝廷作出了崭新的行政安排。

但在这类情况下，参加战役的藩镇从胜利中取得的利益往往与中央政府一样多。这显然是中央政府被迫完全依靠地方军而不依靠中央

---

[1]　关于这一事件，见彼得森的《帝国的分离部分》第2章。

控制的军队所造成的几大恶果之一。这一次，已经强大的平卢是全面的胜利者，它从战败的对象那里取得 5 个新的州。

因此，在整个这一时期，朝廷试图控制有较多驻军和占地理优势的藩镇的记录最多也只能说是不平衡的。到代宗执政结束时，至少有 6 个藩镇不受中央任何值得一提的控制，它们是：幽州、魏博、成德（河北北部和中部）、平卢（山东）、襄阳（湖北北部）和淮西（河南西南）。在这些地方，节度使是当地决定的，朝廷不过在事后予以承认（成德实际上不能算例外，因为在那里带兵的李宝臣的任期从他叛乱时算起）。也许长期在一个篡权者手中的剑南西川（四川西部）也应包括在这一类藩镇中，虽然它采取反朝廷姿态的时间要晚得多，并且又是在不同的领导之下。所有这些藩镇在处理内部事务时都不受朝廷的干涉，所以必须恰当地把它们视作自治单位。正如历史学家司马光所说："朝廷专事姑息，不能复制，虽名藩臣，羁縻而已。"①

显然只有有实力的现实情况才能导致唐朝政体接受这种局势。它这样做了，但又保存了帝国的统一和自己居于唯一正统地位的权力，这简直可以说是了不起的。原因在于它能牢牢地控制四个对它的生存绝对重要的区域。这些关键区域的第一个当然是京畿的关中道，那里的资源虽然减缩，但它作为国家的政治中心仍是至高无上的。第二个关键区是西北的边境区，它是掩护京师使之避免帝国面临的最大外来威胁的盾牌。第三个是长江淮河流域，这一区域有迅速扩大的生产力、增长的人口和繁荣的商业，因此已成为政府的主要收入来源。第四个是运河地带，它包括那些从南方运输税收所必经的几个镇（四川是这类区域的第五个，但有争议；虽然它是守卫西面和西南边境的要冲，但它与中央政府的命运的关系，并不像上面所谈的四个区域那样有决定性意义）。由于四个区中的两个因战略的原因而非常重要，所以它们需要集结重兵，这样随之产生了控制的问题。我们已注意到，西北的边境藩镇缺乏足够的地方资源基地，所以没有争取摆脱中央政府的能力。但沿运河有大量驻防部队的诸镇则是另一回事。它们非常反复无常，需要以极为巧妙的手段加以

---

① 《资治通鉴》卷 222（应为卷 223——译者），第 7175 页。

处理；显然它们基本上不向中央贡献税收。

因此，像陈寅恪指出的那样，唐朝在 8 世纪后期和 9 世纪的统治之得以幸存，实质上只是因为它成功地维系了西北—东南的轴心。[①]长江流域是王朝赖以繁荣的经济基地，但远离唐的政治中心长安，这是造成严重紧张的一个原因，但这种情况之形成显然有充分的历史原因。这种地缘政治学的考虑也说明了这个时期和以后时期国家财政所表现的特殊形式的原因。代宗朝的后半期（约从 770—780 年），绕过地方节度使而又不影响他们征收直接税的盐的专卖给中央提供了约一半收入。此外，780 年采用的两税法是在一个分权帝国的情况下产生的，同时也是在承认了这些情况的前提下被推行的。[②]

与单纯的军事控制问题一起，中央当局还面临各地的具体行政问题。这些问题由于各节度使与中央政府的关系模糊不清而复杂化了，甚至在顺从中央控制的地区，它们也造成了困难。事实上，代宗时期的大部分成就必须被看成是单纯地表现在帝国的大部分地方恢复了一定程度的行政秩序这一方面。

混乱的几年使许多人得以在地方任职，根据以往的标准，他们担任这些职务是不够格的，但现在又不易被取代。任命官员的常规已被破坏，并悄悄地被放弃。节度使们提升自己的助手和心腹，往往继续不顾这些正常程序。官员的正常轮换和例行提升也已被破坏。上述情况与由于总的资金短缺而引起的精简人员和减少俸禄的因素一起，必然严重地降低行政的质量和损害正规官员集团的风纪。严格的监督和正常的政绩考核也不可能实现，特别是因为普遍认为公务的处理可以有更大的回旋余地。节度使被授予在自己辖区内考核官员的明确责任，但他们对网罗忠于自己的追随者的活动比对作出客观的评价往往更感兴趣。此外，系统地监督节度使本人的制度也已不复存在。例如，长期以来的苦难根源之一是节度使擅自非法征税；但由于他们获准在地方上有很大的行动自由，所以人们要揭露具体的、显然应受谴

---

① 陈寅恪：《唐代政治史述论稿》，第 20 页。
② 崔瑞德：《唐代的财政管理》，第 41、52—53 页。

责的事例是不容易做到的。

总地说，财政造成了一个困难问题，因为国家对人口的行政控制能力大为削弱。旧的人丁簿和税册的丧失、破坏和过时，使登记的户数不到 300 万户——只是叛乱前总数的三分之一。[①] 结果，恰恰在比以往更需要进行积极的行政活动时，能取得的岁入反而锐减。此外，重新登记人口和使税册的材料符合实际的情况可能是行政工作中最艰难的任务。即使在 7 世纪最有利的形势下，在隋亡以后全部重新登记人口的工作几乎花了一个世纪。

中央政府颁布了许多诏令和公告，努力想解决这些问题，但它们或者仍是形同虚设的规定，或者被半心半意地执行。在代宗的大部分年代，中央政府无力采取任何重大的主动行动，一种对地方行政的十分自觉的放任主义政策终于逐渐被人们接受。这一政策与从 764—777 年任宰相的元载尤其有关。[②] 在这一时期的史书中，元载因他在这些年中对中央行政的独裁控制和对佛教的庇护而受到强烈的批评，他公开的贪婪和腐化也被含蓄地认为是对各镇缺乏积极的政策的一个原因。但是，在他掌权时期，朝廷却得到可喜的稳定，并且他至少一度成功地消灭了自肃宗时期起支配朝廷的宦官势力。

元载对藩镇采用的政策是实用主义的。他也许比任何人更能认清朝廷只有有限的选择余地，所以决定采取一条谨慎和妥协的路线，其目的在于维持国内和平和逐步恢复中央的权力。毫无疑问，在他的眼中最紧急的大事是防卫国家免遭外敌的侵犯：吐蕃人最近已进犯京师，并仍占领西北大部分地方；另外还有威胁程度较小的表面友好但难以控制的回纥人。这一政策的主要目标完成了，但为此付出了一定的代价。地方政体，特别是拥有重兵的政体，能够有机会牢固地树立自己的势力和使它们与所控制的领地和人民的关系正常化。这样，叛乱造成的分权在代宗在位期间逐渐制度化了。不但地方政体如此，甚至为中央利益服务的机构，如有才华的行政官刘晏在这一时期设立的从而成为朝廷的主要财政

---

① 《唐会要》卷 84，第 1551 页；《册府元龟》卷 486，第 19 页。
② 见吕思勉《隋唐五代史》，第 264—271 页；又见本书第九章。

支柱之一的盐铁使署也是如此，而刘晏在管理它时，则是在独立于朝廷的高度自治的（实际上是区域性的）基础上进行的。

随着元载在 777 年的失宠，出现了针对各地问题的短暂的立法风。它旨在让州刺史重新起更充分的文官作用，同时又保护他们不受节度使的欺凌。此时他们已不能再兼任团练使，各个州拥有的军队人数受到严格的限制。同时节度使不得停止刺史的工作，未向朝廷报告不得批准他们离境，或另立自己的人去补缺。[1] 这一法规可能没有任何大的直接影响，但实际上朝廷在 775 年对田承嗣和在 776 年对李灵耀的主动干预后，它的确表现了一种新的信心和赞成采取更强硬政策的日益增长的情绪。这种政策被代宗的继承者德宗几乎从一开始就加以采纳。

德宗（779—805 年在位）

德宗在 779 年中期人们期望恢复唐朝力量和光荣的热烈心情中登上了皇位。没有什么问题能阻挠他的继位。新帝已经成熟，但尚不满 40 岁，他为人聪慧，精力充沛，因而受人尊敬；国内整个局势相对地说已经趋于稳定。在他统治之初，他虽然没有碰到紧迫的危机，但对国家的不可靠的财政基础以及国家对全国财政的不扎实的控制却有着充分的认识。从他登基后几乎立刻实施的政策来看，他可能早就相信实施更加有力的政策是行得通的。在许多方面他是正确的，这一事实却因以后发生的事件而鲜为人知。他放在第一位的要务是财政改革。

780 年初期两税法的采用一般被认为是中国经济史中的大事之一。近代的研究揭示了新税制基本上是以前几十年发展的实践和政策为基础，因而没有什么真正的新内容，但这也不能减轻它的重要意义。[2] 我们只要对这一改革提出几个人所周知的特征就够了：把现存的纷杂的税制统一成一种基本税，根据当地情况在每年两次征税（由

---

[1] 见《唐会要》卷 68—69 和卷 78 的有关文献；《新唐书》卷 142，第 4664—4665 页。

[2] 关于这一改革的主要特征，见崔瑞德《唐代的财政管理》，第 39 页以后及它所列的参考材料。

此产生了这一令人误解的名称）中缴纳一次；根据财富和财产分等征税，而不是向所有纳税者按统一的税率征收；税额一部分征现钱，虽然税的实物仍占绝大部分；取消各地本地户和新来户之别。这些特征充分证实新税制对当时变化的经济情况作出了反应。

但只有在找到了从地方取得岁入的适当机制的情况下，新税制才能提供足够的岁入。在这一方面，新税的组成确实顺应了当时存在的情况。它通过地方份额制而得到推行。

根据这种地方份额制，地方当局在管理财政事务时有很大程度的自由，但它们必须缴纳地方当局和中央政府在事先互相商定的税收份额。实际上，中央政府放弃了进一步对全国财政进行严密的中央直接控制的局面，作为报偿，它定期定额取得岁入。这些份额反映了形形色色的行政惯例和不同的社会状况，政府在确定份额和放弃税率一致的局面时，默认了当时存在的赋税负担不均的情况——这一点后来遭到严厉的批评。在实际处理地方征收的岁入时，两税法的改革把无疑已在使用的手续制度化了。岁入的分配在州一级分成三个特定部分：留作地方开支的部分（留州）；送交上一级政府的部分（送使）；上缴中央国库的部分（上供）。与新政策的其他方面一样，这一做法成了沿用到唐末的定例。为了推行改革，朝廷委派授予特权的官员（黜陟使）到帝国的 11 个大区与地方长官直接接触并商定份额。由于正常的官僚渠道远不宜推行涉及面如此广泛的新措施，德宗于是使用了专门任命和可信赖的代理人。

德宗想恢复中央权力的基本目标不但需要增加中央本身的收入，而且要全面加强对财政机构的控制。但是一些历史学家（其中有著名的日野开三郎）则走得更远，他们争辩说，实际上新税制的每一个特征都含有削弱地方权力的手段。[①] 但它是否有这一具体明确的意图，这也是值得怀疑的。例如，出于财政的目的通过消灭本地户和外来户之别，地方当局能向他们征税而不上报中央政府的潜在的纳税人无疑

---

① 特别见日野开三郎的《两税法的基本四原则》，载《法制史研究》，11（1961 年），第 40—77 页。

大大地减少了。可是中央政府的首要目的肯定是单纯地要从这一明显的税源扩大自己的税收基础。特别要指出的是，德宗清楚地认识到，在落实这一措施时，不论它有何失误都是无关紧要的，因此，新税制是与当前政治现实的有意识的妥协，它打击地方的力量，但只是间接地打击。此外，由于不能指望在搞自治的藩镇充分贯彻这些政策，那些难以定性的表面上服从中央的地区就成了这一措施的真正贯彻对象，那些地方在执行中央政策时几乎是半心半意的，它们的财政机构提供的收入也比较少。

但是即使有这些保留意见，这一全面的新税制的采用无疑地从德宗的统治一开始就为他树立了一个坚强的、有改革精神的君主的形象。推行两税法的结果几乎立刻导致了长安新政权与地方的自治势力的第一次摩擦。780年初期，被派往与河北三镇商谈的黜陟使指示魏博将其军队从7万人减至3万人，可能此数是规定藩镇拥兵的最大限额。这名专使在河北可能越权行事；也可能他在朝廷的命令下以此试探地方政体的反应；也可能这些专使所受的权限确实比现存文献记载的要更加广泛。结果，命令不但被拒绝执行，而且被节度使田悦（田承嗣的接任者）所利用，因为他能把自己打扮成受朝廷解甲的威胁而危及生计的士兵的保护人。由于政府很快打算削减地方军队的流言已经传开，这件事一定给人们以强烈的印象。

德宗还力图明确地亮明他的态度：自治的藩镇与其他藩镇对朝廷同样有正规的财政义务。他登基不久，就拒收平卢节度使的一笔厚礼。然后在780年春，当平卢节度使（再次）和魏博节度使上呈德宗大批"贡"品时，皇帝大造声势，把钱财作为正式税收转交国库。德宗从一开始还力图重新对地方高级官员本人进行控制。779年后期，他成功地把西川的一个统治已有14年之久但其忠诚已成问题的节度使召回朝廷并将他拘留。780年春，他当机立断地惩处并撤换了西北泾源镇的一个篡权者，而不像代宗在以前所做的那样承认他的指挥权。甚至位列盐运使之首的那位受人尊敬、办事特别干练的刘晏也证明不是必不可少的：那一年夏天，他被贬和处决，他的以扬州为基地的行署也部分地被解散了。

德宗即位的第一年末，最强有力的地方领袖人物确信，他迟早会对他们采取行动。他们的利益当然是维持原状，而这正是德宗此时威胁着要加以摧毁的。总的说来，他们的目的是很有限的。与近代的军阀一样，他们基本上只想让他们在自己的地盘上自行统治。在这一方面，在他们控制的百姓心目中，很难说他们有什么合法性。偶尔我们也能从史籍中发现少数敦促这些藩镇服从皇帝意志的建议；但真正抵制地方统治的活动很少出现。为了通过成立统一战线来保持其特殊地位，在代宗朝的后期，其中四个藩镇缔结了反朝廷的联防公约。它们是魏博、平卢、成德和襄阳四镇，最后一个位于汉水，它尽管资源有限，却在篡权而成为节度使的梁崇义的治下抱有独立的野心。在这些年间，幽州和淮西对朝廷采取一条和解的路线，但前者由篡权者朱滔所统治，后者由李希烈统治。因此它们不应与那些真正听命于中央指令的藩镇相混。

在这些情况下，随着德宗采取了日益严厉的态度，局势必然趋于紧张，以致发展到汴州在 781 年初期加固防御设施时流言蜂起，说朝廷在准备讨伐平卢，而后者也转而动员自己的军队以保卫自己的地盘。可是真正交战的原因却在成德的李宝臣死后不久形成，李是在安禄山之乱结束时被任命为节度使以控制其地盘的原来叛乱者中最后的一人，但此时朝廷拒绝批准其子李惟岳接任节度使之职。虽然成德的同盟者施加压力，但德宗绝不让步，这样就使李惟岳处于一个篡权者的地位。显然，只有通过武力才能把他清除，当他的盟友看到城墙上的文告时，他们就准备支持他反抗朝廷。此事触发了从 781 年持续到 784 年的一系列的东北藩镇之乱，而在河南和西北的一些次要的叛乱则一直持续到 786 年。①

人们常常谴责德宗在挑起一次武装对抗时过于莽撞，但应该看到，他对局势的最初估计绝不是没有道理的。虽然成德、魏博和平卢

---

① 叛乱本身及逐步导致叛乱的原因，见崔瑞德的论述《皇帝的顾问和朝臣陆贽（754—805 年）》，载芮沃寿、崔瑞德合编《儒家人物》（斯坦福，1962 年），第 91—103 页；彼得森的《帝国的分离部分》第 3 章有很详细的论述。

组成的阵营咄咄逼人，但这个阵营却面临着西面三个忠于王朝的强大藩镇：河东、昭义和宣武（汴州），在北方它还面临更强大的幽州。从780年初期起与吐蕃关系的缓和而最后导致在783年缔结的一项正式的条约，使朝廷能够把西北的军队重新部署到东北。虽然朝廷希望通过专门处理，以使襄阳的梁崇义不参加叛乱，但有人假设，即使他谋反，他也容易被周围忠于王朝的藩镇所牵制。当时德宗的主要错误与其说是在这个时候采取行动，倒不如说他未能认识到他的目标应有限制，进行时应该深思熟虑。叛乱诸镇的目标不过是保存自己。它们的要求在最坏的情况下是希望保持自己的地盘和使自己的军政组织完整无损；充其量也只是想适度地扩大领土。魏博在775—776年已经表明是如何做到这一点的。

冲突的第一阶段对朝廷来说是成功的。意义重大的是，新扩充的神策军第一次在这场讨伐藩镇之战中起了重要作用。虽然叛乱的藩镇结了盟，而且在一定程度上互相支援，但总的说结盟军不得不各自为战。它们之中最弱和最孤立的要算襄阳，它不能进行什么真正的抵抗，而且于781年秋在淮西镇占优势的勤王军面前垮了台。在河北，魏博的田悦想占领太行山以东昭义的几个重要的勤王的城镇，但在围攻时遇阻并于781年年中大败而归。782年初的又一次战败使他被围于自己的治地魏州。在北面，成德的重要将领之一张孝忠在关键的战略城市易州的倒戈，甚至在战斗发生之前就严重地削弱了成德的力量。张孝忠随即投奔了由节度使朱滔率领的幽州军，并在782年初期大败成德军，这样就危及了成德的生存并促使李惟岳遇刺身亡，而在最初，斗争就是由于他的接任问题引起的。杀他的刺客为高级将领王武俊，他篡夺了成德节度使之职，立刻向朝廷投诚。在南面，李纳在前一年他父亲死后就成了平卢事实上（但未经朝廷批准）的领袖，他没有实现夺取运河控制权的第一个目标，从此他发现自己处于强烈的军事压力之下。到782年春，他也谋求与朝廷和解。结束叛乱的前景在望，只有魏博依然公开叛乱，它的解决只取决于朝廷提出的条件了。

但德宗及其顾问们却满怀信心地认为，他们还可以采取强硬路线。

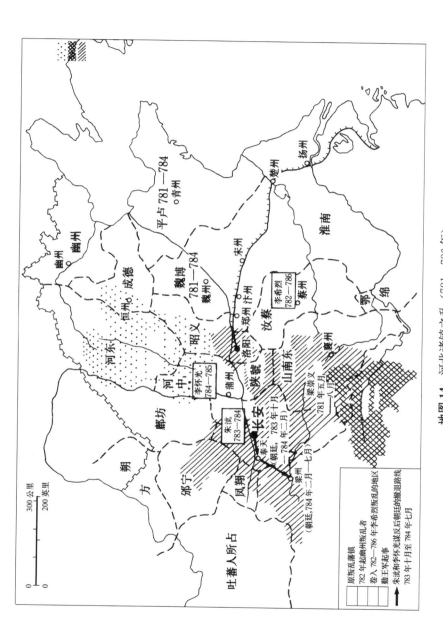

地图 14　河北诸镇之乱（781—786 年）

本地图图例标记与实际形势有某些出入，现按原图复制，未加改动。——译者

300 公里

200 英里

吐蕃人所占

朔方

廊坊

邠宁

凤翔

泾州

长安

奉天　　朝廷，783 年十月至
784 年二月

（朝廷：784 年二月—七月）

河中 李怀光 784—785
蒲州

昭义

陕虢

山南东

梁崇义
781 年五月

鄂　绵

襄州

河东

成德

恒州○

李怀光○

朱泚 783—784

幽州

蔚州

魏博 781—784
魏州○

洛阳

汝蔡

郑州　许州

陈州

李希烈 782—786

蔡州

宋州

平卢 781—784
青州

兖州

楚州

扬州

淮南

□ 原叛乱藩镇

▨ 782 年起幽州版乱者

▨ 卷入 782—786 年李希烈叛乱的地区

▨ 勤王军起事

➤ 朱泚和李怀光谋反后朝廷的撤退路线
783 年十月至 784 年七月

457

成德奉命被分成几个部分，分由王武俊、张孝忠和另一个投向朝廷的成德将领节制。王武俊还奉命为即将与魏博作战的河东军和幽州军提供后勤支援。幽州不久取得对原属平卢的德州和棣州的控制。淮西节度使李希烈的军队虽曾消灭梁崇义，但他根本没有取得领土。李纳谋求和平的努力也遇到了粗暴的拒绝。总之，朝廷不但像有些人指责的那样没有适当地犒赏支持者，它还想占领和长期削弱那些敌对的藩镇，但不打算不适当地加强那些曾用军队使朝廷取得胜利的人的地位，从而确保中央政府能够进一步加强自己的力量。

肯定是因为朱滔看清了这些目标，他才在 782 年春改变了立场。的确，他对分赃不均感到不满：他没有扩大自己的地盘；他取得的州都在远处，这并不表示他的力量真正有所增加。基本的问题是被围的魏博节度使通过使节向朱滔提出的论点挑起的："且今上英武独断，有秦皇、汉武之才，诛夷豪杰，欲扫除河朔，不令子孙嗣袭。"[1] 他还指出，魏博之完整存在对幽州的安全至关重要。所以朱滔的改变立场显然对他本人有利。王武俊之遭遇甚至更加清楚。自他投诚皇帝后，他未被任命为原成德镇的节度使，结果成德反被分割，他只成了团练使，所辖不过两个州。另外，他还必须给其他军队供应大量给养。因此，经过了一次次谈判后，他决定拒绝朝廷的安排，参加了朱滔解救魏博的行动。自安禄山之乱后，河北的几支主力第一次组成区域联合战线。此时，东北的战争进入了一个新阶段。

双方的兵力都集结在魏州附近，782 年年中一支勤王大军在那里遭到惨败，这实际上标志着朝廷想把河北诸镇纳入中央直接控制的希望化为泡影。但在当时，还没有人预见到这种前景，朝廷仍保有对河北南部两个州和中部四个州的控制，所以仍坚持它的行动。结果出现了长期对峙的局面，一直持续到 782 年末和 783 年的好几个月份，中间只有几次通过河东向河北北部的劳而无功的进攻。很可能朝廷对拖垮叛乱的策略充满希望。虽然京师的局势从 782 年年中起迅速恶化，但在 783 年初期之前，来自南方的运河运输仍足以供应战地的军队。另外，德宗完全认识到，

---

① 《旧唐书》卷 141，第 3843 页。

他若不想大丢面子，这时绝不能使讨伐半途而废。叛乱者这时也没有采取新的军事主动行动，但在782年后期，他们与平卢的李纳联合行动，想搞政治独立。他们在魏州东部的一次正式仪式中，各人僭称王位，在自己的地盘中自封为王：朱滔自立为"冀王"，王武俊称"赵王"，田悦称"魏王"，李纳称"齐王"。他们追溯过去的封建时期，在自建的小朝廷和职官中一本周代古制，并有意识把自己的领地打扮成周代的封建王国，只对天子作象征性的服从。但这一行动在实际上并无多大变化，主要是想在自己的藩镇内为自己取得某种可接受的合法性。他们模仿周代的行动是很自然的。在8世纪后期，认为中国已进入像东周时期那样的封建割据时期的思想相当普遍。[1] 但这并不意味着河北的这些节度使名符其实地要称孤道寡。从以后的事件中可以清楚地看出，他们宁愿在帝国内追求更正规的地位。

虽然河北的军事问题成败未卜，但对中央政府最关紧要的行动却发生在其他地方。成功地抗拒政府的榜样和战争造成的困苦有助于把叛乱扩大到危及王朝生存的地区。在河南，李希烈在战胜襄阳的梁崇义以后，没有参加讨伐东北叛乱者的战役。政府受挫和诸叛乱者（鉴于李希烈控制着朝廷与其长江流域主要供应地之间的战略要冲，他们积极寻求他的支持）称王的消息最后促使李希烈在783年初谋反。但后来除了偶尔参加攻打运河外，他与他在河北的叛乱同伙似乎没有作出过任何政策方面的协调。李希烈要实现自己的扩张目标，这样很快就引起了所有的河南和邻近地区诸军以及派去征讨他的神策军的注意。他虽在一开始暂时受阻，但在783年的其余时期赢得了一次次的胜利，他的成就在784年初期占领汴州时达到了最高峰。这时，他的军队占领了从汉水直到汴渠的一大片领土，完全切断了南方的供应路线，并且威胁着要往南向富饶的长江诸镇推进。

与此同时，政府面临着一个甚至更为紧急的危机。783年秋，经

---

[1] 见浦立本《公元755—805年唐代文化界生活中的新儒家与新法家》，载芮沃寿编《儒家信仰》（斯坦福，1970年），第102—104页。

京师开赴河南前线的边防军因供应的口粮不足而哗变，并且拥立心甘情愿地当他们叛乱领袖的朱泚，此人为朱滔之弟，又是前幽州节度使。由于物资日缺，以及一连串紧急的苛捐杂税，京师普遍不安的情绪加速了秩序的崩溃。朝廷仓促逃到附近的奉天，在那里被朱泚所围，这时，朱泚已宣布自己成立新王朝。

对一个已受到沉重压力的皇帝来说，奉天的流亡期是艰难的，虽然当时干练的顾问陆贽起草的文献一点儿也没有显示朝廷处于一片混乱之中。[①] 德宗没有其他选择，只能把河北的军队召回以对付京畿地区的叛乱者，这样就放弃了最初导致当前这场危机的目标。但他不能停止与李希烈的战斗，因为李希烈也像其他人那样拒绝了朝廷的和平试探。20 多年来，中央政府没有东北而照常运转，但是如果没有长江流域的资源，它甚至不敢设想可以支撑下去。很难想像，政府地位的进一步衰落不会造成全面崩溃。可是在 784 年初期，又一次打击来临。从河北召回的主力军之一的将领李怀光在他的根据地河中叛乱。朝廷越过秦岭又逃到陕西南部一个更安全的地点避难，并相应地修正了它的战略。李怀光的叛乱始终像一个谜。显然，他感到自己及其军队受到歧视，这在相当程度上表现在当时普遍缺乏的基本军需品的分配方面。他一旦拒不听命，随之明显地就不愿意把自己置于朝廷的控制之下了。不过他很少参与反对朝廷的直接军事行动。他没有与朱泚联合，这使朝廷能在京畿心腹之地两面受敌的情况下幸存了下来。朱泚在长安成立新政体，但附从者甚少；它在 784 年底垮台。

但是，如果说朝廷在对付关中叛乱者时靠自己站住了脚，它在河北这时发生的决定性的、并对整个一系列叛乱的后果证明是决定性的行动中，则只起了次要的作用。的确，朝廷提出了完全不咎既往和承认政治现状的条件，给那些只怀有有限目标的叛乱领袖一个选择。但更重要的是，叛乱领袖们认识到，他们固然担心皇帝对他们行使完全的主权，但也几乎同样担心他们的盟友会

---

① 见崔瑞德《皇帝的顾问和朝臣陆贽》，第 96—101 页。

发展得过于强大。因此，当朱滔在784年初大举进攻以期穿过洛阳和河南西部与其弟朱泚在京师的军队会合时，他发现其以前的盟友不愿合作，不久，他们之间就发生了冲突。最后，在784年阴历五月，长期和变化无常的东北叛乱以反叛的成德军和忠于王朝的昭义节度使的军队联合在贝州大败朱滔而告终，迫使朱退居其北方的根据地，从而结束了这一区域的战斗。王武俊、田绪（杀害田悦的刺客、魏博的新节度使）和李纳此时已与朝廷和解，不出几个月，朱滔也采取同样的行动。所有投诚的叛乱者都获准在他们的藩镇掌握兵权，并且取得了崇高的封号。不久，朱泚战败和被杀，这样朝廷得以在784年阴历七月返回京师；李怀光依然叛乱，不过他在785年阴历八月遇刺前在河中没有活动。

政府的日子此时好过得多了，虽然困难仍在以后持续了一段时期。李希烈仍旧叛乱，此时已自称为新的"大楚"朝的开国之君。他在784年继续控制河南中部和占有极为重要的汴渠边上的一个要冲，然而在这一年夏天，韩滉带领的一支英勇的部队成功地使一支运送紧缺物资的大船队通过该地。只是到了784年后期，局势才开始变得不利于他，因为北方冲突的解决使政府能够把更多的人员物资转到南方战线。不过在785年全年，李希烈仍继续顽强作战，丝毫不顾朝廷提出愿意对他宽恕的表示。直到786年阴历四月他遇刺时，他的淮西的部将才向朝廷投降。于是这一阵藩镇之乱的浪潮终于平息了。

叛乱的后果

朝廷企图重新树立中央控制的最后结果到底怎样？德宗显然完全没有完成他的主要目标。他不但没有使搞自治的藩镇重新置于坚强的中央控制之下，而且还不得不同意正式批准它们自治来解决问题。不过也有些收获：襄阳作为一个自治地区已不复存在；河北因新设了两个新划分的藩镇，其政治地理已大有变化。它们是义武（由易州和定州组成）和横海（大而富饶的沧州），二者实际上与其他藩镇一样享有自治权，但由于幅员属于中等，所以不得不与朝廷保持密切的关系，而朝廷也能在这一区域把它们用于有用的战术目的。东北的几个大藩镇依然咄咄逼人，虽然特别是成德发生了相当大的地理变化（见地图 15）。尽管李希烈已死，淮西仍不受中央管制，它的领袖人物的独立性不亚于以前的李希烈。

　　用武力推行中央控制的失败对全国受朝廷控制的其他藩镇的影响是很大的。中央政府国库空虚，威信扫地，不得不重新实行保守政策，即与关键的地方势力和地方利益集团尽量减少摩擦。德宗的政府就这样接受了一些重大的妥协，如让节度使们在一个职位上保持很长的任期（有时是为了避免某节度使在死前发生接任者人选的冲突），授予形形色色的篡权者和兵变者正式的职位，甚至试探地方的驻军能否接受地方职务的可能人选。控制地方的问题（特别是对有强大军队的藩镇的控制问题）不但继续存在，而且由于朝廷无力或不愿采取有力的纠正行动的迹象日趋明显，这些问题更是层出不穷。[1] 国家的财政也遭受不利的影响。两税法仍在实行，但弊端百出。这部分地是由于从叛乱结束之后开始的长期通货紧缺。但德宗本人鼓励地方送上直接入他私囊的法定以外的贡礼（这无疑有损于应归国库的正规的税收份额），从而助长了地方官员日益严重的财政自治和不法行为。况且，两税法的基本弱点暴露出来了，政府简直不能推行改革制度的一切规定，例如，不能禁止开征特殊的或"附加的"捐税。正如 807 年极有价值的《元和国计簿》所证实的那样，中央只能保持对长江流域八个藩镇的有效的财政控制（虽然其他地方肯定也以某种形式上缴岁入），而且从德宗统治的第一年起，在册的总的纳税户数至少减少了三成。[2]

　　于是，总的来说，781—786 年的一次次叛乱更加深了安禄山之乱造成的后果。唐皇室在这样一个国家保持皇位：它在许多方面实际上维持着统一，从各方面看又只是在形式上维持统一，它的不受挑战的政治中心依然在西北的长安。第二，由于大部分藩镇的岁入基本上或全部由地方当局自行处理，中央政府唯一可靠的财源是长江诸镇。

---

① 王寿南：《唐代藩镇与中央关系之研究》，第 206—207 页。
② 见《册府元龟》卷 486，第 19 页；《唐会要》卷 84，第 1553—1554 页；本书地图 16。

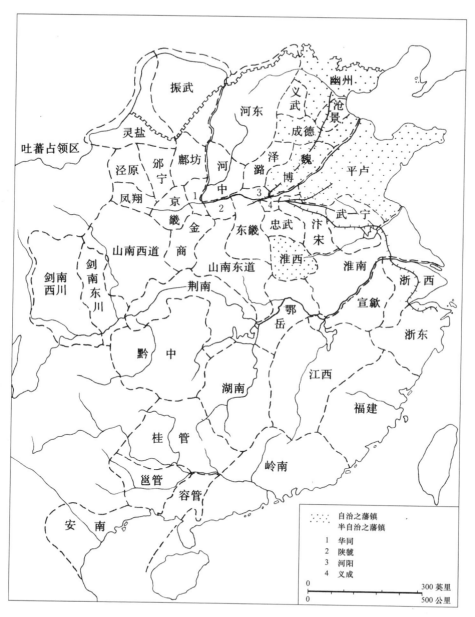

吐蕃占领区

振武

河东

义武

幽州

沧景

灵盐

泾原

邠宁

鄜坊

河中

泽潞

成德

魏博

平卢

凤翔

京畿

金商

东畿

忠武

汴宋

武宁

山南西道

山南东道

淮西

淮南

浙西

剑南西川

剑南东川

荆南

鄂岳

宣歙

浙东

黔中

湖南

江西

福建

桂管

岭南

邕管

容管

安南

	自治之藩镇
	半自治之藩镇
1	华同
2	陕虢
3	河阳
4	义成

0　　　　　　　　　　300 英里
0　　　　　　　　　　500 公里

地图 15　唐之地方建置（785 年）

463

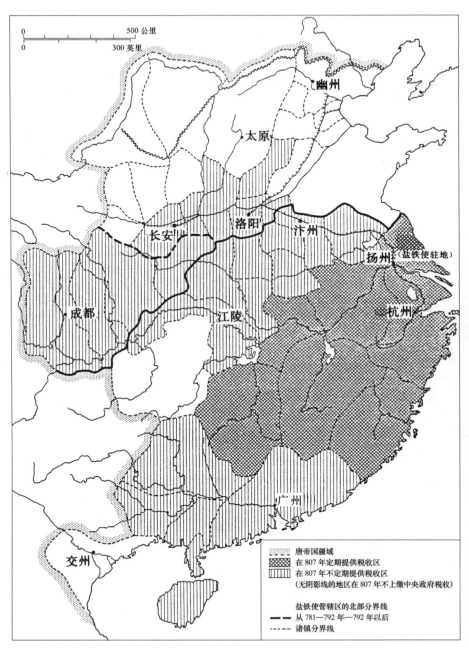

地图 16　唐帝国的财政划分（810 年）

因此，运河体系的突出的重要性和保护它的必要性得到了确认。这一时期在运河两侧已建立的河阳、忠武和武宁（见地图 15）从此被有意识地保存下来保卫运河，在以后的年代里它们都起了重要的作用。第三，帝国的东北角依然不受中央政府的有效控制；各镇抱成一团，随着时间的推移，它们实际上的独立地位日益被接受。但是，据此看来，恰恰在与以往形势的延续性方面，这一世纪第二个 25 年的大叛乱与第三个 25 年的大叛乱是不同的。安禄山之乱引起了朝一个新时期发展的全面变化，而 781—786 年的几次叛乱虽然与前者相比都是军事事件，但引起的是程度的变化而不是性质的变化。至少部分原因在于：到 781 年，虽然皇室权力历经沧桑被弄得十分衰竭，但成为帝国特点的一种松散结构却使它能够经受得住战争和暴乱的猛烈冲击而不致产生根本的变化。这种松散结构的基本特征是，诸镇的大部分主要受益者无意于争夺皇位，而是满足于控制各自的地盘。这样的选择在以前是不可想像的。这一次次叛乱进一步削弱了中央的控制和巩固了地方的权力，其后果是严重的，但不是不可挽回的（虽然当时许多人有充分理由认为已经不可逆转了）。事实上，它们的主要意义在于使中央企图重新控制诸藩镇的努力倒退了约 30 年。

德宗之治的晚年

德宗又统治了 20 年，但唐王朝一直没有从最初的失败中真正恢复过来。他对藩镇的苟安政策的名声在传统历史学家的心目中是很不好的，他们假定他应有其他的选择，因而谴责他的政策为"姑息之政"。不管他是否过于谨慎，从这时起藩镇和军队造成的一次次动乱的确突出地显示了中央政府处于持续不断的衰落之中。他在位的 25 年中，朝廷在恢复对高级地方官职的任命的控制和让更多的官僚代替职业军人担任这些职务等方面，仍取得了稳步的进展。到 804 年，有一半节度使是官僚而不是军人。[1] 此外，即使 785 年德宗对藩镇的政策显得软弱，他也不是一个软弱的胆怯的君主；因为从 786 年起，德

---

① 见本书第 447 页注①所列的参考材料。

宗采用了另一种行使君权的观念，即把注意力集中在由皇帝直接控制的国家权力和资源的部分。这样，他的主要目的是加强与君权有最直接关系的基础——它的心腹要地、保卫要地的军队和朝廷财政——以及加强他的个人控制。由于首都的安全直接取决于西北边境的安危，所以他花费了大量经费和力量去扩大和维持那里的军队，这是帝国中由中央供养的唯一的对外军队。西北防线的这种改进与神策军的强化有关，德宗把这支军队视为防止他再遭 783 年所受创伤的最可靠的手段。当这些军队扩大时，其中有几支被派驻在边境（这意味着朝廷的权力达到了直接负责对外防务的程度）。还难以确定驻扎在京师周围的神策军的规模。到德宗朝末年，在边境和在京师附近的神策军总数似乎已达到 20 万人。[①] 部分地由于这些措施，这一关键的边境地区一直安全无事，到他统治之末，皇帝已能立刻调遣一支强大的和训练有素的军队。

德宗在寻求财政收入方面似乎取得了一定程度的成就。有些对他有点苛求的史料把他描绘成一个爱财贪婪的统治者。他显然决心永远再不让自己陷于经费拮据的困境，所以绝不计较取得经费的方式。但他这方面的成就却有损于财政机构长期和正常的运转。前面已经提到，他鼓励向他进"贡"，这本质上是地方节度使们向皇帝纳贿的一种手段。他对正在实行的两税法的缺点和弊病也没有表现出什么纠正的意向，而陆贽对这些问题在 794 年的六点奏议中已作了有力的揭露。[②] 其中最严重的弊病是在通货严重紧缺的情况下继续以旧税率缴纳现金——这一情况使中央或地方征税当局大受其益，而纳税者则深受其害。

德宗还全神贯注于日常的朝政，不愿放权，对官僚集团也不信任。他使自己囿于小天地中，决心要当一个无可争辩的君主。他日益转而使用宦官去执行重要的任务，因为他们除了向皇帝请示外没有地

---

① 唐长孺：《唐书兵志笺证》（北京，1957 年），第 94—95 页；关于全面的论述，见小畑龙雄《神策军的发展》，载《田村博士颂寿东洋史论丛》（京都，1968 年），第 105—220 页。

② 崔瑞德：《皇帝的顾问和朝臣陆贽》，第 116—118 页；奏议全部译文见 S. 巴拉兹《唐代经济文集》，载《柏林东方语言学通报》，（1933 年），第 168—206 页。

位。在他在位时期，宦官取得了京师神策军的指挥权，并越来越得力地被派往地方政府中充当皇帝的代表——监军使。从783年以后，宦官对京师军队的控制几乎成了定制，而且是他们在中央政府作为支配势力崛起的主要因素，关于这个问题在本书其他章节另有论述。相反，这里主要关心的是监军使的制度。[①]

使用宦官在军队指挥机构作为观察者的措施在安禄山之乱以前就开始了，但这类任命在当时纯粹是为了某一特定目的，而且是专门针对边防军的。随着以后事态的发展，这一官职成了叛乱的产物，因为宦官可以为皇帝提供（或似乎可以提供）与军方联系的最可靠的联络员，不但在叛乱时期，而且在随之而来的动乱时期都是如此。在代宗时期，宦官监军使按常例依附于地方的和边防的军事结构。按照代宗对藩镇采取的相对消极的政策，他们似乎不积极地干预地方事务，但主要是给皇帝提供情报，其途径既独立又不同于正式的官僚渠道。即使这样行使职权，他们的存在一定对地方官员的行为也有所约束，因为他们呈上的情报肯定会影响朝廷对各个藩镇的政策，从而影响以后对它们官员的任命。此外，身处君侧的地位本身就是权力的源泉，监军使作用的扩大和他们与供职所在地的节度使的冲突的潜在可能显然都是存在的。

德宗在即位时非常相信这一措施的效用；虽然官僚们不断警告他把如此重大的责任交给宦官会产生有害的后果，但他在统治时期仍授予他们越来越大的权限。鉴于他在正面打击藩镇权力时遭到几乎致命的挫折，这一举动是不足为奇的。他扩大监军使的活动范围而不仅仅让他们充当观察员，还使他们成为皇帝和藩镇之间在一切政务方面、甚至在某些行政活动方面的关键的联络代表。更重要的是他们在任命新节度使时所起的作用，因为在考虑了监军使关于地方情况的报告后，以及常常在他们与地方驻军直接协商后，皇帝才能作出人选的决定。这就明显地为营私舞弊创造了条件，监军使受贿和受威吓之事屡

---

① 主要见矢野主税《唐代监军使制之确立》，载《西日本史学》，14（1953年），第16—32页；《唐末监军使制》，载《社会科学论丛》，7（1957年），第17—25页。

见不鲜；但这类事件可能不像史料使我们相信的那样普遍，因为这些史料对宦官怀有强烈的偏见。某一节度使死后，监军使还被指定临时负责这个藩镇；他们还奉命与那些不听命的节度使进行谈判，还在非常时期进行救济工作。在例行的行政工作方而，他们对人事的安排有很大的影响，而且他们似乎承担了特定的后勤供应的责任。通过皇帝授予或者默认，监军使们虽然拥有如此大权，却仍不厌其烦地承担其他任务，其中甚至包括指挥作战。对于这种干预时有措辞激烈的怨言。例如，在798—799年朝廷企图镇压淮西叛乱的那次不幸的行动中，战略的决定一般由几支参战勤王军的监军使在会议上作出，然后才传给名义上的统帅。但是，在这种情况下如此积极地进行干预，如果战败，他们发现自己无一例外地成了替罪羊。

但是，德宗最不愿意听取关于这一制度的任何批评。他不但继续使用大批监军使，而且还指派他们到更小的军事单位，从而增加了他们的人数。795年，他给监军使颁发正式的官印，使这个职位具有正规的地位。尤其是当节度使与监军使发生冲突时，他一有可能就支持后者。800年义成发生的戏剧性对抗就是这类冲突能达到什么程度的一例。随着节度使姚南仲和监军使薛盈珍之间的冲突不断加剧，携带各自报告的对立双方的使者竞相争先向京师策马奔驰，结果薛盈珍的使者被节度使之人所杀，此人随即写了一份抗议奏疏后就自杀了。虽然朝廷敌视薛盈珍，皇帝也只是把他召回朝中给予一个职务，拒绝再采取其他行动。

在与各藩镇和节度使个别打交道时，以及由于这一制度能使他亲自掌握与节度使的关系，德宗无疑喜欢这一制度带给他的灵活性。但监军使的效力是与君主的威望成正比的，而如上所述，在德宗朝的整个后期，他的威望正江河日下。此外，监军使对那些不受朝廷控制的藩镇几乎是无能为力的。

德宗以这些方式表现了他几乎是唯一的关心，这就是要加强皇帝的直接权力。他的行为也许只反映了他有限度的雄心，或者也许他真想干一番事业，以便打下基础，让他的继承人全面恢复中央的权威。事实上，后来由于淮西的挑衅而迫使他在798年对一个藩镇发起的唯一的一次攻势却以失败告终，这次军事行动对未来的皇帝权力来说是一个不祥之兆。此外，他立其残废儿子——未来的顺宗——为太子实属愚蠢之举。可是，当恢复中央权力的奠基人宪宗在805年登上皇位时，宪宗的的确确发现，他采取强有力的政策所需要的制度手段以及财政、军事资源基本上已经具备，这应归功于德宗不事声张和坚持不懈的努力。

9世纪之初的藩镇

到9世纪初，新的藩镇已经存在了约40年，并且已成为唐代地理上的长期特征，虽然个别藩镇的地盘发生了变化。① 李吉甫在写于814年的《元和郡县图志》中认为它们是活生生的事实，也是他编排材料的主要行政单位。在这一时期它们已发展了自己的制度结构和行政方式，所以我们必须对它们作出比较充分的阐述。这种阐述将集中在长江以北的藩镇，因为我们可以在那里发现新制度的最发达的形式。在南方，藩镇的行政机构力量较弱，更听命于朝廷。

军队依然是藩镇的核心。② 由于它对藩镇的安全是必不可少的，所以通常占用了当地岁入的大部分。它的存在不但是任命该地区节度使的首要理由，而且在节度使与辖地内外的关系中给他提供了直接和具体的支持。军队的主要集结地在镇治之州，驻防部队称牙军。牙军能够镇压境内的任何反对力量，一般地说是藩镇唯一具有强大打击力量的军队。它的核心是亲卫军精英集团，负责节度使的安全，同时无疑地也是被用作保卫节度使驻节之地的总的安全力量。在更好战和独立的节度使麾下，这种军队通常称牙内军，常常由以下几种有特殊地位的士兵组成：从节度使私囊出资维持的"私人"士兵；名义上的养子；为节度使效劳并随他从一地调到另一地的"侍从"。由于精英侍卫都是节度使的贴身保镖，他们在地方的政治中常起关键性的作用，

---

① 它们通常（但不是普遍地）以旧的名称"道"相称。
② 关于军事结构最精辟的分析，见堀敏一《藩镇亲卫军的权力构造》，载《东洋文化研究所纪要》，20（1960年），第75—149页。

同时我们可以发现他们的将领篡权的事件（未遂的和成功的）不乏其例。藩镇的其余军队则驻守在州县的治地和其他战略要地。^①它们被恰当地称为"外镇"。它们的部署取决于不同的情况：本镇的地方防务（特别在自治的和边境的藩镇）；境内的安全；对资源和收入的控制（如对商业中心和盐池）。这些外镇军的规模差别很大，从数百人至数千人，但这种大编制的军队是很少有的。

上述这些部队的大部分（如果不是全部的话）是正规军，他们的全部生涯都在行伍中度过。但有充分材料说明，地方的民兵（团练）也在藩镇军队中被广泛使用，所占比率可能比我们想像的要大得多。使用团练有明显的优点：费用低；虽然他们不经常武装，但在境内能很快地被动员起来。虽然他们没有受过在境外作战的充分训练，但在保卫其家乡时可以指望他们英勇战斗。事实上从这一时期藩镇军的战斗记录来看，团练所占的比率似乎是很大的；这些军队在境外作战的无能是有名的，但在守卫自己的领土时却打得很顽强。

军队对藩镇的长期发展在两个方面有重要影响。第一，军队部分地使藩镇的行政越来越表现出地方色彩。如前所述，一旦军队驻扎在特定的地区，其兵将的利害关系必然会与所在地区混为一体，而且越到后来越强化。最后，他们基本上代表了当地的利益，这一事实往往使他们与外面派来的节度使发生不和。第二，这个方面部分地减轻了第一个方面的影响。在大部分藩镇，军人成了世袭的职业，这倒不是因为它能使军人取得很高的地位，而是他们有希望取得丰厚的物质报酬。军队可以要求高报酬和高待遇，他们也往往是这样要求的。因此到后来，军人，主要是牙军，成了一种新的低级特权精英。这当然使他们极力反对任何现状的改变，不管他们忠于皇帝还是忠于节度使，情况都是一样（在9世纪，魏博军和武宁军在这方面更是臭名昭著）。此外，他们的要求必须由当地的纳税者来满足，所以他们把自己作为

---

① 关于这方面最充分的论述，见日野开三郎《唐代藩镇的跋扈与镇将》，载《东洋学报》，26（1939年），第503—539页；27（1939—1940年），第1—62、153—212、311—350诸页。

一个特殊利益集团而置身于人民之外。从这些情况就可以清楚地看出，为什么有的节度使专门扩充亲兵队伍，并且在调任时把他们随身带走。

我们可以回忆一下，前面提到了州的制度原样未动，而在它上面加上了藩镇这一组织，由于州至少在理论上从未被明确地规定应附属于藩镇，结果就有出现两种平行机构的危险，而且也的确多次出现了这种危险。根据律令，这两种机构几乎独立行使职权。在这种情况下，节度使限于在一个地区内维持治安，对刺史和县令只行使监督的职能，刺史和县令则继续履行他们既定的地方职权。但实际上，由于节度使除了拥有兵权外，通常享有名义上的高官阶、威望大，与朝廷关系密切的优越条件，所以一般能把自己的决定强加给刺史。此外，由于他还负责朝廷和州县之间的通讯联络工作，他在下达朝廷的指令时使他能借此夹杂自己的命令。他有权考核自己治下官员的政绩，这显然又助长了这些官员个人听命于他。最后，州支持藩镇的机构和军队的义务使它在财政上依附于藩镇。由于藩镇一般负责接受和处理地方岁入中本镇和中央政府的收入部分，州的财政依附关系几乎是完全彻底的。

对自己的行政人员（使府）和军官，节度使实际上拥有任命全权。这意味着这类人员取得官职的途径不同于和独立于中央吏部任用的人员。各镇和吏部吸收人员的来源在很大程度上是重叠的。但是，吏部重视出身，有相当明确的界限，即靠贵族门第、荫庇、科举中式或从胥吏工作提升而取得当官资格，而在各镇任职的人员来源的界限则远为不清和多样化。这类人包括未中举或者虽中举但未得到职事官的文人（韩愈就是其中突出的一例）、转搞行政专业的军人和社会出身低贱但有一定程度的文才足以胜任一般行政工作的人。事实上，在这些藩镇当局下的晋升在王朝后半期成为社会人才流动的最重要的途径，因为这时许多以前没有当官机会的人能取得官员的地位而升入各级行政机构之中。这样，在地方上，州县组织和藩镇的行政组织这两类平行机构不但在它们基本的政治和行政归属方面，而且在总的社会成分方面都有明显的不同。当然，如果节度使在州县职位上安插了自

471

己任命的人，这种不同就趋于消失。根据中央政府的观点，那些通过藩镇非正式任用而进入仕途的人不全是正式官员，按理说依然是属于"流外"官。结果，它对他们的提升和任期作了种种限制，并试图在他们和有正式资格的官员之间保持一条严格的界线。实际上除了武官外，他们中没有人获准在中央政府任职。可是正如中央政府中的正式官员白居易指出的那样，与正式的地方官员相比，在藩镇机构中任职的官员人数更多，待遇更高，由此可以想像地方当局掌握的财政资源有多少了。[①]

因此，在朝廷基本控制的藩镇中，节度使享有对自己藩镇的指挥系统的直接权威，并能对其所属的州县官员施加强烈的影响。在本文讨论的时期内，大部分节度使能比较自由地行动，特别是那些多年在一个职位上留任的人更是如此。不过其中的大部分人根据他们的意愿，或是在自己的地盘中巩固和扩大个人权势，如剑南西川的韦皋，或是大发其财，如曾在几个镇任职而变成巨富的王锷。从这些例子或其他例子可以看出，这不一定在节度使和朝廷之间造成对抗的关系。

但如前面所述，一个官员一旦在一个相当大的、或是富饶的、或是地处战略要冲的藩镇牢固地树立了领导的地位，他的行为就变得比较反复无常了。甚至在正常的情况下，由于藩镇和州的职权范围没有被适当地划分，中央和镇当局一直明争暗夺地力图对州进行控制，这样，中央和藩镇之间就存在着一种明显的紧张关系。直到9世纪初期，除了德宗登基的最初几年，紧张关系的加剧主要是藩镇当局的行动所造成。但从805—820年，由于中央采取了重新集权的新的有力行动，它加剧了这种紧张关系。

在自治的镇，问题的表现形式完全不同，因为在这些地方权力的体系已经合而为一。与藩镇的武官和幕僚一样，刺史和县令都是由节度使任命的，他们取得负责的职位正是因为他们是他的坚定的追随者。可以这么说，在这些藩镇，朝廷不能通过他们的刺史插手藩镇的

---

① 陈寅恪：《从唐诗中看官员的俸禄》，载孙任以都和 J. 德·弗朗西斯合编《中国社会史》（华盛顿，1956年），第192—195页。

内部事务，因此只能通过节度使及其官署。但是如果节度使在这些镇内的控制更加臻于完善，那么控制问题又比其他独立程度较小的藩镇要严重得多。权力赤裸裸地以武力为基础，节度使单独地负责，由他有效地任用人员。由于他将自己的地盘置于朝廷的控制之外，如果他的政体失败，就不能指望得到朝廷的支持。他们所受的惩处或是遇刺，或是被驱赶下台。结果这些藩镇的节度使采用了一种精心设想的控制体系，812 年李绛给皇帝的一份奏议对此部分地作了阐述。"臣窃观两河藩镇之跋扈者，皆分兵以隶诸将，不使专在一人，恐其权任太重，乘间而谋己故也。诸将势均力敌，莫能相制，欲广相连结，则众心不同，其谋必泄；欲独起为变，则兵少力微，势必不成。加以购赏既重，刑诛又峻，是以诸将互相顾忌，莫敢先发，跋扈者持此以为长策。"①

此外，这些节度使还采用人质制以防止变节或叛乱，同时深深地依靠家属，因为可以放心地让他们担任关键的职务。提升的诺言和赏赐的不时颁发也能积极地鼓励忠诚。这类行动也能在朝廷控制的藩镇中见到。但它们与朝廷的关系是，节度使严格地要向朝廷述职，而在困难时也保证能得到朝廷的支持，所以在朝廷控制的藩镇中，这种关系与其他的藩镇有本质的不同。

在财政方面，两类藩镇之间也有明显的区别。这种区别与其说表现在特定的财源方面（因为岁入基础不论政治秩序如何变动，基本上保持不变），不如说在它的处理方面。两类材料都很少，但朝廷控制的藩镇的财源的处理显然要复杂得多。自治的藩镇不论它们是否名义上上报朝廷，它们只是单纯地征税并截留归己。中央政府从它们那里收到的唯一收入就是"贡"品，如果进贡，也是不定期的，时间和数量都取决于节度使。有些忠于朝廷的藩镇的情况也基本如此，如剑南西川的韦皋就享有完全的财政自主权，不过这可能是合理的，因为那里亟须防止南诏和吐蕃对四川的入侵。但大部分藩镇事实上仍然需要向中央当局上报。

---

① 《资治通鉴》卷 238，第 7692—7693 页。

　　藩镇当局应收的岁入为所辖各州所交的"送使"部分，另外还有镇所在州的全部收入。如果节度使及其僚属想超过这些法定的限额，他们必须谨慎从事。一个额外增加岁入的常用办法是另立户籍而不向中央政府上报，它们的税赋专作本镇的收入。另一种做法为"应避"，也称"应庇"。地方上的富户通常将其土地名义上交给有官员地位的可以免税的个人，另外付以钱财作为他们土地得到免税的报酬。

　　征税权给个人创造了很大的获益可能性。有些其他权力分属于藩镇的各级官员，但这些财权只操在节度使一人手中，因为他是境内最高级的财政官员，只有他有权征税。他把持的与朝廷联系的权利是非常重要的，因为只有他及其心腹助手才能决定哪些课税已得到中央的认可，哪些则没有。非法的附加税（有不同的名称，如配率、加配、加征）之采用有两种方法：第一种，在规定征课的基础上简单地增加税率；第二种，不管是否打算作为正式的税，以巧立的新名目开征。两税法的推行旨在结束当时存在的这些名目繁多的特殊课税，但中央权力的衰落使这一希望变成了泡影。

　　藩镇的官员还利用 8 世纪后期和 9 世纪商业发展的机会自行在境内设关卡税，它与 19 世纪推行的厘金税很相似。地处交通要道的藩镇则机会更多。例如，宣武和武宁肆无忌惮地利用它们位于汴渠的地位。长期任宣武节度使的韩弘到 819 年退隐时积聚的财富达数百万（以钱、丝帛、粮食和珍贵物品计）。[①] 藩镇当局还明目张胆地自己经营商业，尽管这类活动有明文禁止。最后节度使及其下属有时干脆从百姓那里攫取钱财，虽然一般都有具体的借口。文献记载中最明显的例子是 9 世纪初年剑南东川的节度使严砺的事例。严砺以约 88 户的家属成员与叛乱者勾结为理由，查抄了 122 起地产和住房（内有各种财产），而完全无视皇帝已对所有这类个人的宽恕。[②] 但这种行径不能反复使用，所以很可能只是罕见的。

---

① 《旧唐书》卷 156，第 4135 页；《新唐书》卷 158，第 4945 页。
② 彼得森：《元稹在四川巡视时对贪污腐化的揭露》，载《大亚细亚》，18（1973 年），特别是第 43—45 页。

最难从文献中了解的藩镇的行政特征是藩镇当局与当地人民的确切的关系，以及在它们的辖区得到多少人民的支持。新的藩镇机构和人员无疑会被授受为正常的行政秩序的组成部分。前面我们已经指出，在军队方面，大部分行政的和军事的中、低级分支机构一定由本地人充任员工，与地方利益有密切关系。但这种情况——再加上其他因素——是否会产生地区情绪煽动起来的要求割据一方的压力？我们对此只能推测。我们从廷议的政策中的确知道，自治藩镇的民众紧跟当地领袖的情况曾被认真地考虑过。[①] 尽管上层有斗争，但由于藩镇领导集团的组成有高度的延续性，这种情况助长了牢固的地方纽带的发展。自治藩镇的节度使对朝廷不负有任何物质义务，这可能使他们能够比其他忠于王朝的藩镇对一般的纳税人采取更加有利的税收政策。

这种民间的支持在一个藩镇内需经过一段时期才能发展起来，所以不能解释为自治政体出现的首要原因。类似的可能性在帝国的许多其他地方也存在，那里也有许多产生高度割据的办法，但实际上出现的自治程度则没有那么高。事实上：割据称雄的局面之所以没有普遍出现，在很大程度上一定是由于全国的精英继续把自己与他们所知道的既存体制——唐皇室主持的朝廷——视为一体。这种一致性不但是物质上的，而且也是文化和道德上的。对王朝的这种依附性也可能普遍存在于平民的情绪之中，其程度比人们所了解的更为强烈。

宪宗(805—820年在位)与藩镇问题

从安禄山之乱以后到宪宗在805年登基的年代中，藩镇的结构没有发生基本的变化，尽管其间发生了几件大事。同样，由于宪宗的改革，经过变动过的藩镇结构几乎原封不动地维持到9世纪第三个25年唐朝崩溃时为止。于是，他的统治在755年以后中央和藩镇之间的

[①]　《资治通鉴》卷237，第7659页；卷238，第7664页；《全唐文》卷646，第2—6页。

关系方面突出地成了第二个形成时期。[①]

在身患重病的顺宗退位后不久，他的儿子宪宗于 805 年 5 月登基。事实证明，宪宗是一位重实干的坚强的君主，他抓住时机采取了干预的政策。但在一开始情况似乎并不显得对他有利。在顺宗时期出现的不和以后，朝廷尚需恢复和谐关系，而地方政府广泛的行动回旋余地已成为全帝国被人接受的准则。宪宗对迅速恢复中央权力的可能性不抱幻想，所以行动很谨慎，只是设法见机行事，而不是强制推行自己做主的全面计划。

可是宪宗顽强地坚持他的基本目标，即恢复对搞自治的藩镇的控制，并要使所有藩镇当局完全听命于中央的指令。他几乎不可能希望深入进行下去：对各藩镇高级当局的需要，排除了恢复安禄山之乱前那种中央集权的可能，而且它们的军事编制既庞大，又根深蒂固，以致不容许作任何重大的军事复员。宪宗的又一个特点是，他没有从纯军事角度去看待藩镇的问题。他认识到，要削弱诸镇独立行动的能力，同样需要作出制度的改变。的确，他的改革旨在增强中央的权力而不是改善人民的生活。但直到 9 世纪的最后 25 年，除了河北几部分外，这些制度改革使中央政府得以在全帝国重新树立决定性的制度，从而进入了一个相对和平的时期。

新帝一登基就发现自己在关键的剑南（四川）边区面临着重大的政治危机，因为那里正遇到强大的吐蕃王国和南诏王国的威胁。自安禄山之乱后这一区域已一分为二，较强大的剑南西川此时已经发展了相对独立的传统。叛乱后的 15 年中，崔宁一直任节度使，此人在一次与朝廷支持的对手进行的内战中篡夺了权力，但他以后基本上保持对唐朝的忠诚。自 8 世纪 80 年代初期的内战以后，朝廷在 784 年任命一个可靠的官僚韦皋为节度使，他出色地在境内保持了控制，同时抗击了外来的进攻。但是，由于他终身留任此职，他具有无可比拟的机会使自己所治的藩镇成为一个高度自治的地区，以致与东北诸节度

[①] 本节取材于 C. A. 彼得森《中兴的完成：宪宗和诸镇》，载芮沃寿、崔瑞德合编《对唐代的透视》（纽黑文，1973 年），第 151—191 页。

使毫无二致。主要的区别是他一直坚定地忠于皇帝，并贡献巨额财富以表示他的忠心（即使是作为贡礼而不是作为正式的税收而贡献）。

在任 21 年后，韦皋在 805 年夏死去，他的部将刘辟夺得了对该镇的控制权，然后立即开始向朝廷施加压力，要求正式批准他为节度使。皇帝最初采取强硬的姿态，但当看到刘辟准备动武时就改变了态度。但宰相杜黄裳呼吁要坚定，劝宪宗不能再妥协，他说："德宗自艰难之后，事多姑息。贞元中，每帅守物故，必先命中使侦伺其军动息，其副贰大将中有物望者，必厚赂近臣以求见用，帝必随其称美而命之，以是因循，方镇罕有特命帅守者。陛下宜熟思贞元故事，稍以法度整肃诸侯，则天下何忧不治！"① 直到次年（806 年）春，对刘辟的讨伐才得以进行。但那时，刘辟虽然因占领了邻近的剑南东川而在开始时取得一定的优势，但战斗继续进行。到秋季，刘辟被击溃。这是 25 年中中央军队在地方第一次取得的重大胜利。这一次讨伐的特点是，藩镇本身未负叛乱之责。除了其领土稍有缩小外，官方对该地区没有进行制裁（虽然剑南东西两川被它们的新节度使残暴地掠夺一通）。

在这一年的早些时候，宪宗已迅速地处理了西北夏绥军的一个篡权者，所以宪宗的新政体这时已经历了它的第一次军事考验，地位大有改善。可是当东北的第一个节度使要求正式批准他的地位时，它仍不得不进行妥协。806 年，平卢节度使死去，其异母兄弟李师道控制了该地区，并要求朝廷授予相应的委任状以取得正式的任命。宪宗很不愿意照办，甚至在西南仍在进行战斗时考虑开辟第二战线。但主张谨慎行事的意见占了上风，从而促使朝廷同意妥协；作为交换条件，李师道同意朝廷对其下属的任命，遵守朝廷的指令，并定期上缴税额。没有迹象表明他后来实现了这样的任何诺言；但宪宗至少奠定了对自治藩镇节度使采取强硬路线的基础，并且树立了通过谈判而不是全盘接受他们提出的要求的先例。虽然他最初的一些步骤几乎没有改变政治局势，但它们确实改变了中央—地方关系的整个气氛。那些以前越来越藐视皇帝和朝廷的节度使们，此时更认识到他们的义务，并

---

① 《旧唐书》卷 147，第 3974 页；《资治通鉴》卷 237，第 7627 页。

开始定期来朝观了。

其中有一人拒绝照办，他就是 799 年以来任浙西观察使的皇室远亲李锜。李锜不但是一个富饶而重要的藩镇的领袖，而且到 805 年为止，他还兼任盐铁使，这一职务能使他取得大量额外收入，而他也毫不犹豫地把收入用于私人目的。但他的军事抱负甚至可能更使宪宗的朝廷不安。他从顺宗得到节度使和观察使的任命，并且已经大力扩充地方军队，其数量大大超过一般治安的需要。在中国最重要的提供岁入的地区，这种情况简直是不能容忍的。鉴于他过去在财政上明目张胆的不法行为，他担心自己的安全，所以拒绝应召上朝。最后，在 807 年后期，皇帝下令强制将他撤职。邻近诸镇的军队几乎刚处于动员阶段，李锜自己的将领就翻脸把他杀死，从而结束了这场危机。浙西没有可据以防御的边境，所以那里的孤立的叛乱者的军事前景从一开始就不美妙，从这一意义说，其结果并不算是皇帝的伟大军事胜利。但它是一次重大的政治胜利，证明他具有不惜采取一切手段以迫使不听命的藩镇就范的决心。

可是，要想真正恢复中央的权力，这类零碎的政治胜利却不能触动地方割据的根源。为了打击这些根源，制度的变化是不可缺少的。宰相裴垍提出并在 809 年颁布的重要的财政新立法的基本目的之一就是基于这种必要性。另一个目的是必须限制严重的通货紧缺现象，它自 8 世纪 80 年代中叶以来一直在折磨着国家，此时已预示将有一场重大的社会危机。虽然中央政府主要关心通货紧缺对纳税农民的影响，但它也对藩镇当局利用通货紧缺谋利之事很敏感。780 年两税法改革过早地用现钱计税，而货币的供应又一直不足，结果用现钱计算的税只能用实物支付，但折换率却由地方规定。通过使用这种擅自作出的折换率，那些不受中央控制的官员乘机大发其财。这是 809 年措施致力于解决的问题之一。京师规定的折换率从此在全国实行，各地严禁擅自增加折换率。此外，为了解决现钱短缺的问题，以实物纳税的百分比提高了。新措施的这一部分主要致力于解决经济问题，但是，其中也有重要的政治含义，因为此举剥夺了藩镇官员非法收入的重要财源。

它在政治上更明显的意义在于，有一部分立法要求重新分配地方的税收。前面已谈过直到此时已实行的岁入分配办法。县一级单位征税并上解给州以后，税收分成三部分，一部分留给所在州使用，另一部分上解给藩镇当局，第三部分则给中央政府。虽然这一制度是作为供应各级行政机关的需求的办法而制定的，但如上所述，它造成了严重的财政不平衡，并造成了州依附于藩镇的倾向。809年的措施设法全面改变这种情况。第一，各镇从此在其治所所在州取得一切必要的收入。只有在收入不足的情况下它们才能向所辖的州另外提取收入。为了弥补收入的减少，镇所在的州免除对中央政府上缴任何税收。第二，除了本地必要的开支或藩镇获准开征的特殊征收外，所有的州必须将一切岁入解缴中央国库。这个措施的目的是一清二楚的：旨在削弱藩镇与其所属州之间的联系和在财政上把藩镇降低到不过是一个有特权的州的地位。实际上，这个措施又把三层制（镇—州—县）转成二层制（镇/州—县）。从它改组全国各镇财政关系和削弱地方割据的财政基础的企图看，809年的改革在政治意图方面可能比755年以后整个唐代历史中颁发的其他任何财政立法都走得更远。

可是，如果夸大地认为这一措施已得到直接和广泛的应用，那也是毫无根据的，特别是从下面谈到的以后的军事对抗中可以看出。显然，在许多情况下各州继续直接向藩镇贡献；但以后的朝廷的诏令也表明中央政府决心贯彻和保持新政策。另外，对这一措施的确切的影响也意见纷纭：有的人认为其结果是直接的：它使中央的岁入相对说来迅速增加；另一些人则认为它之迅速推行，恰恰是因为在一开始它没有严重地减少藩镇的岁入，只是从长期看，由于藩镇的财政独立性受到新的遏制才受到影响。总之，分歧取决于把着重点放在对中央政府的积极影响方面，还是放在对藩镇的消极的影响方面。[1] 无论如

---

① 特别见日野开三郎《藩镇时代的州三分税》，载《史学杂志》，65.7（1956年），第650—652、660—662页；松井秀一：《裴坦的税制改制》，载《史学杂志》，76.7（1967年），第1039—1061页。

何，可以预料，任何立法如果对大批执行它的官员有潜在的不利影响，那么中央政府只有继续坚持贯彻和继续表明它有支持其法令的办法，这些法令才能有效地变成法律。自安禄山之乱以后，只有宪宗之治才开始做到这一点，在他统治时期的发展有力地说明，改革是有成效的。

同时，宪宗一点也没有放松他对个别藩镇重建直接控制权的努力，这个过程不可避免地造成与东北强大的藩镇的冲突。809年初期成德节度使死去，他的年轻和能干的儿子王承宗要求接任。皇帝发现这正是在这个区域重树皇权的大好时机，于是拒不批准权力的转移，这对河北根深蒂固的惯例来说显然是一个有敌意的反应。此举又在朝廷触发了一场持久的争论，它之所以特别引起兴趣，是因为它显示了京师是如何看待这些藩镇的。不论在这时还是在以后，宪宗表现了极大的决心，坚决要成为全中国名副其实的皇帝。随着他初期的成功，他当然充满了信心，但在他行使权力的决心后面还不止是专制君主的好大喜功，他在这方面的立场得到了朝臣们很大的支持。在他的眼中，帝国，至少作为一个健全的政体，不能无限期地让这些自治割据势力继续存在下去，因为它们威胁着既存体制和成为抵制中央政府的榜样。同样重要的是，他相信通过适当的军事和外交措施，很可能恢复对这些藩镇的控制。因此，进一步的妥协只能妨碍最终目的。

但也有人对这条拟定的路线提出强烈的反对意见，其中当时的翰林学士李绛的意见似乎最为言之有理。李绛警告说，强有力的历史因素和地缘政治学因素阻碍了中央想收复成德的任何企图（言外之意，对东北诸藩镇也是如此）。首先，自安禄山之乱以后，成德已享受了几十年的自治，这已把当地民众与成德的领导集团结合在一起，并使后者取得了实际上的合法性。任何改变这种事态现状的企图势必激起该地的有广泛基础的反抗。其次，成德不像刘辟统治下的剑南西川和李锜统治下的浙西，周围实际上是性质相似的藩镇，它们之间尽管偶尔有对抗，但利害关系总的说是一致的。这使它们成了朝廷的不可靠的同盟，即使在它们表面上参与对成德的武力行动时也是如此。总之，成德不可能被孤立和击败。最后，李绛指出，国家的财政状况不佳，难以采取这样的行动，因为当时淮河和长江诸地洪水为灾。[①]

皇帝最后的确接受了一项妥协的解决办法，承认王承宗为成德的领导，但要王承宗同意对朝廷履行正常的行政义务，并放弃他前不久取得的德州和棣州。显然王承宗是装模作样地接受这些条件的，因为他不久立刻用武力保留了这两个州。这就给皇帝以军事干涉的机会——他确实也没有其他的真正选择了。809年秋末，包括除魏博以外的许多地方的大军以及神策军奉命开赴战场，发起对成德的全面的进攻。按理说，成德应该被摧毁。但从一开始就出现了协调各路兵马的严重问题，各个将领证明都不愿意争先动用自己的军队。另一方面，成德则不存在指挥的问题，它的精锐部队在为守卫自己的家乡而战。最后，中央财政的枯竭成了决定性的因素；在810年年中，宪宗看清了他的军队的半心半意的行动，在不到一年后取消了讨伐。王承宗仍保留他的两个州，但同意遵守原来协议中的其他条件，以报答朝廷对他的正式任命。但对宪宗来说，这只是一个保全面子的解决办法，并没有导致当时存在的关系的真正改变。

这样，随着在东北重新树立中央权力的又一个企图的失败，宪宗遭受了第一次挫折。这次挫折有进一步的影响。在冲突中，朝廷不得不直截了当地同意淮西和幽州的领导的更替，幽州在河北之役中或多或少地是一个积极的同盟。一些最强大的自治的藩镇除了被迫对成德采取行动外，依然没有受到任何严重的影响。但以后事态的发展表明，政府没有蒙受不可弥补的损失，它的威信仍很高。例如，张茂昭在19年前已世袭了地方虽小但地处战略要冲的义武的节度使之职，但他自动放弃了对那里的指挥权，这即是明证。虽然那里在后来偶尔发生动乱，但自治藩镇就这样永久地少了一个。

809—810年的冲突在另一方面，即对国家的财政，也有重大的影响。大规模的动员似乎已迅速地耗尽了中央的储备，因此，

[①] 《全唐文》卷646，第4—6页；尤金·菲费尔：《作为御史的白居易》（海牙，1961年），第117—119页。

特别是鉴于战地军队战绩不佳，继续征战已经行不通了。这类军事行动代价高昂的原因已经变得很清楚：中央政府不能对参战的各镇军队进行直接的控制；不同的利害关系支配着各镇领导的行为。在这些情况下，中央政府不得不对为进攻目的动员起来的军队采用一种很无效的供应体制，这就使得中央的资源非常紧张。很简单，这种直接的津贴称"出界粮"，它按人头以固定的数额付给这类军队。各镇军队一般从它们的领地内取得给养（西北的军队除外），但它们的军队一旦开拔出境，就有资格取得中央的津贴。从安禄山之乱后，这一制度从一开始就遭到批评，因为它本身实际上是浪费，而且没有道理。据说，地方将领毫不犹豫地派遣其军队至自己所辖的境外，然后以种种借口按兵不动。由于他们已取得财政支持的资格，就感到努力战斗不一定符合他们的利益。但也没有取代这种资助方式的好办法。809—810 年在与成德的冲突中，宪宗为一场国内的大讨伐付出了高得难以忍受的代价，而在战场上的所得甚至远远抵不上支出。他不但被迫中断了讨伐，而且实施 809 年财政改革的企图也受到了不利的影响。此外，朝廷要经过几年才能把枯竭的国库恢复到再想进行重大军事行动的程度。的确，810—814 年这四年是他整个统治的最长的安定时期。

　　具有讽刺意义的是，一个关键的藩镇内部的不和，使宪宗开始取得分裂河北集团的机会。812 年年中魏博节度使的死亡留下的接任者只是一个儿童，他的助手和随从立刻与大部分守军离心离德。当时朝廷只要故意拖延对接任者的承认，给他造成一种前途未卜的形势，就能引起一场废黜他的兵变。值得注意的是，这些藩镇虽然在内部施政方面享有充分的自治，它们仍迫切需要得到承认并与朝廷建立正式关系。领导集团未能得到承认的情况被认为是不正常的，因此常常产生严重的后果。魏博的哗变者立刻拥立一个得众望的将领田兴（田弘正）为节度使；田兴非常清楚局势的不稳定，于是与朝廷进行谈判。驻军同意他与朝廷的关系正常化，于是田兴提出让魏博真正听命于中央政府，条件是取得正式的承认。对田兴的提议的诚意，朝廷相当怀疑，但由于宪宗已经拒绝了进行武装干预的建议，他最后决定接受田兴的建议。魏博的局势很快恢复正常，对朝廷来说特别重要的一个联盟从而开始出现了。

魏博究竟在多大程度上被纳入帝国正式的财政体系之中，仍然值得怀疑。在以后的 10 年中，它的确一直紧跟中央的政策，但它是出于盟友的关系而不是出于臣属的关系。这种关系与其说是被思想感情或正式的控制手段所支持，倒不如说是被田兴的个人忠诚和朝廷给军队的大量赏赐所维系。但魏博作为一个盟友，使宪宗进一步的计划得益匪浅：他使其他东北诸镇不敢轻举妄动；魏博的军队直接参加了以后的征战；这进一步提高了朝廷的威信。如果不是魏博改变了态度，宪宗统治的以后的成就简直是不可想像的。到 814 年，皇帝又准备进行军事干预，这一年的后期，随着淮西领导人的变动和新节度使吴元济的上台，机会出现了。淮西长期以来是政府的一个棘手问题（虽然它地盘不大，只有三个州），但所处地位却能对沿汴渠的任何地点进行打击，还能轻而易举地威胁富饶的长江的几个藩镇。但它在地理上是孤立的，在自治藩镇中是最易受到攻击的一个。淮西之役始于 815 年初期，战役的三年也许是整个宪宗之治中最危急的时期。① 如果说魏博的效忠具有不可估量的重要意义，那么在牵制其他潜在敌对势力的同时朝廷对淮西的胜利就成了宪宗最后政治成就的拱顶石。这一艰巨的军事努力，把他的朝廷的威信置于最严重的考验中，使中央的资源和统治精英的团结置于极度紧张的状态。但如果征讨不能取得胜利，朝廷能否完全恢复对河南的控制就成了问题。北方的成德和平卢从宪宗之治开始时就摆着要与朝廷对抗的架势，这时敏锐地认识到政府的胜利可能会带来什么后果。它们千方百计地试图妨碍朝廷进行的这次战争。815 年，平卢单独地负责造成三起引人注目的破坏和恐怖活动：焚烧了河阴（洛阳附近）的大税收中心；在京师暗杀了采取强

---

① 关于这次战役，特别在军事方面，见 C. A. 彼得森《815—817 年反对中央政权的淮西之战》，载 F. A. 基尔曼、费正清合编《中国的兵法》（麻省坎布里奇，1974 年），第 123—150 页。

硬路线的宰相武元衡；使用武装的恐怖分子试图给洛阳造成一片混乱。战略上的考虑使对平卢的立即讨伐行不通，因为它在藩镇中地盘最大、最为富饶和人口最多。后来皇帝感到对待它应不同于成德。

淮西之役一开始行动缓慢，第一年几乎毫无进展。朝廷当然希望从边境征召军队一举结束反抗。其办法可能是制造淮西内部不和。但当这一希望落空时，朝廷被迫不断地施加无情的压力以图拖垮淮西。这次战役于是成了消耗战，直到 817 年后期才结束。

官军表现出的无能，部分的是政治考虑的结果。为了避免危险地改变国内军事力量的分布状况和过分加强任何个别藩镇的力量，朝廷从十七八个藩镇抽调兵力组成进攻军队。但这些军队从来没有足够的凝聚力。另外，官军非常难以建立起统一的指挥，包围敌人的各个部队很少协调它们的行动。

而且它们还遇到了坚决的和领导有方的防御，何况淮西还得到当地民众的有力支援。淮西的防御依靠地方民兵和志愿部队，阻止了进攻者的任何严重渗透达三年之久，在此期间淮西靠本地的生产支撑了下来。后来，占压倒优势的帝国军队始终没有减轻的压力开始对淮西的士气和资源产生影响。士气的衰落和资源的紧缺大大地有利于决定性的军事行动，817 年秋，官军将领李愬对该镇治地蔡州的一次漂亮的奇袭结束了这一战役。

为了防止这一地区再次发生麻烦，政府干脆取消了淮西的建置，把它的领地划归邻近三镇治理。

从 816 年起，朝廷已同时讨伐成德，这一次由河北和河东的军队及其同盟军进行。讨伐之发生是因为成德对邻近诸镇进行一次次挑衅并发生冲突之后，它对 815 年夏宰相武元衡之遇刺负有责任（后来证明错怪了它）。虽然朝廷的容忍已经达到了极限，但对第二战线的开辟仍有一片强烈的反对之声，有的高级官员以辞职表示抗议。但宪宗力排众议，可能他预料淮西之役会及早结束。官军开始时对成德取得了几次小胜利，但不久局势急转直下。由于对在河北作战的军队的控制不如对鏖战于南方的军队，朝廷甚至没有故作姿态地任命一名全面的指挥将领，所以个别军队取得的少数胜利却因互不支持而劳而无功。鉴于以下两个有利于成德防守的因素，像809—810年那种胜负难卜的局面并不那么令人惊奇：它西面依偎太行山，具有一条难以攻破的自然防线；北面的幽州态度暧昧。再者，大量军费用于作战的军队，这里的军费的负担无疑会妨碍对淮西全面作战的努力。这次讨伐取得了一些微小的收获后，再次停了下来。

当817年中期敌对行动结束时，没有恢复依例颁布的大赦令。相反，成德到818年很久以后仍未获得特赦，所以在官方看来王承宗仍然是一个叛乱者和不法分子。就在此时，淮西当然已被成功地击败和分割。818年初，在此之前已接任其父之职达13年之久的横海节度使郑权自动辞去了此职。朝廷第一次取得了任命自己的人选为横海领导的机会。这些事态的发展，再加上因没有正式的地位而在内部显然出现的紧张局面，终于使王承宗认清形势而就范。818年春，为了报答赦免和重新被封为节度使，他同意把他的藩镇纳入帝国正式的行政机构之中，并且交出了有争议的德州和棣州，它们后来划归横海治理。他同意将他的两个儿子送往京师作为人质，这一让步意味着他放弃了任何家属接任节度使之位的权利。成德与朝廷关系的这一转变很可能是对藩镇恢复控制的第一步，并且成为当时政治形势的一个重大转变。就一方面而言，朝廷正在不断提高的威信和积聚的力量肯定形成了这些变化的直接背景；但另一方面，直接的军事干预——虽然不是决定性的——也绝不是无关紧要的。尽管中央政府不能降伏藩镇，但这些因素有助于说服其领导人自愿放弃其特殊地位。

剩下的一个应恢复中央控制的明显目标是平卢，它是华北诸镇中最大的一个，自安禄山之乱以来的中央和地方在东部的每一次冲突中几乎都有它参与。剩下的另一个大的自治藩镇是幽州，它还没有造成紧迫的问题，因为它地处河北边缘，在整个宪宗统治时期与朝廷保持着和睦的关系。自从消灭淮西和朝廷与魏博、成德建立新关系后，平卢再也不能指望从其他的藩镇得到支持了，所以它对中央政府的迁就的重要性就变得十分明显。节度使李师道的一些随从力促他作出王承宗那种必须作出的让步。但另一些人则认为，即使在战场上的形势不利，他仍有时间搞外交妥协，所以说服他采取更强硬的路线。地方的自治传统和平卢能够成功地保持地方世袭领导达半个多世纪的事实，遮盖了这一派和李师道的耳目，使他们不能敏锐地看清新的现实。

政治解决的谈判破裂了，政府就精心准备军事行动。818 年后期，战役开始。事实证明，任务远不像预料的那样艰巨，部分原因是平卢政治上的孤立和朝廷总的地位的改善，部分原因是平卢保卫特别漫长的边境所遇到的困难。在败局已定时，李师道在 819 年初期被部将们所杀，他们立刻投降。朝廷无意让如此大的一个藩镇——特别在这一战略地区——再存在下去。因此，经过了对它的物质和人力资源的一番调查后，平卢被分成三部分：东北部分保留原名，但其辖地减到五个州；西北置天平，治三个州；南部置兖海，治四个州。但这些新藩镇获准继续把它们的全部岁入用于本地开支，直到 832 年才对中央政府贡献。

这是宪宗最后一次重大的军事胜利，这一次胜利消除了在河南唯一留下的威胁，从而在黄巢叛乱之前使朝廷牢牢地控制了帝国的中部，它只留下河北三大镇（魏博、成德和幽州）的节度使不是完全由朝廷任命的地方领导人。但甚至其中的两个也承认了朝廷指定其接任者的权力。自安禄山之乱后，朝廷的威信高于任何时候，河北以外最后一个长期牢固地树立自己势力的藩镇统治者韩弘自动放弃了他在宣武的统治并迁往京师。虽然他的兴趣更在于利用他横跨汴渠的地位来发大财，而不想建立独立的权力基地，可是他完全可以证明朝廷的命令是撤不掉他的。因此，除了所提到的少数个别事例外，到 820 年，唐朝廷已经巩固了它对地方最高级官员的任命和选派权。

在宪宗的整个统治时期，他试图从中央通过政治、行政以及军事手段来加强控制。他广泛使用的一个政治工具是监军使网络。这是与他一般都严重地依靠宦官的做法和与他自己的独断专行以扩大皇权的脾性相一致的。他在位时期，他在这方面的行事方式必然会不断遭到官僚们的反对。但宪宗敏锐地感到需要官员的高昂的士气，所以证明他比德宗多少要灵活一些。例如，当 809 年他任命宠幸的宦官吐突承璀为讨伐成德的指挥官而引起了一片反对之声时，他就命他担任一个次要的职位，不过其地位仍能影响指挥的决定。当讨伐不顺利而中断时，他又采纳了把他降级的要求。[①] 后来，在结束淮西之役遥遥无期时，他接受了官员们的建议将诸监军使从各战场召回，因为他们作了有害的干预。似乎与此有关的是，不但在这一次，而且在以前和以后，皇帝本人似乎企图取得实际指挥战役的全权。如果是这样，那么宪宗至少在这一次承认了失败。我们难以确定他采用监军使制后的具体变化，但他的坚强的领导使这一制度非常有效。他的政策的另一后果（他过人的自信使自己不能看到这点）是，宦官在藩镇中牢固地扎下了根，这与他们在朝廷中已经取得强有力的地位的情况相似。

由于中央政府地位的提高，到宪宗末年中央立法的速度加快了。从这时起，我们看到了一些措施：有的旨在取消作为地方节度使补充收入来源的屯田；有的不让节度使起任命县令的直接作用；有的总的来说加强了刺史对节度使的地位。但是，最最重要的是819年春进行的一项改革措施，它改变了各藩镇军事权力的界限。这一立法所要消除的局面被元老重臣和新任命的横海节度使乌重胤作了详细的阐述："河朔藩镇所以能旅拒朝命六十余年者，由诸州县各置镇将领事，收刺史、县令之权，自作威福。向使刺史各得行其职，则虽有奸雄如安、史，必不得以一州独反也。臣所领德、棣、景三州，已举牒各还刺使职事，应在州兵并令刺史领之。"[②] 乌重胤这里所谈的是河北已经发展起来的极端形式，但在其他地方也很普遍；只要藩镇当局拥有军事全权，那么它们得以完全支配地方文官当局的危险性依然存在。在乌重胤上奏这份报告时，中央官员不可能不知道这种情况。但他在自己的领地中采取的主动行动显然为这时在全国颁布的全面措施树立了一个榜样。

这一措施内有两条关键的规定。第一，它取消了节度使在他所治州以外的一切兵权；第二，它将这些部队分由各驻守州的刺史统带。自六朝以来，刺史第一次被授予长期和明确的兵权。出于明显的原

---

① 尤金·菲费尔：《作为御史的白居易》，第125—133、153—154、226—228页。
② 《资治通鉴》卷241，第7768页；《册府元龟》卷60，第21—22页。

因，边境地区不受这项立法之限。这一措施的目的是一清二楚的：像809年的措施设法削减诸镇的财政潜力那样削弱它们的军事潜力。要完成它，不能直接减少人力（这样会造成另外的问题），而是通过分散地方集中的兵权（这种情况在此以前曾造成了大混乱）。那些负有军事责任的节度使绝没有因此而被弄得毫无实力。他们继续控制着他们的牙军，它是最庞大和最训练有素的军事力量；况且地方上的权力关系也不可能在一夜之间就发生变化。但是那些想加强对割据地的控制或者想对文官当局施加军事影响的任何节度使此间基本上失去了用以达到此种目的的手段。结果，藩镇与州之间的财政关系可能也改变了，虽然还缺乏这方面的明确的证据。州这时负担了在旧制度中根本预见不到的军事责任，这在很大程度上使州对藩镇的财权贡献失去了基础。藩镇在紧急时刻或有特殊需要时仍可能号召其所属的州；但在日常工作中，它不得不靠藩镇所在地的有限的岁入来维持。因此，在宪宗之治的最后几年，藩镇的结构又经历了另一个重大变化。这个变化大大地有助于消除使藩镇不同于牢固地以州县为基础的较旧的行政体制的一些特征。

在这些成就和不断实行新的主动措施以后，宪宗还可能采取什么行动，我们就只能猜测了。820年2月，他被两名对他不满的宦官所害，从而结束了唐代最后一个搞改革的统治期。虽然官场对宪宗的专横的行事方式和贪图收入开始充满不满情绪，但他的遇害似乎不是政治反对的结果。对他的成就怎么估计也不过分。宪宗恢复了君主的权威和力量，在此过程中使以后半个世纪对官僚控制的大力加强有了保证。最重要的是，他对藩镇结构的变动使地方军事威胁的可能性大为减少。作为皇帝，他的政治成果不但确保中央的法令能全面地和远为充分地得到贯彻执行，而且如日野开三郎提出的那样，这些成果的重要意义还在于使两税法的真正实施实际上扩大到帝国各地。[1]

---

[1] 日野开三郎：《藩镇体制下唐朝的振兴和两税上供》，载《东洋学报》，40（1957年），第227—228页。

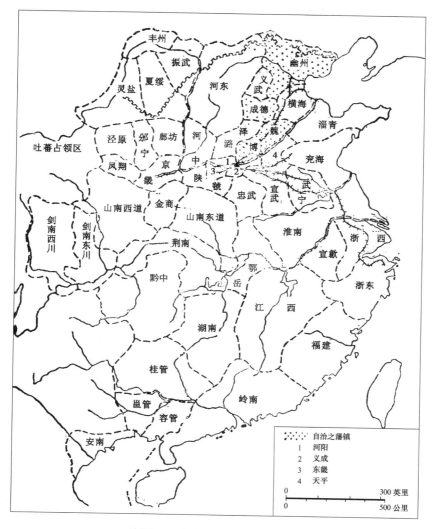

地图 17 唐之地方建置（822 年）

在评价他的成就时，我们应以他前面的几个皇帝作为考虑的出发点，而不应以完全重新集权化这一不切实际的标准来衡量。根据这一尺度，宪宗出色地达到了他的目的，而且突出地表现为王朝后半期唯一的有成就的皇帝。我们如何来解释他取得成就的原因呢？

主要的原因似乎有三个。首先，他开始其宏图时的环境比人们想像的德宗晚年政治失败时的形势有利。从德宗那里，他继承了重新充实的国库和一支强大的中央军队，所以虽然皇帝还不能命令全国普遍遵守法律，他的地位基本上是安全的。另一个主要资本是官僚集团，它内部尽管有派系斗争和贪污腐化的迹象，但相对地说处于健康的状态；其中有李吉甫、李绛、裴度和元稹等许多杰出的官员。于是，朝廷拥有采取有力的中央行动所需要的人力物力资源。其次，宪宗深刻地了解整个帝国的政治—军事形势，这使他能够制定有效的策略。他能保持计划的灵活性，尤其避免把力量过分投入任何一个地点，而是一次针对一个目标（唯一的例外是816—817年他对成德开辟第二战线）。他的行政措施虽然也打击藩镇力量的要害，但如果看起来行不通，就绝不轻举妄动。第三，他很清楚如何运用皇帝的权力，树立自己的领导权，并且在制定政策时一直处于主导地位。看来他基本上是知人善任的，这反过来又增强了所用之人的信心。李翱的赞歌"自古中兴之主无人及之"可能是溢美之词，但它反映了当时满怀信心的情绪。

宪宗继承者治下的藩镇

宪宗逝世后的那一年，在新帝穆宗的统治下，宪宗造成的势头甚至取得了更惊人的收获。820年后期，成德的王承宗死去，但没有突出的人接任。虽然驻军劝说其弟指挥，但后者也许关心他是否能控制桀骜不驯的驻军，所以立刻要求朝廷另外任命节度使代替他，而他本人愿意调到其他地方。朝廷用可靠和老资格的田弘正接替他，另委淮西之役的英雄李愬取代田弘正为魏博节度使。这一变化使幽州成为唯一的依然完全不受朝廷节制的藩镇。它的节度使刘总此时一心寻求精神超度（他的确穿起了僧衣），他预先防止了驻军的干政活动，在退出公职生活时立刻把幽州交给了中央政权。朝廷为了把幽州一分为二，就划出两个州，由两名正式的文官负责治理。到821年春，朝廷从此可以满意地看到帝国的最高级地方行政长官无一不是它自己挑选和任命的人了。

但这些成就是短命的。不出几个月，兵变导致了成德的田弘正（连同其许多追随者）遇害，以及朝廷任命的幽州两部分的节度使被拘禁。地方的军事将领接管了成德和幽州。朝廷举兵讨伐成德，那里过去是死伤最惨重之地，也是最易进入的目标。在开始时，由于缺乏经费、中央的指挥不当和各地参战军队出力极不平均，讨伐遇到了困难，战斗一直未见定局，到822年初期，战役停了下来。同时，魏博军的兵变造成了田弘正之子的死亡（他原被任命为节度使），结果使朝廷想取得这个要冲之地的希望落了空。随着一个兵变者的掌权，魏博此时也摆脱了中央政府的控制。此后不久，由于无力继续进行直接军事行动和急于求和，朝廷就接受了既成事实，授予这三个地方的篡权者以正式的任命。

十分清楚，穆宗的朝廷虽然在把河北全部置于中央权威之下，这一方面取得了表面的成就，但它一直无力对付那些支撑这些藩镇自治的持久不衰的因素。特别就幽州和成德而言，朝廷更没有时间去消除这些因素。派毫无该地经验的文官而不派职业军人去治理幽州，纯属愚蠢之举。他们的懈怠和迟钝的治理很快就疏远了驻军，结果他们忍无可忍，才最后采取暴力行动。在成德，军队和新节度使之间也有很深的积怨，因为后者在以前曾率领一个敌对的镇与成德交战，并且他因私人目的把大量财物运出境外而使事态更加恶化。一旦田弘正放弃了他的一支相当大的魏博的私人亲兵部队（这样做是因为朝廷不愿意提供给养）时，他就不再拥有继续控制该镇首府的手段了。随之产生的魏博的兵变是连锁反应的一部分。如果有更好的领导和更充足的给养，这次兵变本来是可以避免的，但无论如何，它表明自田弘正于812年臣服皇帝以来，藩镇内部的权力结构的变化是多么微小。①

朝廷还不能像不久前宪宗表现的那样对新危机作出有力的反应。自从在宪宗治下花费了大量经费和人力后，中央出现了一种松劲情绪，并且不愿再要求作出同样的牺牲。可是应该指出，中央的力量在

---

① 这些事态发展在彼得森的《帝国的分离部分》第5章中有相当详细的阐述。

任何时候都不能决定性地击败河北的这三个镇——不论是各个击败还是一网打尽。因此，虽然宪宗曾在各个重要方面扭转了分权的过程，但如果他还活着，他能否把它们真正控制起来，这也是值得讨论的。

但是，宪宗时期的其他收获足以保证在河北的这些挫折对帝国其他部分的影响减到最低限度。在不寻常的情况下，一个得众望的军事领袖王智兴的确不久后在822年春夺取了武宁的控制权。考虑到武宁最近在河北出的力和王智兴的优秀的战绩，朝廷给了他正式的任命。但这是以后半个世纪在东北以外唯一的一次成功的、并导致官方承认的篡权。显然，宪宗采用的改革大大地削弱了个别藩镇独立行动的潜力。随着藩镇中心与所属州之间的财政和军事联系的严重削弱，任何怀有割据称雄之心的节度使会发现自己难以集结足够的经费和兵力来实现其目的。改革之有效，主要表现在它防止了新的权力中心的滋长，但改革对牢固确立的权力中心也有长期影响。藩镇财政的紧缩很可能是引起驻军继续发生（虽然不很频繁）兵变和动乱的原因。这类问题的出现是不可避免的，因为当时处于这种制度之下：大量军队驻守在全国的战略要地；尤其是当兵成为社会上最不齿于众口的人的纯系雇佣的职业。但是这些动荡没有更广泛的政治目的，一般只产生有限的后果。

在宪宗之治以后，帝国军队的人数无疑减少了（虽然现存的少数统计材料提出相反意见）。穆宗在820年登上皇位之时，发现国库空虚和朝廷中存在强烈反对继续执行强硬军事政策的情绪。可能在那一年后期，他对此作出了反应，秘密下诏全面削减藩镇的军队。这项工作准备用简单的权宜之计来完成，即不补充军中正常减员（死亡和开小差等）过程所造成的缺额，据估计，缺员率每年为8％。对可能会激起地方驻军反抗的关心明显地反映在以下两个方面：把这项措施包得密不通风；为达到这一目的而采取了消极的方式。按理说，这个命令不可能产生突然的或戏剧性的影响。但据天平和浙东两地的报告，它们迅速贯彻的努力表明命令是被认真执行的。可能它对各镇军队构成的威胁助长了东北新危机的出现，这转过来又导致了政策的明显转变。822年春颁布的诏令指出，未经批准，禁止突然削减军队，并规定维持原有的编制。① 据推测，各镇的预算也作了相应的调整。其用意肯定是向全国军人保证，他们不会有失去生计的危险。

但是这一措施的某些后果（实际上是重建队伍）是很难预见的。许多藩镇当局不是征募真正服役的人，而是把空缺售给有财产的人（其中包括地主、商人和衙门吏役），他们都企图依附当地的地方政体来取得利益。这就是支配地方的经济利益集团逐步渗入地方政府的手段之一，但这一过程是缓慢的，持续于9世纪整个时期。另一个后果，正如13世纪的历史学家马端临看到的那样，是军队力量的严重削弱，因为军队虽然名义上保持足额，但真正有战斗力的兵员数却大为减少。另外，朝廷根本没有明确放弃削减武装兵员人数的计划。在行得通的情况下，它偶尔也亮明态度，鼓励减少部队人数；它还采用这样一种人事政策，即给予那些能增加岁入的地方官员以最高的功勋，以此鼓励削减耗费财政经费的士兵的人数，甚至减少其军饷的标准。② 下文将要谈到，最后当动乱在9世纪中期以后开始呈现出威胁王朝生存的迹象时，动乱之得以迅速蔓延和持久不衰的一个原因是，朝廷没有足够的兵力去控制它们。

我们掌握的关于9世纪军队人数的概括的数字需要很仔细的说明。《元和国计簿》所列807年军队83万的数字肯定是可靠的，但不能肯定东北诸镇军队是否包括在内。也可能包括在内，但只是按照中央政府簿册中规定的兵力而不是根据其实际人数计算的。更难解释的是，837年王彦威的一份财政报告断言，在9世纪20年代初期帝国共有99万名士兵。③ 可以料想，宪宗的历次讨伐当然全面地增加了兵员；但穆宗初期的政策应该说是起了相反的作用。这个数字不但大

---

① 关于两份诏令的内容，见《旧唐书》卷16，第486页；《资治通鉴》卷242，第7808、7811页。

② 关于这些发展，见《资治通鉴》卷242，第7811—7812页；《文献通考》卷51，第1321页；松井秀一：《唐代后半期的江淮——以江贼及"康全泰、裘甫叛乱"为中心》，载《史学杂志》，66.2（1957年），第95—98页。

③ 关于这些文献，见《旧唐书》（卷157，4157页）、《新唐书》（卷164，第5057页）和《册府元龟》（卷486，第21页）。

于807年的数字，而且远远地大于我们掌握的8世纪的任何数字。是否可以这样来解释：它指的是821—822年这一短暂的时期，当时河北诸镇都掌握在朝廷之手，故而此数包括了它们军队的实际数量。这些数字完全可能超过官方规定的人数一倍或一倍以上。如果这个数字是正确的，王彦威所举之数大概是我们掌握的755年以后整个时期帝国兵力的最完整的数字，虽然我们还无法估计真正受过训练的战士的比率有多大。可惜史料中保留的王彦威的报告没有837年帝国军队的总数字，而只有中央经费维持的数字（40万）。但可以肯定，在9世纪后半期地方诸镇对当局的严重挑战出现时，武装人员似乎已经大大地减少了。

中央和地方的关系继续按照我们前面所述的情况发展下去，一般地说，它们的关系日趋官僚化。由于对节度使的任命不再是压倒一切的军事问题，朝廷在任命官员担任节度使之职时就可以采用行政的标准了。纯粹的军人只被任命在那些有重要军事职能的藩镇任职。随着文官之治不断地在大部分藩镇中处于远为重要的地位，官僚节度使的人数超过了军事将领，其比率平均为2：1。大部分高级将军或在同时或先后在神策军中任过职，他们因而失去了过去特有的地方属性。通过地方驻军支持而取得权力的那种桀骜不驯的节度使变得越来越少，到唐朝最后垮台以前几乎被消灭了。以前在高级官员中的中央和地方仕途之别趋于消失。朝廷和地方之间的调任成了常规，以至于任何一个有成就的9世纪的官员在他仕途生涯结束时，也许已在三个或更多的藩镇担任过长官。正规的轮换也限制了在一个特定藩镇任职的时期。虽然没有正式规定期限，最长的任期一般为6年。许多人的任期要短得多。[①]

节度使们还受到官僚机器的限制，有些最细致的限制则对其下属施行。9世纪先后颁布的许多中央指令都证实了中央关心的是节度使们设置的大批随员和地方行政官员总的素质。这些指令企图规定幕僚

---

① 见本书第447页注①的参考材料；王赓武：《五代时期华北的权力结构》（吉隆坡，1963年），第11—12页。

的人数（特别是关键的行政官员）、被任命的标准和提升所依据的程序。对外放赴镇的宰相，他们随带的助手人数也有限制，这显然是在宫廷政治被激烈的派系之争左右时力图防止他们在京外结成或保持私党。在地方任职期满后，节度使同样必须辞退或解散其幕僚。实际的执行无疑与那些肯定旨在防止流行的弊病的命令有很大的距离。此外，节度使对自己僚属的委任权从未被怀疑过。但是，中央政府试图限制他任用僚属的自由，此事本身就证明了中央地位的加强，而地方节度使的地位与 8 世纪后期相比，则表现出了质的变化。①

节度使们不断地处于警惕的注视之下，还常常要接受宦官监军使的瞎指挥。在 820 年后，随着宦官在朝廷权力的扩大，他们在地方行政中的作用也一定有所加强。他们此时有一大批私人幕僚为之效劳，还有私人的随从部队，个别人的随从达数千人。在 843—844 年的军事战役中，监军使是如此明目张胆地滥用自己的职位，以致宰相李德裕竟能使枢密院的两名高级成员同意限制监军使的权力和活动。从此，他们不得发布影响军事行动的命令，其扈从人员也不得大于规定的规模。后来在 855 年，由于监军使不断干涉日常行政，他们甚至要对他们所在地的地方行政的严重缺点和渎职行为与节度使共同负责。这一措施旨在阻止他们的专断行为和确保能得到更认真的报告，但却默认了他们治理藩镇的共同责任。前面已经谈过，有偏见的报告使人们难以对监察制度作出任何全面的评价。也许根据官场效率的正常标准来衡量，这一制度尚有许多需要改进之处，但作为一种控制的手法，它显然是高度有效的。

不论在藩镇的上级或下级机构中，中央政权都容易碰到的一个最棘手的问题就是财政控制问题。在官员的渎职行为中，朝廷最关心的就是贪赃枉法问题。这个罪名常常被单独提出，不在重大庆典时颁发的大赦范围之内。另一个特别根深蒂固的弊病是征收未经批准的附加税，朝廷对此曾经三令五申加以禁止。节度使之职一直是一个肥缺，值得以重金通常向有权势的宦官贿买。据说，这项投资在一个任期内

①　关于这种种规定，见《唐会要》卷 79，第 1446—1451 页。

就能使他获利三倍以上，但开始的费用迫使许多官员负债累累。也许为数不多的节度使能像令狐楚在824年接管宣武那样很快捞取了200万缗钱，但种种迹象表明，稍微收敛的捞钱机会还是有的。朝廷偶尔也审理这些犯法者，但它在对待中央官员的不端行为时，态度要比对待地方官员的违法行为严厉得多。法令不断强调节度使要对他所辖官员的行为负责，这可能有助于减少这类违法行为在其下级行政机关中的发生率，但节度使本人显然很少受到审理。安禄山之乱后地方的财政处理开始有很大的回旋余地，这种情况似乎久已成习，而且由于官员的行为准则起了相应的变化而使外放官员有机会能为自己的不幸遭遇取得丰厚的补偿。

政府从8世纪晚期以后起，在9世纪明显地加强了对民众的控制。在册的户数在807年只有250万户，到宪宗之治的末年已增至400万户。到839年已经达到500万户，这是唐朝后半期的最高数字。[①] 此数似乎远未达到755年900万户这一大数字，但考虑到它根本没有包括河北的任何数字，所以对全国来说，这个数字也不算小。更高的登记率当然意味着中央政府和地方当局两者收入的增加，但由于现存的财政数字的材料甚少，人们难以作出任何可靠的结论。837年的总收入为3500万（钱和实物混合的）纳税单位，据说政府收其中的三分之一，这三分之一中的三分之二用于维持中央和西北的军队。这些数字并非全不可信，但机智的日野开三郎指出，它们会令人误解。如果把间接税和通过各镇用于特殊和紧急需要的储备计算在内，中央的收入就高得多。仅以后的一个关于中央岁入的数字就表明，大致相同的收入水平至少一直维持到9世纪50年代。中央对地方的收入比率肯定小于安禄山之乱以前。根据杜佑的数字，当时两者收入的比率大致相当（更严格地说为5∶6），而在以后的这一时期，其比率充其量为3∶5。因此，中央政府能直接处理的收入，不论是绝对数字还是相对数字，都要少得多。可是，由于财政制度已经起了如此彻底的变化，而且政府的施政已经趋于高度分权，较低的数字绝不

---

① 《唐会要》卷84，第1551—1552页。

意味着中央的衰落。

现在我们看到的是说明 9 世纪的前三个 25 年中央和地方关系特点的一种混杂的结构，它不但明显地不同于初唐的结构，而且也不同于安禄山之乱以后的制度。基本的行政单位依然是州和县，由中央任命的官员负责履行它们的传统的职能。州享有高度的与中央政府的直接联系权，但在重要的方面，它仍受制于藩镇的节度使。节度使能以某种需要从州提取岁入；他掌握一个地区的重兵，能为安全的需要自由地作出反应；他负责考核辖区地方官员的政绩，可以对他们施加强大的影响；他能因任何冒犯行动而惩处他们，甚至施以肉刑。按理说，州（而不是藩镇）在 809 年以后是向帝国上缴税收的单位。但一个州是否真正向中央政府上缴税收，这要取决于藩镇的职能和地位。如果藩镇提取了全部收入以维持其军队（如在运河地带），或者藩镇实际上受中央的支持（如在西北），州与藩镇的关系就相应地更牢固，而与中央政府的关系则较弱。我们现在可以确定的是，提取所在州收入的各镇并不被指望对国库有所贡献。但作为报偿，它应履行重要的职责。如上所述，它的军队要维持地方治安；它要派兵镇压叛乱；它甚至要提供军队抵御外患——如 849 年在西南和 862 年在南方那样。在民政方面，它被委以各种任务，如掌管紧急救灾和维持交通。从许多中央的指令中可以明显地看出，节度使全面监督地方行政的作用再三被强调。从这一意义上说，鉴于所处的地位表面上并不比州高多少，节度使仍反映了专使（它的设置可以追溯到唐朝初期）的基本性质。最后，各藩镇之间的巨大差别值得再提一下。我们在一开始就已提出，在有的方面情况就是如此。在 9 世纪以某种形式存在而可以确定的 50 个藩镇单位，有的没有地盘，而且缺乏真正的内聚特性，因此根本算不上一个"藩镇"。但只有逐个地加以分析，才能充分认识这些差别。

822 年后的河北

前面所谈的内容几乎不适用于河北三镇。在五代以前，魏博、成德和幽州坚持独立存在，与帝国其他地方的共同行动只能说是礼节性的。822年后，朝廷不打算进一步恢复对它们的控制，它们在军人领导下处理自己的事务，实际上没有外界干涉。它们与朝廷的关系和它们彼此间的关系的特点是一种稳定的平衡；也没有材料提及地方民众种种困难的情况，不过这方面的材料一般认为是比较空洞的。但是，领导层相对地说依然不稳定，权力斗争在魏博屡见不鲜，在幽州则是它的地方流行病。只有成德才称得上享有很大程度的统治延续性，那里的高级职位相对地说没有激烈的变化，这显然是境内接受了节度使世袭权的结果。782—907年，成德被两个家系所统治，一个从王武俊开始，经过三个接任者一直统治到820年，历时38年；另一个从王廷凑开始，其间经五个接任者，统治期达86年有余。世袭继任在其他东北诸镇也有发生；刘姓家系在幽州统治了36年（785—821年）；在魏博，田氏和何氏两个家系分别统治了49年和41年（763—812年、829—870年）。但它并不能保证节度使的继承像成德那样有秩序和顺利。

作为一个惯例，世袭继任是河北的一种特有现象，也被称为"河北旧事"。它表现为对一切权力来自皇帝的原则的否定以及地方的极度傲慢自大，所以被视为河北自治的最能说明问题的现象。它的产生原因不难找到。在帝国官僚制度已极度被削弱的部分，一个家族承担主要政治角色之事反而变得很自然。从某种意义上说，世袭权是唯一剩下的表示合法性的权利。此外，在这种高度个人统治的区域中，节度使周围有一批得力的随从，当节度使死后，这些追随者往往发现支持其子是正确之道和有利之举。成德继承之特别稳定，也许可用该镇首府精锐卫队的内聚力和纪律这一原因来解释。不过兵变和篡权的情况在河北与和平接班一样普遍；即使是和平接班，其最终的力量源泉还是军队。如果一个节度使失去军队的支持，他就没有希望留在职位上带兵了。总之，世袭继任可能起的作用与其说是一种权利，不如说是继任者对其潜在的竞争者拥有的一种实际优势。因此，"河北旧事"在树立节度使后裔的继任权时，也几乎同样显示了军队选择自己指挥将领的权利，简言之，这个特点是河北驻军的惯例。

　　朝廷不时情不自禁地利用地方上的分裂，以便在这个区域重新拥有发言权。但是头脑较冷静的人提请朝廷注意：过去有失败的教训；恢复控制代价很大结果却靠不住；这些长期建立起来的藩镇得到民众真正的支持。他们的意见一直占上风。当幽州发生兵变时，宰相牛僧孺在831年提出的论点典型地表达了这种看法：“范阳（幽州）自安、史以来，非国所有，刘总暨献其地，朝廷费钱八十万缗而无丝毫所获。今日志诚得之，犹前日载义得之也；因而抚之，使捍北狄，不必计其逆顺。”① 后面一个论点是极为重要的，前面已经谈过，东北边境长期以来是唐朝多事之地，它的税收只能勉强用于防务。幽州的自治对唐朝廷来说几乎没有物质损失。但魏博和成德的情况就很难说，它们所据的地盘富饶得多，人口也远为稠密，所以朝廷要在它们南面和西面诸镇驻守重兵，以抵消其力量。

　　这样，在822年以后，河北诸镇就不在考虑之列了，这种现实主义态度缓和了东北任何危机的激化，使朝廷得以把力量放在得足以偿失的地区。可是令人奇怪的是，朝廷依然能影响——即使是间接地——东北三镇的事态的发展。因为它们虽然实际上处于独立的地位，但并不打算断绝与长安的正式联系，并且孜孜以求皇上的合法任命。正如李德裕在844年所说的那样：“河北兵力虽强，不能自立，须借朝廷官爵威命以安军情。”②

　　事实不时证明了他论点的正确性。如果得不到朝廷的正式承认，地方就会出现严重不稳定的局势。撇开与本地的特殊关系不谈，这些地区的人民显然认为，他们继续是一个正统君主统治下的更大的政治体制的一部分。因此，朝廷至少在一定程度上能够仲裁和操纵地方的政治斗争，更垂青于那些可能是最听命于它的人。它可以为一个曾经与它合作但此时被赶出其治地的节度使提供避难所，并再次任用他，同时却能拒绝接纳那些不很受欢迎的前节度使。那么朝廷为什么又对这些节度使不论谁都给以正式任命呢？ 主要是因为，如果完整地保持

---

① 《资治通鉴》卷244，第7874页；《旧唐书》卷172，第4471页。
② 《资治通鉴》卷248，第8010页。

名义上的关系，它就能确保节度使们承认已经建立起来的那种和平共处关系。拒绝承认他们，就会造成两种严重后果：藩镇内部会出现严重的不稳定，而且会促使它对外采取侵略性的行动。

政府对两个分裂出来的义武和横海镇的控制使它在河北取得了一定的战略优势。虽然对它们的控制偶尔有失败之时，但朝廷任命的官员一直得以重新成为它们的领导。河北的这一桥头堡是朝廷一大关注之事。826 年，当李同捷在驻军的支持下谋求继其父为节度使时，横海出现了恢复自治地位的危险。这时正值新帝即位，所以朝廷直到827 年过了相当一段时间才开始对李同捷采取行动。在帝国的其他地方，这本来是比较容易处理的事，但在河北，要降服这一力量相对虚弱的单个的藩镇，却成了一个旷日持久和复杂的任务了。在三个自治藩镇中，幽州为朝廷作战不力；魏博扮演两面派角色，但很不成功；而成德自己最后被宣布为非法。此外，魏博和成德自己互相动起武来。最后，付出了高得不成比例的费用和作出了巨大的努力，在 829年春对横海的控制才得以恢复。

很显然，朝廷下决心要保住河北的这一东部基地，主要是因为它对河南提供了意义重大的保护，具有防御价值。横海在 822 年因增加了两个州而扩大了地域，同时它又拥有重要的经济资源，所以从 830年起它不需要中央对它的军事资助。可以设想，它从此甚至成为贡献岁入的地区。相反，义武依然是一个小的戍守藩镇，它的一半军资由朝廷负担。其驻军有时也是制造麻烦的根源，特别是在 838—839 年它造成的危机解决前，它的确使长安的领袖人物烦恼了一阵。朝廷对这些藩镇内部生活的确切影响不得而知；但我们可以肯定，中央政府一定给予军队和其他地方上有势力分子以一定的物质刺激，以使他们保持忠诚。[1]

随着昭义企图取得中央政府对它实际的自治地位的承认和要求政府同意其节度使之位的世袭权，朝廷和河北之间在 843—844 年间建立起来的平衡受到了最大的考验，结果造成了旧式藩镇的最后一次大

---

① 　关于河北约 820—874 年的发展，见彼得森《帝国的分离部分》第 5 章。

叛乱。昭义的历史与河北的特殊地位是分不开的，因为它自始至终被认为是对付这个区域危险力量的主要屏障。它横跨太行山，地处河北和河东，既有优势，也有不利条件。特别是如果没有北面成德和东面魏博的支持，它不可能作为一个独立单位存在下去。很明显，如果它完全摆脱朝廷的控制，后果是严重的。

自刘悟820年在昭义掌权以来，它一直由刘姓家族控制；刘悟曾在自治的平卢任职，在818年转而忠于王朝，当时他得到皇帝的赦免和任用。825年第一次世袭继承的问题在朝廷已经引起了激烈的争论，但当时朝廷动摇的领导集团最后同意对刘悟之子刘从谏的任命，后者随之治理昭义达18年之久，漫长的任期只会削弱朝廷对该地的控制。他经商的范围和种类更是臭名昭著。他经营盐、马、金属和一般商业，与商人分享利润；为了便于商人的活动，他还授予他们公职。自835年甘露事件以后，他公然对宦官采取强硬立场的意愿证实了他的独立性及其地位的力量。他死于843年，这时朝廷已有了远比825年更为坚定的领导集团，所以朝廷决定应由中央政府行使挑选接任者的权利就不足为怪了。但是，朝廷在制定进攻昭义的战略时遇到了一定的困难。它知道中央军队之渗入河北将会引起诸自治藩镇抱成一团去支持昭义。于是就说服成德和魏博从东面进攻昭义。节度使们无疑被许诺的物质报酬所诱惑，但同样重要的是，他们也担心在自己大门口的斗争会破坏他们与中央权力的有利的妥协。战争艰苦而持久，打了843年的大部分时间和844年一整年。昭义进行了顽强的防卫，这不但证明它有坚强的军事传统，而且还得到民众对此地方政体的高度支持。虽然因指挥分散、分裂和不受约束的官军作战而出现的那些往常的困难又出现了，而且朝廷付出了高昂的代价，但主要的目的已经达到，对政治形势也没有不利的影响。对现存昭义部队的指挥权按照819年改革定下的方式被精心地下放到各州。[①]

唐朝后半期河北地位的特殊性使清代历史学家顾炎武提出一个理论，即到了9世纪，唐朝廷与河北诸镇已发展了一种真正的互相依赖

---

① 见彼得森前引著作第5章。

的关系。① 最后，一方一旦垮台，另一方势必也垮台。顾炎武肯定夸大了这种关系的绝对作用，因为王朝的整个后半期因丧失了这些藩镇而是长期处于衰弱的地位。不过，尽管河北的情况特殊，它对唐朝的政治秩序和王朝的生存来说无疑是举足轻重的。对唐朝统治的真正的、最后取得成功的挑战后来却在一个完全不同的地区出现。9世纪的人们对河北的地方割据有充分的认识。由于具有顽强地抵制中央政府的传统，它所以被称为"反贼之地"。有些学者对河北这些军事政体的粗鲁特征的反应是不利的，甚至把它比作化外。令人奇怪的是，与全国其他地方的这种鲜明对比，840年经过河北的具有敏锐观察力的日本僧人圆仁竟未注意到。根据他的记载，这位旅行家认为河北不过是中国的一部分。但他的确看到了一个重要的例外：9世纪80年代对佛教的迫害在河北行不通——这确实是河北诸节度使政治独立方面很说明问题的证据。②

藩镇制的衰落

打算具体指出9世纪中央权威在藩镇开始崩溃的时间，这大概是徒劳的。③ 维持秩序的问题在9世纪中期以前在地方上已经出现，但在王朝最后几十年中央权威的最后和彻底的崩溃则要到黄巢之乱才开始。中央权力的衰落不纯粹是政治现象。它与深刻的社会和政治危机有密切关系，这种危机逐渐影响到淮河和长江流域富饶和高生产力的农业区的农村生活。

这场危机并非经济衰落的产物，而是经济迅速发展的间接结果。

---

① 顾炎武：《日知录》卷9（台北，1862年），第220—221页。
② 赖肖尔：《圆仁游唐记》（纽约，1955年），第205—213页各处及第388页。
③ 这一节取材于以下的研究著作：松井秀一：《唐代后半期的江淮》，第94—121页；日野开三郎：《中国中世的军阀》，第208—215页；栗原益男：《安史之乱与藩镇制的发展》，载《岩波讲座世界历史》，6（1971年），第173—178页；吴章铨：《唐代农民问题研究》，第137—209页及各处；堀敏一：《黄巢之叛乱》，载《东洋文化研究所纪要》，13（1957年），第1—108页。

自8世纪初期以来，这些地区的农业生产力和商业已经稳步发展，人口迅速增加，但伴随着这种发展的是土地越来越集中在少数人手中，这一趋势因政府在755年后放弃一切徒有其名的土地分配控制，以及因税赋负担不均和贫富差别扩大而随之加剧。到9世纪中叶，地方盗匪横行和人民离乡背井的现象（这些历来是农村苦难的表现）达到了严重的程度，而在京师，中央当局从这个地区取得的收入减少了。政府和它的政策部分地应对这种局面负责，但它们只是次要的因素。政府对根本的变化、迅速的发展和它们的广泛的社会影响是控制不了的。可是朝廷坚持要取得越来越多的岁入，或者至少要维持当时的水平，而根本不考虑地方的具体情况，这样就助长了地方官员的陋习。他们知道朝廷对他们成绩的考核只以他们取得的结果来衡量，而不问取得这些结果的手段是什么。随着危机的产生，政府也没有采取帮助苦难者的积极政策。因此，农民虽然可能同样受到私人利益集团的压榨，但政府的公开的征税要求证明是他们不幸的主要原因。地方官员通过对地方有财有势的人提供保护和给予特权以及通过其他的贪污行为，也增加了一般纳税者的负担。长江流域发生的这类事件有最详细的文献记载，这不仅是因为那里是中央政府最为关注的地方，而且因为它从那里获利的机会更多。可以肯定，不是所有的官员都贪污腐化到不可救药；倒不如说年深月久的个人偏私和不法行为不是一朝一夕所能消除的。此外，一个拥地者不论拥地大小，当他取得免税地位时，往往把它扩大到为他种地的农民身上。由于纳税人的减少而造成当地人民税赋负担的不平衡，再加上其他许多农民干脆出逃和迁往别处，这转过来又成为官员痛苦发愁的根源，因为他们仍一心指望能够凑满应上缴的税额。处于这种压力下，地方官员的对策可从9世纪30年代浙西一个过于热心的刺史的事例中看出：他亲自决定谁该不该纳税，然后派军队到该州各村各乡直接催课。①

　　地方的行政在9世纪经历了相当大的演变，这大大有助于解释帝

---

① 《册府元龟》卷698，第17页。

国约从 855 年起的事态发展。前面已经谈过，它吸收了地方各类人物，他们的社会出身与那些最正规的官僚的出身明显不同；也谈到了利用在地方政府中的地位通过财产的假转让来保护逃税的方式。中国的地方行政机构一直必须依靠本地的胥吏去完成许多基本任务，所以它们一直受到强大的、来自地方的压力。但在晚唐，地方的行政机构逐渐丧失了它们作为中央政府代表的特点，并且日益趋向地方本位主义。它们陷入地方利益集团的网络而不能自拔，但这些地方利益集团总是根本不赞成中央政府的政策和法令。结果，节度使和观察使、刺史及其幕僚等朝廷任命的官员同地方政府的本地公职人员（包括军队）之间的一直存在的潜在冲突就变成了现实，因为前者日益被看成是异己的和敌对的利益的代理人。这一局势反映了这一世纪自安禄山之乱以来正式的地方结构已经官僚化的程度，但它又突出地说明了长安的朝廷和帝国重要地区的地方集团之间的鸿沟日趋扩大。造成这种情况的一个重要原因是国家的官僚与这些集团之间缺乏牢固的社会纽带。在理论上，科举制度开辟了入仕之途，但仍只起小规模的作用。另一个因素是私人经济部门的规模扩大和迅速发展。但是，如果说在地方政府的官员或在一般地方民众中存在着一股强烈的反王朝情绪的暗流，那也未免过分了：他们只希望中央政府少来干预，这不一定与对皇帝的抽象的忠诚有矛盾。

　　与此同时，各地的军事力量严重削弱。军事预算和驻军的削减大大地减少了能紧急动员应变的军队。长期只习惯于守卫任务的驻军发现要保持他们的战斗技术和斗志必然是不可能的。但各地军队战斗力的下降还有进一步的原因，这种情况只有在 9 世纪 50 年代后期才充分表现了出来。宪宗时期所采用、并在他及其以后诸帝所推行的改革使战斗部队的规模变得很小，指挥权又广泛地分散在节度使和刺史的手中。这些改革（虽然还有别的因素在起作用）旨在一举解决另一个问题，即藩镇兵力过于集中，但结果在以后的几十年却把地方政府的兵力减少到不能维持地方治安的水平。除了边境的藩镇、东北拒不听命的诸镇和内地一两个特殊的镇——如武宁（从 870 年起改为感化）——以外，诸镇基本上变成文官性质的政府了。

因此我们必须根据这些变化来看待法纪荡然无存和抗拒官府的行为逐渐频繁的情况。845年，诗人兼文学家杜牧从他的长江任所呈上的一份关于江贼的报告中，详细地叙述了多达百名的盗匪在沿江袭击和洗劫居民地和市场而不受惩罚的情景。[①] 据杜牧所言，这些居民地长期以来一直受到掠夺和盗匪的蹂躏。值得注意的是，据说盗贼是从淮河区来到长江地区专事抢掠的。这说明，他们在其他地方胡作非为，就能逃避在家乡地区的惩处。他们还需要一个秘密市场以销赃。杜牧断言，他们与江淮地区的居民有广泛的联系，他们还乐于对一些村落公然进行武装保护（但不知他是否看到过其中某些村落）。他还确定这些盗匪贩运私盐，从其他许多史料中，我们看到这一时期出现了盐和茶叶的走私活动。后者主要是财政问题，但由于这种人在进行活动时藐视官府，并且不惜为他们的非法活动动用武力，所以他们也造成了一个治安问题。杜牧提出并得到宰相李德裕支持的一个解决办法是，设立一支有50条船的巡逻队在长江作战和保护其居民地。如果它真正实行，问题很可能成功地解决。但总的说来，严重的不法行为不断发生，一个重要的措施是，朝廷在852年下令在各成军地任命教练使，以便定期进行训练活动。[②] 事实上，盗匪活动在859年第一次引起了规模不详的民众起义，但在当时，驻军本身却是朝廷主要关心的对象。

虽然在历来多事之地（东北和武宁）麻烦依然不断发生，但这时地方驻军的兵变和骚乱以一种新的形式出现。兵变和骚乱在原来很少发生的长江诸镇和沿南方和西南边境的驻军中突然出现。后一种困境与9世纪中期以后来自南诏的日趋严重的外来压力（对中国本部和安南）和这些地区的土著部落日益扩大的暴动直接有关。政府感到难以将资源转用来加强南方的防务；办法之一就是抽调内地各地军中的分遣队到那里服役。这个办法和其他临时应急措施造成了后勤安排不当

---

① 《全唐文》卷751，第16—19页。
② 《资治通鉴》卷251，第8121页。

和服役期过长，从而又导致了南方戍军的不满和偶尔出现的暴力行动。

　　在长江流域动乱的过程中，浙东的观察使在 855 年被赶出其治地，湖南、江西和宣歙诸观察使也于 858 年被赶走，其起因部分是相似的。858 年朝廷官员张潜禀报皇帝，节度使和观察使们为了取得优良考绩，设法筹集财政结余，当难以增加税收时，唯一可选择的办法是紧缩开支，而军需和军饷就是最易下手之处。[1] 所以这类兵变与农村农民的苦难有关，但只是间接的。至少以 858 年宣歙的兵变而言，一篇近期的研究论文表明它还有另一方面的原因。[2] 对当时的观察使郑薰的苛政的反应是一场兵变，它表面上是武将康全泰领导。但真正的领导人物是幕僚李惟真，此人同时又是一个富商，曾利用其地位的庇护作用和特权而积聚了大量财产，而且私下招集了大批人马。此外，他的同谋者之一有大量土地，为了灌溉，此人又把持了原来要使 130 户得益的水源。这样的利益冲突无疑在各镇辖地很普遍；朝廷官员很想严厉推行不利于这些人的个人私利的法律和中央政策，但这种企图始终有引起反对甚至有力抵制的危险。

　　859 年后期浙东裘甫的起义是一个世纪前袁枢之乱以来这一地区第一次出现的军事大动乱。在整个唐王朝时期，东南一直异常平静，甚至 807 年浙西李锜之乱也没有发生什么真正的战斗。裘甫的起义在唐代则是新的事物，新就新在它是一次真正的民间农民起义。裘甫本人是贫民出身的亡命之徒，他纠集了 200 名追随者以劫掠为生，最后逐渐发展到攻打城镇和乡村。他在初期轻易地取得了几次胜利，攻占了几座县城，并且很快发现他的队伍迅速壮大到了数千人，据我们所知的史料记载，它扩大到了 3 万人，此数也许有点夸大。他们被描述成无赖亡命之徒，但其中大部分一定是农村受苦难的穷人。运动从一开始就反王朝，也许还是被阶级仇恨所激起的：官员和文人被杀；裘甫自称天下都知兵马使，改了年号，铸造了上有"天平"铭文的

---

① 《资治通鉴》卷 249，第 8071 页。
② 松井秀一：《唐代后半期的江淮》，第 116—117 页。

印玺。

由于浙东的兵力证明完全不足以平息这次起义，朝廷于是命高级将领王式负责镇压叛乱者，并从邻近诸道和从河南调兵遣将。王式先下手为强，封锁了主要集结在明州和越州的叛军的一切退路。他还开仓济贫，以减少民众对裘甫的支持或潜在的支持。但战役仍持续到860年的夏末，经过了叛乱者的顽强抵抗才告结束。虽然这次叛乱主要是地方性的，但它表明在王朝的生存必不可少的这个区域，社会和经济问题正在接近危急的阶段。可以毫不过分地说，作为第一次爆发的民变，这次叛乱常被视为是黄巢叛乱的前兆，或者更确切地说，这是一次被民众的愤怒和苦难煽起和支持的叛乱。

人们有兴趣推测，政府可能采取什么行动路线，以防止它在各地的权力和控制进一步削弱。但得益于现状的政治上举足轻重的人可能太多（特别是在各藩镇中），因此不存在支持根本变化的真正基础。总之，在一心寻欢作乐的懿宗治下（860—873年在位），对策根本不存在，而他的大臣也没有表现出什么采取新的主动行动的才能。但如果认为王朝国祚急剧衰落的现象一定到处可见，并以此来描述当时的局势，那也是错误的。裘甫的叛乱在很大程度上是地方性事件，而且长江流域经过了若干个别地方驻军的哗变后，秩序已迅速恢复。国内没有明显的重大政治威胁，尽管朝廷已把注意力转移到南方地区的防务问题方面（这样做有充分的理由）。但与此有关的措施之一在国内却有重要的意义。

武宁长期以来是帝国的多事之地，其驻军在862年赶走了节度使。朝廷任命在对付安南战争和镇压浙东叛乱中久经沙场的猛将王式以取代其位。虽然朝廷以前曾对徐州的军队进行过几次讨伐，但他们一直长期不听从朝廷指定的节度使。王式率领从各地军队中调来的分遣队进城；朝廷显然同意了他的行动计划，于是他开始大批杀戮武宁的军队，据说达数千人（虽然其规模很不一般，但像这样大批杀戮并不是独一无二的，其他几次发生在831年的山南西道、819年的兖海、840年的义武和845年的昭义）。这个行动暂时稳定了武宁的局势，不过许多武宁的士兵设法出逃，转而去干包括当盗匪在内的营

生。后来，为了再进一步削弱这支军队，约 3000 名士兵被派往防务
问题又变得非常重要的南方边境值勤。原则上，他们在三年期满后应
该返回家乡，但一支已值了两期勤务的 800 人的分遣队又奉命留在桂
州再驻守一年。事实证明，这个因素，再加上不满他们的领导等其他
原因，使他们忍无可忍。868 年夏驻军哗变，并在他们自己的一名军
官庞勋率领下，自行开始了返回家乡的旅程。① 朝廷事后批准了他们
的行动，而只满足于解除哗变部队的武装。但他们又获得了新的武
器，继续其返乡路程，在不到两个月里到达徐州。徐州的节度使拒绝
他们进城，因为他有充分的根据怀疑他们的忠诚。于是他们转而采用
武力，他们的哗变很快就转变为公开的叛乱。叛军这一次又获得广泛
的民众支持。哗变者是本地人，而该地过去又有经历大风大浪的历
史，这两者很可能是促使民众支持的因素。叛乱者夺取了宿州、藩镇
所在地徐州、濠州和其他重要的地方。他们又攻入今之山东、江苏、
河南和安徽诸省。对邻近区域进行这些袭击的主要目的是为投奔叛军
者的大集结取得必要的给养。政府不得不动员大军，对叛乱首先是遏
制，然后再镇压，历时达一年多。叛乱最后在 868 年秋末被平息。在
此期间，汴渠的交通当然中断，这就迫使政府使用另一条航道（但它
肯定是不够的），以便把货物从南方运往长安。另外，政府的几次决
定性的胜利是通过从边境派来的 3000 名沙陀突厥骑兵的援助取得的，
在唐代，这是第一次把外国辅助部队派往黄河以南的行动。

近代有些历史学家从这一事件中看到这样一种民众叛乱的过程：
它一方面能够蔓延到广大的范围，但又被叛乱军事领袖的狭隘和自私
的目的所出卖。② 不管情况是否这样，我们从中可以清楚地看到，帝
国的心脏地带潜伏着大批叛乱分子，他们是心怀不满的士兵、退役的
士兵、原来的谋反者、土匪、走私者和人数最多的那些在农村受压迫

① 关于这次叛乱的记述，见戴何都《868—869 年的庞勋叛乱》，载《通报》，56（1970
年），第 229—240 页。

② 松井秀一：《唐末的民众叛乱和五代的形成》，载《岩波讲座世界历史》，6（1971 年），
第 246—247 页；堀敏一：《黄巢之叛乱》，载《东洋文化研究所纪要》，13（1957 年），
第 52 页。

和被剥夺生计的人。被这次叛乱波及的区域遭到严重的破坏，所以一定一直处于高度不稳定的状态，不是短时期就能在经济上恢复高生产力的。中央的财政遭到沉重的打击，一方面是因为它直接丧失了富饶和高生产力区域的岁入；一方面是因为要支付巨额费用以供养战地的军队。中央政府对诸镇的控制一定变得更加松散，这在相当程度上是因为官员内部对帝国国祚的信心下降了。这样的一次小事件竟被听任发展为一次大的叛乱，这对当时朝廷的领导集团来说，几乎没有材料可为他们辩护。

但当事变和危机发生时政府难以应付的一大原因在于地方行政和军事机构的虚弱，这时，它作为中央权威的延伸既没有力量，又缺乏反应能力。由于兵权的分散和军费的不足，地方官员在他们所辖地区再也不能保持足够的安全；此外，驻军本身的素质也严重下降。同样重要的是，随着各地行政中心日益处于地方富人集团的影响之下，内部的分裂使这些中心有发生内部破坏的危险。在此以前的一个世纪，藩镇与中央的对抗是，节度使一般能组织其治地的资源来支持他。这时开始出现的形式是，最初的对抗发生在州镇内部，矛头指向朝廷任命的节度使（或刺史）。换句话说，州镇中心成了内部不稳的根源，不过其意义与安禄山之乱以后的不稳根源很不一样，但在9世纪第三个25年的整个时期，这些中心尚未呈现出一种公开反王朝的形式。反王朝的形式只是在黄巢叛乱引起的混乱中和混乱后才出现。州镇中心成了利益集团和土匪盗寇的牺牲品，前者习惯于利用它们，后者像以往那样先夺权，然后要求软弱妥协的朝廷正式批准。有人说，藩镇结构以提供摧毁王朝的手段而告终，但这种情况只是在其领导的组成发生迅速和彻底的改变和它在新的基础上重新军事化后才出现的。①

从755—906年期间中央和地方之间的权力转移中，人们会注意到一种来回摆动、甚至是周期性的行动，即往一个方向的运动最后让位于往另一方向的运动，等等。但是在我们的知识足以证明有关的相

---

① 参见《新唐书》卷50，第1324页（戴何都：《〈新唐书〉百官志、兵志译注》，第751、785页），它没有注意到地方行政不时发生的变化。

互作用的因素事实上的确产生一种来回摆动或周期性的形式之前，以上的观念不过提醒我们"人事中的一种时势"这个事实而已。此外，本书各章都清楚地说明，唐朝在这一时期有明显的变化。黄巢之乱时的形势及其后果与安禄山之乱时的形势及中央权威因之而变弱的情况很少有相同之处。

可以毫不夸大地说，唐朝廷经历 755—763 年原 781—786 年的危机后有了明显的恢复，当时叛乱严重地动摇了国基。在它作出的种种努力中，它显然在抓中国历史中中央政体面临的关键问题之一，即我们称之为中国这一广袤领土的团结和凝聚力问题。政府的行动无疑是维持这种团结和凝聚力的先决条件，但如果没有至少大部分民众的默认，它就不能长期保持有效。因此，当我们必须专心研究政府在努力重新集权中采用的方法和政策时，它所发现的对实施程度的反应也绝不能被忽视。确认它为政治中心和接受既存体制的情绪在全国一定十分强烈，否则唐政府在 8 世纪不得不面临致命的挑战时不可能幸存下来。9 世纪中叶以后，在制度要求和当时主导的社会形势之间许多人产生了分歧，这大大地削弱了上述的那些情绪。所以，当不法分子在地方上攫取权力和中央逐渐被混乱所困扰时，像前一个世纪那样对复兴唐中央政府的足够的支持就不可能出现了。显然，对唐朝权力的最后垮台，不应作出简单的解释。

第 九 章

晚唐的宫廷政治

中国历史上8世纪和9世纪的史料大多数已见于文人著作中，它们在数量上远远超过了以前时期的材料，因此我们很容易设想唐朝末年生活的一般特性是怎样的。除此之外，本文的主题——研究从755年到大约860年间的重大政治问题——比其他任何题目在文献和历史著作中或许都得到了较好的反映。可见，对政治历史学家来说特别令人失望的是，有几个晚唐宫廷中的主要问题我们将永远不可能得出满意的答案，因为文献不足征之故。这不是一个枝节问题，也不是一个如何自圆其说的问题，因为9世纪的材料，无论就数量或质量来说都有严重的缺陷。所以我们必须把中国的众多史料作非常仔细的推敲，尽可能不使它们的爱恶偏见和缺而不载的地方把我们引入歧途。自然，这个方法看起来并不出众，但是对于某些晚唐的题目（例如9世纪的政治派系斗争，千余年来都在那里各执一词地解说纷纭）说来，由于缺乏过硬的新材料，所以究其实只能对传统的曲解加以解析，此外就再也不能有什么作为了。有时，我们能从唐代的诗文集中勾稽一星半点关于这些困难问题的材料，但毫不奇怪，这些用来确证发生在很久以前的事件的材料又往往证明是站不住脚的，或者是不可信的。总而言之，现代学者才刚开始致力于8世纪和9世纪中国历史上的许多重要方面的研究，因此，下面的论述应该看做对晚唐政治所作的一个初步的提纲挈领式的描绘。

安禄山之乱及其后果，755—786年

安禄山（703—757年）是一个有部分粟特人血统的职业军官。[①]

---

① 浦立本：《安禄山之乱的背景》第2章（伦敦，1955年）。

他在政治强人、宰相李林甫（752 年死）的庇护下，从地方行伍起家，爬到了雄踞满洲边境的范阳镇节度使这一权重一时的高位。[1] 在 8 世纪 40 年代之末和 50 年代，安禄山装成普通一兵和滑稽可笑的小丑模样，成了长安最新奇的怪人，甚至被宠妃杨贵妃认为义子。可是在李林甫于 752 年死去以后，安禄山认为自己是唐朝朝廷中有力的争权者，因为他在东北建立了强大的基地。他威胁着杨贵妃及其堂兄、身为新宰相的杨国忠（756 年死）的地位。于是这两方政治势力展开了一场神经战，因为在 8 世纪中叶，虽然唐玄宗（712—756 年在位）不积极参加一般朝政了（史书责怪他专搞宗教活动和沉湎于奢侈生活），但国事的处理和政权的行使仍然需要得到他的赞助或批准。在这样一场争权力的斗争中，在京城的杨家兄妹当然比安禄山占有地利的优势，因安禄山身在范阳，相距 800 公里之遥。他不可能冒险地长途跋涉到长安去驳斥杨家对他的控告，但他也不能准许杨家的阴谋发展下去，让敌人解除他的兵权，甚至将他投入审讯。毋庸置疑，这种猜疑不安的气氛一定促使他下决心向朝廷造起反来。[2]

安禄山掌握训练有素的精兵，按不同的估计约有 10 万—20 万之众（包括从边疆部落中征调的骑兵），另有在今日北京周围地区的一个巩固的基地。反之，由于中央军和其他军事组织都已腐败，政府则准备不足。[3] 它自己没有直接掌握的军队，只有由皇宫侍卫组织起来的一些小部队。结果是在叛乱爆发后不到两个月的 755 年后期，安禄山的军队就长驱直入地南下，过河北，下东都洛阳，并且进抵潼关东端的渭水和黄河交汇处，其地距长安仅 100 公里远了[4]（这一叛乱的细节，详下）。

唐廷只得唯那些尚忠于皇室的节度使的军队是赖了。节度使哥舒翰（756 年死）曾为朝廷效力，用兵于西部边境以反对吐蕃，现时派

---

① 浦立本：《安禄山之乱的背景》第 5 章；日野开三郎：《中国中世的军阀》（东京，1942 年），第 10—27 页。

② 见前引浦立本书，第 7—8 章

③ 滨口重国：《从府兵制度到新兵制》，载《秦汉隋唐史研究》；谷霁光：《府兵制度考释》（北京，1962 年），第 215—246 页。

④ 《资治通鉴》卷 217—222。

他来镇守潼关，以遏阻安禄山的前进。可是，他一到任就陷入绝境，在他和朝廷之间爆发了棘手问题。为了消解长期存在的不满，哥舒翰于756年初劝说皇帝诛杀另一节度使。杨国忠对这件事无左右的能力，他愤怒地把哥舒翰的复仇行为看做另一次锐利的打击，即一个封疆大吏想牺牲朝廷官员以取得权力的杀手锏。因此，杨国忠进行反击，他建议皇帝命令哥舒翰从安全的潼关据点向叛军出击。唐玄宗接受了杨国忠的建议；尽管哥舒翰反对，但他别无选择，只得遵命出击。他的军队马上被击败和溃散。哥舒翰于是投降安禄山。通向长安的道路被打开了。

像惊弓之鸟的皇帝及其随从于756年年中从京师向西南方向逃亡，经过崎岖山路之后进入四川境内，这在中国历史上是名播古今的事件。唐玄宗的逃难成了许多绘画和诗歌的题材，其中最著名的有白居易（772—846年）的歌行《长恨歌》，此诗叙述了皇帝被乱兵所迫同意处死杨贵妃后的悲痛之情。[①] 士兵们还要求杀杨国忠，作为他们护送唐玄宗，过离乡背井的凄苦生活的代价。不论是《长恨歌》还是关于这一事件的其他伤感的诗歌，宰相杨国忠和杨贵妃都被说成是以前15年盛世繁华的凋谢的象征，也被看成是罪有应得的腐败人物。他们自然要负一定的责任，但他们也是那些被破坏了舒适生活的人们泄愤的替罪羊和牺牲品。对于政治和社会精英集团来说，他们感到震怖莫名，因为他们看到了强大的唐帝国政府竟然瓦解于顷刻之间，更为震惊恐怖的是，皇帝已于夜间仅带少数亲人和心腹悄悄离开京城出走，他们自己却被遗弃在原地。许多世家大族的成员惊慌失措地南逃，有些人再也没有回来。长安陷落后不久便出现了8世纪后期经常能见到的悲观失望的不信任情绪和严厉批评的情绪。[②]

---

① 《白香山集》（商务印书馆版）卷12，第47—48页；参照 G. 伯奇编《中国文学选集》第1卷（纽约，1965年），第266—269页。

② 浦立本：《公元755—805年唐代文化界生活中的新儒家与新法家》，载芮沃寿编《儒家信仰》（斯坦福，1970年），第83—85页；D. M. 麦克马伦：《八世纪中叶的历史理论和文学理论》，载芮沃寿、崔瑞德编《对唐代的透视》（纽黑文，1973年），第307—342页。

　　离开了马嵬驿行刑之处以后，唐玄宗的逃难人群便一分为二。实际上，在马嵬驿向皇帝纷纷提出应该去的地方有几个——有人说去太原，有人说去灵武，有人甚至建议折返京城；但是不管有多少人反对，皇帝仍然坚持杨国忠原来的意见，那就是他应该逃往四川，而由他的臣民寻找时机，重整旗鼓，并赶走叛乱者。当玄宗出发往成都时，他把太子暂时留在后面，让他向老百姓的代表解释这一战略撤退的意义。代表们生气了，结果，太子的心腹顾问们——包括他的两个儿子在内——都敦劝他应促使唐王朝努力捍卫自己。他们争辩说，如果他和他的父亲都僻处西南而不与天下通声气，那么，唐皇室将很快被人遗忘。史料告诉我们，太子在经过应有的迟疑之后，听从了他的顾问们和人民的意见而向北进发，只带了数百人急行军至黄河西套的灵武。在这个设防坚固的根据地，太子打算召集仍然忠于皇室的将军们和节度使们纠集和装备一支勤王军，以期夺回京城，准备让玄宗胜利地回銮。正像顾问们所指出的那样，要尽孝道，莫过于此。①

　　形势很快就明朗了，太子自己应该即皇帝位，而关于他一再逊让的说法也恐怕是史书上的溢美之词。756 年夏，唐玄宗上太上皇帝尊号；虽然他在一段时期内继续暂时保留了一个朝廷，但符玺却被送往45 岁的太子处；后者的庙号是肃宗（756—762 年在位）。可以假定，对这样一次篡权行为有过一些反抗，但是，老皇上毕竟能处之以很得体的方式，并且他也定能忆起他就是在非常时期即位的，所以他没有试图阻止此事。总之，几乎没有哪一个高级官员赞成一位宰相提出的建议，把唐帝国分给玄宗皇帝诸子，使之形成为一种封建的政体。②大家一致的意见是，进一步分裂国家实乃灾难。

　　远方州镇中效忠唐室的官员得知肃宗即位的消息是在约两个月以后，但他们至少有理由开始希望在他的领导下能中兴唐王朝。尽管西北的少数军官在最初有所反抗，但帝国数以万计的军队纷纷从东线抵达灵武和太原，从而壮大了那里的队伍。这些部队由将军郭子仪

---

① 《资治通鉴》卷 217，第 6974—6978、6980—6981 页。
② 《资治通鉴》卷 219，第 7004 页。

（697—781 年）和李光弼（708—764 年）统率；这两个人即令不像后世史家所说的那样是百战百胜的军事天才，也仍不失为有能耐和富于经验的将领。另外，通常构成中央政府的官僚群现在不在皇帝身边了，这本身就是有利条件。军队可以向地方征发粮食马匹，以满足他们大部分的需要，同时，数量不大的给养品也从华中经过汉水运到了灵武。肃宗的流亡政府在 757 年初已积蓄了足够的力量来打败他的一个兄弟永王璘的挑战，后者想在长江中游建立一个单独的"封建"政权。

经过了许多令人鼓舞的胜利之后，757 年春天肃宗决定以收复长安为天字第一号任务。由于得到其地位至少是可汗之子所率领的、来自北方大草原的回纥突厥骑兵的帮助，这次战役在秋天发动。长安迅速攻克，但当要求回纥人继续前往洛阳时，困难出现了。回纥王子声称，没有人把这计划于事前告知他，他便当面羞辱唐王朝的新皇太子。后来在克复洛阳之后，政府不得不在原议之外又厚赂回纥人，以示笼络。可是，就在那个冬天，唐皇室尝到了凯旋的甜头。太上皇帝又一次祝福他的儿子继位，官吏们都领受了赏赐，黎民百姓至少可免于叛乱者的掳掠和杀戮之苦。

但是，这样匆匆忙忙地回到两个首都来，是不是一个战略性错误？很可能是的，因为朝廷突然放弃居无定所的状态，采取了固定的驻地，这样就负起了供应和防卫固定驻地的责任。虽然皇帝的军队足以打到洛阳，但他们还得深深地依靠外族的骑兵来建立打击力量，所以他们根本自己无力向前进军。而且最重要的是，唐王朝既然生存下来了，紧迫感即随之消失。人们的思想开始注视着自己的未来；他们不再艰苦地作战了；因此战争拖延了下来。现在已不像肃宗在灵武时，甚至也不像后来进军长安时期那样毫无其他道路可走。例如，李泌（722—789 年）即令是一个有争议的人物，也是肃宗的一位高明的宰相，他曾向肃宗提议直取叛军的心脏范阳。叛军的交通线似乎延伸得太长，而那种策略可以深入敌人领土，在侧面包围敌人在洛阳和长安的军队。在皇帝的部队和悬隔于河北的勤王之师的飞地之间也可以建立联系。但是肃宗仍然坚持，夺回皇宫表示光复故物，而打败叛军只不过是时间问题。

可是，时间也恰恰是叛军所需要的。他们撤退至今安阳地方重新纠集，诸叛军领袖在这里企图共商大计。757 年初期，安禄山已在其子安庆绪的唆使下被人刺杀；据安庆绪自言，他刺父的动机完全是要保护叛军高级官员免受他父亲喜怒无常的荼毒之苦。但是，叛乱运动的凝聚力大部分靠安禄山与他的随从者的个人联系来维持，而这种联系并未传给安庆绪。安庆绪和叛军最能干的将领史思明之间出现了不和。759 年初期史思明刺杀了安庆绪，将其军队撤至范阳，自己即叛逆的“大燕”王朝的帝位。过了约一年时间，叛军的处境似乎好了一些，他们就准备于 760 年夏再从肃宗的军队手中拿下洛阳。但河北和河南的军事形势那时主要已成僵持局面，于是史思明引军向南，想第一次把战争引向淮河和长江流域，不过未取得显著的成功。也许由于这个原因，史思明又被其子史朝义所杀，虽然其情况和口实都和第一次弑父事件十分相似。5 年之内出现了 3 个杀人凶犯和 4 个皇帝，这一定大大地削弱了叛军，但是叛乱运动仍坚持了下来，因为政府未能采取有效的行动。[①]

事实上，随着时间的流逝，朝廷取胜的希望也暗淡了下来。由于军情紧急和便于收复长安而在灵武建立起来的明确的野战指挥体系，[②] 因危机缓解而趋于崩溃。将军们不听太子的指挥（太子也不是一位很得力的总司令），他们彼此间也互不协调。政府感到非常难于鼓舞他们和酬谢他们；荣衔与爵位赏赐得太滥，而且硬通货现在也越来越紧缺了。朝廷不能使它的将军们忠勇善战，加上文官们和有权势的宦官们（详下）积极干预军务，所以把事情弄得更糟。何况长安还有许许多多政治上的阴谋诡计。由于所有这种种原因，政府的战略约在 759 年初之后主要就只采取静止而虚弱的守势。这个时期郭子仪于 759 年和李光弼于 761 年领导的两次最大的攻势，都以惨败告终。

这一格局直到玄宗与肃宗于 762 年春同时期晏驾才得以更张。当

---

① 《资治通鉴》卷 218—221。
② 《唐会要》卷 78，第 1422—1423 页。

时即位的太子为代宗（762—779 年在位），并不是一个能彻底改进朝廷形势的能干之君，但他在接获一则重要情报后也确实措置得很贤明。一个派往回纥进行修好的使节报告说，回纥与叛乱皇帝史朝义已有勾结，并且已被史朝义所诱叛；这使节又报告说，回纥人此时正动员一支大军前来进犯。唐代宗立即派遣了一位有能力安抚他们的人仆固怀恩（765 年死）前往；仆固怀恩是一位先世为突厥人的重要将领，他的女儿在几年前已嫁给回纥的可汗。① 由于用了大量的货贿，仆固怀恩说服了他的女婿，叫他不要叛唐，反之，他应该助唐攻击洛阳的叛军。

可是，正在这次讨伐的进行过程中，中国的新太子——即未来的德宗（779—805 年在位）——和回纥可汗之间发生了很类似于 757 年的事件。身为中国军队的统帅的太子得罪了可汗，因为他没有对可汗表示这些游牧民认为是得体的尊敬。其结果是，太子扈从中有几位劝他保持天潢胄裔尊严的中国官员，被回纥人鞭打致死，以作为惩罚。自然，这对唐王朝的威望来说是一次重大的羞辱。渴望打仗而以此为劫掠口实的回纥人在收复洛阳后继续大肆杀戮和掳掠，但他们不是针对官军，而是针对手无寸铁的平民百姓。其实还应该公平地补充一句，中国军队把洛阳当做叛军领土，所以他们也趁火打劫。三个月之后暴行才最后止息，但已对那个地方的经济造成了广泛的损失。

可是，中国与回纥人的联合军事行动迫使史朝义逃遁，也使得他的将军们考虑投降唐军而保命自全。政府鼓励他们倒戈，答应原封不动地保留他们现在所居领兵官的地位。史朝义再经过几次严重打击之后，当他试图逃往边地民族中以求自全时，因众叛亲离而被杀。朝廷于是任命他的四员副将为节度使，各人领其州镇，② 事实上即今天河北与河南北部之幽州、相州、成德和魏博。因此，唐朝政府并没有实际打赢这场战争，甚至也不能肯定地证明它可以打赢这场战争，但它又从最严酷的危机中挣扎着站了起来，而且武断地宣告大叛乱已经

---

① 《旧唐书》卷 121，第 3749—3780 页；《唐会要》卷 6，第 75 页。
② Provinces 一词，在晚唐用于约 50 个相当大的观察使和节度使的辖区。

平息。

可是，后来的事件表明，朝廷同东北的冲突仍方兴未艾。尽管史朝义已传首长安，同时政府还有其他自我陶醉的庆功活动，事实却是中国的东北部已变成了自治地方。节度使的职位总是使他拥有广泛的文职权力，而且据知，在762年之末他们都在所管辖的地区内对平民肆无忌惮地行使法律特权，在此过程中实际上拥有君主式的权力。长安在几个方面都被迫把这些州镇当做重要的半外国性国家，尽管这样做有损于它的威望，或者更确切地说，有损于它的自尊心。8世纪后期和9世纪初期的皇帝们一直担忧，怎样才能把他们对全帝国的至高无上的权力和当时的政治现实调和起来，关于这一点我们即将在本章下文详细申述。

朝廷也没有多少空闲在763年去搞庆贺，因为这一次从西边又出现了新的威胁。中国和吐蕃王国的关系从来没有一个打得火热的较长时期。到了8世纪中叶，710年中国—吐蕃王朝婚姻所带来的暂时修好又被人们忘得一干二净。[①] 8世纪的30年代和40年代不时发生边境战争。安禄山叛乱爆发以后，吐蕃王乞黎苏笼猎赞（754—797年在位）就决定利用中国的这一次内乱。[②] 他命令他的骑兵通过位于今天甘肃省东部和青海省的陇右道与河西道逐步向前推进。大约在760年以后，吐蕃人每一年都要打下几个塞外州城，到763年便蚕食到了关内道（今陕西）西部边境的城市。唐朝廷并不十分介意吐蕃人的威胁，可能是因为中国那时正受到鄂尔多斯地区边境部落的外来压力，[③] 至少从心理上说受到了回纥人的压力。因此，在8世纪60年代初期，唐王朝对吐蕃人之会攻打长安是一点准备也没有的。

763年晚期，邠州刺史开城门投降了吐蕃，使他们因此距长安只有125公里。代宗顿时惊慌失措。他和朝廷逃往去洛阳半道上的陕

---

① 山口瑞凤：《吐蕃和唐代婚姻关系》，载 MTB，27—28（1969—1970年）。

② 关于吐蕃诸王的名字及其生卒或在位等年代，均据佐藤长《古代西藏史研究》（二卷，京都，1958—1959年）。

③ 即唐古特人；冈崎精郎：《唐代唐古特的发展》，载《东方史论丛》（奈良），1（1947年），第57—205页。

州，而老百姓和世家大族也又一次四散逃命。由太子和郭子仪匆忙地组织起来的地方防御部队也随之撤退，以图巩固阵脚。吐蕃人于763年阴历十一月突入长安，留在城内约半月，对这个最近重建的城市大肆烧杀掳掠。吐蕃人选了一个中国公主的年迈的兄弟做傀儡皇帝；这公主在50年前嫁给一位吐蕃王。

唐军不久重新进入了长安，但吐蕃人很心满意足地带着掳获物而扬长而去。唐代宗于764年初期返城，并处死了僭伪之君，但这只不过是一个小小慰藉。吐蕃人的实力没有受损，他们只退回到了陕西西部的主营地，这就是他们半年前出发的老地方。在以后的13年内，即直到777年，吐蕃人几乎每年秋季都要出击，这是游牧民照例进行军事活动的季节。他们每一次行动的骑兵兵力都有所不同。有时他们只不过出动5000人，但正像郭子仪所哀叹的那样，中国军队在反对吐蕃人的势力时极像惊弓之鸟。767年和774年有两次软弱无力的和平倡议，但都无甚结果。吐蕃人不仅意识到中国在继续削弱下去，甚至于768年把他们的一位最好战的将领从战场上召回去当了大相，从此他们对中国人的压力就更大了。唐朝要积以时日才能使它的防御发挥效力。直到774年末，郭子仪才估计出他的军队只及吐蕃可调动的人数的四分之一，而他所能支配的马匹相比之下也是微不足道的。[1]我们没有关于在8世纪60和70年代吐蕃人偷掠了多少东西的确切材料，但可以毫不夸张地说，他们的侵袭给唐朝缓慢的恢复进程造成了破坏性的后果。一个特别严重的打击是唐帝国把在陇右的最优良的牧马场地丢给了吐蕃人，从而使得中国更要仰赖回纥人的马匹和他们的骑兵支援。

安禄山之乱以后最使唐王朝感到不堪的是他自己的一位将军仆固怀恩的叛乱；此人在762年因约束回纥人而给唐王朝帮了不可估计的大忙。作为763年辅助部队全面复员的一部分，仆固怀恩曾受命护送回纥可汗返回他们的大草原老家。可是，他在北上途中与回纥人会合时，与河东节度使发生了冲突，后者拒不按常规礼仪给予他的军队在

---

[1] 《全唐文》卷332，第12—13页。

过境时所应享有的犒赏。节度使之所以拒不犒师，其理由尚不得其详。不过，这位节度使也和大家一样，对一个与外国有关系的掌重兵的武人会搞另一次阴谋的可能性一定心存戒备，换句话说，他怕会出现第二个安禄山，这种心理状态促使他控告仆固怀恩图谋不轨。唐代宗命一名宦官调查此事，结果他支持了河东节度使的控词。仆固怀恩上了一篇长疏为自己辩白，皇帝竟未置答。[①] 仆固怀恩把这种沉默视为驳回其辩词，于是也像安禄山一样决定为自己的生存而斗争了。764 年初期，他派他的儿子率军攻太原。他的儿子在太原战败，后来又被部下所杀，但是仆固怀恩逃往灵武，在那里重新纠集军队。他的主要盟友是吐蕃人，后者也已打算进攻长安，他们正需要一个知中国内情和有领导艺术才能的人，才能大获全胜。有些回纥雇佣军也加入进来。这支像滚雪球般的大军在 764 年秋天使京师西边通路上的居民大为震恐。次年，仆固怀恩准备率军采用包围战术，但他忽然暴死于营地。这次攻势便无形瓦解，他的许多士兵投降。中央政府后来把这些事件归于天意。郭子仪收买回纥雇佣兵去攻击吐蕃人，于是吐蕃人西撤而去。

这次叛乱实在是一系列同类叛乱中最严重的一次，这时地方文武官员或者丢了官，或者甚至丢了性命，因为在他们和被围困的唐朝廷之间彼此都缺乏了解。[②] 皇帝和他的顾问们曾经情有可原地警惕着战场上的可疑行为，但有时他们的关心又近乎偏执狂。诚然，中央政府自己也助长了这类问题，因为它准许各种私仇影响国家事务，也不考虑必须制定对付臣下附逆或谋反的一以贯之的方针。尽管精心制定了对被控的附逆者进行调查和起诉的程序，但很清楚，在许多情况下起决定作用的是政治，而不是法律。如果叛乱高级官员可以不加追究，甚至能当上朝廷的官员，那么，王朝的忠顺小官吏就会扪心自问，他们还值得继续效忠吗？流言蜚语、阴谋诡计和意气用事严重地损害了

① 《资治通鉴》卷 223，第 7147—7150 页。
② 例如，可看刘展（《资治通鉴》卷 221，第 7097—7102 页）和来瑱（《旧唐书》卷 114，第 3364—3368 页）的事件。

士气民心，而且也和其他任何事情那样损害了唐政府在安禄山之乱后重建的能力。

唐代宗时代（762—779 年）长安的政治现象

宦官

宦官在朝廷政治中的活动，无疑是唐代后期历史上的一个特点。可是，他们的重要作用是逐渐形成的，他们在唐代前半叶的作用是很有限的。[①] 唐初的宦官一般是来自战俘，或来自南方边境地区（福建和广东）的幼儿，他们被太宗皇帝在后宫和皇宫中当仆役使唤。太宗下诏规定，宦官的身份应永远限为平民，也不许他们做高官，即不能任职在三品或三品以上。[②] 可是为时不久，这些初期的硬性规定就被篡改，因为宦官的用处对许多皇帝来说变得很明显了。内侍省从唐王朝初年起就由宦官组成，它原本只限于搞些宫内日常生活事务，后来慢慢扩大了它的权力范围，直到它变成了最庞大和最重要的官衙，统包了皇家的全部家事。在武则天皇后（690—705 年在位）时期大肆任用杂差，宦官的数目增加大约 3000 人。[③] 由于他们是朝臣中唯一有权不断接近皇帝的人，甚至在皇帝的燕居中也是这样，所以宦官开始变成了皇帝和朝臣们之间的中间人。最初他们只是照料一下文件和口宣诏旨，但是到了后来他们偶尔也参加重要的议事。他们只向皇帝个人负责，而且完全从属于他。唐玄宗则把他们当做心腹信使和情报来源来使用。

高力士（762 年死）是初唐最著名的宦官，在从 710 年起的 10 年中为唐玄宗获得帝位起过关键的作用，因而自此以后他在朝廷内有很大的个人影响，直到玄宗在叛乱时期去世为止。高力士是第一个获得三品官位的宦官，从而破坏了太宗的禁令。从 8 世纪中叶起，宦官

---

① 赖德奥特：《唐代宦官的兴起》，载《大亚细亚》（新版），1（1949—1950 年），第 53—72 页；又 2 和 3（1952 年），第 42—58 页。
② 《唐会要》卷 65，第 1131 页。
③ 同上书，第 1131 页；王寿南：《唐代宦官权势之研究》（台北，1971 年），第 2 章。

们还被授以贵族爵衔。安禄山之乱的危机自然为高级宦官谋求私利提
供了机会。第一个这样的宦官便是机灵的李辅国（762 年死），他在
肃宗当太子时就是东宫的一个随从。在灵武的时候，新皇帝很赏识他
的才能，把他拔擢为元帅府行军司马；在实行总动员的时候，他在这
个职位上的权力可以匹敌正常任命的宰相。在皇帝回銮长安以后，李
辅国同时被授以许多专使之职，因此看来从这时起，禁城的物质设
施、人事大权和供应都已全归宦官掌握。自从李辅国弄到了殿中监之
职以后，他的个人地位更高了。从 758 年到 762 年，上呈给皇帝的重
要奏疏和皇帝的诏旨都要经过他的官署，并且要得到他的准许才能付
诸实施。除此之外，他的办事班子显然已窃夺了御史台和大理寺的某
些调查的职能。

　　比起高力士来，李辅国在朝政中的表现要活跃和经常得多。李辅
国经常插手于封疆文武大员的任命事宜，有一次他甚至要带头诋毁太
上皇。肃宗的张后是李辅国长期以来的盟友，李辅国由于有了张后的
帮助才能够为私利而与最显赫的李姓朝臣相对抗。大臣们最后挫败了
他想当宰相的计划，但这一阻碍他野心的行动却是不多见的。他是一
个不断制造阴谋诡计的人，他可以毫不犹豫地在今天反对昨天的朋
友。肃宗死去以后，他挫败了张后想杀害未来的代宗而立己子的企
图；他得到他的下属程元振发出的警报，派了一队禁军[1]粉碎了这次
阴谋，并杀死了张后。[2]

　　李辅国的这些举措开了重大事务上的先例：宦官控制了个人朝见
皇帝的大权；他们插手中央政务；他们过问封疆大员的任命；他们以
兵力干涉皇帝的继位问题。所以对宦官表示深恶痛绝的历史学家们，
无不怒斥 8 世纪中叶的皇帝们听任宦官大煽威虐，这是不足为怪的。
但也绝对应该记住，这时宦官的权力还得依托当今皇帝对他的恩宠，
因为宦官的权力的制度化是一个一直延续到 9 世纪的长期发展过程。
尽管李辅国在宫廷斗争中有拥戴代宗之功，他却被这位新皇帝所恨恶

①　《文献通考》卷 151，第 1322—1333 页。
②　《资治通鉴》卷 222，第 7123—7125 页。

和恐惧，所以代宗于762年雇用几个刺客把他杀了。关于宦官拥有派生权势的另一个例子便是程元振（约死于764年）。他在763年获代宗之宠，但是，由于据说他不让皇帝知道吐蕃人即将入侵的危急情势，代宗于764年回到长安后即把他当做叛国者，予以充军外地。虽然程元振接下了李辅国原来的许多职位，但他没有借此有所作为，也没有能够选择一个接班人来继承他的很高的政治地位。

最后，像许多学者指出的那样，唐朝后期宦官之所以大得其势，是由于他们取得了独立的兵权。[①]拥兵自重的最初几个重要步骤是在8世纪60年代进行的。当唐代宗于763年逃避吐蕃人去陕州巡幸时，他受到宦官鱼朝恩（死于770年）所率领的神策军的迎接和保护。神策军是哥舒翰作为西北边防军在754年建立的，但它在安禄山发动叛乱后即被调往东部。当它的老家基地被吐蕃人蹂躏以后，这支部队被重新组织起来并驻扎在陕州，成为河北战斗中的第二道防线。到了763年，它经受过几次考验，以坚强有力和可以信赖受称于时。[②]代宗回銮京师以后，他把神策军编入禁军并交给鱼朝恩指挥，以示恩宠和优遇。由于府兵制的破坏和边防兵力的日益扩充，8世纪上半叶的禁军遭到严重削弱，神策军之加入禁军就使得战斗力大异往昔。现在是在几十年内朝廷能第一次把自己控制的军队投入战场，而不再需要完全乞怜于地方节度使等武人的帮助。在8世纪60年代，鱼朝恩在长安正西的永久性基地监督建立了神策军，使皇帝能招之即来。正和我们所预料的一样，宦官权势大到如此地步，当然从一开始便引起朝臣们的妒忌和疑惧。鱼朝恩的作为果然不出他们的所料，他夸耀自己新近获得的财富，而且插足政府的神圣领域（例如判国子监事），被百官视之为荒唐不经之举。代宗有时也对鱼朝恩的行为表示不安，所以经过复杂的阴谋而于770年将他处死。他的同伙或者被杀，或者被驱散。一名官员被任命来统率神策军，直到783年又起战乱时，宦官

---

① 王寿南：《唐代宦官权势之研究》，第53—70页。
② 《唐会要》卷72，第1294页；小畑龙雄：《神策军的成立》，载《东洋史研究》，18.2（1959年），第35—56页。

才重新负起了军事之责。

财政专家

安禄山之乱引起的唐帝国混乱的经济生活，需要代宗朝廷给予迫切的注意。政府的储备全被战争开支和官吏侵吞所耗竭。战斗弄得中国北部许多地方残破不堪，促使农民成群流徙，特别在河南更是如此；交通运输系统弄得非常紧张；而河北的沦陷又使中央政府丧失了最大的税收来源。[①] 从 8 世纪 50 年代后期起，一个新兴的财政官员集团着手解决这些问题和其他相关的问题。虽然他们的工作不完全成功，但是他们想方设法不让不景气的经济形势变成灾难，不仅如此，他们还对政治有相当大的影响。

为了了解这些财政官员，我们必须对历史情况作一小小的回顾。唐帝国诸特点的变化开始发生于 7 世纪后期和 8 世纪初期。在玄宗时代，这个大而复杂的国家在政府开支和官僚体制方面已经有了巨大的增长，另外，在土地所有制形式方面也不断有所改变，而这种变化反过来又是和中国各地方的社会和经济大混乱相联系的。初唐政府比较简单的制度结构已不够用了，不仅仅在财政方面是这样。不言而喻，玄宗没有沿着更加合理的路线改进他的总的行政系统。相反，政府只是努力根据具体情况，通过任命专"使"，一个个地处理它最紧迫的经济和政治问题。[②] 这种专"使"在晚唐十分重要，但他们不是正式官制的一部分，虽然他们挂名领干薪——为了官阶和薪水的缘故通常都入御史台。不像一般的官员，他们的权限在法律上都被限制得很死，但御史们获准可以打破传统的部门界限，以便对政府的活动能在职能上予以协调。他们有权雇用文书和会计。他们特别适于解决涉及朝廷和地方双方的问题，因为这种问题对于皇帝的顾问们来说是太专门了，而且也为一般行政官员权力所不及。初期御史中最著名的人物是那些登记流民、征收和运输土地税以及搞边境防御（原来的十节度

---

① 崔瑞德：《晚唐的地方自治和中央财政》，载《大亚细亚》（新版），11.2（1965 年），第 211—232 页。

② 《唐会要》卷 77—79；《国史补》下（上海 1956—1957 年版），第 53 页。

使）的人们。[1]

安史之乱时期，土地税收之损失给朝廷造成了特别严重的困难。在正确地推行旧的租庸调制度中所必需的人口登记和土地分配办法，已显得过时和无用。758 年提出的一个方案要强迫实行食盐专卖，作为土地税的部分代替。新设的盐铁使监管食盐的专卖（应该注意，这里包括"铁"字不过是仿照汉代前例而言，在唐代并非实有其事）。中央政府在各地方设署管理食盐专卖，领有执照的生产者必须把盐统统卖给专卖官署；专卖官署把食盐加上巨额税收转卖给商人，商人便把这些费用转嫁给消费者。由于帝国政权控制了所有主要的盐产地，又由于盐是生活必需品而肯定有最小限度的市场，因此，建立有效的垄断是可能的。在食盐专卖创立后的短短几年中，它便提供了帝国现金收入总数的半数以上，从而大大地补充了直接土地税收入的不足。

对于财政官员来说，盐铁使署是应付政治紧急情况的工具。随着越来越多的经济职能纳入盐铁使署，它们的官员的财权和官职的划分也都经过推敲和斟酌。765 年以后政府设立了两个财政区：其一（技术上称为盐铁使署）设于扬州，负责华中和长江中游的财政；其一（属户部的度支）设在长安，负责中国北部和四川的财政。[2] 重要的是，经过了第一个世代之后，搞这些工作的官员都成了财政专家。他们的这种任务大大不同于唐代初年那些非专业化的行政官员的类型。在安史之乱以后的时期，他们发展了原来的专业水平和自负心理，被准许可以从正式职官之外选用下属员司，因此在行政系统内引进了一种进入政府官署的新途径，它一直存在到北宋时代。[3]

当这些财政专家扩大活动范围，甚至包括像制定初级预算和经管财产税等复杂的任务时，他们不可避免地要遇到一些障碍。其中有些

---

[1]　砺波护：《唐的律令体制与宇文触的括户》，载《东方学》（京都），41（1970 年），第 203—288 页。崔瑞德：《唐代的财政制度》第 2 版（坎布里奇，1970 年），第 107—109 页。

[2]　崔瑞德：《唐代的财政制度》，第 109—120 页。

[3]　郝若贝：《中国北宋时期的财政专门知识、考核和经济政策的形成》，载《亚洲研究杂志》，30.2（1971 年），第 281—314 页。

困难，像无法稳定货币等，是当时经济理论尚未充分发展的结果，因而成为直至唐朝灭亡为止的祸患。① 其他困难是政治方面的。例如，在安史之乱时期，为了确保安全，大量政府收入曾放入皇帝个人金库，而不是放在国库内；这种办法到战争结束以后还在沿用。但是，皇帝库藏（内库）的收入和支出的管理权却落到了皇帝私人仆从宦官的手里。② 由此而产生的结果是，财政专家们不可能从根本上放手完全管理帝国的经济事务。他们没有其他办法，只能冒着被他们的政敌指控为腐化的危险而与宦官合作。受经济犯罪——例如贪污盗窃、纳贿招权、高利盘剥，甚至违反节约法令而铺张浪费——的牵连而招致的声名狼藉，在唐代是十分严重的。因此，财政官员特别容易受到绝大多数朝臣的攻击，因为后者对财政官员和对宦官的兴起都感到震惊。

政治人物

756年杨国忠死后直到元载（777年死）于762年拜相以前，朝廷没有出现值得一提的人物。不像安史之乱以前数十年中的许多显赫人物那样，元载并非出身于名门。他原本姓景，后来改用北魏（拓跋）皇室之姓氏——元——以表示宠异，同时也更易为社会所接受。元载进入仕途的经历也非比寻常：他最初是在唐玄宗时代考上了道教经典的特科考试。由于旧政体下资深的政治人物都在安史之乱中垮了台，像元载这样的青年人自然有了迅速晋升的机会。他在8世纪60年代初年的转运使任上有突出的表现，而且又由于他和李辅国的关系而受到代宗的注意。为了加强他当了宰相后的地位，元载娶了王缙（700—781年）之姐妹为妻，王缙不仅富有，而且系出望族；元载后来把他引为同事。

尽管元载的野心很暴露，但他给了皇帝很深刻的印象。他有敏于断事的个性和善于利用别人能力的禀赋。他曾庇护优秀的财政官员第

---

① 郝若贝：《唐代至北宋时期中国的古典货币理论与经济政策》，载《日本国际东方学家会议纪要》，13（1968年），第70—81页。

② 室永芳三：《唐末内库的存在形态》，载《史渊》，101（1969年），第93—109页。

五琦（约 710—780 年）和刘晏（715？—780 年），在代宗面前推崇他们的新办法，而且可以肯定地说，他曾经就他们两个人之间的权限问题进行调解。元载还以新的眼光来看待西北的防务问题。在经过吐蕃人屡次攻击之后，他在 773 年提出建议说：每岁盛夏之时，吐蕃人逐牧青海，去塞甚远，中国应夺取城垣坚固的原州城，因为这里是陕西西部极易防守的前沿阵地，也是敌军经过群山入侵路上的要冲。他这个大胆的计划确有独到之处，但被那时的将军们所否决，他们说它是空想军人的纸上谈兵之策。元载的另一个建议是把京城从长安东迁到河中（今山西南部），因为在这里更易防守吐蕃人，而且对通过汴渠的漕运更加方便，但又不像传统的陪都洛阳那样地暴露。虽然这两条建议都未被采纳，但是它们说明元载有分析能力，比一般官僚更有眼光。这种说法当然不可能核实，因为元载只有少许著作尚存留于世，但是他的计划的要点却在 8 世纪 80 年代和 90 年代一再被人重新提出，可见他是一位有远见的战略家和政治家。

与此同时，元载也想建立一个同李林甫和杨国忠一样的强人政制。他死后被人指责为大刮裙带风，贪得无厌，肆意收贿，嫉才妒能，特别是妒忌在他上位的少数元老政治家。这些指控当然也并非全无道理。一个典型的手法是他在 766 年请求代宗批准，让他的官署审查包括御史台在内的百官给皇帝所上的奏疏。他的意图自然是在于截留对他本人和对他的政策的批评意见；他也果然得逞于一时。[①]

可惜的是，我们对于元载的政治反对派的情况所知不多，只知道反对派确实存在，而且随着他使用权力日益暴虐，它也在不断地发展。元载 770 年安排谋害了宦官鱼朝恩以后，他显然还想发挥更大的作用，致使代宗也开始对他有些冷淡。可是，多少年来皇帝一直不想公开地采取行动反对他。元载的最后倒台是一桩突然发生的大阴谋所引起的后果，其直接导火线尚不清楚。777 年初期，代宗秘密诏令他掌禁军的外甥逮捕元载，草草审理后即判处死刑。他的尸体被肢裂，他的富丽的宅第被摧毁，他的家室被屠戮，几个月之后连他的家

---

① 《资治通鉴》卷 224，第 7189—7190 页。

庙也被夷为平地。这样极尽丑诋之能事，甚至最后要完全清除元载的个人影响，这最好不过地证明了他在仕途上激起过人们多么大的反感。对于元载的至亲好友们，皇帝只留下了他年迈的妻兄王缙；不久王缙也在贬谪中死去。

毋庸置疑，元载的权势远不如唐玄宗时代那些权倾一时的宰相们大。和玄宗的宰相们不一样，元载受制于我们上面讲过的那些新兴势力——即宦官和财政专家，而且在他最炙手可热的时候，他也没有个人掌握过兵权。最重要的是，他虽然位列朝班之上，但他那时的朝廷的实际权力已大不如前，这是外重内轻的形势和长安普遍缺乏自信的情况所决定了的。[①]

对于这种尴尬处境，代宗本人也有他自己的部分责任。他从来不是一位能鼓舞军队士气的领袖人物，而且作为皇帝他从来没有表现出从容不迫的风度，让他的动摇的朝臣们信服他的力量，或者让他们相信他对未来充满希望。相反的，所有他的战时经验都教育他，他可以毫无理由地怀疑他的支持者；我们已经看到，朝廷是怎样在对付仆固怀恩事件后幸存下来的。令人感到奇怪的是他那时转向了元载，并且给他以自由专决之权达 15 年之久，但这似乎又是一种保守思想作祟所致，看来他不愿意放弃他祖父的那种政治统治方式。他受尽了宦官和财政专家的苦头，看来这也是他两面下注的结果；他不是像他儿子那样自觉地和果断地把他们作为治理国家的权力工具来使用。

另一方面，很可能代宗也和先前的玄宗那样，把他真正的兴趣从政治移向了宗教。他深受不空和尚（阿目佉跋折罗，705—774 年）的影响；不空是中国密宗三位高僧中的鲁殿灵光，他在 8 世纪 60 年代已是一位佛教密宗的著名学者和译者。代宗遵循玄宗和肃宗的榜样，从不空和尚那里受了灌顶戒：这是密宗传授其神秘思想和智慧的方法，它表示已收录皇帝为不空的弟子。为了回报代宗的虔敬，不空经常代表皇室和国家作法事，替他祷告上苍。不空为代宗所作的努力中包括翻译与政治有关的经文（如《仁王经》）和祈愿消灾除难等等。

---

① 可参照浦立本《安史之乱的背景》，第 162 页，注 21。

甚至仆固怀恩攻打京师的失败也要归功于不空，因为这位和尚曾为免除外患作过祈祷。这种巧合甚至使得代宗更加相信不空教义的价值。另外，宰相王缙和宦官鱼朝恩都是他们各自集团中最大的佛教施主，他们和元载一样大大鼓舞了代宗的宗教信仰。建寺庙和作法事所花的钱和所表现的热情都达到了新的高度。佛教教务与唐朝政府之间空前紧密地结合了起来。[①]

当然不用说，代宗的精神生活一直受到了世俗卫道士们的批评。元载死去和他的亲佛教的内阁完结以后，更传统的儒家政治家们在朝政中变得重要起来。常衮（729—783 年）在 777 年被任命为宰相；此人是进士出身，他在 8 世纪 60 年代和 70 年代经历了一系列重要职务——即为皇帝知制诰——而从官僚中脱颖出来。他享有为官清正的声誉，并且着手纠正了元载的某些最严重的弊病，特别是官员俸禄混乱的现象。但他也书生气十足，而且好与人争论；他经常在朝廷中当众与他的同僚崔祐甫（721—780 年）争论。崔祐甫出身于世家大族。他之被人怀念，主要是因为他曾经以改进吏治的名义让他的许多亲朋故旧当官。这两位大臣常常在皇帝面前就礼貌和仪式问题争吵不休，但代宗显然对这些问题不感兴趣。尽管在 777 年和 779 年之间朝廷颇有些改革气象，但很清楚，没有皇帝的积极参与和支持，仅靠儒家的思想情操是完全不足以取得政治上的根本改变的。

唐德宗的改革企图（779—781 年）

正当 37 岁盛年的德宗 779 年夏天即皇帝位，这时长安拥有明显的改革气氛。他执掌政权的时候，坚定地想扭转他父亲在位 17 年中一直走下坡路的颓势。他在几个月时间内就发了十几道诏旨，[②] 要求中央政务中实行节约，并且限制高级官员的奢侈浪费。他废了酒税。

---

① 陈观胜：《中国佛教的改造》（普林斯顿，1973 年），第 3 章；见《剑桥中国史》第 4 卷中 S. 温斯坦所写的一章。

② 《旧唐书》卷 319—324 页；《资治通鉴》卷 225，第 7528、7261—7265 页。

他宣布不再接受地方长官于正常税收之外的"进俸"和"贡献"。①
德宗打击了宦官的不顺从态度。他又下令停止政府继续赞助度俗人为
僧尼，不许政府参与建造寺庙，而这些都是他父亲时代造成严重贪污
的陋习。他任命他自己的亲信为宰相，其中最突出的是知名的财政官
员杨炎（727—781 年）。作为他普遍改组人事制度的一部分，德宗迫
使宿将和重臣郭子仪退休；因为郭子仪这时虽已届耄耋之年，却仍然
领有北方和北方边境的许多防御使职务。这是代宗迟迟未下决心而德
宗断然行之的事：他给郭子仪颁赏了很多荣衔，但把他的实职分给了
他的几个部属。虽然郭子仪从无丝毫不忠于唐室的表示，但他功望太
重，又是旧政策的过于明显的象征，所以不能让他继续在第一线供
职。郭子仪的退休是德宗审慎政策的一部分，他打算去掉或安抚官僚
政体和高级军界内部的一切不安之源。② 上面这样一些改革是德宗想
刷新政制的最初步骤，其目的不外乎是要恢复唐王朝中央政府的主动
性、权威和力量。

这时期最重要的改革是杨炎于 780 年对税收和财政会计制度开始
实施的行政合理化政策，这就是所谓的"两税法"。③ 这个名词有些
使人误解的地方，因为按照农业季节一年收两次税，这只是几种简化
手续方面的一种特点。首先，两税法取代了旧的租庸调制的人头税以
及唐朝前半叶所累积起来的各有专门名目的附加税。这一改革废除了
用丁作为计税的基础，而代之以一种更有效和更公平的以财产和耕地
计征的方法。各州镇在税收过程中的中介作用在过去一定时期内已成
了既成事实，现在这种作用得到了承认，即分配给它的各自不同的税
额，以代替那种笨拙的统一税率的征课办法。在这同时，中央政府的
正式财务官署也恢复了生机。宦官对宫廷金库的管理权已被暂时剥
夺，而国家收入则由政府的金库接收。两税法的改革马上取得了实际

---

① 《新唐书》卷 52，第 1359 页；曾我部静雄：《唐代的贡献制度》，载《文化》，36.1—2
　　（1972 年），第 1—32 页。
② 可参照《册府元龟》卷 89，第 1—3 页。
③ 崔瑞德：《唐代的财政制度》第 2 章。

的成功。780 年仅新制度所收的税就多于前一年的一切财源。

所有这些措施都前景乐观，但它们仅仅是开了个头。要使中央政府的政治和经济结构适应安史之乱后大异往昔的形势，这是一个长时期积压下来的任务，所以它绝非仅靠一纸命令就能奏效。德宗的大臣——策士们——特别是杨炎——的政治冲击力在有些方面又过于强大。杨炎无疑具有理财方面的天才，但这个人的脾性不适宜做宰相。他没有和解的气质，而是好吵架，爱打击报复，甚至对不同意他的人心怀恶意。他对自己的缺点毫无自知之明。他由于大发脾气而弄垮了政府几项方案，又因干预地方藩镇上的扯皮而把事情弄得一团糟。① 跟他争吵得不可开交的是一位宿怨死敌，即原盐铁使刘晏。他们的争吵起于 777 年，那时刘晏在调查杨炎的老恩主元载问题的小组中工作，结果杨炎被流放。780 年初期德宗罢了刘晏的官，杨炎这时认为时机已到。杨炎不满足于仅仅用他的新法两税法来取代刘晏的财政政策，他还直接攻击刘晏的要害，放逐了他，最后并迫害他致死。后来杨炎竟愚蠢到把严厉地处死他的私敌的责任推给皇帝。这一犯大不敬罪的行为使他在 781 年年中受降级处分。这一回轮到杨炎受新宰相卢杞的猛烈攻击了，他也被放逐和致死。这场政治纷乱是企图与民更始的代价之一。德宗的强有力的个性和希望革新的心情使他急于求成，从而给为他效忠的人们以巨大的压力。不久事实就表明，他没有赢得足够的时间使内政改革趋于成熟，便着手去解决自治的东北地区的问题了。

与河北诸镇的战争（781—786 年）

河北诸节度使利用安禄山之乱平定以后的喘息时间来加强他们的统治，甚至进一步扩大他们的军队。关于他们怎样做到这一点的细节不需要我们在这里赘述，② 但很重要的一点是，原先属于中央政府的许多特权，例如征收赋税等等特权，后来都由自治的藩镇征收，而不

---

① 《旧唐书》卷 118，第 3422—3423 页。
② 日野开三郎：《中国中世的军阀》（东京，1942 年），第 110—118 页。

问长安的反应会怎样。到780年已经建立的这种政权不仅河北本部有，而且在山东半岛的平卢诸重要大藩镇也有，汉水下游的襄阳和今河南南部、淮河上游的淮西地方也有。藩镇之间互相也偶尔有些摩擦，特别是在交界地方有冲突，但他们大多数认识到自己的战略利益是互相支援，结成松散的联盟，以便对抗唐王朝中央政府。他们大家都一致赞同的要害问题就是，节度使的继承权利要由他们自己决定；自然，这种思想是要保证他们能够世代相传；他们甚至宁愿在内部争位，也不要朝廷的干预。藩镇让长安扮演的唯一角色就是，它们在地方上推举节度使候选人，然后由长安照例批准。

如上面已经讲过的那样，代宗时代的中央政府还不能强行解决与河北的争端问题。它充其量只能采取守势，例如它曾阻止魏博节度使在775—776年肆意扩大地盘的行为。反之，德宗的内政改革则标志着朝廷将采取有所作为的新姿态。781年年中，皇帝否决了新近病故的成德节度使的儿子想继承父位的要求。成德、魏博和平卢三镇认为这是对它们自治的明显挑战，所以它们开始进行敌对行动，而且马上得到襄阳节度使的支持。

从朝廷的观点来看，后来的5年时间就是一场噩梦，因为一个接一个的军事危机威胁着要推翻它。[①] 虽然朝廷军队的力量已有所增长，但不足以应付全帝国范围内用兵的需要。中央政府仍然需要依靠效忠的地方节度使的兵力支援，这种情况和安禄山之乱时并无二致，而且现时它所面临的协调与供应的同样巨大困难，仍然必须加以克服。正像朝廷所说，平定叛乱的最初胜利是靠幽州节度使的帮助取得的，因为后者的军队在北线对分裂分子施加了压力。自封的成德节度使在781年被他自己的一个军官刺杀，这又是一个有希望的迹象。但是，唐德宗决定不按这两个忠君者的意愿来酬答他们的功劳，所以他们也终于宣告反叛朝廷。南方在782年也出现了类似情况，当时淮西

---

① 这一节叙述取自《资治通鉴》（卷226—232）和《旧唐书》（卷12）以及各节度使的传记，再可参照崔瑞德《皇帝的顾问和谏臣陆贽（754—805年）》，载芮沃寿、崔瑞德编《儒家人物传》（斯坦福，1962年），第84—122页。

节度使李希烈受朝廷命令征服了他的襄阳邻居，但数月之后他反而投降了敌人。李希烈袭击汴渠，切断了从长江下游运往京师的漕粮主要运输道路。这个经济打击实在厉害，以致朝廷不得不采取激烈的措施，由宰相卢杞等人提议在内地诸州镇筹款，特别是在长安内外筹款。由于这里主要不是农业地区，大多数城市居民得担负意外的巨额军费。政府实行了以房屋大小计征的新税，征收过重的买卖税，强迫向商人"借款"，并且实施各种商品税：所有这一切便引起了城市的很大困难和人民中间的不满，使政府穷于应付。[1]

到了这个时候，闹分裂的节度使们纷纷自立为王，但是最严重的威胁是783年年中朱泚（742—784年）创建的一个新朝廷。朱泚曾经统率过西北的唐王朝驻防军，但是因为他的弟弟朱滔已经叛唐，朱泚因此被解除兵权而羁留在长安。783年，他的旧部被召往东部驰援战争，但是士兵们中途哗变，因为他们在京城得知朝廷所给军粮不足以果腹。这时，朱泚从退休中出来领导了他们。他找到了城中的老百姓来支持他的叛乱。结果德宗在长安无可守的阵地，于是出幸西北小城奉天，因此他成了唐代中叶第三位蒙尘的皇帝。朝廷在窘境中的一线希望是吐蕃人因783年缔结的停战协定而暂时保持了中立。

因此，从某些方面看，这时的事态远比肃宗当年西幸灵武时更令人泄气。只有几个官员陪着德宗逃命。他现在求教于其中的一个官员，即陆贽（754—805年）。他不是一位高级大臣，而只是一位年轻的翰林学士。可是，陆贽是一位异常能干的人，而且他作为皇帝的主要顾问，很快就有效地指导着政府的工作。他在分析政治和财政问题时表现了非凡的才干，还在起草国家的文件时表现了极大的耐性。就是这个陆贽，他劝告德宗放弃控制全帝国的方针，而主张大赦河北诸节度使。他说，政府这样做就可以腾出手来集中力量打垮朱泚这个巨恶元凶；然后王朝的军队就可以扫净其余的叛乱者。这些建议都写进了陆贽所起草和德宗于784年予以颁布的大赦诏令中；这道大赦令事

---

[1] 《唐会要》卷84，第1545—1546页；赵翼：《廿二史劄记》（台北，1974年），第20页。

实上便成了最后解决战争的基础。

可是，麻烦事并未就此结束，因为负责唐王朝河中军队的李怀光妒忌德宗对李晟（727—793年）的关怀。李晟是一位很杰出的将军，曾于783年后期掌过禁军，并即将成为唐王朝将领中最坚定的支持者。李晟和李怀光都解救了皇帝在奉天被叛军攻击的直接危险，但李怀光的心怀叵测已一目了然，朝廷不得不再一次迁往与四川接壤的梁州，以便万一李怀光为所欲为时可以预防他可能进行的加害。此后不久他果然叛变，但由于事前已采取戒备措施，李晟能够对他发动猛烈的攻击。仅几个月工夫，李晟既打败了李怀光，又打败了朱泚；这两次胜利使得皇帝在784年年中能够回到京城。节度使们内讧起来，叛乱运动陷于瓦解局面，但直到786年被彻底打败才导致战争完全平息。

8世纪80年代的叛乱事实上是安禄山十年以前发动的分裂运动的终局阶段。叛乱的开始阶段与结束阶段有着惊人的相似之处：即它们都起于长安的政治压力；政府的兵力和资源不足使战斗旷日持久；官军的叛服无常使得战局决定地恶化；最后，战斗都不是胜利结束，而是通过妥协不了了之。但8世纪80年代的阶段也有很大的不同之处，即20年的和平间歇期使得这些分裂割据势力有可能比安禄山原来在极东北部占有更大得多的地盘来巩固和加强他们的势力。另外也很清楚，这些独立的藩镇对当地居民的控制也比8世纪60年代更严紧，因为在60年代还有若干忠于唐王朝的被围孤立点散见于河北诸地。可以想像，在这间歇时期内新领导阶层已经多多少少地同原来的地方精英集团联了姻，同时，住在此地的汉族居民与北方边境非汉族居民的同化过程很可能也仍在继续之中。很可惜，关于这些独立诸镇的现存材料是很少的，恐怕只有星星点点的例外，学者们又还没有对现有的残编断简做艰苦的连缀工作，所以我们对那个地区的社会史的论述只能是相当粗浅的。[①]另外一点也十分清楚，8世纪80年代藩镇与唐王朝之对抗是赢得老百姓的充分尊重的，所以它们能够令人敬佩

---

① 见松井秀一《卢龙藩镇考》，载《史学杂志》，68（1959年）。

地把这场长期的斗争坚持下去。

我们已经看到，安禄山的将军们在他的笨拙的指挥体制中是怎样陷入混乱和发展成为尖锐的对立的。但是反观8世纪80年代，河北自己称王称帝的诸镇无不在自己的占领区内自建军队，自立法统。虽然这种新情况尚未能使叛乱者易于采取大规模的联合军事行动，但却也防止了8世纪80年代的叛乱运动因内部纠纷而瓦解，至少在战争的后期以前没有陷于瓦解。而且即使在叛乱运动最后消灭的时候，有几个镇仍未遭多少损害而能幸存下来。另一方面，除非中央政府能扑灭叛乱并且把旧帝国的那个广大地区再度统一到长安的统治中来，否则，唐王朝不能被认为已取得胜利。

如果说安禄山的叛乱是由于背信弃义，那么，8世纪80年代帝国的失败则更像是出于无能。这就是史书上为什么把河北诸镇之乱描述为在8世纪中叶的大灾难和唐宪宗在9世纪初年致力于中央集权化运动时期重振唐帝国荣誉之间的一个屈辱的插曲。不管怎么说，德宗在确有把握地赢得战争以前却挑起了冲突，这显然是他的一个严重错误。他没有能够解决早在8世纪50年代后期就已很清楚的一系列基本战略问题，例如，东北叛乱分子之所以有力是因为他们凭借供应和指挥调动的较短内线来作战，而中央政府则靠长安和东南之间的漫长而易受攻击的生命线作战。很显然，对当时在南方爆发的淮西的敌对行动完全没有给予考虑。具有讽刺意味的是，一旦唐德宗放弃了他的讨伐运动将军的身份而接受了帝国统治权分裂的事实（不管接受这一事实是多么痛苦），他能非常熟练地从一个高度复杂的、分权的政治局面中掌握好分寸，从而为自己捞取最大限度的好处。

内廷的发展，786—805 年

甚至在8世纪80年代战争的最严峻阶段，即在车驾出幸奉天之前，唐朝廷已经被政治纷争弄得四分五裂了，卢杞及其同伙的财政措施非常不得人心，而他们对付政敌所使用的无所不用其极的手段也引起人们对他们的强烈不满；这些问题都在正史和官方文献中有所反映。① 几十名官员鼓起勇气揭发他们，卢杞终于在奉天被撤职。德宗被迫要找一个能马上解决其燃眉之急的问题的人，而不问其人的官阶和年岁如何。如上所述，他召见年轻的翰林学士陆贽来指导他的流亡政府的事务和整理混乱的财政。宰相们和正式的官署都屈居陆贽的影响之下。

同样地，唐朝的政府军在战争中的表现也确实不好。这支军队不但远远没有在唐王朝最悲惨的日子中支撑危局，反而内部出了很多叛逆。虽然也出现了几个优秀的将领，但忠君部队的整个记录却无任何可夸耀之处。783 年后期朝廷受长安居民暴动的威胁，这时到了最悲惨的时刻。德宗绝望地把在京的神策军召来驰援，但事实上神策军的许多官兵都早已在战争中被杀，当时统率神策军的官僚却以商人和店员充数来填满名额，这些人一见到真正的警报便四散逃匿。紧急集合在德宗身边的唯一部队只是由两名宦官——窦文场（约 801 年死）和霍仙鸣（798 年死）率领的一小股军队。虽然德宗最后被大部队援救脱了危险，但他仍对两名宦官感激万分，甚至像他父亲在 764 年对鱼朝恩的赏赐一样在 786 年对他们大加恩赏，让他们分别监管新成立的左、右厢神策军。② 可是，这时宦官在神策军中的影响就永远延续下去了。

陆贽的任命和两名宦官的身负重任，标志着 8 世纪后期开始了一个最重要的政治发展——所谓内廷的势力的增长（当然，外廷是正式的文武职官体系）。翰林学士和宦官不仅名义上准许接近各种禁内机关，他们还紧紧地同皇权的行使挂上了钩。至少在最初时刻，内廷被皇帝本人所直接和紧紧地掌握着，他把内廷作为他的私人所属官制。内廷不论在平时或在战时都有用。它是一个使用方便的机制，在制定和执行皇帝的政策时，通过它便能绕过日常官僚程序上的拖沓之病，同时，它也是获得秘密情报和谋划的来源。

我们也必须毫不迟疑地承认，内廷并不是一个有共同利害关系和

---

① 例如《新唐书》卷 52，第 1352—1353 页。
② 《文献通考》卷 151，第 1322 页。

紧密结合的集团。在许多方面，宦官和翰林学士的世界观和社会威望都截然相反。他们在内廷彼此争权夺势倒反而是很自然的现象。人们也可以不时地讨论，分清内廷和外廷有什么用处。特别是翰林学士，他们对外廷的官僚集团有政治和感情上的瓜葛。宦官虽然是个遗世独立的阶层，但也从阴暗中脱颖而出，使外廷能感到他们的存在。另外在整个晚唐的历史时期，内廷所起的影响不是经常性的，也不一定是持续扩大的。有的皇帝，例如德宗和9世纪中期的宣宗，便广泛使用翰林学士，而其他皇帝却不是这样。总的说来，随着时间的流逝宦官的势力越来越强大，但是他们的政治势力是在以下两个不同的时期达到了真正的高峰：一为9世纪的20年代和30年代，一为9世纪的最后25年。我们将要在下面对此详加申论。

可是，尽管有了上面那些保留条件，但在分析晚唐宫廷政治的时候，内廷仍然是个很有用的概念。第一，正式的和常规的官僚们视皇帝的私人秘书和宦官为异己团体，他们在宰相大臣同皇帝之间插上了一杠子，因此认为他们严重地威胁着自己的权势。第二，又是相反的，从各种情况可以得知，德宗和宪宗（805—820 年在位）在很多时候和很多方面都不完全信任那些高级官员。从皇帝的眼光看，内廷里的这两部分人都有一个共同的好处，即可以信得过。最后，晚唐内廷的发展是一个例子，从中可以看出中国制度史中皇权这一级反复出现的现象，即皇帝个人要设立一套班子，以推进政府的工作。过了一个时期，这些班子僵化后被并入职官体制之中，另外又被代之以更新的办事班子。唐代中央政府的三省的演化基本上便反映了这种过程，[①] 从明清两代的内阁和军机处也可看到这个过程。

正如我们所料，晚唐的内廷从一开始也引起了争论。德宗时代，特别是朝臣们对宦官的强烈仇恨在某种程度上竟然转到了皇帝本人身上；这个题目被后世历史学家所利用，并且大大地加以夸大。因为德宗准许内廷在朝廷政治中占有一个位置，所以他始终未被人原谅。

---

① 孙国栋：《唐代三省制之发展研究》，载《新亚学报》，3.1（1957 年），第 17—121 页。

毫不奇怪，从个人偏见出发的对德宗的许多批评已经使人产生误解。传统的史籍把他描绘成一个暴君——刚愎自用，言行不检，文过饰非和贪得无厌；[①] 但这又与同样广为流传的关于他为人既轻信又柔弱的说法不符。也有人说他在 8 世纪 90 年代表现出对事情无动于衷，因为他准许宦官们和闹分裂的节度使们可以自行其是（又是夸张的说法），这又与关于他在 779 年和 781 年之间励精图治（他为此曾备受赞扬）的记载大有出入。我的意见则反乎此种论点，认为德宗的政策和行为事实上表现了相当程度的内在连贯性。首先，他志在振兴中央政府的权力，这在他身上起着很重要的作用。把这样的宏图大志和古代某些"中兴"皇帝的任务来做一个正常的比较，那么，他自视甚高的这种态度是完全可以理解的，而且也会使满朝文武、言官们等等一切人都相形见绌。确实，德宗在战争中壮志未酬的抑郁心情使他更加倚仗自己的才智，给人一个高高在上、可望而不可即的印象。但是，这是因为他的主要关心是要尽量保留中央政府所剩下的权力。这个任务很不轻松，需要他跟各藩镇作些必要的妥协。虽然他在长安朝廷内仍要坚持他的权力，按他认为是适当的方式指导中央政府的事务。大约在 786 年和 794 年之间，他给政府机构几次机会，以证明它们对他是有用处的。我们下面将要论述其事迹的四位杰出的宰相提供了几个个例研究，它们足以证明皇帝认为官僚阶层不能适应他的目标的需要。应该记住，德宗对外廷希望的最后破灭和内廷权力的迅速增加都发生在德宗在位的最后 10 年间。

官僚集团的失势（786—794 年）

战后的第一任宰相是崔造（737—787 年），他是博陵名门崔氏的成员。这个家族因与最高水准的传统中国文化有联系而著名，而崔造本人在安禄山之乱时期就以论证政府理想的哲学理论闻名于世。由于后来与刘晏有牵扯，他在杨炎的报复行动中被打了下去，从而在江南的信州流放了几年。在 8 世纪 80 年代的战争中，他举兵约 2000 人勤

---

① 例如，在范祖禹的《唐鉴》卷 12—16 中，这种描述到处可见。

王，因此受到皇帝的注意而被召回朝廷。不久他即比其他年长资深的同僚优先被擢升为宰相。因为正如史书所说，德宗把他的理想主义的直言当做能经纬政府事务的才能。

崔造与几位同心同德的同僚企图把中央职官的权力重新确立并加强起来，这事约进行了一年之久。① 崔造羁留在东南的时期，曾耳闻目睹诸财务使滥用权力和贪污腐化的放纵行为。他劝告皇帝统统罢掉前 30 年所设的一切特置专使，把他们的全部权力收回给长安的正式官署户部。属地方一级的诸使节的职能则收归观察使（这种"使"是他愿意保留的）和刺史。地方官获准拥有按地方需要来分配资金的相当大的自由。按照他的保守观点，崔造是想抑制财务专家及其政治追随者日益扩张的权力。

崔造最重要的建议涉及首都宰辅们的行政责任的实质。要理解这一点，得做点背景介绍才行。唐朝初年，太宗曾设置一个非正式的顾问集团，其成员称为宰相，通常由中央政府三个省——中书省、门下省和尚书省——的首长组成。宰相们的集体也称政事堂，其名取自门下省内一个用来每日相聚和讨论重要国务的厅堂。在这个时候，宰相的职位本身并不是一个具有许多行政职责的正式职事官。每一个宰相都是抽调到这一职位上来的，所以应在每天下午履行自己法定的实质性责任。对未担任三省中最高职务的那些官员的任命，明文规定使用"同中书门下三品"或"同中书门下平章事"的头衔，这样他们就有了出席有其他宰相或皇帝参加的会议的特权。宰相的人数时在变换，但很少超过五人或六人。

723 年，即唐玄宗在位的初年，杰出的官员张说（667—730 年）已注意到宰相集体的重要性在日益增长。他建议，他们的官署应作为政府的正式机构自行组成，并有自己单独的预算和钤印；这建议被接受了。宰相们的官署被称为"中书门下"，其名取自中书省和门下省这两个机构，因为这时尚书省的高级官员们已不再是当然的宰相。这个曾经是非正式的顾问集体现在有了更加适应它的权力的地位。可

---

① 《旧唐书》卷 130，第 3626—3627 页；《资治通鉴》卷 232，第 7467—7468 页。

是，宰相们仍不负有直接的行政责任。政府的执行机构，即其职能叠床架屋和混乱不堪的尚书省六部和九寺，现在正式从宰相权限之内划出。但如果正式任命的宰相恰好要担任行政职责时则不在此限。另外，安禄山之乱以后，许多中央政府的官署名存实亡，因为它们的职能已转给新的特定衙门。因此到了8世纪80年代，民政官署的负责大臣们在把政策付诸实施时遇到了巨大的组织上的困难。

崔造在786年的建议是要求所有行政权力都集中在宰相府署，而个别的宰相则各负具体的行政责任——例如盐榷事务；半年收税事务；军事事务，公文事务和其他杂务。我们对他的方案的细节知之甚少，但差不多可以肯定，他是想把723年设置以帮助中书门下的成员的堂后房和正式行政部门中的相应部分合并起来。可以设想，整个中央政府也实行过某些合理化措施。这个建议是实行有计划的结构变革的一项最重要的活动，也与中国政府前两个世纪中所特有的那种互不统属的机构缓慢增长的趋势形成鲜明的对比。如果政策的制定和行政工作能像崔造所建议的那样重新配合起来，正式的官僚体系就能恢复充分的权力来指导日常事务，并由此恢复集体的自信心，以博得皇帝的尊重。

这次改革没有取得成功，它有如下几个原因。第一，它是一个复杂的改组工作，要大刀阔斧地动一动人事关系。这当然要激起许多渴望抓住既得利益不放的官僚的嫉恨。其次，德宗是否有支持这个方案的诚意也值得怀疑，因为如果真要把这方案实施到获得它逻辑上的结局，它会大大地改变政府结构的形式。人们常对晚唐诸帝之愧对列祖列宗的浓厚意识感到震惊。他们特别不愿意做任何哪怕是些许被认为是不符合过去成法规定的事情。只要可能，他们一定不损害政府的传统。例如，利用"使"这种官职便是补充由来已久的政府结构而又不正式改变它的一个很巧妙的变通办法。从这种意义上说来，崔造的建议是太激进了。在紧接着8世纪80年代战争以后的动荡不定的时期中，大刀阔斧的改革看来的确是很危险的。①

---

① 参照《资治通鉴》卷232，第7490—7491页。

崔造方案失败的最后一个决定性的原因，是长江下游财政界中那些有既得利益的人们的反对。为首的反对者为韩滉（723—787年），他是长江三角洲的强有力的浙西节度使，原居盐铁使之职。他有长期向京师供应漕粮的经验。他是德宗不敢疏远的人，特别是由于他在当时一次战争中的忠诚。786年秋天中国东南部获得了大丰收，韩滉的政治机运来了。他讨厌人们对他的行动有任何干涉，他当然想借此机会来攻击崔造的加强中央官僚体制的政策。韩滉不久和元琇发生冲突。后者是崔造的心腹同事，已内定为新制度下判诸道盐榷的宰相。崔造的体制迅速瓦解，因为德宗认为它有某些政治弊端。不到几个月崔造就解除了宰相职务。元琇被充军，786年崔造的改革被废除。

德宗已有很多谋士，但他接着又去找受人尊敬的原宰相李泌（722—789年）。李泌或许是晚唐高官中一位使人瞩目和最不落俗套的人物。他在文学上是个神童，7岁时唐玄宗曾面试他作博学的赋的能力。后来他多年隐居山中修道和求长生。他的政治生涯颇富传奇性。当肃宗当太子的时候李泌被召入朝为翰林学士和顾问，他立即以诗见于杨国忠和安禄山两个人。由于这样有失检点，他又被放归田里。肃宗后来在灵武召见他求助时，他就更加小心谨慎了，但是如上所述，他只暂时做了战时宰相。后来他又一次退隐，因为他畏惧有权势的宦官李辅国。后来，代宗第二次把他弄进翰林院，但他与元载相抵牾，并且被降级使用。

尽管有强烈的理性主义癖好，德宗在做太子时就已经在长安西郊李泌著名的道教静修胜地做李泌的学生，因此新皇帝甚至比他的前辈更易受享有圣人盛誉的李泌的影响。附带地说一下，德宗早年对道教和炼丹术的兴趣终其身仍然是十分强烈的。事实上，道教的学问和原始科学，特别是求得它的长寿仙药，都是皇室全家的业余爱好，但这事却是正史费尽心机加以掩饰或惋惜的。① 没有疑问，李泌的入世态度在许多方面都很像不空和尚，也是他那个时代的最有影响的人物之一。李泌历事四位皇帝而又备三朝顾问，能夸这种海口的政治家当然

① 　N. 西文：《中国炼丹术的初步研究》（麻省坎布里奇，1968年），第3章。

是少而又少的了。

李泌强烈地信奉道教，这就使人看不清他也是一位真正能干和富有想像力的官员。从 785 年到 787 年，他做了京师以东陕州地区的观察使，他在这里开辟了三门峡周围的道路，并且平定了一起戍军叛乱。李泌当宰相的时候力促进一步加强汴渠的安全措施，包括新设置一个武宁镇作为防备山东闹独立的平卢的第一道防线。他是与回纥突厥人重新结盟的主要负责人，这在下面的对外事务中将予以论述。他又是极力主张大建营田的人，想以此节约边防军的用费。这个思想在当时曾有广泛的讨论，但李泌巧妙地提出营田制是旧府兵制的产物，使这个新制度有了必要的历史根据。

李泌还进一步致力于皇帝所迫切关心的财政问题。他在税收上作了些技术调整便节省了大量的钱。由于甘肃被吐蕃人侵占，有4000 多外国人——主要是波斯人和粟特人——流落在长安，他停发了国家对这些人的赡养费用；仅这一项就为政府每年节省了 50 万缗的开支。他倡议推行给政府官吏增加薪俸的措施，因为 20 多年来官员们的薪俸都很微薄。可是，尽管李泌智虑甚周，但对财政形势日益恶化的某些方面他却无能为力。8 世纪 80 年代之末正当通货膨胀的战时经济之后开始通货急剧紧缩的时期，唐帝国的财政面临着严重的拮据和混乱。[①] 但是正在这时，德宗越来越把注意力集中在中央政务的短期成败上，而在出现困难的经济问题时，他这样做根本不对头。例如，尽管李泌在 787 年曾劝说皇帝拒绝接受地方大臣的"贡献"，他指出，这会随之损害皇帝的威信，可是德宗在半年以后又偷偷地恢复了这个陋规。财政的急需迫使他接受这些贡品，但它们有时是要求特殊恩宠的赤裸裸的贿赂。德宗因此得了贪污和玩两面派的坏名声。[②]

德宗朝廷更主要的缺陷是它只依靠一个人，即只依靠李泌本人。很显然李泌总是做一个单干的哲学式顾问，从来没有培植一大批政治

① 崔瑞德：《唐代的财政制度》，第 76—79 页。
② 《资治通鉴》卷 233，第 7510 页；《唐鉴》卷 15，第 141—142 页。

党羽。他也无法对别人施加自己独特的政治影响。所以他的政策的连续性就受到了损害。战后第三位重要的宰相窦参（733—792 年）的宦途造成的麻烦，便是这方面最好的证明。李泌在临终前的几个月内请求德宗任命窦参为宰相以兼领财务，那时他已生病，不再能够单独履行他身上的重任了。史料上没有交代清楚李泌和窦参之间有什么关系（如果他们真有关系的话）。但重要的是，德宗只是很勉强地同意了李泌的请求，因为他心中已另有宰相人选，所以窦参久于相位的机会从一开始就是微乎其微的。何况李泌和窦参两个人的作风又判然不同，这一点更加使窦参不大可能取代李泌的职位。窦参虽然也出身名门，但他是通过在法律界的一连串职位驰名于官场的，而且他又似乎从未获得什么文学上的漂亮头衔，这种文学荣誉是同通往高级官职的体面而吸引人的途径相联系的。他能够爬到卿相高位，是因为他是一个精明刚狠的政治人物；他无疑曾在他的司法调查中搜集了许多关于宫廷政治的内幕消息。而且他也不是长安的一般官僚。他不止一次地向中国东南部那些有势力的节度使们发起挑战，因此，他被任命为宰相在那些藩镇中间是会引起不安的。

窦参和德宗曾经在一个时期内相处了下来。窦参常常在宰相们同皇帝议完事后单独留下来，以便同德宗谈机要问题。[1] 几乎可以肯定，在积聚由皇帝本人控制下的税收储备的活动中他是皇帝的很默契的合作者。在他当政府首脑的三年任期内，关于其他方面我们所知者甚少，只是知道他是因什么问题倒台的。窦参犯了一个大错误，那就是他公然把他的亲朋故旧提为高官，而且他的生活也极度奢侈浪费。这使德宗多心起来，因为他肯定地记得，另一个贪得无厌的元载也是因了这种问题而引起他父亲的疑虑的。窦参的敌人控告他结成了一个掠夺成性的朋党，此后不久，他的几个死党就被卷进了贿赂案件和诋毁陆贽的阴谋案件中去。窦参被罢免了宰相职务，并在 792 年被贬谪。他在去南方的路上竟愚不可及地沿途接受地方大员的财货，这种行为被德宗称为煽惑滋事。只是由于不久之后做了宰相的陆贽费了好

---

[1] 《旧唐书》卷 136，第 3747 页。

大的劲，才说服了皇帝不要玉石不分地将窦参的党羽一概处死。[1] 可是，窦参的命运是决定了的，他在长安的大批财产也在他死后被没收，存进了皇帝私人的库藏中。

窦参事件促使德宗比以往更加下定决心，要亲自对政府进行控制。他的反应完全是合乎情理的。在窦参执政时期，政治上的勾心斗角使得有秩序的行政工作实际上无法进行。为了应付这个困难，唐帝国在792年再一次把财权分成两片。但是这两片的财政官衙首脑也继续闹对立，而且闹得不可开交，致使事务不得不停了下来。与此同时，供应和通货不足的问题迄未解决。华中的水旱之灾、地方卫戍军队的几次叛变和吐蕃人进攻西南边境的压力。这些问题都需要更多的钱来应付，还需要有妥善谋划的恢复政策。

因此，对于任何想承担政府职责的官员来说，这不是称心如意的时代，甚至对有才能的陆贽来说也是如此。我们在上面已经看到，作为德宗的一个年轻的私人亲信，陆贽曾经出谋划策，从政治上解决了公元8世纪80年代的战争。但是，在792年当他被任命为宰相的时候，他过去和皇帝那种亲密无间的关系再也不足以使他能理顺政务和重建他官场的良好的名声。原因在于他从前的职位同现在做了宰相以后所负的新责任之间有了差别。

从7世纪开始以后的不多几年起，翰林院就变成了一个兼容并包的掌握各种学术和实际才能专家的集团，以备皇帝对各种专门问题的咨询。[2] 在唐玄宗时代，翰林院（从前称为翰林学士院）改变了它的性质，它摒弃了纯技术人员，而宠爱有卓越文才的人。在这同时，翰林学士则参与了起草国家重要文件的工作。根据约定俗成的办法，一般文件由中书舍人起草，或者由六部适当的秘书人选起草。但是从8世纪中叶起，翰林学士起草的东西就多了，其中有很多是皇帝的诏敕、高级官员的晋升令、对申诉的裁答，以及对外邦统治者

---

[1] 陆贽：《陆宣公翰苑集》卷19，第19—21页。

[2] 山本隆义：《唐宋时代的翰林学士》，载《东方学》，4（1952年），第28—38页；矢野主税：《唐代的翰林学士院》，载《史学研究》，50（1953年），第63—70页。

的往来信件等等。翰林学士无定额，虽然通常在一个时期内平均约为6人。

在代宗和德宗时代，某些翰林学士开始成了皇帝在决策时的顾问。由于他们所处的地位是皇帝的私人秘书，可以接触机要政治情报和国家机密，当顾问是很自然的结果。有几位翰林学士有时竟能与宰相的权势相抗衡。例如，陆贽就被人称为"内相"。在德宗的孙子宪宗（805—820年在位）时代，被选入翰林院的青年人是出类拔萃的人，可能有一个锦绣的仕宦前程在望。中年的翰林学士可能有直接被任命为宰相的最佳机会。

但是，在翰林院和最高层正式官僚之间虽然在阶级和文化见解上有明显的互相联系，但也有重要的差别。一位翰林学士只对皇帝一人负责，而宰相则公开地互相负责，也公开地对整个行政官僚阶层负责，因为他们经常得代表这个阶层的利益对抗皇帝的利益。对于任何要从翰林学士调为宰相，或从宰相转成翰林学士的人来说，在礼仪和处事方式等问题上都要遇到许多困难。在翰林学士向皇帝进言的时候可以很坦诚，甚至可以直言不讳，或者反之，他可以采取古代的儒家王者之师那种充满信心的态度和训诫的口吻畅所欲言，因为这种活动方式是秘密进行的。相反的，宰相在朝堂直言无隐就会冒逆龙鳞的危险，使皇帝公开受到压力，甚至使他处于遭受讥议的地位。

陆贽就是一位愿为翰林学士而不能、或不愿改变他的行为的一个例子。[①] 作为宰相，他和在翰林院中长期工作时（779—791年）一样地自恃和严格。他对皇帝的目光短浅的规划可能有理有据，但他进言的方式方法却不太策略。说到底，官僚眼中看到的皇帝的贪得无厌，对德宗来说却是无可非议的。这种使对方感到困扰的言论，就一位随和一些的宰相来说是可以避免的，但这时它却使德宗和陆贽的值得回忆的友谊化为乌有。陆贽不肯改变他的习性，结果弄丢了官，并且随之带来了给官僚政制的权势真正蒙上阴影的时期。

但是，陆贽的最不适于担任宰相的方面恰恰表现在他与皇帝的关

---

① 崔瑞德：《皇帝的顾问和朝臣陆贽》，第106页。

系上。他流传至今的文集中包含许多奏疏，它们虽然常常是长篇大论，立论纷繁，却都是讨论他当时的基本问题的，又以议论的功力和精辟见长。其中最著名的是 794 年就财政问题上奏的关于两税法现状的六条长疏。① 陆贽在理论上是反对这个税法的，认为它不是以健全的重农原则为基础，但尽管如此，他也不想入非非地要求把它统统加以厘革。反之，他认为它是一个既成事实，只要求加以改进，因此提了许多具体建议来消灭税收中的各种技术上的弊端。他还进一步地申论说，唐王朝当前经济困难的真正原因是 8 世纪 80 年代的战争时期和战争以后政治形势积弱，因此，不振兴政治就不可能改进现状。这当然是个很担风险的意见，因为它直接反映了德宗的行事。直率地提出问题而又注意在事势上有所克制，这二者的互相结合便是陆贽的特点。具有讽刺意义的是，虽然他生前在政治上没有完全取得成功，但他的许多建议在下一个世纪却被各种各样的人物采择施行，而且他的声誉也在以后的朝代中有增无已。

陆贽感到自己在朝中很受限制。我们现就下面一例进行讨论：在财政事务上他被迫承认 792 年的行政分工办法，虽然这样做会削弱中央政府的权力。后来不过几个月之后判度支的位置忽然出了缺，德宗没让陆贽的门人李巽接管这个差使。尽管陆贽提出强烈抗议，皇帝却任命了另一个人裴延龄（728—796 年）来担任。裴延龄年岁较大，是一个更有经验的官吏；他也以非正式的、私人的方式做过皇帝的助手，但是他的身份是集贤院的成员，而不是翰林学士。他们两个人背景不同，自然要引起对立，但是无论如何，任命裴延龄任判度支一事证明了是对陆贽行动自由的真正限制，因为他阻遏了陆贽所想做的一切事情。裴延龄一心一意为德宗聚敛钱财，或者在账面上搞鬼，或者公然籍没平民百姓的钱财。他甚至敦促皇帝更广泛地利用单独的皇室内库。不用说，裴延龄活着的时候就是一个很有争议的人物，最后在历史的案犯类目内占有了一个大骗子的席位。因此，陆贽是处于恶性循环之

---

① 崔瑞德：《皇帝的顾部和朝臣陆贽》，第 116—119；《陆宣公翰苑集》卷 22。

中：他被令人绝望的财政形势捆住了手脚，同时又因政治形势而被剥夺了他所需要的全权；裴延龄的起用妨碍了他应用已有的权力来卓有成效地工作，而这种权力当时又是他要取得财政和政治成功的关键。陆贽的学识渊博而有些冗长的建议未能引起一个急于求得钱财而又憎恶百官的皇帝的同情。到了最后，陆贽摊了牌，他在一份冗长和逐条开列的长篇控告中攻击了裴延龄。皇帝仍然愿意留用裴延龄为宰相，而在795年，陆贽被贬逐到南荒之地。他幸免于处死，但是对这样一位卓著勋劳的官员竟然考虑要处之以死，这件事本身就说明，德宗皇帝已对全体官员不抱任何幻想了。

德宗最后十年的统治（795—805年）

如上所述，在8世纪80年代的叛乱时期，德宗已发现，神策军在官僚的管理下已变得衰败。他的解决办法是在786年命窦文场和霍仙鸣来监管神策军的两支军队。10年以后，即在796年，他采取了一个决定性的步骤，命令他们统监这两支神策军，冠之以护军中尉称号。① 这在实际上意味着，窦文场和霍仙鸣把宦官的权力扩及全部禁军的十支部队，因为神策军是禁军中势力最大的队伍。他们控制了这样机动和强大的部队，而又密迩京师，这就成了宦官在后来100年中掌握实权的基础。

德宗和宦官的利益都在于不惜用一切手段确保神策军的忠诚。因此，神策军薪饷优厚，定期发给，所以它与许多远征军和边防军的苛刻服役条件形成了鲜明的对照；而且他们享有司法和财政上宽厚的豁免权，以致长安的富户争相贿赂宦官，使自己成为挂名的神策兵。因此，禁军的全部数目剧增至数以万计，其中只有很小一部分是合法的兵士。不久以后，士兵们在不值勤时的纪律变得松松垮垮，少数几支驻扎在远离京城而不受其诱惑的精锐部队则是例外。在8世纪的90年代，神策军经常抢掠平民的财产。与此同时，在皇室当差的宦官又

---

① 《资治通鉴》卷235，第7571页；《册府元龟》卷667，第2—3页。

用所谓宫市制度来坑骗商人。这些肇事者受到保护而不会遭受报复，甚至最臭名昭著的敲诈勒索者也无不如此。所以几百年来历史学家都用这些事件来证明晚唐宦官欺压人民，作恶多端。[①] 有几位当时的官员在朝中抗议此事，但他们或遭囚系，或被放逐。

宦官掌兵的新作用当然增加了他们的政治影响。譬如有的事情相当普遍：朝廷都是从原来的神策军官中任命忠于它的方镇的节度使。节度使为了得到这些官职或延长其任期，他们必须向宦官送报酬；甚至如果他们手头无现款进行活动，他们可以给贿款计息。这些人被称为差帅。另外，这时用宦官而不是用文官来做监军，监察地方的文武大员。宦官现在实际上做了皇帝的政治耳目。795 年当皇帝第一次给了一个宦官以一方关防时，他们的地位提高了。几十年来，监军制度在地方上招人厌恨，但是从这时起监军也令人生畏。德宗还用宦官作为信使。一个宦官信使通常在宣读诏敕之前能够在他的目的地索取礼物，这办法被称为宣索。甚至还有几件被严厉批评的事件，即宦官奉命全权去边远的南方执行军事绥靖或民政任务。令人感兴趣的是，高级宦官有时也想以家族形式延续他们个人的政治和经济影响，办法是把其他年轻的宦官抚为义子。这种做法日趋精巧，他可以包括娶妻、收养女，收显要的军人为子。791 年朝廷正式批准了这种收养办法，可能是为了限定每个宦官只能收养一个儿子，而不是为了鼓励多收养，但是养子制度在那时已欲罢不能。这样形成的家族也在朝廷政事中起举足轻重的作用。积极进取的现代学者们已经整理出了二三十个宦官家族。[②]

尽管有此种种缘由，整个唐代的官吏们仍然渐渐地被迫去学习怎样同可鄙的宦官阶级打交道。宦官不再是居于幕后的幽灵，而正在成为政治舞台上的正式演员。

---

① 《资治通鉴》卷 235，第 7579—7580 页；《唐会要》卷 72，第 1295 页；以及卷 86，第 1582 页。又赵翼《廿二史劄记》卷 20，第 420—423、432—434 页；唐长孺：《唐书兵制笺证》（北京，1962 年版），第 102—104 页。

② 矢野主税：《唐代宦官权势获得因由考》，载《史学杂志》，63.10（1954 年），第 34—48 页；王寿南：《唐代宦官权势之研究》，第 117—143 页。

那么，德宗在位的最后 10 年间，正式的职官中发生了什么事情呢？除了著名的制度史类书《通典》的编者杜佑（735—812 年）以外，在 795 年和 805 年之间任命的宰相中，没有一位宰相是像李泌或陆贽那样的能人。可是，在进一步深入研究那些在这个人们不太了解的时期官居政府高位的人以前，我们还很难做出持平之论。几乎可以肯定，他们的名声受到不公正的轻视，因为他们心甘情愿地完全屈从于皇帝。事实上，正是唐德宗本人自觉地置官僚们的情感于不顾，也正是他有意识地突出他自己的意志来决定宰相人选，才激怒了起居注作者和历史学家，从而使整个这个时期变得暗淡无光。

德宗在他的最后 10 年中经常把自己关在斗室之内，长时期不接触政府官员。可是我们知道他并未偷闲，因为人们批评他不识大体，只会关心政府里鸡毛蒜皮的事。朝廷里的日常活动杂乱无章。皇帝临朝和宰相上班的时间都不再遵守，虽然有若干证据表明，皇帝以及官员对这种过失都负有责任。很显然，宦官们继续占据皇宫内的关键职位，处理官员的文件和接受皇帝的口谕。他们占据着这样的位置就使他们大约在 795 年以后能够影响中央政府的大部分正常工作。[①]

但是，要说德宗是像历史学家所指责的那样放弃职责，完全听从宦官，那也可能不对。首先，德宗在这整个时期一直是最高统治者。宦官们并没有损害他，就是受他保护的那些人也没有受过伤害，这与宦官们以越轨行动对待某些 9 世纪的皇帝是不大相同的。第二，外廷的受压抑状态使得宦官的实际作为在相形之下显得更重要，而这种情况可能在历史材料中夸大了他们的影响。最后，应该记住的是，德宗使用宦官是为了私人的目的，不需要求得官员们的同意。例如在财政上，德宗重新任用宦官做他私人宫廷金库的保管人，从而被公认恢复了他们在德宗早年统治时期受到限制的权力。但是，这与他战后的总方针是一致的，因为他想绕开拖拖拉拉的公事程序，能使他爱怎么花钱就怎么花钱。[②] 特别是，宦官——仆役和德宗对待独立方镇的审慎政

① 《资治通鉴》卷 235，第 7575 页；另可参照《唐会要》卷 24，第 466—467 页。
② 室永芳三：《唐末内库的存在形态》，载《史渊》，101（1969 年），第 100—102 页。

策（即贬之为姑息的政策）两者的结合，就不公正地玷污了这位皇帝的声誉。

重要的是要知道，虽然宦官地位在德宗时代的上升为他们后来的政治权力打下了基础，但是，他们在8世纪90年代的收获是在一个并非傻瓜的皇帝之手中取得的。相反的，他是按照自己的理解来大胆地行动，不管这对于不能从德宗的行动中受益的官员们来说是怎样地不舒服。德宗的确离开了朝政的老规矩，但是当唐帝国的均势受到严重威胁时（例如在798—801年发生河南的兵变和暴乱时），他迅速地作出反应，并且果断地恢复了秩序。没有哪一个朝臣，也没有哪一个宦官有足够的势力向他挑战。

顺宗时代一次未遂的政变（805年）

在进入9世纪前后的一个时期，一小撮不满于政府的官吏开始聚集为太子——即未来的顺宗皇帝——的扈从。他们经常讨论社会和政治骚动、宦官所引起的暴行以及平民的痛苦，一句话，他们议论德宗政府，理想主义地谈论如何使时局得到改进。据说顺宗也亲自参加了这种意见交换，他为唐帝国的扰攘状态着急。这个集团的头子和顺宗是老相知，他是个下级官员，名叫王叔文（806年死），原籍今浙江的越州；他之所以能涉足长安是因为他善弈围棋。王叔文巧妙地提醒他的庇护人不要过于任意发牢骚，因为这样做总是会有被控为叛国的危险。[①] 顺宗虽然听从了他的进言，但还是继续在他自己的宫内着了迷似地倾听王叔文对未来政府所拟的计划，如说某某人将来应当宰相，又某某人应该是重要的将领，如此这般，不一而足。渐渐地王叔文结交了约十几二十个人，有些人是纯政治关系，有些人则多半是意识形态上的关系。其中最重要的人是王伾，他和王叔文一样也来自东南（杭州），虽然就我们所知，这两个人并无亲属瓜葛。王伾貌丑陋，他不会说长安上层人物的官话，只能说他家乡的吴语。王伾虽然只是一个抄写员，而且在朝臣中是个笑柄人物，但他由于与顺宗关系密切

---

① 《资治通鉴》卷233，第7497—7501页。

而在 805 年仍被任命为翰林学士。这个集团包括一个宦官，即太子的私人仆役李忠言以及几名中级政府官员。而可能最有意思的是，还包括著名的文人柳宗元（773—819 年）、刘禹锡（772—842 年）和吕温（约 774—814 年）等，这三人在当时都不过是三十来岁的不知名人物。另外有几个人也被认为是这个集团的参与者，但它的核心是很小的。这些人以长安为基地，和外地州镇没有广泛的联系。他们据说互相发誓保守秘密，至死不渝；同时集团内没有一个政治上的头面人物，使他们不大可能被发现和被打散。①

虽然东宫在唐代历史上前此已成为搞阴谋的地方，后来也一再是这样，但 805 年的事件比一般的皇室内部夺嫡的派系斗争要复杂得多。在德宗故去和顺宗即位不久，王叔文集团把他们蓄谋已久的计划付诸实施，企图夺取唐朝政府的权力。可是由于顺宗生病，他们要取得成功的前景从一开始就显得不妙。他在 804 年有轻度中风，因声音暗哑或几乎暗哑而不能正常处理朝政。早在他即位的时候就有人担心他是否适合做皇帝，只是因为几位持强硬态度的翰林学士（可能是代表他儿子，即未来的宪宗的利益）的坚持，德宗老皇帝的遗诏才未被改变，才使顺宗及其支系未被废黜。但是，二王至少有几个月实际上是利用了顺宗皇帝的病残，把他孤立在他的宫禁内。顺宗只是由宦官李忠言和一个得宠的牛氏昭容侍候。他的命令和其他意见都由这两个人传达给王伾，而王伾竟以翰林学士身份享有随意出入宫禁的自由；另一条联络渠道是王叔文，他也是一位翰林学士，但主要是负责监管国家财政。皇帝的指示从王叔文传达给宰相韦执谊，然后再传给这个集团其他占据要津的成员。这种安排使二王集团能为所欲为，因为它把其他朝臣一概排除在外，使之不能管理国家政务。于是马上形成了公开批评这个统治集团就有危险的局面。少数几个年长的宰相以辞职来抗议二王集团的高压政策，他们的勇气赢得了人们的尊敬。

可是重要的是，尽管二王集团独断专行，他们确实把他们的最初

---

① 803 年打退了一次关于韦执谊和王叔文搞朋党政治的指控。见《旧唐书》卷 135，第 3732—3733 页。

设想付诸实施，在他们最初当政的几个月内热烈地抨击政府工作中的问题。他们严厉地禁止宦官犯欺诈罪，特别是废除了诛求无厌的宫市制度。当地市民再也不受为五坊小儿为虎作伥者的欺压了，因为这些人在耀武扬威地为御厨巧取豪夺鸡鸭家禽的过程中总是欺压店铺老板和欠账不还。二王贬逐了因贪污而声名狼藉的长安京兆尹：此人遭人痛恨，在离开长安时几乎被人们用投掷的石头打死。不正当的贡献——包括长江下游盐铁使的"羡余"馈赠在内——再一次被宣布为非法。事实上，约千名宫女和乐师被遣散出宫，或者送往尼庵，或者送回家中。德宗时代因政治违禁而被放逐的许多朝廷官员被大赦和召还京师；大批税项也被减免。

可是，早在805年夏季，二王集团的政治地位就开始动摇了。它的成员们一度互相争吵。例如，韦执谊越来越看不起王叔文，因为王叔文对他态度傲慢。顺宗的健康状况越来越坏，新出现的二王集团的反对派要求顺宗毫不迟延地立太子，以免二王的统治在另一位不胜任的皇帝下面没完没了。翰林学士郑细（752—829年）把一张纸条偷偷带进宫内，他在这上面字迹潦草地要求立皇后的长子——即广陵王——为太子。未来的宪宗是众所周知的敌视二王集团的人，但他对他父亲的榜样是亦步亦趋，从不亮出他的意图，也不让被任命为师傅的那些耳目们所觉察。对二王集团的最后一击来自朝廷以外。王叔文几个月来一直想渗透并接管禁军的指挥系统，要把宦官赶出他们新近抓到手的军事阵地。可是，受宦官之赐而取得职位的边防将军们主动地反对这个计划，而二王集团任命的总指挥又被奉天的神策军主力部队断然拒绝。二王集团不能赢得军队的事势一旦清楚，他们就什么都完了。一个由多数宦官、某些翰林学士和几个有势力的藩镇临时结成的联盟，顺利地使顺宗禅位于太子。[①] 宪宗在805年阴历八月即皇帝位，马上罢了二王集团残余分子的官。王伾死于脑溢血，王叔文则于次年被处死。其余直接有关的人则被放逐；他们中的大多数人迄宪宗之世永远窜逐在流放地，未获赦罪而还。

---

① 《资治通鉴》卷236，第7616—7617页；《唐大诏令集》卷30，第113页。

这次短命的改革事件背后的问题是非常难以作出解答的。有关这些事件的原始材料数量很少，问题成堆。[1] 很明显，许多材料都被故意毁弃，而几乎每一件流传下来的东西都有敌视二王集团的语气，所以要分析他们的动机就只能凭猜测了。对这些问题历来有两种看法：多数文人历史学者认为他们是小人，是专为自己打算的政治流氓；可是，另外一些作者则把他们看成是反对前朝虐政的改革家，说他们敢于除掉可恶的宦官。[2]

这两方面的说法都有些道理。撇开对他们的道德评判不谈，我们可以肯定，二王集团缺少权力。他们马上动手抓的那些官署——翰林院、盐铁使署、度支衙门和宰相府署——很明显地表明，他们确实懂得前此半个世纪所发生的政权结构的主要变化。他们也善于利用外廷的威望，尽量利用挂名人物以掩蔽他们的活动。例如，受人尊敬的杜佑便被委以盐铁使职务，而财政大权实际掌握在杜佑名义上的副手王叔文的手中。由于二王除了在太子底下仅有的秘密结合之外没有其他权力基础，所以必须承认，他们的声势只是隆盛一时。他们最大的失误在于没有经验。他们没有完全掌握翰林院，没有利用宰相的职权去安抚朝中的真正有权势的集团，同时也没有赢得军方对他们事业的充分支持——哪怕只有一小部分禁军的支持就足以使天平倾向自己方面，而阻止敌人再次获得主动权。他们在财政上也有失检点，即也有所谓的贪污腐化的行为。王伾因在职受贿而发了大财，据说为了防避盗贼，他居然命令他的妻妾睡在盛满黄金和丝绸的大箱子上。即使可以认为这些针对个人的指控夸大失实，但这个集团很可能利用国家钱财与别人结盟，例如提升了几个有权势和闹独立的方镇大员，同时对皇帝的诸弟和子孙们大量赐予采邑，从而使他们取得了名副其实的"实封"。政府职位只给予二王集团的支持者，很可能还出售，但是我们没法说清楚这种做法涉

---

① 见伯纳德·S. 所罗门《唐顺宗实录》（麻省坎布里奇，1955 年）；浦立本：《顺宗实录》，载《东方和非洲研究学院学报》，19. 2（1957 年），第 336—344 页。
② 浦立本：《公元 755—805 年唐代文化界生活中的新儒家和新法家》，第 139—142 页。

及的面到底有多么广泛。

对于这一蓄意进行的改变中的改革成分，就更难以说出所以然了。[①] 他们公开的所作所为没有什么说得上是激烈的改革；至于采取措施控制宦官、禁止未经批准的贡献等等，这都在德宗初年已有先例。但是可能有人争辩说，他们宁愿先通过制度变革来解决问题，而不是沉浸在模糊不清的道德教化问题上。有人认为他们互相鼓励，准备干一番大事业，并以伊尹、周公、管仲和诸葛亮相标榜，因为所有这些人物都被看成古代"积极实干"的宰相。在唐代的知识界中，学者们常把这种态度和杜佑联系起来，因为杜佑在《通典》（801 年）和其中已失传的论文选集《理道要诀》（803 年）中都强调指出，古代的价值应作为原则的本源使用，而不能把它作为当前社会的一成不变的模式。他主张政府应发挥一种积极的、干预者的作用，珍视法律的效用，并且认为一个健全的社会的基础首先要在经济上家给人足。杜佑在二王集团的事态中处于什么地位还不太清楚，但是正像浦立本所说的那样，"即令杜佑本人并非二王集团中的秘密参议人物，他的思想对他们也是很有影响的，而且他被认为是领导和激励他们的源泉"。[②] 杜佑的个人助手刘禹锡和柳宗元的情况更是如此。可是总的说来，他们之间的个人关系过于模糊不清，他们的总的观点和实际政策的关系也过于脉络不明，因此不好肯定地断言二王集团的最终目标是什么，至少在我们对这个时期的文化史有更深入的了解以前，情况就只能是这样。[③]

从马克思主义的观点来研究这个问题的有中国历史学家王芸生所写的一篇很有趣的文章，他认为二王集团的努力是真正的改革者的作为，它们反映了地主阶级内部的不同的经济和社会的利益。[④] 按照他

---

① 浦立本：《公元 755—805 年唐代文化界生活中的新儒家和新法家》，第 107—113 页。
② 同上书，第 110 页。
③ 特别是在刘禹锡和柳宗元的思想中辨认出来的唯物主义成分方面是如此。见侯外庐《中国思想通史》第 4.1 卷，第 7 章。
④ 王芸生：《论二王八司马政治革新的历史意义》，载《历史研究》，3（1963 年），第 105—130 页。

的意见，二王是为了庶族集团的利益而反对宦官和其他豪族地主集团的掩蔽性人物，其中包括顺宗的励精图治的继承人宪宗在内。我不相信他已证实他的说法，弄清了二王集团的社会—经济根源。可是他搜集了一些重要的材料，因此我认为很重要的一点是，在对待统治精英集团中的经济差异的问题上，我们应取虚心的态度。

无论如何，对二王的反应主要是政治性的。宦官的敌意是容易理解的。节度使（特别是在西部、西北和北部诸镇）也是这样，因为他们关心的是要看到他们与朝廷中的联系（这往往包含与宦官的关系）不受干扰。但是，如果二王集团的改革果真是认真的，为什么绝大多数官员不支持他们？首先，二王所使用的搞密谋的方法有失人心，否则，就可以赢得很多良好的反应。其次，虽然二王的表面目的是恢复官僚的权力，但是他们更要按自己的条件和自己的利益来重振官僚的权力。当时的朝臣们对这一点是知之很深的。有意思的是，唐朝末年的政府官僚们虽然有很多共同的政治教条式的信念，但他们很少联合起来反对皇权及其仆从，如宦官。在官僚阶层内部各小集团里面，其成员都以朋友和庇护关系的情谊为重，并把它置于整个官僚阶层利益之上，这便是政治上的决定性因素。在下面对8世纪20年代和30年代朋党问题的分析中，我们会看到，政治人物感到自己顺应政治现状比尝试改革更加容易和有利，哪怕这样做他们会损失一点点威望也在所不惜。对于个别官员来说，他们相当害怕自己官职的升迁会落后于人。在二王集团的重大行动失败以后，一直到835年的甘露事变时，官僚们才又想以武力来改变政治结构。

8世纪下半叶的对外关系

公元8世纪50年代的安禄山之乱所引起的唐代各方面生活的变化，并不比中国与当时其他亚洲列强的关系的变化更激烈。唐玄宗的军队向北曾推进至蒙古，向东北曾推进至满洲南部，同时，一条力量单薄的中国的绿洲前哨蜿蜒在塔里木盆地周围，并深入到准噶尔地区。他的扩张政策完全以令人生畏的军事力量为基础，但归根到底，他的基础则是乐于提供资金的驯善的人民和一个切盼听到皇帝的军队在边疆不断报捷的朝廷。安禄山之乱摧毁了许多思维方式，这种雄图大略的拓边观念也在最先被放弃之列。外域人马上出现在中国的大门口：吐蕃人占据了陇右道，回纥人前来帮忙，但是要价是很高的。

如上所述，安禄山之乱以后外事方面极度紧张的状态终代宗之世都是这样。它的经济影响也很深远。维持一支足以延缓——即令不足以停止的话——吐蕃人前进的边防军，其费用成了经济上的沉重负担，何况帝国的经济由于安禄山之乱及其后果已经陷入混乱状态。这时期为了保卫长安而花费的供应每年超过150万缗，尚不包括每年得花100万匹绢以交换回纥人的战马，因为中国的养马地和牧场现在都已没入吐蕃人之手。边境地区的军屯制度也已被破坏，而要使这一制度适应新情况的努力则需要几十年才能见效。

到779年，吐蕃人对西北的入侵已使双方的军队呈衰弱之势。唐德宗在780—781年决定向吐蕃人议和。双方的会议在最初是讨论一些具体问题，例如怎样遣返被拘留在拉萨的唐朝的使节问题。吐蕃人对中国人的意图抱疑虑态度，但是新上任的吐蕃首相尚结赞立刻看出，那时与中国缔约比继续攻战有利得多。783年开始谈判并于次年签署的条约规定了两国之间的边境和无人地带应在沿甘肃和陕西的当前军事控制线上。它还规定了交换俘虏和难民。条约还把吐蕃人现已占领的大片土地正式割让给吐蕃人。德宗之所以同意订立此约，主要是因为河北诸镇在781年爆发了叛乱。事实上，这是一项很重要的外交成就，因为它保证了唐帝国的西部边境的安全，使中国军队能腾出手来承担东线的任务，其代价不过是承认既成的事实而已。

可是，在783—784年的战争危机之后，休战协定又被两个签字国所破坏。吐蕃人曾经保证要帮助唐政府讨平叛乱，但是在784年，有一支前往解救中国人的吐蕃部队反而投向了叛乱皇帝朱泚。在唐政府方面，它收回了把安西和北庭的亚洲内陆殖民地割让给吐蕃人的含蓄的诺言。结果又爆发了敌对行动。尚结赞因为深知唐政府已被内部战乱所削弱，就采取了攻势，在785年和786年深入到陕西腹地。他深深了解唐王朝的宫廷政治情况（顺便说一句，这个例子说明在当时使用间谍和国家之间搞阴谋诡计的活动是多么广泛），他派人刺杀了中国军队中最优秀的将军们。他的计划两次得逞，而在 787 年，第三位将军也几乎在谈判期间被杀，其实这次谈判是吐蕃人所设的圈套。这个事件后来被称为"平凉劫盟"，使得中国朝廷为之哗然。中国和吐蕃长远利益的各不相容，现在已是很明显了。德宗遗憾地被迫放弃了他曾认真地考虑过大约 8 年之久的与吐蕃结盟的想法。

　　回纥人是中国另一个自然的择友对象。回纥人在 6 世纪中叶到 7 世纪中叶时原是突厥大草原帝国的臣属，但是从 7 世纪 40 年代起，他们自己也变成了突厥语游牧民的九姓回纥（突厥文为 Toquz-oghuz）新联盟的首领。[①] 突厥帝国大约在 7、8 世纪之交得到复兴，但在 744 年被九姓所推翻，从此九姓便变成了亚洲内陆大草原北部占统治地位的大国。直到 840 年，回纥人（我们仍用它为九姓的总称）在今蒙古地方的鄂尔浑河上的首都斡耳朵八里进行统治，这里很靠近未来成吉思汗的大帐。回纥人，在北方称尊的时候逐渐进入半定居生活。他们有文字，有文化，并建有富丽堂皇的帐篷城做宫室之用。回纥人通过粟特人传教士皈依了摩尼教；这些粟特人传教士最后在回纥国家取得了很大的世俗势力，他们或者做政治顾问，或者当可汗的使臣，或者赞助粟特的行商。[②] 这些商人以厚利吸引回纥投资者入伙经商，特别在进行横穿亚洲的长途贸易时许以厚利：这条路线是从中国的西北部出发经过回纥领土，再穿过天山而直达撒马尔罕、布哈拉，最后抵达波斯和地中海。回纥人为了维持他们的半定居活动，很注意保持他们赖以生存的游牧骑兵；这种骑兵在 9 世纪 30 年代还一直是东亚最强大的军事力量。

　　如上所述，回纥骑兵部队曾在安禄山之乱中帮助过唐皇室，但是

---

① 伯托尔德·斯普勒：《突厥人出现以来的中亚史》，载《中亚史》（《东方学大纲》），第 1 部分，第 5.5 章，第 148—162 页；J. R. 哈密尔顿：《九姓回纥与回纥人》，载《亚洲杂志》，250（1962 年），第 23—24 页。
② 见 V. 米诺尔斯基《塔明·伊本·巴赫尔在回鹘人中的游记》，载《东方和非洲研究学院学报》，12. 2（1948 年）。

德宗因回纥的傲慢的将领那时曾给他以羞辱而有一段辛酸的回忆，因此他在 8 世纪 80 年代无意与他们结盟而不计后果如何。吐蕃人的和约失败以后，宰相李泌在 787 年和 788 年需要付出极大的努力来说服皇帝捐弃私嫌，而以国家利益为重。李泌对付吐蕃人威胁的计划是泛亚洲规模的，并且在某种程度上反映了玄宗时代的将军们在中亚的开拓精神。李泌论证说，中国如果与回纥、今天云南的南诏藏—缅部落联盟、阿拔斯哈里发国家（即大食，"在西域为最强"）和印度（天竺）结盟，中国就可以孤立吐蕃并使之国力耗竭。李泌坚持说，与回纥会盟是他的这个建议的基础，他以辞职相要挟而终于说服德宗放弃不愿讨论此事的顽固态度。回纥新可汗为了自己的原因也愿改进同中国的关系。在 788 年，中国和回鹘①终于达成了三次重大和亲中的第二次。德宗的女儿咸安公主嫁给了回鹘可汗为可敦，还有一大批丝绸和奢侈品作陪嫁；作为回报，回鹘人答应帮助中国对抗吐蕃。计议中要与哈里发及印度联系的事从未进行，但是中国与回鹘同盟（它在 840 年以前一直是稳定的）的重建，对于晚唐的历史来说是至关重要的。可以肯定地说，这种关系也不是一帆风顺的。其间也发生了许多把关系闹得很紧张的事件，其起因是回鹘人发起的以马换中国丝绸的贸易的条件，另外干脆就是人与人的关系，即中国人对居住在长安和其他城市的回鹘人的粗野行为有着强烈的反感。中国与回鹘的联盟大大地耗费了唐王朝的国库，但它至少使中国免遭北方游牧民的蹂躏，这与唐代初年突厥和契丹几乎不断的威胁形成了鲜明的对比。

可是，在 8 世纪 80 年代后期还不能立即看清楚李泌的全盘战略是否真能取胜。790 年吐蕃人大举进攻安西（今吐鲁番）和北庭（Beš/balïq）的中国军事哨所，这两地是唐王朝在 7 世纪为了分别监护天山南北路而设置的都护府的故地。② 这些边远城镇因吐蕃入侵甘

---

① 788 年起回纥改称回鹘。——译者
② 布尔达·埃克塞迪：《北庭的回鹘人和吐蕃人（790—791 年）》，载《匈牙利科学院东方学报》（布达佩斯），17（1964 年），第 88—104 页。

肃而孤立于绝域，已有约 30 年之久，只是偶然有几个向北横穿回鹘领土的旅行者带回一些消息。与此同时，回鹘人出于贸易的缘故，对安西和北庭特感兴趣。790 年，他们会合少数滞留的中国军队反击了吐蕃军队，但是在次年秋天，吐蕃决定性地打败了大批回鹘部队。791 年中国从此结束了在东突厥斯坦的行政权力几乎达一千年之久。

由于南诏脱离吐蕃而回到唐王朝的势力范围内，亚洲内陆的战略均势在 8 世纪 90 年代又变得有利于中国。南诏是 6 个大的部落集团结成的联盟，在人种上是藏缅族，它约从 650 年到 900 年统治着现今的大部分云南省。虽然南诏很早就向唐朝进贡，但它与中国的关系在 8 世纪的第二个 25 年加强了，那时唐玄宗派特使册封了南诏王。这个国家逐渐提高中央集权的程度，并把国都建立在今昆明西北洱海边的大理。8 世纪初期的几位南诏君主自觉地模仿中国的政治和文化制度。但是，在安禄山之乱以前不久，南诏王可能被中国在他的边界迅速增加行政机构所激怒，攻打了附近的唐王朝都护府衙门。南诏借助吐蕃之力粉碎了中国随之而来的讨伐行动。后来由于唐政府越来越专心于对付河北叛乱，南诏就投入了吐蕃的怀抱。南诏统治者向吐蕃称"弟"，他的某些部队也并入了吐蕃的军队。[①] 自此以后，南诏便成了位于南诏之北的剑南西川（在今四川和西藏的西康地区之间的边界上）的真正威胁。中国两位很能干的将军崔宁（从 767 年到 779 年为节度使）和后来的韦皋（从 785 年到 805 年为节度使），在西南边疆对吐蕃和南诏部队打了一仗又一仗。如果他们牵制南诏的努力失败，唐王朝就会陷入深深的困境，因为剑南西川一旦被蹂躏，长安就不大可能阻挡来自西方和西南方的钳形夹击。可是，对中国说来很幸运的是，在 8 世纪 80 年代末期，南诏对吐蕃的附庸关系在新南诏王异牟寻（779—808 年在位）的影响下开始有所削弱。韦皋写了一系列信给大理，希望利用异牟寻对吐蕃人的沉重赋税和征兵压力的烦恼情绪。大约到了 792 年，唐朝的压力开始初见成效，794 年初南诏正式

---

① 佐藤长：《古代西藏史研究》卷 2，第 675—677 页。

宣告不奉吐蕃的宗主权，而恢复了中国属藩的地位。① 这两个国家在795年联合起来于昆明附近攻击吐蕃军队，并且在韦皋的领导下于801年进军深入到吐蕃腹地。这些重大胜利，再加上坚决反对中国的吐蕃赞普和首相在796—797年期间相继死去，以及吐蕃的北部和东部边境面临着牢固的联盟等等因素，促使这个国家放弃了战斗，从而结束了唐王朝半个世纪的对外战争。到了805年，新皇帝宪宗得以安心地把注意力放在国内事务方面了。

宪宗时代的中央集权进程，805—820年

河北藩镇叛乱爆发时宪宗不过是个幼儿，当叛乱结束时他也还只是个孩子。但是在他于805年即位时，他已经是27岁的成熟青年人，而在他的成长期间他耳闻目睹了他祖父的屈辱和他父亲的孤立无助的处境。从他在位期间的作为可以充分看出，宪宗既很坚决地力图振兴皇室的威望，同时又对于朝廷内的政治势力有详细而深切的了解。他是晚唐最强有力的皇帝。

力图中兴唐室的主要工作就是要显示中央政府在战场上能有所作为。② 从806年到819年，宪宗在反对6个最桀骜的藩镇时成功地在7次重大军事对抗中取得了进展。在取得领土和政治的进展以后，政府还接着推行了各种制度上的改革以补其不足。结果仅在15年内就大大地恢复了长安的权力。当然，宪宗没有能够再建立玄宗时代的大一统帝国。事实上，在9世纪初的十多年中曾一度驯服的三个独立的东北藩镇，在20年代又离弃中央政府并且再也没有重返中央的怀抱。其他许多藩镇虽然效忠于朝廷，但也在各自的地盘拥有很大的行动自由。可是重要的一点是，再也没有爆发像8世纪那样大的叛乱的迫在

---

① 佐藤长：《古代西藏史研究》卷，第677—686页；樊绰：《蛮书》，向达的《蛮书校注》本（北京，1962年），附录4。

② 彼得森：《中兴的完成：宪宗和诸镇》，载芮沃寿和崔瑞德编《对唐代的透视》（纽黑文，1973年），第151—191页。

眉睫的危险了。的确，在宪宗死后的国内 40 年和平时期中，843—844 年昭义镇的叛乱是唯一的一次重大波折。他在朝廷与藩镇之间搞了一个新的变通解决办法。我们尽管有种种保留，朝廷显然在这里仍占了上风。此外，唐帝国已经充分地重建起来。唐帝国的观念深入人心，虽经 9 世纪末和 10 世纪初的大动荡而历久不衰，直到宋朝开国前仍是如此。不论从哪方面看，这些都是给人以深刻印象的业绩。

宪宗对那些弄权的藩镇发动对抗时是很小心谨慎的，因为他决心不重犯德宗在部队未准备就绪以前就鲁莽从事的错误。在 808 年初期，剑南西川节度使韦皋死了，他的部下刘辟将军要求继承韦皋的职位。① 皇帝答应了他的请求，因为他认为在即位之初不宜马上去对付这一最后通牒。可是两个月以后，刘辟竟要求掌管唐政府把今天四川省一分为三的所有三个镇。大约 25 年以来剑南西川一直是防备吐蕃和南诏入侵的重镇，而且正像我们在上面已经讲过的那样，这种肆无忌惮的挑战预示着会有一批持强烈敌视态度的藩镇要求扩张大片领地。宪宗已站稳脚跟，拒绝刘辟的第二个要求，用禁军给他以反击。806 年秋天，中央政府的部队出乎预料地在对刘辟之战中取得了轻而易举的胜利。刘辟及其上层谋士均被处死，在朝廷选派的新节度使之下恢复了秩序。这里在往后的几十年中也出过一些零星的麻烦，但它们大多数是由于难以在这种种族复杂的地区推行中国的行政制度所引起的，而不是因为州镇无视长安权威的结果。

到了 807 年春天，全帝国的藩镇开始看到了京师重整旗鼓的气象。长江三角洲富饶而盛产稻谷的浙西镇节度使李锜故意藐视皇帝要他朝见的命令，想在新皇帝变得过分强大以前给他一个难看。于是在他邻近的一个节度使的指挥下，迅速对李锜组织了一次讨伐。不到几个星期，李锜的畏罪的下属罢黜了他，后来他在长安被处死。如我们所料，朝臣们都无比高兴，大家都在谈论唐室的真正中兴。特别是神策军和从忠于王朝的淮南征调来的讨伐部队在这两次战役中表现得很

---

① 对战争的记述取材于《资治通鉴》(卷 236—241) 和《旧唐书》(卷 14—15)；另见彼得森《中兴的完成》一文。

出色，出现了能与皇帝的决心相得益彰的普遍的信心。

更加麻烦得多的对抗发生在 809—810 年，这时朝廷向河北三大自治藩镇之一的成德发起了挑战。这是宪宗自己挑动起来的第一次事件，而且也像德宗在 781 年向东北挑战那样，问题还是节度使的继承权问题。成德镇原节度使在 808 年死去，次年年中他的儿子王承宗要求朝廷任命他为名副其实的节度使。8 世纪 80 年代的战争以后，成德镇在前几次移交权力时，每次都由长安照例予以批准，虽然批准是很勉强的。这一次受了最近几次胜利鼓舞而变得胆大起来的宪宗，决定不失时机地革掉当地自决节度使继承人的陋习。他想要王承宗做些让步，其中包括交出成德镇属下的两个州来换取批准，但这一妥协马上破裂。809 年后期爆发了战争。可是，政府的讨伐军在次年初春陷入困境。首先是军费开支太大；其次，把各忠顺的州镇抽调来的杂牌兵协调统一起来的问题不能够圆满地解决。[①] 使事情变得更加复杂的是，宪宗委派宦官吐突承璀（820 年死）为讨伐军指挥官，这一举措虽不是史无前例的，但在朝廷看来也是很不寻常的，特别是在这样一场重大战役中更显得不可思议。下级将军们的士气因吐突的无能而受到挫伤。宪宗经过劝说终于相信，讨伐成德镇的时机未成熟，因而在 810 年年中双方都撤出战场。王承宗保留了节度使职位。

军事行动在往后几年中中辍，因为宪宗和他的高级顾问们正在为了安排好未来的战斗而想尽方法加强他们的政治和财政地位。吐突承璀卷入了一桩贪污案件，被解职和流放，皇帝说，"朕去之轻如一毛耳"。[②] 809 年，宰相裴垍（死于 813 年）实行了一系列财政措施（这一点将在下面详述），据说在 811—812 年税收便增加了。宪宗时税收、免税、官员的编制名额和薪水等方面的一系列诏令之间的关系以及它们与朝廷政策的关系都尚未得到详尽的阐发，虽然这些方面的大

---

① 这种问题是安禄山之乱后唐王朝军事战斗中习见的事，只有 9 世纪 40 年代的战役除外。见《资治通鉴》卷 238，第 7671—7673 页；彼得森：《中兴的完成》，第 162—163 页。

② 《资治通鉴》卷 238，第 7686 页。

量材料散见于各种史料之中。可是，也许可以有把握地说，皇帝实行军事中央集权化的运动把唐帝国——政府和人民一起——几乎推到了它能力的极限。当然，从宪宗时代的中期起，朝廷对于国家财政的讨论就越来越热烈。财政问题是太复杂了，不能很快地求得解决。

810 年到 814 年期间经济上取得的任何进展，比之所感受到的政治进展很可能就大为减色了。比如在 812 年，东北另一长期闹独立的藩镇魏博竟然自愿归顺朝廷，从而结束了经历四世的这个世袭节度使职位。曾经讨论过进军魏博并使之完全按照长安的条件顺服的可能性，但这个方案最后被否决。宪宗对它的归顺作出的反应是大量赏赐金钱，并且作出几项礼遇的表示，例如准许该节度使更换更响亮的名字，以示对浪子回头后的厚爱。这种不费吹灰之力的胜利看来成了整个中央集权化过程的转折点，因为长安不战而屈人之兵，指顾之间就搬掉了一块战略上和心理上的大石头。

从 814 年直到 819 年，宪宗狠狠地打击余下的不恭顺的藩镇。第二阶段军事攻势的主要胜利是取消了淮河上游淮西镇长达 60 年的独立状态。[①] 虽然淮西与长安的对立不如河北诸镇那样广为人知。但这里的问题也很重要，因为淮西的形势会危及运河的交通和漕运，同时也因为淮西的军队很强大和顽强。唐王朝对淮西的讨伐也开始得很有特色，因为节度使刚刚故去，他的儿子吴元济想取得继承权。朝廷认为淮西的周围是忠顺的各藩镇，它是孤立的，所以很快拒绝了他的要求，吴元济便首开战端。可是，淮西之役旷日持久，打得也很艰苦，从 814 年一直拖到 817 年秋天。中央政府的讨伐部队四面合围了淮西，但他们的协调作战一度很差。官军的将军们都不肯冒全力出击的危险。另外，中央政府与成德镇的冲突再次爆发，东北的这个第二条战线也使他们分了心，因而不再进击。还有一件分心的事是平卢（今山东）节度使用游击队小股窜扰。平卢所关心的是不让官军战胜淮西，因为他认为自己本身会是中央政府下一步打

---

① 彼得森：《815—817 年反对中央政权的淮西之战》，载 F. A. 小基尔曼与费正清合编《中国的兵法》（麻省坎布里奇，1974 年）。

击的明显靶子。平卢的恐怖分子在长安刺杀了一位宰相，破坏了仓廒，而且一再在东都洛阳纵火。朝廷里的一片混乱和失望情绪会压垮一个二三流皇帝，但宪宗表现得很坚定。最后，在皇帝和宰相裴度（765—839 年）的统一指挥下，政府在 817 年年中集中了一切人力物力专攻淮西的首府蔡州。3 个月之后，在晚唐历史上最关键性的一次战斗中攻克了蔡州和淮西镇。后来政府军奉命宽待被攻克地区的人民，这是符合宪宗对降服各藩镇的总政策的。只对叛乱的头目们处以死刑。818 年淮西镇被正式废除，它的人民此后由邻近诸镇和平地进行统治。

淮西镇战败后，成德也迅即屈服。忧心忡忡的成德节度使怕挨打，抢先向长安送了两个儿子为质，以保证恭顺。由于河北地方最小的横海镇（8 世纪 80 代的叛乱以后所建）也已于数月前向朝廷归顺，现在只有两个藩镇还未受长安的节制，它们是北京地区的幽州以及平卢。幽州从未被波及，因为它在这个时期中无论如何不算最对立的藩镇。宪宗在 819 年轻而易举地就平定了平卢。当细心准备的讨伐正在进行时，平卢节度使李师道被他的部属所杀。朝廷于是研究了平卢地方的情况，为了保证那里将来不再发生叛乱，他们把平卢藩镇一分为三。在这次胜利以后，宪宗才能感到满意，因为他几乎使整个中国本部领土都重新听命于他了。

中央集权化的制度保证

唐宪宗的中央集权化政策使三个关键性的、互相关联的经济问题趋于表面化了，这三个问题就是：从 8 世纪 80 年代后期即已开始的明显的通货紧缩；许多藩镇在税收过程中的胡作非为；以及政府用于平叛战争中的财源不足。上面提到过的 809 年关于税收和财政的几道诏令，是杨炎 780 年的改革以来对付这类问题的最重要的措施，所以我们不妨对它们在这里略赘数语。

由于战时物资紧缺及随之而来在 8 世纪 80 年代出现的高物价已告终止，并且继东南航运恢复之后谷物供应大大增多——这些促使通货紧缩的原始动力又因政府长期缺铜的困难而加速发展。唐代的交换体系在大宗交易中是使用混合的媒介（即绢、银和铜）及大批运输粮食；的确，这个体系内部的运行从未被当局完全控制过，但是这个时期的问题表现得特别尖锐。第一，绢的数量已经相对地很少了。政府的大量储备已在叛乱中毁掉；河北诸镇和平卢镇的独立又切断了政府的标准货币——丝——的最佳来源。① 唐王朝被迫向回鹘人出口的大量丝绢也占了长江下游丝产量的很大比例。另外，银的生产、检验和铸造主要由私商进行，它兑换铜和货物的比率也因不受政府的密切控制而波动不定。同时，对铜的需求也急剧增长。② 尽管政府一再鼓励开矿，阻止窖藏钱币和严禁伪造低劣货币，③ 但在 9 世纪开始之后很久铜仍是供不应求。很可能 8 世纪后期和 9 世纪商业经济的扩展更进一步增加了对铜的需要。结果商品价格直线下降，例如，820 年的米价只有 8 世纪 80 年代通货大膨胀时期的 10%；物价大跌对税收产生了直接的影响。原来的两税法的税额虽然主要是收实物，却已以现钱计算。折换率一直定在 779 年的铜币价值上，这时是通货紧缩开始前的一段时间。由于用来付税的基本农产品的价格下跌，而负担的税项却一直按现金缴纳，许多农民因而苦不堪言。危险之处在于，如果不再给这一交换体系以一定程度的伸缩余地，越来越多的农民就会沦入饥饿之境，而从政府的观点来看，他们就根本无力交纳税收了。

既然通货紧缩这样不利于税收的基础，对收进来的税项实行三马分肥的办法便把陋习带进了下一步更高级的税收措施中去。已由杨炎的财政专使与各藩镇分别商定的税额划分有如下述。各州县可截留一小部分税收，称为"留州"；较多的另一部分由藩镇自用，称为"送使"或"留使"；而最大的份额则应由藩镇解往中央政府，称为"送上"或"上供"。但是，作为这一过程中的中介人，藩镇的文武大员是很容易欺骗中央政府的：他们或者谎报本地区粮食与布匹的时价，

---

① 崔瑞德：《晚唐的地方自治和中央财政》，第 224—225 页。
② 崔瑞德：《晚唐的商人、贸易和政府》，载《大亚细亚》（新版），14. 1（1968 年），第 76 页。
③ 崔瑞德：《唐代的财政管理》，第 77—83 页。

或者有时干脆拒绝向朝廷交足税款。除此之外，州镇官吏——特别是衙门胥吏——常常都是一开始就在所收实物和现金税额的折换率上搞鬼，尽量额外为自己搜刮，而把负担加到农民身上。那些最强大的藩镇用这种办法聚敛了巨大的财富，这笔财富既是用于支付"贡品"的主要来源，也是正式官方税收制度中的净损失。这种陋习就像在中央当局不知情的情况下地方上猖獗一时的非法的苛捐杂税，当然是与8世纪中叶以后藩镇权力日重的形势互相表里的。[①]

因此毫不奇怪，中央政府所能到手的税收是很有限的。德宗的俭朴和吝啬应该说可以使国家有所节余而足供宪宗早期的军费之用，但这些储备显然并不是用之不尽和取之不竭的。这便是宰相李吉甫（758—814年）在807年的奏疏中所要说的意思，因为这时只有8个镇能正常向中央解缴税款；和玄宗末年相比，这时只有四分之一的家庭能成为可靠的纳税户。[②]

裴垍在809年的措施是想阻止唐朝的恶劣经济状况变得无法挽救，这样就自然能给宪宗提供军费。[③] 他的第一个基本措施是给绢规定并推行一个"中间"价格，并且使绢和铜一起成为交换媒介，以便能向通货紧缩发动反击。像地方官员的薪水和地方军队的医药军需品这种固定的开支，都从全部现金支付改成现金和实物混合支付的制度，以对付铜价过高之苦。地方被严禁操纵通货。他的第二个基本措施是把两税法纳入标准折换率和保证税收收入的统一体制之中。这意味着一个重大的政治举措，即解除地方对征税的控制。自此以后，藩镇应从会府（即首州）的财源中取得他们收支表上的收入部分，只有在入不敷出时才能指望治下其他州县的支持。作为回报，会府便完全解除了向中央政府缴税的义务。与此同时，其他各州则不用再向它们的藩镇解缴税款了，但必须把原来的"留使"部分连同它们自己应解

---

① 曾我部静雄：《唐代的贡献制度》；日野开三郎：《藩镇时代的州税三分制》，载《史学杂志》，65. 7（1956年），第464—666页。

② 《资治通鉴》卷237，第7647—7648页。

③ 松井秀一：《裴垍的税制改革》，载《史学杂志》，76. 7（1967年），第1—24页。

的税款一起直接交回给长安。

朝廷的这些公告在实行时并未取得完全的成功，801年和811年的补充诏令中提到的屡禁不止的违法事件便清楚地表明了这一点。企图稳定物价的尝试特别难以实行，而且它们更多的是针对后来10年中仍在继续的迅速通货紧缩的现象来治标，而不是针对它的产生的原因来治本。[①] 另外，谁也难以肯定，在裴垍改革之后朝廷的整个收入实际上增加了多少。虽然如此，这些措施显然至少减轻了淮河和长江下游农民的实际赋税负担。由于这些措施是在808年对李锜的重大胜利之后不久采取的，随之实行的赋税减免具体地向浙西的老百姓显示了天子君临彼土的好处和对老百姓支持天子统治的鼓励。从政治上说，裴垍的改革重申了皇帝有权直接统治他的州县，而不用中间横隔着一个敌对的藩镇行政组织来阻断上下之间的联系。但是就在这时，藩镇仍然有许多办法继续捣乱，使中央政府的法律无法贯彻下去。

在宪宗历次平叛成功之后的819年，节度使乌重胤建议也在藩镇的军政制度方面实行一次类似财政改革的改革。藩镇统兵之权没有了，节度使只剩下了控制要塞和统领会府戍军之权。刺史往后则要统领本州的外围戍军和驻军。只有边防重镇及非中国人的雇佣军所守之防区不在此例。和前此的财政改革一样，这道诏旨的重要政治意义在于，在牺牲藩镇利益的情况下密切了中央政府和州治之间的关系。在8世纪后期和9世纪初期，节度使之所以能进行军事威胁和政治恫吓，就是因为他能动员本镇全部兵力，其数目可轻而易举地高达数万人。任何忠于长安和不愿参加这种叛乱的刺史，会很快被节度使的其他部队所消灭。可是819年以后，一个对朝廷心怀不满的节度使就很难把不相统属的许多州领部队统一带动起来，以投入一次奇袭行动。因为仅就单独一个州的部队来说人数相当少，有时是二三千人，通常比这还要少得多，但他们的向背也举足轻重：他们能使藩镇受很大损失，而使州治得到实利，也使中央政府间接受益。但我们仍然应该看到，如果节度使是奉诏旨行事，他仍然完全能够召集并统领本镇的全

---

① 《资治通鉴》卷242，第7799—7800页。

部军队。换言之，节度使的合法职能在改革中仍被保留，但他制造麻烦的权力则有所抑制。很可惜，关于 819 年诏令实施的情况我们所知甚少。看来，这种限权行动在华中和东南部确已被人接受，但在华北和西北这些有大量常备军的军事重镇却遇到了阻力。在河北似乎根本没有行通。

从 810 年和 819 年所定的制度措施我们完全可以看出，宪宗有意要把他的军事胜利的形象长期地固定下来。不过对于另外几次胜利，我们知道的甚少。但是，虽然中央政府在 9 世纪的初期和中期已能较紧密地控制地方政府，这个过程很可能从未完成。在宪宗以后，9 世纪 20 年代和 30 年代的几位皇帝都很软弱，他们除了守成之外没有其他作为，而且在很多情况下他们连这一点也没有做到。在唐帝国的各个地方都发生了藩镇与州之间程度不同的权力调整情况，不过除了极少数事例以外，我们已很难推想这种权力调整的情况了。

宪宗初年的政治转变

在某种意义上说，唐代历史上新君即位往往是中央政府的一次补偏救弊和实行人事变动的时机，但是在 805 年，宪宗遇到的问题却异乎寻常。在前 10 年中，实际上每一个利害上沆瀣一气的集团有时已被置于无足轻重的地位，或者至少被暂时排斥而不能掌权，例如唐德宗以很坏的态度对待职业官僚，二王集团又以同样的态度对待宦官。整个政界都期待宪宗能恢复他们被侵夺的特权。他们对他的要求常常互相矛盾，气氛也弄得很紧张。[1]

在皇帝和职官之间显然需要有所和解，这便是他所面临的最紧迫的政治问题。新皇帝摆出了大家所期望的姿态来显示他的正直——遣散了多余的宫廷乐工；拒不接纳所贡的 50 名妇女去充实后宫，等等。但是，德宗和顺宗在最初都是引人注目地来显示他们的热忱，到后来反而使官僚们失望，而宪宗的诏令却是卑之无甚高论，重点只谈要恢复官署正当的办事程序和重建朝廷的德治。例如，宪宗在拒不接

---

[1] 见《资治通经》卷 236，第 7614—7615 页；《旧唐书》卷 14，第 411 页。

受荆南所献的两只寿龟时，他不仅禁止将来再有人贡献远方异兽，还命令把所有这些"祥瑞"都交付有司处理；他不愿意见到它们，不愿意知道它们，除修王者之德以外不愿做其他杂务。[1]

这些行动对于严谨的官僚的风纪来说一定很有鼓舞作用，同样，他们对新皇的关于改变供职条件和奖赏忠勤的命令也抱有热烈的希望。在唐代，它们包含在每逢国家大典——例如新帝即位、改变年号、皇帝寿诞和重大的军事胜利等庆典——时必发的大赦（赦宥）令中。大赦令是一种被人们忽视的史料，对它们的广泛研究会引起人们的很大兴趣，因为它们经常包含总的政策声明和国家形势的总结，以及一些关于特殊豁免、大赦和对贵族、各级官吏、平民百姓——有时也对某些个人——的提升和发放俸禄情况的内容。[2]

806 年的大赦令（因改年号为元和而颁布）确实包含了宽大的让步内容。它确实是宪宗初期热情的某种表现；德宗在他统治的最后13 年中没有颁布一次大赦，这个间歇期间之长很有些异乎寻常。806年的大赦令给现职文武官员都颁赐了相应的勋或爵，其中包括神策军和地方军队的将军们与军官们。[3] 对安禄山叛乱后的任何时候特别立过军功的人的儿子都赐以官，对他们的孙子则赐以出身的权利。对于中央和藩镇显宦的已亡故的父母也给予身后的哀荣。对于安禄山之乱后所有位居宰相之职的人以及对于在代宗和德宗流亡期间仍然在他们身边效忠的人，也另给荣衔。所有宰相和兼宰相衔的藩镇官员（即所谓"外使宰相"或"使相"）以及其他三品和三品以上的大官都可选一子立即当官；这是正式"选"试之外的便宜办法。它还规定在学校内设立 100 个"学生"的名额以招收无业的文人学士。

至于这些内容有什么实际意义，这还很难说。可能有许多人重复享受某些待遇，但也有些内容实际上几乎无人可以享受。但是重要的

---

① 《旧唐书》卷 14，第 411 页。
② 《唐大诏令集》卷 2—5、卷 9—10、卷 29、卷 68—74、卷 75、卷 79、卷 83—86、卷 123；《册府元龟》卷 83—91。
③ 《唐大诏令集》卷 5，第 29 页。

是下列几点：（1）宪宗给了几乎每一位官员以某种关怀；（2）那些有可能被遗忘的不满分子，例如那些舍此即不能得到一官半职的军事英雄的后裔们也得到了安抚；（3）那些官居极品的人尤其受到优渥；（4）有了定时屡颁大赦令的希望。

这一安抚性的和论功行赏的政策也扩大到某些具体个人身上。郑絪（752—829年）便是最好的例子。郑絪原为翰林学士，曾在805年2月支持顺宗的继位，后又安排顺宗逊位于其子宪宗。为了酬报他的忠诚，宪宗任命郑絪为新设的翰林承旨，后更为宰相。郑絪居宰相位的三年半时间政绩平平。他的任命显然是政治性的，而且一经研究无疑会发现，那时的一些高级官员的任命不乏与此相类似的情况。[①]

和这些发展相联系的是宪宗对政治上的不良分子实行了有节制的报复的明智政策。首要的打击目标当然是王叔文集团，如上所述，他们已被斥逐异域。但重要的情况是，除了二王本人之外，宪宗不像其祖父德宗当年可能做的那样，他并未处死一人。另外，清洗的范围非常谨慎地只限于真正参与过805年事件的那些人，并不像历来所为的那样牵及罪犯集团的家属或亲朋故旧。在二王集团以外，宪宗甚至更加审慎。他下令终止了某些确实罪恶昭彰的行为（例如盐铁转运副使潘孟阳宣慰东南时的淫佚放纵即是[②]），但是皇帝显然知道，如果要有力地处理最近的一切坏事，那可能失之公正和造成分裂，因为这样不免有不少挟嫌报复和其他特殊情况会起作用。

在杜黄裳做宰相的805年后期和807年初期这一段时间，皇帝和官僚的新关系甚至有了进一步的发展。值得注意的是，杜黄裳（738—808年）是原为宰相而又与二王集团关系非常密切的韦执谊的岳父，在通常情况下他不大可能晋位宰相，因为株连同伙向来是一般规律。可是，杜黄裳曾经避免直接卷入二王集团，而且他助长了他的女婿对二王集团的疑虑。杜黄裳之能够官居极品，充分证明了宪宗怀抱着和解的政治姿态。除此之外，杜黄裳不同于年迈的杜佑（他一直

---

① 材料来自严耕望《唐仆尚丞郎表》（4卷，台北，1956年）。
② 《资治通鉴》卷236，第7621页；卷237，第7630页。

在长安做荣誉性的宰相，直至 812 年去世时为止)，虽然也同样处于高龄，却享有实权。杜佑很受尊崇，但看来被视为知识界中我行我素的人，而杜黄裳则是传统的经世论主流中的代表人物。他是进士，原为战争英雄郭子仪的门生故吏，也是政府许多重要衙署的老臣，例如他做过吏部侍郎，这在 8 世纪末年是尚书省内最重要的职位之一。他曾主持 791 年的进士考试。他也有许多直接的敌人。在 8 世纪 90 年代中叶他与裴延龄发生过冲突，在德宗的半隐退的时期根本没有担任过任何官职。在官僚集团中，人们再也选不出比他更能说明问题的典型的人了。

杜黄裳是宪宗要实行军事中央集权化计划的政治推动者，是第一个在朝廷公开提出皇帝应该遵循德宗的"姑息政策"还是应该另辟蹊径的官员。[①] 宪宗这时对于采取突然的军事行动仍然持审慎态度，他认为对西川的叛乱将领刘辟采取任何行动必须有周详的准备，但是杜黄裳坚决认为有前车之鉴，所以必须先发制人。他说服宪宗任命神策军使高崇文统领全部禁军，因为宦官只会在军事系统和地方机构中间扩散贪污腐化的影响，而且他们也不宜于统兵打仗。不管这种说法有什么失实之处——杜黄裳死后被指控曾接受高崇文的贿赂——杜黄裳显然已把他的前程押在了这场战事的胜负上面，因为他还指授了这次进兵的方略。如上所述，神策军对刘辟的讨伐大获全胜。宪宗对杜黄裳的勇气既感激又钦佩。

君臣之间如此相契，使得杜黄裳有机会同皇帝更加认真地讨论理论问题，即讨论关于贤明和正义的统治以及正确行使政府功能等老生常谈的问题。他的意见都是正统的：他主张皇帝应该是上天与尘世之间的联系，是列祖列宗与今世之间的联系，是国内百姓与四夷之间的联系；他应该知道上下之分，轻重之别。具体说来，这话意味着宪宗应该把实权授给经过仔细挑选的下属，特别是经过慎选的宰相，并应避免对政务统得过细。按常情说，我们可以把这些议论视为又一套陈词滥调。但是，宪宗和唐代其他许多皇帝不一样，他对这一类问题真

---

① 《资治通鉴》卷 237，第 7626—7627 页；《旧唐书》卷 147，第 3974 页。

诚地感到兴趣，特别是在他即位后的头 10 年中更是如此，[①] 而在这种场合下，他与之谈话的是一位经过考验的实干家，而不是一个只知背诵儒家经义而无所作为的人。所有史料都着重表明，这样的讨论对唐宪宗产生过很深刻的影响。我们应该相信这种说法。宪宗对官僚的政治和解态度一直延续到后一个 10 年的相当一段时间。至少在 9 世纪第一个 10 年的中期，皇帝经常与宰相商量问题，又恢复了许多外廷的制度。正像将在下面要叙述的那样，宪宗的兴趣和官僚的兴趣并不全然一致，所以中央政府内部的合作和和谐程度必然有限。但是比之仅仅五年前德宗时代的僵局来说，新的气氛显示了要变好的大转机。长安官方的许多人都希望唐王朝的中兴会指日可待。

宪宗朝廷的极盛时期

宪宗朝廷的鼎盛时期从 806—807 年的胜利开始，一直延续到 815 年宰相武元衡被藩镇恐怖分子刺杀时为止。807 年杜黄裳已年约 70，而且也可能有些风声涉及他后期的经济问题，所以他被派往山西南部做河中节度使而光荣地退职，次年便死在那里。为了取代杜黄裳，宪宗同时拔擢御史武元衡（758—815 年）和翰林学士李吉甫（758—814 年）为宰相。这是宪宗时代曾用一系列优秀人士居相位的最初两个人；以后诸人则有裴垍、李绛（764—830 年）和裴度（765—839 年），都值得大书特书。这显示了皇帝真正想在高级官僚中尽可能选用最优秀的人才。比起前任的一些宰相，新宰相的年岁明显地下降了。他们大多数是 50 岁上下的人，成年于 8 世纪的最后 25 年中。他们虽然不像皇帝那样年轻，但我们可以假定，他们比原来当权而又生活在兵戈满地和政局动荡中的老一辈宰相们更投合宪宗的锐进之气。宪宗时代的宰相们在致力于中央集权化的运动中起过重要的作用，这种作用反过来又有助于恢复外廷在 8 世纪 90 年代已丧失的某些影响。我们不妨在这里简单介绍一下宪宗朝鼎盛时期的三位关键人物——武元衡、李吉甫和李绛。

---

① 例如可看《资治通鉴》卷 238，第 7683 页。

武元衡是武后（684—705 年在位）家族的后裔，也是她家族中的第四代官员。他在 783 年举进士。此后他任过各种官职，例如做过藩镇的幕宾、监察御史、县令、部员外郎，804 年则做过御史中丞。在德宗晚年，他曾辞去他的一个官职以抗议京师禁军引起的骚乱。或许就是这个缘故，二王集团中的文人们曾在 805 年请求他就任一个礼仪性官职，他不无识见地置之不理。在他于 807 年被提拔为宰相以前，宪宗曾派他到御史台和户部任职。在他第一次做宰相的短暂时期内，他就与皇帝建立了互相信任的关系，所以他被委具体地负财政重责。为了配合他的私交和政治好友李吉甫，武元衡坚定地要求皇帝对负隅顽抗的浙西节度使李锜采取强硬的路线。他们两个人普遍被认为是最后促使 807 年战争胜利的人。为了表示充分的信任，宪宗后来任命武元衡担负一个艰巨的任务，即去新近收复的西川恢复秩序。曾经俘虏了刘辟的神策军将军高崇文是一个很好的军人，但不是一个好的行政官员。武元衡在 807 年后期替代了高崇文，经过 3 年时间把西川安定了下来。

武元衡在 813 年再次被任命为宰相，这时正是淮西战役即将发动的前夕。宪宗这时并不需要有人来说服他有用武的必要性，因此武元衡的新问题便主要是搜集情报并发动讨伐（这些任务原是派李吉甫去负责的，但李吉甫在 814—815 年冬天去世，留下武元衡独力承当这些责任了）。成德节度使和平卢节度使这时期也开始明白，中央政府对淮西如箭在弦上的攻势也会使他们的独立地位处境堪虞。为了争取时间，他们雪片似的发来了互相矛盾的恳请、要求和承诺的函件，希望朝廷放松警惕。可是在 815 年年中，成德节度使又请求朝廷宽赦淮西叛乱者，但被武元衡坚决拒绝，其结果是引起了一连串事件。几天以后，当武元衡从长安的私邸中外出准备上朝时，他被一伙骑马的散兵游勇所刺杀。拘捕了成德那时驻长安的几个涉嫌的军士，并以不甚充分的证据给定了罪。皇帝因此极为震怒，没有人能够劝阻他在 816 年兴兵讨伐成德镇。[①]

---

① 《资治通鉴》卷 239，第 7713—7715 页。

　　具有讽刺意味的是，平卢节度使后来被发现才是刺杀武元衡的真正幕后策划者。[1] 可是，这个鲁莽的挑衅性的恐怖活动最后却打击了藩镇的利益。为了平息 815 年京城的惊恐，宪宗大奋神威，决心再度惩治藩镇的割据主义。武元衡为此而殉职，这使得他的能干的副手裴度被任命为宰相，并最终导致了对淮西的决定性的胜利。

　　这个时期第二位重要的宰相李吉甫原是代宗时代一位名宦的儿子。他在二十几岁时以荫庇入仕，后来擢升至相当高的位置，而以他的礼仪知识受到人们的注意。虽然李泌和窦参都很看重他，但他没有得到陆贽的垂青而于 8 世纪 90 年代被贬为长江下游几个州的刺史（陆贽的敌人在陆贽于 794 年被放逐以后任命李吉甫为陆贽的上司，希望李吉甫对一切有关人员进行报复，但李吉甫始终没有这样做，所以他的宽宏大量的名声为之大振）。在 8、9 世纪之交的大约 6 个年头中，李吉甫因病而未担任任何官职。可是，他利用离开长安的这段漫长时期去熟悉南方的情况和问题，当他最后回到京师时，他变成了唐帝国最精明干练的行政官员之一。宪宗在 805 年任命他为翰林学士，次年又升任他为中书舍人。李吉甫马上被卷入了当时最重要的争端中去。他熟读兵书，又有优异的文职成就，并且对推进四川和浙西的战事给皇帝详细条陈过意见。他洞悉跟吐蕃人谈判的机微诀窍。807 年他上呈《元和国计簿》（现在仅存片断），813 年又上呈《元和郡县图志》（大部分尚存），另外还著有关于政治史的书籍和一本职官手册。他和武元衡一起推进了几项关于中央政府和州的法律程序上的改革，其中的原则是继续建立官僚制度的威信。

　　在他两次任宰相期间（一次是 807—808 年，一次是 811 年直至他去世的 814 年；他是宪宗时期任职最长的宰相），他以主张中央政府应采取进攻性的军事立场而闻名，这在史料中被泛称为"用兵"之策。他的基本态度是切实加强戒备，而不是一味好战，例如我们看到他在 813 年提出的关于重建北方边防的建议便是如此，[2] 但是，有时

---

① 《资治通鉴》卷 239，第 7717 页；卷 241，第 7767 页。
② 《资治通鉴》卷 239，第 7700—7701 页。

也很难加以区分。他对淮西采取了不调和的强硬路线，同时如上所述，他在去世以前与实际拟订的帝国的讨伐计划是分不开的。李吉甫在这些问题上和武元衡同心同德，但他和宪宗中期的第三位重要宰相李绛却经常发生冲突。

李绛也出身于四代为宦之家，与李吉甫的显赫家世同源，但他的父祖辈却不那么显耀。他中过进士和宏辞两科，他显然就凭这些资格进入了仕途，并没有想到使用荫庇特权来擢升高位。[①] 我们对他的早期经历所知甚少，只知道他专门谈过他自己的专长是"论谏"。从807 年到811 年他做翰林学士，此时又与年轻的补阙白居易一起，不停地就不同的问题行使其劝谏的权力。当他在户部的时候，他力求终止不正常的财政手续和恢复对合法组成的渠道的完全控制。

李绛在气质和作风上都大异于李吉甫。宪宗很了解这一点，但是为了在朝廷内鼓励发表不同意见，他在重新任命李吉甫为宰相后的半年内，又在811 年任命李绛为相。事实上，他们两个人的观点在许多问题上并非真有很大的分歧，只是他们在如何进行讨伐藩镇的战争这一问题上有尖锐的冲突，因此就掩盖了历史记载中的其他问题。812 年，如何处理魏博节度使自愿归顺的问题成了当务之急。李绛曾经反对过对河北地区用兵，认为这样做太危险，因此他主张以赏赐和宽恕的怀柔政策来抚慰魏博。但李吉甫则想显示武力，给魏博施加压力。这一次是李绛的意见占了上风。魏博的当局热情地接待了朝廷的使节，而没有提及需要朝廷的大量恩赏。[②] 可是，814 年的淮西危机却是另一码事，这里的情况更适于用李吉甫的进取精神来对待。另外，宪宗那时对闹独立的藩镇已采取了更加强硬的政策，同时李绛也已从宰相位置上降职到北部，因此他的反面意见也不那么有分量了。819 年，李绛做了河中节度使。有趣的是，他在9 世纪的20 年代被人称

---

① 见崔瑞德在《剑桥中国史》第4 卷中关于政府制度的一章；池田温：《中国的律令和官人机构》，载《仁井田升博士追悼论文集》，I：《前近代亚洲的法律和社会》（东京，1967 年），第151—171 页。

② 《资治通鉴》卷238，第7692—7694 页；卷239，第7695—7696 页。

为怪人，最后因在西川处理叛军失策而被当地的叛兵杀害。

尽管他们的政见常常不一致，但元和年间这些大臣和其他大臣们的仕宦经历比起代宗和德宗时代的官僚们的经历来说，要正常得多，而且可以进一步预测。而且，重振官员的精神面貌的工作也不限于在京师实行。宪宗想把藩镇的高级职位——特别是节度使之职——重新纳入正常的政治任命的轨道。这不仅会打破军人们对这种战略性职位的控制权，而且也将限制朝臣们只眷恋做京官的习惯。这个过程怎样开始的，详情不得而知，但一定与让许多节度使定期轮换之举有关，而这种办法在德宗时代已弃而不用。我们可以完全有把握地说，从宪宗时代开始直至大约9世纪70年代，原来的宰相们在长安任期届满后可以指望被任命为节度使。例如河东、河中和山南这几个藩镇的节度使很可能由京师新近退职的大官来充当，或者由希望及早返回长安的官员充当。[1] 在这一方面，中央集权化的利益与官僚出路的利益结合在一起，因而可能有助于9世纪中叶各藩镇的政治稳定。

总的看来，宪宗是唐代后期几乎重建太宗之治的人，他享有此誉是当之无愧的。宪宗显然以成为一个崇高的论坛的庇护人而感到自豪，他说他宁愿多花时间同宰相们讨论问题，而不愿经常陷入日常琐事之中。[2] 他鼓励朝臣们大胆发言，而如果有人不敢参加重要的辩论，他就会不高兴。他想尽量活跃空气，鼓励朝臣们的自信心和置身事内的意识。对于那些经历过8世纪长安的动乱的人来说，这种变化是令人难以置信的。

宪宗末年的不和谐状态

虽然宪宗君臣的协作已像上面所述有了很大的改进，但合作的程度仍然是有限度的。我们不能低估皇帝在工作中的紧张状态。他的喜

[1] 王寿南：《唐代藩镇与中央关系之研究》（台北，1969年），"表"，第658—669、672—683、730—740页。
[2]《资治通鉴》卷239，第7697—7698页。

怒无常的脾气是有记载可查的，它足以让朝臣们知道，没有一位皇帝是可以等闲视之的，特别是对专心致志要干这样一番大事业的皇帝更是如此。他的个人生活——包括内廷事务和他皇室领袖的地位——对于外臣来说更不可轻易地碰一碰。[①] 但是即令在纯属政府的事务方面，宪宗虽然一再要求和嘉纳直言议事，但他的容忍也是有限度的。早在他即位的初年，那些以匡正皇帝不足为职责的言官——御史、拾遗和补阙——就经常因此处于进退两难之地。他们如果对敏感的问题直言忠谏，就会冒极大的风险。例如诗人元稹（779—831 年）在 806年上疏请广开言路而备受嘉纳，这无疑鼓励他后来于 809 年在东川巡视时十分有力地揭发了种种丑闻。[②] 在这整个时期他树了不少有权有势的敌人，而在他的庇护人宰相裴垍辞官以后，元稹于 810 年便因以东台监察御史身份越权干涉有权势的河南尹之事而被放逐。

这种紧张关系在 9 世纪第一个十年中叶开始出现在主要的政治舞台。当宪宗有时还能容忍某个宰相的直谏时，[③] 人们已能清楚地看出，他希望对国家大政的辩论严加控制，辩论应限制在最高级官员的范围以内。当他的中央集权化的见解已经形成时，大臣们的不同意见更经常地被视为对他的旨意的冒犯。特别是在武元衡被刺杀以后，无人能劝阻他在东北开辟反对成德的第二战线，尽管这会使在南方讨伐淮西的军情更为复杂。那些怀疑对藩镇采取强硬态度的人都被人们劝说应克制己见；例如宰相张弘靖（760—824 年）便在 816 年初辞官而去，因为他知道宪宗不会听从他主张应取克制态度的建议。

这位意志坚强的皇帝甚至同最有能耐、最忠心耿耿的大臣们也闹翻了。裴度（765—839 年）的事迹便是颇能说明问题的例子。这里不妨谈点背景材料，它或许是有用的。

裴度出身于三世簪缨的河东大族，此家族与唐王朝从开国之初就

---

① 例如《资治通鉴》卷 239，第 7704—7705 页；李绛：《李相国论史集（遗文）》卷 4。
② 《资治通鉴》卷 237，第 7630—7633 页；彼得森：《元稹在四川巡视时对贪污腐化的揭露》，载《大亚细亚》，18（1972 年），第 34—78 页。
③ 李藩即为一例，其传记见《旧唐书》卷 148，第 169 页。

关系密切，曾在唐代产生过 17 位宰相，人数之多仅次于皇室。① 他不仅在 789 年中了进士，而且在 792 年和 794 年中过两次更高级的制科。他在河南和御史台做过官，后来又在 808—809 年武元衡平定西川时当过武氏的幕宾。但他那时在战争政策上并无一定之见，并在812 年负责了微妙的谈判以贯彻李绛在魏博的计划。后来他再一次成为武元衡的幕宾，在 815 年的刺杀武元衡事件中他适在武元衡身边，因此受了伤。宪宗盛怒之下决然立即起用裴度为相（尽管有些小心翼翼的朝臣很怕进一步激怒藩镇），以此表明他继续推行中央集权化政策的决心。裴度挺身用命，不怕有人再次对他行刺，他的勇气赢得了皇帝极大的敬重。

讨伐淮西和成德的战事弄得旷日持久，一直从 816 年延续到 817年，这时朝廷官员们就错在哪里和怎么做的问题议论纷纷，意见越来越不一致。朝廷经常军前易将，且不说淮西节度使进行的顽强防御，仅就阵前易将来说是绝不可能改进战略上有问题和官军内部协作很差的情况的。许多朝臣都深为悲观，他们越来越认为只有放弃战争才是避免中央政府彻底垮台的唯一出路。皇帝始终死抱着靠更佳的战术来解决问题这一希望。817 年，他终于被说服暂时放弃了与成德作战的第二战线，而专心致力于淮西之役。几个月以后，宰相李逢吉（758—835 年）和王涯（约 760—835 年）再一次提出军费浩大和师老无功，这引起了朝廷内有一派人吁请停止一切战争活动。这时裴度说服宪宗批准他自己出马去统领南方官军，并且让他戏剧性地深入作战地带，以便平息各将军之间的无谓纷争和组织军队作最后的努力。这是绝对必要的，因为淮西之役暴露了自安禄山叛乱以来帝国军事行动中常见的各路兵马各自为战的一切最坏的毛病。对于他这次任务的执行情况颇多疑问，因为有关这次任务的记载代表了不同的看法。必须把采取决定性行动突然攻取淮西府治的功劳归之于著名的将军李愬李愬（773—821 年）——8 世纪 80 年代战争英雄李晟的儿子；但我们有理

---

① 《新唐书》卷 71 上，第 2179—2244 页；又见《新唐书》卷 73 下。

由说，裴度在政治和组织工作方面给他铺平了道路。[①] 可以肯定，是他负责把宪宗一贯使用的宽厚政策应用到淮西被征服地区人民身上的（可是反之，对叛乱领袖则处以死刑）。这一政策能在战事一旦结束便使淮西安定下来。对于宪宗来说，裴度是时代的英雄，荣誉像雨点般倾泻在他身上。那些不积极主战的宰相们都脸上无光了。此后不久，裴度前往协调讨伐平卢的最后一战。

裴度所享有的当之无愧的政治显赫地位是这一时期官僚制度向着更强大和更突出自己的方向转变的最集中的体现。但是如上所述，君臣之间有不可跨越一步的雷池，过了这个限度就可能发生冲突。还有什么东西能阻止裴度的继任者不效法他，而以杨国忠或元载为榜样呢？宪宗不得不关心的是，比如说，高级文官在统带大兵作战时不是把统兵看成为了应付特殊情况的特殊安排，而认为这是某种必须拥有的权利。他的担心正是步了他的前辈们的后尘，因为唐代以前的皇帝们都想分裂或限制所委托的权力范围并取得不同程度的成功。这样做的目的就是要防范官僚阶层把权力联合起来向至高无上的皇权挑战。虽然宪宗比德宗或代宗更乐意支持振兴官僚的特权和士气，但他在保持国家的最后控制权方面，其决心并不小于代宗和德宗。

事实上，冲突很快就在文职事务方面爆发了。宪宗在818年想任命皇甫镈（约755—820年）和程异（819年死）为宰相。裴度和其他许多大臣都激烈反对，虽然任命五品及五品以上大员本是皇帝个人的例行公事，它有别于对六品及六品以下官员的任命。现职的绝大多数下级官员是由吏部照例委任的。可是，随着宰相权力的加大，他们必然想左右皇帝对高级官员的挑选。

皇甫镈和程异的任命事件很令人感兴趣。这两个人都是财政官员，或者更确切地说，他们都是在淮西战役中急需军费时帮助政府筹款的人。他们的税收措施快捷而方便，因此可能很粗暴，但是史料对他们成见太甚，很难对这种说法作出评价[②]（皇甫镈之知名主要是由

① 《旧唐书》卷170，第4416—4418页。
② 《新唐书》卷54，第1379—1380页。

于他雷厉风行般地改进了漕运效率；程异之知名则是因为他在 817 年去东南为财务出了一次公差，便弄到了 200 万缗来应战争之需）。但是，或许更重要的是他们的社会背景。不像裴度所属的裴家是那样的名门巨族，安定的皇甫家不是头等世家大族，但也是第二等郡望。[①]程异的出身不太清楚，但我们知道他不是生于最上等人家。另一对程异不利之点是他曾经与王叔文集团中的暴发户有瓜葛。

这两个人被提升到极品大官一事，引起了京城里对他们的政治和社会资格的一片议论之声。裴度连同另一个也是大家族出身的官员崔群（772—832 年）带头攻击他们，说朝廷如果用了这样的小人是会留下笑柄的。[②] 裴度还指责他们俩人无能与不诚实，说他们的行事早已激怒了出征士兵，因此可能在将来引起麻烦。

宪宗自然懂得裴度反对的真正原因，结果反对皇甫镈和程异的声浪未产生效果，因为皇帝决定自己建立一套任命大臣的标准。可是，裴度很不明智地逼着宪宗摊牌，把对皇甫镈和程异的任命同宪宗的整个政治成就因道德解体而毁于一旦的可能性联系起来。他以自己的名望来对抗皇帝的声望，这种立场很近似于大不敬罪。因此宪宗别无选择，只有把他免职。裴度被免职后照例任节度使，他实际上做了重要的河东节度使，这事件便在公众中无形消失。可是，它揭示了晚唐朝廷内的大量权力关系上的问题。

长期反对使用宦官的斗争，也与上述情况相同。确实，宪宗要确保德宗时代常见的那些宦官丑闻在他的治下越来越少。这部分的是因为宫廷办事手续已有所改革，而且宦官在宪宗初期也一度对朝政敛迹。可是这种对更正统的反宦官意识的让步很快表现出基本上是象征性的。例如，被裴延龄在 8 世纪 90 年代恢复并由宦官担任工作的内库，于 805 年名义上予以撤销，以取悦于官员们。但是，当德宗的储备大部分在约于 809 年充了军需以后，宦官们在财政事务中又活跃起

---

① 见池田温《唐代郡望表——以九、十世纪的敦煌写本为中心》，载《东洋学报》（东京），42. 3—4 （1959—1960 年），第 80、88 页。
② 《资治通鉴》卷 240，第 7752—7753 页。

来，虽然外廷官员一再抗议也无济于事。

宦官干涉军事，在宪宗朝始终是个特大问题。他们的活动范围越来越大——做密探、招权纳贿等等，组织严密；他们不仅抓神策军，甚至也在许多藩镇部队和长安将要成为将军的人中插上一手。宪宗偶尔似乎也愿对政治压力让步，例如在刘辟事件中他就曾暂时解除了宦官对神策军的兵权，但事实证明，在其他情况下他又非常举棋不定。他解除了吐突承璀讨伐成德镇之役的领导权，后来又打发他离开朝廷，但不久又在813年免掉了吐突承璀的主要政敌李绛的相位，因此这名宦官又回到朝廷担任了一个要职。①

宪宗时代宦官在京师里活动的范围究竟有多大，我们只能猜测。但表示他们权势日益增长的标志是810年设置枢密使职务之事。② 第一位任枢密使的人是宦官梁守谦。在9世纪大部分时间有两个这样的枢密使，他们主持的官署称为枢密院。唐代的枢密院不是宋代那样的掌兵机构，它只是宦官在外廷和皇帝之间发挥传递文件的作用时派生出来的组织。③ 它成了宫廷里协调宦官所参加的其他各种活动的一个机构，因此，看来应该把枢密院一词翻译为宦官宫廷议事会才是。④ 枢密院可能是向皇帝进言的一个非正式顾问性机构。它肯定地在皇室和监管神策军的宦官之间起着联系作用。两枢密使和两神策军监军总称为"四贵"。总之，枢密院拥有徽章和其他津贴，足以使任职者对人夸耀，使外人羡慕，所以它是宦官利益的集中点。后来在9世纪，枢密使有了足够的权力来抗衡或控驭宰相，但与往常一样，他们的权力也是皇帝为了控制他们才授予的，而且直到宪宗去世之年，皇帝似乎能紧紧地控制大部分宦官的活动。

这不是许多传统历史学家所持的观点。他们认为约在818年以后的一个时期各种大不敬的行为有所增加，而以820年初期皇帝的死达

---

① 《资治通鉴》卷239，第7703页。

② 《册府元龟》卷665，第8页。

③ 《文献通考》卷58，第523页。

④ 王寿南：《唐代宦官权势之研究》，第75—76页。这个译法由刘义永（音）提出，见他的《神策军与宫廷机构，755—875年》，伦敦大学1970年未发表的博士论文。

到了最高潮。许多世纪以来，人们都认为是宫监陈弘志弑了宪宗。[①]
这事件不可能真正得到证实或反证，但它却引起了一些有趣的问题。
宪宗当时只有 40 多岁，在他把注意力从讨平藩镇战场上转移到进一
步在长安搞改革之前，清除宪宗是为了宦官们的利益吗？从这时起以
迄唐末，宦官每次在拥立皇帝的问题上拥有的大权力显然都有其政治
后果，所以我们有理由这样认为，这次暴力事件其实是这种政治行为
的开始。但从另一方面说，宦官作为一个集团为什么要加害于对他们
做过那么多好事的皇帝呢？像后来许多次拥立危机那样，宦官们之间
是否也已分裂，各以某一皇子的性命为赌注来搞垮对手？我们知道，
宦官梁守谦在宪宗的儿子穆宗时期（820—824 年在位）是很得势的，
他在这事件之后仍然活了下来，而吐突承璀则没有活下来；大概吐突
承璀成了内部权力斗争的牺牲品。梁守谦还杀死过一个皇子，以使问
题得到有利于穆宗的解决，而且他还给神策军散发赏赐以笼络人
心——这个旁证看来是很有力的。

　　还有一种说法是讲宪宗因服药过量而死；宪宗死后，宦官们发
现，他们未能就拥谁为帝的问题达成协议。像晚唐的大多数皇帝那
样，宪宗也潜心研究炼金术，非常醉心于长生不死之药，许多这种药
物都含有恰恰会起反作用的毒素。据说他在晚年表现为精神不安定，
而长期积累下来的剧毒物质的效应足以说明为什么他的烦躁病态经久
不愈。宦官们当然要为皇帝的炼丹术试验提供方便。但是，那时又有
皇甫镈和其他一些外臣积极支持术士和宫里的合药行家，其中一人甚
至被任命为天台山附近的县令；[②] 这一史无前例的优宠行为当然激怒
了正规的官员。对于宪宗的不得善终，大家按儒家的惯常说法认为是
道德普遍堕落的结果，这当然也很有理由，但不能帮助我们了解皇帝
之死背后的更重要的政治问题。后来关于皇位继承的斗争并不难于评
价，因为我们可以从结果逆推其理，特别是可以看看是哪个宦官集团
取得了胜利。但是归根到底，唐代的宫廷阴谋对我们来说仍然是模糊

---

① 《资治通鉴》卷 241，第 7776—7777 页。
② 《资治通鉴》卷 240，第 7754—7755 页。

不清的。司马光也承认，当一切都说了和做了以后，对于宪宗之死的说法仍然真假莫辨。

9 世纪中叶的朝廷，820—859 年

在 9 世纪的时候，宫廷的宦官几乎在每一次皇位的过渡中都起着很大的作用。宪宗死后穆宗的即位，便是这些事件中的头一件。[1] 宦官之所以能够如此轻易地插手这一关键问题的过程，理由有如下几个方面：皇帝的家庭深居两宫（中宫和太子的住地东宫）之内，与世隔绝；宦官越来越多地掌握了内部传递文件之权，这使他们有机会能够在遗诏上做手脚；宦官的政治力量和他们与外廷朋党的联系日益增长，这一点我们将在下面详细申论；最后，宦官利用神策军便有可能在长安推行他们的意志。在选立储贰的问题上每多分歧，这使得宦官可以上下其手。太子的教养和教育是事关宗庙祭祀的大问题，有极详细的规定，更不用说他的受封仪式和他参加的其他各种隆重仪式了。但是，太子的册立以及他的真正继位却是最大的政治问题。通常册封太子都是立嫡立长，但这一惯例被破坏的多，被遵行的情况少。

很显然，某个皇帝的上台如果是受宦官干涉之赐，他就要对他们感恩戴德。可是，传统历史学家对于 9 世纪唐王朝在这方面的忧郁的描述，过于一般化了。宦官们对唐敬宗（824—827 年在位）的影响显然要多于对武宗（840—846 年在位）和宣宗（846—859 年在位）的影响。但是，只要有人想避免一般化而多写几句，就会产生一连串的困难。穆宗与拥立他的宦官梁守谦的关系便是一个很好的例证。如果宫内关于他的继承问题像某些史料记述的那样久而未决，涉及可以上溯到 9 世纪第一个十年初的对立的宦官集团，那么，梁守谦年复一年地为穆宗的利害而战斗，真可谓功劳不小了。[2] 但是，如果这次宫

---

[1]　人们可以把宪宗的即位算在里面。见王芸生《论二王八司马政治革新的历史意义》，第 112—115 页。

[2]　《资治通鉴》，"考异"，第 7691 页。

廷斗争是昙花一现的事情，它只是起于 819 年前后，则梁守谦为穆宗的卖命就明显地带有投机性了。如果连这种基本事实都弄不清楚，我们怎么能指望了解皇帝即位之后他们之间的关系呢？我们所能说的只有这一点：梁守谦对穆宗的影响是不小的，而且这种影响直至穆宗朝的末年还有增无已，虽然这时梁守谦开始与王守澄（835 年死）分享大权。我们将要在下面经常涉及宦官问题，我们总的态度是不要轻信历来对 9 世纪宦官所作的极端专制腐化的老一套指摘；这些指摘甚至在现代的有关著作之中也屡见不鲜。

无论如何，24 岁的穆宗皇帝除了个人对宦官有恩当报之外，他还面临着其他问题。宪宗的暴崩中断了在唐帝国完全稳定以前所要继续推行的军事中央集权化计划。我们在上面已经看到，东北的藩镇虽然已在 9 世纪的第一个 10 年中相继被平定，但并未真正统一于中央的治理之下。由于缺乏皇帝的坚定政策，朝廷对如何正确处置东北这个敏感地区的方针便有所争论和举棋不定，这种情况再一次表面化了。例如，成德节度使王承宗死于 820 年，他的弟弟王承元在部将的拥戴下接过了他的位置。这就提出一个老问题：朝廷是应该同意地方上推戴的节度使呢，还是设法从外面委派一个新节度使？820 年后期，朝廷搞了一个莫名其妙的妥协方案。它命令东北诸节度使大轮换：以王承元充义成节度使；徙魏博节度使为成德节度使；任命王朝老将李愬为魏博节度使，如此等等。很明显，这个意思是要承认东北诸节度使有权参与政治，但是不让他们在本藩镇境内参与。令人难以置信的是，唐王朝竟完全没有考虑这样的军令必然会引起政治上的一片混乱。

821 年，穆宗委派他自选的一名文职节度使去幽州；幽州在宪宗时代是东北藩镇中唯一守中立的州。在近百年的大部分时间，幽州镇将历来都是当地军人。忽然间幽州士民得接待一位骄慢的长安官僚：此人在万人广众之中坐轿子；不理政事；甚至纵容部属作威作福。这个火药桶马上冲着朝廷爆炸了。成德军先是有兵变，后在 821 年又爆发为全面的叛乱；朝廷的镇压行动开销大，收效少。[①] 后来，幽州的

---

① 《资治通鉴》卷 242，第 7796—7799、7807—7809 页。

另一次兵变推翻了朝廷任命的节度使，中央政府只好把幽川镇一笔勾销。魏博也起来反对长安，它和幽州、成德结成联盟。到了822年年中，东北的局势回复到了宪宗费尽人力物力才得以平定这些割据州镇以前的老样子。

人们提出了许许多多理由来说明这些使事件急转直下的军事失败。① 第一，讨伐东北藩镇之役主要即在使用诸镇的兵力，这些部队人数不多，协调不善，供给不足（甚至在后期起用的名臣宿将李光颜和裴度也不能统一军心）。第二，通过宦官监军的影响，宦官们被派往下一级的战地指挥机构，这种非正规做法可能破坏了指挥系统。长安也曾试图直接指挥作战，但它所获得的战时情报又往往陈旧过时。许多精锐部队被将军们留作自己的卫队。较差的兵士才被用于打头阵。自然，这些弱点并不稀奇，自安禄山之乱以后在政府军的讨伐战阵中是屡见不鲜的。宰相萧俛（820—821年在职）成了这些问题的政治上的替罪羊，因为他从宪宗朝的中期以来就被认为不赞成对藩镇用兵。萧俛被指责说他诱使穆宗相信国家已是升平之世，因此再没有作长远计划以使国家归于大治。可是，这个问题确实很微妙。庞大的军队需要用赏赐来安抚，但又不得不削减它的规模和削弱它的影响，以免文官政制完全被它吃掉；与此同时，还要适当地防范藩镇不满情绪的蔓延滋长，因为不仅东北藩镇已有不满，而且东南方面也在822年后期有了小规模兵变的发生。不言而喻，仅仅罢免萧俛的相位还不能解决问题，没有多久指责就直接指向了皇帝本人。和德宗一样，穆宗据说也主张对藩镇取"姑息"的态度，这就是暗示他缺乏刚毅果决的气质。

总的来说，穆宗并不被认为是受人敬畏之君，而受敬畏这一点正是唐代君主制度得以运行的必要条件。部分原因是由他的个性引起的。九五之尊的沉重的职责和他励精图治的父亲所要求于他的榜样，在他准备承接以前就已强加在他头上了。他似乎是一位相当平凡的青年人，朝气蓬勃而热切地期望与宫廷和军队里的朋友寻欢作乐。他喜

① 《资治通鉴》卷242，第7805—7806、7808页。

欢打猎、击鞠以及盛陈歌舞盛宴。据正史自以为是的报道，穆宗也沉湎女色。不管真假如何，这种种说法损害了他的声誉，使他不得不遭到关于他行为不检的阵阵批评。① 纠正他的行为的道德责任感极受重视，致使在当年的考课中竟把萧俛和他的一位同僚以渎职论处，予以降职。更糟的事情发生在 823 年初期，那时穆宗在击鞠时②因坠马而有了伤残。结果他不能亲自处理国事，因此许多职责都被宦官梁守谦和王守澄所完全接了过去。王守澄给穆宗找了一位医生，但未见效用。穆宗在 824 年之初故去，按照他伤残以后匆匆草就的诏书，他的15 岁儿子敬宗即皇帝位。

但是，穆宗失败的另一部分原因应该归咎于官僚阶层。在他最后病倒以前，这位青年天子曾经真心实意地想履行他的职责，但他没有得到大臣们的通力合作。例如，他即位不久就曾请求他从前的几位师傅担任宰相，但都被谢绝。穆宗不得不向各种类别的朝臣一一求助；他先后找了年轻的翰林学士，又找了他父亲时代即已发迹的宿将和勋臣，但大部分人都态度冷淡。③ 那时的许多官僚都只知道政治上党同伐异；我们要对他们更进一步有所了解，就必须论述朋党问题，这或许是 9 世纪时唐王朝历史中最恼火的问题。

朋党问题

821 年的进士科考试据说有贪污作弊现象，这一事例标志着出现了为控制长安中、上层官僚而进行的阶级内部长期政治斗争。历史上人们所称的"牛李党争"④ 就是以牛僧孺（847 年死）和李德裕（787—850 年）为双方领袖而得名的；这场争端出自个人恩怨，它可以上溯到宪宗时代。在 9 世纪 20 年代他们的个人积怨就公开化了，使越来越多的人在政治上不是参加朝臣的这一派，就是参加那一派。

---

① 例如见《资治通鉴》卷 241，第 7778、7781—7782、7783—7784；卷 243，第 7828 页。
② 据《旧唐书》卷 18 第 501 页记载："戊辰，上与内官击鞠禁中，有内官欻然坠马，如物所击。上恐，罢鞠升殿，遽足不能履地，风眩就床。"——译者
③ 见《日唐书》卷 650，第 3—4 页。
④ 也称"二李党争"，因李宗闵和李德裕而得名。

这种派别不论在当时或在后世历史记载中都被称为"党"（factions），但绝不是我们今天意义上政党中的党（parties）。9世纪唐朝的党不是基于经济的、政治的或思想意识的共同利害关系而结合成有严密组织、明确纲领和严格纪律的集团，它只是政治人物们的松散结合体，产生于难以确认的复杂的个人关系网络。唐代的朋党不像今天的政党那样根据政见的不同来吸收成员；它没有很强的核心结构；它的成员的属性也不固定。一个人很可能只为了个人原因参加到具有无休无止环节的另一个联合体中去。其中的原因包含着家族关系、共同的出身、科举或宦途中的师生关系、同僚关系以及单纯的恩仇问题。① 遗憾的是，组成9世纪两个朋党的关系网的许多细节尚晦暗不明，莫知究竟。这是因为我们现有关于唐代的传记资料只限于统治精英集团中的一部分人士，还因为这种材料常常是矛盾百出和挂一漏万，因而很难把朋党的结合问题弄个水落石出。因此当我们阐释9世纪的朋党问题时，我们实际上只能谈谈双方的几位领袖人物——例如他们干了些什么；他们跟哪些人结成了联盟；又和哪些人过不去，如此等等。下面还要看到，由于材料的质量差，它大大地限制了任何想挖掘牛李党争的深刻意义的努力。它特别使我们想弄清作为朋党形成的起因的思想观点和社会分化的企图无法实现。

据我看来，朋党的领袖们是在追求政治权力，因此他们能抓住那些想分润杯羹的追随者。这一点从821年的有争议的科举中看得很明白。在那一年的春天，当公布前一年冬天进行考试的结果时，前宰相段文昌（773—835年）当即发现，录取名单中朝廷显宦的"子弟"之数多得可疑。② 有一个及第举子是段文昌的政敌李宗闵（846年死）的女婿，另一个人为副主考官的弟弟，还有一个人则是显赫的前宰相裴度之子，如此等等，不一而足。段文昌上奏了一道措辞激烈的本章，抗议录取唯亲和"通关节"的弊端，因而损害了考试结果。翰林学士元稹、李绅（846年死）和李德裕也参与了抗

---

① 例如李家和牛家便是如此。《旧唐书》卷137，第3769页。
② 《册府元龟》卷337，第21页。

议活动，因为他们每个人都各有具体原因不满于考试的结果。穆宗
不能漠然置之。他叫白居易和另外一位朝臣重新主持了一次考试。
这一次除了一个人以外，凡上次中举的士子都落了第，因而使原来
的试官都丢了面子。

可是事实上，821年的进士科举考试并不是特别有弊的和特别受
到外界影响的，也许只是在考试结果的人数上被抓住了把柄。我们应
该记住，科举在唐代还只是处于初期阶段。它那时没有明、清时代为
科举考试订下的那些客观标准。大体上说来，一个士子的是否中式既
要看他写答卷时的临场表现，也要看他能投合试官的口味的程度。例
如，士子通常要在考试前把"温卷"送给主考官，以显示他的文学才
能。试官们是不能不考虑这种自我宣传方式的，因为试官们主持考试
的主要动机之一是要录取一批优秀的年轻人：这些人不仅有着光辉的
前程，而且将来还可能指靠他们政治上的支持。当然还应该假定，享
有知贡举这种殊荣的官员对公然滥用对他们的信任会感到内心有愧。
事实上，这种非正式的控制方法效果也不错。但是尽管有相反的正义
凛然的辞藻，考生的家族和其他社会关系绝不能等闲视之。在这一次
考试中，段文昌和李绅对考官的徇私情的抱怨特别显得诡诈不实，因
为他们每个人事先都曾经把自己欣赏的士子的优点对考官有过嘱
托。①

821年的年轻应试士子只不过是些小卒而已。局外人把这次考试
变成了一场政治事件。他们人人都在宦途半路的节骨眼儿上。他们或
者曾经暂时掌过权而又希望再次掌权，或者正在即将初试身手的时
候。我们知道，唐代的长长的官场阶梯上有两大杠杠：一条杠杠在六
品到五品之间；一条在四品到三品之间。那些跨过了第一道杠杠的
人，即那些从沉沦的下僚而能跻身于大约2000个四五品官员行列的
人，可能要为自己获得受人大大尊崇的胜利而暗自庆幸。他们可以进
入首都社交界，能够获准参加某些朝觐，可以享有特殊的财政和消费
特权，而其中最重要的是可以指定一个儿子获取荫庇入仕之权。不过

---

① 《册府元龟》卷337，第21页；《资治通鉴》卷241，第7790—7791页。

在这同时，许多四五级官职还是主要地负责日常事务。那些想在唐朝政府中掌大权的人有两种办法能达到目的：如上所述，他们要么能在皇帝左右找个很特殊的职务，如翰林学士或盐铁使，而在任期内试一试运气；要么他们能在正式职官中爬到三品或三品以上的位极人臣的地位。这些显赫的官职包括那些行使宰相职务的位置，它们为数当然更要少得多。那些怀有"望相"野心的人都凶相毕露。对于这些有希望做宰相的人来说，他们既要引人注目，也要力挫可能的对手。对821年考试的控诉便是要达到这些目的。

很难想像一位像宪宗那样意志坚强的皇帝会容许考试中发生这样的政治舞弊事件，或者说，他也不会容许朝臣们就此事搞一场政治混战。正如许多学者指出过的，一个正人君子不应该和别人有以私利为动机的交往，这在传统的中国是奉为圭臬的。这种思想在先秦的著作中比比皆是。后来它便概括为不能以任何政治结盟来破坏主宰一切关系的君臣关系。中国的政治理论通常都认为，如果准许在朝廷结成朋党（朋党乃是广泛的政治活动的必然结果），那么，人们所期待的能实现长治久安的道德和社会秩序便要可悲地受到损害。所以中国历史上的英明有为之君都不厌其烦地尽量消除他们朝廷中的朋党污垢，这既是为了要保护自己的政治利益，也是为了后世史家能对他做出积极的评价。[1] 不言而喻，官员们没有停止过搞他们的政治结盟，也没有停止过互相倾轧，尽管经常向他们描述无争斗的理想之治是他们应树为典范的政治。强有力的皇帝能取得的真正成就是要指出，坚持公开的朋党活动是很危险的。在这种情况下，一个人把自己的关系网或影响范围泄漏于人，这是愚不可及的，甚至在竞相向上爬时充分使用了这些手段也很蠢。如果要夸耀它们，这就更是灾难性的了，因为朋党活动很容易引起人们的疑虑。常有些官员想玩弄反朋党的花招为自己谋利，但这也要冒风险。"党"这个字表示道德败坏，它对指控者和被指控者都有威力，都可能遭受贬谪。

---

[1]　见戴维·尼维森《和珅和他的指控者们：十八世纪的意识形态和政治行为》，载尼维森、芮沃寿编《行动中的儒教》（斯坦福，1959年），第220—232页。

在 9 世纪 20 年代和 30 年代几位庸懦皇帝的时代，情况就大不一样了。穆宗和他的两个儿子敬宗及文宗都不善于震慑首都的官员。这些皇帝大权旁落，表明他们不能像宪宗和德宗那样无数次地摧毁朋党活动，换句话说，他们既不能阻止宪宗以后朝廷上层的争权斗争趋于表面化，也不能阻止它变得越来越狠毒。而且，朋党之争大有愈演愈烈之势；它积重难返，是这些皇帝所压制不下去的。曾有一次想在朋党之争按照它自身规律发展下去之前终止它的决定性尝试——即 835 年的所谓甘露之变，但我们在下面还要谈到，这次事变以彻底失败告终。大致可以这样说，如果雄才大略而猜忌成性的宣宗（846—859 年在位）能直接继其父宪宗即位，9 世纪朋党之争或可和缓得多，或者甚至会使中国人不知朋党为何物。

使牛李党争异常激化而且后来闹得声名狼藉的另一原因，是宦官参与了朋党政治。宦官权力的日益增大和为他们特设了许多禁脔似的官署，总的说来，这在 8 世纪下半叶很受士大夫们的反对。但是，自从二王集团在 805 年想制服宦官的计划失败以后，胆小怕事的官僚们都得承认，不管你喜欢不喜欢，宦官已是长安政界的组成部分。的确，终宪宗之朝有一些不大随和的正统官僚总是持大家熟知的教条主义嘲骂态度，而且我们知道这曾引起他们和皇帝之间越来越多的摩擦。但是，他们也在幕后进行和解。例如，官员们无疑都痛恨吐突承璀，但他们也还得在一些实际事务上要和吐突承璀及其他重要宦官携手合作。与此同时，宦官们也不再是铁板一块的了；宦官集团的瓦解过程几乎随他们的每一次得手而出现，因为随着进入 9 世纪以后他们取得更多的权力，他们内部也出现了更多的争夺目标。随着宦官"家族"日益繁衍，他们内部的政治也变得十分复杂。宦官与官僚的接触倍蓰增加。宫廷阴谋的参加者超越了内廷和外廷之间的界线，尽量寻求各方所能找到的最强大的同盟者。820 年以后在没有了宪宗这位形象高大的皇帝的情况下，没有人能够阻止他们自由而公开地拉帮结伙了。以后，到了 9 世纪 20 年代中叶，宦官们与唐王朝的最高政界融成一体，整个朝廷变成了朋党斗争的竞技场。从那时起直到唐王朝的灭亡时为止，任何政治人物（朋党的参加者或非参加者都如此）如果不同宦官之间有广泛的接触，就休想有效地处理政府事务。

互相斗争着的人们花了几年时间才结成两大壁垒分明的阵营。总的说来，牛党在穆宗时期比李党更得势，吸收了更多的同盟者和部属，居相位和当翰林（这是中央政府中最重要的职位）的机会也多。我们将在这里考察一下这个异常复杂的过程的一个阶段，并把它作为例子来了解朋党政治怎样在最高阶层一般地进行的情况。

在 9 世纪 20 年代初期，牛党主要由李逢吉（758—835 年）领导，而不是直接由牛僧孺领导。李逢吉是唐皇族的旁支，于 9 世纪初年在唐政府的外交工作方面有广泛的经验。如上所述，宪宗在 816 年任命他为宰相。可是，他马上在如何进行淮西战争的问题上而与首辅宰相裴度发生冲突。他和裴度的分歧闹得很大，致使宪宗免了他的职务。这种长年积累的嫌隙在穆宗时代趋于表面化。因为穆宗需要军事上有经验的官员处理河北问题，裴度在 9 世纪 20 年代又时来运转，而他现时的势不两立的敌人李逢吉的前途却相应地暗淡下来。可是在这关键时刻，李逢吉从政治上说变成了另一起个人斗争的受益者——这是新皇登基后政治行动加剧造成出乎意料后果的一个例子。诗人元稹像李逢吉一样憎恨裴度。元稹在 9 世纪 20 年代做翰林学士时备受穆宗赏识。可是在 821 年秋天的某个时候，他竟然愚蠢地卷进一个计划，试图削弱裴度在东北战役中有效的军事职权。次年，他们的争吵形势大变，令人生厌；裴度指控元稹想方设法要刺杀他。虽然后来查无实据，但元稹和裴度都随随便便地被降了职。李逢吉因而因缘时会，在 822 年升任宰相职务。李逢吉进而使用他的权势提拔他在御史台的朋友牛僧孺当他的下手。形势这样发展的结果阻塞了李德裕入相的希望，因为这时他和牛僧孺的关系已经糟糕透了。李德裕在 823 年秋出任浙西节度使，滞留京师以外约七年之久。823 年和 824 年，李逢吉邀得穆宗和权宦王守澄的欢心，在以后几年中稳扎稳打，制胜了裴度和李德裕的党羽。结果，我们今天所称的牛党大权在握。

表 9	9 世纪朋党双方的高级领导
牛　党	李　党
牛僧孺（847 年死）	李德裕（787—850 年）
李宗闵（846 年死）	裴度（765—839 年）
李逢吉（758—835 年）	李绅（846 年死）

要把这种朋党混战的所有细节一一复述出来当然是枯燥无味的，主要是因为 20 年中的人物和事件像万花筒那样叫人眼花缭乱。另外，作为我们主要史料的唐代史书中的传记对于这些问题的记述又是矛盾百出。许多人物的命运很难追踪到底，有时人们并不能肯定某人究竟属于哪一党，如果他参加牛党或李党的话。可是我们完全可以确信，李逢吉所使用的手法颇具代表性，双方领袖们都无不这样做，虽然李逢吉的活动在偏袒李德裕的史料中被大加挞伐。[①] 特别是没有理由接受现代历史学家岑仲勉的看法，他认为李德裕没有搞朋党，其意是说，李德裕是受邪恶的对手围攻打击的正人君子。[②] 不能想像，作为精明强悍的政治人物的李德裕不会以其人之道还治其人之身。

在史书上牛党的名声之所以备受抨击，一个原因是他们是在浪荡的少年天子敬宗（824—827 年在位）手下掌权的。虽然人们总是倾向于怀疑正史中对某几位唐代皇帝的评价，但对于敬宗却无人想给他鸣冤叫屈。很明显，敬宗只不过是一个无责任心的青少年，对国务活动不感兴趣。[③] 虽然他必须受制于拥立他为帝的宦官，这当然是可以理解的，但他在满足他们更加荒淫无耻的生活方面却超过了前几位皇帝。长安此时的宦官有四五千人，敬宗以宫中内库钱财滥施赏赐。如果我们相信流传下来的奇闻轶事，宫廷生活便是秽德彰闻。而国内的骚乱据说超过从前任何时候，甚至超过德宗晚年的时候。有一个著名事件涉及近畿的一个县令。他只是想阻止宦官暴徒一时的暴行而被痛

---

① 特别可看《旧唐书》卷 174。
② 岑仲勉：《隋唐史》（北京，1957 年），第 397—423 页。
③ 可是应该注意，李逢吉和裴度两个人都曾请求立他为太子。《册府元龟》卷 242，第 7822—7823 页。

打和羞辱。治安保卫工作越来越松弛。在 824 年年中，长安爆发了一次武装叛乱，为首的是一个河渠工和一个算命术士，他们领着约 100 个普通工人作乱。① 这帮乌合之众竟然能够斩关夺门并直达御座。敬宗险遭擒获，后来是神策军扑灭了这一小股叛乱，但是守卫内廷的宦官侍卫为他们的重大失职只被从轻发落了事。任左神策军中尉的宦官实际上却以英勇御敌的名义受厚赏，这一奇怪的事件显然被草草地掩盖了过去。不久，甚至宰相牛僧孺也对这位心粗气浮的少年天子有了戒心。他要求去长江中游做节度使，以易地避难。当最后高级宦官们受够了敬宗之苦的时候，他们命令走卒们在他醉醺醺地夜游时刺杀了他。

继敬宗之后登基的是他的异母弟、17 岁的文宗（827—840 年在位）。文宗的即位是第二次破坏了唐皇室父死子继这一严格原则的事例（不算武后那一次）；不出我们所料，文宗的上台是宦官干预的结果。② 以王守澄为首的一个宦官集团战胜了两个可能的对手才得以拥戴他为君。其中一个对手是敬宗的幼子，他显然不能进行统治，而立摄政的问题始终未予讨论。另一个对手是敬宗的叔叔江王李涵，但支持他的宦官们力量太弱，不能压倒有牢固势力的王守澄。

在缺乏皇帝的领导达 7 年之久以后，许多官员抱有一线希望，以为文宗会遵照皇帝的崇高理想进行统治。事实上，他也的确不像他的父亲和异母兄那样，新皇帝对于读书、学习和其他肃静的爱好很专心。他即位之初就把许多宫女遣送回家，并绌奢崇俭，恢复了每日听朝——这些都是其曾祖父德宗在半个世纪以前所定下的勤俭治国原则。③ 但是，在最困难的日子里曾经支持精明的德宗的人民的理解，文宗却从来没有得到过。文宗听到的忠告是不少的，而且或许多到太滥。他很容易听信刚刚谈过话的人，并且在变化着的政治热情中

① 《资治通鉴》卷 243，第 7836—7837 页。
② 同上书，第 7851—7852 页；《旧唐书》卷 17 上，第 522—523 页。
③ 参照《旧唐书》卷 17 上，第 523—524 页。

表现出来。他在位期间交相使用李党和牛党，每二三年换一次班。827 年李逢吉罢相，由裴度接替他掌权；830 年裴度被罢官，李宗闵和牛僧孺上台；832 年后期，牛僧孺失宠了，李德裕第一次拜相。[①]

在每一次大换班的时候，一大批高级官员随着一个集团的领袖上台，又有一大批高级官员随着另一集团的领袖而下台。另外，有一点十分重要，即当人们因自己一党失势而被降级时，他们通常都不受到真正的惩治，例如被贬逐到南方远地。反之，宪宗的办法是任罢职宰相中的重要人物为节度使，任不重要的人物为刺史或刺史以下之官；这种办法一直沿用到 9 世纪的 20 年代和 30 年代。节度使的任命越来越成为扩大长安政治生活的方式。顺便说一句，有些节度使职位受人珍视，因为它们在天高皇帝远的地方可乘机大发其财。最著名的例子或许莫如淮南节度使之职，它往往还兼一个盐铁转运使职务，从而使这名官员能对富庶城市扬州周围地区拥有巨大的经济影响。宦官们深深地卷入政治交易中去，他们继续不断地安排藩镇的具体任命，以索取大量贿赂。这一切便是安排丧失了权力的人的一种制度。至少朋党斗争中较冷静的一些人认为祸福无常，也知道如果对下台敌手过于刻薄也会带回更惨痛的报应。

人们也许抱着极大的兴趣想知道这时期朋党的规模有多大。可是，要找到答案，得有许多问题要解决。严格地说，我们只限于把几位最高级政治人物泾渭分明地划入这个或那个集团。日本的现代学者砺波护在考察牛李党争的细节和大旨时进行了肯定是最细致的研究，他编了一个约 63 名有朋党活动的人的名单，其中牛党有 41 人，李党有 22 人。[②] 甚至在这样精心编制的名单内，人们也可以认为，对某几个人被列入朋党和被划出朋党的标准是可以加以推敲的。关于政府

---

① 《资治通鉴》卷 243，第 7851 页；卷 244，第 7866、7869、7871—7872、7880—7882 页。

② 砺波护：《从牛李党争看中世贵族制的崩溃与辟召》，载《东洋史研究》，21．3（1962 年），第 1—26 页。

中最高层官员的婚姻关系和朋友关系方面，我们简直没有足够的资料来回答它们的基本问题，更不用说等而下之的那些人了。按道理说，一个人与其师长和僚友的关系，相互之间的影响和忠顺情况应该是朋党赖以组成的基础，但是除了极粗浅的一般概况外，我们不能详细论及这两个朋党的结构问题，因为文献不足。

话虽如此，但是，他们的人数到底怎样估计呢？我们偶尔可以从史料中发现一些线索。例如，我们知道在李逢吉的幕宾中有所谓"八关十六子"，但是，关于那些名列朋党中的人的材料就模糊得很了。825年，杨嗣复（和李宗闵及牛僧孺同榜进士及第，在9世纪30年代末期做过牛党宰相）录取了约68名士子，他们之中好多人后来做了官，但是除此之外就无更多关于他们的材料了，甚至我们并不知道他们是否同情牛党。833年李德裕声称，三分之一的朝臣都加入了朋党；这个数字似乎言之成理，但同时它又是从根本上易滋争议的估计。所以，我们不大可能从正史史料中获得关于从事朋党活动的总人数的更精确的概念。

砺波护也引起了人们注意另一个虽无法计量却也是重要的问题，就是重要政治人物去藩镇出差时通过辟召方式罗致幕宾的问题。[①] 不受京师官僚制度监督和规章制度所约束的私人征召办法，其源可上溯至中国三国南北朝大分裂时期的制度史，因为那时广大的私人追随者通常都投靠富户豪门。唐代初年在创建大一统帝国中曾对此加以管束，但在安禄山之乱后引起的地方分权时势下，辟召办法又很经常地被恢复使用。它对发展河北诸藩镇的独立的官僚体系和扩大财政专家队伍都是十分重要的。一般的官僚们用这种办法组建班子以处理他们的日常案牍工作，而所雇用的多是年轻有才的及第士子，以免他们在长安花多年时间去候差。大的藩镇衙门有时很像具体而微的朝廷，在那里往往可以看到节度使的许多本族人，地方权贵的亲友和其他等候差事的食客。这些人非正式地被称为"门生故吏"；这是对中国大分裂时期社会现象的恰当的引喻。砺波护认为，由于这类门生故吏越来

---

① 砺波护：《从牛李党争看中世贵族制的崩溃与辟召》，载《东洋史研究》，21.3（1962年），第10—15页。

越多地依附上层朋党成员，所以朝廷中朋党的人数大大地增加了。此外他还认为，朋党结盟的影响是向下层发展的，像金字塔那样，老门生故吏开始组建自己的门生故吏队伍。

他的这一席话当然有某些正确性，但也有许多疑问，例如朋党的下级成员再吸收自己的大批党羽的能力究竟有多大；他们是否有调整朋党关系的自由，交换信息的可能究竟如何，如此等等。有些朝廷大臣勉强地算是属于某一个朋党，但在风吹草动之时又采取骑墙态度，从上面这样的例子来看，我们是有充分理由怀疑那些小人物的忠诚的。此外，我们也可以问一问，为什么大规模的朋党问题的后果在史料中不能写得更清楚些。如果真有成群的官员和胥吏在短时期内来去匆匆，长安应该是群情哗然，沸沸扬扬的了。那样规模的骚动至少应该同广泛的人员转变有互相的关联，或者应该同异乎寻常的变动率联系在一起。我们现有的关于那时官僚政制的唯一一本材料集是严耕望所编制的尚书省最高官员姓名表，[1] 它的容量大，有利于考核检查。利用这些材料可以说明，当朋党活动处于它的高峰时期，尚书省官员中的改弦更张者和动摇分子在这些年中并非比比皆是。事实上，除了830年可能是唯一的例外，这时期进尚书省和出尚书省的事远远不如安禄山之乱和顺宗年代那种动乱时期的情况引人注目。虽然这些官职并不一定代表京师整个官场的情况，但就我们目前的认识程度来说，我们应该怀疑是否存在依附于牛李党争主角的巨大的垂直系统的派别集团。

历史上曾经有人作过尝试，想找出分裂成朋党的意识形态基础。最有希望的尝试是把李德裕对李宗闵和牛僧孺的敌意追溯到808年举行的一次较早的考试。[2] 这次较早的考试不是试进士科，而是皇帝命令举行的高级职称考试，名为"贤良方正直言极谏"科。在这次考试中，考生牛僧孺、李宗闵和另一青年人皇甫湜（约777年生）在对皇帝的策问中有些略超常见的答案，他们指陈了他们所认为的当前政治中真正弊端之所在。他们的文章最初虽然被试官所识拔，但后来又被

---

① 严耕望：《唐仆尚丞郎表》。
② 《资治通鉴》卷241，第7790页；《登科记考》卷17，第11—12页。

认为调子过于激切。据认为，这三个人是采用了这种办法来非难宰相李吉甫的政策和人品。他们对李吉甫的攻击使得 13 年以后他的儿子李德裕对他们以牙还牙地施行报复。

皇甫湜 808 年写的这篇文章是仅存的一篇答卷，它引起了特殊的学术兴趣。[1] 它盛陈音调铿锵的辞藻，同时备述君德之必要和关于郅治的忠言，但它不时归结到具体的事务。它的整个调子都在儒家传统范围内，要求皇帝克制和谨慎。皇甫湜力劝宪宗不要陷入当时成为时尚的琐屑改革之中，而要使国家自然地繁荣起来，其方法是有奖有惩，奖惩得宜，而且要勤求贤德君子为朝廷大臣。虽然这篇文章的名声在于它尖锐地攻击了李吉甫，但它既不是教条主义的，也不是纯以个人好恶来发议论的。它的许多哲学背景，包括取材于《荀子》的内容；它所含蓄地提到的政治问题，如无限制地发展的黩武主义和出现于全国的经济困难等等，都是当时知识界通行的观点。另外，皇甫湜也没有点名批评别人，有人认为他的某些不甚隐晦的词句是指向宦官的，而宦官乃是这种文章最常用的靶子。不幸的是，现在已不可能弄清楚其他两篇文章的内容了。

由于这份答卷是所谓的牛党同伙留下的关于"意识形态"问题的极少数文章中的一篇，它便被看做是整个该党共同的观点。事实上，它的用处是有限的，这在相当程度上是因为皇甫湜本人后来消失于舞台，而且在 9 世纪的 20 年代和 30 年代从未参加政治活动。如果我们认为皇甫湜反对主张实干的和务实的宰相跟同样主张实干的和采取改革态度的皇帝之间的合作这一点是正确的话，那么我们就会发现，他的文章是呼吁官员们应采取更慎重、整个说来更合乎道德原则的态度。但是，它并未告诉我们李吉甫有什么观点，而且正像现代学者冯承基所指出的那样，皇甫湜的文章写完以后所出现的一些混乱事件，使人不能不怀疑李吉甫就是它要打的靶子。[2] 最重要的是，皇甫湜的

① 《文苑英华》卷 489，第 8—17 页；皇浦湜：《皇浦持正文集》卷 3；《唐大诏令集》卷 106，第 545 页；《登科记考》卷 17，第 14—22 页。
② 冯承基：《牛李党争始因质疑》，载《文史哲学报》，8（1958 年），第 135—146 页。

试卷没有什么预言性价值；文中所指的具体现象不可能反映到以后几十年的炽烈政治斗争中去。它可能反映了不同的气质风格，而不是意识形态上的分歧。

几位最重要的朋党领袖所写的更耐人寻思的论文（特别是李德裕、李宗闵和牛僧孺的论文），也引起了同样的解释上的问题。[①] 根据我们当前对唐代思想史的了解，它们发表了一系列大家共同关心的问题（从文章的题目和对题目发挥的观点看），远远多于其发表的政治哲学上一贯的歧见。这些论文多半对于任何深远地促进社会进步的前景表示悲观，认为在混乱之际不能有所作为；但是，文人学者不能简单地规避责任而不去选择拯救社会之道。因此，这些论文从古代摘取了一些嘉言懿行——其中有些是合适的，有些不可尽信；它们还把传统观念（如"私"字）加以牵强附会，以期与眼前问题联系起来。[②] 论文的作者们在朋党倾轧不已和政治安全无保障的时候提出了值得思考的问题。但是它们都没有把哲学和政治的组合加以任何联系，也没有说明是什么观点和态度把这些人分成李党或牛党。

学者们推究两党之间对于实际政治问题的歧异，一般都集中在宪宗时代的战争问题上。如上所述，李吉甫一向主张对割据一方的藩镇采取坚定立场，所以他毫不犹豫地主张用兵。反之，李绛则反对812年迫使魏博镇就范的办法，而且魏博确实不久自动听命于朝廷了。这两位宰相在812—814年之间的冲突有着一切传统对抗的因素，引起后世历史学家极大的关注。这个有限的一系列事件被概括地描述成：牛党是主和派；李党是主战派。但是，我们为什么要把9世纪第一个十年这两个人的争论和十多年以后的牛李党争等同起来呢？有什么理由把李绛甚至称为牛党的一个精神追随者呢？就我们所知，他从未直接攻击过李德裕，也从未在9世纪20年代积极参与过牛党的事务。事实上，他受到过穆宗和敬宗时代牛党宰相李

---

① 例如李德裕《李文饶文集（外集）》，载《全唐文》卷708—710。
② 《全唐文》卷682，第10—12页。

逢吉的严厉批评。至于说到和战之别，为什么要忽视牛党的成员也被卷进 9 世纪的各种军事问题中去呢？（例如李逢吉就曾主张对 822 年的宣武镇叛乱用兵！）或许人们会说，牛党诸宰相对藩镇敌手的态度要更慎重一些，但是，把他们看成和平主义者就未免过于简单化了；如果只是因为裴度和李德裕都是有能力的军事领袖便把他们当做始终如一的和不顾一切的武力论者，那就只会越说越乱。何况大多数同藩镇交锋的真正重大的军事冲突，在 9 世纪 20 年代中叶朋党斗争开始加剧时已经发生了。对于 9 世纪 20 年代后期和 30 年代的那些小兵变如何定罪是有不同意见的，但很难想像它们能对全面展开的朋党之争有那么深的影响。或许这时期长安的政治人物都对重建一个强大的中央政府感兴趣。在这个他们共同关心的大前提下，对具体的军事和防务政策的意见的倾向性是很难加以评价的，而且我们也不能排除事后在历史记述中因加入了专门的辩护和伪造的材料而造成歪曲的可能性。[1]

　　近年来学者们对牛李党争提出了社会学的解说；它是以中国历史学家陈寅恪的著作作为基础的。[2] 陈寅恪很注意分析唐代统治精英集团的社会背景的变化，特别是旧贵族的没落和无门阀的新兴官僚相应的兴起，这样就把注意力集中到了考试制度的作用上，认为它是实现社会晋升的手段。按照这一社会学的解说，牛党的权力以通过科举入仕为基础，而李党则是世家大族的堡垒，用世袭的荫庇方式取得做官资格。有许多表面上的理由使这个假说很有吸引力。牛党最著名的领袖牛僧孺和李宗闵都是进士出身，他们的联系要强固一些，因为他们都是"同年"；几乎可以肯定，他们及其许多同僚维护科举制度在感情上是利害一致的。另一方面，作为宰相之子和天潢贵胄的李德裕并非进士；他嘲笑科举鼓励士子们做官样文章，哗众取宠，不务实际；而且他在 833 年第一次任宰相时就暂时改变了科举考试的内容。可是，

---

[1] 例如可看 831 年的维州事件。《资治通鉴》卷 244，第 7878、7880—7811 页；又见《李文饶文集》卷 4，第 6—7 页。

[2] 陈寅恪：《唐代政治史述论稿》（北京，1956 年再版），第 2 编。

在这里我们又碰到一个以片言只语为根据的假设，它们只考虑到几个重要朋党参加者的观点，而却推而广之使之代表整个朋党的共同利害。

表 10   **9 世纪中叶政治朋党中可考成员数字一览表**

牛党共 41 人	李党共 22 人
（甲）郡望出身者：20 人	（甲）郡望子孙：12 人
1. 进士和制科双及第者：7 人	1. 进士和制科双及第者：4 人
2. 仅中进士举者：12 人	2. 仅中进士举者：5 人
3. 荫庇除官者：1 人	3. 荫庇除官者：2 人
	4. 仅中制科举者：1 人
（乙）非郡望出身者：5 人	（乙）非郡望出身者：7 人
1. 进士和制科双及第者：2 人	1. 中进士举者：4 人
2. 仅中进士举者：2 人	2. 武人出身者：1 人
3. 胥吏：1 人	3. 入仕方式不详者：2 人
（丙）出身不详者：16 人	（丙）出身不详者：3 人中进士举者：3 人
1. 进士和制科双及第者：3 人	
2. 仅中进士举者：7 人	
3. 入仕方式不详者：6 人	

表 10 概括了砺波护的研究成果，它的结论表明，按照表中开列出来的情况看，两个朋党甚至在科甲人数和巨室后裔人数上都是旗鼓相当的。这就使朋党双方泾渭分明地有所谓拥科举的一方和反科举的一方的说法不攻自破了。无论如何，人们已严重地怀疑所谓大量下层人民通过科举获致大权，也同样怀疑用科举和荫庇作为社会出身标志的正确性。[①] 实际上，在唐代文献不足的情况下，人们往往不可能断定某个人的背景，即说不清他的籍贯、直系家庭的财产状况、他在家族内部的地位以及婚姻关系等。不能说中举的士子一定出身寒素，而利用庇荫的人就一定是来自名门和大族。我们所了解的关于朋党成员的具体情况，还不允许我们做出社会或经济状况的分析。实际上，朋党领袖们有许多类似的特性、经验和目标，这充分证明最高层的斗争主要是阶级内部的斗争。虽然以辟召的方式选用官员肯定可以使某些下层人物脱颖而出，但是，如果要在诸朋党的上层之间作出前后一贯

---

①   取得功名和利用荫庇特权这两者不是互相排斥的。请看崔瑞德《唐代统治阶级的组成：从敦煌发掘的新证据》，载芮沃寿、崔瑞德编《对唐代的透视》（纽黑文，1973 年）。

的社会学的区分，证据就远远不够了。

835 年的甘露之变

我们在上面已经讲过王叔文及其一伙在 805 年想改变唐王朝政治轨道时发生的事情。9 世纪 30 年代也发生了一件最有趣和有同样悲惨后果的事件。这一次事件是由文宗皇帝发起的。事实上，他曾两次想打击宦官和朋党：第一次是在 830—831 年，它得到了一位宰相的帮助；第二次在 835 年，它利用了搞甘露事件的一些密谋者。

那些废黜敬宗皇帝的宦官甚至当他们还想继续控制敬宗的继任人时一定懂得，政府仍需要一位至少是能力极低的皇帝。可是，如果他们以为文宗不够精明，不足以危害他们，那他们就打错了算盘。除了少数例外，[①] 这时期反对宦官的舆论的声浪已经减弱，因为他们权势太大，同时也很清楚，文宗自己也正在为他统治时期的缺点而大为苦恼。据说，他特别恼怒自己无能力控制宦官王守澄和给穆宗治病的医生，即出入宫禁的常客郑注（835 年死）。在皇帝看来，这些内廷显贵都是政治腐败的象征。830 年，文宗开始秘密地与宋申锡（833 年死）讨论此事；宋申锡此时是翰林学士，既不附牛党，也不属李党，因而是皇帝可以信赖的少数官员之一。他们两个人决定从政治上裁抑宦官。

宋申锡被擢升为宰相并开始拟订计划，但所进行之事竟以某种方式泄漏给宦官了。[②] 他们马上转入反攻，声称已获得表明宋申锡实际想废文宗而立其爱弟漳王的证据。在这关键时刻文宗动摇了，对自己丧失了信心，他得不到可信赖的忠告，又害怕自己有生命之虞。他下令勘讯宋申锡，另外，宦官们从他的亲友中搜捕到许多可疑的人。牛党的宰相除了说几句无关痛痒的话外，并无一人仗义执言出来救他一命，只有几位中级官员冒着极大危险劝说文宗把审讯从内廷移往外廷——换言之，使宦官不能控制。宋申锡被宣判有罪，但幸免一死；

① 《资治通鉴》卷 243，第 7856—7858 页。
② 《旧唐书》卷 167，第 4370 页；《资治通鉴》卷 244，第 7871—7872、7875—7877 页。

他大约于次年卒于贬谪之所。

文宗除了对宋申锡事件感到震惊以外，他还对朋党领袖的行为感到灰心失望。他不时听到和看到不体面的损人利己的话语和小动作。他继续在两党之间举棋不定。831年为一次不大的边境事件召开的廷议中出现了政见的公开交锋，此后文宗便免了牛僧孺的相位，而第一次把李德裕提升为宰相。但是，833—834年的李德裕的执政期也和以前宰相的执政期一样，充满着斗争。除了上述这些麻烦之外，这位年轻的皇帝又在那一年犯了病，如果我们相信这一次病与顺宗的病历有着非常奇特的巧合的话，他也是害了暂时口不能言的病。可是，由于郑注的护理，文宗的身体状况挨过冬天后稍有好转。在大约此后的一年中，他默默地考虑着国家的政局，几乎像一个旁观者那样注视着事态。李德裕下去了，李宗闵重新上了台。文宗在834年抱怨道："去河北贼易，去朝廷朋党难。"① 到了这时，文宗似乎已在后悔他在宋申锡事件中的失误，同时他也认识到，朋党和宦官专权必须同时予以击败，否则将一事无成。因此，尽管风险很大，他又搞了另外一次阴谋，其高潮是835年以失败告终的甘露之变。

很明显，建立任何第三种势力需要的是既不受朝中朋党也不受其各自宦官盟友控制的人物。可是，这一次皇帝与之密谋的人不是像宋申锡那样以刚直方正而引人注目的官员，却是两位宫廷政治老手，即御医郑注和新任翰林学士李训（823年登进士科，835年死）。郑注虽然是王守澄的朋友，却与其他许多宦官形同水火。833年甚至有一个神策军将军曾想害他的性命。李训是原来牛党宰相李逢吉的本族子弟，但他在9世纪20年代的被贬逐时对牛党的政治丧失了热情。这两个密谋者自然都有野心，但却不是他们的敌手后来所指控的那种坏蛋；郑注的医术很受人称道，而李训则是一位对经典古籍有一定造诣的学者。要打破朝政中历时15年的朋党之争，而代之以郑注和李训的单一的新政制，这对文宗来说似乎并不理想，但因为这两个人胆大而有谋略，所以皇帝认为至少有改变一下政局

① 《资治通鉴》卷245，第7899页。

的可能性。

　　精心地利用了牛李两党关键领袖人物的嫌隙之后，郑注和李训被皇帝在职官制度内予以升擢，接管了原来被两朋党宰相所执掌的权力。我们在上面看到，王叔文集团在 805 年预先策划的政变中因忽视了军队的作用而犯了一个严重的错误。相反的，经过精心策划之后，郑注做了长安以西的凤翔节度使，他从他所统率的军队中暗中调集了禁军突击部队。李训那时在做宰相，他得到了京师许多官员的帮助，这些人被准许有自己的警卫队听候调遣。他们的基本想法是引诱宦官脱离神策军的庇护，然后一举聚歼；这个战法一直严格保密到最后一分钟。

　　郑注和李训夺取了他们原来的庇护人王守澄的权，接着投之于狱，最后处死于狱中。为了做这件事，他们暂时与王守澄的宦官对手仇士良（781—843 年）结成了联盟。可是，甚至在处死王守澄时，李训和郑注就在计划收紧包围仇士良的网。835 年 12 月末某日早些的时候，宫内大臣通过事先的安排，奏称"甘露"（天降的祥瑞）于前一夜降于外廷的石榴树上。① 文宗完全知道已为宦官设下了伏兵，他便遣仇士良和其他宦官到外边去察看这一奇异现象。正当他们来到伏兵即将突起的后院时，一阵风吹起了李训兵士藏身的帐篷的一角。兵器的当啷声惊动了宦官，他们大多数人都乘宫门关阻之前惊骇地跑回了内廷。他们在里边强迫文宗返回李训和其他政府官员力量达不到的后宫。仇士良和其他宦官马上召集令人震畏的神策军，它的各小分队便被派往官员住宅区屠杀可疑的朝臣。仅在政府区一个地方，据说士兵们就杀了 1000 多人，并毁坏了许多印信、档案和文卷。以后几个星期军队不仅逮捕了主要的密谋者及其属吏，也滥捕他们的全部家族和其他许多完全无辜的人士。他们大搞逼供信。三位宰相及其家属公开在长安西市被处决。宦官们允许血洗，直到 836 年初宣布宽赦和

---

① 《资治通鉴》卷 245，第 7910—7922 页；又见横山裕男《唐代的官僚制和宦官——中世纪近侍政治的结束序说》，载中国中世史研究会编《中国中世史研究——六朝、隋、唐的社会和文化》（东京，1970 年），第 417—442 页。

限制进一步审讯时为止。

宦官们随即着重考虑如何维护权力的现实问题，这意味着首先要对宫廷的突发行动提高警惕，并且要在自己队伍内部查出密谋活动。他们还决定以神策军仗卫宫内，但马上发觉不值得费此精力；如果把他们的部队置于这样众目睽睽的地位，这只会激怒保守的舆论而不会有多少具体收获。[①] 旧的銮仪卫队（南衙卫）已不起作用，而且，如果再要发生危险，神策军就近在咫尺。只要把宫禁卫队骨干所拥有的长矛短剑一概没收，仇士良和其他权势宦官就能够达到更加安全的目的。

总的说来，骚乱平息以后，宦官们就想照老样子行使他们的权力，也就是说要避开公众的视线。这部分的是因为有些节度使暗示要进行军事干预，以阻遏赤裸裸的宦官专政。[②] 而且还因为宦官也愿意与官僚阶层重建一种李训和郑注上台以前曾经存在的工作关系。一个引人注意的不同之处是，朋党双方的成员都同时做宰相，而在以前权力却像走马灯似的在两个朋党之间来回倒换。另外，朋党的次要成员实际上被任命为宰相，而那些知名领袖的地位的恢复却很慢，他们从藩镇回长安要经过严密监督的步骤。这可能反映了宦官在政府内廷的会议上有了更大的势力，影响当时官僚个人安全的状况同样也反映了宦官们的这种势力。宦官说服文宗撤掉保护宰相的卫队（这是自815年武元衡被刺以来就实行的办法），其目的无疑是要使宰相感到自己更易遭受压力。如果个别官员的言行太出格，宦官会毫不犹豫地使用武力，例如宰相李石（784—845年）在838年就曾险遭不测。

甘露之变的失败似乎使文宗神情沮丧。836年宦官的意图变得一清二楚之后，他对政务越来越没有兴趣了。他无精打采，凄凉惨淡，厌于廷议对问，甚至再也没有兴味谈诗了，他饮醇酒求醉，并且悔恨过去的错误。他开始盘算他在历史上的地位。839年他要求观看《起居注》，以了解对他的写法，但却被编纂的官员谢绝。这表明，他担

---

① 《资治通鉴》卷245，第7923页。
② 《资治通鉴》卷245，第7923—7924页；《旧唐书》卷161，第4232页。

心自己被写成历史上遗臭万年的皇帝。[①] 他在喝醉时曾对一位年轻的翰林学士赐酒并呜咽地说，古代最不堪的君主只受制于诸侯，而他本人却糟糕得多，竟会受制于家奴，即宦官。这一年他旧病复发，840年初去世，时年 30 岁。

皇位继承问题的危机随着文宗身体状况的恶化而发展，这是晚唐历史中继承问题比较复杂的一次。原来的太子，即文宗唯一有资格继承的儿子，在 838 年被杀死。太子之死的情状疑莫能明，但文宗显然同意处死他，因为文宗越来越不宠幸太子之母，又被太子的年轻浮躁所触怒。[②] 在他死后的一段时间里，敬宗的一个冲幼的儿子当了太子，但由于他的年岁和有病的体质使局势很不稳定。另外两个皇位候选人出现在宫内，他们都是文宗的幼弟。安王溶是后宫中有权势的杨贤妃之子，他得到母党族人、又是牛党宰相的杨嗣复及一些宦官的支持。另一可能的帝位继承者为颍王，他是神策军中尉等人拥立的对象，他们最后取得了胜利。文宗本人对这最后的选择竟无能为力，因为他一贯不能在这样重大的事件上下决断；总之，到了 839 年，他耗费了大部分时间来哀痛他儿子之死。中尉仇士良及其盟友能够假传圣旨立颍王为摄政王。文宗死后颍王即位，他是穆宗的得以君临唐帝国的第三个儿子。获胜的宦官集团立即设法处死了另外两位王子、杨贤妃以及他们在宫禁中的支持者。[③]

武宗朝（840—846 年的李德裕）

武宗即位以后，政治报复行为从内廷蔓延及于外廷。最初的打击目标是牛党的宰相杨嗣复和李珏（785—853 年）；这两个人是在文宗时代的末年爬上最高官位的。仇士良既要罢他们的官，又要他们的脑袋，因为他们支持过武宗的弟弟和对手。武宗并不反对这个想法，也可能让人们处他们以死刑，若不是最不可能为他们辩护的李德裕出面

---

① 《资治通鉴》卷 246，第 7940—7941 页。
② 同上书，第 7935 页。
③ 同上书，第 7943—7945 页。

干预的话。李德裕在 840 年末被任命为宰相，他不顾朋党的利益，激切地为他的政治对手们的性命请命，不是一次，而是三次向皇帝迫切陈词，并且动员朝廷的舆论来支持他的行动。最后武宗咆哮着向李德裕说道："特为卿等释之！"① 很少有更好的例子能说明李德裕在这位反复无常的天子面前所享有的如此特殊的恩宠以及他如此善于发挥宰相的作用。

在某种意义上说，这时五十几岁的李德裕，已为获得这样的机会准备了一辈子。他的传记和谏词异乎寻常地谈到了他的抱负、克制和干劲。但是，除了他个人的奉献和自力更生精神以外，他还是一位非常精明的政治家：他善于找出和利用每一个可能推进他的事业的关节。自然，他是宪宗时代的贵官和宰相李吉甫之子，从一开始就沾了很大的光，但在他的公务生活中再没有什么偶然机遇之赐了。在 9 世纪的第一个 10 年，李德裕在藩镇中入幕，度过了他早年的大部分生涯，主要是为了避免因他著名的父亲而涉徇私之嫌。可是，他在藩镇任职时期小心翼翼地巴结了一名宦官，据说给了这个宦官以巨贿，使之能关照他的利益。在这个宦官回到长安以后，李德裕被穆宗召为翰林学士，这不是一个年轻人能凭偶然机会得到的职位。

李德裕在翰林院中结好于李绅和元稹，像前面已讲过的那样，他卷进了日益扩展的朋党活动之中。在这个时期内，李德裕在实际协调他们那一派的政治方略时究竟做到什么程度，这仍然是个悬而未决的问题。在 9 世纪的 20 年代和 30 年代，他离开长安比在京师做官的时间多得多。他两次任浙西节度使，在长江下游的那个藩镇几乎长达八年之久；他又在西川供职三年，在这里获得了对外事务方面的经验。他在 9 世纪 30 年代初期文宗时代确曾做过短时期的宰相，但甘露之变的密谋者编造一个情节把他也株连在一个莫须有的叛逆罪名中，此后他便被贬为湖南南部的一个刺史。可是，他没有被贬逐多久。甘露阴谋失败以后，他又被任命为节度使。通过他与另一名宦官——仇士良的下属——的友谊，李德裕最后在 840 年被召回长安，在新皇帝下

---

① 《资治通鉴》卷 246，第 7949—7951 页。

面当了宰相。从那个时候起一直到武宗于 846 年春去世时止，李德裕是唐王朝京师里主宰一切的政治人物。

李德裕作为宰相的政治作风肯定的是赞成儒家的理论和实践中主张搞集权主义的一派。他钦佩管子和西汉的一些强有力的宰相。他继承的他意志坚强和说干就干的父亲的品性以及他在几个藩镇任内拥有的长期行政经验，使他自然而然地能够把一人负责的宰相之治运用到高级行政中来。他的作用受到皇帝的嘉勉，从这个意义上来说，它不同于代宗后期元载的强人统治。它也大大不同于唐代的制度，因为按照唐代的规矩，国家大事都要由几位理论上权力相等的宰相在皇帝面前展开辩论。宰相们在文宗晚年出于派性而争吵不休。[1] 与此相反，李德裕现在被赋予实际权力，能为政府做出几乎所有的重大决定。据我们所知，他的方法是先搞一个最小规模的磋商，再彻底检讨有关的讯息和情报，然后独自退往后花园拟定计划。这种方法特别不寻常，因此值得他的同时代人予以评论。通过他留下的大量政事文书来看，我们知道李德裕之享有一位极端干练的行政官员的名声，不光是同情他的历史学家描写的结果。他善于掌握细节；会斟酌别人的长处和短处而量才加以使用；能够协调大规模的政府行动，并且向皇帝提交设想复杂的建议：这些才能都不时地反映在他的奏疏和代拟的制诰之中。在这些方面他足以与陆贽相匹，而在实际工作方面又或过之。主要由于李德裕的努力，唐政府才能够顶住 9 世纪 40 年代之初经常发生的外国可能的入侵、藩镇的叛乱和国内的骚动等危机。

如果李德裕在他恢复掌权时能够使李党获得胜利，那么，这个胜利是低调的。他不断地对他的个人政敌牛僧孺和李宗闵施加压力，从而把他们一劳永逸地从高层政治中排挤出去，但从另一方面说，他对于进行特别过火的派性清洗活动似乎不感兴趣。[2] 同样地，他对与他共事很久的人报之以宰相之职，例如诗人李绅（842—844 年在职）便是著名的例子，但是这些人无疑都当的是配角。不言而喻，李德裕

---

[1] 《旧唐书》卷 176，第 4557 页。
[2] 这一点可用严耕望的《唐仆尚丞郎表》中的资料予以证实。

不能全由自己来直接指挥唐政府的活动，但他对助手的挑选似乎表明他意在加强他自己的威望，而不在于改变中层官僚阶层的结构。

同样地，李德裕对政府事务进行的一些小改革是要给坚强的行政权提供便利，以符合他的政出一门——即政令应出自宰相府——的原则。① 公事程序的改革包括把常务（日常事务）的主要责任交还给中书舍人。这些中书舍人直接受宰相管理，因而改革的企图是想解除翰林学士50多年来不受外廷监督的那种职能。② 与此相应的努力是要使宰相府囊括一切重要事务，特别是涉及国家安全和与节度使交往的文书，并且把有关这些事务的文件保管在宰相府的特设档案内。很显然，这些办事程序在以前是杂乱无章的，主要是根据问题一件件处理的。③ 李德裕还想控制宫内主要的记注和历史写作过程。他恢复了《时政记》的编纂（这是由知印宰相每日撰写的一种纪事，但要由其他宰相副署）。这是为了私下保存宰相处理的政务记录，它按照他们自己的观点撰写，而完全不受翰林学士、宦官或皇帝宠幸的干扰。他还要求《起居注》（这是皇帝的行为和诏令的主要记录，也是最后编成历朝《实录》的大宗文献的基石性资料）应交给宰相审查和作编排上的改动，以免"军国大政，传闻疑误"。他这样关心宫廷记注，不完全是历史方面的原因。李德裕特别注意去赢得定某些事务为"密"的特权（这些事务太敏感，不应让公众知悉，也不宜写入起居注），从而增加他实际上指导政府的权力，不受别人干预。④ 在这些程序的修改中有一些似乎在李德裕任期内颇有成效，但另外一些修改，特别是那些官僚们很感兴趣的关于限制皇帝使用翰林学士的修改，受到了武宗的抵制及其继承人宣宗的忽视。所以总的来说，是李德裕在宰相职务上的个人作为，而不是行政上的重大结构改变，形成了9世纪

---

① 《李文饶文集》卷10，第9—11页；《旧唐书》卷18上，第607—608页。

② 《李文饶文集》卷11，第6—7页。

③ 同上书，第3—4页；汤承业：《论唐代相制下的会昌政风》（台北，1973年），第105页；又见《唐会要》卷64，第1112—1113页。

④ 汤承业：《论唐代相制下的会昌政风》，第105页；又见《唐会要》卷64，第1112—1113页。

40 年代的宫廷政治生活。

武宗和李德裕之间的关系使李德裕有可能取得他的一切成就，因此这种关系是很令人神往的。这位宰相很有魅力，能言善辩，知识渊博而又精于算计，城府很深而又傲慢自大；他酷爱奇花异草，所以他只喜欢幽居在自己豪华的后花园内；但他又决不放弃政治上的刺激。他蔑视宫廷诗的矫揉造作和举子们的装模作样，但是他本人却是一位相当好的诗人和散文名家；如果有需要，他也能够采取因袭的态度和做作的感情。相反，皇帝却是既鲁莽，又暴躁，又执拗。但是不像他的哥哥文宗，他也很精明而有决断。如同以前的几位皇帝，宗教像政治一样紧紧控制着他。李氏家族的弱点是炼药求长生，武宗又对道教产生了真正的兴趣。在他统治时期的晚年，他所服用的丹药使他丧失了完全控制自己的能力。我们的材料表明，他既患有抑郁症，联系他对佛教的迫害，他也患有绝对的躁狂症。[①] 可是，在李德裕和武宗所分管的事项方面，却从未见有混乱不清的情况。虽然李德裕很细心地准备他的奏疏，也强烈地要求应把它们比别人的建议置于优先地位，但他上奏武宗时是把它们作为出自武宗的圣断而提出来的。李德裕从未犯过把皇帝置于被庇护地位的错误。至于武宗，他注意自己时不时地不受李德裕的支配而独立行使权力，以促使大家能看到他们二人之间地位的差别。很显然，终武宗之世他们之间的关系未受到任何重大损害。

李德裕在对付宦官方面也很细致。一方面，他必须注意他们的愿望，特别是仍为长安最有权势的宦官仇士良的愿望。例如在 840 年，一名给事中曾想阻止仇士良的养子利用荫庇特权（这又是宦官想僭用官员荫子特权的一例），李德裕却把此人降级使用，从而引起了官员们的憎恶。可是，李德裕又很注意限制宦官权力中涉及自己的那一部分权力。有时武宗也帮助他这样做。例如在 842 年，朝臣们建议武宗加尊号，这自然是一个大庆典，而且要宣布大赦。仇士良和其他高层宦官开始怀疑李德裕计划利用大赦的机会来削减他们的某些特权和财

---

① 《资治通鉴》卷 248，第 8020 页。

源。宦官们在宫内示威反对这个计划，但武宗在公开场合大声斥责了他们，他说道：他是他自己的朝廷的主人，也是大赦令的唯一颁订者。不久，皇帝迫使受到羞辱的仇士良隐退。仇士良这位处于关键地位的宦官于843年死去以及他的心腹爪牙被清除以后，李德裕铲除了宦官的各种权力基地。他撤销了他们除神策军以外的其他兵权，还企图削弱他们对内库的控制权，等等。[①] 可是，如果把他的这些举动看做是对宦官全面进行的讨伐运动，那也是不对的。它们只要取得有限的和实际的成效。可是，在武宗治下的后期和整个宣宗时代，宦官的权力至少不像9世纪的20年代和30年代那样肆无忌惮了。

李德裕作为宰相能够有所成就的另一个同样重要的原因，是他上任以后事情接踵而来，而危机的气氛有利于实干家。

840年秋天，大批回鹘突厥人突然地开始沿今天内蒙的河套地区进抵唐王朝边境。那个地区的诸节度使只能眼看着在随后的几个月中回鹘大约10万之众集结在阴山南部塞下——这是数百年来在北方所见最壮观的游牧民的大迁徙。[②]

他们为什么要来到此地，他们又要求什么东西呢？李德裕从长安派去几个外交使团之后，中国人已得知9世纪30年代回鹘领导层因严重内讧而导致分裂的详情。在9世纪40年代，回鹘的一个臣服民族黠戛斯决定利用回鹘的弱点。黠戛斯从南西伯利亚根据地突然倾巢南下，把回鹘人赶出了他们舒适的首都，杀了可汗，并自封为草原上新的主人。惊恐的回鹘人分两股逃奔。一支人马前往西南，它的成员最后定居吐鲁番附近的高昌（今哈拉和卓），他们的子孙在这里建立了出色的定居社会，迄13世纪时为止一直是一个独立的实体。另一支人马从他们的首都斡耳朵八里直接南下，与中国人相对峙。李德裕派往这第二支回鹘难民游牧部落的信使在841年获悉，李德裕虽曾有计划让他们返回故居，但他们的统治者——即自封为可汗的继位

---

① 《资治通鉴》卷248，第8009—8010、8020页；室永芳三：《唐末内库的存在形态》。
② 《资治通鉴》卷246—247；《李文饶文集》卷13—15；参照山田信夫《游牧回鹘国的灭亡》，载石母田正等编《古代史讲座》卷11（东京，1965年），第199—228页。

者——不想再回原地。反之。可汗要求中国人给一个有城垣的边塞堡垒作为他们的大本营。回鹘人显然想继续留在那里尽可能过他们半定居式的生活，继续进行贸易，侵扰中国边境和等待时机。

回鹘人的这种想法恰恰与中国的传统战略利益南辕而北辙，也是任何长安政府所不能容忍的威胁。需要采取行动，但在这种形势下却有着严重的危险。在 788 年以后与回鹘人的长期和平期间，北方的边境一直没有得到安宁。因此在 842 年初李德裕开始一项应急的防卫计划，同时给回鹘人送去了大批粮食和布匹作为羁縻他们的礼物。边防要塞要重建；交通要恢复；部队要增援。在这种形势下，中国人取得了很快的进展。

当回鹘和中国军队之间的战争终于爆发时，李德裕做了总指挥官，集军政大权于一身。他的领导艺术胜过了晚唐的任何宰相。他监督战略和重大战术决策的执行，督促长安运往前线的供应，但是他把战术细节留给他精选的战地将军们去处理。一个特别的讨伐军指挥体系按惯例组成，但和安禄山之乱后的其他大多数政府军事行动大不一样的是，这一次行动协调得很好。增援边防军的部队是从许多内地藩镇抽调来的。闹独立的幽州镇也参加了这次战役，这证明了李德裕对他直接控制范围以外的势力也能进行政治说服工作。843 年初战役达到了高潮，那时一支中国特遣队以突袭方式攻下了回鹘的大营。中国人无情地追亡逐北；一万名回鹘人枕尸于南戈壁后来被名为"杀胡山"的地方，另有倍于此数的人投降。可汗在惨败中幸得逃脱，但他在几年之后在沙漠之中被捕杀。

外患尚未完全平息，国内又出现了昭义节度使职位方面的严重问题。[①] 昭义横跨山西东部的太行山。它是那些靠河北诸镇与唐王朝的内地河东和关内之间的贸易为生的商人们的老家。可是昭义不像更加放肆的河北诸镇，它自 757 年建置以后便一直忠于朝廷。825 年，敬宗的大臣们第一次准许它的节度使职位由父传子，尽管那时朝廷中对此不乏反对的意见。刘从谏（803—843 年）这位新节度使在 9 世纪

---

① 《资治通鉴》卷 247—248；《李文饶文集》卷 15—17。

30 年代越来越有势力，在甘露之变失败以后他在阻止宦官公开专权方面起过重要的作用。所以在他 843 年死去以后，他的侄儿刘稹示意要继承统制该镇的权力是没有人感到奇怪的。大多数官员都这样主张，即回鹘的局势尚在未定之天，所以刘稹可以署理此职。宰相李德裕认为，按照原则，昭义不应该永远划为化外。[①] 为了严惩昭义，政府又组织了讨伐之役，这一次的最大特点是河北诸镇的铁杆核心成德和魏博空前地予以合作。李德裕答应以领土相酬，这两镇的节度使才被说服这样做的。他们的参战虽然不是全心全意的，但对切断刘稹的退路和预防像 8 世纪 80 年代那样的灾难性叛乱的蔓延，是起了作用的。刘稹和他的家族被部下在 844 年夏末所杀，此后朝廷便任命了一位新节度使。武宗对李德裕在处理这第二次危机中所取得的成就评价极高，因为这是 9 世纪中叶最严重的一次藩镇威胁，因此他在 844 年封李德裕为卫国公。

武宗时代的第三件大事是"会昌灭佛"；因为会昌是武宗的年号。我们从来中国游学的日本僧人圆仁（793—864 年）的《求法记》中得知，对佛教的压迫已在逐渐形成，但这一次则是在 845 年由政府扩大的全面镇压行动。[②] 武宗连续下令关闭和毁坏数以万计的山野之间的招提、兰若，后来又攻击通都大邑的许多寺庙。仅有少数可予保留；上等州治可各留一寺，而长安及洛阳各准许保留两个寺，每寺只留 30 名僧人。[③] 这一震惊天下的诏书强迫多达二三十万名僧尼还俗。他们中的大多数人被杀或被伤害。佛教寺庙的财产、经籍和圣物严重地被破坏。虽然最厉害的迫害大约终止于武宗去世和他的叔父宣宗继位以后的 9 个月，但佛教作为一个组织恰像它经历过一个最大的发展时期那样，受到了最大的摧残。在后世的中国历史中，佛教再也没有像那时那样向国家权力提出挑战，甚至与它相抗衡了。

对佛教之所以肆行迫害，其动机是很复杂的，而最重要的原因在

---

① 《资治通鉴》卷 247，第 7980—7981 页。

② 赖肖尔：《圆仁游唐记》（纽约，1955 年），第 237—257 页。

③ 《旧唐书》卷 18 上，第 604—605 页。

经济方面。[1] 大约在 820 年以后，中国严重的货币紧缺有所缓和，但是由于各方面更加直接地伸手向国库要钱，财政的拮据状况毫无改善：例如后宫的奢侈和宦官的建置开销越来越大，加上后来反对西北、反对回鹘和昭义的庞大军费也都需要钱。在 9 世纪 20 年代和 30 年代，鼓励铜钱的铸造也没有取得根本性进展。可是与国家的财政状况相反，佛教寺院集团却日益富足。佛教的律在古代是禁止僧人从事经济活动的，但它在中国已有数百年被置若罔闻。他们所持的理由是，佛教社团作为一个整体而不是作为个人来说，它能从货物流通中受益。[2] 寺庙数百年来积累的财富不仅限于光彩夺目的金、银、铜制的圣像和佛教祭祀用品，即便它们拥有这么多贵金属的贮存对于严重缺乏货币的经济来说也是一个很大的负担，同时也直接违反了政府关于禁止窖藏宝物的规定。而且，较大的寺庙还拥有土地（通常称为“寺庄”），它们大部分实际上都免税。事业心强的住持便把这些土地组织起来以农、林产品牟利。[3] 这一发展是与世俗社会富豪之家大庄园的形成齐头并进的，而且这两种庄园制往往互相纠结在一起，因为富裕施主在死前仍保留名义上施舍给寺院的土地的利益。甚至佛教建筑物的建造费用也常由政府捐助。或许最令人气愤的事实是，在“出家”并因而摆脱民政的控制之后，僧尼就再也不用付两税法规定的个人税项了。由此产生的国家税收的损失使几代文官为之烦恼，同时由政府监督制度的许多尝试也一概未生效力。9 世纪 40 年代的没收、还俗办法和其他惩罚性措施得到许多官员的赞同，认为这是阻止佛教寺院在唐帝国的经济事务中变成强大堡垒的唯一办法。

　　迫害佛教的政治方面要更复杂一些。武宗显然是支持灭佛运动的

---

[1]　陈观胜：《会昌灭佛的经济背景》，载《哈佛亚洲研究杂志》，19（1956 年），第 67—105 页。

[2]　雅克·热内：《五到十世纪中国社会中佛教的经济面貌》（西贡，1956 年）。

[3]　崔瑞德：《中世纪的寺院和中国的经济》，载《东方和非洲研究学院学报》，19．3（1957 年），第 526—549 页；崔瑞德：《唐代中国的寺院庄园》，载《大亚细亚》（新版），5（1956 年），第 123—145 页。

主要力量；他是一位热诚的道教徒；他的个人信仰带有狂热性。[1] 但是除了他有几个宠幸的道士以外，他似乎并没有想在朝臣中促成一个名副其实的道教压力集团，即一个从教义上来说敌视佛教的集团。反之，没有证据表明大多数官员不认为搞魔法的道教是一剂政治毒药——也许它是一种有趣的消遣，但不能贸然加入。对佛教的迫害也不大可能是由儒教意识形态的狂热分子所发起的。韩愈在 819 年发表的著名的诋佛言论代表了一种极端的意见，但有一点很重要，即也不要一成不变地认为他在倡导一个全面地毁弃释教而崇奉儒家的活动。反之，唐代后期的高级官员——包括李德裕和武宗的其他宰相在内——并未对佛教之侵入中国人的精神生活表现出像韩愈那样大的个人愤怒。自然，民众的过火的信教行为可能引起了上层人士的敌意，[2] 但是，从检查唐代现存大量诗文中可以明显地看出，佛教中比较严肃的哲学思想和礼仪深深地引起了许多统治阶级精英人物的注意。其次，如上所述，上层僧侣和掌握世俗权力的人的社交活动已变成司空见惯的事。把佛教讽刺为堕落的夷狄之教完全是为了应付论战需要的说法，而这一次不过是企图为 9 世纪 40 年代中叶的暴力行为巧为辩护之辞而已。

佛教史的历史作者都指责李德裕执行了这次迫害运动，他们很可能是对的，虽然他们对他的参与并无多少具体证据。[3] 李德裕当然有很多充分的政治理由支持灭佛运动，因为首先它会给国家财政带来利益。它同时还使李德裕有机会精心提高国家的礼仪以支持他实际的政事活动，特别是加强对唐初几位伟大的皇帝和政治家的崇祀。比如，他建议用从佛寺中没收的钱在最近光复的昭义建昭武庙；另外，他还主张利用洛阳附近原来的佛教建筑以恢复安禄山之乱后被毁的重要的太庙神主。[4] 另外，

---

[1] 《旧唐书》卷 18 上，第 603—606 页。

[2] 陈观胜：《中国佛教的改造》，第 254—255 页；欧大年：《民间的佛教》（麻省坎布里奇和伦敦，1976 年），第 3 章。

[3] 《大正新修大藏经》卷 49，第 386、637 页；《李文饶文集》卷 20，第 3—4 页。

[4] 《旧唐书》卷 18 上，第 606—607 页；《资治通鉴》卷 248，第 8017 页；参照《旧唐书》卷 18 下，第 614—615 页。

特别在迫害佛教运动的早期，它与李德裕想削弱宦官仇士良权力的努力有关，因为仇士良既是一位虔诚的佛教徒，同时还任政府的功德使之职。最后一个原因的证据虽然不是直接的，但情况很可能是，李德裕在843年打败摩尼教的庇护者回鹘人以后对它进行的镇压为更广泛地打击佛教提供了现成的先例。

宣宗时代放松了对佛教的迫害，这几乎又让佛教徒全部恢复他们原有的组织力量。因此，新皇帝虽然赞成恢复佛教这一精神信仰，赞助进行佛事活动而又同时禁止杀生，但他在847年颁布的准许重建庙宇和政府不得干涉的诏令，却在后来的实践中受到了限制。经宰相的迫切要求，政府在9世纪50年代之初采用了一个更慎重的政策，即裁减过分的开销，而且只允许在人口稠密之区新建寺庙。① 虽然僧尼不再有性命之虞而且通常都能重操他们的宗教旧业，但政府尽力防止私人制度的恢复，规定缺额僧尼只能由礼部的祠部加以补足。甚至长安的大庙宇也在重建之中，宣宗下的命令实际上改换了所有这些庙宇的名字。② 菩提寺改成了保唐寺，法云尼寺易名为唐安寺，如此等等。这便表明世俗社会重新建立了对有组织的佛教的控制；这种情况自武宗和李德裕死去以后一直延续了许多世纪。

唐宣宗之治（846—859 年）

武宗死于846年，卒年33岁，大约也因服药而死。宣宗③和9世纪的多数皇帝一样，也是被宫中一个宦官集团所拥立，但他这一次却未发生继承权的斗争。他是唯一的合理候选人。武宗的儿子们都太年轻，不宜登基，并且如上所述，武宗所遗一弟又已在840年的继承争斗中被杀。37岁的宣宗是他的长辈。他是宪宗的第十三子，穆宗的异母弟，也是前此三位皇帝之叔。

---

① 《资治通鉴》卷249，第8047—8048页。
② 《旧唐书》卷18下，第615页。
③ "宣"（Hsüan）与"玄"（Hsüan）在罗马拼音法中相同，现按照感妥玛—翟理思拼音体系，在"宣"字拼音上多加了一个"i"字母而成为 Hsiuan 字，使宣宗与玄宗的拼音有所区别。

宣宗在9世纪30年代和40年代被戏呼为光王，他在出人意料地即位之前在政治上被忽视，也被斯文人物所嘲弄。他在儿童时代多病而且能见异象。成年以后他把他的苦痛变为自己的能力。他假装对当时任何可以把他卷入危险的宫廷阴谋中去的事物不感兴趣，一味沉默，并希望被当做无害的怪人。可是，他即位以后就发泄出他的愤怒和不满，特别对他父亲宪宗的神秘的死更是如此，因为这个痛苦的回忆使他在几次祭奠宪宗的陵墓时都禁不住泪如雨下。[①] 宣宗确信，他的异母兄穆宗和穆宗之母郭妃对宪宗的病死负有一定的责任。当年老的郭妃848年去世时，宣宗拒绝让她给他父亲陪葬的荣誉，另有谣传说是他加速了这位老太太的死。此后5年，宣宗把他所认为的同案犯都一一捕拿归案。他甚至贬降了穆宗及其3个儿子在宗庙祭祀中的地位，这使统治皇室所精心培植起来的威信付出多少代价，我们就只能猜想了。和40年前一样，对朝廷的这种全神专注之情一直持续到宣宗较平静的年代。他搜寻一切能告诉他父亲治下的遗闻轶事的人，他还坚决地优予录用元和时代高官之子孙进入自己的私人班子或者任政府工作。[②]

好像是为了弥补他自己的被虐待，他很体贴地照顾他自己的母亲以及还活着的胞弟们。他也溺爱他的妹妹和几个女儿，其中有一个女儿恃爱当他的面折断筷子和打碎汤匙，从而迫使他放弃了把这女儿许配给她所恨的某人的打算。但有趣的是，宣宗从不正视立储这个重大的问题，尽管一些神经质的官员对此唠叨不休。他被认为不喜欢长子而宠爱第三子，但他为此毫无作为；他的迟疑不决最后又导致了一场宫廷斗争，一个宦官这时成功地拥戴了宣宗的长子。[③] 在他统治期间，宣宗显然是想确定无疑地突出他个人第一的地位，特别是在他从前曾长期受歧视的家族内更要这样做。

自然，这位古怪而急躁的人不只是怀有私人宿怨，他还必须对付

---

① 王谠：《唐语林》卷1（上海，1957年），第7页。
② 《东观奏记》（《图书集成》版）卷1，第2页。
③ 《资治通鉴》卷249，第8075—8077页。

朝廷的官员，而人们认为在这些人中，从前曾给他以保护的却很少。宣宗在接见高级官员时常年坚持威仪整肃。他往往用尖刻的个人批评或者在讨论中显示备知底细的知识，来使他们感到难堪。他在正式朝觐中严厉盘问来朝见的节度使和新任命的地方官员时所准备的讯息，都是来自他对帝国重要材料的研究和他的工作人员所提供的细致的情况简介。他以在礼仪或在实质性事物上注重细节闻名，例如在宣宗手下为相10年的令狐绹（802—879年）有一次被皇帝问得神态失常，甚至在冬天他也汗湿重裘。① 但与此同时，宣宗也像他的父亲宪宗那样，颇有志于重建贞观之治。他的助手给他读关于太宗与其臣下相互关系的非正式史书《贞观政要》；他有时又像从前诸皇帝那样对他所宠信的官员表示极大的关心。他比某些从前的皇帝更加真心实意地鼓励相应的官署提出坦诚的批评。但是，朝臣们普遍的情绪一定是狐疑不定，对他又敬又畏。②

当然不必奇怪，宣宗在846年的第一个重大决定就是罢掉了与他所痛恨的侄儿武宗沉瀣一气的、大权在握的政治家李德裕的相位。李德裕按惯例逐步降级，越降品级越低，越降越往南方，最后由于仔细地复查了李德裕曾经略有牵涉的司法案件，他遭到了决定性的打击。宣宗以综合调查所得为基础，对李德裕的罪行进行了长而详细的谴责，所以他把李德裕贬谪为最底层的官（南海海南岛上的一个县令），使这位前宰相在850年初死于此地。即令在这样的贬谪以后，令狐绹对李德裕的回忆仍是那么强烈，致使他梦寐难安。③

宣宗罢免了李德裕的相位以后，拥护宣宗的是李德裕从前以铁腕行政方式所制造的许多政敌，当然还有一些牛党的追随者；后者希望看到李德裕和他的主要伙伴完全像牛僧孺和李宗闵从前那样受到羞辱。牛党年轻的成员如诗人白居易的侄子、在846年到851年任宰相的白敏中（约862年死），便在某种程度上煽起了往日的朋党仇恨。

① 《资治通鉴》卷249，第8073页。
② 《东观奏记》卷1，第6页。
③ 《东观奏记》卷2，第14—15页。

617

可是，要认为这个时期牛党在政治上已取得绝对的最后胜利，那也是错误的。首先，朋党双方许多老一代重要成员，在9世纪40年代后期已经死去。另外，更加重要的是宣宗本人正作为全帝国最强大而唯一的政治力量出现，结果是大规模的公开朋党活动普遍减少。虽然宣宗确实恢复了几个牛党的老人的地位，并且宠待他们的几个亲属（包括牛僧孺的儿子），但在高级官员中严格按朋党界限调动职位的情况还是有限的，而且甚至这种现象在9世纪50年代也已消失。没有发生文宗朝廷的那种政体的更替。从此以后，牛李党争只能在文学和历史中听到它的回声了。

宣宗的统治看来可分为三个政治阶段。第一阶段从他登极到约850年，这时显然是要致力于加强他的权力；罢免李党的成员；解决佛教的问题；重新统一西北诸州（它们在吐蕃王国分裂后已投降），后一问题我们在下面将予以申论。白敏中是这时期的7个宰相中唯一任期大约超过了一年的人。第二阶段包括9世纪50年代的大部分；这时期的特点是少数宰相任期较长，其中包括令狐绹和著名的财政官员裴休（787？—860年）。第三阶段是从857年到859年，这时宣宗变得日益躁怒（他也和其他诸帝一样，对道教的长生术感兴趣），宰相的替换也很频繁（其中多数人过去都是翰林学士）。

很难过细地评价宣宗的后两个时期，因为正如我们在上面讲过的，其中的一个原因是史料不足。由于朝廷基本档案被破坏，又由于9世纪最后25年叛乱期间行政解体，当90年代之初最后要求按常规修宣宗实录时，竟不能以正常方式编出"一个字"来。[①] 一位奉命做这一吃力不讨好的工作的历史学家裴庭裕确曾编撰了一本共三卷关于宣宗朝遗闻轶事的书，署名为《东观奏记》。这本书是我们了解宣宗个人品质的主要材料，可是它实际上没有提供有关重大政治问题的情况。它的本纪和这时期少数人物的传记（在10世纪中叶被编成《旧唐书》的一部分）都有这个缺点，特别是关于9世纪50年代更是这样，因为它们通常只列有空空洞洞的官职。《唐会要》和《册府元龟》

---

① 《四库全书总目》卷51，第15页。

这两种非常重要的文献汇编也仓促地漏掉了宣宗后期的条目。所以下面关于 9 世纪 40 年代和 50 年代唐代朝廷的一些论述是假设性的。

大家都强烈地认为，宣宗之治是一个清算和评估过去的时代，也是一个使知识变成可用形式的时代。这时期不论公家或私家的大部头汇编式著作的数目大得惊人，多达一打以上。这和前此几十年对这种著作只是偶尔有兴趣的情况大不相同。在这些官修类书中，有几种是关于中央政府和诸镇材料的摘编，专供皇帝御览。① 此外，杨绍复续编了苏冕的《会要》（853 年奏呈），其中收辑了德宗以后迄至他本人时代的诏令和表章；这本书后来编进了今本《唐会要》中。

历史著作中包括另一部续编书，即《续唐历》（崔龟从 851 年编），它是一部编年史，上接 8 世纪谱系学者柳芳所著的《唐历》止讫的地方。此书是司马光的《资治通鉴》的关键材料的来源。854 年，史馆奏呈文宗朝《实录》40 卷。除之此外，他们还想恢复原版的《宪宗实录》，以代替李德裕影响下编辑的第二版。一种 10 卷本的关于历代君主政务的编年体类书和另一种相关的 300 卷本《统史》，一并在 851 年上呈给皇帝，它们编写的目标是想给皇帝提供从古代到隋末的"所有"著名的诏令、法律和一般政策。

科举制度在姚康的《科第录》中有所讨论，此书在宋代尚存于世，也是后来一些汇编的重要材料来源。赵璘辛勤地从各私家材料中选收了有关咏进士科的诗这一特定题旨的材料。最后，两种很重要的法律著作成书于宣宗年代：一为《大中刑法总要格后敕》（851 年），它使官员们掌握了文宗以来迄至当世的帝国立法；一为 12 卷的《大中刑律统类》，它是按唐律分类法分类的。② 这一书名清单可能并不完全，但它足以有力地体现改进工作的精神。

对于法律的重视也贯彻到了实际中去。人们为进一步明确犯罪行为的定义和使法律程序正规化作了努力。宣宗的总的倾向是要减轻对犯罪的处罚，办法是减少处刑条令和实行赦免；但是如果真有显然是

① 《东观奏记》卷 2，第 12 页；《资治通鉴》卷 248，第 8032—8033 页。
② 《旧唐书》卷 18 下，第 628 页。

蓄意触犯法律的情况，他也是很严厉的。宣宗也鼓励在政府的决定上
更准确地援引先例；许多问题的奏疏通常都要引用早先的立法，特别
要注明它们的日期。[①] 宣宗注重细节而且治理公务井井有条的优点历
来被传统历史学家所广为称道，也至少博得了某些中央政府的官
员——特别是刑部和礼部的官员——的好感。但是，也许是由于宣宗
明确反对李德裕所树立的那种皇帝和强有力的宰相之间的伙伴关系的
榜样，他很难把实权授予任何在名义上负责的大臣。这当然会在实际
上遏制官员们的主动性的发挥。

　　宣宗之治不以采取有革新精神的经济和社会改革措施而见称于
世，虽然有许多问题要着手解决。例如到 9 世纪 50 年代，从长江下
游征集的漕粮大约只有 30％ 事实上送到了北方的廒仓内。汴渠河道
上盗窃和贪污横行，同时漕船因普遍缺乏维修而经常有损失。在 9 世
纪 50 年代之初，盐铁转运使裴休发布一系列法令以扭转漕运形势，
漕粮接收额一度虽高达往日的三倍，可惜毕竟好景不长。同时，尽管
宣宗时代人们曾想改革食盐的专卖，但所产的大部分食盐往往归藩镇
而不是归中央政府所用。长安此时的食盐收益不过略高于宪宗时代收
入的半数而已。[②]

　　至于朝廷政治与第一次群众大规模骚动之间的关系则是一个复杂
的问题，虽然我们对这些年的情况知道得很详细，但仍不能充分了
解。一方面，唐代中央政权，从传统的和表面的观点看，被认为已比
安禄山之乱以后更弱，但它已延续的时间却比人们的看法长得多。圆
仁描述了 9 世纪 40 年代中央控制农村的程度，它表明乡村还是颇为
稳定和繁荣的，甚至在半独立的河北也是这样。[③] 总而言之，县令
（唐代最低一级政权）对地方事务的最小限度的干预一直被容忍到反
王朝的力量明确地要向国家权力挑战之前的 9 世纪 70 年代。另一方
面，唐朝后期的经济和社会继续发生着重大的变化，比如私人手中的

---

① 《旧唐书》卷 18 下，第 627、629 页。
② 崔瑞德：《唐代的财政管理》，第 57—58 页。
③ 赖肖尔：《圆仁游唐记》，第 4—5 章。

大庄园日益发展，同时农民的生活相应地出现混乱。其中有些变化中央政府是故意视而不见，有些变化它又无法理解，在行动上也敷衍了事，无所作为。中央组织机构的固有缺点，在 9 世纪中叶的稳定时期也暴露出来，最初表现为点点星火，即兵变和抗税骚动等等。由于这些事件至少在 9 世纪 50 年代以前相对地说不太经常而且又是孤立的，它们能被长安平定，因此产生了老一套救治办法还有效的错觉。许多带根本性的问题既未诊断出来，也未得到纠正。①

在宣宗统治的末年，武装叛乱纷纷出现于今天的广东、越南北部、江西和湖南，另外还有宣州（安徽）康全泰和浙东（浙江）的裘甫这两次严重的兵变。它们历来被认为是最后直捣唐王朝心脏的王仙芝和黄巢的灾难性叛乱（873—884 年）的先驱。这一时期正是唐王朝的命运开始不受长安控制的时候，我们可以恰当地说，它标志着我们论述的宫廷政治的结束。虽然唐王朝此后名义上存在了大约 40 多年，但 9 世纪末年应该视为五代时期的开始。

9 世纪初期和中叶的对外关系

如前所述，中国人在 8、9 世纪之交在西南的胜利和同南诏结成的反吐蕃联盟的巩固，大大地缓和了吐蕃人对西部边境的压力。此后吐蕃转而攻击回鹘人。吐蕃在 791 年拿下原来属于中国的北庭前哨基地，它便开始想扩大沿它北部边界的势力范围。除了想增加自身的安全以外，吐蕃向北扩张的一个重要目标是渴望至少要控制通过中亚的远程贸易的一部分地段，梦想损害回鹘人和中国人之间的贸易。800 年以后，吐蕃人对现今陕西的中国外围城镇的零星侵犯虽然被唐王朝方面警觉地注视着，但很可能是他们攻击回鹘人这一主要目标的附带行动。不言而喻，回鹘人也很不安。对于吐蕃人干扰他们的贸易和进贡商队，他们的反应是在 813 年在吐鲁番附近举行了一次大反击，但是这次战役没有取得决定性结果。② 后来在 9 世纪头 10 年的后期，

---

① 详见本书下面第十章。
② 《资治通鉴》卷 239，第 7701—7702 页。

这两个亚洲内陆的强国都主动向中国发动外交攻势：回鹘人用第三次请求和亲的办法重申他们与中国人的联盟，吐蕃人则迫切地要求与唐政府缔结策略性的休战条约。

为什么吐蕃适值此时要接近中国，这个道理现在尚不太清楚，一个听起来可信的假定是，宪宗时代的唐王朝内政已很有起色，因此它能够比8世纪后期对外部施加更大的影响。这两个国家早在808年就对各种问题开始进行谈判，人们认为吐蕃新王可黎可足（约815—836年在位）特别希望和平。819—820年吐蕃人大举进攻中国的西北，是针对性地向唐朝皇帝施加压力，以迫使他同意签约。821年双方在长安就一个全面的条约进行谈判，次年在拉萨最后商定初稿。它规定：结束战争状态；停止对对方领土的侵犯行为；制定关于使节履行的规则；调查并遣返在边境附近拘捕的"可疑分子"。①

9世纪20年代西藏的政治史也很动荡不安，其特征是佛教王室与权势藩臣家族之间的斗争——后者的许多家族都拥护土著的苯教。② 毫无疑问，这种削弱力量的内部纷争是使得821—822年的唐蕃会盟在订约之后没有马上破裂的重要原因，而783年的条约却不是这样。整个说来，吐蕃和中国之间的关系在9世纪的20年代和30年代是和平占了上风。大约在840年，吐蕃君权迅速式微，并且随着达磨王之死而不复存在：据西藏和中国史学所述，达磨王是一位凶恶、放荡的"末代昏君"。鉴于他反对佛教的态度，部分情况至少是这样的。诸王子在达磨王死后的继承权斗争中把吐蕃弄得四分五裂。他们已不能再陈兵河西走廊了。吐蕃王国曾经长期成为晚唐历史中的主要外患，此后在东亚的国家关系中已不起重大作用了。

从大约795年到835年，回鹘人的势力正如日中天。他们在这几十年和中国的联盟中受益越来越多，但中国的财政支出却是灾难性的，不堪重负。最初，唐朝商人以丝绸交换回鹘人的马匹，以此作为

---

① 佐藤长：《古代西藏史研究》卷2，第600—604页；李方桂：《公元821—822年唐蕃会盟碑研究》，载《通报》，44. 1—3（1956年），第1—99页。

② 佐藤长：《古代西藏史研究》卷2，第696—699页。

正常的经济交往。但是在 8 世纪后期和 9 世纪初期，中国政府需要大量马匹来对付讨伐藩镇的战争，又因吐蕃人的侵占西北而失去了最好的放养牧场，它只有依赖回鹘人供应马匹。回鹘人利用这种形势，把次等马匹南运到中国，其数量之多大大超过了唐朝的需要。回鹘人对这些马匹索取高价（通常是 40 段丝绸换一匹马），而且隐含报复之意。中国没有其他良策，只好"死的活的都按头计算"，一律照价付清，否则就会使边境被侵犯的风险大为增加。[①] 中国的国家财政在这种重压下受到损害。在几次强制性的马市交易中，多达 50 万段的丝绸因而易手。虽然有些丝绸供应了回鹘宫廷的消费，但大多数丝绸变成了回鹘人的亚洲内陆贸易的津贴。可以预料，许多中国官员非常不满意这样一种情景：长江下游的织绸妇女在织机上辛勤劳动，所产丝绸却被政府支付给了"外夷"。回鹘派来中国的使臣和他们的代理人——摩尼教僧侣和粟特商人——的傲慢无礼态度，更加深了这种屈辱感。

可是，与回鹘的友好关系却是晚唐外交政策取得成功的主要因素。太和公主在 821 年婚配给回鹘可汗，不管这么这多有损于中国人的面子，但总归是结盟的重大象征，而且由于巨大的妆奁和公主本人的高贵身份，这一结盟的重要意义也就更显得突出了。事实上，在与唐王朝交往的外国列强中，只有回鹘人获准婚娶了真正的公主作为可汗的配偶，而且他们也只有三次。其他国家如果也有幸结亲，所娶的则是皇帝的远房女性亲属。[②]

回鹘人和吐蕃人一样，在 9 世纪 30 年代也被内部的权力之争大大削弱。一个甚至更加令人瞩目的巧合是，840 年正当吐蕃作为统一的国家而走向崩溃的时候，黠戛斯也成功地推翻了回鹘帝国。如上所述，李德裕在 843 年曾经驱散了聚居在中国边境的大批回鹘难民。因此，亚洲内陆的国际政治在很短时间内起了很大的变化。在吐蕃和回

---

① 札奇斯钦：《对回鹘马问题的一个看法》，载《食货月刊》，1. 1（1971 年），第 21—28页。
② 《唐会要》卷 6，第 75—78 页。

鹘帝国衰落以后，唐政府才能使自己在北方和西北摆脱广泛的外国的复杂关系——这是王朝建立以来的第一次出现的形势。

经李德裕劝说，武宗做出了下面重大的决定：不去收复中国在东突厥斯坦的安西和北庭殖民地。[①] 李德裕坚持，即令这些边远地区能重新从土著人的手中夺回，在那里再次建筑要塞，由此而来的开销和危险与可能的收益相比，也是得不偿失的。何况北方大草原的新主人黠戛斯已经表示，他们有意与中国共存共荣，甚至可以做中国名义上的藩属，以符合唐王朝意识形态的传统和外交上的礼仪。黠戛斯和唐王朝之间的这种互相克制的态度，实际上使边远的大草原保持了几十年的和平。

对接近中国家门口的地区，中国人从 9 世纪 40 年代初期之后只限于恢复他们原来的西北方面的领土和重建北方边境地区的天然防线。这种方针是采用几种不同的方式实现的，其具体做法则视几个外围地区的具体军事形势和居民人口的构成而定。

西起敦煌东到兰州的河西走廊，在 840 年以后变成了不再效忠于拉萨王的吐蕃各领袖进行激烈武装斗争的舞台。不久，一个名张义潮的中国冒险家纠结了一支自己的军队，他招募的是住在商路沿线各城镇的“中国人”（其中许多人可能是中国—吐蕃—突厥人的混血种）。到了 851 年，他已经把吐蕃的封建领主们驱逐一空。他派遣一名使节到长安自愿向唐王朝归顺，这使得朝廷大受鼓舞。他被授予“归义军”节度使及其领袖的地位。张义潮的彪炳功绩后来使他变成了他的原籍敦煌地区人们崇拜的对象，并且变成了激励人心的尚武歌谣的题材。[②]

位于甘肃东部的原州和泰州等一大批重要城镇陷于吐蕃之手已达约百年之久，现在在 9 世纪 40 年代后期都直接归附了唐王朝。唐王朝的将军们能够不费多大力气就降服了那个地区吐蕃骑兵的残余。

可是，政府在平定长安正北约 300 公里的鄂尔多斯沙漠以南的长

---

① 《旧唐书》卷 174，第 4522—4523 页；《册府元龟》卷 994，第 7—8 页。
② 王重民等编：《敦煌变文集》第 1 卷（北京，1957 年），第 114—120 页。

城边缘地带草原时却遇到了大得多的困难。这里，沿今日宁夏和陕西的交界，住的是唐古特人（党项），这是一个相当大的半游牧部落联盟，源出吐蕃人种。唐古特人在7世纪和8世纪被搞扩张的吐蕃王国赶出了吐蕃东北部（今青海省）的老家。多少年来他们都被三大强国所排挤压迫。最后在9世纪初年，他们定居于长城附近的夏州—银州地区。这个地方很贫瘠，不适于大规模农业生产，但可用来养马，同时也是长安与回鹘首都之间进行贸易的理想地方。唐古特人在政治上从属于唐王朝，他们的所在地被分为若干羁縻府州，归中国任命的节度使管辖。这些节度使（他们大多有中外混合血统）成了9世纪那个地方不稳的根源。他们压迫唐古特人，以谎称的公正价格来骗取唐古特人的马匹和骆驼，用敲诈行商负贩之法来牟取暴利。在9世纪的20年代和30年代，唐古特人不顾严厉的禁令开始用从中国走私出来的武器进行报复。到了武宗时代，唐古特人原来断断续续的袭扰变成了一场真正的叛乱，而且由于唐古特人得到了来自无家可归的回鹘人和吐蕃人的支持，这些袭扰甚至变成了危及长安的潜在根源。宣宗作出和解的姿态，撤换了搞贪污的节度使，但是袭扰并未停止，他于是命令一位前宰相统带一支讨伐大军去惩戒唐古特人。但是，宣宗的方针是派一些可信赖的文职官员到战场上去，希望他们能够把文明的品德灌输给游牧民，所以在军事上没有收效。它花了5年时间，耗费了大量资财，才勉强恢复了平静。唐古特人虽经这次失败，仍很强大。他们的骑兵在反对黄巢的叛乱中助了唐皇室一臂之力，他们的商人在9世纪后期的贸易中更加财源茂盛。到了五代时期，唐古特人挣脱了中国人的控制，建立了一个政权，这便是11世纪和12世纪西夏王国的基础。

中国在安南（今越南北部）的南方殖民地前哨的事务，也和9世纪中叶云南人的国家南诏的有增无已的领土野心互相纠缠在一起。这种相互联系的关系的形成由来已久。唐王朝向岭南道（今广东和广西）以及进一步向河内地区的扩张，是它开国以来就一直追求的目标。这个广大的热带地区被政府分为几个军事辖区，再被细划为若干州，但此举并没有能够防止北方统治者和他们南方臣民之间连续不断的冲突；正像肖孚所指出的，"华人从来未能完全战胜过蛮子"①。安禄山之乱以后，长安的官员们似乎还把这个遥远的南方视为一潭死水，因此他们多半都允许地方官员随心所欲地虐待人民，这种情况与北方的唐古特各地区毫无二致。当土著反叛看来有成功的机会时，唐王朝就派兵去恢复秩序。② 858 年，继几十年不分胜负的小冲突之后，安南爆发了一场大叛乱，它的领袖采取了向南诏求援的空前步骤。

南诏在进入 9 世纪以前本与唐王朝有联盟关系，但它这时已变得强大得多了。南诏各统治者在 9 世纪之初热心地学习了唐王朝的政府和文化的许多特色，最初是在韦皋和其他四川节度使的教化下进行的，因为韦皋等人认为，以中国生活方式的影响来开化这些异域民族乃是传统的责任。例如，南诏显贵的子弟们被派往成都学习，而当他们回去时便把唐朝的行政管理方法带回了他们的故土。可是，这种和平的交往并未持续多久。在 9 世纪 20 年代，四川的中国戍军由于得不到节度使的充分给养而变得不安分起来，他们向南诏的边境部落寻求他们的必需品。不久，南诏的领袖们甚至比他们原来的老师更了解四川防务的优点和弱点。在 829—830 年，南诏多次进攻四川，深入到成都的郊区，扬言要把中国人民从他们自己长官的荼毒下解救出来。他们实际上得到了戍军中兵变的支持。虽然达成了停战协议，而且后来的诸节度使恢复了中国军队的风纪，但唐王朝不能再指望南诏成为恭顺的盟友了。西南边疆地区在后来的几十年内仍然局势紧张。

在这种背景下，唐王朝在安南的殖民地变成了南诏通过红河和黑水流域进行军事冒险的天然目标——这两条河把云南高原的水引入东南的东京湾（北部湾）。安南叛兵和他们的南诏盟友组成的这支联军，在 9 世纪 50 年代之末和 60 年代之初使中国戍军遭受严重的损失；他们在 863 年拿下了交州——设于今河内的行政中心。唐朝一位受人称颂的将军高骈仅在几年之后就战胜了这支大规模的入侵部队。868 年以后这个偏远的南方安静下来了，但是这个和平是花了很高的代价才

---

① E. H. 肖孚：《朱雀：唐代在南方的形象》（伯克利，1967 年），第 61 页。

② 见同上书中之表，第 61—69 页；又见下面第十章。

获得的。[①] 正像上面讲述的那样，唐王朝这时正被许多内部叛乱所困扰，而且不久又经历了由一个名为庞勋的军官所领导的兵变的蹂躏——它严重地扰乱了长江中下游的大部分地区。[②] 另外，王仙芝——黄巢的大叛乱仅在 5 年以后也开始了。

---

① 《旧唐书》卷 746，第 17 页。
② 戴何都：《868—869 年的庞勋动乱》，载《通报》，56（1970 年），第 229—240 页。

第 十 章

唐朝之灭亡

财政问题、乡村的动荡和民众叛乱

只是在884年以后，进入了完全没落时期的唐皇室，才最终放弃了控制全国的尝试。在此以前，它从未真正丧失对任何地区的主权，尽管在若干地区它的实际权力已经很少。甚至那些最顽固的独立地区仍照常采用唐朝的官衔称号，并经常觅取政府在形式上的任命。这样，唐王朝甚至在它已经不能实施政令的地区也继续存在。但是，在"叛乱"地区重建权威必须作出经常的和费用巨大的努力，在外来侵略面前保卫帝国的不可避免的需要，以及甚至在中央政府有效的统治已被严重削弱后仍然需要维持一个庞大的官僚机构的努力，这些都给王朝实际所能支配的财力带来了沉重的压力。这些压力导致了一系列恶性发展，使情况越来越复杂：从780年到820年，为了支持恢复王朝统一的战役，农民身受增税的负担；从820年到860年，出现了不断增加的骚动和地方性的盗匪活动；从860年到875年，受到广泛支持的戍军暴动发生了，他们认真地试图在长江下游建立一个独立的地区政权；从875年到884年，一场大规模的民众起义爆发了。起义者攻陷了唐朝的首都并占据它达两年多时间。王朝如今是真正毁灭了。从884年到907年，一批地区性的政权先后建立了起来，其中有一个地区政权给予了唐王朝以致命的打击。

考虑到这一系列的发展，造成唐王朝没落的大规模起义似乎是不可避免的；9世纪中期见多识广的官僚们已经发觉事态及其根源的严重性，并向皇帝表示了他们的忧虑。许多传统的中国学者，以及当代严肃的历史学家，都从将近一个世纪以前便已开始恶化的经济状况来探索晚唐民众起义的根源。

唐朝后期财政政策的背景

780 年推行的两税法并没有减轻纳税农民的负担。此法将多种赋税负担固定为一年两次的标准课征，废除所有其他名目，放弃专卖税，原意是以此来稳定农民的经济地位。但在两税法实行后其他赋税仍未停止征收。更为严重的是，征收基本税的方法对农民极为不利，因为正式赋税是按货币计算的（尽管征收时不一定是货币），并且计算的标准很高，因为在 780 年发生过严重的通货膨胀。对于农民来说，不幸的是，8 世纪 80 年代开始的严重通货紧缩继续了一个很长的时期，在其末期实际上以实物折付的税额是原来份额的 3—4 倍。没有免过税，也没有按商品重新调整税额。理由很简单，因为政府需要额外的收入来支持德宗（780—805 年）和宪宗（805—820 年）时期进行的范围广大而且花费巨大的国内战争。盐的专卖也几乎立刻被再次采用，成为中央政府收入的一个重要组成部分，它进一步加重了农民的负担。[1]

此外，政府找到了另一种重要财源，即由地方官员以"进献"为名在固定的节庆之日向皇帝内藏库进贡。[2] 这样的贡献在设立两税法以前不久曾被废除，但很快被恢复，并成为更多的非法赋税义务的一个来源，这些"进献"成了政府收入中不可缺少的一部分，地方官员以此来博得皇帝的恩宠，例如有一个最献殷勤的官员每日向宫廷"进献"。像所有其他赋税的来源一样，"进献"最终也是从备受压迫的农民身上榨取的。

以上这些税项和其他临时的开征，再加上普遍的增税，为宪宗重

---

[1]　关于这些财政问题，见堀敏一《黄巢之叛乱——唐末变革期之考察》，《东洋文化研究所纪要》，13（1957 年），第 28—29 页；《资治通鉴》卷 242，第 7799 页。崔瑞德：《唐代的财政管理》（剑桥，1970 年），第 46—47 页；崔瑞德：《安禄山之乱以后的盐务使》，《大亚细亚》（新版），4.1（1954 年），第 70 页以下各页。

[2]　中村裕一对此有卓越的评述，见《唐代内藏库之变化》，《待兼山论丛》，4（1972 年），第 137—168 页；又见曾我部静雄《唐代贡献制度》，36.1—2（1972 年），第 1—32 页。

建中央集权的成功的政策提供了资金。但是他的努力却使政府的财政空虚，他的继承者发现政府必须采取一系列经济紧缩措施，包括大量精简由政府维持的军队。

社会不安和反抗的增长

虽然宪宗的继承者们没有像他统治时那样要支出大量军费，但是，不仅对盐，而且对茶、麹和酒的专卖收入继续增加。[①] 为了逃避赋税而抛弃自己土地的农民不断增多，他们成为乡村地主日益增大的庄园的佃户；这种被庇护的佃户不为政府赋税所扰，从而给政府提出了一系列严重的社会和财政问题。然而，政府并没减少地方的税额，反而干脆采取一种"摊派"或"均摊"政策，即让每个逃亡农民的赋税负担分派在他的同村人身上，这样一种露骨的连坐办法使已经恶化了的事情更加不可收拾。

9世纪的40年代和50年代相对来说是稳定的和平静的。但是有种种迹象表明，政府已陷入严重的经济困难之中。845年武宗灭佛的部分原因是为了解决这些紧迫的财政问题。在宣宗统治时期（847—860年），政府每年平均收入（包括两税和盐、茶、酒专卖在内）为922万缗。但这比通常和平时期岁出尚差整整300万缗，因此，就必须预征以后年份的赋税来弥补亏空。[②] 专卖税继续全面推行，但是弊端和有组织的逃税造成了政府实际收入的下降。

在9世纪前半期，最沉重的租税负担落在富饶而且经济上进步的长江下游地区。结果是极为悲惨的，因为那个如此富饶和安全的地区被压榨到了不堪忍受的程度。这个事态的发展对于唐王朝来说是最严重的。长江下游流域一般是不受外来敌人威胁的"安全"地区，自然资源丰富，特别重要的是这一地区效忠王朝，享受几乎连续不断的长时期和平。在安禄山之乱以后，由于失去了对丰饶的华北平原的控

---

① 堀敏一：《黄巢之叛乱》，第40—41页；丸龟金作：《唐代酒的专卖》，《东洋学报》，40.3（1957年），第66—112页。

② 《新唐书》卷52，第1362—1363页。

制，唐朝政府对长江下游地区的依赖加深了。在宪宗时期，这是唯一照章纳税的地区，而且政府有把握经常从那里榨取到额外的收入。这个地区承受的特别增添的两税份额多于他处。在宣宗统治下东南地区的财政负担进一步加重了。

唐朝政府不断接到警告说，它的政策正在导致东南地区的不满和骚乱。835 年，一件关于将茶林移植到官办场圃中的建议在茶叶生产者中间激起了强烈的反对，有人劝告政府说，强制推行这一计划"止有尽杀使人，入山反耳"。[①] 这一建议于是不得不放弃。在文宗统治（827—840 年）的最初年代里，民间的骚乱已经蔓延开来。831 年，长江中游鄂岳观察使设置一支特殊的武装，为的是攻打活动于他的辖地以内的江上盗匪。842 年，一道大赦诏令表明，在长江地区存在严重的盗贼活动，诏令指示官员们应严密防备。[②] 在 845 年发布的另一件大赦诏令中，将盗贼和活动于整个地区的私盐贩相提并论。[③] 私盐买卖的所得用来供更高一级非法活动使用，用来支持盗贼的活动，许多不堪忍受沉重赋税和遭受剥削的乡村贫民参加了盗贼的队伍。

845 年，杜牧给宰相李德裕写了一封信，详细叙述了活动于长江流域的水陆盗贼的情况，指出他们给居民和在那里经商的商人所带来的恐怖，以及他们的活动给国家收入造成的严重损失。这种股匪通常由百人组成，其中包括许多来自北方的人。来自宣武和武宁（在河南）的盗匪袭击长江下游地区，而来自忠武和淮西的盗贼则活跃于长江中游流域。在掳掠到赃物以后，由于长途运输有危险，他们便等到茶叶收成时假扮商人用抢来的货物换取茶叶；然后他们将茶叶运回故乡，在那里很容易卖掉而不会引起猜疑。这样的盗匪集团的特征在当代的许多传奇和诗歌中有生动的描写，但在正式的官方资料中却很少

---

① 《册府元龟》卷 510，第 10 页。（译者按，"使人"被译作 Population，误。原意指政府派往各地推行此计划的使者。）
② 《全唐文》卷 78，第 4 页。
③ 同上书，第 17—18 页。

能看到。

　　政府制订了严厉的措施，试图抑制盗匪活动和非法贸易。对黑市买卖的惩罚是严厉的，包括处以死刑。走私商人因此相应地将自己武装起来，到9世纪30年代中期已能以武力与政府相对抗。840年，负责征集长江流域赋税的盐铁使在一份奏疏中指出，尽管法令是严格的，但很难实行，部分的是因为走私者和商人以及官办市场（场铺）的官员三者之间有着密切的勾结。① 武装起来并有经济基础维持其活动的"盗匪"，有不断增多的农民加入他们的队伍。但是，赋税"摊派"的政策继续实行，使所有村庄败落，村民或则投靠已有的盗匪集团，或则另立新的山头。

南方戍军起义的爆发

　　尽管长江下游的骚乱和盗匪活动日趋增加，政府仍然尽力在该地区搜刮尽可能多的赋税。858年阴历七月，皇帝的私人随从张潜坚决反对政府以大量国库收入的"羡余"作为估价每年政绩（课绩）以及将来任命长江下游各地节度使的依据。这种"羡余"是上交给皇帝内藏库的，等于在8世纪后期已成为一项正式收入来源的"进贡"的另一种形式。在唐代后期内藏库渐渐变得如此富裕，以至经常要从它那里将资金转移到正式的国库中去。张潜警告说，公开坚持取得这些额外收入必将在两方面引起巨大的动荡不安：一是会引起被削减了饷金的地方戍军的动乱；一是普通百姓会惶惶不可终日，因为他们将被迫承担更重的赋税。

　　事实立即证明张潜是正确的。856年，中国南部经历了一次又一次暴动，几乎一夜之间便从这个国家的最安定地区之一转变成为最富有爆炸性的地区。那一年的阴历四月至七月间长江流域有三次戍军暴动。其他地区也是不安定的。858年安南发生了一次动乱，第二年屯驻在重要的运河沿线的彭城的武宁戍军暴动，彭城多年来是一个孕育不满情绪的中心，这次暴动是那里10年当中的第二次。

---

① 《全唐文》卷967，第8页。

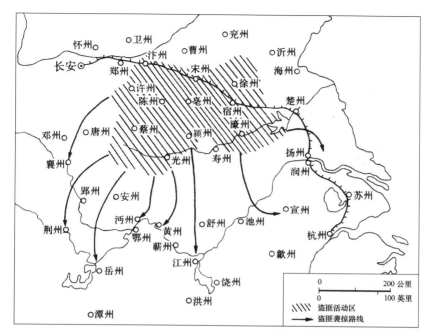

地图 18 9 世纪 30 和 40 年代受盗匪活动影响的地区

成军暴动并不是最危险的因素；以前也发生过，政府有种种行之有效的办法对付它们。但更不祥的兆头却是普遍的社会和经济的动荡不安，因为这些迹象威胁着整个社会结构。政府充分注意到水上和陆上的盗匪问题，但是基本的战略问题使它很难得到长期的解决办法。

唐朝长期奉行的一项政策是在南方只保持小量的军队，因为它不无道理地害怕大量军队可能导致独立并接管该地区的生死攸关的的财源。唐朝的基本战略仍是将它的绝大多数军队集中在京师周围和大运河沿线的重要据点。长江下游地区有几次派驻大量军队均与特殊的危机有关：756—757 年，玄宗之子永王李璘之乱；8 世纪80 年代的几次地方暴动；807 年的李璘之乱。但一旦状况改善，军队立即撤走。在其他情况下，南方的观察使只保留小量的军队用以控制规模不大的骚乱。可是，当 858 年宣州发生以康全泰为首的最严重的叛乱时，军事化的进程再次开始，在此期间政府被迫在邻近的浙西重建镇海军。这是将近 50 年中在该地区建立的第一个节度使职位。

康全泰的叛乱对于历史学家来说是意义特别重大的，因为它揭示了唐代后期地方一级权力结构发展的重要方面。[①] 康全泰本人是地方上的一个微不足道的罪犯，最后在宣歙观察使的幕府中得到一个职位。他的名字与叛乱发生关系仅仅是因为他领导起义是被迫的。真正的煽动者是地方精英人物，即通常所称的形势户，他们和地方当局之间已发展了密切的联系。一个名叫李惟真的富有而又上了年纪的商人买了幕府的一个军职，为的是能免除赋税和法律起诉（影蔽）。为了这样的原因购买地方官职在唐代后期是很普通的事情。李惟真压制地方的贸易，甚至组织平民，可能是让他们充当一种私人武装。另一个煽动者是个地主，他被任命为地方的讨击使。他利用那个职位无耻地大捞好处，当他关闭了水闸门使水流向自己的土地时，130 家的土地因此得不到灌溉。他的儿子公然杀人，虽被监禁但竟免一死。试图释放他这个被囚禁儿子的行动激起了叛乱。这是一种明目张胆的腐化渎职行为，即通过秘密的私下成交能够买到地方军职和广泛的豁免权。当这种豁免权受到威胁时，地方社会上有影响的成员和地方军事势力之间的联系能够很容易地发动一场叛乱，就像此时在宣州发生的把观察使赶走之事那样。在该地区惨遭抢劫，军队纷纷从淮南和浙东调进以后，宣州的秩序才在 858 年末恢复。[②] 成为宣州骚动基础的这个一般模式很难说是唯一的，它清楚地证明了唐代后期地方官员们被迫在腐败的和微妙的环境中活动的情况。当时的政治家确实有充分的理由主张缩减地方军官的数量。

裘甫叛乱

康全泰暴动对于随后在 859 年发生于浙东一带更为严重复杂的叛乱来说不过是序曲。裘甫是一个出身微贱的盗匪头目，他所领导的叛

---

① 关于这次叛乱见松井秀一《唐代后半期的江淮——以江贼及"康全泰、裘甫"的叛乱为中心》，载《史学杂志》，66. 2（1957 年），第 23—24 页。
② 《资治通鉴》卷 249，第 8072、8074 页；《旧唐书》卷 18 下，第 644 页。

乱在唐代后期首次短暂地将大量的农村盗匪团伙融合为一支统一的军事政治力量，将被压迫的农民组成一个战斗集体。[1] 虽然裘甫叛乱在爆发之后一年之内便被镇压下去，但它却为 15 年后发生的黄巢叛乱打下了基础。

裘甫的名字首次出现于 859 年后期，他是作为活动于浙东中部的一个盗匪团伙的头目而被提到的。几个月内，盗匪——他们还不能称为叛乱者——袭击了浙东的大部分地区，从北部的明州直至南部台州的天台山脉。下一年正月，他们向北转移，攻占杭州湾正南的剡县，以此作为他们的指挥部。剡县是浙东观察使理所越州的一部分。当地的地方戍军在四年前曾发生兵变，现在不到 300 人，装备很坏，不可能与数达千人以上的裘甫队伍对抗。政府把该地区全部可用的军队集结在一起，其中包括那些驻守在海边城塞防备日本或新罗经由海上来袭的军队。但是裘甫的将士被证明是优秀的队伍，政府的军队一经接触就被打垮。裘甫胜利的消息迅速传播开来，"于是山海之盗及他道无赖亡命之徒，四面云集"，参加他的队伍。这支组织松散的队伍仍是在裘甫全面领导下的各独立团伙的集合体，此时数量已过 3 万。他的动向成为其他地区团伙注意的焦点。860 年阴历五月，一名谏官向登上皇位不过数月的懿宗解释起义为何发展如此迅速时说："兵兴以来，赋敛无度；所在群盗，半是逃户。"

裘甫的成功使他有信心开始采取步骤控制这一地区。他将 3 万名支持者组成 32 队，并自称天下都知兵马使。为了创造一种正统的气氛，他宣布一个新的统治时期开始，行用铸有"天平"字样的印信。他贮存物资，雇用工匠制造武器，在地方上甚至在中国北方都引起了强烈的恐慌。

政府的最初反应是采用它前一年在康全泰起义时期曾经成功地采

---

① 有关这次叛乱的第二手研究包括王寿南《论晚唐裘甫之乱》，载《国立政治大学学报》，19（1969 年），第 283—308 页；松井秀一：《唐代后半期的江淮地区》，第 94—122 页；堀敏一：《黄巢之叛乱》，第 25—50 页。这些论述基本上都以《资治通鉴》卷 249—250 为据。

取过的措施。它从北部浙西和西边的宣歙派遣支援部队，但是各地军队低落的士气和松弛的纪律使得他们不能成为一个整体，同时他们对于金钱和晋级保证的要求增加了普遍的苦恼。该当得到懦夫之称的该地观察使被召回京师，授予太子宾客的闲职。

860 年的最初几个月是战局前途不明的时期，因为每一方都在筹划自己的战略。唐朝的官员清楚地理解他们在镇压起义的战事中面临的困难。浙江的复杂地形提出了特殊的问题：它的海岸线有无穷尽的海湾和入海口，巡逻困难，而舟山群岛的海上岛屿又能在盗匪需要时为他们提供庇护。攻取这样困难的地区需要一个有经验的军事战略家的全部才能。由于在京师的武将中似乎没有这样的人选，所以决定派遣安南都护王式前去。

王式无疑是当时唐朝最重要的军事将领。[①] 他已在两个方面建立了不容轻视的声誉：在北方，他在晋州（山西中部）的严密防御措施曾保卫京师，使之不受来自内蒙的侵犯；在遥远的南方，他被派去平定 852 年在安南发生的起义。王式现在奉命前往长安讨论如何处理浙东的局势。当皇帝询问他的应付方略时，王式答道："但得兵，贼必可破。"此语表明，一场大战役将是代价高昂的。王式的回答是简单的，也无疑是正确的：如果不能迅速重建对该地区的控制，那么，长期的费用将远远超过任何出征的开支，而且丢失该地区对于整个政府来说将是一个难以估计的挫折，并将使京师官员和士兵的俸禄和军饷都难以为继。皇帝相信这一前景，便指派忠武、义成和淮南各地的军队作为王式的基本队伍。由于知道起义者有骑兵，王式也把数百名吐蕃和回鹘的骑手调到了他的指挥之下，这是这些外族军队首次被用于如此遥远的南方。

在起义者一方，裘甫的一个将领刘暀知道王式用不了 40 天就可到达任所，他便提出了一个占领全部东南地区的大胆计划。首先应攻取浙东首府越州；沿钱塘江建立阻挡政府军前进的堡垒，争取时间招

---

① 王式的传记见《新唐书》卷 167，第 5119—5121 页；《旧唐书》卷 164 第 4282 页中也有简略叙述，附于他父亲王播的传记之后。

集一支船队。然后他们能经浙西用船渡过长江，掠取淮南首府，即该地区最富饶的城市扬州。战利品可以运回浙西，他们能够在浙西等待来自南方其他地区的进一步响应。在此期间，他们的船队能够转向福建。显然，对于裘甫来说这是奢望，他告诉他的那个有才气的战略家说："醉矣，明日议之！"一名参与起义的策划与指挥的地方绅士王辂（他是一名进士）提出了一个远为慎重的计划。王辂极力主张，由于中国当时仍普遍和平安定，实现刘暀的有雄心的计划将是很困难的。他为他的谨慎行动论证说，孙权能够在3世纪时于东南建立吴国只是因为汉朝的中央权力已经全面崩溃。他争辩说，最保险的计划是采取守势，占有若干战略地区，在那里陆耕海渔以自给，而且在必要时可退入海岛。

结果是裘甫不能对这两种计划予以抉择，最后被击溃了，尽管也进行了许多艰苦的战斗。王式不负所望，表现了杰出的战术和组织才能，能应付所有危急事宜。他对他手下那些形形色色的队伍提出严厉的纪律要求，并用极端严酷的办法来惩治违纪行为。他将老百姓组成民兵，并在越州治地宣布戒严。由于了解到起义的迅速发展部分的是农民中间的饥荒引起的，王式便在几个县打开官仓供应粮食。他的由正规步兵和骑兵组成的强大军队，以及几千名新组成的民兵（土团），包围了起义军，而他的水军则切断了起义者向海上撤退的通路。起义军进行激烈的抵抗，甚至他们的妇女也是如此，但终于被击溃。860年阴历六月，裘甫被俘后送往京师，无疑被公开处死。

裘甫起义源自政府的剥削和民众的反抗，但反抗的性质很复杂。它显然不单纯是农民困苦境遇引起的零零星星的爆发。裘甫的支持者包括社会的各个阶级，从地方上受过教育的名流到贫困的农民、无用的人和他自己团伙的成员。基本战略是经过精心考虑过的，起义的领导者们在政治上是精明的，至少有数人受过相当良好的教育。这次起义通常被人引证作为黄巢起义的先驱，也许在某些方面确是如此。但必须指出两次起义之间有着巨大的差异。裘甫起义有一个明确的地理中心，事实上没有证据证明他和他的同伴曾想越出长江下游地区。黄巢则采用一种完全不同的形式，他在把目标转向京师以前，曾率领军队持续数年进行长达数千里的史诗性的进军。与黄巢起义的最初阶段相比，裘甫起义还是有计划和有组织行动的一个典型。如果及早决定按刘䇐的计划行事，裘甫有可能成功，尽管王式显然是个可怕的对手。也许还值得注意的是，在裘甫起义被镇压之后不到 30 年，晚唐的第一个独立国家建立于浙江，以罗平（长江下游的圣鸟）为名，而裘甫就曾以此为年号。该政权至少和黄巢起义一样，也与裘甫起义有着一种真正的历史联系。

边境问题：四川和安南

在长江流域发生动乱的同时，唐朝在它将近 2000 英里之外的西南边境上面临着来自南诏扩张主义政权的严重威胁。南诏的基地在大理平原，正处于云南西部湄公河上游之东。此地海拔 7000 英尺，东西由高达 14000 英尺的险峻山岭保护着，南北则是很容易防守的峡谷通道，它的地形几乎是坚不可摧的。这个平原极其富饶，它与洱海相接，洱海范围不大，长只有 30 英里，宽不超过 3 英里。从汉朝以前起，这个地区为处于文化发展先进阶段的非汉族建立国家所占据。[①]在唐代，它的人口必已相当可观。

7 世纪末，来自新统一的富有侵略性的吐蕃王国的压力促使地方的首领们臣服于中国，作为唐朝的藩属，这些集团之一在 8 世纪的三四十年代实现了对其他集团的统治，并迅速建成组织良好的南诏国。8 世纪 50 年代初，唐朝试图征服该地区，但未成功。8 世纪的后半期南诏与吐蕃联盟，在 794 年以前对唐朝边境构成严重威胁；794 年，它被说服恢复了对中国的臣属地位，这种关系名义上维持到 9 世纪的50 年代。然而，在 9 世纪初，南诏已开始了一个积极扩张的时期。

[①] 关于南诏人的种族识别问题曾经有过严肃的争论。尽管有人主张他们是傣人的祖先，但新近学者已证明，他们之间的关系仅比对藏—缅民族稍为密切罢了。见 F. W. 莫特《有关傣人史前诸问题》，载《社会科学评论》（曼谷），2. 2（1964 年），第 100—109页；许云樵：《南诏是一个傣王国吗?》，《东南亚研究》，4（1968 年），第 13—23 页。迈克尔·布莱克默在《与南诏有关的人种学问题》一文中，有说服力地反对将南诏民族与任何现代人各集团等同起来的尝试。此文载雷德里克·德雷克编《关于华南、东南亚和香港地区历史、考古和语言研究论集》（香港，1967 年），第 58—69 页。

800 年，它迫使上缅甸的骠国臣服于己，832 年攻下了位于伊洛瓦底江下游的都城舍利佛城。它还开始对最邻近的汉人居地四川发动侵略。

四川在 9 世纪上半期反复遭受外来的袭击，首先是吐蕃，然后是南诏。829 年，地区的首府成都被洗掠，大片土地沦于荒芜。袭击的迅速和规模使唐朝震惊，包括一支京师主力部队在内的军队从中国中部和北部移驻那里，用以防止训练很差而且不忠诚的地方戍军放弃整个地区。在此以后，李德裕加强了地方的防御，云南和四川之间的边境在随后 30 年内仍保持稳定。

南诏对四川的攻势受阻，并被北方吐蕃的威力所慑，便开始对南方虎视眈眈，它不但进入缅国，而且也指向东南的中国安南和岭南地区，虽然它们之间阻隔着崇山峻岭。尽管交通困难，南诏仍能调动大量军队进攻安南，给唐朝提出了一个严重的问题。在四川，朝廷关心的是可能失去一个与朝廷有密切政治联系的富饶地区。在安南，关心的性质则全然不同，它更多是为了威信，特别是贸易，因为南部港口是通过繁荣的海岸贸易而和长江下游港口联系起来的国际海运贸易的中心。中国对经过中亚通往西方的陆上交通的控制仍很不稳定，朝廷对丧失南方的任何可能性都不得不予以认真考虑。主要忧虑是对海路贸易的最大中心广州可能出现的威胁。

846 年，有记载说安南出现了一些小规模的部落的袭击，袭击根源在于南诏。9 世纪 50 年代中期以后，地方的骚乱日益严重，这主要是中国官员剥削和苛待土著居民造成的。其结果是安南人积极寻求南诏的帮助，而南诏立即开始对该地区发动大规模的袭击。

859 年，南诏形式上对中国的依附显然已告终结。当时一名中国使节被派去传达宣宗去世的消息，南诏对待他的态度表明，它已不再愿意与中国处于不平等的地位。当使节要求为逝世的中国皇帝举哀时，南诏回答道，它最近也失去一位统治者，但中国并未因此举哀。在故意怠慢中国使节之后，它便把他打发回长安。紧接着，南诏统治者自称大理国皇帝。

南诏的侵略开始时，中国在南方的防御极差。858 年，在岭南发生了一次成功的戍军起义，并有再次发生的危险。然而，眼下主要令人忧虑的是更南面的安南。政府任命王式为安南都护（这个任命在上述王式被派往浙江以前）。王式在安南的短暂任职期间是完全成功的，他至少暂时控制了局面。他在地区首府交州（今河内）的设防证明是令人生畏的，致使南诏侵略者"一夕引去"。然而，在王式被调去浙江处理裘甫起义之后，南诏对安南的攻击取得较多的成功；861年，侵略者最后拿下了交州，但愚蠢地未予设防。下一年，中国军队重新收回交州，但在此过程中战斗的规模令人不安地升级了。

在唐朝最后但非决定性地平定它的南部边境以前，它和南诏之间继续了数年之久的大规模战斗已消耗了大量的金钱和人力。862年，从中国中部和北部的八个最大藩镇中选出 3 万军队前往南方轮戍。这些军队由曾经防守北方边境的富有经验的湖南观察使蔡袭统率。

南诏在这一年年终发起了另一次大攻势，该地区的大规模战事通常限于冬天进行，因为此时炎热的天气较能忍受：它派遣了 5 万军队深入安南。下一年（863 年）初，他们又一次攻下交州，迫使中国人撤回今之广西。这次出征的南诏军队中包括许多从它的臣属骠国征募来的战士。中国人继续从更加遥远的地区征调军队前去增援。[①]

唐朝在安南的作战和在岭南建立牢固的防御耗费很大，但最后是成功的，尽管在 9 世纪 60 年代初有过失败。当高骈在 864 年被指定统率在安南的中国军队时，转折点来到了。像他以前的王式和蔡袭一样，高骈在防守中国北部边境方面已有相当多的经验。866 年，他获得一场对南诏军队的巨大胜利，重新攻克交州并在它周围建造了一道大城墙。866 年以后，南方边境相对平静，尽管在 9 世纪 80 年代前唐朝戍军数量不可能很大，而且屡因逃亡和兵变而遭到削弱。南诏在安南遭到挫折，便转而进攻四川，直至 9 世纪 70 年代中期高骈接管四川的防务时为止；和在安南一样，他在那里的作为证明也是有效的。875 年以后，南诏不再是中国领土的严重威胁。880 年，在朝廷

---

① 《资治通鉴》卷 250，第 8101—8109 页；《旧唐书》卷 19 上，第 656 页。

中进行了一场针锋相对的激烈辩论以后，唐朝决定与南诏联姻，尽管此事从未真正实行。[1]

庞勋叛乱

唐朝和南诏之间近 10 年的战斗使中国人在几个方面都花了很大的代价。人员伤亡是很明显的。但是经济的花费也很巨大，因为南方军队要求内地藩镇经常增援和需要守卫边境的大量物资。鉴于严重的经济压力和社会骚乱已使政府处于困境，对于人力和物资不断增加的要求在形势日趋恶化的时候是无法满足的。

对岭南和安南军队的供应首先要通过国内路线运输，主要经由灵渠输送。[2] 但是很快便发现这些国内路线是不够的，862 年，政府接受建议，改由海道向安南运输给养。对于南方租赋握有大权的盐铁使在长江地区包租船只，将物资运往南方。所需谷物从已经遭受严重经济苦难的淮河和长江下游各地征收，有些还征自较远的北方沿大运河边的河南地区。

这些较北的地区比起江淮地区来当然更为贫困，那里不但遭受沉重的赋税之苦，而且容易发生破坏性的自然灾害。858 年秋天，严重的水灾遍及整个大平原；大运河沿岸人口众多的徐州和泗州被洪水淹没，数万户家庭被毁。862 年夏，淮南和河南的许多地方发生旱灾和蝗灾，其结果是普遍的饥荒。然而，正是在那一年，运往南方的人力和物资主要是从这些地区征用的。下一年又发生了一次黄河大水灾，波及从洛阳到淮河地区的泗州之间成千上万平方英里的广大地区。[3]这些自然灾害加上不合时宜地征发供应南方军队的粮食，无疑导致人民的普遍困苦和社会大规模的动荡不安。

从这些地区派往南方的戍军造成了 9 世纪 60 年代最严重的暴

---

① 关于这个问题的朝内辩论，见《资治通鉴》卷 253，第 8204—8205、8227—8228 页。关于唐与南诏关系的一般论述，见芮逸夫：《南诏史》，收于凌纯声等编《边疆文化论集》卷 3（台北，1963 年），第 358—386 页。

② 肖孚：《朱雀：唐代在南方的形象》（伯克利，1967 年），第 27 页。

③ 关于这些自然灾害，见《资治通鉴》卷 249，第 8072 页；《册府元龟》卷 498，第 26 页；《旧唐书》卷 19 上，第 654 页。

动——庞勋叛乱。① 虽然起义发生于遥远的岭南，但它的根源在武宁，这是一个紧要的战略地区，位于今天的山东、河南、江苏和安徽交界处。汴渠是长安取得迫切需要的长江下游流域财富的生命线，它朝东南流经武宁。为了保卫这条供应线，此地由重兵戍守。

从 9 世纪初开始，那里的戍军已经周期性地发生兵变。政府经常设法恢复秩序并先后指派几个武宁的节度使，但是他们对地方戍军的权威是不可靠的。在 9 世纪整个上半期，武宁仍是一个有问题的地区。

武宁在 849 年、859 年和 862 年阴历七月发生一次次新的戍军暴动。政府决定，唯一可行的途径是使该地完全非军事化，并置于观察使管理之下。862 年由于动员了 2000 名士兵前往岭南戍边，当地戍军已经减少，留下的军队起来闹事，似乎可能是他们之中有那么多人被遣往南方的决定引起的。为了镇压兵变，政府派去了它的最强有力的统帅王式（他在扑灭裘甫起义后二年仍驻在浙江）。当带着镇压裘甫的令人生畏的军队进入武宁治地彭城以后，他立即采取严酷的手段，将大批戍军处死，并将其余的人解散。863 年阴历四月，一道诏旨命令将彭城变成"文都"，并将它置于北边的兖州管辖之下。

但是事情远未解决，它只是产生了新的更加麻烦的问题，从城市逃亡或被遣散的城市士兵成为盗匪，使周围的地区感到恐怖。下一年，即 864 年，朝廷在该地区宣布大赦，并允许所有愿意重新入伍的前军人前往岭南服兵役，然后可能转到北方的正规军中。但计划是去重建武宁军，还是把军队驻屯他处，则不得而知。事实是有 3000 人投降，并被送往南方，和两年前遣送去的 2000 名武宁军士兵会合。认为麻烦将会因此而结束的任何愿望证明是过于乐观的。868 年，即在和南诏的敌对行动结束之后两年，关于 862 年来自武宁军的部队应

---

① 关于这些叛乱的最好论述是：谷川道雄：《关于庞勋之乱》，载《名古屋大学文学部研究论集》，11（史学 4），第 27—42 页；堀敏一：《黄巢之叛乱》，第 50—53 页；戴何都：《庞勋叛乱》，载《通报》，56（1970 年），第 229—240 页。庞勋在正史中无传，但他的叛乱在康承训传中有充分叙述，见《新唐书》卷 148，第 4773—4779 页。

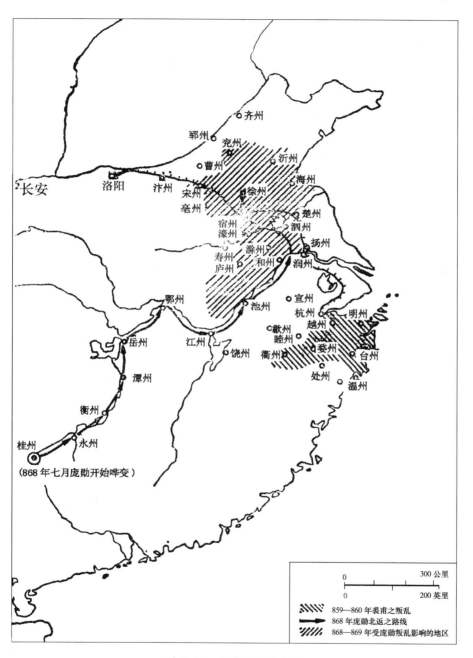

齐州

郓州
兖州
曹州
沂州
长安　　洛阳　汴州
宋州　　海州
亳州　徐州
楚州
宿州　泗州
濠州　　　扬州
滁州
寿州　和州　润州
庐州

鄂州　　　　　宣州　明州
池州　杭州
歙州　越州
江州　　睦州　婺州
岳州　　饶州　衢州　台州
潭州　　　　处州
衡州　　　　温州

桂州　永州
（868 年七月庞勋开始哗变）

| | 0 | | | 300 公里 |
| | 0 | | 200 英里 |

⫽⫽⫽ 859—860 年裘甫之叛乱
→ 868 年庞勋北返之路线
⫻⫻⫻ 868—869 年受庞勋叛乱影响的地区

地图 19　裘甫和庞勋之乱

643

在三年服役期满后北返的诺言又没有兑现。据说这是因为官府没有足够的钱将士兵们遣返回乡。868 年阳历七月，屯驻桂管（岭南西北）的 800 名武宁军士兵在他们的粮料判官庞勋领导下哗变，开始回军北返。①

朝廷决定对此次暴动予以赦免，允许士兵们在护送下返回家乡，但条件是他们应在湖南放下武器。士兵们已经照办，但他们怀疑朝廷的赦免可能只是一种使他们丧失警惕的诡计，还怀疑朝廷将在他们返回武宁途中加以袭击，或在转回途中将他们处死，因此他们采取措施重新武装起来。他们乘船航行到长江口，进入淮南，当时该地归节度使令狐绹管辖。令狐绹的属官们力劝他粉碎庞勋一伙，他们认为这是相当容易的。但是令狐绹拒绝采取任何行动，只要庞勋不在“长淮以南”引起麻烦，对于其他地方发生什么事情他毫不在乎。他宣称：“余非吾事也。”他派遣使者前去庞勋处试图安抚造反者，甚至供给他们食物。令狐绹让庞勋团伙和平通过他的辖地的决定受到了后来若干中国历史学家的严厉批评，他们认为此事就一位前宰相来说是不可理解的玩忽职守。② 但是，在长江下游和淮河流域普遍存在着不安和紧张局势，同时鉴于令狐绹自己和朝廷的紧张关系，他的决定似乎是完全可以理解的。

庞勋在 868 年阴历九月进入武宁，从以前的戍军袍泽中寻求支持，未遇到什么抗拒。他们的队伍立刻超过 1000 人，但直到此时这仍是一次纯粹的军队暴动。庞勋要求撤换一批他们憎恨的军官，并以 822 年王智兴在武宁叛乱的先例为自己的行动辩解；王氏的叛乱开始了该地的周期性动乱。观察使拒绝撤换军官，一切军事对抗随之而来。阴历十月，庞勋拿下了宿州城，他的人马在那里大肆劫掠。数千名当地农民参加了叛军。当庞勋抵达武宁治地徐州时，住在城外的农民烧掉了城门。叛军俘获了观察使，杀死了他们憎恨的军官。庞勋进入徐州之后开始获得大批追随者，支持他的人来自广大地区。参加他

---

① 《资治通鉴》卷 251，第 8120—8121 页。

② 最坦率的批评见孙甫《唐史论断》第 3 卷（丛书集成本，上海，1937 年），第 65 页。

的队伍的人有今天的山东以及淮西、淮南和往南远到浙江的盗匪，还有当地的农民以及一些受过教育的绅士。一名地方名流从邻近地区带着自己的 3000 人前来投奔，庞勋名之为"义军"。①

战斗延及十余州，北至山东，南到淮南。尽管这时已有普遍起义的真正可能性，但庞勋仍用比较克制的和传统的方式来考虑问题，他仅仅希望由于他的胜利而被任命为武宁节度使。即使是为了实现这样有限的目的，他仍必须迫使更多的人参加他的军队，并征用地方绅士和商人的财产，而在此过程中经常发生重大暴行。此外，他的士兵毫无纪律可言，一旦唐朝军队对他发动强有力的攻势，农民们很快便抛弃了起义者，随后离开的是庞勋自己的属官和支持他的绅士。

在经过一年的战斗以后，庞勋叛乱在 869 年阴历九月最后被镇压下去。镇压起义者的战役的一个重要特征是政府依赖外族军队支持的程度。唐军统帅康承训要求并得到皇帝允许，从吐谷浑、达靼、契丹和沙陀突厥三部落招募外族军队。外族的领袖们还被授予重要的指挥权：提供 3000 骑的沙陀首领朱邪赤心还指挥中国十镇所提供的讨伐军。在这场战争中沙陀突厥扮演了一个特殊重要的角色，甚至一度救出陷入叛军包围之中的唐朝统帅。在叛乱平定之后，朱邪赤心得到赐姓名为李国昌的荣誉。② 他的儿子李克用后来在黄巢造反时拯救了唐朝，并进而建立了后唐王朝。

与南方的裘甫起义相比，庞勋叛乱更像是黄巢起义的真正先驱者。由于它是一次始于中国遥远南方的戍军发难的暴动，所以不那么有名。然而，最后导致唐朝崩溃的许多潜在问题和力量在庞勋叛乱中变得很明显，并以更严重的方式很快在王仙芝和黄巢领导的大规模叛乱中重新表现出来。

---

① 《资治通鉴》卷 253，第 8123—8144 页。
② 关于使用外族军队镇压叛乱的情况，见加布里埃拉·莫莱《从北魏到五代的吐谷浑》（罗马，1970 年），第 194 页；刘揆黎：《唐代藩镇之祸可谓第三次异族乱华》，载《国立武汉大学文哲季刊》，1.1（1930 年），第 851—852 页。

懿宗(859—873 年在位)
统治时期的朝政

　　859 年，宣宗在这些阴暗的事件当中死去。这被普遍认为是唐王朝的巨大不幸，因为宣宗尽管偶尔表现出严酷和褊狭，但是他聪明，处事公正，乐于接受臣僚的劝告，能够自我克制，而且生活节俭，因而获得了广泛的声誉。朝廷中许多人认为——特别是在回顾他当政时——他是一个伟大的皇帝，几乎是太宗第二；还认为他是可能从困扰中国的种种问题中拯救唐王朝的一个人。

　　他在 49 岁早死，是由于服用他周围道士们以矿物炼成的丹石中毒所致。他是 40 年中因丹石致死的第四个皇帝。他的死是突然的和没有料到的；特别不幸的是，由于他没有明确指定一个继承人，继承问题悬而未决。

　　造成上述情况的原因在于宣宗的个人性格，以及他和自己家庭之间复杂的甚至敌对的关系。他是一个私生子，为皇亲们所轻视，他的父亲宪宗曾不让他住在宫禁，而强迫他住在"十六宅"，这是宫中大批年幼的皇族和恩宠较疏的皇子们的混合居所。[①] 他继承皇位的希望渺茫，因为在他登上皇位前已有一个异母兄长和三个侄子当上了皇帝。在不引人注目的漫长岁月里，他和第一个妻子结婚，她出身普通家庭，姓晁，生下了郓王李温和一个女儿。当他登上皇位以后，他将女儿嫁给有影响的郑氏的一个成员，并特别告诫她不许干预政务，以免重蹈中宗朝太平公主和安乐公主的覆辙。

　　他的诸妻中没有一个被正式指定为皇后，他显然拒绝指定嗣君，尽管大臣们为此进言，催他急办。他的理由是，他担心指定嗣君后自己将"为闲人"——意为被排挤出权力之外。在 12 个儿子中，长子李温最不受宠，也被迫住在"十六宅"，就像宣宗年轻时的处境那样。

　　当接近生命终了时，他因服用由身边的道教术士制造的丹石而长

―――――――――

① 《资治通鉴》卷 249，第 8075 页。

期患病。859 年阴历八月，他感到病情严重，便留在宫中不与大臣们接触，由御医和那些主要造成他这种状况的道士照顾，只有宫中的宦官能接近他。

9 世纪上半期，宦官们已能左右皇位继承。懿宗以前的五位皇帝中已有四人为宦官所拥立，至少一人，也可能有二人，被他们谋害。随着宣宗之死，敌对的宦官集团再次试图策划把他们各自的候选人推上宝座。

在临死前，宣宗最信任的一个宦官三人小集团声称，皇帝曾交给他们一份密诏，指定最宠爱的第三子夔王应继承皇位。这几个宦官害怕朝廷中的官员和另一位著名的宦官神策将军王宗实反对夔王，因为他们一伙与王宗实之间长期以来一直不和。宣宗死讯宣布以前他们带着敕旨从宫中露面，指派王宗实为淮南监军使；淮南虽是一个重镇，但却远离京师。

王宗实是在宫外接到勅旨的，同时还被禁止进入停放宣宗灵榇的内廷。但是这种临终的旨意自然会令人怀疑。宣宗的状况是众所周知的，大臣们对稍过十年前武宗临死时在同样环境里的荒谬的和无法预言的行为记忆犹新。因此，王宗实认为见不到皇帝他无法了解这一任命是否属实。他秘密地进入宫内，发现了事实的真相。三名试图拥立夔王的宦官被处死。大行皇帝的长子李温很快被召来，虽则他的父亲已死，仍被正式立为嗣君，准备立即登基。当时他 26 岁，缺乏政事经验，一位受尊敬的年高望重的大臣令狐绹——他并未参与嗣君的选立——被指定为摄冢宰。[①]

这次皇位继承简直可以说是不吉利的。懿宗借以登上皇位的"遗诏"的可靠性非常值得怀疑，甚至有人认为他不是宣宗的真正儿子。[②] 他个人的权力从一开始就是不牢靠的。况且他所管理的政府既分裂又派系林立。没有一个人能认真断言懿宗是一个杰出的皇帝。他为人反复无常而又任性残忍，并且变得穷奢极侈，昏庸无道。但如上

① 《唐大诏令集》卷 12，第 72 页。
② 吕思勉：《隋唐五代史》卷 1（上海，1959 年），第 449 页。

所述，他继承了大量难以处理的问题。

其中相当重要的一个问题是朝廷中的政治局面。他继承下来的一个长期存在的问题是外廷和内廷之间剧烈的对立；外廷是正规的职官，内廷是皇帝个人的侍从，以及宫中人员和宦官。官僚们的仇视和猜疑集中在宦官身上。从 8 世纪后期开始，他们被安排担任一系列官职。① 他们不但照料皇帝的宫殿、苑囿和财产，而且管理驿传、馆舍和都城的佛教机构。更重要的是他们作为皇帝的秘书（枢密使）已在宫中负有审议的责任，而且掌管着皇帝私人的内库。他们充当各地的监军使和沟通皇帝与封疆大吏之间的关系的角色。但他们最重要的权力在于控制神策军，它不但是皇帝的亲军，而且是由中央政府直辖的主要军队。②

如同我们在嗣位一事中所看到的那样，他们是分为集团的，但政府中真正紧张的局面在于外廷官员们对他们的敌视和猜疑。一个不受重视的皇子被一个宦官集团抬到皇位上，他不可能顺利地得到他的朝臣们的效忠，在统治的第一年懿宗面临朝中大臣们相当顽强的抵制。为了试图解决这种局面，确保最上层大臣们的公开支持，861 年阴历二月，三名最重要的非武职宦官来到宰相们议政的中书省，交给他们的发言人杜悰一件诏令，要求这些在宣宗病危时（将近 18 个月以前）任宰相的人们编造一份回溯日期的奏疏，其内容是在他父亲生病时曾请求郓王（懿宗即位前的封号）监国。这样将公开表明，嗣位不但是由于宦官，而且还得到最上层官员们的赞同。任何拒不签署的人将要承受严重的后果。年迈的杜悰告诉宦官代表说，在新朝伊始、万方欢欣的时刻，这样一道诏令是不合适的。他还说，宦官枢密使与宰相宜

---

① 关于唐代后期宦官职责的扩大和宦官力量的成长的全面评述，见矢野主税：《唐代宦官权势获得因由考》，载《史学杂志》，63.10（1954 年），第 920—934 页；横山裕男：《唐之官僚制和宦官——中世近代政治的结束序说》，载中国中世史研究会编《中国中世史研究——六朝隋唐的时代和文化》（东京，1970 年），第 417—442 页；王寿南：《唐代宦官权势之研究》（台北，1971 年）。

② 见小畑龙雄《神策军的成立》，《东洋史研究》，18.2（1959 年），第 151—167 页；《神策军的发展》，载《田村博士颂寿东洋史论丛》（京都，1968 年），第 205—220 页。

于"共参国政"。诏令立即作废，当懿宗上朝遇见大臣时，他"色甚悦"。① 这件事使人感到对新政权的反抗是如此的强大，以致必须取得官员们支持的正式表态。回溯性的奏疏将使懿宗的嗣位打上由宰臣们认可的印记，如果以前的宰相们拒绝签署，就会激起一场较大的政治危机。杜悰的答复以一种比较微妙的方式达到了预期的结果。通过把懿宗嗣位说成是"万方欣戴"，他清楚地表达了对既成事实的承认，通过阐明宰相和枢密使应共同治国，他公开承认宦官们在政府中的明显的政治作用。

杜悰从来不是一个处于支配地位的政治人物，尽管他在武宗统治（841—847 年）后期曾短期担任过宰相。可是他是以一种独特的地位充当官僚们的发言人的。他是一位无可争辩的年长的政治家，曾为懿宗以前的六个皇帝效劳，享有正直的声誉。他还是宪宗时期享有巨大威望的宰相杜佑之孙，并和宪宗宠爱的孙女结了婚。

杜悰从他长期的经验中清楚地觉察到问题的症结所在，他谨慎和及时地支持新政权的姿态避免了一场危机，还可能防止了类似 835 年甘露事件那样的一场大屠杀。但是他公开承认宦官们在政府中的地位，这对于其他官员们来说是难以忍受的，并且引起了强烈的不满。半个世纪以前，宪宗自夸他自己能除去最有权势的宦官吐突承璀，（他曾协助宪宗登上皇位）"轻如一毛耳"。② 在此后的几代君主治下，尽管宦官势力稳定地增长，大臣们仍然坚持在政策的决定和实施上有最高的权力。重要的是，如李德裕在 845 年所提出的那样，政府的一切政策应"政出一门"，即出自宰相府。③ 但是，时至 9 世纪 60 年代初期宦官们已能公然侵犯被加意防卫的宰臣的职责，此后的高级宦官能够傲慢地称呼自己为"定策国老"了。不久，四名首要的宦官顾问和执行官——即二枢密使和二宣徽使——被称为四相，鉴于宰辅的数

---

① 《资治通鉴》卷 250，第 8092—8093 页；杜悰的传记见《旧唐书》卷 147，第 3984—3985 页；《新唐书》卷 166，第 5090—5092 页。
② 《资治通鉴》卷 238，第 7686 页。
③ 见前第九章。

目长期限于四人，这实际上是公开宣告他们新的权势与外廷相等。[1]

宦官与官僚们之间的关系在整个懿宗统治时期一直处于敌对状态，虽则双方偶尔能一致行动来阻止不是出于他们某一集团之中的一个皇帝宠臣的上升。但是他们之间仇视和猜疑的加强有时导致悲剧性的和异乎寻常的结果，如建州（福建）的叶京的事例。9 世纪 60 年代初期某时叶京在一次由节度使举行的宴会上遇到宣武军的宦官监军使。叶京后来中进士第，他和同年外出时在长安街道上遇到了这名宦官。他们二人仅在马背上相互致意，但是普通的问候已足以败坏叶的声誉，并毁了他的前程。[2] 在 9 世纪 60 年代发生于叶京身上的事情在半个世纪以前是不会出现的，当时出名的学者官僚如韩愈和元稹与他们时代重要的宦官之间保持热烈的关系，却没有对他们的前程造成任何损害。

在懿宗统治时担任高位的外廷官员乍一看似乎是一个高级贵族集团。他在位期间 20 名宰相中的 15 人或是据说是"名族"的成员，一人出身"公卿"之家；三人属于地区"士族"，只有一人是寒族出身，不过他看起来也像是出身于有一定地位的家庭。[3] 20 人中的 18 人是通过科举进入官场的，但是这不足以说明他们的社会地位，因为到这时有关的新进之士和原来的精英成员二者同样倾向于应科举考试来使他们得到威望。

但是，对懿宗时期的宰相作了仔细的研究之后表明，最初的印象，即有一个数目很小而排他的氏族集团控制着政府最高层，是错误的。事实上，在懿宗的朝廷中似乎有一条基本的政策，即宣宗朝的有影响的家庭或有势力的官僚集团都不应继续掌权。懿宗的宰相们不管如何自夸门第，几乎都只有有限的政治联系。许多人来自中央政府新

① 《资治通鉴》卷 263，第 8597 页；孙光宪：《北梦琐言》（重印裨海本，台北，1965 年）卷 6，第 10 页。
② 《资治通鉴》卷 250，第 8093—8094 页。
③ 这些分类是以孙国栋所定的集团为基础，见他的《唐宋之际社会门第之消荣——唐宋之际社会研究之一》，载《新亚学报》，4.1（1959 年），第 213—218 页，和他的图表，第 280 页以下诸页。

提拔的家族——他的 20 名宰相中，6 个人的氏族里面只有他们当了宰相；① 另外 6 人声称是隋朝和唐初的大官后裔，但都出身于久已丧失任何重要政治势力的家族，② 其他人则几乎无例外地虽然出身于高门，但却是政治上无足轻重的支系。③ 氏族的组织和凝聚力在唐代是相对地削弱了，一个名门中的微贱族人很难期望从他们疏远的亲属那里得到支持。这样就提供了一种可能，即起用著名门第的成员，而不使用任何能够有力地反对皇帝或皇族官僚的权力的人。那些在唐王朝以前各代的最高层官僚中占有很高比例的豪门大族，其成员在懿宗的朝廷中几乎完全被排除在高级官僚之外。

山东旧族如博陵和清河崔氏、荥阳的郑氏、范阳的卢氏和赵郡的李氏，在懿宗朝没有一人当上宰相；闻喜（山西）裴氏也无一人拜相，这个氏族比起其他氏族来与唐朝的关系也许更为密切。这种情况究竟是体现了皇帝深思熟虑的排斥政策，还是傲慢的贵族拒绝为可疑的政权服务，还难以断言。这两种因素无疑都起了一些作用。总之，其结果是和宣宗朝缺少政治上的连续性，这便对施政产生了有害的结果。

懿宗将不顺从的官员调出京师的决定是清楚明白的。如此鬼鬼祟祟地嗣位的新皇帝在即位之初采取了坚决的措施来巩固他的统治。他立即罢黜了宣宗朝宰相萧邺的职务，萧是一个平庸的人，出自南朝梁（502—557 年）皇族的一个政治上默默无闻的支系。代替萧邺的是杜审权，他是穆宗朝（821—825 年）一位宰相的侄子，他已在政府中任职几十年，并在宣宗朝占据高位。他的任命有助于官僚们承认懿宗的统治。另外，懿宗暂时仍让令狐绹任宰相，他任此职已近 10 年。

一旦令狐绹协助完成了向新政权的过渡，他的调动就势在必行了。令狐绹在懿宗嗣位过程中没有起作用，而且他和宣宗政权的利害实在太一致了。几个月之内他就被派到外地任节度使。令狐绹的罢免在某些地区可能是得人心的，他在宣宗朝任宰相的 10 年中与他的贪

---

① 他们是夏侯孜、蒋伸、毕諴、曹确、路岩和白敏中。
② 他们是令狐绹、杜审权、杨收、高璩、徐商和于悰。
③ 例如萧邺、萧寘、刘瞻、刘邺和赵隐。

651

污腐化的儿子令狐滈一样，激起了人们相当深的仇恨。但是他被罢免的原因几乎肯定地与宣宗统治晚期的一个由皇帝授意的清除宦官的计划有牵连。这个密谋的发现加深了大臣们与宦官之间的猜疑，控制懿宗的宦官们有一切理由不让令狐绹继续留任，因为他曾一度在此职位上实行他的计划。

令狐绹罢职以后，他的旧政敌白敏中被重新任命为宰相，白敏中是宣宗时期第一位重要的宰相（从847年到851年），他的重新任命显然是为了博得他对新政权的支持和利用他的影响。这时白已经老朽不堪，不会构成任何真正的危险，但当他不愿表示与新政权合作时，他也于861年阴历二月被免职。他为顺从的杜悰所取代，后者立即作出皇帝及其宦官支持者们所追求的极其重要的让步。

白敏中罢相后数年中，朝廷先后由一些懦弱的人物领导，他们唯一共同的特征是缺乏获取真正政治权力的机会，并且默认内廷对政府的统治。他们中有代表性的人物是杨收，他的经历是这个时期政治的集中体现。[1] 杨收自称是隋朝大臣杨素之后。他是一个神童，早年失怙，受一度显赫的长孙家族的母亲教育。青年时代，他以严守礼法和精通礼学而驰名于世。他得到懿宗初期三位宰相——杜悰、令狐绹、夏侯孜——的庇护，但他之能当上宰相，事实上并不是由于皇帝或他的大臣们的委任，而是由于宦官神策将军杨玄价的影响；杨玄价这时在宫廷中取代王宗实掌有实权。杨收尽管早年享有正直的声誉，却变成懿宗时代最腐化的宰相之一。不管他的上升是多么迅速，他一旦试图在朝廷的政治斗争中采取独立立场，前途就突然毁掉了。开始他被遣往地方做观察使，紧接着被贬谪到安南极南端的驩州任小吏，最后赐死。

如果说杨收的经历典型地表现了这个时期恩庇的复杂形式和政治的不安全感，那么，路岩的经历甚至更明显地使人想起懿宗统治中期政治生活的不稳定性和权力被无限制滥用的情况。[2] 路岩出身于一个

---

① 杨收的传记见《旧唐书》卷177，第4595页；《新唐书》184，第5392—5395页。
② 路岩的传记见《旧唐书》卷177，第4602页；《新唐书》184，第5396—5397页。

官场得意的官僚家庭。利用他父亲的各种政治联系，路岩很快升到高位，并在864年35岁时成为宰相，这样的青年得志是令人惊异的。他任相职一直到871年。他利用皇帝忽视政事的机会，一贯滥用职权，从而为自己及一批支持者增加了非常巨大的财富。一个地方官吏曾大胆而强烈地要求皇帝没收路岩集团中的边咸的财产，他说这个人非法获得的财产足够支付政府军队两年的费用，皇帝仅仅责备这位地方官厚颜无耻，就此了事。此后边咸立即成为京师军队中的一名将军，只是在谣传他策划一场政变时，他和路岩才最后从朝廷中被流放出去。

路岩明显地超出杨收之处，在于他建立了一个个人支持者的集团。这些人物的迅速上升对于朝廷政治显然起了扰乱的作用，尽管在这些新进之士与旧世族成员之间保持着一定程度的平衡。虽则旧世族中只有较不出名的人才被选来当官，但他们在朝廷中仍在一定程度上代表他们的社会集团，即使他们没有实权。

路岩政治上的失意部分的是韦保衡造成的，韦在路岩做宰相的最后年代里已成为他的主要政治对手。[①] 韦的擢升是由于懿宗更多地插手朝政，虽然他的过问几乎是不负责任的。从9世纪60年代后期起，皇帝开始纵容一批宠幸，其中有些人被提拔到很高的职位上。大臣们不能反对他，甚至宦官们似乎也失去了他们从前对他的大部分控制。在登上皇位若干年后，懿宗开始要表现自己，这是不足为怪的。然而，由韦保衡之流不负责任的宠臣控制朝廷，这对他统治初年取得的脆弱的稳定局面造成了破坏性的结果。

韦保衡的祖辈也像路岩的祖辈一样，都中过进士，仕途顺利。韦保衡在864年也得中进士，尽管这是出于皇帝的特殊干预；他的试官和同年都对他的才能加以蔑视。在以后几年里，他对皇帝的影响增强了，并于869年和皇帝爱女同昌公主结婚。他们的婚礼极为豪侈，并得到500万缗钱和一座在京师高级住宅区中的装饰豪华的府第的赏赐。

在结婚时韦保衡不过是懿宗的一名低级私人顾问，但现在他得到

---

① 韦保衡的传记见《旧唐书》卷177，第4602页；《新唐书》卷184，第5398页。

皇帝的信赖并迅速升至高位，不到一年，他成了宰相。韦保衡并非懿宗时期与皇室联姻的第一位宰相，但这种情况是新近出现而尚未被广泛认可的发展。直到9世纪40年代，一个驸马成为宰相之事几乎没有听说过。在此以前，政治上显赫的门阀家族宁可在它们集团内部通婚，也不愿与皇室结亲，这主要是为了保持它们政治上的独立性，而且也由于它们还萦绕于怀，认为唐朝统治家族在文化上不如它们。以前宣宗曾命他的宰相从高门氏族中选择合适的青年来作公主们的配偶，但这激起了强烈的抵制，并导致相当持久的仇恨，使旧世族和王朝之间的裂缝扩大，这种现象在懿宗朝的政治史上也清楚地表现了出来。毫无疑问，韦保衡对政府的控制是建立在他与皇室通婚的基础之上的，因此更加为人们所不满。

然而，韦保衡与皇帝女儿的婚姻是短暂的，因为公主在870年阴历八月病死。皇帝因悲痛而丧失理智，把为她看病的几个医生残酷地处死，他们的家属也被投入监狱。反对这些严酷行为的抗议反而进一步激怒了皇帝，韦保衡利用这种形势乘机清洗他的对手。宰相刘瞻和其他八名高级著名官员也因提过反对意见而被赶出朝廷。京兆尹被迫自杀，刘瞻原应处死，只是由于幽州节度使的干预才得幸免于难。在这场政治目标明确的清洗中，几乎所有曾被懿宗从最高决策机构中排除出去的原世家大族的成员都成了牺牲品，懿宗朝和宣宗朝高级官员的亲属也是一样。杨收的一位亲属便包括在内。在懿宗统治下，党争活动和以前一样激烈。

在这次事件以后，韦氏家族的权势达到了顶点，他们的贪婪和挥霍也是如此。在同昌公主死后四个月，她的遗体在韦府庭院中火化。这次仪式声名狼藉，因为它是懿宗朝皇室奢侈生活中最放纵的活动之一。皇家的库藏打开了，各种珠玉被拿了出来用作数百名舞女的发饰。800匹绉覆盖在地上，当舞蹈结束之后，从舞女头上掉下的珠玉竟将绉面覆盖起来。各种金银财宝都被用作她的葬礼，仪式结束后，韦氏家族的成员细心筛滤公主火化后的骨灰以寻找珍贵装饰品。

和韦保衡同时为相的是于琮，有着类似的经历，虽则不是那么引人注意。[①] 于悰是初唐几个大臣之后，其中包括高宗朝宰相于志宁和武后朝资深的大臣于休烈。于悰希望利用荫庇获得职位，但是没有高级官员愿意任命他。最后通过一个驸马的干预，他设法考中了进士。于悰立即响应宣宗所提出的精英成员与他女儿通婚的要求，随后通过与皇室的关系升到高位，在867—872年之间担任宰相。然而于似乎没有实权，他完全为韦保衡所控制。872年，他和他的支持者成为一次宫廷大清洗的牺牲品。

869年，王铎被任命为宰相；这个任命之令人感兴趣是因为他是太原王氏的成员，而太原王氏和山东贵族之间因有联系而声名显赫。[②] 他是那个集团中在懿宗朝被任命为宰相的唯一 4 成员。很可能，他的任命是出于他的兄弟王式将军的坚决要求，因为王式曾战胜南诏，镇压过裘甫和庞勋的叛乱，因此权势甚重，不容忽视。王铎是在庞勋叛乱结束之后立即得到任命的。他的任命不可能得到韦保衡的欢迎，因为王铎对韦表示藐视；864年，王是韦的试官，他拒不给韦中式，直至皇帝亲自干预才被录取。韦对王表示相当的尊敬，但他无法在朝廷确立个人权力，最终重新要求外放。

懿宗最后的一些宰相都是在政府中比较新进之士的子弟，因而根本不能代表旧贵族集团。然而他们和政府需要其支持的官僚权势家族联系密切。不管宦官、宠臣或皇室亲属垄断了多少权力，这些官僚集团总是在宰相中有它们的代表。通常四个宰相中有两个人选自这些家族。他们也享有一定程度的恩荫，这便防止了王朝以前的支持者的完全离心离德。但是他们从未掌握真正的权力。

朝廷剧烈的政治斗争有一个间接的影响在各地变得越来越明显。当时罢相的最普通办法是委派他当地方高级官员，通常是做观察使或节度使。许多这样的任命对于唐王朝之能否真正幸存下来是事关重要

---

① 于悰的传记见《旧唐书》卷149，第4010—4011页；《新唐书》卷104，第4009—4010页。

② 王铎的传记见《旧唐书》卷164，第4282—4285页；《新唐书》卷185，第5406—5407页。

的；然而，从这些带有剧烈政治斗争伤痕的人们中，朝廷很难指望挑选出高度忠诚的人去任职。令狐绹对淮南北部发生的事情采取的中立态度，便是会产生什么后果的一个例子，当时他竟允许庞勋叛军和平地通过他的辖境。夏侯孜在867年罢相之后被派去四川，在那里抵抗南诏入侵时他表现出的无能造成了灾难性后果。幸运的是，在懿宗统治时期更多的地区并未卷入叛乱，因为京师周围、长江中下游等地以及四川的许多节度使都是以前的宰相，而他们对王朝的忠诚是难以保证的。

除了统治精英的政治分裂及这种分裂对地方行政和官场风纪的影响之外，还必须着重指出管理职能的退化。懿宗即位以前，在宣宗统治下有一股改革活动的疾风，它主要是想恢复传统的制度结构。但是官僚机构继续崩溃：政府机关呈四分五裂状态，法纪荡然，某些机构改变了职能，其他一些则名存实亡。此外，例如选拔官员和起草诏敕这样重要的基本职责不再属于任何具体的机构，而多半是临时向人交办。① 这不是新的发展，而是一个世纪或更多时期变化的结果。它严重地削弱了官僚政治的完整性、使命感和内聚力，降低了它们行政管理的效能，不断地损害着一度有力的和组织完善的机构。制度破坏后的明显标志必然是增加了官僚们的不安定感和不安全感。

这个时期的历史学家强调懿宗个人的奢侈、他的不合常理的残酷以及他的任性。这位皇帝的某些行动是完全反常的。有一次他想任命一个宠爱的乐工为宫廷禁军的将军，此事甚至激起了宦官和大臣们的一致反对。凡反对任何一个与真正权力中心有关的人物的官员是不会安全的。一位大臣奏请皇帝注意他的宠妃的兄弟涉嫌一件阴谋案，懿宗竟下令将该大臣处死，全家削籍为民。

除了皇帝的专横和残暴之外，懿宗朝统治的主要特征是它和以前几位皇帝时期的政策截然不同。在使用宠臣方面，在专横地使用权力方面，他的统治都使人容易想起武后之治，并留下了一个同样强烈的

---

① 孙国栋：《唐代后期中央政府机构之演变》，载《中国学人》（英文），8（1971年），第5页。

痛苦的混乱摊子。但是也有重大的不同。武后很少采取悖乖的行动。再者，她的政治活动冲淡了旧贵族的力量，扩大了王朝的政治基础。懿宗的政治活动则明显地缩小了中央政府的政治基础，至少它的最高层是如此。由于在最高的官职上排除了过去最坚决支持王朝的那些家族的成员，而代之以宦官、暴发户和小部分贵族（它们主要以京师或京师附近为基地，有时也与皇室通婚）中地位较低的成员，所以他的统治在很大程度上就毁掉了王朝长治久安所最依赖的灵活性和平衡。地方上存在的深刻的和普遍的动乱促使王朝的拥护者在以后僖宗皇帝统治下暂时重新联合了起来，但是以前列朝的相对政治稳定性却在唐朝统治的这最后 40 年中再也不能恢复了。

懿宗对佛教的支持

没有迹象表明，懿宗在即位初曾认真过问政府事务，他的作用限于日常的礼仪。其他时间只是尽量寻欢作乐。看来他感到这种生活完全合乎自己之所好。他过于爱好音乐和宴游，在听音乐和观看宫廷乐人表演时是不知疲倦的。他经常参观长安的园林，前往京师周围使他感到愉快的风景名胜之地，伴同他的是为数众多的皇子和通常超过万人的随从队伍。他的奢侈行为的费用是难以计数的。

懿宗对佛教的庇护通常仅仅被视作他的奢侈挥霍的又一个方面，也是他的个人各种无节制行为的一种表现。然而，在 845 年大事毁佛之后，皇帝重新支持佛教却是一桩值得重视的富有历史趣味的事件。

宣宗几乎立即改正了武宗对佛教寺院的广泛的压迫，但此事通常被人忽略了。847 年阴历三月的一道诏令宣布，所有会昌年间被毁的寺院可以重建，官府对此不得干涉。这种恢复只是宣宗及其大臣们改正武宗朝政策的全面努力的一个方面。[①] 在他的恢复佛教信仰的其他

---

① 关于宣宗恢复佛教主要事实的论述，见冉云华《中国佛教编年史：581—906 年》（桑蒂尼克坦，印度，1966 年），第 97—105 页。关于福建建造的新寺庙，见魏应祺《五代闽史稿之一（续）》，载《国立中山大学语言历史学研究所周刊》（文海出版社重印，台湾），第 70 期（1929 年），第 3051—3070 页。

行动中间有一道 848 年的诏书，命令在长安、洛阳、成都、荆州、汴州和扬州建造新的庙宇。壮丽的佛教节庆在全国重新举行，在京师，皇帝恢复了佛、道、儒鼓吹者之间的传统辩论。在福建，有许多新的寺庙是唐末和五代建造的。其他地区无疑也存在同样情况。这样，宣宗之治标志着佛教恢复了它在中国社会中的传统地位。

懿宗证明甚至比他父亲更热衷于做佛教的保护人。几乎从即位之日起，他为佛教滥用公帑和个人虔诚信奉就显而易见了。862 年，在皇帝下令举行大规模受戒仪式，并为僧尼在宫内讲经提供新的设施之后，朝中有人提出异议，重申反对佛教的传统的理由。但是这些反对者的雄辩毫无效果。

在懿宗晚年，他对长安佛教机构的庇护增加了。在他生日那一天，来自京畿各大寺院的僧侣应邀到宫内讲经。871 年，他参观了坐落在皇子们所居的王府——他曾在其中长大——正西的安国寺，对僧人们滥施赏赐。同一年晚些时候他邀请 1 万名僧人到宫中举行盛大的斋筵。

懿宗的许多大臣在佞佛方面与他不分上下，首先是裴休，他是宣宗朝最著名的宰相之一，在懿宗朝继续保持荣誉职务直到 870 年去世为止。裴休是一个虔诚的佛教居士，不饮酒吃肉。他写下了若干关于佛教禅宗的学术著作，因为立论精密严谨博得了许多赞赏，它们已成为佛教三藏的组成部分。对佛教的赞助不限于长安，在地方上也广泛流行。以后数十年，在禅宗的一大中心的福建佛教得到大量的支持；作为这个时期佛教流行的一个明确标志是中国现存最古老的印刷品《金刚经》，它印行于 868 年，也是世界最古老的印刷品之一，在 20 世纪初为斯坦因所发现。

懿宗庇护佛教的最后行动是最壮观的。早在 873 年，皇帝不顾大臣们的拼命反对，决定恢复尊崇佛骨的仪式，此事在 819 年曾受到韩愈的令人难忘的斥责，以后未再举行。873 年迎佛骨仪式极其隆重，甚至超出了宪宗时举行的那一次，政府在全国颁布大赦以示庆祝。京师富家竞相炫耀侈靡，朝廷中的成员全都施舍大量财物。

懿宗举行这个仪式也许是因为他感到自己临近死亡而绝望所致，

因为他在几个月后就身患重病，终于在 873 年阴历七月死去。皇位立即由他 12 岁的儿子李儇继承，李儇在历史上称为僖宗。

僖宗(873—888 年在位)

皇帝和宦官

　　873 年 12 岁的李儇继承皇位，比他父亲 860 年嗣位要平静得多。他是懿宗八个儿子中的第五子，他的嗣位应归功于两位资深的宦官神策军将军刘行深和韩文约。[①] 刘行深出身于宦官世家，刘家的几个成员曾博得朝廷大员的尊重，所以刘对李儇的支持是有相当分量的。新皇帝在 873 年阴历七月十九日即位，这是他父亲去世之日，也是他被指定为继承人负责军国大事的次日。懿宗的遗诏任命他的宠臣韦保衡摄政，但事实上韦保衡和已故皇帝的其他几个声名更加狼藉的宠臣一起，在僖宗即位后立即被贬逐出朝廷。

　　僖宗仍是个孩子，对宫外生活所知甚少。他爱好游戏，长于射箭、骑马和舞剑。他特别为自己善于踢球——唐代特别风行的一项运动——而自豪。他还爱好数学计算、音乐和各种赌博，特别是掷骰子。他爱斗鸡，和自己的兄弟在斗鸡比赛中打赌。他似乎有幽默感，但又相当迟钝。

　　当僖宗长大之后，他对游戏和娱乐的兴趣减弱，开始坚定地过问朝廷事务。不幸的是，他看来是一个严酷而反复无常的统治者，过分关心细节，喜施严刑，甚至用它来对付那些对他的政府言之成理的批评。僖宗在他统治的 15 年中，常常被描写成十分轻浮的人，但看来很清楚，在他将近 20 岁时他已成为一个意志坚强的统治者，虽然明显地反复无常，没有经验和缺乏足够教养。如果要对他统治时期朝政的处理多加批评的话，人们必须记住，僖宗面对的是如此复杂和危险

[①]　《资治通鉴》卷 252，第 8166 页；《旧唐书》卷 19 下，第 689—690 页；《新唐书》卷 9，第 263 页。

的一种危机，足以最大限度地考验任何统治者的聪明和勇气，何况他还是一个年轻的孩子。

即使考虑到历史学家有反对宦官的偏见，他们将僖宗统治时期的失政主要归罪于他的首要宦官田令孜（他很快便主宰朝政并作为唐末最有权势和最可怕的宦官之一而闻名），也可能是公平的。[①] 田令孜和他的宦官继承人对唐末诸帝的控制是如此有力，以至于皇帝实际上成了他们的傀儡。在唐朝最后数十年间，虽则皇帝曾短期内重新得到一定程度的权力，但总的来说，皇权差不多降到了前所未有的最低点。

田令孜在懿宗统治时期只是宦官中一个次要人物，他掌权的关键在于他和僖宗的非常亲密的关系，因为僖宗把他当作养父。田令孜受过很好的教育，非常聪明；他设法让僖宗忙忙碌碌，同时把权力集中到自己手中。他的支配地位在 875 年被委任掌管神策军时显示了出来。现在他不需请示皇帝便能任命官员，分赠赏赐，皇帝显然无保留地信赖他处理朝廷事务的能力。田令孜千方百计给皇帝的内库增加收入，其中包括计划籍没京师富商的财产。任何反对他的计划的人都有被处死的危险，甚至政府中最高的大臣们也害怕公开与宦官作对。

除了满足他个人的野心之外，田令孜寻求普遍提高宦官威信的办法，880 年他任命京师和地方的高级宦官职务时采用了迄今为止只是在任命宰相时才用的庄严仪式。[②] 田的极端冷酷和他对皇帝的牢固控制当然引起僖宗外廷官员极度不满，毫无疑问，他在朝廷的地位更摧毁了大臣们中间的一切共同使命感，而且粉碎了恢复唐朝皇权的任何希望。

唯一强大到足以和田令孜抗衡的角色是另一个宦官杨复恭。与田令孜不同的是，他是最有势力的宦官"世家"的成员，他的祖先在神策军充当高级将领近百年之久。[③] 他的经历和一个普通的朝廷官员是

---

① 田令孜的传记见《旧唐书》卷 184，第 4771—4772 页；《新唐书》卷 208，第 5884—5889 页。

② 《资治通鉴》卷 253，第 8225—8226 页。

③ 杨复恭的传记见《旧唐书》卷 184，第 4774—4775 页；《新唐书》卷 208，第 5889—5892 页。

很相似的，在被枢密使杨玄翼收为养子之后，他先后担任过一些地方的监军使，并在镇压庞勋叛乱中起过重要的作用。然后他回到京师任宣徽使，869 年接替义父杨玄翼为枢密使。杨复恭代表宦官集团中与朝廷机构完全合作的那一部分人，他忠于王朝，而不是忠于任何皇帝个人。他认为，田令孜是暴发户，就像懿宗朝的官员对懿宗的宠臣的看法那样。田令孜对杨复恭在政府正规机构中的地位造成了直接的威胁，所以他们之间开始权力之争是不足为奇的。然而，田令孜对新皇帝的个人支配地位和他对宫廷禁军的指挥证明是决定性的，杨复恭被降职，暂时退休，像一个官员那样退隐林泉。他受过很好的教育，在懿宗统治的晚年宦官与官员们共同起来反对懿宗的宠臣时，他似乎与某些外廷官员有很好的关系。也许杨家和其他重要宦官家族所表现出来的效忠王朝超过效忠皇帝个人的态度，有助于缓和他们和外廷官员之间的紧张关系。

正如杨复恭的经历显示出极像一个高级文官的经历类型那样，他的"堂兄弟"杨复光也担任过许多高级军事职务。[①] 和他的"堂兄弟"一样，杨复光也受过相当好的教育，他的传记描写他是一个大义凛然和有决断力的人。在懿宗统治时期，宰相杨收怀疑杨复光密谋反对自己，曾将他逐出京师。当黄巢叛乱时，杨复光被委以一系列极端重要的军事的和交涉的使命。他对政府对付叛军的政策有重大的影响，并协助付诸行动。他在这些年中的成就博得了人们很高的尊敬。

尽管杨复光在黄巢叛乱时为王朝效劳，宦官与官僚之间的紧张关系仍在继续。虽然宦官参加政府是一个公认的事实，但他们的势力和影响所及超出了可以容忍的范围。甚至在政府从流亡中回来以后，田令孜仍然控制着僖宗，因此他成为京师和京外官僚们猛烈攻击的目标，他在朝廷的地位仍是任何努力重新控制京师以外各地区的活动的主要障碍。僖宗统治下的三个最有影响的宦官——田令孜、杨复恭和杨复光——试图把义子安置到重要的地方职位上，以此将他们个人的

---

① 杨复光的传记见《旧唐书》卷 184，第 4772—4774 页；《新唐书》卷 267，第 5875—5877 页。

势力伸展到外州。仅杨复光的义子任刺史、地方将领或更高职务的就在 10 人以上。① 田令孜在京师以外地区的阅历比起杨氏兄弟来要差得多，他也曾试图用任命其兄弟陈敬瑄为家乡所在州节度使的办法来建立他的地方势力。在建立个人与封疆大吏的关系方面，宦官们不过学朝廷大臣们的样子，但是，以这种个人的结合和联盟来代替对政府的效忠，其结果又进一步损害了唐王朝的力量。

僖宗时期的外廷：贵族统治的复辟

僖宗统治的最初几个月和他父亲亲政时相似，都采用只委派豪门大族的次要成员或没有多少个人力量和影响的官员担任最高职务的办法，来加强对新政权的支持。南朝萧梁家族上了年纪的后裔萧倣在 873 年腊月被任命为宰相，以取代腐化的和受人怨恨的韦保衡，后者已被逐出朝中。② 萧倣是一个正直和节俭的人，他坚定地反对懿宗对佛教的过分庇护。他曾是一个著名的节度使，在 865—868 年负责大修黄河堤防。他的祖父、叔父和侄子都曾担任宰相，所以他的任命是稳健和保险的。萧倣很快便和一个名不见经传的名叫裴坦的人同为宰相；裴坦是在整个唐代与皇族有密切联系的著名裴氏的一个小支系的成员。裴坦在得到任命后不久便病死，他由懿宗朝一个不甚知名的宰相刘瞻所代替，刘曾于 870 年被贬出朝廷。

然而，下一个任命暗示了一个重要的政治变化，即权力回到原来已有根基的政治和社会贵族集团手中，它们的地位在懿宗朝曾被系统地削弱了。874 年阴历八月，在新任命的宰相刘瞻可疑地死去以后，政府指定崔彦昭为相。③ 崔彦昭是宪宗朝宰相崔群的侄子，"东北"旧贵族集团的典型代表，清河崔氏的成员，因此也是山东（即河南和

---

① 《资治通鉴》卷 258，第 8419 页；《旧唐书》卷 184，4775 页；《新唐书》卷 186，第 5428 页。

② 《资治通鉴》卷 252，第 8167 页；萧倣的传记见《旧唐书》卷 172，第 4480—4482 页；《新唐书》卷 101，第 3959—3960 页。

③ 《资治通鉴》卷 252，第 8171 页。崔彦昭传记见《旧唐书》卷 178，第 4628—4630 页；《新唐书》卷 183，第 5380—5381 页。

河北）那个排他性的"七姓"集团的成员。9 世纪上半期这个集团在政治上的重要性是很深远的，在他们中间崔氏显然有特殊的重要性。当 9 世纪 30 年代宦官与官僚之间剧烈斗争时，崔氏的头面人物领导官僚的一方。① 武宗朝的宰相中崔氏有 3 人，宣宗时有 4 人。在懿宗时期有意使这个集团黯然失色之后，874 年任命崔彦昭的决定是一件具有重大意义的事。

崔彦昭不仅有给人深刻印象的家庭联系，他还是一个聪明而有学问的人，在任职时表现出处理实际问题的出色能力，特别是在河东任节度使时（870—873 年），他成功地抗击了沙陀突厥的进攻。根据所有这些原因，他的拜相是多年来较为积极的宰相任命。但任命他为宰相的真正意图是无法知道的。唐王朝面临极为困难的问题，所以要求强大的和统一的领导，这样一种普遍的意识一定是他得以任命的一个因素。此外，在僖宗童年时显然掌握着任命大权的宦官们，对无法预料的皇帝宠臣——像在懿宗朝曾控制朝廷的那些宠臣——的兴起的恐惧，也许超过了对旧的政治精英集团的成员上升的担心。

有一位宰相的任命进一步证实政府不但决定要对前一皇帝的政策反其道而行之，而且要恢复以前某些政策受害者的权力。874 年阴历十月，郑畋被任命为宰相，他是另一个名门大族的成员。② 尽管郑畋早在几十年前的科举中名列前茅，他在宣宗朝仍被投置闲散，因为他的父亲反对当时掌握朝政的白敏中和令狐绹。直到 9 世纪 60 年代后期刘瞻被任命为宰相后，郑畋才开始得到翰林学士这一重要的任命。郑畋以他的敏捷的才智、透彻的见解和令人眼花缭乱的文学风格在同僚中赢得了尊敬。但是，当 870 年刘瞻和他的政治伙伴被贬逐出京师时，郑畋几乎立即遭到另一次挫折。他被派遣到遥远南方一个无足轻重的沿海州中去做刺史。

---

① 见王谠《唐语林》（上海，1957 年）卷 3，第 76—77 页；引自王寿南《唐代宦官权势之研究》，第 40—41 页。

② 郑畋的传记见《旧唐书》卷 178，第 4630—4638 页；《新唐书》卷 185，第 5401—5405 页。

僖宗在 874 年的阴历十月又同时任卢携为相,从而首次补齐了 4 个宰相的职位,这是整个僖宗朝在京师的宰相的标准数。① 卢携出身于河北范阳卢氏望族的一个不引人注目的支系。卢携是一个和他的同僚郑畋很不相同的人物,两个人之间的唯一关系是他们都是东北贵族集团的成员。他在 855 年中进士,在宣宗和懿宗两朝接连升官,担任重要职务。作为一个大家族的庶出成员,他与懿宗朝的许多高官没有差别。但是他对 9 世纪 60 年代逐步造成的普遍危机以及外地州镇的悲惨状况是有清楚的认识的。

由于他的任命,政府中的四名宰相是满员的,他们是萧倣、崔彦昭、郑畋和卢携:他们都有很高的名望、丰富的经验和能力以及个人的正直品质。他们组成了一个远比懿宗时期的任何宰辅大臣更为能干的集团,因为懿宗很少任命这样高水平的宰相,而且在一定时期内从不多于一人或二人。新任命的宰相们最紧迫的任务是结束在懿宗时期迅速蔓延的腐化现象。他们受命仅几个月,政府就以大大提高了的公正和效率进行工作,与此同时,前朝一些精心追求形式的做法被废除了。②

社会问题与盗匪活动的增加

朝廷中的新领导面对一种令人气馁的局面。僖宗嗣位后不久在 874 年初,当时的翰林学士卢携向皇上呈上一份感人的奏疏,详细叙述了自 9 世纪 60 年代以来日益加剧的危急状况。③ 这确实是令人沮丧的描述:前一年是一个干旱和饥荒的年头,作物只有一半收成,秋天的庄稼几乎颗粒不收,冬天的蔬菜很少。饥荒地区面临着大批人饿死的危险,百姓被迫以野果和树叶为食。但是即使面对这样的灾难,政府仍不能豁免任何附加的赋税,农民为了完纳正式的赋税被迫卖掉

---

① 卢携传记见《旧唐书》卷 178,第 4638—4639 页;《新唐书》卷 184,第 5398—5399 页。
② 《新唐书》卷 183,第 5381 页;卷 185,第 5402 页。
③ 《资治通鉴》卷 252,第 8168—8169 页;《全唐文》卷 792,第 13—14 页。

房屋的木头，将自己的子女卖为奴婢，他们的妻子受雇为仆人。

卢携极力主张立即采取救济的措施，在百姓"无生计"以前应停止征税。朝廷决定听从他的建议，但官员们发现这样做是不可能的，皇帝发布的救灾诏令被看成为一纸空文。

这有力说明了这几位宰相在处理各地许多大问题时面临的基本情况；甚至考虑最周详的政策在面对如此大量的和难以处理的问题时也几乎不可能贯彻下去。但是他们确实很周密地考虑了国家的状况。

875 年正月，一项涉及全面政策的诏令作为皇帝的大赦令的一部分发布了。① 这是唐代发布的诏令中最长和最详细的一件。它彻底地和有根据地仔细讨论了当时许多严重的社会、财政和制度上的问题，并提出了详细的改革方案。它表现出惊人的乐观态度，如果不是在这样不祥的时间里发布，它可能产生一种有利的效果。它显示了对王朝面临的主要问题和争端的清醒认识，并证明了唐代后期的衰落不能仅仅归咎于行政管理的无能。因为政府至少暂时是由一些明智的有才之士所掌握，他们全都富有经验，了解民情，而且对王朝忠心耿耿。

到 9 世纪 70 年代时盗匪活动已很普遍。但它的发生率在黄、淮之间人口稠密的平原地区最高，在那里政府频繁的压榨和经常的自然灾害结合在一起，引起了严重的社会混乱，致使许多人被迫亡命，出没于荒地原野之中，流为盗匪。大平原的西边和南边是丘陵地区，盗匪能自由来往，而官军进入则需冒很大的危险，沿海一带是为数众多的重要产盐区，由于政府垄断的盐价愈来愈高，这些地区私盐贩卖盛行。武装的盗匪集团从事这种非法的贸易，不时抢掠他们容易到达的长江流域的商人和村镇。

在僖宗统治的初年，盗匪活动进入一个新阶段。在此以前盗匪已是一个足够严重的问题，地方上的高级官员因此得向皇帝提出详细的奏疏，并精心地提出防止的办法。盗匪固然危及公众安全和行政管理的稳定，但更严重的是对商业和政府赋税形成威胁。然而到 9 世纪70 年代初，有些规模类似小型军队的盗匪，已能劫掠农村，甚至攻

---

① 《唐大诏令集》卷 72，第 400—405 页。

打有城墙的城市，从而直接与政府对抗。在盗匪集团与政府军之间发生了严酷的战斗，875 年开始了持续将近 10 年的大规模镇压盗匪的军事行动，在此期间中国几乎所有地区的权力结构都完全改变了。这种冲突不仅仅是权力突然和全面崩溃的结果，虽则官员中间败坏的风气使得政府难以对混乱局面作出有效的反应，它也是几十年前开始的长期社会混乱和普遍军事化的最后阶段。

撇开盗匪不说，许多迹象表明 9 世纪 60 年代末和 70 年代初的政权是不稳定的，正在多方面受到挑战，而这在几年以前是不可想像的。例如，在 869 年，在洛阳以东只有 60 英里的陕州的百姓驱逐并羞辱了一个傲慢而且残酷的观察使，因为这个官员在发生旱灾时拒绝他们请求救济的呼吁。政府决定与其惩办百姓，不如黜免这个官员。在这个例子中表现出来的谨慎显然是受到庞勋叛乱前车之鉴的影响，因为这场叛乱经过一年的残酷战斗以后，平定还不到一个月。下一年，淮西光州的百姓赶走了他们的刺史，有些官员极力主张应该严惩该地百姓，以防再发生同类事件。874 年腊月，僖宗刚嗣位不久，京师正东南的商州百姓采取同样行动反对他们的刺史王枢。当时他用低价购买百姓粮食，百姓便殴打他，并杀死了他的两名助手。在平时，这样的事情将被视作反对政权的大逆不道行为。但在 9 世纪 60 年代末和 70 年代初，这已是很普通的事了。①

这一类事件尽管使唐王朝感到烦恼，却很容易镇压下去，而不致成为大叛乱的中心。有责任的官员能被撤换，几支军队可以进驻，肇事的头目们则可以被孤立起来并处死。它们本身并未表现出大的危险性，但却表明了更深更广泛的动乱的可能。在这样的城市骚乱中也表现出同样的绝望情绪，它把在正常情况下仅仅是地区犯罪集团的盗匪团伙变成了大规模的组织良好和充分武装的联盟：它能够在软弱的政权面前为所欲为而很少受到惩罚。

盗匪武装的力量和它能够把众多的军队投入战场的突然性，像在此以前由裘甫和庞勋领导的叛乱那样依靠的是那些被社会冷落了的居

① 关于这些事件，见《资治通鉴》卷 251，第 8144—8145 页；卷 252，第 8158 页。

民的广泛支持。被剥夺了生计的乡村贫民数量有增无已，对于许多人来说最方便的出路便是去参加遍及各地的某一团伙。

盗匪团伙的社会构成和组织

关于大量盗匪团伙支持者的情况我们所知不详，只能作最概括的说明。历史学家称他们为亡命，即离开家庭或家乡而放弃了正规社会中的合法地位的人们。这种逃离本土的人们既能成为单纯的流浪者，也能成为盗匪集团的成员。盗匪集团的首领们乐于供养这些被社会赶出来的难民，由他们来壮大首领们的追随者的队伍。

盗匪中曾以耕地为生的人占多大比例，究竟有多少人从事低下卑贱的职业，或没有任何正式的生计，这些都无法知道。社会的分裂和动荡在唐代已有很长的历史。逃亡农民在从前通常是占领空地，或者在数量日益增加的庄园中受雇为佃农或劳工。但是农民的真正大规模流亡开始于安禄山叛乱之后。例如在 8 世纪 70 年代末，独孤及奏报说，90％的舒州（安徽）农民仅能糊口，"不持一钱，以助王赋"。[①] 这种被剥夺生计的无地农民比正常的受严重压迫的农民更易沦为盗匪。当然，有些农民是被裹胁进盗匪集团的，但是大多数保有一片土地的农民不敢冒剧烈变化的风险。

如果不管参加盗匪集团的个别成员的社会背景如何而坚持给王朝的对手贴上"农民起义者"的标签，那么我们就歪曲了对唐王朝挑战的性质。这并非说农民完全是消极被动的。在那些年代里经常有这样的农村暴动，农民时而参加，时而回去务农。但是王仙芝与黄巢没有领导过这种自发的农民起义，他们也不曾被视为"农民英雄"。王仙芝、黄巢及其同伙率领的是盗匪集团联盟，并不是一支农民的军队。它们在乡间制造恐怖，用武力夺走一切能够夺走的东西，他们对普通农民来说实际上已经成为经常的和令人生畏的威胁。他们从未致力于促进农民的利益，一旦条件有利，就急于接受朝廷的招安。

---

① 《全唐文》卷 386，第 11 页；引自栗原益男《唐末五代的变革》，载《历史教育》，12.5（1964 年），第 60 页。

　　虽然我们对盗匪集团的广大成员所知甚少，但对他们某些领袖的情况却有内容充实的报道。这些人部分出身农村绅士，部分来自穷困的阶级。其中某些人有一功名或受过正规的教育，因此渴望能跻身官场。黄巢和他的重要伙伴如朱温、李罕之都受过中上等教育，黄巢本人甚至被地方选出参加过进士考试。① 其他一些盗匪首领则来自我们可以称之为农村社会中的"强人"阶级：这些人有自己的能耐和地方势力，但是他们跟地方上的官场没有多少往来，又没有受过能够把他们引向仕途的正规教育。朱庆就是这样的一个强人，他是令人生畏的人物，在宋州（河南）以劫掠为生。无论他们原是有文化的杰出人物，或是一些我行我素和无法无天的地方强人，所有盗匪的首领都有一个共同的特征：他们精于武艺，而且以他们抗击官军的成就判断，他们中有些人显然是杰出的军事战术家。

　　这种"敌对精英人物"在唐代后期的出现绝非偶然。② 进入仕途的机会已经逐渐减少。政府对专卖税的过分依赖导致了广泛的私盐贸易，而敌对的精英人物很快便加以利用；他们中许多人积累了雄厚的财富。这些人也在个别村庄与更大的社会之间作为中介而扮演关键的角色，所以我们发现他们在最大的盗匪联盟中充当首领，是不足为怪的。

　　对于他们的同伙即对于聚集在一起用武力夺取不能用其他方法得到的东西的人们来说，这些强人既不是恐怖分子，也非盗贼，而是任侠的范例，而任侠强调的是相互忠诚和互相保护的思想。他们是不可忽视的，能够"权行乡里，力折王侯"。③ 某些盗匪首领在他们与政

---

①　关于黄巢，见《旧唐书》卷 225 下，第 6451 页。朱温出身于书香门第，见王赓武《五代时期华北的权力结构》（吉隆坡，1963 年），第 27 页注。关于李罕之，见《新唐书》卷 187，第 5442—5445 页；《旧五代史》卷 15，第 4—7 页；《新五代史》42，第 454—456 页；也见《北梦琐言》卷 15，第 7 页。

②　"敌对的精英人物"一词是从埃里克·沃尔夫的《论农民起义》中借用的，载《国际社会科学杂志》，21（1969 年），第 288 页。关于唐代地方精英阶级的形成和演变，菊池英夫在《所谓节度使权力的土豪层》中有很好的论述，见《历史教育》，14.5（1966年），第 46—58 页。

③　《资治通鉴》卷 251，第 8129 页。

府之间发生公开冲突以前已经拥有这样的地方权势。然而，以后他们通常切断了与家乡的联系，变为"流寇"。

另一类盗匪首领是从底层崛起的。尽管他们中某些人有过农民的经历，大多数出身农民，但是他们自己并非农民。[1] 他们有时被称为"流氓"或"地痞"，这些人没有正当的职业，不是正常社会结构的组成部分。[2] 这种农村流氓将同伙组成一种专事劫掠的军队，可以随时奉命出动，他们在唐代后期的盗匪军队中扮演主要的角色。

某些盗匪首领成为王仙芝以及后来黄巢的同盟者，某些人则在中国其他地方带领规模较小的农村帮伙独立行动；另一些人似乎就是罪犯。例如，与王仙芝同乡又是他的主要支持者之一的毕师铎所率领的党徒以"鹞子"著称。后来建立吴越国的钱镠，"少拳勇，喜任侠"，"以解仇报怨为事"。王建原是一个懒汉，他"以屠牛、盗驴、贩私盐为事"。他最后在四川建立了前蜀国，在他的朝廷中充斥着唐王朝的著名的旧官僚。然而，人民并未忘记他的旧绰号"贼王八"。徐温为南唐国奠定了基础，"少无赖，入群盗中，以贩盐为事"。钟传在黄巢叛乱时独自控制了江西，他"不事农业，恒好射猎"。[3]

唐代后期亡命之徒的杰出人物中另有许多人有着同样的背景，他们都没有正当的谋生手段，生活在刑事犯罪的边缘上，再有一些人则出于这样或那样的原因而难以适应任何常规的社会生活模式。有些人则是社会上的杂流，成为街头艺人、屠户或小偷。还有一些人是当兵

---

[1] "农民"一词准确地说是用来称呼在农村耕作以维持生计的大多数农村居民。根据这样广泛被接受的定义，其他乡村居民不是农民，尽管他们是农业社会的组成部分。见西德尼·明茨《关于农民定义的一点意见》，《农民研究》（英文），1.1（1973年），第91—106页和引用的文献。

[2] 例如，《旧五代史》卷133，第14页（钱镠）；《新五代史》卷63，第783页（王建）；《九国志》（《丛书集成》本，上海，1937年）卷3，第39页（徐温）。

[3] 《旧唐书》卷182，第4712—4713页（毕师铎）；钱镠传记见《旧五代史》卷133，第14—20页；《新五代史》卷67，第835—841页。关于王建，见《新五代史》卷63，第783页；《太平广记》卷224，第1723—1724页。关于徐温，见《九国志》卷3，第39页。关于钟传，见《太平广记》卷192，第1441—1442页。

的，少数人还是和尚，虽然我们知道有一人每次想入寺修行都遭到拒绝。[①]

盗匪团伙的组织是难以准确说明的，当时中国官员也许对盗匪团伙知之甚深，但是官方史书中保存的报道不足以使人了解它们的内部结构，仅仅令人感到它们是一支组织很好的军队。例如，据《新唐书》叙述，在早期，好斗的王仙芝有"票帅"10人以上，其中7人留下了姓名。[②] 然而，其中有几个人是自行其是的大独立团伙的首领。例如，毕师铎虽然支持王仙芝，但他有自己的追随者，这些有名有姓者中间的另一人是柳彦璋，他是877年活动于江西的团伙。第三个人刘汉宏实际上参加了反对王仙芝的战斗，抢劫了王的供应车辆，他是作为一支独立的盗匪行动的，再者，除了《新唐书》的报道以外，没有任何证据可以说明他是王仙芝的支持者，更不是他的"票帅"之一。在一个冲突不断加剧的时代，盗匪团伙首领之间的关系的性质混乱是不足为奇的。但是它足以使人认为，唐朝政府可能完全误解了盗匪集团这个陌生的组织。

王仙芝领导的并不是具有高度组织性的军事机器，而是个别盗匪或盗匪集团的联盟，它们每一股人都有自己的首领，其成员由个人忠诚或共同利益维系在一起。王仙芝自己的团伙联盟总数有3000人，由各有二三十人以上的小团伙组成。一次百人之多的单独袭击如果不是一个特别大的团伙干的便是几个较小团伙的联合行动。王仙芝、尚君长和黄巢似乎都是这样有能耐的领袖，他们能支配一批个别的团伙首领。这种高级的个人领袖作用和这种以个人关系维系的联系，是中国盗匪或造反者联合的特征，直到20世纪仍然如此。

加强这种个人纽带的一种方法是把首领的姓氏赠予他的追随者，这样首领们便具有"家长"权。在黄巢控制下的八个首领共同使用相同的姓氏，互称"兄弟"。没有证据说明他们没有真正的血缘关系，但很可能他们都是团伙首领中的伙兄伙弟，乐于接受他的姓氏以及他

---

① 《旧五代史》卷15，第4页。

② 《新唐书》卷225下，第6451页。

的"家长"式的领导。[1] 这种虚假的亲属关系通常被皇族经常使用，在艰难困苦的时代里农村社会中行之更为普遍。唐代后期，赐姓之事在高级军事统帅和他们的部属之间也是很普遍的，至于皇室与它的最亲密支持者之间，就更不必说了。[2]

冲突的早期阶段：王仙芝和黄巢

874 年，僖宗即位整满一年之时，有迹象清楚表明，来自盗匪集团的威胁变得不妙了。那一年年底，感化军（改组的河南武宁军）报告说，盗匪活动猖獗，它需要外来的援助。政府下令山东南部的几个军出兵支援。引起感化军如此严重不安的盗匪可能是庞勋支持者的残余势力。[3] 山东的节度使们对于派军队去感化军并不热心，因为他们也同样面临爆发的盗匪活动和地方骚乱。动乱立即扩大了：875 年阴历五六月间，不但在农村，而且在天平（山东西部）的州城都出现了真正的危险，至少半个世纪以来，天平的辖区一直是盗匪活动的一个中心。由王仙芝和尚君长领导的盗匪在 875 年阴历五月攻打濮州和曹州；黄巢带了几千人立即响应。盗匪与天平军的首府郓州保持相当的距离，但郓州的盗匪团伙却参加了他们的队伍。政府的最初反应与往常一样。盗匪的攻打被认为是地方性的问题，应由地方军队处理。天平的节度使薛崇带着军队进击盗匪，但被打败。

战斗在 875 年逐步升级。开始对帝国的统治造成了前所未有的威胁。王仙芝现在采用了大将军的称号，并发布檄文分送邻近各地，指责政府政策不公平，行政贪污腐败，这一檄文所宣布的目的类似于 868 年庞勋发布的"露布"，后者在叛乱地区的乡村和寨堡中传播，

---

① 堀敏一也对血缘关系的确实性表示疑义，见《唐末诸叛乱之性质》，载《东洋文化》，7（1951 年），第 83 页。

② 见矢野主税《关于唐代假子制的发展》，载《西日本史学》，6（1951 年），第 86—97 页；栗原益男：《唐五代假父子结合的性质》，载《史学杂志》，62.6（1953 年），第 514—543 页；《关于唐末五代假父子结合的姓名与年龄》，载《东洋学报》，38.4（1956 年），第 430—457 页。

③ 关于这种见解见《资治通鉴》卷 252，第 8172 页。

曾获得巨大成功。看来王仙芝发出号召的意图主要是想得到其他盗匪团伙的支持而不是争取人民大众。875年后期他拒绝接受兵变中的士兵参加他的队伍，可能是认为他们的支持既无必要，又有危险性。当庞勋占领彭城之后，绅士们很快前来支持，但王仙芝则没有他们的支持，黄巢在很久以后他占领长安前也没有这种支持。少数定居的地方精英人物可能断绝与自己地区的关系而支持盗匪领袖，后者袭击一个又一个地区，既没有占领疆土，也没有在政治上巩固自己的明显愿望。他们期待的是一个稳定的新政权的出现。

这一年以后的一些日子形势迅速恶化。黄河水灾以及随之而来的破坏性的蝗灾大大增加了农民的困苦，造成了饥荒，并把更多的农民推向绝境而使之沦为盗匪。

在875年下半年，盗匪的袭击已蔓延到十余州的广大地区，往南远及淮河。这些盗匪中的大多数都在主要首领王仙芝和黄巢之外独立活动，他们组成了数百人到上千人的集团进行袭击。政府试图以优势的兵力作出反应，命令河南和淮南地区五镇的节度使和监军使追捕盗匪，尽快地使受影响的地区安定下来。但是这证明是无效的，875年阴历十二月，平卢节度使、神策将军宋威极力主张建立一个指挥中心，协调该地区攻打盗匪的全部兵力。政府接受这一建议，并从禁军中增派3000士兵和500骑兵作为支援部队。宋威虽然年老有病，仍被指派为统帅。他是一位富有经验的军人，曾指挥过中国军队抗击南诏，前不久在镇压庞勋叛乱中起了重要作用。

除了为现在的军队建立一个指挥中心之外，政府还采取了进一步的措施。876年阴历正月，福建、江西和湖南的所有刺史和观察使受命训练士卒，帝国境内所有村庄"各置弓刀鼓板以备群盗"。[1] 在中国的南方，这是政府在该地区兵力不足的证据，同时也显示出盗匪已成了普遍的危险。这是唐代首次由中央政府正式建立以地方自卫为目的的民兵组织。这一措施与政府通常不让农业人口保持武器的政策相反，表明朝廷已觉察到危机是何等的严重。随着法律、秩序和正常的

---

① 《资治通鉴》卷252，第8182页。

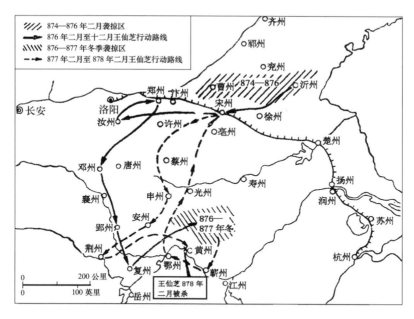

图例：
- ⫻ 874—876年二月袭掠区
- → 876年二月至十二月王仙芝行动路线
- ⫼ 876—877年冬季袭掠区
- ⇢ 877年二月至878年二月王仙芝行动路线

齐州　郓州　兖州　沂州　曹州—874—876　宋州　徐州　楚州　扬州　润州　苏州　杭州

长安　洛阳　郑州　许州　汝州　许州　亳州　邓州　唐州　蔡州　寿州　襄州　申州　光州　郢州　安州　876—877年冬　荆州　复州　鄂州　黄州　蕲州　岳州　江州

王仙芝878年二月被杀

0 ——— 200公里
0 ——— 100英里

地图 20 874—878 年王仙芝团伙之联合

社会控制在地方上的解体，地方一级必须采取行动了。

可是，政府仍然决定发动一场由宋威指挥的决定性的歼灭战去击溃盗匪的军队。876 年，盗匪向东移动，进入沿海地区，攻击沂州州城。那年阴历七月，在沂州一场大战以后，宋威上报说，盗匪已被消灭，王仙芝已被杀死。宋威因表面上的胜利而得意洋洋，便遣散了他麾下的各地军队，自己回到了平卢。朝廷为之狂喜，大臣们献上了贺词。但不过几日，事情就已弄清楚，盗匪非但没有消灭，而且仍像以前那样危险，依然袭击和洗劫整个地区。讨伐军现在自身也处于兵变的状态，但在快要叛变投匪时，他们被挫败了。对士兵的控制重新恢复，他们被送往战场，并得到忠武军的支援。为首次大规模讨伐盗匪战役的失败而震惊的朝廷，现在开始调动军队来保卫通向洛阳和长安两都的一些要道了。

宋威可能是为了邀功而故意捏造了王仙芝之死和盗匪军队被消灭的第一次捷报，其实这两件事都未发生。正如我们将要看到的那样，他是

673

善于弄虚作假的。但宋威也可能把他的对手完全估计错了。朝廷不清楚盗匪军队的内部结构，甚至不了解它的规模大小，经常加以夸大。

876年阴历八月，盗匪向西移动，使东都洛阳大为惊慌。九月，他们在洛阳东南45英里的汝州取得一次引人注目的胜利，俘获了刺史王镣，他是宰相王铎的堂兄弟。王仙芝和他的同伙尚君长得到朝廷赦免，但他们的反应是返回北方，攻打郑州，只有在昭义军派来了援军后才被击退。他们仍带着俘虏王镣，向南转移，那里防御比较薄弱，农村也比较富裕。

876年阴历十二月，盗匪集团到达长江中游，对鄂岳、淮西和淮南发起了一系列的袭击。这一地区的守卫部队比起北方的军队来驻守得更为分散，因而盗匪就可能为所欲为而不受惩罚。以前的宰相、淮南节度使刘邺强烈要求增加兵力；政府下令重建的徐州戍军（现在称为感化军）抽调数千人南下保卫它的辖区，对抗盗匪。这支军队在过去曾引起如此多的问题，新近又试图把它遣散而未成功，政府却在此时被迫动用它，这件事说明局势已恶化到何等程度。

讨伐军统帅宋威拒不将他的军队主力移到宣武中部邻近大运河和距离王仙芝当时攻击的地区数百英里的亳州之南，这更加深了危机感。宋威可能希望保存他的力量，集中全力保卫河南，旨在皇朝一旦崩溃时为他自己建立一个强大的地区基地。但是他的公开理由是害怕遭到数年前政府处分与庞勋作战的军队的最高统帅康承训那样不公平的待遇。在镇压庞勋起义之后，康承训被提拔为河东节度使，并领宰相衔。路岩和懿宗的宠臣韦保衡惧怕他会在朝廷行使权力，便弹劾他故意逃避战斗和有其他不法行为。尽管在870年，特别是出于政治目的，朝廷没有能力对军队的最高统帅采取严厉的行动，但它仍然将康承训免职，降为王傅，最后将他流放到遥远的南方。[①] 一位有功的将军遭受这种愚蠢羞辱以后，常见的恐惧、怀疑和反抗在文官中也开始出现了，更危险的是，它影响了王朝的高级将领们。

---

① 《资治通鉴》卷252，第8154页。

　　在 873 年僖宗嗣位以后，康承训被召回京师，但已经做过的事情是无法抹去的。宋威也曾率领军队攻打过庞勋，显然他不会忘记在康承训身上发生过的事情，所以害怕遭到同样的命运。因此他和自己的副手曾元裕达成协议，听任盗匪逍遥，以免遭到康承训的下场，万一不幸王仙芝称帝，他们还可以给予支持。于是曾元裕移兵长江中游，但不进击，而是等待事态的发展。[1]

　　僖宗统治开始时大臣之间明显的协调与共同的使命感，此时因对付王仙芝的政策和战略上的强烈争吵而被破坏无遗。当宋威的背叛行为已经明显时，郑畋强烈地要求更换他的统帅职务，以便对叛乱者能够发动更主动的战役。他要求把指挥权转交给忠武节度使崔安潜。崔安潜是一位前宰相之弟，和郑畋一样都是社会和政治的精英人物。876 年阴历八月当盗匪经过他的境界时，崔安潜发动了强有力的攻击，从而表现了自己的军事才能。但是其他宰相不愿将最高指挥权交给一个文官。与著名的将军高骈有密切联系的卢携激烈反对该项任命，紧张的摩擦在两位宰臣之间出现了。崔安潜的任命始终未能实现，因为宋威直率地拒绝把职务拱手让人，而任何将他免职的企图几乎肯定会驱使他公开叛乱。

　　在 876 年冬天，唐王朝的前景看起来确实是暗淡的。北方的大部分地区继续为不断增加的盗匪团伙所蹂躏，它们只遇到不起作用的抵抗。官军的统帅宋威不愿追击盗匪军队，而似乎更关心建立他自己在地方上的势力，甚至不惜为一个由成功的盗匪首领所建立的新王朝效劳。由于盗匪团伙滋扰，国内局势十分危急，但使事态变得更坏的是，为保卫边境而派往岭南的北方军队又发生了一次兵变——这与几年前曾促使庞勋叛乱的局势一样。浙西还有王郢为首的一个较大叛乱（见下文），那里在 859—860 年时曾发生裘甫之乱。

　　正当形势看上去最黑暗的时候，政府交上了没有料到的好运，暂时减轻了压力。876 年阴历十二月，盗匪攻击长江中游的蕲州。这时宰相王铎的堂弟王镣仍是盗匪的俘虏，他代表王仙芝写了一封信给蕲

---

① 《资治通鉴》卷 252，第 8186 页。

州的刺史裴偓。王铎是裴偓应进士考试时的试官，这使两个人之间建立了一种牢固的关系。裴偓同意给王铎写信，恳求为王仙芝提供一官半职。令人惊讶的是，当宰相们被召集起来讨论这件事时，有些人居然认为，王仙芝仅仅是"小贼"，很容易压服，他的威胁要比庞勋小，而庞勋的叛乱在一年之内就被镇压了下去。确实，盗匪集团中还没有人达到像庞勋那样的组织水平和取得那样广泛的支持。但是宰相们应该意识到，此时的盗匪机动灵活，领导有方，而最重要的是他们分布的范围比庞勋时代广泛得多。由于内部意见不同而造成的分裂，使他们完全看不到王朝生存所受的威胁是何等严重。然而我们可以设想，王铎不懈的说情既是出于对于他堂弟安全的关心，也是考虑到公共的危险，他最后成功了，王仙芝被任命为神策军押牙兼监察御史。

　　无论王铎或政府都没有料到这样做对于事情的解决是不够的。另一位盗匪首领黄巢对于政府没有同样授予官职而大发雷霆，他殴打并用剑刺伤王仙芝。其他盗匪头目惧怕首领做官以后他们自己可能的后果，便威胁要将王仙芝杀死。王仙芝终于被迫拒绝朝廷的任命，让他手下的人洗劫蕲州，作为安抚。蕲州城被夷为平地，许多居民被杀死。裴偓逃往鄂州，这是最邻近的驻有大量政府军的州城；朝廷派去授予王仙芝官职的特使匆忙逃回京师；倒霉的王镣仍在盗匪手中。[①]

　　王仙芝未接受官职的最重要后果是盗匪集团的主力分裂成了两大股。留下3000人和王仙芝、尚君长在一起，继续在长江中游劫掠，另外2000余人跟随黄巢回到山东。这种分裂的意义不应过于强调，因为据说黄巢只是带走了他自己原来的追随者，盗匪首领们仍有可能重新联合以实现大规模的袭击，而明年发生的事情确实也是如此。但是对王朝的直接威胁暂时得以避免。

　　877年，即僖宗即位的第四年，叛乱活动遍及全国，达到了前所未有的程度，只有很少地区幸免于难。王仙芝和黄巢仍是令人畏惧的。他们现在能够攻击任何地区而不受惩罚，甚至能够袭击地方官军

---

① 《资治通鉴》卷252，第8187—8188页；《新唐书》卷225下，第6452页；关于王镣见《旧唐书》卷164，第4285页。

戍守的镇所在地。877 年阴历二月，王仙芝攻打鄂岳镇所在地鄂州。同时黄巢攻陷郓州（他起家之地天平乡的所在地），杀死了该镇节度使。然后他向东移动，攻打沂州；该城在一年多以前曾遭袭击，那时政府令宋威为统帅发动了一场全面的惩罚性讨伐，但是在今天却没有为保卫该城采取认真的措施。

877 年阴历四月，朝廷降诏概括地叙述了它企图用以处理各地大规模动乱的政策。[①] 诏旨首先表示了对问题严重性的关切，然后满怀信心地断言所有盗匪将肯定地被迅速镇压下去。由于诏旨继续为投降的盗匪提出了有利的条件和官职，这种对必然胜利的自信心在当时就有所降低。诏旨中指出了当时的骚乱是何等的普遍："江西、淮南、宋、亳、（宋威的讨伐军守卫的州！）曹、颍，或攻劫郡县，抗拒官军；或窘厄商徒，俘掠进奉。出彼入此，鸟逝风驱。"诏旨反复地强调，对于犯罪分子来说，失败是不可避免的；表达了皇帝对臣民慈父般的关怀："恨不均其衣食，各致丰肥"。然而，对于那些继续进行破坏的人，皇帝发誓"用兵无悔"。

这道诏旨主要的真正对象是"王仙芝及诸道草贼头首等"。政府提出宽宏大量的投诚条件。首领们将破格授予官职、爵位和赏赐。当然，这仅仅是指形式上的官阶和有名无实的官职，近一个世纪来朝廷即以此等职衔授予不能直接任命的藩镇官员，用以维持名义上的联系。投降的盗匪首领将"于大藩镇内，量材与职额衣粮"。一般匪徒将遣回田园安置。

诏旨的后一部分指示地方官员应如何处理拒绝投降的盗匪团伙。他们应选择勇猛的将领和军队，采用灵活的战术去对付敌人。能够俘获一个盗匪首领和他的 300 徒众的将领，允许超授将军，并以千缗为赏。袭击并杀死盗匪、夺回资产、武器或搜集情报者，将按他们的功绩授予官职和奖赏。政府完全知道它的将领们不肯努力作战，诏旨中也包括严厉的警告：任何人逃避战斗，将令"本州道勘寻，准军法处分"。这只能意味着处以死刑。

---

① 《唐大诏令集》卷 120，第 638—639 页。

　　这份诏旨的最后一节也许是意味深长的，它指示城乡当局寻求能够率领农民抗击盗匪的才杰勇敢之人。他们也将得到官职和奖赏；诏旨提到地方民兵领导人的两个突出例子，他们已经升到镇的高级职务。

　　军事形势变得如此糟糕，这样一种公开的政策声明是朝着希望恢复原状前进的必不可少的第一步。但是它的效果是微乎其微的。盗匪的自信程度和政府的虚弱程度两者都可以从盗匪的下一个目标宋州（由宋威的讨伐军守卫）看出。王仙芝和黄巢现在又携手合作围困宋州，顶住了被围军队突围的所有尝试，直到长安派来的将军张自勉带着忠武的7000士兵向盗匪进攻，使后者惨败和遭到重大的伤亡，情况才发生变化。但是，宰相们并没有利用这一胜利来恢复他们的协调意志与统一目标，而是在如何继续征讨方面吵得更凶。王铎和卢携要将张自勉的军队交给宋威指挥，以期宋威终会开始积极讨伐盗匪；郑畋则坚决不同意，他坚持说，张自勉和宋威之间的关系很坏，如果张被迫屈居宋威之下，他将被杀掉。在争辩中每位宰相都曾提出辞呈，但都遭到拒绝。辩论继续了整整一年，言辞也变得愈来愈尖锐刻毒。在张自勉的打过胜仗的军队被置于宋威手下一位将军的指挥之下时，张本人遭到宋威的造谣中伤，因此郑畋争辩说，张自勉是"因功受辱"，事实上正是他的功劳才使政府能够维持对大运河的控制。此外，郑在前一年曾徒劳地建议以崔安潜代替宋威统率讨伐军，因为崔安潜攻打盗贼取得多次胜利，但未曾记功。郑畋又断言，王仙芝提出投降不下7次，宋威都隐瞒不报。郑畋对宋威的指责可能是有充分根据的，但是免去他的统帅之职实际上无法做到。[①]

　　877年后期，盗匪们回到长江中游，在那里他们几次大败于宋威的副手曾元裕手下。政府再一次向王仙芝提出投降的条件。这时王仙芝的同盟者也被包括在大赦之列，他的几个主要党羽，包括尚君长在内，出发去京师。然而宋威在中途劫取了他们，并且报告说，他们是在一场战斗之后将他们俘获的。这份报告引起了怀疑，一名御史被派

---

① 《资治通鉴》卷253，第8193—8194页。

去进行审查。但真相已不可能弄清，因为宋威在御史到达以前已将盗匪首领们处死。

877 年的战争本身是重要的，但同样重要的是朝廷中政治派别活动的加剧以及京师政治领袖和他们的统帅之间发生的不断加剧的紧张和猜疑。唐朝对张自勉在宋州的决定性的胜利未加酬赏，这和康承训在镇压庞勋之后受到侮辱的情况相似。由于对忠诚的和有战功的统帅一再未能给予应得的奖赏，政府失去了日益减弱的对王朝的好意和忠诚，而这本是它最珍贵的财富。

877 年的腊月，唐王朝终于在发动对盗匪的进攻方面取得成功。在黄巢劫掠他 4 年前首次起事的所在地匡城之后，政府恢复了张自勉的战地统帅职务，并派他率领东北各路人马大举攻打黄巢。同一月王仙芝袭击荆南的治地江陵，这是长江中游的战略中心。政府已愚蠢地将荆南置于无能的杨知温的管领之下，他甚至在盗贼抵达城市外城时仍继续赋诗。杨知温最后向北方山南东道节度使李福求救。李福迅速调兵攻打盗匪，他的军队得到 500 名沙陀骑兵的支援，所有遇到的盗匪均被消灭。王仙芝急忙在江陵劫掠，杀死了三分之一的城市居民，然后逃之夭夭。

然而，这时逃走并非易事。当王仙芝率领队伍回到山东时，他遭到讨伐军副统帅曾元裕的追捕；曾元裕经过一年无所作为之后终于果断地行动起来攻打盗匪。在淮西南部申州的一次重要战斗中，王仙芝的军队遭到惨败，伤亡重大。曾元裕的胜利使政府指派他代替宋威为讨伐军的统帅，张自勉为他的副手。政府还将富有经验的将军四川统帅高骈调到荆南，他带着 1.5 万名全副装备的军队来到长江中游地区。

878 年初政府军元气显示出重大的恢复。在王仙芝退往南方以后，政府军最惊人的胜利来到了，曾元裕的追捕军队在蕲州的黄梅县消灭了这支队伍。王仙芝本人被杀。由于王仙芝的主要伙伴尚君长已在不久前被杀，没有任何首领能将全党集合在一起了。尚君长的兄弟尚让带着许多残余的盗匪投奔在山东的黄巢，而剩下的人则分成小的团伙，独立地活动于长江流域。

黄巢向南方推进

这样，黄巢终于成为主要盗匪队伍的无可争辩的领袖，尽管这时它们最不走运。他现在采用了"冲天大将军"的称号，这也许是表明他决定全力进行反对王朝的斗争。这是政策上的完全转变：在此以前盗匪按传统方式在各地区间进行骚扰，从黄河平原向淮河、长江流域作季节性的往返移动。对重要城市的袭击有时被看做"造反"的开始，但还没有认真地打算推翻政府。盗匪并不想建立对土地的控制，王仙芝几次试图投降表明，盗匪没有长期的政治目的。

在当上盗匪集团的总领袖之后，黄巢和政府军之间最初的小规模交锋全被击败，他可能采取的直接对抗的任何计划都被搁置起来。他和天平节度使通讯联系，磋商投降的条件。政府封黄巢为禁军的一名将军，命他在郓州投降。但是，也许是记起了前一年王仙芝的主要伙伴们试图向宋威投降时被背信弃义地俘获并遭杀害之事，黄巢决定不去冒险投降。增强了信心的政府终于认识到适当奖赏它的将军们的必要性，于是授予山南节度使李福以宰相的职务；李福曾向围攻江陵的盗匪发起决定性的进攻，并击败了王仙芝。

政府的复苏使它能建立从黄河地区开始的针对盗匪军队的有效防御。张自勉被指派为东南面行营招讨使，他将黄巢往西经河南朝洛阳方向驱赶。两年以前，洛阳曾因盗匪军队的接近而陷入恐慌之中，但这时庞大的防御工事已准备好了，一支万名战士和新招募士兵组成的队伍由一位特别任命的防御使指挥。这些准备使盗匪袭击洛阳的任何想法成为泡影，黄巢于是改弦更张，向南转移，但这次不是到长江中游，而是到长江三角洲地区。更加令人惊奇的是，黄巢渡过大江进入浙西。庞大的盗匪集团渗入长江以南，这还是第一次。政府有理由宣称已将他们逐往南方。它的最高统帅曾元裕移兵进入长江下游地区，攻打仍然在那里活动的一些从前王仙芝的支持者，与此同时高骈则移军浙西，阻挡黄巢回窜北方。朝廷有理由认为，局势差不多又得到了控制。

在878年的其余时间内，盗匪集团总的来说处于守势，尽管他们在长江以南未设防的地区赢得了一些胜利。然而，他们现在远离京师，黄巢的威胁似乎正在消失。宰相们现在围绕着对南诏的外交政策发生了剧烈争吵，结果以郑畋和他的对手卢携二人同时免职告终，另外他们还面临来自北方的强大的扩张主义者沙陀突厥的威胁。黄巢和他的盗匪军队继续移离对王朝来说是生命攸关的地区，通过几百英里广阔的人烟稀少的地方，指向福建的首府福州。878年阴历九月，政府中止了对盗匪的讨伐，并指定曾元裕将军为平卢节度使，接替刚死去的宋威。黄巢经过福建崇山峻岭的进军，只是他横扫华南的全程更长的开端，进军最后打到了大海港广州。这种几乎无阻挡的行军在地图上给人的印象是深刻的，有时被视为黄巢力量强大的证据，这种力量使他有可能随意纵横万里地移动。然而，导致他向南方进军的原因不是广东富庶的情景，而更可能是政府对他的成功的追击，以及北方难以对付的防御布置。

在878年最后的几个月，当他往南移动时，黄巢开始认真地考虑扩大支持自己的社会基础。经过福建时，他努力争取地方绅士支持，不过收效甚微。[1] 878年阴历十二月，福州遭到劫掠，无防备的观察使逃走。但是，高骈从浙西派去的讨伐大军屡次击败黄巢的队伍，俘虏了许多他的重要伙伴，把他赶往更远的南方。

尽管黄巢显然处于逃跑奔波之中，他仍被视为对朝廷的威胁，宰相王铎自愿亲自率领一支远征军攻打盗匪。王铎被任命为荆南节度使和南面行营招讨都统。他选择李係作为副手，任命李为湖南观察使，此人是一个出身于显赫家族的无能的官员，但其忠诚则是没有疑问的。李係屯驻在潭州（长沙），以防止黄巢由岭南抢先北上。

879年阴历五月，当黄巢迫近广州时，他仍争取谈判，想取得有利的投降条件。他与浙东观察使崔璆、岭南东道节度使李迢联系，请求他们居间说情，使他能得到天平节度使的职位；天平在山东，是他的老根据地。[2] 这个请求被拒绝了，黄巢接着要求任命他为广州节度使。这个要求也被拒绝了，因为广州贸易实在太宝贵了，绝不能把它

① 《新唐书》卷225下，第6454页。
② 《资治通鉴》卷253，第8215页。

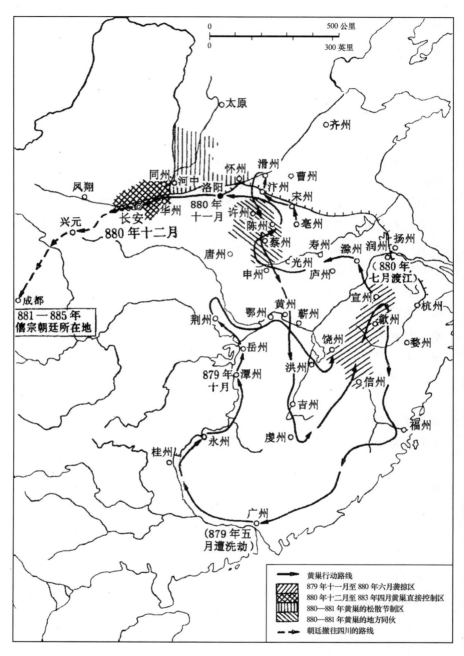

地图 21 878—880 年黄巢的行动路线

682

交给一个盗匪的首领。朝廷建议代之以禁军中一个较低的职位，但黄巢认为此议是一种侮辱。他立即对广州发动猛烈的攻击，一天之内便攻占此城。他俘获了节度使李迢，并一再试图达成一项有利的协议，但被对王朝表现出狂热和罕见忠诚的李迢所拒绝。黄巢杀害了勇敢的李迢，并在暴怒之下洗劫广州，使这一大港口变成废墟。有的材料估计死者高达 12 万人，其中大多数是来自东南亚、印度、波斯和阿拉伯世界的外国商人，而当时广州全部人口约 20 万。许多中国人逃往福建。[①] 那时期来自西拉甫港的著名阿拉伯商人阿萨德详细叙述了广州遭到野蛮毁灭的情景。[②]

朝廷很清楚，黄巢无意留在热带地区。政府抢在他北返以前采取行动，希望在远离支持他的基地的江南将他围困，并予以消灭。在广州洗劫之后，一场大规模的对抗已不可避免了。

黄巢北上

当劫掠岭南时，黄巢手下许多人死于疟疾。剩下的人要求回到北方，"以图大事"，因此盗匪军队开始迁回北上，沿途他们抢劫了湖南和江西这些地区。[③] 他们由灵渠通过南岭的分水岭，沿着湘江流域前进，就像庞勋在十年前那样。879 年阴历十月，他们到达潭州。王铎的副手李係驻守这座城市，然而他不愿战斗。因此黄巢能够在一天之内拿下了它。这种灾难性的懦怯（这是选择统帅不按照才能而根据其家族与朝廷的关系造成的）对于遏制黄巢的努力来说是一次重大的失败。当时盗匪军队处于最衰弱的时候，如果李係能给予黄巢以强有力的打击，那将是获得最后胜利的一个真正机会。

然而，更严重的是长江中游战略中心江陵（荆州）的失守，它是李係的上级，讨伐军统帅王铎放弃的。由于对方在人数上大大超过自己，王铎向北撤退，宣称他要去和屯驻在北面 30 英里的荆门的山南

---

① 关于中国人避难的村落，见罗香林《唐代黄巢变乱与宁化石壁村》，载《说文月刊》，4（1944 年），第 265—268 页。

② 关于这些阿拉伯记事的讨论，见霍华德·列维《黄巢传》（中国正史译文第五种，伯克利，1961 年），第 109—121 页。

③ 《旧唐书》卷 200 下，第 5392 页。

东道节度使刘巨容的队伍会合；但是王铎事实上一直退到百英里之外的襄州。江陵城留给王铎的属将刘汉宏镇守，但早在黄巢到达以前，它已被政府戍军洗劫和放弃了。

增强了信心的黄巢渡江直趋荆门，刘巨容在那里严阵以待。刘巨容派出自己的军队和 500 名沙陀突厥人对付盗匪。黄巢的士兵有许多被杀，但是尽管有人力劝刘巨容追逐并歼灭残余的盗匪，他却让他们逃走了。他的理由反映出王朝已失去了地方的支持。他说："国家多负人，危难不吝赏，事平则得罪，不如留贼冀后福。"[①] 如上所述，对王朝冷酷无情地处分它的军事将领的抱怨是十分普遍的，另一些地方长官也故意避免与起义的队伍正面对垒。但这是一个朝廷大员主动希望王朝灭亡——这显然是刘巨容纵匪逃走的原因——的首次事例。刘巨容对王朝的敌视可能与宋威的情况相同，当讨伐庞勋时，他们二人都在康承训军中任职，毫无疑问，刘巨容和宋威一样，都担心在攻打黄巢胜利后也成为政治牺牲品。然而，一旦唐朝灭亡，节度使将有可能在任职地区巩固他们的权力，或者等待新的统一王朝的出现，或者继续割据自雄。

由于直接通往长安的道路受阻，黄巢东移顺江而下，重走 10 年前庞勋的老路，沿途纠集了各地的盗匪团伙（其中许多曾与王仙芝合作过），又恢复了力量。他们一度受到驻防在江西的政府军将领曹全晟的沉重压力，但曹全晟放弃了追击盗匪的计划，因为朝廷以未经解释的原因决定更换他的职务，这使得黄巢得以通行无阻地顺江而下。

长江下游地区一直是政府赋税的主要来源，现在则是王朝防御的关键部分，它的重要性从选择高骈来防守这一点就可以证明。高骈无疑是唐朝地位较高的军队统帅，享有非凡的声望。[②] 他的家族源自渤海，有几个成员忠诚地在神策军中世代任职。高骈曾在北方边境任

---

① 《新唐书》卷 225 下，第 6455 页。
② 高骈的传记见《旧唐书》卷 182，第 4703—4712 页；《新唐书》卷 244 下，第 6391—9404 页。

职，是一名与党项人作过战的杰出将领。当吐蕃在西方入侵时他组织过防御，并在遥远的南方指挥过反对南诏入侵的战役。从 869 年到 875 年，他作为节度使抑制了山东的盗匪活动，可是在他转到四川以后，天平又爆发了严重的动乱。当王仙芝在 878 年初在长江中游得手之后，他挥师前来，一年以后他曾在浙西征讨黄巢取得成功，并把盗匪军队逐往南方的广州。

黄巢在 879 年后期进入长江下游地区，一度袭击宣歙、浙西和江南的广大地区。但在下一年初情况发生了变化，高骈终于认真地对盗匪采取行动。880 年阴历三月，高骈派遣他手下地位最高的将领张璘前往长江以南，给了盗匪军队以沉重的打击。政府想要大获全胜，便以几支北方部队增援高骈，并任命他为诸道行营都统。高骈召集邻近诸部队并征募大量地方新兵，使自己军队的总数达 7 万人。黄巢的军队虽则人数更多一些，但不能与高骈的训练有素的军队相对抗，880 年阴历四月，盗匪似乎几乎完全被击溃。王仙芝的早期伙伴之一王重霸向张璘投降，同时黄巢失去了另一位重要伙伴常宏，后者也带着自己的数万人马投降了。黄巢退到江西的饶州，随即来到福建边境正北的信州。每一件事看来都对政府军有利，官军的将领们纷纷向京师告捷。[①]

在 880 年阴历五月，局势完全改观。这个关键时期的事情已引起了人们对进攻黄巢战役全过程的精心猜测，而许多疑点一直模糊不清。[②] 然而确凿无疑的是，黄巢仍有可能避免几乎确要被击败的境遇，他突破了唐朝在长江下游的防线，并开始向北方的东西两都进军。据一份资料说，黄巢曾大量贿赂张璘，使之停止进攻，然后同意向高骈投降，条件是任命他为节度使。据这份记载说，高骈接受了黄巢的投降，但是不愿同参与战斗的其他部队的将领分享功劳。因此他让这些部队各回原地。当黄巢得知这些军队已经被遣回淮河以北时，

---

① 《资治通鉴》卷 253，第 8219—8225 页。
② 关于这个问题的详尽的讨论，见周连宽《唐高骈镇淮事迹考》，《岭南学报》，11.2（1951 年），第 11—45 页。

他突然中断了与高骈的关系，并在一次随之发生的较大战斗中杀死了高骈手下最重要的将领张璘，给予他的军队以沉重的打击。尽管人们对导致这个结果的一些事件仍有种种怀疑，但这一巨大胜利是无可争辩的事实，在此以后黄巢和他余下的伙伴在浙西和宣歙发动了一系列成功的袭击，最后于 880 年阴历七月在采石渡过长江。① 这是一个完全没有料到的重大转折点。

高骈的军队不但未能阻止黄巢渡江，而且当黄巢向洛阳挺进时也未能向北方提供支持。高骈的无所作为十分自然地激起了最猛烈的批评。对于没有经验的文职官员来说，像李係和王铎那样放弃职守，是一回事；而对于政府最有经验的指挥一支庞大军队的将军来说，他竟允许一个已经严重削弱了的敌人伺机渡过了长江并让他在自己辖区扬长而去，这就完全是另一回事了。有些历史评论家把责任全归罪于高的亲信方士吕用之，他对高有巨大的影响。② 但是，高骈的无所作为是难以用玩忽职守来加以解释的。

高骈在他负责的淮南地区面临一种极其复杂的形势，当时淮南是中国盗匪活动最猖獗的地方。高不但要和本地的盗匪作斗争，而且要和从北方袭来的大批盗匪团伙以及和淮南以北开小差的哗变士兵作斗争。甚至在他来到淮南以前，给盗匪首领封官是被认为必须的，高骈继续执行这一政策，任命数人为刺史。③ 这些盗匪首领现在成为高骈的将领，协助他向周邻地区扩展势力。由于淮南是这样一个具有爆炸性的地区，高骈很容易因为对黄巢征剿过猛而失去自己的位置。扬州对于唐王朝来说是至关重要的，但它作为一个独立政权的基地已有长期的传统，所以高骈不愿拿他的位置去冒险是不足为奇的。高骈还意识到，他不能再依赖朝廷的坚决支持，因为他的主要政治伙伴宰相卢

---

① 这是一个很重要的渡口。唐朝一度曾在采石建立镇戍，但在 811 年撤销了；见《册府元龟》卷 507，第 4 页。

② 《资治通鉴》卷 254，第 8264—8268 页。

③ 较早的任命见《唐大诏令集》卷 120，第 638 页，高骈自己的任命包括李罕之（《旧唐书》卷 187，第 5442 页）、毕师铎和秦彦（《资治通鉴》卷 253，第 8211 页；《旧唐书》卷 182，第 4715 页）。

携得了重病。这样，他有许多理由要巩固自己在淮南的地位，因此他向朝廷送去一系列自我辩护的奏疏，声称黄巢渡江时有 60 万人，这是一个十分荒谬的数字。[①]

一旦越过了政府在长江下游的防御，黄巢通往东都的道路便畅通无阻。唐王朝试图在洛阳东南要冲的忠武的溵水布置大军以阻挡盗匪军队。这个计划惨遭失败，这倒不是因为黄巢军队力量强大，而是由于守军之间互不信任，再加上他们几乎普遍地不愿为摇摇欲坠的王朝去卖命。感化节度使曾招募到士兵 3000 人，条件是保证他们在州城驻防。当他们接到命令开往溵水时，几乎激起了一次兵变。他们到达以后，野心勃勃的地方将领周岌害怕这些军队一旦驻在他的辖区就会威胁他的势力，便让他自己的士兵渗入他们驻防的城市屠杀他们。感化节度使被追逐到襄阳杀死。周岌后来担任了忠武节度使。另一个派去参加洛阳防御的唐朝将领齐克让弃职而逃回了自己在山东的营地，而不是去与残酷无情的周岌打交道。这样，所有派去保卫东都的军队都因将领之间的猜疑和背信弃义而溃散，洛阳门户洞开。

黄巢在渡过淮河以后开始表现出建立新王朝的野心。他采用了"天补大将军"的称号，并试图加强军队的纪律，禁止他们抢劫。当他们在 880 年阴历十一月进入洛阳时，该城官员无心抵抗，接他入城。齐克让向朝廷报告洛阳已经丢失，他建议立即尽力加强长安的防御。

黄巢军队的戏剧性的进展，自然地吸引了我们的注意。然而真正显示唐朝秩序瓦解的迹象倒不是盗匪军队如此大踏步地前进，而是各藩镇的"勤王"部队彼此之间争权夺利大造自己的地方优势的活动。只要政府能调度大部队，它依然有其需要认真对待的力量。但 879—880 年的事件——王铎和李係在战斗中的失败、刘巨容公开的不忠以及高骈保全自己地位的行为——标志着唐王朝力量的振兴没有任何希望了。

政府临时加强长安防御的努力从开始便注定要失败。宫廷的禁军

---

① 《资治通鉴》卷 253，第 8229 页。

早已不再是一支有战斗力的部队，神策军中的职务已成为长安富家子弟挂名的闲差。[1] 他们中大多数人除了恐吓京师市民之外，没有战斗经验。当可能要他们去和叛匪作战的消息传开以后，许多人便到贫民中寻找替身。

京师的防务交给了宦官首脑、神策军名义上的长官田令孜，但没有证据表明他离开过京师去担任京师东面诸关口的指挥，而控制这些关口对于防守京师是至关紧要的。田令孜的一名副将带了几千名完全没有受过训练的士兵去据守潼关，但只能供应他们几天的给养。当他们看到叛军迫近时，便乱作一团而溃散了。叛军成群通过了潼关，进入京师所在的关内道，在那里被派去保卫京师的博野军的哗变士兵参加了他们的队伍。由于帝国的军队完全溃散并处于混乱之中，京师的防御崩溃了。

黄巢在长安

880年腊月初五，长安落到黄巢手里。只有少数随从陪同的僖宗带着田令孜和500名神策军，偷偷地从城中逃走，前往四川避难。相形之下黄巢的入城给人以非常深刻的印象。张直方将军在许多官员伴同下出城欢迎叛军。黄巢坐在一辆金色马车上首先到达。随后的军队——此时已达数十万众——全部穿着锦缎，他们的头发一律扎着红丝带。他的骑兵直接开往城内，在后面长达几里的路上塞满了辎重，京师的居民表现消极但并未流露出害怕神情，他们拥上街头，观看接管的情形。[2]

王仙芝的余部首领、前一年参加黄巢队伍的尚让，现在作为黄的主要副手和发言人要求人民保持安静；他说：黄巢为民请命，他起兵的目的是从不顾人民死活的唐朝统治者手中拯救他们。这个声明被用来作为说明黄巢与普通百姓之间"阶级团结"的证据，但事实上它和所有想要建立合法统治的人们所发布的自我辩护声明是一种性质的，

---

[1] 《资治通鉴》卷254，第8237页；又见在此以前几十年杜牧的文章，文中叙述了政府军质量的下降，载《全唐文》卷754，第12—14页。
[2] 《资治通鉴》卷254，第8240页。

尽管他们有各自的背景和目的。[①] 真正重要的是，它首次清楚地表明，黄巢企图在长安建立一个长治久安的政权。然而，这种帝王雄图对于他手下的人是没有吸引力的，他们追随他的目的只是为了抢劫，而现在他们占有了最丰富的战利品。在黄巢到达以前，长安的居民自己已经开始抢劫。黄巢完全没有能力控制他手下的人，连续几天他们洗劫了世界上这个最富裕的城市。各市场付之一炬，无数人民被杀死在街道上。

长安的精英阶层是叛军和城市平民两方面的牺牲品。最受人憎恨的官员被拖出去杀掉。其他许多人则抛弃财产出逃。从京师被占领之后的大破坏来看，它显示了长期蕴藏在平民百姓心中的对特权者的憎恨，同时也说明黄巢和他的支持者之间缺乏共同的目标。造反者的共同目的在这时是推翻唐王朝。但他们的不同利益变得愈来愈明显，黄巢希望对他的支持者加强组织和纪律，使之成为一支坚强的军队；而他的许多支持者和普通士兵只希望洗劫城市，满足于无政府状态。

在这样不祥的形势下，黄巢采取了建立自己王朝的最初步骤。880年腊月十三日，他在含元殿登上皇位，宣布建立大齐王朝（齐是他家乡山东的古称）。他重新采用全部复杂的帝国制度，任命4名宰相，其中包括贵族家族的成员和他自己的副手。[②] 他的500名"骁勇"被选出作为"功臣"，这是给予开国皇帝的主要支持者的标准用语。他的主要官员得到头等的军事职务。黄巢只罢免唐朝最高层的官员；四品以下凡愿合作的官员允许留任。

黄巢试图建立一个有活力的政权，但这证明是完全失败的。公开显示合法性和仿建一个复杂精致的政治体系是一回事，要使它运转则是另一回事。他的基本问题是，他的人既没有能力也没有愿望去担任文职；而唐朝旧官员之所以同意为新政权服务，只是因为他们没有别的选择余地，或是出于被迫。

---

① 见堀敏一《黄巢之乱》，第64页。

② 《新唐书》卷225下，第6458—6459页；《资治通鉴》卷254，第8241页；据《册府元龟》卷374，第14页，大约三分之一京师官员接受了黄巢的任命。

黄巢的政权证明是非常暴虐的。882年春天,有人在尚书省大门上题了一首诗,嘲笑这个政权。尚让大发雷霆,杀死了在该省任职的官员们,并挖出眼睛,倒挂尸体;他还将大门的卫兵处死;杀死京师每一个能做诗的人;将其他识字的人罚作仆役。这一事件的结果是3000余人被杀。除了证明它绝对的残暴之外,这次大屠杀标志着想在稳定新政权时得到受教育的精英人士支持的希望成为泡影。这也消除了获得藩镇支持的全部可能性,只有少数以与黄巢联盟作为扩展他们自己在地方上势力的独立节度使除外。

黄巢占领的年代蹂躏了唐朝的这座都城,也破坏了长安所体现的政治秩序。这座城市再也没有恢复过来。它的悲惨的毁坏在韦庄所写的著名叙事诗中有最生动的描述;韦庄是当时的第一流诗人,叛匪军队攻占长安时他正在那里参加考试。这首诗名为《秦妇吟》,它描绘了"纵火、抢劫、强奸和吃人肉,农民装作大臣,贵族躯体践为血泥"。[1] 这就是黄巢建立的新秩序。

僖宗在四川的流亡生活;阡能之乱

对于一个中国皇帝来说,被迫放弃都城通常是一种灾难,但是僖宗逃跑的情况是特别丢脸的。当盗匪军队进逼而所有防御均已瓦解时,惊慌失措的官员们四处逃散。宦官头目田令孜——更重要的是因为他是帝国军队的统帅——放弃了京师的防御,在夜深人静时带着皇帝逃出京师。随从人员只有500名神策军将士,四位皇子,几位后妃。没有一位官员获悉放弃长安的决定。沙野军的一些骑兵在长安数英里之外遇到扈从队伍,要求皇帝返回京师。他们因为行为鲁莽而被田令孜的军队杀死。

当僖宗再往西走时,他遇到了以前的宰相、现在的凤翔节度使郑畋。郑畋劝说皇帝到凤翔去,不要采取完全放弃关中这一后果严重的行动,因为西北平原是中国政府所在地。僖宗回答说,为了避免战

---

[1] E. H. 肖孚:《长安的最后岁月》,载《远东》,10(1963年),第137—179页(第157页)。

斗，他决定撤到在南方 250 英里之外的秦岭山脉那一边的坚不可摧的兴元地区去，在那里他将招募军队，准备收复京师。皇帝要郑畋和西边的吐蕃联合，并和西北一带剩余的效忠王朝的军队协作，他还允许郑畋可以便宜行事，因为朝廷一旦越过秦岭进入山南，再要与它联系就非常困难了。

皇帝和田令孜急于离开京畿地区，为了尽快离开，他们决定由骆谷道通过秦岭山脉，这是一条最困难的和最险峭的道路，要通过几乎高达 9000 英尺的诸山口。① 它是只在紧急情况下使用的道路，而当时毫无疑问正处于紧急情况。皇帝日夜兼程，不到两周的时间便到了兴元。但他在那里只停了几天，立即决定前往四川的成都。它在第二列大山脉大巴山那一边的 400 英里处。这个决定一定使绝大多数人感到，唐朝的复兴已没有任何希望，至少在僖宗在位时是如此。四川是田令孜的势力范围，僖宗逃到那里表明他完全依赖于他所藐视的宦官。此外，四川从未受到中国其他地区的许多动荡紧张局势的困扰，但它现在正在遭受严重的内部骚乱。

四川的问题之成为一场危机，是由于政府任命陈敬瑄②为西川（其首府即成都）节度使。陈敬瑄原来不过是一个卖麦饼的，但幸运的是他是宦官田令孜的哥哥，因而在禁军中得到高位。880 年初，由于估计到政府可能被迫撤出京师，便决定选派一个与宫廷内部圈子有密切关系的人去担任西川节度使，以代替自从 878 年以来担任这一职务的崔安潜。崔安潜因拒绝过陈敬瑄到他的幕下任职，因而曾受到田令孜的敌视，同时他也是有势力的宰相卢携的老对头。有一份资料说，四川的任命将授予一场蹴鞠比赛的优胜者，陈敬瑄碰巧赢了，但他与田令孜的亲属关系无疑决定了这一任命。③

甚至在陈敬瑄就职以前四川的问题就已经出现。由于他出身低

---

① 关于关中和四川之间的道路，见严耕望《唐代长安南山诸谷道驿程述略》，载《唐史研究丛稿》（香港，1969 年），第 611—626 页。
② 陈敬瑄的传记见《新唐书》卷 224 下，第 6406—6409 页。关于他的任命，见《资治通鉴》卷 253，第 8221 页。
③ 《资治通鉴》卷 253，第 8222 页。

贱，不为人知，当地的一个妖人前往成都宣称自己是陈敬瑄，在一段时间内竟未被发觉。然而，一旦获得任命之后，陈敬瑄实际上是令人生畏的，他在四川的统治既腐败又残暴，甚至在皇帝和皇帝的随从到达以后仍是如此。在任职的两年中他激起了一场大叛乱。问题部分的是由于田令孜对自己的军队和地方军队有厚薄之分引起的，后者是最忠于朝廷的军队，但受到不公正的待遇。882年阴历三月，陈敬瑄在整个辖区遍布爪牙，表面上是了解其军官们的缺点，实际上是为了敛财，因此使紧张的局势趋于严重。资州的将领谢弘让由于恐惧而加入一股盗匪，但在得到种种保证之后他被诱投降了。但事实上他被送到陈敬瑄处，遭到严刑拷打。[1]

阡能是邻州的一名官员。他听到谢弘让遭受酷刑之后，起誓要向陈敬瑄报仇。不过一个多月他的部众已达万人。他们侵入四川西南的邛、雅二州，进攻并占领了那个地区的城市。

陈敬瑄派遣7000人的军队前去镇压反叛。然而，他的娇惯了的军队逃避战斗，并且要求给他们所进行的任何战斗发放额外的津贴。当阡能的叛乱开始表现出成功的迹象时，几个其他盗匪团伙首领带领几千人前来参加。在四川其他部分有更多的盗匪首领起来造反，一度完全切断了四川和中国中部的联系。阡能叛乱最后在882年阴历十一月被镇压下去。他和他的主要支持者被处死，但是四川仍然充斥着盗贼团伙。[2]

阡能叛乱发生在黄巢叛乱的巅峰时期，因此没有享有它应享有的名气。然而，它有几个理由应该受到重视。首先，它的发生是皇帝直接控制下的一个道政府的官员的极端严酷和腐化造成的。但是它也表明，这时盗匪活动遍及全国，甚至比较平静的地区也不例外，盗匪进行的联合能在任何地方发生，特别是在和军队暴动联合时，很容易在道一级地区形成严重的威胁。但是最后，我们也看到，即使中央政府已完全不能在全国范围内维持秩序，这类叛乱仍能被控制在道一级水平上。事实表明，在我们现在将叙述的中国其他地区，这是一种标准

---

① 《资治通鉴》卷254，第8263—8264页。
② 关于阡能叛乱，见《资治通鉴》卷254，第8263页及以后诸页。

的模式。道以下的控制并未遭到严重破坏，而一种新的秩序开始在这一级水平上形成。

地方民团的建立和地方的军事化

阡能之乱并非朝廷在成都时四川发生的唯一较大规模的暴动。882 年后期，另一较大的叛乱在黔州（今贵州北部）爆发，并迅速向四川南部和中部发展。[①] 这次暴动是被一种新型地方军事力量即韦君靖领导的民团组织镇压下去的。[②] 韦君靖是四川西南部地方精英的一员，9 世纪 70 年代末他开始在剑南东道的首府资州的围部组织和联合乡的防卫。这是一种地方性的组织，旨在控制当地的骚乱和盗匪活动，它的形成是出于对黄巢或一些重要盗匪团伙（它们从前曾和徘徊于长江流域的王仙芝联合）会打进四川的恐惧。

在 882 年的暴动发生时，韦君靖率领他的民团击败造反者，此后他保持着强大的力量。890 年当一场大规模的军队叛乱在四川西部爆发时，剑南东道的节度使授权他保卫本道以抗击叛乱者的侵犯。他有能力动员一支 2 万名民团组成的军队，消灭了 27 个叛乱者的据点。在此以后，政府任命他为普、合、昌、渝四州的都指挥，他的队伍被改编为荆南军。892 年，他在昌州建造了一座巨大的堡垒，这时他联合起来的军队已有四五万人，由 34 支民团队伍组成。

这种地方民团力量当然是在 8 世纪以来的特定基础上（例如在安禄山侵略河北以后）建立起来的。[③] 9 世纪下半期，对地方民团的需

---

① 《资治通鉴》卷 255，第 8275 页。
② 关于韦君靖及其民团组织的重要研究，有栗原益男《关于唐末土豪在地方上的势力——四川韦君靖的情况》，载《历史学研究》，243（1960 年），第 1—14 页；日野开三郎《关于唐韦君靖碑应管诸镇节级之考察》，载《和田博士古稀纪念东洋史论丛》（东京，1961 年），第 760—780 页。后一篇论文主要研究一篇石刻碑文，其内容是纪念韦君靖在 892 年建成一座大城堡；那篇碑文的复本可以在刘希海（1793—1853 年）的《金石苑》（据 1846 年印本，台北重印，1966 年）第 189—193 页中找到。
③ 见谷川道雄《关于安史之乱的性质》，载《名古屋大学文学部研究论丛》，8（1954 年），第 86—91 页。

要迅速增长，因为地方的社区在盗匪和散兵游勇的不断增长的威胁下被迫采取保护自己的措施。① 在僖宗当政时，政府终于认可这种大规模民团的组成。

这样一种地区防御体系的核心通常是由一个地方精英人物领导的个人军队，他通常是一个著名的地主。强有力的地主在地方社会中有巨大的影响，特别是在 8 世纪雇佣众多佃农和依附者的庄园大规模增长以后更是如此。他们常常有力量反抗地方政府的代表。在秩序日趋崩溃的时期，如果发生盗匪袭击，这样的地主损失最大，在乡村组织地区防御时他们也就成为当然的领导者。

较大的地方防御体系在某些集市上出现，甚至把一个殷实地区的自卫武装联合起来的更大的防御体系，也围绕着某些驻兵的镇或镇市逐渐形成。驻守在这样的镇市中的地方民团称为义军，这个名称表示它是一种相对于官方组织而言的民间武装，与地方官军并无关系。

许多这样的高级民众武装逐步并入地方节度使的指挥机构，其领导人称为义军镇将、防御使或团练使。这类头衔不但使地方民团首领们具有军事权力，而且也有一定程度的司法和财政权力。镇成为一种低于县一级的行政管理中心，它的镇将与其说是地方防御组织的首脑，不如说是地方军事体系的一名军官。②

大量民团已在 860 年镇压裘甫之乱时被使用过。僖宗朝为了控制875—877 年在同一地区发生的严重的王郢兵变，使用地方防御队的规模更大。③

王郢是镇海（浙西）节度使下面的一名将领。从 874 年初开始，节度使由赵隐担任，他以前曾任宰相，僖宗即位后被派到那里。作为

---

① 关于唐代后期建立地方民团组织的讨论，见日野开三郎《唐代藩镇的跋扈与镇将》，载《东洋学报》，27.3（1940 年），第 341—346 页；以及《中国中世的军阀》（东京，1942 年），第 229—235 页；菊池英夫：《所谓节度使权力与土豪层》，第 50—58 页。

② 菊池英夫：《所谓节度使权力与土豪层》，第 56—58 页。

③ 关于王郢之乱，见日野开三郎《唐末混乱史稿》，《东洋史学》，10（1954 年），第 17—19 页；《资治通鉴》卷 252—253，第 8178—8190 页。

一个军队统帅，赵隐既没有经验也没有能力，他不仅没有给忠于职守的部下以适当的酬赏，甚至没有供给他们足够的基本物资。赵隐不重视属官的要求，于是王郢便领着一伙人冲进仓库夺取武器和给养。他立即拥有近万名部众，袭击浙西北部诸州。叛乱者还有船队，沿海游弋，袭击他们登陆的任何地方。

由于政府的最高级军事统帅们忙于在长江以北对付王仙芝和黄巢，一个名叫高杰的官员在876年阴历七月被任命为沿海水军都知兵马使去征讨王郢；高以前担任过的最高职务是广西某一偏僻地区的州刺史。他看来取得了某些成绩。876年末，王郢试图谈判投降，要求给他一个浙西的地方职务。长时间的谈判以失败告终，王郢拿下了浙东的温州。政府从京师派了一名自己的将军宋皓指挥讨伐，由他率领一支约1.5万人的军队进攻王郢。王郢沿海岸而下移向浙东的明州和台州，15年前裘甫曾劫掠过这一地区。叛乱者终于在877年初被镇压下去，这是在王郢因部众背叛而丧失了一半力量以后发生的事。

尽管王郢叛乱与黄巢、王仙芝起义相比规模不算大，但它仍是在一个朝廷的重要地区发生的严重骚乱。对付王郢战役中最值得注意的方面是镇压暴动的政府军队的构成。政府军的大部分是常规部队，有些是地方部队，另外一些部队则是从北方调来，包括来自河南的武宁、宣武和忠武军的部队。但是政府也接受了由地方精英成员所指挥的地方民团部队的相当可观的援助。这些指挥官中最著名的是来自杭州的董昌，此人自立为全部民团组织的首领。[①]

在镇压了王郢暴动以后，这种民团组织既没有解散，也没有转入地方自卫体系，而是合并到了道的军事编制中去。董昌被任命为杭州正南的石镜镇的镇将。他的副手名叫钱镠，以前是杭州的青年团伙的首领。该团伙以杭州八都而知名，他们曾对抗王仙芝和黄巢的军队，

① 董昌传记见《新唐书》卷225下，第6466—6469页；以及《新五代史》卷133，第14—15页（《钱镠传》）。

成功地保卫了杭州和它的主要城市临安。① 879 年，他们阻挡了对杭州的一次大规模袭击，自此黄巢几乎完全避开了这个地区。首先，董昌是完全忠于朝廷的，曾在数次攻打浙西地区割据独立的节度使的战役中出力，其目的是重建王朝对这一地区的牢固控制。887 年，他成为浙东观察使，他的副手钱镠接任杭州刺史。他们两个人现在为控制浙西而开始了一场剧烈的斗争，董昌在 895 年自称独立的罗平国皇帝。896 年董昌被杀后，钱镠取得浙西大权，并在 10 世纪初年被衰弱的唐王朝册封为越王和吴王。921 年他建立了独立的吴越国，这是十国中最繁荣和最重要的一个。这样，在 50 年期间，它由起初的一个地方自卫组织，几经扩展，转变为一个大的地区性独立国家，直到978 年才最后为宋朝所征服。

我们对韦君靖的民团组织和杭州八都所了解的情况远比其他这类民团组织要多。它们肯定不是孤立的，而且它们显示了这个权力瓦解时代的基本特征。道的政府不管怎样独立，它本质上是政府设置的，可是，这些新的民团组织是地方武力的产物，是作为崭新的权力结构借以产生的重要机制的一种，它扎根于地方社会，是从这个时期动荡不定的环境中产生出来的。

四川的流亡朝廷

僖宗逃到成都以后实际上成了首要宦官田令孜的囚徒；田令孜指挥在四川的帝国军队，并通过他的兄弟节度使陈敬瑄控制这整个地区，但愈来愈多的重要官员逐渐都来投奔这个流亡朝廷，各地向僖宗送来贡赋并作出各种支持他的效忠表示，尽管仍只有数人相信王朝有复兴的可能。

流亡朝廷的大臣们仍然争吵不休和受派系活动的支配，就像在黄巢胜利以前那样。宰相中如曾于 880—881 年、883—887 年两度任职

---

① 关于杭州八都的讨论，见谷川道雄《关于唐代的藩镇——浙西的场合》，载《史林》，35.3（1952 年），第 297—298 页。在《吴越备史》中有些传记资料表明，这些都的首领是杭州地区地方精英的成员；见《吴越备史》卷 4（学津讨原丛书本），第 6 页。关于后来的吴越国，见沙畹《关于吴越国》，载《通报》，17（1916 年），第 129—264 页。

的裴澈、881—889 年任职的韦昭度，他们的地位都因和宦官结盟方得以保持。韦昭度是田令孜的坚定的支持者。[①] 奴态十足的裴澈没有实权，被同僚们蔑视。站在对立面的是王铎，他在 881 年末被派往关中指挥作战；还有萧遘。

萧遘于 881—886 年任宰相，他是田令孜最强有力的政敌。[②] 他有很高的个人威望，直系祖先中（包括他的父亲萧寘）有三人任过宰相。他充满了出生于世家大族的人的自信，而且喜欢将自己比之于大贵族出身的宰相李德裕。他公开藐视懿宗朝的宠臣韦保衡，因而也是这个宠臣的众多政治受害者之一；在懿宗朝的大部分时间中，他在外地度过，直到在僖宗时才被召回朝廷。尽管他毫不动摇地反对田令孜，后来还试图用武力消灭宦官，但当朝廷留在四川时，他是没有办法采取任何积极行动的。

另一位宦官的有影响的敌手是郑畋，他在将黄巢遏制在京师地区时起过重要作用，在此以后于 882 年回到了朝廷。郑畋是在 878 年和他的老对手卢携一起免去宰相职务的，这是他们在朝廷中就帝国军队的指挥权和对南诏的政策发生剧烈争吵以后的事。毫无疑问，他的强硬的观点和尖刻的性格造成了朝廷中很多的摩擦。当他到达成都时，他在一次与高骈的措辞激动的往来通信中重新揭开了旧创伤，他在信中继续主张必须由文官来领导对付黄巢的战争。他也反对田令孜，而田令孜则与他的对手卢携有密切联系。他对僖宗有很大的个人影响，僖宗无疑尊敬他，而他也已证明自己是一个忠诚的和有才能的统帅。但他又是一个容易激动的人，一年多以后，他于 883 年退休，由柔顺而无足轻重的裴澈取代。

在这些流亡的岁月中，有两件事特别值得注意。第一，宦官和朝廷官员之间的敌视继续迅速增长，在 884—885 年特别厉害。其次，无论他们内部如何倾轧，那些同一出身的旧贵族精英成员（在懿宗朝他们被排除在最高级官僚之外）继续垄断着最高层官职。即使在那些

---

① 韦昭度传记见《旧唐书》卷 179，第 4653—4654 页；《新唐书》卷 185，第 5410—5411 页。
② 萧遘传记见《旧唐书》卷 179，第 4645—4648 页；《新唐书》卷 101，第 3960—3962 页。

极端危急的日子里，每一位宰相都是最高层政治和社会精英的成员。尽管他们是由来已久的和著名的官僚阵营的代表，尽管当王朝在渡过空前的危急关头时他们多少能赋予朝廷以一定程度的尊严和稳定，但是宦官控制了僖宗，他们在政治上是虚弱的。

宦官控制朝廷也妨碍了帝国在各地重新树立其权威，因为和政治精英的大多数人一样，京城以外的节度使们也都坚定地反对宦官控制政府。僖宗即位之初的短暂的政治复兴已经蜕化为一种无可救药的政治局面，从此王朝再没有振兴起来。

叛乱的瓦解

对于黄巢从一个固定的基地指挥大规模战役的能力来说，第一次考验是在占领京师后几个月来到的。对京师的主要威胁来自邻近的凤翔的效忠王朝的军队，他们是由以前的宰相郑畋统率的；郑畋要求皇帝留在关中未成，即被授权负责协调西北的勤王军队。黄巢派遣一名使节前往凤翔，答应赦免这个地区，如果向他投降的话。郑畋决定战斗，但他的一些军官宁可观望长安的形势发展，眼下看来黄巢想使凤翔中立，如果办成，那将是一个巨大的成就。郑畋终于能够重新集合支持王朝的力量，这主要是因为他对王朝表现出热烈的忠诚。他向四川的皇帝送去一份用自己的血书写的奏表，发誓要组织忠义的部队收复京师。除了西北各地的驻军以外，还有许多禁军留在京畿区，郑畋能立即在凤翔集合起一支人数众多的军队。皇帝恢复了他的宰相职务，任命他为诸军行营都统，有权委任自己的副将。[1]

881 年阳历二月，黄巢派遣他的主要将领尚让和王播率领 5 万军队前去攻打集结在凤翔的队伍。他们相信这场战斗能轻易取胜，因为郑畋是一介书生，不能真正打仗。黄巢的人马自从来到长江以北后不曾遭到任何真正的抵抗，所以他们几乎是漫不经心地向凤翔前进，甚至不屑列队行军。想不到的是，郑畋事实上是一位高明的兵法家，他将自己的副手朔方节度使唐弘夫安排在适当地方，伺叛军迫近时伏击

---

[1] 《资治通鉴》卷 254，第 8242—8247 页。

他们。在一场严酷的和决定性的战斗中，黄巢的队伍被击溃了，政府宣称此役杀死了两万人。

这是一次非常重要的胜利。除了造成黄巢力量的重大损失之外，它还是一年多以来（自从高骈在长江下游取得胜利后）政府军首次表明有击败盗匪的可能。唐朝利用这次大胜的机会，要求进一步的支持以收复京师，派遣使节前往各地，劝说黄巢的三心二意的支持者，他们很快便背弃了叛乱的事业。880 年末投降黄巢并被委任掌管洛阳周围地区的诸葛爽，现在重申他对王朝的效忠，并被任命为河阳节度使。两个月后，忠武的周岌也被说服放弃了对黄巢的支持，回头效忠皇帝。目前最后一个黄巢的地方支持者是平卢的王敬武，但他只是一个次要人物。

881 年最初数月发生的事情，对改变曾经导致叛乱者轻易征服京师的势头起了决定性的作用。叛乱者在长安统治的虚弱现在是明显了。它不能建立一个有活力的政治机构，并且因在京师实行残酷的和无意义的恐怖统治而失去了官员们的支持。它现在遭受了当头一棒的军事挫折，最后完全失去了各地节度使的支持。881 年阴历四月，京师曾暂时被政府军夺回，但在一场流血的战斗以后又被黄巢占领，紧接着便是长安许多居民遭到残酷的屠杀，原因是他们欢迎过官军的到来。使事情甚至变得更坏的是，京师开始缺乏粮食，黄巢力求河中供应粮食，虽然那里的节度使王重荣是他从前的支持者，但是他的要求现在被断然拒绝。王重荣杀死黄巢的使者，并和效忠王朝的河北义武（当时称易定）节度使王处存结盟反对黄巢。

由于赋税的丧失和各地支持的减少，当朝廷一边的军队逼近时，黄巢只能继续据守京师了。京畿地区在唐代从未遭受这样的苦难。人民放弃了他们的土地和生活资料，逃往山林，躲避众多的军队。盗匪占据的是一座空城，被切断了一切供应，处于严重的和令人绝望的境地。谷物的价格猛增到天文数字的高度，吃人肉已是司空见惯的事情。[①]

---

① 　见《旧唐书》卷 200 下，第 5394 页；《资治通鉴》卷 254，第 8268 页。

881 年阴历十月，郑畋把凤翔交给手下一个资历较浅的将领李昌言管理，动身去四川与流亡中的皇帝会合。政府用王铎（王在京师失陷后便到四川投奔皇帝）代替他。尽管两年前黄巢从广州北上时王铎有过凄凉的失败，现在他仍被任命为指挥唐朝反击军队的诸道行营都统。忠贞有力却又屡遭朝廷羞辱的将领崔安潜被委任为他的副将。选择王铎和崔安潜来领导恢复京师战役一事表明，王朝只能依赖这些和唐皇室有密切政治联系的官员，他们的忠诚是可靠的。此外就没有多少人可指望，也没有什么东西可再输掉了。

当政府军开始巩固他们在京师周围的地位时，黄巢几次试图向东扩展自己的力量。他的将领朱温被任命为长安东北位于关内的同州的刺史，虽然朱温在得到这个职务以前还必须攻下该州的州城。朱温的下一步努力是渡过黄河进入河中，但被王重荣击败，这样黄巢就不能进入一个能供应京师粮食和向东发动战役的地区。882 年阴历四月，政府各路人马成功地建立了半圆形的包围圈，控制了通向京师北面和西面的要道。结果是切断了黄巢在京畿的所有供应来源。西、北两面包围，南面是不可逾越的秦岭山脉，再加上河中不能通过，政府军明显地希望黄巢将放弃京师，返回他在东方的老巢。没有人热切地盼望打一场大战。

围困京师一事有几个有趣的特点，它们足以清楚地显示该时期在政治上和地区上的极端的四分五裂。首先，没有得到长江中下游地区的支持，特别是高骈那里没有派来一个人；高骈继续一再向王朝表忠心，但并没有派军队。他几度试图劝说僖宗将朝廷搬到他的道首府扬州城，但是控制着僖宗的宦官们是不会自己冒险投入像高骈这样强有力的人物的手中的。[1]

另一个重要特征是勤王军中出现了地区集团。当王铎率领四川和兴元军队屯驻在京师以北的富平时，泾原的军队则进驻京师以西的要冲，其他进攻部队又构成了一系列联盟。来自河东—河北地区的两个强大的节度使，即河中的王重荣和义武（易定）的王处存，一起屯驻

---

[1] 见崔致远《桂苑笔耕集》卷 2（四部丛刊本），第 11—12 页。

渭北；邠宁的朱玫和凤翔的李昌言移驻长安西北的兴平；定难军（来自夏绥）节度使党项人拓跋思恭和李孝昌的保大军（来自鄜坊），共同屯驻渭桥，他们两个人控制了关中东部和北部大部分地区。最后，忠武的周岌和蔡州的秦宗权派遣军队到长安西北的武功，二人原是参谋军官，879 年黄巢北上时他们夺取了河南各地的权力。

这些武装中没有人愿意在战斗中与黄巢的仍然可怕的军队较量。所有的人都望黄巢向东撤退，谁也不愿意带头向黄巢发动进攻。王铎致力挖掘一系列工事，目的是阻止黄巢向西方或南方移动，怕他指向四川。① 政府军采取防御的姿态使黄巢有可能在京师周围发动数次成功的局部性袭击，但是没有多少值得注意的收获。尚让率军攻打长安以东的华州，但在一场没有料到的夏季暴风雪中丧失了许多人。

黄巢在 882 年阴历九月遭到一次较大的挫折，当时他派到京师以东两个关键的州的刺史——即同州的朱温和华州的李详——都背叛了。朱温背叛是由于他与王重荣对垒时没有得到支持；当他的要求被拒绝以后，他知道黄巢的力量正在衰落，便决定向王重荣投降。当李详也试图效尤时，黄巢便将他杀死。但是即使在这些挫折之后，包围京师的将帅们仍没有一个人愿意向黄巢军队进攻。在这种僵持局势下，政府终于同意召来李克用率领的沙陀军。②

用外军来帮助镇压内部叛乱，这并不是第一次。李克用的父亲在镇压庞勋叛乱时起过重要作用，为此被赐予国姓，并被任命为一个重要的边疆地区的将领。但是他已证明是高度独立的，在以前 10 年中他大部分时间从事于无休止的边境战斗，其中多半是在对付一个由唐朝支持的部落联盟。③ 唐朝在太原建立了强大的防御工事，旨在遏制沙陀，阻止他们侵入河东，因为他们能够从该地轻易地袭击京师。但是，如果想要打破京师周围相持的局面，除了引进外族军队之外似无他法。883 年正月，王铎被解除统帅职务，战役指挥由将领们联合负

① 《新唐书》卷 225 下，第 6461 页。
② 《资治通鉴》卷 225，第 8277 页。
③ 见刘揆藜《唐代藩镇之祸可谓为第三次异族乱华》，第 851 页以下。

责，李克用在他们中间显然是居于支配地位的人物。

883 年初李克用带了一支大约 35000 人的令人生畏的军队来到关中，他的军队是从边境各族中召集来的。李克用移军沙苑，这是同州以南的一个牧马地，在那里他初战便击败了黄巢的兄弟黄揆。黄巢决定在一场最激烈的战斗中向李克用挑战，派出 15 万人向正在与忠武、易定和河中各军会合的李克用进攻。883 年阴历二月十五日双方军队终于在梁田陂相遇，打了一场大战。黄巢军队完全被击败，被杀或被俘者不计其数。① 在屡遭失败之后，黄巢首先确保了通过山岭去蓝田的道路，最后于 883 年阴历四月退出京师。黄巢从京师的撤退是比较有秩序的；与之形成对照的是无纪律的各路官军的迅速推进，他们抢劫和破坏了长安的剩余之物，使那些劫后尚存的宫殿尽变灰烬。

尽管失去京师，屡遭失败，黄巢的军队仍是相当强大的。883 年阴历五月他派大将孟楷进攻蔡州，这是关中以外参加收复京师之战的少数藩镇中的一个。进攻一开始，节度使秦宗权立即投降，与黄巢合流。下一个目标是陈州，它位于河南中心，是忠武镇的一部分。黄巢对它怀有强烈的仇恨，因为在以前向他进攻的许多战役（从叛乱初期的宋威和张自勉等人的征剿一直到收复京师的战役）中，忠武军都曾起了突出的作用。陈州刺史赵犨知道自己的城市很可能是一个目标，便作了准备。陈州在四周建立了防御工事，制作了盔甲和武器，储备了粮食。20 英里范围以内的人都迁入城内。大批壮丁被招募入伍，由赵犨的儿子和兄弟指挥。

赵犨的努力没有白费。在蔡州轻易取胜的孟楷开始向陈州挺进。赵犨得知孟楷力量不足而且没有准备，便发动一次突然袭击，孟楷军队几乎全被杀死或成了俘虏。孟本人也遭俘虏，并被杀死。

孟楷的失败和死亡使黄巢大为震惊，他立时将全军向东调动。他屯驻在陈州东南的溵水，这里是四年以前政府试图建立联合防御以阻挡他向洛阳前进的地方。883 年阴历六月，黄巢和蔡州的秦宗权联合围困陈州。赵犨誓死保卫陈州，并宣布凡建议投降者将处以死刑。他选

---

① 《新唐书》卷 225 下，第 6461 页；《资治通鉴》卷 255，第 8288 页。

择精锐部队开出城外，向围城军队发动成功的袭击。黄巢进一步被激怒了，决心让军队长时期围困陈州。于是他建立了指挥部并积草屯粮。

883年的整个秋季和冬季围攻一直在进行，其间只是经常穿插了小的战斗。尽管双方都作了认真的准备，但供应越来越少。陈州城内有许多居民饿死。与此同时黄巢的兵马蹂躏了河南的12个州，不顾一切地为围城的军队搜索粮食和物资。

当陈州的形势渐渐令人绝望时，赵犨向邻近各州迫切地要求援助。集合起来的援军之所以一致行动，不是出于对唐朝的效忠，而是因为对黄巢的敌视和害怕。忠武（陈州平时归它节制）节度使周岌从东面派来军队，武宁的时溥从西面前来支援，这时任宣武节度使的朱温，也从北面来到。令人啼笑皆非的是，这三个人当时的官位都应归功于黄巢：朱温是作为他手下的一名军官而得以发迹的，周岌和时溥是在879年黄巢北上的混乱时机夺得权力的。但在这时唯一重要的考虑是维持各自的地方据点，而对于这些将帅来说——他们实际上是地方军阀——黄巢的军队是他们严重的威胁。仅仅因为各自的切身利益才激起他们共同来反对黄巢。

尽管援军对他施加压力，黄巢的军队对于任何反对他的单个将帅来说仍是非常强大的，而他们也没有作出认真的尝试去联合进攻黄巢。朝廷再一次感到有必要请求李克用的援助，于是他便带着一支5万人的军队向东开拔。李克用和各地前来的节度使们同黄巢的军队前后进行了几次大战，其中多数给叛军造成了严重的损失。黄巢终于被迫在884年阴历四月解了陈州之围，从开始围城到这时几乎有300天。[①]

阴历五月，黄巢的主要营地被暴涨的洪水淹没以后，紧接着又遭到一系列严重的失败。朱温赢得了对叛乱者的几次决定性的胜利，一批黄巢的重要将领向他投降。当黄巢在过去6年中最重要的伙伴尚让

---

① 关于围困陈州的情况，见《资治通鉴》卷255各处。赵犨的传记见《新唐书》卷189，第5473—5475页；《旧五代史》卷14，第5—8页；《新五代史》卷42，第460—464页。

带着 1 万人向武宁的时溥投降时，黄巢知道自己末日将临。他在听到这个消息时暴跳如雷，杀死了他的其他几个副将，带着将近千人返回山东的老巢，李克用无情地紧追不舍。尽管失去了许多人和全部给养，但黄巢对这个地区很了解，仍能躲避李克用的追击。

李克用在 884 年阴历五月停止追击黄巢，回到汴州。但时溥派了他自己的几个将领（其中之一是新近投降的尚让）前去消灭黄巢的残军。884 年阴历六月，黄巢最后在狼虎谷（在泰山东南约 30 英里处，离他大约十年前初次起事的地方很近）陷入绝境。据说他不愿让李克用因俘获他而得功，宁可自刎而死。他最早的支持者和他自己的家属都被他的"外甥"杀死，而此人又为政府军所杀。叛乱领袖们的首级先送到时溥处，然后又送往在四川的皇帝那里，皇帝下令将这些首级献于太庙。[①]

黄巢叛乱终于结束，但是高度地方军事化的复杂模式由于叛乱已经定型，并将继续许多年代。大规模的盗匪活动也没有因叛乱结束而停止。黄巢的从子之一继续率领一支 7000 人的队伍袭击湖南全境，大约在 901 年的某个时候终于为一个地方豪强所消灭。[②]

晚唐时期中国权力的新结构

唐朝的最后 20 年是一个发生决定性变化的时期，在此期间中国每一个地区都在走向独立割据的道路。在西北的关中京畿地区，所谓的全帝国的联合（即在 880 年以后曾使摇摇欲坠的王朝得以站稳脚跟的皇帝、他的私人支持者、最靠近王朝的诸道及外族雇佣军的联合）的完全破裂，导致了 907 年唐朝的崩溃。这是一个具有重大历史意义的事实，因为在唐代及其以前的时代里，关中地区许多世纪以来一直是中国政治权力和权威的无可争辩的所在地，它此后再也不能恢复其中心地位了。

① 《新唐书》卷 225 下，第 6463—6464 页；《资治通鉴》卷 256，第 8311 页。
② 《新唐书》卷 225 下，第 6464 页。

在黄河以南的中国中部和东部地区（今河南、山东和安徽北部）曾是唐朝向中国东半部扩展其势力的支柱，许多强大而闹独立割据的节度使在那些年代里为了增加或保卫他们的领土而战斗不休。朱温（以前曾是黄巢的伙伴）是他们中的一个，883年唐朝任命他为汴州（宣武）节度使，他比其他节度使更能持久，更能战胜他人，不断地向四面八方扩展他的领土。907年他推翻了唐朝，完全毁坏了长安，建立了自己的王朝后梁；这个国家从907年延续到923年，在此期间朱温和他的后继者与沙陀的后唐国为了控制中国北部而战斗。

在北中国的中部和东部（今山西和河北），唐朝的长期衰弱容忍了并在很大程度上助长了外族对广大领土的占领。来自北方的外来民族有沙陀突厥、回鹘、鲜卑、党项、吐谷浑等等，其中有一些长期居住在长城以内，另有一些则是新近侵入的，它们先后占领了北中国的大部分，只留下黄河以北的小部分地区仍由纯粹的汉人统治。由沙陀伟大领袖李克用的儿子在923年建立的后唐王朝，是这些非汉族的强大力量最值得注意的结果。丢失给异族的大部分疆土最后由宋朝收回，但长城内的极北地区，即所谓十六州，则注定将继续处于外族统治下达四个世纪之久。

最后，在远离北中国诸权力中心的地区，如南方长江中、下游地区和四川，以及中国本部的东北和西北角，在这个时期出现了若干独立的不同文化的国家，它们统名为十国。

下面将依次讨论这些地区的重大发展。地图22和表10.1提供了黄巢叛乱以后中国权力分布的一般概念。不过应该记住，这时地区政府的正常模式几乎完全破坏了。这份地图上显示的50个左右的地方统治者将他们力量的绝大部分放在各自辖地的首府中，这是在一个激烈的国内战争时代的一种正常的事态发展，同时也难以确定他们的权力究竟伸展多远。不过，他们所控制的大的区域性的城市仍然是中国的主要权力中心，在它们周围的地区即使不是由各自的地方长官绝对控制，也仍然处于他们的统治之下。因此，在地图22上，有理由仍旧把"道"作为一种行政区划保留下来。

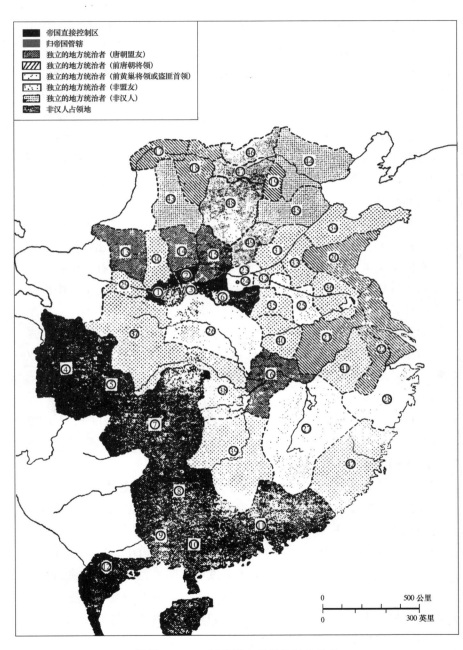

地图 22 885 年黄巢之乱后的权力分布

表 11　　**黄巢叛乱后的权力分配（885 年）**

	地方统治者	统治年代
帝国控制		
1. 京兆（长安）		
2. 同州	帝国直接治理	
3. 华州		
归帝国管辖		
4. 西川	陈敬瑄	880—889
5. 东川	高仁厚	884—886
6. 陕虢	王重盈	881—887
7. 黔中	愔　实	885—890
8. 桂管	陈　瓌	885—894
9. 邕管	崔　焯（?）	882—?
10. 容管	何　鼎（?）	883—?
11. 岭南	郑　续	879—886
12. 安南	谢　肇	884—?
独立的地方统治者；唐朝盟友		
13. 泾原	张　钧	882—894
14. 鄜坊	东方逵	882—886
15. 河中	王重荣	880—887
16. 鄂岳	路审中	884—886
独立的地方统治者；前唐朝将领		
17. 天德	李　珰	875—?
18. 振武	王　卞	885—888
19. 义武	王处存	879—895
20. 兖海	齐克让	879—886
21. 淮南	高　骈	879—887
22. 浙西	周　宝	879—887
独立的地方统治者；前黄巢的将领或盗匪首领		
23. 河阳	诸葛爽	881—886
24. 东畿（洛阳）	李罕之	885—887
25. 宣武	朱　温	883—907
26. 山南东	赵　德諲	884—893
27. 江西	钟　传	882—907
28. 浙东	刘汉宏	880—886
独立的地方统治者；非盟友		
29. 凤翔	李昌符	884—887
30. 邠宁	朱　玫	881—886
31. 魏博	乐彦祯	883—888
32. 义成	安师儒	885—886

	地方统治者	统治年代
33. 天平	朱 瑄	882—897
34. 平卢	王敬武	882—889
35. 忠武	鹿晏弘	884—886
36. 武宁	时 溥	881—893
37. 山南西	石君涉	885—886
38. 荆南	张 瑰	885—887
39. 湖南	闵 顼	881—886
40. 淮西（奉国）	秦宗权	882—886
41. 宣歙	秦 彦	882—887
42. 福建	陈 岩	884—891
独立的地方统治者；非汉人		
43. 夏绥	拓跋思恭	881—890
44. 卢龙	李可举	876—885
45. 成德	王 镕	883—907
非汉人占领地		
46. 大同	赫连铎	880—891
47. 代北	李国昌	883—887
48. 河东	李克用	883—907
49. 昭义	李克修	883—890
50. 南诏		独立

帝国的联合及其破裂

经过近四年的四川流亡生活以后，僖宗在 885 年阴历三月回到京师。经历了战争和洗劫的长安已经完全荒废了："荆棘满城，狐兔纵横。"① 皇帝发布大赦令，宣布改元"光启"（意为"辉煌的开端"）。皇帝盛陈军容进入他被蹂躏的京师，他的军队是田令孜在四川组建的5 万余人的神策军。这支军队是帝国赖以复兴的唯一希望。但是士兵们实质上是被雇佣的，他们的服役完全取决于政府的支付能力。这使朝廷处于一种几乎力不能及的困境，因为它的储备早已耗尽。当僖宗在四川时，几乎所有地区都逐渐停止了送往京师或流亡朝廷的纲运。

---

① 《资治通鉴》卷 256，第 8320 页；肖孚：《长安的最后岁月》，第 168 页。

皇帝现在仅仅能从最邻近京师和全在穷困中的关中地区的极少数的道得到资助。没有理由相信帝国的文告会在华北平原和江淮流域这些中国生产最发达的地区引起重视，在紧迫的财政需要被满足以前，对这些地区重建某种程度控制的任何尝试都会拖延下去。

神策军既是帝国的主要武力，也是宦官（特别是田令孜）权力的靠山，由于田令孜把持朝廷在京师和各地都引起了极度的憎恶，这样便使供应神策军士兵的问题复杂化了。不仅如此，更糟糕的是，收复长安以后许多官员回到这座城市，他们对俸禄的要求又给赋税收入增加了压力；所以，尽快搞到巨额赋税是绝对必要的，但是这样做便产生了种种力不从心的问题。

由于全部财政结构完全陷于混乱，加上各地的上供为数极少，政府试图采用非常时期的食盐专卖办法，如同肃宗政府在一个世纪以前所做过的那样，那时安禄山之乱产生了类似的财政危机。最邻近的重要产盐区正好在黄河对面的河中（今山西省西南部）境内，自880年起，这一地区就在强悍而又独立的节度使王重荣控制之下。① 如果政府得以控制该地区，那么，蒲州的安邑和解县两处盐池足以提供需要的赋税收入。可是，这个计划是难以实现的，因为王重荣是龄孜的一个死敌，他曾反复地提出将田令孜处死的要求。这样，在唐朝政府和京师周围的节度使之间第一个重大的对抗便产生了。

朝廷知道不可能简单地将王重荣免职，于是决定花样翻新，搞了一系列精心推敲的重新任命，其中涉及王重荣和中国北部的其他两个节度使，即义武（河北中部）的王处存和兖海（山东）的齐克让。王处存出身于京师一位神策军将军的家庭，齐克让曾是指挥与黄巢作战的政府军将领。他们是中国北部仅有的两位可能接受调职诏旨的节度使。计划是将王重荣调到兖海，河中代之以王处存，齐克让则从兖海调往义武，以此来完成团团转的换班。同时，预期帝国将恢复对河中的控制，田令孜擅取了两池権盐使的头衔。②

---

① 王重荣的传记见《旧唐书》卷182，第4695—4699页；《新唐书》卷187，第5435—5441页。
② 《资治通鉴》卷256，第8322页；《新唐书》卷208，第5437页。

如果这一计划成功，它将是一个值得重视的成就，因为这将证实王朝有力量调动高级官员，也将把三个有能力有经验的唐朝任命的人安排在中国北部不可忽视的重要战略地区。可是，王重荣拒绝接受调动，特别在田令孜的使者对他无礼之后。王处存早些时候曾与王重荣会师恢复被黄巢占领的京师，他担心任何不利于王重荣的行动会削弱自己的地位，所以也拒绝调动，并劝告朝廷重新考虑这一计划，免得"动摇藩镇之心"。①

王重荣拒绝放弃河中的控制一事，使得田令孜去寻求京师附近其他节度使的军事支持，准备对河中发起一次进攻。田令孜的第一个盟友是李昌符，他的父亲李昌言在几年前曾从原宰相郑畋手中夺得了控制凤翔的权力。第二个重要的盟友是位于京师正北的邠宁节度使朱玫。朱玫原是邠宁地区一处要塞的将领，他曾杀死一名派去控制这一地区的黄巢将领。对于最后收复京师的勤王联军来说，这是一个非常重要的胜利。朱玫后来掌权成为邠宁节度使，此事得到朝廷的完全赞同。

为了反对田令孜一党，王重荣和山西北部河东的沙陀节度使李克用联合。李克用对朝廷在他与朱温矛盾冲突时不肯支持他怀恨在心，因此毫不犹豫地转过来对付朝廷。这就使得关中（今陕西）的主力军队和河中及河东（两地合成今山西省）的军队发生对抗。河东的军队证明高出一筹。一场大战发生在沙苑，即883年李克用曾经大败黄巢之地，这一仗的结果是王重荣（原文如此，应为朱玫。——译者）和李昌符被赶回他们在邠宁和凤翔的首府，他们的败军则在溃退中造成了严重破坏。②

李克用此时并未返回河东，而是继续前进，直指长安。皇帝和他的惊慌的朝廷再次放弃京师，此时离他们从长期流亡的四川回来还不到一年。京师在883年黄巢撤离后已部分恢复，现在又遭到掠夺成性的士兵们比以往更为彻底的洗劫。

---

① 《旧唐书》卷182，第4700页；《新唐书》卷186，第5419页。
② 《资治通鉴》卷256，第8326—8328页。

皇帝的随行人员不顾死活地向西逃往凤翔。李克用和王重荣激烈反对田令孜对朝廷的控制，但实质上仍继续忠于皇室，他们反复要求皇帝将田令孜处死并返回京师。僖宗试图恢复田令孜的老对手宦官杨复恭的权力，任命他为枢密使，但这反而促使田令孜把皇帝进一步迁往几乎是关中最西端的宝鸡。

朝廷中的高级官员渴望阻止皇帝再次离开关中，他们寻求朱玫和李昌符的支持，以阻止皇帝前往秦岭山脉以南避难。这两位节度使虽则在朝廷新近企图侵入河中时与田令孜和朝廷联合过，现在却转而反对田令孜，并开始追赶皇帝仅有数百名官员和士兵的随行队伍，这些官兵是被诱骗或被迫而与皇帝在一起逃亡的。

僖宗和他的由宦官控制的随行队伍现在实际上没有支持者，他们在非常困难的状况下继续向西逃跑，然后翻过山岭向南方前进。在逃跑过程中增加了人数的禁军必须奋勇开道，领头的是由刚受命为神策军将军的王建率领的 500 名持剑武士。[1]

这一次路过秦岭山脉的经历比 881 年的旅程更为艰苦。朝廷选择了连云道，这是通过秦岭的最险峻的道路之一，因为它的全程 430 里的三分之一是悬崖绝壁之旁的木栈桥，栈桥下面是咆哮的山间激流。[2] 李昌符企图毁坏部分道路以阻止皇帝通行，但僖宗正好设法通过了。王建似乎对皇帝负有特殊的责任，皇帝将御玺委托他保管，当难得地停下来休息时，皇帝疲惫不堪地将自己的头枕在王建的膝上睡觉。在朱玫的追军到达时，他们刚过了生死攸关的大散岭。旅程已开始付出代价；肃宗的曾孙襄王李煴有病留下，他被朱玫俘获，带回凤翔。

山南西道节度使石君涉在皇帝进入他的领地时决定协助朱玫和李昌符追逐僖宗，这样一来情况变得更坏了。石君涉堵塞了通过山脉的主要关口，焚烧了皇帝可能安歇的邮驿，迫使僖宗和他的卫士只能从

---

① 《资治通鉴》卷 256，第 8330—8331 页。

② 关中这条道路的详细情况，见严耕望《唐代长安南山诸谷道驿程述略》，第 612—615 页。

不可靠而且很少使用的路上通过山脉，与此同时邠宁的追兵紧追不舍。当石君涉决定北上与朱玫联合时，皇帝的穷途末路的状况稍有一些缓和；朱玫现在开始作为一个统治关中的人物出现。僖宗最后抵达汉中盆地，在兴元以西约 30 英里处遇到了朝廷任命的山南西道监军使，后者护送皇帝到比较安全的兴元。[①]

这一次僖宗不想继续向南前往四川，以后数周僖宗试图临时拼凑另一个流亡政府。他指定两位随他逃亡的官员为宰相，他们是孔纬和杜让能，两个人都出身于 9 世纪上半期著名官员的家庭。但是这些任命并没有解决朝廷最迫切的问题，即为伴随皇帝流亡的官员和士兵寻找粮食。汉中盆地人口稀少，没有什么出产，这就是五年前僖宗放弃它而选择比较富裕的四川的原因。为了设法得到所需的给养，朝廷现在宁可一厢情愿地任命王重荣为接应粮料使，并且命令他紧急地运送 15 万斛谷物到兴元。这道命令清楚地表明朝廷处于绝境，因为它曾试图夺取王重荣所控制的河中地区，其结果是迫使僖宗逃出京师。当然，王重荣不愿自动提供朝廷用武力不能夺去的东西，所以再次提出，只要田令孜继续在朝中当政，他便拒不执行皇帝的命令。

朱玫当时决定正式废黜僖宗，立不久前俘获的肃宗的曾孙李煴来代替他。[②] 萧遘原来寻求朱玫的帮助以阻止田令孜带着僖宗逃出关中，现在他首先抵制废黜皇帝的计划，但未成功，特别在朱玫宣布任何反对他计划的人将立即被处死之后，就更不能再反对了。兵部侍郎郑昌图受命撰写李煴即位的诏书，在凤翔的文官们被安排伴随李煴前往长安，准备举行拥立他为帝的仪式。与此同时，朱玫自封为神策军的高级将领，这样便掌握了田令孜官职中最重要的一项职务，并使自己成为皇帝的幕后操纵者。

尽管拥戴新皇帝的想法起初受到一定程度的抵制，但事实清楚表

---

① 《资治通鉴》卷 256，第 8231—8232 页。

② 关于朱玫和他试图将一个僭越者安置在皇位上一事，见栗原益男《朱玫之乱》，载《和田博士古稀纪念东洋史论丛》（东京，1961 年），第 373—382 页；朱玫传记见《旧唐书》卷 175，第 4548 页；《新唐书》卷 224 下，第 6404—6405 页。

明，这个决定得到许多支持，特别是在各道高级官员和节度使中间。除了结束田令孜对朝廷的有力控制这一具体目标之外，这也是在一个多世纪中皇位继承问题第一次摆脱了宦官的控制。崔安潜是田令孜控制政府时比较著名的受害者之一，他代表在皇帝逃离京师以后逃往河中的朝廷官员，写信赞成废黜僖宗。另一个重要的支持表态来自高骈，他承认新政权的合法性，并且力促李煴登基。朱玫还派使者前往长江地区和河北的其他重要节度使处。大多数人保证承认新的朝廷。[1]

886年阴历四五月间，两起重大的发展使情况发生了决定性的变化。一是田令孜决定自动放弃他在流亡朝廷中的位置。他任命自己为西川（四川西部）监军使，并离开了僖宗，西川这时仍由他的兄弟陈敬瑄控制。田令孜的离开朝廷，大大缓和了局势，但是这并不意味着僖宗朝就结束了宦官的统治。田令孜的老对头杨复恭现在接管了他的职务，杨复恭把田令孜的伙伴（包括王建将军在内）都放逐到外地，有的到四川，有的到贵州北部。第二起重大的发展是朱玫与李昌符之间的分裂，虽然他们原来共同策划过立李煴为帝。当李昌符觉察到朱玫企图个人垄断权力时，便撤销了自己的支持，并开始和流亡的皇帝谈判，要求授予自己高级官职，僖宗当然立刻答应。

朝廷迅速利用这些发展。当时王重荣所讨厌的田令孜已经离开朝廷，它便派使者到河中去，想取得王重荣的支持。更为重要的是，强有力的河东的沙陀节度使李克用拒绝支持朱玫。对李克用来说，一个软弱的僖宗回到京师继续主持礼仪，较之让朱玫那样强大的节度使控制一个傀儡皇帝更有吸引力。因此李克用同意与王重荣和杨守亮（宦官杨复恭的义子，新近被任命为金商〔山南东道〕节度使）联合。这三位节度使的联盟使僖宗终于有可能回到京师。

朱玫不顾联合起来反对他的占压倒优势的力量，仍于886年阴历十月立李煴为帝。杨复恭代表皇帝传檄京师周围地区，宣称任何可能带着朱玫首级来归的人，将被任命为节度使。朱玫手下的一个将领王

---

[1] 《资治通鉴》卷256，第8334—3335页。

行瑜带着军队从凤州回到京师，在一场短促的战斗以后杀死了朱玫和朱玫手下党羽数百人。获胜的士兵们随即放肆起来，在城市中到处抢劫和屠杀，进一步增添了长安居民的苦难。

许多在朱玫当政时接受了官职的人和僭位的皇帝一起逃往河中，以寻求王重荣的不可靠的保护。王重荣立即将他们中的大多数处死，其中包括不幸的李煴，他的首级送往在兴元的流亡朝廷。皇帝下令，朱玫当政时的宰相和所有接受官职的人都要受到最严厉的惩罚。[1]

在朱玫被杀和他的权力被根除以后，僖宗回到京畿区，但没有到长安，因为长安被接连的占领和抢劫蹂躏得不像样子，实际上处于一种无政府状态。887年阴历三月，僖宗到达关中西部的凤翔，在那里他仍处于节度使李昌符的"保护"之下；李昌符当时刚刚为了得到皇帝的任命转过来断绝了对朱玫的支持。李昌符希望利用朝廷在凤翔的机会剥夺它的剩余财富和权力，但是他的野心很快导致了自己的毁灭。887年阴历六月，李昌符的士兵和皇帝的军队交战。李昌符袭击并企图焚烧皇帝的"行宫"，在凤翔的街道上双方之间更是恶战一场。李昌符遭到失败，被赶出凤翔，两个月后在一次短促的讨伐中被杀。领导了对他的讨伐的前神策军军官李茂贞代替他当了凤翔的节度使。

僖宗回到京畿区，在这一地区的凤翔和其他地方都产生了重大影响。杀死朱玫的王行瑜被任命为华州刺史，对于力量大为削弱的王朝来说，这个职位当时的重要性比平常要大得多。后来当昭宗继位时，他和李茂贞成为十分重要的人物，虽则他们的权力从未越出中国西北部。

中国其他地方的政治和军事局势在继续不断地变动。对于这些地区来说，皇帝的回銮并没有多大意义。这些年藩镇的不稳定程度，从885年掌权的节度使在890年已有半数以上被取代这一事实明显地表现出来（见地图22和附表）。在下面我们将讨论在各地的最重要的发展。

887年的其余时间僖宗仍在凤翔，888年正月回到长安。然而，

---

[1] 《资治通鉴》卷256，第8337—8342页。

他在凤翔已经得了重病，888 年阴历三月便死去，只活了 27 岁。[①] 僖宗在位 15 年，这 15 年中很难说他曾进行过统治。他在位的岁月是军事、政治、社会和制度各方面的重重危机压得人们喘不过气来的时代，远非唐王朝的能力所能解决。有人把王朝的迅速崩溃归罪于僖宗的孩子气的任性，或归罪于他对施政的漫不经心，但是，是否有任何统治者能有效地阻遏唐朝力量和权威的崩溃，实属疑问。

昭宗（888—904 年在位）和昭宣帝（904—907 年在位）

僖宗的继承人是他的兄弟李杰，庙号昭宗，他的统治只是力图使王朝苟延残喘而已。这是一个无法保持平衡的时代，唐王朝之所以能比其自然生命力支撑得更久，是因为人们普遍担心一个王朝被推翻后产生的后果。任何一个手中有些兵力的人几乎都能随心所欲地置唐王朝于死地。但在 907 年前这样的事并未发生，这不是因为缺乏力量和机会，而是因为他们害怕会像朱玫那样没有稳定的基础来维持篡夺的皇位。

昭宗嗣位时 21 岁，是一个聪明而又有才能的年轻人，他充分了解阻碍恢复唐朝力量和权威的形势，并发誓自己要复兴王朝。毫不奇怪，他完全没有能力办到。昭宗不仅根本无力重新树立唐王朝对各地的权威，而且也管不了朝廷中或京师四周地区发生的事情。

在他即位的第一年，昭宗的主要政治问题仍然是宦官控制朝政的问题。这时的主要反面角色是杨复恭，他继田令孜之后成为宦官机构的首领，并曾于 888 年安排昭宗即位。[②] 可是，昭宗这个人从来没有像他哥哥僖宗依赖田令孜那样依赖杨复恭。在即位之后，新皇帝立即向宰相们表明，他希望由宰相掌握朝政。宰相们于是劝告皇帝要果断地抑制宦官的势力，就像宣宗在半个世纪以前试图做的那样。在宦官成功地将皇帝的舅父、一个在朝廷有影响的政治人物王瓌放逐到外地

---

① 《资治通鉴》卷 257，第 8364 页。

② 同上书，第 8376 页；杨复恭传记见《旧唐书》卷 184，第 4774—4775 页；《新唐书》卷 208，第 5889—5892 页。

接着将他谋杀之后，昭宗甚至更加下定决心要除掉杨复恭。昭宗连自己的至亲都没有力量保护，这使藩镇对朝廷更加藐视，并大大增加了昭宗个人所受的挫折。[①]

皇帝立即制定了削弱杨复恭在朝廷中的地位的方案，直截了当地将高官和实权授予杨复恭的另一个养子杨守立（这时杨守立指挥着靠近京师的最重要的帝国军队），并赐予国姓。更名为李顺节的杨守立这样一来立即由杨复恭的主要支持者转而成为他的主要对手。[②] 杨复恭随后逃离京师，并纠集以前收为养子的几个强有力的节度使来支持他；但是他们在892年一场节度使李茂贞和王行瑜从关中发动的战役中被击败了。杨复恭逃到他自己在太原（山西）的一处庄园中，但被王行瑜的士兵俘获，带回京师处死。他的战败和处死是许多年代以来宦官们遭受的最严重的挫折。

当昭宗为重掌朝纲而进行斗争时，他又陷入与李克用的敌对行动之中；这个沙陀突厥家族在庞勋和黄巢叛乱时曾给唐王朝提供了重大的援助。与李克用之战的目的是错综复杂的。首先，藩镇和朝廷双方都对沙陀突厥的最终目的存有戒心。因为沙陀对朝廷的效劳只是在允许他们占领大部分山西的情况下才取得的，从山西他们可以威胁关中、河南和河北。华北许多地方都普遍对突厥人怀有恐惧之心，这就给朝廷提供了一个极好的机会去采取主动行动和对他们组织一场得到广泛支持的战役，以显示皇帝的领导地位，甚至使朝廷恢复对关中以外的疆土的控制。李克用曾是唐朝最有力量和最可信赖的盟友，但这对朝廷来说似乎已无关紧要了。

这一计划的主要倡议者是怀有利己的政治目的的两个宰相张濬和孔纬，因为他们希望胜利会增强自己的力量，使他们有可能彻底根除朝廷中的宦官，结束宦官对帝国军队的控制。征讨李克用的决定是在一次高级官员全体会议上作出的，他们中的大多数人（包括宰相刘崇

---

① 《旧唐书》卷174，第4775页；《资治通鉴》卷259，第8446页中有藩镇蔑视朝廷的叙述。
② 《资治通鉴》卷258，第8391页。

望和杜让能在内）反对这一计划。[1] 皇帝虽然内心相当动摇恐慌，仍不顾反对而批准了这一方案。保证积极支持这一战役的藩镇有李克用的对头、宣武（河南）节度使朱温，和远处东北的卢龙节度使李匡威。

890 年阴历四月开始动员，朝廷从京畿区征募了近 10 万名士兵。第二个月，宰相张濬带着约 5 万军队从长安出发。六月，政府军抵达山西中部的晋州，在那里与朱温派来的宣武军队会合。矛盾几乎立即在朱温和政府军之间爆发了，因为朱温想要利用这一战役使自己控制山西东南部，政府军则要朱温协助攻打突厥人同时又急于阻止他扩张自己的领土。战役一开始便不利。唐朝一个将领在山西东部被突厥人所俘，因坚决拒绝李克用要他在河东道做官的建议而被杀。朱温的军队在泽州被李克用的一个盟友打得大败。

对于李克用来说，主要危险不是来自关中或河南的军队，而是来自北方卢龙节度使李匡威以及控制山西北部边境地区的吐谷浑首领赫连铎，这两个人联合起来对付他。[2] 在初战失利之后，李克用派他的儿子李嗣源率领一支军队去与他们交战，后面紧跟着援兵。在一个月之内，他击败了李匡威和赫连铎，保证了他的北部边界的安全。与此同时唐朝军队在山西中部被击败，大多数来自关中的队伍都逃散。剩下的军队仍由张濬率领，被迫逃到晋州躲避，只是在沙陀将领自动放弃对城市的围攻和撤退之后才得逃脱。政府军在混乱中逃出山西，从而不光彩地结束了一场注定要倒霉的和完全不必要的战争。

890 年对李克用之战是唐朝对京畿区之外最后一次积极干预行动。从那时起直到王朝灭亡为止，政府完全忙于抵御长安周围那些越来越咄咄逼人的和怀有敌意的节度使。朝廷自身继续为内部斗争所折磨。891 年阴历十二月，神策军的高级宦官将领暗杀了杨复恭以前的义子李顺节，因为他们惧怕他图谋个人控制军队，可能还想控制政

---

① 《资治通鉴》卷 258，第 8396 页。
② 同上书，第 8404—8405 页。关于吐谷浑和他们的首领赫连铎，见莫莱《从北魏到五代时期的吐谷浑》，第 191—219 页及有关各处。

府。893年中期，昭宗计划绕过不可靠的将军们而把指挥权交给宗室诸王。[①]

到893年，朝廷最直接和最可怕的对手是李茂贞，此人从887年起便是凤翔的节度使，他在关中西部的势力已在迅速增长。他对软弱的朝廷极为藐视，因为它既在不明智的进攻李克用的战役中战败了，又未能清除宦官的权势。893年阴历七月，李茂贞在一封写给皇帝的信中嘲笑朝廷对一次军事反抗的软弱态度，信的结尾挖苦地问道："未审乘舆播越，自此何之！"[②] 皇帝勃然暴怒，于是组织一支由太子统率的讨伐军，前去攻打傲慢的李茂贞，但结果是凤翔的能征惯战的军队轻易战胜了政府的缺乏训练的新兵。为了继续使朝廷丢脸，李茂贞坚持要处死三名高级宦官和宰相杜让能，因为他认为杜让能应该为进攻凤翔一事负责。皇帝无力拒绝，杜让能和他的兄弟被迫自杀。李茂贞被正式任命为山南西道节度使，也就是正式承认他已经控制了关中西部和山南15个州以上的土地。

894年唐朝的日子显然是过一天算一天。昭宗仍然履行他作为皇帝的形式上的职责，但是他对新宰相的任命不再认真了，这可以从他于894年提升嗜酒的诗人郑綮和散文能手李谿一事作出判断。节度使李茂贞和王行瑜（邠宁节度使）继续不断地谋求消灭皇帝独立行动的最后痕迹，他们的行动得到宰相崔昭纬的怂恿：崔昭纬向他们通报所有朝廷中发生的事情。895年年初有过派宗室诸王指挥军队去镇压京师周围的盗匪的打算，但是，甚至这种打算也被官员们劝阻，因为他们害怕这一步骤会导致凤翔和邠宁军队的干预。[③]

昭宗在895年差一点被联合起来的关中三个最强大的节度使李茂贞、王行瑜和韩建所废黜，只是因为沙陀首领李克用害怕关中会出现一股强大的联合力量而进行了干预，他才得以保住皇位。当李茂贞和王行瑜争论他们之中谁应控制皇帝时，突厥军队便进了关中。在帝国

---

① 《资治通鉴》卷258，第8409页；卷259，第8445页。
② 《资治通鉴》卷259，第8446页。
③ 《资治通鉴》卷260，第8466—8467页。

余下的军队之间发生的战斗更加剧了危机，在此期间昭宗几乎被杀。他最后设法集合了少数卫兵逃往秦岭山区，先在一座佛寺中，接着在一个驻兵的小镇避难。在勉强逃脱地方军队的追捕之后，他再次为李克用所救，被护送回到京师。长安的宫殿这时遭到如此严重的损坏，致使皇帝只好住在尚书省中，只有少数剩下的官员随侍。皇帝把后宫的绝色美女作为礼品奖给李克用。李克用本人、他的同盟者和子孙全被封爵，这是朝廷仅存的少数职能之一。

由于有人对李克用说，他长期住在关中可能使人民过分惊恐，他便于895年阴历十二月离开京师回到河东。他离开时还得到300万缗钱作为赏给他军队的"礼物"。但是比起关中的事务来，李更关心的是朱温可能把势力扩展到河东境内，因此他急于回到自己的首府。不到一个月以后，他便与朱温之间打了一场大仗。

李克用刚离开京畿区，李茂贞便继续他的扩张，在895年阴历十二月拿下了河西（甘肃）三州，并任命手下的一名军官为河西节度使，这是没有先例的对皇权的侵犯，但也是不足为奇的。

藩镇对朝政的干预在895年以后甚至有增无已。朱温试图让890年领导过讨伐李克用的失败了的张濬任宰相，估计是希望张濬会再次动员关中军队去攻打李克用。但是当李克用威胁说如果张濬被任为相他将袭击长安时，这个想法就很快放弃了。后来的派别斗争导致了895年阴历五月宰相崔昭纬之死，那是与关中诸节度使（特别是与李茂贞）有密切联系的宦官们安排将他处死的，原因是他经常致力于劝诱朱温干预朝政解除诸节度使对朝廷的控制。昭宗再次被迫派诸王去指挥忠于皇室的军队，但这立刻引起了李茂贞移军指向京师。长安居民为了预防出现最坏的情况，纷纷逃到城外山中。皇帝的军队在一场短暂的战斗中轻易地被击败，昭宗比以往更加绝望。他决定逃往河东去寻求李克用的庇护。[①]

昭宗前往河东时，被华州刺史韩建的儿子拦住了去路，因为韩建的辖境正在京师和河东之间。韩建之子试图劝说皇帝接受他在华州的

① 《资治通鉴》卷260，第8499—8491页。

父亲的保护。昭宗开始并不愿意，但后来被韩建说服。韩建在富平与皇帝相遇并警告他说，如果他去河东"边鄙"向突厥人屈服，以后再也回不到京师；如果他留在关中，仍有希望使朝廷复兴。韩建对皇帝的劝告隐含的威胁是明确无误的，于是昭宗在896年阴历七月十七日到达华州。

伴随昭宗的大臣中没有人对韩建"保护"皇帝的实质存在幻想，他们在处理任何朝廷事务以前都小心地和韩商议。韩建以皇帝的名义向各道发布檄文，命令他们将物资送到华州。这份命令受到邻近节度使们嘲笑，他们公开地蔑视韩建粗暴地操纵皇帝的行为。第二年年初，韩建采取进一步削弱朝廷的步骤，使皇帝成为孤立无助的傀儡。897年正月，他向昭宗报告说，他已发现一个由仍然掌握军队的宗室诸王策划的暗杀他的阴谋，并说他们还计划将皇帝东移河中。当然，很可能他们确在搞这一计划。韩建命令诸王回到长安，将他们的军队都改归自己节制。而且，他禁止昭宗与任何外人接触，免得他被"眩惑"。[1]

897年阴历六月，李克用试图组织力量将皇帝从事实上的囚禁中营救出来，但只能得到很少的支持。下一个月韩建决定采取更激烈的步骤来对付长安的宗室诸王。他将皇帝与关中诸节度使之间的所有争执归罪于诸王和他们对帝国军队的控制，决定将他们杀死。在宦官刘季述的帮助下，韩建的军队在897年阴历八月包围了皇室的王府；刘季述的行为是希望得到韩的援助为自己谋取利益。诸王中有些人剃头假扮僧侣，另一些人不顾死活地逃跑，但有11人被捉住并杀掉了。

898年年初，由于关中节度使们越来越担心朱温向东扩展力量，特别是在朱温拿下洛阳并邀请皇帝前去以后，局势发生了重大变化。这导致李茂贞、韩建和李克用建立暂时的联盟，他们决定宁可让皇帝回到长安，也不能让他落到朱温手里。于是昭宗在898年阴历八月回到长安，同时宣布改元"光化"，以资庆祝。

一回到长安，在宦官和官僚们之间的旧有矛盾又引起了另一场危

---

[1] 《资治通鉴》卷261，第8497—8498页。

机。宰相崔胤与皇帝策划清除朝廷的宦官，特别是他们可恨的首领枢密使宋道弼和景务修。宦官们和关中的节度使们互相勾结，而崔胤则得到朱温的支持；当朱温在899年将他个人的疆土扩展到关中的边界时，他对这个地区的影响增长了。崔胤做了很多手脚加深了朝廷中的阴谋气氛，结果却使得他自己暂时罢官，但通过朱温的干预又恢复了职务，并在900年阴历六月成功地将一位敌对的宰相和宦官首领宋道弼、景务修流放到外地，接着迫使他们自杀。①

余下的宦官们觉察到，只要崔胤能够利用昭宗对他们的终身的敌对情绪，他们个人的和政治的地位就处于非常危险的境地，因此他们便策划废黜昭宗，拥立太子，以此来进行对抗。900年阴历十一月，宦官们实现了他们的计划，废黜了皇帝，并将他禁锢于宫中，置于严密的防卫之下。被宦官挟持的新政权对它的真正的和涉嫌的政治敌人一概实行野蛮的报复，有步骤地将他们杀死，重要人物中唯一幸免于难的是宦官的主要对手崔胤，因为他仍然得到朱温的保护。900年末，朱温似乎准备干预朝政，这促使宦官们将控制朝廷的权力转交给崔胤。可是，朱温并不想在残酷的宫廷政治中使自己陷得太深，他拒绝采取任何直接的行动。不过反昭宗的政变没有维持多久，因为新政权没有得到任何支持。实行政变的宦官们在901年正月遭到暗杀；昭宗获得自由并恢复了帝位。在庆祝消除宦官获胜的仪式上昭宗宣布改元，并宣布大赦，包括半个多世纪以前被处死的王涯和其他官员得到昭雪，他们是在甘露之变中因祛除宦官的计划流产而招致不幸的。②

在901年以后，朝廷政局仍在进一步恶化。大臣（由宰相崔胤领导）和宦官之间的仇视和阴谋恶性发展，每一方为了损害另一方都不惜付出任何代价。只有操纵双方的节度使从这种状态中得到了好处。真正的问题是哪个节度使会得势，朝廷中哪一派终将屈服。

---

① 《资治通鉴》卷262，第8530页。关于唐末宦官和节度使们之间勾结的情况，见王寿南《唐代宦官权势之研究》，第47页。

② 《资治通鉴》卷262，第8552页。关于大赦令的全文，见《唐大诏令集》卷5，第31—33页。关于甘露之变后王涯及其他大臣之死，见《资治通鉴》卷245，第7916页。

　　到 903 年，这种悲惨的状况接近结束，当时朱温的军队已管辖关中的大部分，他自己控制了朝廷和京师。他派自己的侄子领兵保护皇帝，任命自己手下的官员看管京师剩下的东西。由于崔胤极力主张杀掉宦官，但无疑也由于他自己的冲动，903 年正月朱温命令他的士兵将几百名剩下的宦官赶到内侍省，在那里将他们残酷地杀掉。

　　904 年正月，朱温已没有理由留在长安，他便把昭宗迁到由他控制的新近重建的东都洛阳。在旅途中朱温杀害了所有剩下来的皇帝侍从。904 年阴历八月，昭宗被朱温谋杀，他的第九子、12 岁的李柷嗣位。李柷，按传统称为哀帝或昭宣帝，做了 3 年有名无实的君主，到 907 年朱温将他废黜，并建立了自己的梁朝。昭宣帝这个最后的短暂时期就其真正意义而言并非唐朝历史的一部分，它完全可以看做是朱温巩固政权的一个阶段，下面我们将叙述他巩固政权的过程。

朱温和五代的开始

　　朱温在 904 年带着昭宗回到洛阳时，他正接近权力的峰巅，这是他在过去 20 多年中谨慎地和有步骤地树立自己权力的结果。随后数年尽管朱温在几条战线遭受挫折，在 907 年他仍然强大得足以宣布已经不存在的唐王朝结束和建立起他自己的梁朝。[①] 梁朝（907—923年）是 907 年唐朝垮台和 960 年宋朝建立之间这一时期统治中国北部的一系列短命王朝的第一个。

　　朱温除了开创梁朝的历史作用以外，他早期的生活和经历特别清楚地说明了唐代后期新兴的政治和军事精英中最重要的成员取得政权的方法。[②] 852 年，朱温生于宋州（今江苏省），这是宣武军的一部分。他的父亲和祖父是学者和教师，但从未当过官。可是，他们的地位很重要，以致能和本地一个更有名望的地方官员家族通婚。朱温还很年轻的时候，父亲死去，他的母亲和兄弟被迫在他母亲家乡一个地

----

① 《资治通鉴》卷 266，第 8674 页。
② 关于朱温生活的现有材料的讨论，见王赓武《五代时期华北的权力结构》，第 27 页注。

主庄园中当雇工。甚至还在孩子时期，朱温已显示出他的自立和多谋好斗的终生不变的性格，甚至在他长大以后也不曾有过正式的职业，而是依靠打架的本领谋生。村里的许多人都讨厌他。[1]

当黄巢叛乱爆发时，朱温和他的几个弟兄加入了叛军的队伍。当盗匪军队在 880 年横扫长安时，朱温和黄巢在一起，在黄巢占领京师后被任命为同州刺史。由于黄巢势力削弱，他便向勤王军投降，并于 883 年被任命为他家乡宣武的节度使。

在巩固自己对宣武镇的控制方面，朱温显示出他工于心计和有充分的决心。该镇有长达一个世纪的不稳定的历史，它的动荡主要是由高度闹独立性的、经常无法驾驭的地方戍军引起的。他安排自己的追随者指挥这些军队，使世袭的军官们只保留从属的职位。更重要的是，像这个时期其他节度使一样，他建立了一支私人卫队，即牙军，作为他的主要武力。[2] 这些牙军士兵的来源真是五花八门，其中包括正规的侍卫兵、地方精英人物、农民、商人、行商、盗匪、罪犯和形形色色的贱民。[3] 有些人是从地方戍军选拔或从本地征募的，另一些则是投降的或俘虏的军队。许多人显然是节度使私人的半奴隶性质的随从，全都效忠于他，而不是效忠于戍军军官。没有他们，朱温就难以维持自己在宣武的地位，更谈不上向外扩张了。除了牙军之外，朱温还专门建立了一支骑兵，它的军事价值在多次成功地对付沙陀突厥的战役中已清楚地得到证明。这些骑兵是一个精英集团，由富家子弟组成，因为他们的家庭能为之提供武器、马匹和给养。[4]

在担任宣武节度使的初期，朱温面临着许多外来的威胁。当黄巢

---

[1] 《北梦琐言》卷 17，第 1 页；《旧五代史》卷 1，第 2 页。

[2] 关于唐末至五代时期牙军的重要研究有周藤吉之《关于五代节度使的牙军的考察》，载《东洋文化研究所纪要》，2（1951 年），第 3—72 页；堀敏一：《五代宋初禁军的发展》，载《东洋文化研究所纪要》，4（1953 年），第 83—151 页；菊池英夫：《关于五代禁军的侍卫亲军司之成立》，载《史渊》，70（1956 年），第 51—57 页。

[3] 周藤吉之：《五代节度使的支配体制》，载《宋代通济史研究》（东京，1972 年），第 576 页。

[4] 关于这个骑兵军团的研究，见堀敏一《朱全忠的厅子都》，载《和田博士古稀纪念东洋史论丛》（东京，1961 年），第 819—831 页。

军队在 883 年初放弃长安以后，他便以发动一次大攻击来威胁朱温，只是由于陈州的英勇的防御和黄巢决定将大批军队围攻陈州整整一年而终归失败，朱温才得到拯救。883 年末，朱温投入了在宣武中部的亳州打击黄巢的战斗，他用他在此地的胜利巩固了对该地区的统治。可是，朱温谨慎地不使自己的力量在与黄巢的战斗中消耗过多。884 年正月，他和该地区其他节度使一起请求新近从黄巢手中收复长安的沙陀首领李克用给予援助。如上所述，黄巢在 884 年阴历四五月间的一系列战斗中被击溃，并于那一年六月自杀，于是叛乱结束。

黄巢死去以前发生的两件大事对以后数十年中国权力的结构有深刻的影响。第一件是当突厥首领李克用在汴州时，朱温曾愤愤地试图谋杀他。李克用设法逃脱，并回到了他的河东首府，但是这一背信行为使他们之间的猜疑解不开了。[①] 这也增加了突厥人和中国节度使之间已经存在的不和。他们之间的冲突已有很长的历史，在 10 世纪大部分时间仍继续存在。

第二件大事是，在叛乱快要平息时，黄巢残余部队的绝大部分都向朱温投降。这些军队是黄巢其他临时组织的武装力量中训练有素和经过战斗训练的核心，他们并入了朱温的军队，他们的将领也被任命为他手下的军官。在后来的困难年代里，他们对朱温来说是一支极端重要的支持力量。[②]

在紧接黄巢叛乱之后的年代里，朱温最厉害的劲敌是另一位节度使秦宗权，他的某些经历和朱温很相似。[③] 在黄巢叛乱初期，秦宗权是忠武节度使的幕僚。880 年当黄巢渡长江北上时，秦宗权奉命带一支万人军队去据守蔡州（前淮西道的首府），它位于淮河南岸，忠武军的正南。由于秦宗权有效地履行了他的职责，因而在他所处的蔡州让他开府建制任节度使。尽管他是黄巢占领长安时派遣军队前去协助

---

① 《资治通鉴》卷 255，第 8306 页及以下各页。

② 王赓武：《五代时期华北的权力结构》，第 56—57 页；关于朱温政权结构的重要论述，见堀敏一《朱全忠政权之性质》，载《骏台史学》，11（1961 年），第 38—61 页。

③ 秦宗权的传记见《旧唐书》卷 200 下，第 5398—5399 页；《新唐书》卷 225 下，第 6464—6466 页。

解救京师的少数藩镇节度使之一，但当黄巢的军队在 883 年进攻蔡州时，他就毫不犹豫地投向了黄巢。在此以后，秦宗权和盗匪集团一起去劫掠农村，还参加了对陈州的围攻。在唐末的所有军事首领和盗匪首领中，秦宗权是有名的最冷酷无情的人之一。

黄巢失败以后，秦宗权自建王朝称帝。他的军队攻打和袭击中国中部的许多地方，但是这可能反而削弱和分裂了他的政权，而不是加强或巩固了它。885 年后期，他夺得洛阳和正好位于东都与朱温的基地汴州之间的郑州。886 年结束以前，秦宗权围攻汴州，朱温的反应是和邻近诸州的刺史建立联盟，因为这些人也和他一样害怕秦宗权的力量。888 年的腊月，秦宗权被他手下的一位将军出卖，他被交给朱温处死，作为酬报，此人即被任命为蔡州节度使。[1]

在取得对秦宗权的胜利后，朱温的辖境附近已没有强大的对手了。在随后的 15 年中他稳步地扩展对中国北部广大地区的控制，最后在 907 年建立了自己的梁国。他的成功在很大程度上是由于善于作战和有决心，他也以此训练和造就了他的强有力的军队。但也应该提到，他的成功还大大地归因于他的残酷无情和诡计多端，而这一点甚至在那个野蛮的时代也是数一数二的。对待自己的士兵他是野蛮的：任何吃败仗的部队会被处死。他是完全不可信赖的和不择手段的，就像李克用好不容易在他手下逃出性命后所觉察到的那样。甚至所谓的盟友们也发现，朱温非常无情和狡猾。当战略上十分重要的魏博节度使罗弘信对支持李克用还是朱温尚举棋不定时，朱温将俘虏的李克用之子转交给他，由他处死，从而在 896 年解决了问题。[2] 既会使用任何策略，又控制着一支强有力的军队，这使任何其他中国节度使都不能向他挑战，尽管有些人能够摆脱他的控制。可是，他所建立的王朝存在不到 20 年，在 923 年便为中国的主要外族沙陀突厥以优势力量所灭；对沙陀突厥令人注目地取得对中国北部的统治，我们必须概括地加以论述。

---

[1] 《资治通鉴》卷 257，第 8382 页。
[2] 《资治通鉴》卷 260，第 8489 页。

李克用和中国北部的外来占领

有些寻求解释唐朝政权崩溃原因的学者，特别强调唐王朝允许主要是来自内蒙古的外来民族占领北中国的规模。[1] 当然，以此作为唐朝崩溃的主要原因是荒谬的，唐王朝的生命由于外来的干预而得以延长的事实就很容易说明这个问题。但是唐朝结束时，外族存在于中国北部的规模仍有一个很重要的发展。

唐代后期北方沿边的局势是非常复杂的，我们对于这一地区汉人和非汉人民族混合方式的实际状况所知甚少。可是我们知道，在有些地区，包括关中在内，有数量极大的非汉族居民。长城以内中国北部的其他地区已全部或部分地落在外族战士手中，虽则我们还无法证实是否还有大量非汉族移民随同移入。从纯粹的种族角度来说，外来民族在北中国的分布规模是值得注意的。那里有重新定居的吐谷浑人和党项人、铁勒族和契丹族、鲜卑族和回鹘族。但这一时期尤为重要的却是沙陀突厥人，他们继回鹘人之后成为内蒙古草原的主要力量，并已成为中国本部以内的一个主要因素。

沙陀突厥于唐朝统治的最初数十年中即见于记载，当时他们是西突厥最东边的部落，生活在远离中国本部以西的地方。8世纪初，吐蕃人的攻击把他们向北赶到靠近巴尔喀什湖的地区。8世纪中叶，沙陀臣服于回鹘，并和回鹘一起派遣军队协助唐朝镇压安禄山的叛乱。8世纪80年代后期，他们不再为回鹘效忠，大约有7000"营帐"移归吐蕃统治。他们经常参与吐蕃人蹂躏中国领土的活动，其中有许多人定居在甘肃中部。可是，他们和吐蕃人之间发生了严重的倾轧，在808年，3万沙陀人决定归附中国，吐蕃追逐并杀死了他们许多人，但大约有1万人为灵州节度使范希朝安置在盐州（关中中部），一个较小的700人集团则被安置在位于关中以北鄂尔多斯沙漠地区的振武。809年，范希朝奉命守卫太原，他带了1200名沙陀士兵同行，在816年范希朝战胜成德节度使王承宗

---

[1] 见刘掞藜《唐代藩镇之祸可谓为第三次异族乱华》，第821—858页。

时，这些士兵起了主要作用。另一个小的集团则归河南的忠武节度使节制，817 年曾使用于生死攸关的和成功的淮西战役。在此以后，他们的命运就不清楚了。①

可是，沙陀突厥的主体部分并没有卷入中国内部的这些早期的战争中去，而是继续留在山西北部。在 869 年对付庞勋的战争中，他们起了至关重要的作用，紧接着唐朝赐予他们的首领朱邪赤心国姓。其后他以李国昌知名于世，在 9 世纪 70 年代到 80 年代初，这位沙陀首领继续巩固他对山西北部的控制，唐王朝立即对沙陀入侵的可能性产生了忧虑，于是使用正规军和民间武装加强了它自己在山西中部的防御。878—880 年唐王朝连续向太原派了 6 名节度使，但都没有在遏制沙陀入侵方面作出任何成绩。880 年朝廷最后派一名前宰相前往太原，他带着一批精选的官员，还有来自洛阳的增援部队，在 880 年中期，中国人成功地恢复了对山西边境地区的控制。可是，很快朝廷就被迫答应赦免沙陀诸首领，要他们支持从黄巢手中收复京师以及在最后攻打黄巢时能给予协助。

与黄巢作战的沙陀首领是李国昌之子李克用。早些时候他曾参加对庞勋的战斗，并曾在唐朝都城长安寄住过，887 年他被任命为他父亲的沙陀军的副统帅。② 他立刻加紧了对北方边境的控制，直到中国人被迫加强防御来对抗他的侵蚀为止。

李克用尽管在对付黄巢时打了许多胜仗，但他似乎并不想在已经占有的疆土以外谋求任何土地。这是不足为奇的，因为他在河东地区的根据地是容易防御的，而且在一个地方分权和地方战争频繁的时期，此地是建立一个独立政权的理想基地。李克用很轻易地便挡住了政府在 890 年对他的征讨；他的力量在以后的 10 年稳步增加，和他的敌手朱温的日益增长的力量并驾齐驱。895 年，他已能指定自己的人选为河北北部卢龙节度使，并一度从那个物产丰富的地区正式地征

---

① 关于唐代初期和中期沙陀活动的详尽记述，见章群《唐代降胡安置考》，载《新亚学报》，1.1（1953 年），第 311—312 页。

② 详细情况见莫莱《从北魏到五代时期的吐谷浑》，第 196 页注。

收赋税。[1] 10 年以后，在 905 年，李克用和从满洲老家带着 7 万骑兵到山西北部的契丹首领阿保机联盟。[2] 这一联盟标志着沙陀突厥和契丹之间紧密联系的开始，并且一直延续于整个五代时期，同时也使满洲南部的民族越来越多地卷进中国的事务之中。

在 10 世纪最初的数十年，沙陀突厥的力量继续增长。经过多年的战斗以后，他们成功地征服了朱温的梁国，建立了自己的后唐王朝，宣称自己是唐朝的合法继承者，并采用了许多唐朝的政策。后唐的统治只有十余年，到 937 年为止，但是这段时间内它成功地建立了对中国北部和西部的控制，征服了在朱温统治时一直保持独立的齐国（关中西部）和蜀国（四川）。因此，这个国家在合并中国北部政权方面标志着一个意义特别重大的阶段，也是由宋朝完成的统一进程中的一个重要步骤。在后唐崩溃以后，沙陀在山西依然保持着一个独立的实体，即十国之一的北汉国。直到 979 年为中国人收回为止，这个地区被突厥人统治了 100 多年。

10 世纪的诸独立国：十国

地区割据和文化差异一直是中国历史的一个重要部分，但从来没有像政治极端分裂的唐代后期那样明显。在山西的突厥统治者与河北、河南的中国节度使之间长达数十年的斗争中，华北的割据界线显得非常明确。尽管在 9 世纪末 10 世纪初这两个集团是权力的主要竞争者，但它们的斗争不是孤立地进行的。在中国其他地方，唐朝权威的崩溃导致了一些地区国家的形成，每一个国家有它自己的文化和历史的特性，同时它们在从唐末到宋朝的逐步过渡中全都扮演着重要的角色。

这些独立国被总称为十国，其中最有名的和最持久的出现在中国中部和南部。第一个国家出现在长江下游三角洲和东南沿海地区，在

---

[1] 见《资治通鉴》卷 261，第 8505 页。

[2] 关于李克用与阿保机之间联盟的详细研究，见陈述《阿保机与李克用结盟之年及其背盟相攻之推测》，载《历史语言研究所集刊》，7.1（1936 年），第 79—88 页。

那里 9 世纪 50 年代后期曾爆发第一次重要的反王朝的叛乱。董昌的短命的罗平国是在杭州地区组织起来镇压盗匪的民团统一的基础上建立起来的（见前文），它便是这些国家中的第一个。前面已经谈到，它于 921 年为吴越国所继承，此国是由团伙头目转而成为民团首领的钱镠建立的，他牢固地控制了浙江的绝大部分。吴越国的北方和西方是富庶和繁荣的吴国，由"起微贱"的杨行密于 902 年建立。它是直接以唐朝将军高骈在淮南建立的政权为基础的。吴国最后据有广大的领土，中心在长江下游三角洲，但是向北方和南方都伸展得很远。[①]

闽国在 926 年正式形成，但事实上它的统治早在 893 年已经控制了福建；而在 10 世纪上半期，福建在闽国统治下具有丰富的和多种多样的文化。[②] 在中国南方沿海地区，一个地方军阀刘隐在 896 年取得了对广州的统治。918 年，他的儿子刘䶮宣布建立南汉国，其领土包括唐朝岭南道的绝大部分。在数十年间南汉的财富日益增加，扩张也越来越厉害，但在 10 世纪中期它的力量先后被一批残忍的和腐败的统治者所削弱，因而无法与宋朝军队对抗；宋军于 971 年攻下广州。[③]

这些南方的地区政权在它们所统治地区的地方史中占有重要的位置，而且在 907 年唐朝统治正式结束以前和以后的年代的中国地图上也占有突出的地位。可是，还有一个国家对于我们的研究却更为有趣，因为它的历史甚至与唐朝崩溃的准确的原委有更直接的关系。这个国家就是由王建于 907 年在四川建立的前蜀国；王建的经历在这个时代无疑是最不同寻常的。[④] 他的外表威风凛凛，起初是一个农村窃贼（一件永远不会被忘记的事实），然后受招募成为中国北方一个重

---

① 见罗伯特·克龙帕特《唐代的南方复兴：稳定江淮地区的计划、政策和外交》，加州大学（伯克利）未发表的博士论文，1973 年，第 54 页及有关各页。

② 见 E. H. 肖孚：《闽帝国》（拉特兰，弗蒙特，1954 年）。

③ 关于南汉国，见肖孚《南汉国史，根据欧阳修的〈五代史〉第六十五卷》，载《人文科学研究所二十五周年纪念文集》（京都，1954 年），第 339—369 页。

④ 关于王建的经历，有用英文写成的有用的概略，见冯汉镛《永陵王建（847—918 年）王陵的发现和发掘》，载《美国中国艺术学会档案》，2（1947 年），第 11—20 页。

要将领手下的士兵，最后为有权势的宦官田令孜收为养子。当僖宗第二次流亡时田令孜被废黜之后，王建于889年被任命为西川（四川西部）节度使，到901年实际上成为一个独立的统治者，以成都为都城。从许多方面看，他的政权是唐朝在一个地区基础上的统治的扩大和延续。他得到许多唐朝官员的协助，其中最杰出的是名诗人韦庄；韦庄以唐朝制度和礼仪为基础制定了一套正规的管理制度和仪式。[①]韦庄还试图在小范围之内以大唐都城长安为榜样来建设王建的都城成都，甚至城内的坊的名称也有许多是相同的。王建在四川的正统性政权成了艺术家和诗人的一个重要的避难场所，更不用说那些能够从北方的残酷战争中逃脱的唐朝官僚阶级成员了。他的政权是这些岁月中最稳定和最安宁的一个。

十国构成了我们描绘的唐末中国权力新结构的最后部分。尽管其中任何一个国家都没有机会建立中央集权的王朝，但它们全都在由宋朝完成的政治统一进程中起了重要的作用。在885年到907年之间，大约50个道的政权合并成了12个地区性国家。

但是，十国的重要意义超出了政治统一的内容。宋代中国的许多特征，例如长江三角洲的经济发展，南中国沿海的大量海外贸易和新的文人阶层在东南的集中，都应追溯到十国统治者所实现的半个世纪的和平与稳定。

如果说宋代中国的许多特征是和十国相联系的，那么它的另一些特征则是和中国北方的发展有关，对此我们已经在前面作了简单叙述。中国西北部丧失了它作为政治中心的地位，这至少部分的是由于唐朝统治最后数十年的实力消耗与无休止的矛盾冲突造成的，在宋朝统治下这种地位再也没有恢复过来。宋帝国的力量在唐朝正式结束以前就已牢牢打下了政治和军事基础，这主要是由朱温及其继承者完成的。最后，使宋朝统治感到苦恼的持久的和最后处于压倒优势的外来威胁，显然起源于唐代后期的军事上的虚弱，以致中国人在许多年中失去了对中国北部这一广大而且至关紧要的地区的有效控制。

---

① 见江聪平《韦端己诗校注》（台北，1969年），第2页。

后　　记

　　剑桥历史丛书在国际学术界有一定影响。这套丛书之一的《剑桥中国史》已出各卷国外书评予以肯定。其第 10 卷和第 11 卷已由我们译出，定名为《剑桥中国晚清史》（上、下卷），1985 年中国社会科学出版社出版，也引起了一定反响。本书为第 3 卷，论述隋唐时期历史。《剑桥中国史》已经出版的先秦卷、中华人民共和国卷，我们已经译出，正在编印中；明代卷我们也已着手翻译。其余各卷国外出书后我们也拟尽快翻译出版。

　　本书各章的译者分别为：杨品泉（第一至第二章、第六至第八章），张书生（第三章、第九章），索介然（第四章），胡志宏（第五章），陈高华（第十章）。全书由张书生、杨品泉总校。李斌城同志在百忙中为本书写了前言，详细地论述了本书的特点和价值，同时也指出了一些不足，这对读者很有帮助。谢亮生同志对全书的译文提出了许多宝贵意见，特此致谢。

　　由于我们水平所限，全书难免有错误，尚望读者指正为幸。

731